औद्योगिक समाजशास्त्र

औद्योगिक समाजशास्त्र

विश्वनाथ झा

रावत पब्लिकेशन्स

जयपुर • नई दिल्ली • बैंगलोर • गुवाहाटी • कोलकाता

ISBN 978-81-316-0490-8 (HB)

Reprinted, 2026

Published by
Prem Rawat for **Rawat Publications**
Satyam Apts, Sector 3, Jawahar Nagar, Jaipur 302 004 (India)
Phone: 0141 265 1748 / 7006
E-mail: info@rawatbooks.com
Website: www.rawatbooks.com

New Delhi Office
4858/24, Ansari Road, Daryaganj, New Delhi 110 002
Phone: 011 2326 3290

Printed and bound in India

विषय सूची

आमुख

जेल से अपने बेटे देलियो के नाम अंतोनियो ग्राम्शी ने अपने एक पत्र में लिखा था—"दुनिया के तमाम लोग जो समाज में काम करने, संघर्ष करने और अपने आपको बेहतर बनाने के लिए इकट्ठा हो गए हैं; उनके बारे में विचार करना किसी भी दूसरे मुद्दे के मुकाबले तुम्हें अधिक खुशी देगा।" 'औद्योगिक समाजशास्त्र' में इन्हीं मुद्दों पर विचार किया गया है औद्योगीकरण की प्रक्रिया ने एक नए समाज तथा एक नए युग को विकसित किया है। कारखाना मालिकों तथा मजदूरों ने मिलकर एक नई दुनिया का सृजन किया है। कामगारों की दुनिया में शोषण और संघर्ष का सामाजिक यथार्थ मौजूद है। औद्योगिक विवाद तथा सामाजिक सुरक्षा का प्रश्न मौजूद है। अर्थशास्त्री अमर्त्य सेन तथा समाजशास्त्री टी.के. ओमेन ने लगातार सामाजिक सुरक्षा के जलते सवालों को खड़ा किया है। वस्तुतः औद्योगीकरण ने आखिरी पंक्ति के आखिरी आदमी के सवालों को जीवन्त किया है। समाजशास्त्री ए.आर. देसाई ने भी हाशिये पर खड़े लोगों के सवालों को खड़ा किया है। श्यामाचरण दुबे के अनुसार- 'कुछ हाशिये की प्रतीक्षा के बाद, हमें आशा है, हम संपन्नता के नए शिखरों को स्पर्श कर सकेंगे। यह संपन्नता किसी होगी? समाज के वंचित- शोषित-प्रताड़ित वर्ग की उसमें हिस्सेदारी क्या होगी? इन प्रश्नों को या तो हम टाल जाते हैं या उनके छायावादी उत्तर देते हैं।' वस्तुतः औद्योगीकरण की प्रक्रिया ने दुनिया के सामने कई बेचैन करने वाले सवालों को खड़ा किया है। एमिल दुर्खाइम ने श्रम विभाजन, विशेषीकरण तथा सावयवी एकता के आधार पर इन सवालों की व्याख्या की है। मैक्स वेबर ने अधिकारी तंत्र, आदर्श प्रारूप तथा प्रोटेस्टेंट मतवाद के आधार पर औद्योगीकरण के विभिन्न बिन्दुओं का विवेचन किया है। कार्ल मार्क्स ने ऐतिहासिक भौतिकवाद, बुर्जुआ तथा सर्वहारा, वर्ग संघर्ष एवं अलगाव के आधार पर औद्योगीकरण की जमीनी सच्चाई को रेखांकित किया है। जाहिर है कि 'औद्योगिक समाजशास्त्र' में इन सभी बिन्दुओं तथा मुद्दों का विवेचन किया गया है।

टी.बी. बॉटोमोर ने स्पष्ट किया है कि हालांकि समाजशास्त्र का दावा है कि यह एक सामान्य विज्ञान है। इसके बावजूद यह अठारहवीं सदी की राजनीतिक और आर्थिक क्रांतियों से पैदा होने वाली सामाजिक समस्याओं पर विशेष रूप से ध्यान देती है; सब से नए समाज की धड़कन के साथ जुड़ा हुआ है। 1946 में डब्ल्यू.ई. मूर की *इंडस्ट्रियल रिलेशंस एंड दि सोशल*

ऑर्डर का प्रकाशन हुआ। 1955 में जार्ज फ्रीडमान की *इंडस्ट्रियल सोसाइटी* के प्रकाशन के बाद औद्योगिक समाजशास्त्र को एक नई दृष्टि तथा एक नया आधार प्राप्त हुआ।

उपनिवेश के कालखंड में भारत के परिदृश्य में औद्योगीकरण का विकास अधिक तीव्र नहीं था। परन्तु 1854 में ही बम्बई में पहली कपड़ा मिल की स्थापना हुई। स्वाधीनता के बाद भारत में औद्योगीकरण की प्रक्रिया को तीव्र किया गया। लोहा और इस्पात संयंत्र के विकास पर विशेष बल दिया गया। योगेन्द्र सिंह ने औद्योगीकरण, उद्यमशीलता तथा परिवार प्रणाली का विश्लेषण किया है। उन्होंने औद्योगीकरण से संबंधित विभिन्न मुद्दों का विवेचन किया है। गौरतलब है कि स्वाधीन भारत में विज्ञान तथा तकनीकी क्षेत्र में पंडित जवाहरलाल नेहरू का योगदान अविस्मरणीय है। उनके अनुसार- संपूर्ण राष्ट्र जिस देवता की अर्चना करते हैं, वह देवता है औद्योगीकरण! वह देवता है मशीन!! वह देवता है वृहद् उत्पादन तथा अधिक से अधिक मुनाफे के लिए प्राकृतिक शक्तियों एवं साधनों का अधिक से अधिक इस्तेमाल!!

1973 में मुझे बोकारो इस्पातनगर के परिभ्रमण का अवसर प्राप्त हुआ था। जमशेदपुर, रांची, आसनसोल तथा कई अन्य औद्योगिक नगरों की तल्ख सच्चाइयों का अनुभव प्राप्त हुआ। कई सवालों के साथ मेरा मन बेचैन था। क्या औद्योगीकरण एवं भारी उद्योगों के विस्तार के कारण दुनिया में पूँजीवादी अर्थतंत्र का ताना-बना खड़ा हुआ है? क्या औद्योगीकरण ने पूँजीपति तथा सर्वहारा वर्ग के बीच के फासले को और बढ़ाया है? क्या शोषण एवं दमन के कारण कामगारों में अलगाव की गंभीर समस्या मौजूद है? क्या शोषण एवं दमन के कारण पारिवारिक संरचना संकट तथा संक्रमण के दौर में है? क्या औद्योगिक प्रजातंत्र एवं प्रबन्धन में श्रमिकों की भागीदारी संतुलित है? क्या श्रम तथा विवेकीकरण के बीच संतुलित प्रबन्धन है? क्या श्रमिक संघ तथा श्रम आंदोलन सही दिशा में गतिशील हैं? क्या सामाजिक सुरक्षा एवं श्रम कल्याण का परिप्रेक्ष्य सही दिशा में कारगर एवं कार्यरत है? 'औद्योगिक समाजशास्त्र' पर केन्द्रित यह पुस्तक इन्हीं सवालों तथा मुद्दों की पृष्ठभूमि में प्रस्तुत की गई है। इक्कीसवीं शताब्दी में औद्योगिक समाजशास्त्र बहुआयामी परिप्रेक्ष्यों से जुड़ गया है। भूमंडलीकरण, उदारीकरण, बाजारवाद तथा संचार क्रांति ने व्यापक पैमाने पर समाज तथा समाज से जुड़ी व्यवस्थाओं को प्रभावित किया है। आर्थिक महत्त्वाकांक्षा तथा प्रतिस्पर्द्धा ने लोगों को चौराहे पर लाकर खड़ा कर दिया है। इंटरनेट ने एक नया सूचना स्रोत हमारे सम्मुख खोला है।

आपके हाथों में है औद्योगिक समाजशास्त्र की एक नई पुस्तक-एक नई ऊर्जा तथा नई ऊष्मा के साथ। समाजशास्त्र के शिक्षकों एवं छात्रों को इससे नई उत्तेजना प्राप्त होगी। अनुसंधानकर्मियों को नई दिशा तथा दृष्टि प्राप्त हो सकती है। प्रतियोगी परीक्षाओं के छात्रों के लिए भी यह पुस्तक उपयोगी सिद्ध हो सकती है। औद्योगिक समाजशास्त्र के क्षेत्र में इस पुस्तक से पहले भी विद्वानों ने अन्य पुस्तकों की रचना की है। परन्तु 'औद्योगिक समाजशास्त्र' की इस पुस्तक में इक्कीसवीं शताब्दी के परिप्रेक्ष्य में उदाहरणों तथा तथ्यों को रेखांकित किया गया है। सुनिश्चित संरचना, व्यवस्थित योजना, चित्रात्मक उपस्थापन, तर्कपूर्ण शैली, सुबोध भाषा तथा गंभीर वैज्ञानिक दृष्टि के कारण औद्योगिक समाजशास्त्र की यह नई पुस्तक आप के लिए अनिवार्य है।

मैं समाजशास्त्र का एकान्त तथा विनम्र साधक हूं। दुनिया के शोर से अलग अपने कुछ श्रद्धेय शिक्षकों तथा मित्रों के स्नेह-अमृत से मेरा हृदय परिप्लावित है। विशेष रूप से योगेन्द्र सिंह, आनन्द कुमार, नन्दूराम, अरविन्द कुमार जोशी, राजेश मिश्र तथा रवि प्रकाश पाण्डेय के प्रति मैं हृदय से कृतज्ञता ज्ञापित करता हूं। सी.एस.एस. ठाकुर के स्नेह तथा आत्मीयता से मैं अभिभूत हूं।

भला हो कालीनाथ झा का जिन्होंने औद्योगिक समाजशास्त्र के लेख में अमृत बिन्दु की तरह मुझे जीवनी शक्ति प्रदान की। विनीता सिंह (रांची), संजीव कुमार झा (दरभंगा), कैलाश नाथ झा तथा अनुराग आनन्द का स्नेहपूर्ण सहयोग अविस्मरणीय है। मैं रावत पब्लिकेशन्स के प्रति आभार व्यक्त करता हूं।

विश्वनाथ झा

1

परिचय

(Introduction)

औद्योगिक समाजशास्त्र औद्योगिक समाजों के अध्ययन से संबंधित है। 20वीं शताब्दी के आरंभिक चरण में औद्योगिक समाजशास्त्र को विकसित किया गया। टी.बी. बॉटोमोर के अनुसार औद्योगिक समाजशास्त्र औद्योगिक जीवन के दो पहलुओं पर विचार करता है। उद्यम का आंतरिक संगठन और वहां मौजूद सामाजिक संबंध तथा उद्योग के विभिन्न समूहों खासकर मालिकों और प्रबंधकों, सुपरवाइजरों और सफेदपोश कर्मचारियों तथा शारीरिक श्रम करने वालों के बीच संबंधों के व्यापक अर्थ में औद्योगिक संबंध। बॉटोमोर के विचारों से स्पष्ट होता है कि औद्योगिक समाजशास्त्र का स्पष्ट संबंध उद्यम के आंतरिक संगठन से जुड़ा हुआ है। साथ ही औद्योगिक समाजशास्त्र उद्यम से संबंधित सामाजिक संबंधों का भी अध्ययन करता है। उन्होंने यह भी स्पष्ट किया कि इसके अन्तर्गत औद्योगिक संरचना का अध्ययन किया जाता है। वस्तुत: औद्योगिक समाजशास्त्र का विकास समाजशास्त्र की एक विशिष्ट शाखा के रूप में हुआ है। 1946 में डब्ल्यू.ई. मूर की एक महत्वपूर्ण कृति *इंडस्ट्रियल रिलेशंस एंड दि सोशल ऑर्डर* का प्रकाशन हुआ। 1955 में जॉर्ज फ्रीडमान की एक महत्वपूर्ण कृति *इंडस्ट्रियल सोसाइटी* का प्रकाशन हुआ। इन विद्वानों ने औद्योगीकरण के परिप्रेक्ष्य में औद्योगिक संबंधों एवं औद्योगिक संरचनाओं का सर्वेक्षण किया। औद्योगिक समाज से जुड़े कई प्रश्नों को खड़ा किया तथा सामाजिक व्यवस्था के विविध आयामों को रेखांकित किया। बॉटोमोर ने यह स्पष्ट किया है कि उद्योग संबंधी समाजशास्त्रीय शोध के अन्तर्गत सार्वजनिक स्वामित्व वाले उद्योग और निजी उद्यम दोनों आते हैं और ये शोध पूंजीवादी देशों, साम्यवादी औद्योगिक देशों और अल्प विकसित देशों पर किए गए हैं।

1979 में एन.आर. सेठ तथा पी.जे. पटेल ने अपनी पुस्तक इंडस्ट्रियल सोशियोलॉजी इन इंडिया में औद्योगिक समाज से जुड़े विभिन्न समाजशास्त्रीय शोधों का सर्वेक्षण प्रस्तुत किया है। वस्तुत: भारत में भी स्वाधीनता के बाद औद्योगीकरण की प्रक्रिया तीव्र हुई। अत: भारत में भी

समाजशास्त्रियों ने गहन एवं गंभीर अध्ययन के आधार पर औद्योगिक संरचना एवं औद्योगिक समाज का विश्लेषण प्रस्तुत किया है। समाजशास्त्रीय अनुसंधानों के आधार पर औद्योगीकरण के प्रभावों का भी विवेचन किया गया है। शोध के जरिये कई प्रश्नों को खड़ा किया गया है। सामूहिक सौदेबाजी तथा औद्योगिक विवाद के मुद्दों को रेखांकित किया गया है। श्रमिक संघों तथा श्रमिकों की समस्याओं को प्रस्तुत किया गया है। श्रमिक संघों से जुड़े कई प्रश्नों पर ध्यान केन्द्रित किया गया है। श्रमिक संघों में फूट तथा विवाद एवं उसकी आंतरिक कमजोरियों को स्पस्ट किया गया है। प्रबंधन के कर्मचारियों की सहभागिता तथा सफेदपोश कर्मचारियों के विविध पक्षों को भी स्पष्ट किया गया है। इस संदर्भ में 1977 में प्रकाशित ई.ए. रामास्वामी की एक महत्वपूर्ण कृति *दि वर्कर एंड हिज़ यूनियन : ए स्टडी इन साउथ इंडिया* का उल्लेख किया जा सकता है। रामास्वामी ने श्रमिक संघों पर राजनैतिक विचारधाराओं के प्रभाव का अध्ययन किया है। साथ ही श्रमिक संघों में श्रमिकों की सहभागिता, श्रमिक नेतृत्व का प्रतिमान एवं श्रमिक संगठनों की गतिशीलता तथा औद्योगिक संरचना एवं औद्योगिक संबंधों पर ध्यान केन्द्रित किया है। स्पष्ट है कि भारत में भी औद्योगिक समाजशास्त्र का विकास एवं विस्तार हुआ है।

प्रख्यात समाजशास्त्री योगेन्द्र सिंह ने भी औद्योगीकरण, औद्योगिक संबंधों एवं अन्य संबंधित पक्षों का विवेचन किया है। उनके अनुसार औद्योगिक गतिविधियों में विस्तार ने उद्योग-धन्धों में संलग्न कामगारों के सामाजिक आधार को व्यापक बनाया है। इससे भी अधिक उल्लेखनीय तथ्य यह है कि इसके कारण भारत में औद्योगिक-शहरी मध्यम वर्ग को एक बहुत बड़ी तादात दिखाई देने लगी है और पूंजीपति व्यापारियों एवं औद्योगिक गतिविधियों से जुड़े उद्यमियों की एक नई पौध को परम्परागत रूप में औद्योगिक पूंजीपति की श्रेणी में प्रवेश करने तथा इसका क्षेत्र बन जाने का अवसर प्राप्त हो गया है। इसके अलावा सरकार की औद्योगिक नीति ने इस प्रक्रिया को जो बल प्रदान किया उसके कारण 'कॉरपोरेट' संभाग में पूंजीपति उद्यमियों के एक नए वर्ग का उदय हुआ।

स्पष्ट है कि औद्योगिक समाजशास्त्र एक महत्वपूर्ण तथा लगातार विकसित होने वाला विषय है। डब्ल्यू.एम. विलियम्स द्वारा सम्पादित *दि सोशियोलॉजी ऑफ इंडस्ट्री* में औद्योगिक समाजशास्त्र के विविध परिप्रेक्ष्यों का विवरण प्रस्तुत किया गया है। इस पुस्तक के आरम्भ में ही एम.ए. स्मिथ का एक महत्वपूर्ण निबंध ''इंडिस्ट्रियल सोशियोलॉजी : पर्सपेक्टिव एंड मॉडल्स'' में औद्योगिक समाजशास्त्र की प्रकृति, विषय-वस्तु, परिप्रेक्ष्य तथा उपागम आदि की चर्चा की गई है। एम.ए. स्मिथ ने स्पष्ट किया है कि औद्योगिक समाज के साथ सामाजिक, आर्थिक एवं राजनैतिक संगठनों का गहरा संबंध है। यह संबंध जटिल है। औद्योगिक समाज से जुड़े हुए लोगों की समझदारी, मनोवृत्ति तथा अनुभव का अपना अलग महत्व है। उनकी मनोवृत्ति तथा अनुभव भी बहुत जटिल है। इस प्रकार औद्योगिक समाज का ताना-बाना तथा परिप्रेक्ष्य भी विस्तृत है। कार्ल मार्क्स, हर्बट स्पेन्सर, एमिल दुर्खाइम तथा मैक्स वेबर ने अलग-अलग परिप्रेक्ष्यों में औद्योगीकरण एवं औद्योगिक समाज का विश्लेषण किया है। औद्योगिक समाजशास्त्र मशीनों तथा कारखानों की दुनिया में कई जलते प्रश्नों के साथ खड़ा है। क्या औद्योगीकरण एवं भारी उद्योगों के विस्तार के कारण दुनिया में पूंजीवादी अर्थतंत्र का तेजी से ताना-बाना खड़ा हुआ है? क्या औद्योगीकरण ने पूंजीपति तथा सर्वहारा वर्ग के बीच के

फासले को और बढ़ाया है? क्या शोषण एवं दमनकारी नीतियों के कारण कामगारों में अलगाव की गंभीर समस्या मौजूद है? क्या कारखानों के प्रभाव के कारण संयुक्त परिवार संकट तथा संक्रमण के दौर में है? क्या औद्योगिक प्रजातंत्र एवं प्रबंध में श्रमिकों की भागीदारी संतुलित है? क्या श्रम तथा विवेकीकरण के बीच संतुलित प्रबंधन है? क्या श्रमिक संघ तथा श्रम आंदोलन सही दिशा में गतिशील है? क्या सामाजिक सुरक्षा एवं श्रम कल्याण का परिप्रेक्ष्य सही दिशा में कार्यरत एवं कारगर है? बेरोजगारी, आर्थिक मंदी, कर्मचारियों की छंटनी, वेश्यावृत्ति, एड्स तथा प्रदूषण आदि संकट के प्रश्नों के साथ भी औद्योगिक समाजशास्त्र का गहरा संबंध रहा है।

औद्योगिक समाजशास्त्र की पृष्ठभूमि (Background of Industrial Sociology)

औद्योगिक समाजशास्त्र के साथ-साथ औद्योगिक क्रांति का स्पष्ट एवं तर्कपूर्ण संबंध मौजूद है। औद्योगिक क्रांति विज्ञान, आधुनिकीकरण, विवेकीकरण तथा औद्योगिक अर्थव्यवस्था के साथ जुड़ी हुई है। इंग्लैंड में औद्योगिक क्रांति के साथ ही औद्योगिक अर्थव्यवस्था का जन्म हुआ। पूंजीवादी अर्थव्यवस्था ने एक नया स्वरूप ग्रहण किया। अनेक क्षेत्रों में एक दिन लोगों ने देखा कि गेहूं की पिसाई के लिए हाथ की चक्की के बदले इंजन की भाप से चलने वाली मशीन से गेहूं की पिसाई हो रही है। लोगों ने देखा कि विभिन्न क्षेत्रों में पटरियां बिछाई जा रही हैं तथा भाप के इंजन से चलने वाली रेल उन पटरियों पर दौड़ने लगी। एक दिन लोगों ने अनुभव किया कि बुनकरों के दिन लद रहे हैं तथा कपड़े बनाने का काम मशीनों द्वारा शुरू हुआ। लोगों को पता चला कि धान से चावल बनाने के लिए कारखाने लगाए जा रहे हैं। एक दिन लोगों ने अचरज भरी आंखों से देखा कि बड़ी-बड़ी नदियों तथा समुद्र में अब बड़ी-बड़ी नावें व जहाज भाप के इंजन के सहारे लहरों को पीछे छोड़ते हुए आगे बढ़ रहे हैं। इस प्रकार औद्योगिक क्रांति के साथ विशाल यंत्र कोयले से उत्पादित भाप द्वारा संचालित होने लगे। एक सदी बाद भाप की जगह बिजली ने ले ली। लोगों के मन में पंछी की तरह अनन्त आकाश में पंख फैलाकर उड़ने की इच्छा थी। एक दिन लोगों ने देखा कि आसमान में हवाई जहाज उड़ता चला जा रहा है। उत्पादन में मशीनों के बढ़ते प्रयोग के कारण उत्पादन, यातायात और वितरण की प्रणालो में इतने तीव्र और व्यापक परिवर्तन हुए कि इस प्रक्रिया को औद्योगिक क्रांति कहा गया। औद्योगिक क्रांति ने आधुनिक अर्थव्यवस्था, नई उत्पादक पद्धति, संगठनों और नए मानवीय संबंधों को जन्म दिया। औद्योगिक समाजशास्त्र का उदय इसी पृष्ठभूमि में हुआ है। वस्तुतः औद्योगीकरण अर्थव्यवस्था में एक नए युग की शुरुआत हुई। आधारभूत संरचनाओं का विकास हुआ। परिवहन तथा यातायात के अनेक साधनों के आधार पर उत्पादन तथा वितरण की प्रणाली को सुदृढ़ आधार प्रदान किया गया। व्यावसायिक गतिशीलता की तीव्र स्थिति उत्पन्न हुई। रोजगार के नए अवसरों का तेजी के साथ विकास हुआ। मशीनों के प्रयोग से उत्पादन की मात्रा और गुणवत्ता के साथ विविधता भी बढ़ी। अनेक प्रकार के औपचारिक आर्थिक संगठनों का विकास हुआ।

पी.पी. बाउर तथा बी.एस. यामे ने अपनी पुस्तक *दि इकोनोमिक्स ऑफ अंडरडेवलप्ड कंट्रीज* में स्पष्ट किया है कि व्यापक पैमाने पर औद्योगीकरण आर्थिक विकास एवं ऊंचे रहन-सहन स्तर का मूल स्रोत है।[1] स्वाधीन भारत में विज्ञान तथा तकनीकी क्षेत्र में पंडित

जवाहर लाल नेहरू का योगदान अविस्मरणीय है। उन्होंने स्वाधीन भारत में औद्योगीकरण, औद्योगिक अर्थव्यवस्था एवं औद्योगिक समाज के आधार को सुदृढ़ किया। पंडित नेहरू ने औद्योगीकरण को राष्ट्रों के देवता के रूप में रेखांकित किया है। उनके अनुसार—"सम्पूर्ण राष्ट्र जिस देवता की अर्चना करते हैं वह देवता है औद्योगीकरण! वह देवता है मशीन!! वह देवता है वृहद् उत्पादन तथा अधिक-से-अधिक मुनाफे के लिए प्राकृतिक शक्तियों एवं साधनों का अधिक-से-अधिक इस्तेमाल"!!

मानव व्यवहार एवं मानव समाज के व्यवस्थित अध्ययन का आरम्भ 18वीं शताब्दी के उत्तरार्द्ध के यूरोपीय समाज में देखा जा सकता है। इस नए दृष्टिकोण की पृष्ठभूमि क्रांतिकारी, बौद्धिक एवं वैज्ञानिक चिंतन से जुड़ी हुई है। फ्रांसीसी क्रांति तथा औद्योगिक क्रांति के परिप्रेक्ष्य में मानव समाज के अध्ययन को एक नई दिशा प्राप्त हुई। यूरोपीय समाज में परिवर्तन का यह युग 'प्रबोधन' (Enlightenment) के नाम से जाना जाता है क्योंकि इसमें 18वीं शताब्दी के प्रखर फ्रांसीसी चिंतकों की चेतना को निश्चित रूप से व्यक्त किया गया है। यह सुनिश्चित किया गया कि प्रकृति तथा समाज, दोनों का वैज्ञानिक ढंग से अध्ययन किया जा सकता है। समाज की सभी मुख्य धारणाओं — धर्म, समुदाय, सत्ता, उत्पादन, सम्पत्ति, वर्ग आदि की नई व्याख्याएं होने लगीं और उन्हें नए संदर्भ मिलने लगे। नए वैज्ञानिक आविष्कारों तथा विचारों ने समाज के विविध आयामों के संदर्भ में नए ढंग से अध्ययन के लिए विद्वानों को उत्प्रेरित किया। वास्कोडिगामा 1498 ई. में भारतीय तट पर पहुंचा। कोलम्बस ने 1492 ई. में अमेरिका की खोज की। डच वैज्ञानिक निकोलस कॉपर्निकस का सिद्धान्त प्राचीन विचारधारा की समूची परम्परा का पहला प्रमुख विच्छेद था। यह आम धारणा थी कि पृथ्वी स्थिर है और सूर्य तथा अन्य नक्षत्र आदि उसके चारों ओर घूमते हैं। इसे 'भू-केन्द्रित सिद्धांत' के नाम से जाना जाता था। परन्तु कॉपर्निकस ने विस्तृत वैज्ञानिक व्याख्याओं के आधार पर सिद्ध किया कि सूर्य स्थिर है और पृथ्वी उसके चारों ओर घूमती है। यह 'सूर्य केन्द्रित सिद्धांत' कहलाता है। कॉपर्निकस ने उस आधार को धराशायी कर दिया, जिस पर परम्परागत संसार खड़ा था। विलियम हार्वे (1577-1657) ने मानव शरीर में रक्त के प्रवाह की खोज की। इससे कई प्रकार के नए चिंतनों को बल मिला। मनुष्य के शरीर से परस्पर संबंधित अवयवों एवं परस्पर सम्बद्ध प्रणालियों के संदर्भ में नए अध्ययनों की शुरुआत हुई।

ब्रिटिश वैज्ञानिक चार्ल्स डार्विन (1809-1882) ने 1859 ई. में अपनी पुस्तक *द ओरिजिन ऑफ स्पीशीज* प्रकाशित की। यह पुस्तक उनके विश्वभर के पांच वर्ष के भ्रमण के व्यापक अनुभवों पर आधारित थी। डार्विन के अनुसार विभिन्न जीव एक-दूसरे से होड़ करते रहते हैं। 'सर्वोपयुक्त का जीवित रहना' प्राकृतिक नियम है। अस्तित्व के संघर्ष में सर्वोपयुक्त जीव का अस्तित्व बना रहता है। अन्य प्रजातियां (जीव) लुप्त हो जाती हैं। डार्विन ने अपनी पुस्तक *डीसेन्ट ऑफ मैन* में मानवीय विकास का अध्ययन किया। डार्विन के 'विकासवाद' के सिद्धान्त ने विचारों की दुनिया में एक नई उत्तेजना पैदा की। विकासवादी विचारकों, विशेषकर समाजशास्त्री हर्बर्ट स्पेन्सर ने इस सिद्धान्त के आधार पर मानव समाज की व्याख्या प्रस्तुत की। स्पेन्सर के अनुसार न केवल जीव बल्कि समाज का भी सरल अवस्था से जटिल अवस्था की ओर विकास होता है।

उल्लेखनीय है कि औद्योगिक क्रांति के कालखंड में नए औजारों तथा इन तकनीकों का विकास किया गया। 1760 से 1830 के कालखंड में औजारों, तकनीकों और उत्पादन के प्रबंध में कई नए आविष्कार हुए जिनसे उत्पादन की फैक्ट्री प्रणाली अस्तित्व में आई। फलत: उत्पादन की सामंतवादी प्रणाली के स्थान पर पूंजीवादी प्रणाली की शुरुआत हुई। उद्योगपतियों के एक नए वर्ग का उदय हुआ। इस नए वर्ग ने औद्योगिक प्रणाली को नियंत्रित किया। औद्योगिक क्रांति के फलस्वरूप समाज में हाथ से बनी वस्तुओं का परम्परागत युग समाप्त हो गया। यंत्र निर्मित वस्तुओं के एक नए युग का उदय हुआ। 1764 में एक अंग्रेज बुनकर जेम्स हारग्रीव्स ने 'स्पिनिंग जेनी' का आविष्कार किया। यह एक आयताकार सरल मशीन थी। इसमें कई कतुए (Spindles) लगे थे। इन्हें एक ही कताई चक्र से चलाया जा सकता था। इस मशीन ने कताई की प्रक्रिया तेज कर दी और मजदूरों की मांग घटा दी। एक ही पहिया घुमाने वाला एक मजदूर बहुत सारी तकलियों को घुमा देता था और एक साथ कई धागे बनने लगते थे। 1769 में एक अंग्रेज आर्कराइट ने वाटरफ्रेम मशीन ईजाद की। यह मशीन बहुत बड़ी थी। इसे घर में रखना संभव नहीं था। अत: इसे लगाने के लिए विशेष इमारत की जरूरत पड़ी। यहीं से कारखाना प्रणाली का आरंभ हुआ। 1779 में सैमुअल क्रांप्टन ने इंग्लैंड में 'म्यूल' नाम की एक और मशीन बनाई। इंग्लैंड में सबसे पहले 1730 के दशक में कारखाने खुले। परन्तु उनकी संख्या में तीव्र विकास 18वीं सदी के अंत में ही हुआ। जेम्स वाट ने न्यूफॉमेन द्वारा बनाए गए भाप इंजन में सुधार किए और 1871 में नए इंजन को पेटेंट करा लिया। इस मॉडल का उत्पादन उनके दोस्त उद्योगपति मैथ्यू बूल्टन ने किया।

उपनिवेश के कालखंड में भारत के परिदृश्य में औद्योगीकरण का विकास अधिक तीव्र नहीं था। परन्तु 1854 में ही बम्बई में पहली कपड़ा मिल की स्थापना की गई। दो साल बाद उसमें उत्पादन होने लगा। 1862 तक वहां ऐसी चार मिलों को स्थापित किया गया। उनमें 94,000 तकलियां और 2,150 करघे थे। देश की पहली जूट मिल 1825 में बंगाल प्रांत के अन्तर्गत स्थापित की गई। दूसरी जूट मिल 1862 में चालू की गई। ज्ञातव्य है कि उत्तरी भारत में एल्गिन मिलें 1860 के दशक में कानपुर में खुलीं। अहमदाबाद में 1861 में पहली कपड़ा मिल को चालू किया गया। 1874 में मद्रास में भी पहली कटाई और बुनाई मिल खुल गई! उल्लेखनीय है कि 1912 में जमशेद जी टाटा ने जमशेदपुर में भारत का पहला लौह एवं इस्पात संयंत्र स्थापित किया। भारत में लौह-इस्पात उद्योग का आरंभ विलम्ब से हुआ। औपनिवेशिक भारत में औद्योगिक मशीनरी, रेलवे और लोकोमोटिव का ज्यादातर आयात ही किया जाता था। अत: स्वतंत्रता प्राप्त होने तक भारी उद्योग में कोई विशेष प्रगति नहीं हुई।

स्वाधीनता के बाद भारत में औद्योगीकरण की प्रक्रिया को तीव्र किया गया। लोहा और इस्पात संयंत्र के विकास पर विशेष बल दिया गया। उपलब्ध सूचनाओं के आधार पर स्पष्ट होता है कि भारत में समुचित लोहा इस्पात संयंत्र कार्यरत है-

1. टाटा लोहा और इस्पात कम्पनी, जमशेदपुर, बिहार (अब झारखंड) तथा एक सहायक इस्पात वर्क्स, गोपालपुर, उड़ीसा।
2. भारतीय लोहा और इस्पात कम्पनी, वर्नपुर, पश्चिम बंगाल।
3. विश्वेश्वरैया लोहा और इस्पात लिमिटेड, भद्रावती, कर्नाटक।

4. भिलाई लोहा और इस्पात संयंत्र, मध्यप्रदेश (अब छत्तीसगढ़) (रूस के सहयोग से)।
5. राउरकेला इस्पात संयंत्र, उड़ीसा (जर्मनी के सहयोग से)।
6. दुर्गापुर इस्पात संयंत्र, पश्चिम बंगाल (ब्रिटेन के सहयोग से)।
7. बोकारो इस्पात संयंत्र, बिहार (अब झारखंड) (रूस के सहयोग से)।
8. सेलम् इस्पात संयंत्र, तमिलनाडु।
9. विशाखापत्तनम् इस्पात संयंत्र, आंध्रप्रदेश।
10. विजयनगर इस्पात संयंत्र, कर्नाटक।

औद्योगिक क्रांति के फलस्वरूप एक नए समाज का उदय हुआ है। औद्योगिक क्रांति ने सामाजिक संरचना के विविध आयामों एवं परम्परागत मूल्यों को प्रभावित किया है। परिवार विवाह तथा नातेदारी एक नए दौर में हैं। नगरीकरण की प्रक्रिया तीव्र हुई है। रोजगार के नए अवसर उत्पन्न हुए हैं। वैज्ञानिक तकनीक तथा आधुनिक प्रक्रिया की तीव्र दौड़ जारी है। दुनिया के विभिन्न देशों में औद्योगीकरण की प्रक्रिया के विकास में असमानता है। सूचना प्रौद्योगिकी के विकास ने औद्योगिक समाजशास्त्र के क्षेत्र को विकसित किया है। आगस्ट काम्टे ने अपने तीन स्तरों के नियम में (Law of Three Stages) स्पष्ट किया था कि ज्ञान में विकास के कारण समाज में विकास तथा प्रगति होती है। प्रखर बौद्धिक क्षमता तथा स्थापित सत्ता के विरोध करने की प्रखर प्रवृत्ति के कारण काम्टे ने सदैव ही नई दिशा का निर्माण किया। बौद्धिक स्तर पर वे जन्मजात विद्रोही थे। उन्होंने भूत-प्रेत, देवी-देवताओं तथा तात्विक शक्तियों पर आधारित ज्ञान को अस्वीकार किया। वे अंधविश्वास, जड़ता, संकीर्णता, पूर्वाग्रह तथा धार्मिक कट्टरता के प्रबल विरोधी थे। उन्होंने अवलोकन, प्रयोग, वर्गीकरण, सत्यापन, सामान्यीकण तथा वस्तुनिष्ठता पर आधारित वैज्ञानिक ज्ञान को स्वीकार किया। यही कारण है कि काम्टे ने समाजशास्त्र को एक आधारभूत तथा निर्देशक विज्ञान के रूप में स्वीकृत किया है। औद्योगिक समाजशास्त्र निश्चित तौर पर समाजशास्त्र की एक विशिष्ट शाखा है। अत: औद्योगिक समाजशास्त्र की प्रकृति वैज्ञानिक है। इसका सीधा और प्रत्यक्ष संबंध विज्ञान के साथ है। इसमें भी कार्य-कारण संबंधों की व्याख्या की जाती है। औद्योगिक समाजशास्त्र भी सामान्यीकरण पर आधारित है। इसमें भी अवलोकन, प्रयोग, वर्गीकरण तथा सत्यापन आदि का उपयोग होता है। यह वस्तुनिष्ठ पद्धति पर आधारित है। औद्योगिक समाजशास्त्र की पृष्ठभूमि वैज्ञानिक है। औद्योगिक क्रांति के परिप्रेक्ष्य में इसका उदय तथा विकास हुआ है। औद्योगिक समाज के साथ इसका स्पष्ट संबंध मौजूद है। वस्तुत: औद्योगिक समाजशास्त्र वैज्ञानिक पद्धति के आधार पर औद्योगीकरण तथा औद्योगिक समाज का अध्ययन भी करता है तथा प्रश्नों के जरिए कामगारों एवं मेहनतकश इंसानों की सुरक्षा एवं कल्याण पर नजर भी रखता है।

समाजशास्त्रीय चिंतक हर्बर्ट स्पेन्सर ने सामाजिक उद्‌विकास के आधार पर औद्योगिक क्रांति की व्याख्या की है। स्पेन्सर के विचारों पर चार्ल्स डार्विन की रचना द ओरिजिन ऑफ स्पीशीज का काफी प्रभाव पड़ा था। उनके अनुसार समाज का विकास सरलता की दशा से एक व्यवस्थित जटिलता की ओर होता है। उसने यह भी स्पष्ट किया कि समाज में विकास अनिश्चितता की दशा से निश्चितता की दशा की ओर होता है। समाज विशिष्टता की दशा की ओर परिवर्तित होता है, जिसमें उसके हिस्से तथा प्रकार्य जटिल विशिष्टिकरण से जुड़े होते हैं।

उनके अनुसार समाज का परिवर्तन एवं विकास समरूपता से विभिन्नता की ओर होता है। स्पेन्सर ने सरलता से जटिलता एवं समरूपता से विभिन्नता एवं विशेषीकरण के आधार पर औद्योगिक समाज की व्याख्या प्रस्तुत की है।

एमिल दुर्खाइम ने औद्योगिक समाज के विविध पक्षों का विश्लेषण श्रम विभाजन तथा विशेषीकरण के सिद्धांत के आधार पर प्रस्तुत किया है। उन्होंने श्रम विभाजन का विश्लेषण सामाजिक-सांस्कृतिक परिप्रेक्ष्य में प्रस्तुत किया। एमिल दुर्खाइम ने 1893 ई. में अपनी पहली रचना *De La Division du Travail Social* प्रकाशित की। पार्सन्स के अनुसार सामाजिक विचारों के इतिहास में श्रम-विभाजन का सिद्धांत एक महत्वपूर्ण अवदान है। उन्होंने दुर्खाइम द्वारा प्रस्तुत श्रम-विभाजन के सिद्धांत को मील के पत्थर के रूप में रेखांकित किया है। उनके अनुसार सरल समाज में यांत्रिक एकता मौजूद है। जटिल समाज में सावयवी एकता का विकास होता है। उनके अनुसार व्यक्तियों में विभिन्नता, परस्पर निर्भरता एवं श्रम-विभाजन तथा विशेषीकरण के आधार पर सावयवी एकता का विकास होता है। जाहिर है कि औद्योगिक समाज में सावयवी एकता मौजूद है। इसमें श्रम-विभाजन तथा विशेषीकरण का विस्तार होता है। सावयवी समाज में सावयवी सुदृढ़ता (Organic Solidarity) पाई जाती है। इस प्रकार के समाज में बाध्यकारी कानून का विशेष महत्व होता है। दुर्खाइम के अनुसार यांत्रिक समाज में कानून की प्रकृति दमनकारी (Repressive) होती है। सावयवी समाज का कानून पुन:स्थापना (Restitution) से संबंधित होता है। इस प्रकार दुर्खाइम के अनुसार औद्योगिक समाज में बाध्यकारी कानून का विशेष महत्व है। साथ ही औद्योगिक समाज का कानून पुन:स्थापना से संबंधित है। टी.बी. बॉटोमोर ने औद्योगिक समाज के संदर्भ में एमिल दुर्खाइम के दृष्टिकोणों की व्याख्या की है। बॉटोमोर के अनुसार दुर्खाइम ने आधुनिक औद्योगिक समाजों में श्रम-विभाजन के असामान्य रूपों का विवेचन किया है, वह दो प्रमुख असामान्य रूपों की पहचान करता है–'विसंगत' और 'जबरिया' श्रम-विभाजन। पहले से उसका तात्पर्य श्रम की चरम विशिष्टिकरण की स्थिति है जिसमें व्यक्ति अपनी विशेषज्ञता के कारण अलगाव में पड़ जाता है, विशेषकर ऐसी स्थिति जिसमें पूंजी और श्रम के बीच स्थायी विभाजन हो दुर्खाइम इसके सुधार के बतौर व्यावसायिक संगठनों और परिसंघों के जरिये एवं पूंजी तथा श्रम के बीच बहस तथा वार्ताओं के लिए सांस्थानिक व्यवस्था के जरिये, नियमित एवं दीर्घकालीन सम्पर्कों को प्रोत्साहित करने का प्रस्ताव रखता है। दूसरे रूप से दुर्खाइम का तात्पर्य ऐसी स्थिति से है जिसमें व्यक्ति स्वतंत्र होकर अपने व्यवसाय का चुनाव नहीं करता बल्कि जबरदस्ती उसमें ढकेल दिया जाता है। वह व्यक्तियों की क्षमता और उन पर थोपी गई भूमिकाओं के बीच इस विसंगति को वर्ग टकराव का प्रमुख स्रोत मानता था। दुर्खाइम का यह स्पष्ट विचार था कि आधुनिक समाज श्रम-विभाजन के इन असामान्य रूपों से छुटकारा पा सकते हैं और वे पा लेंगे। टी.बी. बॉटोमोर के अनुसार औद्योगिक समाज तथा श्रम-विभाजन के संदर्भ में अध्ययन एवं अनुसंधान का क्रम जारी है। दुर्खाइम की उम्मीदें किस हद तक पूरी हुईं, यह देखना अभी शेष है। बॉटोमोर ने यह भी संकेत दिया है कि अनेक औद्योगिक समाजों में पूंजी और श्रम के बीच संबंध सलाह, वार्ता और मध्यस्तता की विस्तृत प्रक्रियाओं के जरिये संस्थाबद्ध हो चुके हैं और शिक्षा के विस्तार तथा व्यावसायिक संरचना में परिवर्तन के कारण अनेक लोगों के लिए व्यवसाय के चुनाव का

क्षेत्र काफी व्यापक हो गया है। कुछ हद तक इसका प्रभाव वर्गीय टकरावों की तीव्रता में कमी के बतौर दिखाई पड़ा है।

थोर्स्टीन वेब्लेन (1857-1929) के समाजशास्त्रीय सिद्धांत में प्रौद्योगिकीय विकासवाद के बारे में विचार किया गया है। वेब्लेन पर स्पेन्सर के सामाजिक विकास संबंधी विचारों का प्रभाव पड़ा है। उसके अनुसार नई और पहले से कहीं अधिक प्रभावपूर्ण प्रौद्योगिकियों के आविष्कार और उपयोग के साथ ही मनुष्य का विकास हुआ। उसके अनुसार किसी भी समाज में सामाजिक परिवर्तन की व्याख्या कार्य करने की पद्धति में की जा सकती है। अर्थात् भौतिक साधनों के उपयोग करने की पद्धति में की जा सकती है। उसके अनुसार 'औद्योगिक कला' (Industrial Arts) यह निर्धारित करती है कि मनुष्य अपने प्राकृतिक पर्यावरण के अनुसार स्वयं को कैसे ढाल सकता है। एल.ए. कोडार ने निम्नलिखित बिन्दुओं के आधार पर औद्योगिक समाज के संदर्भ में वेब्लेन के विचारों को रेखांकित किया है।

1. मनुष्य वही होता है जो वह करता है। मानव जाति और उसका सामाजिक संगठन उसके प्रौद्योगिक और आर्थिक क्षेत्रों पर आधारित है।
2. वेब्लेन ने दो परस्पर विरोधी वर्गों को रेखांकित किया है। उसके अनुसार एक वर्ग पैसा कमाने वाला होता है तथा दूसरा वर्ग सामान बनाने वाला होता है। इन दोनों वर्गों में स्पष्ट विरोध मौजूद है। इसके अनुसार प्रौद्योगिकी के विकास ने पूंजीवाद को सुदृढ़ किया है। वेब्लेन ने स्पष्ट किया है कि पूंजीवाद दुनिया में व्यापार और उद्योग के बीच, स्वामित्व और प्रौद्योगिकी के बीच, आर्थिक रोजगार जैसे व्यापार और वित्तीय कार्यों में लगे लोगों और उद्योग में रोजगार भरने वाले लोगों के बीच परस्पर कभी नहीं सुलझाने वाला विरोध है।
3. वेब्लेन के अनुसार उद्योगपति और वित्तीय सहायता प्रदान करने वाले लोग परजीवी हैं, जो प्रौद्योगिकी के स्वामित्व और दूसरे लोगों के नवीन परिवर्तनों के सहारे फल-फूल रहे हैं। उसने यह भी स्पष्ट किया कि उद्योगपति गरीब और औद्योगिक मजदूरों की मेहनत पर जीवित हैं।
4. वेब्लेन ने अपनी पुस्तक *द थ्योरी ऑफ द लैजर क्लास* में स्पष्ट किया है कि कोई जितनी तेजी से अकूत सम्पत्ति अर्जित करता है वह उतनी ही तेजी से प्रदर्शन तथा उपभोग का अभ्यस्त हो जाता है। सम्पत्तिशाली व्यक्ति अपने पड़ोसियों या मित्रों से अधिक अच्छा दिखने का प्रयास करता है। वह अपने आप को दूसरों से अधिक बढ़-चढ़कर दिखाने लगता है।
5. वेब्लेन ने संकेत किया है कि कुलीनतंत्र युग में समाज के बहुत छोटे भाग के लोग फिजूलखर्ची का जीवन बिताते थे। परन्तु वर्तमान में पूंजीवादी देशों में प्रतिस्पर्द्धा के रूप में प्रदर्शन की प्रवृत्ति पूरे समाज पर छा गई। इस प्रकार औद्योगिक समाज की वास्तविकता को वेब्लेन ने स्पष्ट किया है। उसके अनुसार प्रत्येक वर्ग अपने से उच्च वर्ग के रहन-सहन के तरीकों की यथासंभव नकल करने की कोशिश करता है।
6. वेब्लेन ने यह भी स्पष्ट किया है कि औद्योगिक व्यवस्था में गरीब और अधिक गरीब नहीं हो जाते अपितु वे अपनी दृष्टि में अधिक उपेक्षित तथा अधिक गरीब महसूस करने लगते हैं।

7. इस प्रकार वेब्लेन की सामाजिक परिवर्तन की अवधारणा प्रौद्योगिकीय विकास से जुड़ी हुई है।

कार्ल मार्क्स ने प्रौद्योगिक समाज का गहन एवं गंभीर विश्लेषण किया है। उन्होंने सामाजिक, आर्थिक व्यवस्था में निहित शोषण तथा असमानता के विविध आयामों को स्पष्ट किया। उन्होंने भूमिपतियों तथा भूमिहीन मजदूरों के बीच मौजूद असमानता के आधारों का खुलासा किया। उन्होंने कारखाने के मालिकों तथा मजदूरों के सामाजिक-आर्थिक यथार्थ को स्पष्ट किया। मार्क्स ने दुनिया के सामने अनेक ज्वलंत प्रश्नों को खड़ा किया। क्या कारण है कि एक मजदूर पर जुल्म ढाया जाता है। क्या कारण है कि गरीब सर्वहारा का शोषण किया जाता है? सदियों से अमीरों तथा गरीबों के बीच मौजूद भेद-भाव का कारण क्या है? उन्होंने प्रश्नों के जरिये गरीब सर्वहारा को झकझोर कर रख दिया। उनके अनुसार दार्शनिक विभिन्न तरीकों से विश्व की व्याख्या करते आए हैं। मुख्य प्रश्न है कि इसे कैसे बदला जाए। स्पष्ट है कि कार्ल मार्क्स किसी इकाई अथवा व्यवस्था के किसी एक पक्ष के परिवर्तन के हिमायती नहीं थे, अपितु उन्होंने व्यवस्था परिवर्तन के चिंतन को प्रस्तुत किया। योगेन्द्र सिंह तथा मंजू भट्ट ने स्पष्ट किया है कि कार्ल मार्क्स ने पूंजीवादी व्यवस्था के अध्ययन के लिए मात्र वैचारिक अथवा अवधारणात्मक योगदान नहीं दिया अपितु सर्वहारा वर्ग अथवा मजदूरों की सामाजिक स्थिति और समस्याओं के मापन के लिए सर्वेक्षण पद्धति का उपयोग किया।

कार्ल मार्क्स ने औद्योगिक समाज की वास्तविक तथा जमीनी सच्चाई का विश्लेषण किया है। उन्होंने 'अलगाव' के आधार पर कारखाने के मजदूरों के शोषण चक्र को रेखांकित किया है। लगातार शोषण एवं अत्याचार पीड़ित श्रमिक को कारखाने में अथवा अपने-अपने कर्म स्थलों पर सुख तथा शांति का एहसास नहीं होता है। वह मनोवैज्ञानिक रूप से कुंठित हो जाता है। श्रम, स्वेद और रक्त को जलाकर एक मजदूर दिन-रात परिश्रम करता है तथा उत्पादन में वृद्धि करता है। परंतु उसके मन में यह बात चक्कर काटती है कि जो काम वह कर रहा है उसका मालिक कोई और है, जो काम वह कर रहा है उसका लाभ कोई और उठा लेता है। उसे मालिक द्वारा बार-बार अपमानित तथा प्रताड़ित किया जाता है। फलतः उसे निम्नलिखित बिंदुओं के आधार पर अलगाव होता है-

1. श्रमिकों को उस वस्तु से अलगाव हो जाता है जिसे वह उत्पादित करता है।
2. श्रमिकों को उत्पादन की प्रक्रिया से भी अलगाव हो जाता है
3. श्रमिकों को स्वयं से भी अलगाव हो जाता है।
4. साथ ही अपने समुदाय के साथियों से भी अलगाव होता है।
5. इस प्रकार अलगाव स्वविमुखता की स्थिति होती है जिसमें श्रमिक स्वयं को कार्य से अलग पाता है।
6. मार्क्स ने स्वयं ऐसी स्थिति को मजदूर द्वारा 'चक्र में काम' (Cog in a Wheel) की संज्ञा दी है।
7. इस प्रकार मजदूर लगातार शोषण तथा अलगाव की चक्की में जकड़ा हुआ रहता है।
8. अलगाव की व्याख्या के आधार पर मार्क्स ने स्पष्ट किया है कि पूंजीवादी अर्थव्यवस्था में पूंजीपति अधिक शक्तिशाली होता जाता है तथा सर्वहारा वर्ग अलगाव का शिकार होकर कमजोर हो जाता है।

मार्क्स के अनुसार ध्रुवीकरण की इस प्रक्रिया में मध्य स्तरीय वर्गों (Intermedia Try Classes) का विलोपन हो जाता है। इस अवस्था में बुर्जुआ और सर्वहारा वर्ग का स्पष्ट ध्रुवीकृत स्वरूप मौजूद रहता है। छोटे बुर्जुआ वर्ग को मार्क्स पेटी बुर्जुआ (Petty Bourgeoisie) कहते हैं। इस चरण में बुर्जुआ तथा सर्वहारा वर्ग आमने-सामने खड़े होते हैं। छोटे-बड़े बिचौलिए वर्गों का विलोपन हो जाता है। यह मुठभेड़ की स्थिति है। यह म्यान से तलवार निकालने का दौर होता है। फिजा में क्रांति और इंकलाब होता है। क्रांति की स्थिति उत्पन्न होती है, वर्ग संघर्ष होता है। कार्ल मार्क्स ने स्पष्ट किया कि संघर्ष में गरीबों के पास खोने के लिए गुलामी के जंजीर के सिवा कुछ नहीं होता और जीतने के लिए पूरा समाज होता है।

इस प्रकार कार्ल मार्क्स ने वर्ग-संघर्ष की व्यवस्थित तथा वैज्ञानिक प्रक्रियाओं को गंभीरता पूर्वक प्रस्तुत किया। उन्होंने यह भी स्पष्ट किया कि क्रांति के बाद संक्रमण काल उत्पन्न होता है। संक्रमण के बाद साम्यवाद की स्थिति उत्पन्न होती है। साम्यवाद में वर्ग-विहीन समाज का विकास होता है। कोई मजदूर नहीं होता, कोई मालिक नहीं होता, कोई सामंत नहीं होता, कोई अर्द्धदास किसान नहीं होता। कोई बुर्जुआ नहीं होता, कोई सर्वहारा नहीं होता। वर्ग संघर्ष का परिणाम वर्ग रहित, भेदभाव रहित तथा शोषण रहित व्यवस्था के विकास से जुड़ा हुआ है। वर्ग-संघर्ष के बाद व्यक्तिगत संपत्ति की भी कोई अवधारणा नहीं होती। सर्वहारा वर्ग शक्ति संरचना में जुड़ जाता है तथा संपत्ति का पूर्णरूपेण राष्ट्रीयकरण हो जाता है।

नौकरशाही वह तंत्र है जो तर्क-विधिक सत्ता को लागू करता है। मैक्स वेबर ने नौकरशाही का विस्तृत विवेचन किया है और एक आदर्श प्रारूप की परिकल्पना प्रस्तुत की है जिसमें नौकरशाही की अवधारणा को स्पष्ट किया है। संक्षेप में, अधिकारी-तंत्र सुपरिभाषित कार्य-संस्कृति पर आधारित है। यह कार्यकलापों के प्रतिमानों की एक संस्तरणात्मक व्यवस्था है अर्थात् इसमें संस्तरण होता है। अधिकारी तंत्र के द्वारा प्रशासकीय कार्यों का संचालन होता है। अधिकारी-तंत्र से जुड़े व्यक्तियों में तर्कपूर्ण आधारों पर औपचारिकता विकसित होती है। अधिकारी-तंत्र में प्रत्येक अधिकारी अपने से उच्च अधिकारी के प्रति उत्तरदायी होता है। मैक्स वेबर ने अधिकारी-तंत्र की अवधारणा को निम्नलिखित बिंदुओं के आधार पर स्पष्ट किया है–

1. वेबर के अनुसार नौकरशाही व्यवस्था औपचारिक तर्क संगति की सामाजिक अभिव्यक्ति है। औपचारिक तर्क संगति का एक विशिष्ट अभिप्राय है। आधुनिक अधिकारी-तंत्र में

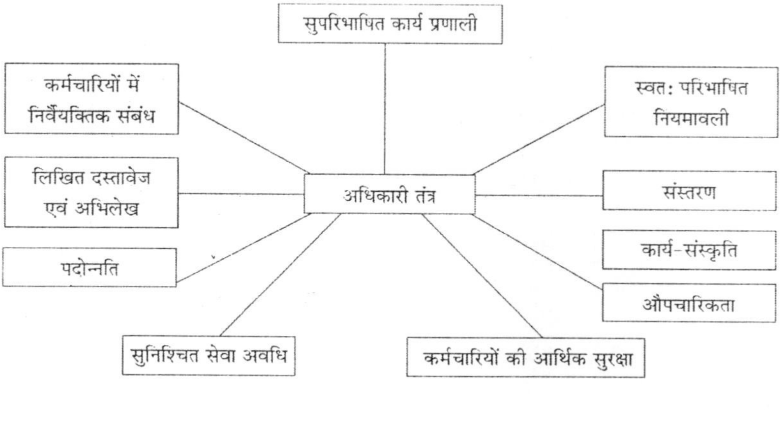

वंश परंपरा, वैयक्तिक संबंध, विश्वास तथा भावुकता का कोई स्थान नहीं है। आधुनिक नौकरशाही में नियमों तथा प्रक्रियाओं को महत्व दिया जाता है।

2. वेबर की दृष्टि में नौकरशाही व्यवस्था तर्कसंगत प्रभुत्ता की संरचना है। उनके अनुसार नौकरशाही तर्कविधिक सत्ता की विशिष्ट अभिव्यक्ति है। इसीलिए शक्ति तभी तर्कपूर्ण, नियमानुकूल एवं वैध कही जाती है जब इसका उपयोग औपचारिक व्यक्ति निरपेक्ष नियमों एवं प्रावधानों द्वारा किंया जाए जो नौकरशाही संरचना के आधार हैं।
3. वेबर के अनुसार अधिकारी-तंत्र अपने सदस्यों के तर्कसंगत कार्यों को प्रोत्साहित करता है। उन्होंने यह भी स्पष्ट किया है कि नौकरशाही के विकास तथा पूंजीवाद के तर्कसंगत विकास के बीच तर्कपूर्ण संबंध हैं।
4. नौकरशाही लिखित अभिलेखों पर आधारित है। इसमें कर्मचारियों के लिए आर्थिक सुरक्षा है। इसमें पदोन्नति का प्रावधान है।

अधिकारी-तंत्र की अवधारणा के विश्लेषण में मैक्स वेबर ने क्रमबद्ध एवं सुनियोजित पक्षों का स्पष्टीकरण किया है। वस्तुत: वाणिज्यिक क्रांति, औद्योगिक क्रांति, लोकतंत्र एवं पूंजीवाद के विकास के कारण अधिकारी तंत्र की एक व्यापक संरचना प्रत्येक संगठन के साथ संबंधित है। विशेष रूप से सरकारी सचिवालयों, औद्योगिक संगठनों, व्यापारिक प्रतिष्ठानों एवं सामाजिक-आर्थिक परिधि के विभिन्न परिक्षेत्रों में नौकरशाही का व्यवस्थित ताना-बाना अनुभव किया जा सकता है। मैक्स वेबर ने अधिकारी-तंत्र की जटिल संरचना को प्रस्तुत कर कार्य संस्कृति से जुड़ी संरचना को स्पष्ट किया। जाहिर है कि वर्तमान माहौल में सेंसेक्स, कॉल सेंटर, शेयर मार्केट में बढ़ते-लुढ़कते सूचकांक, प्रशासनिक सचिवालय-सामाजिक संगठन का हर क्षेत्र अधिकारी-तंत्र से जुड़ चुका है। वस्तुत: अधिकारी-तंत्र से संबंधित मैक्स वेबर का समाजशास्त्रीय चिंतन एक महत्वपूर्ण अवदान है तथा विचारों की दुनिया में इसे स्वर्णाक्षरों में अंकित किया जा सकता है।

औद्योगिक समाजशास्त्र की पृष्ठभूमि की व्याख्या में एफ. टॉनीज द्वारा प्रतिपादित गेमिनशैफ्ट तथा गोसिलशैफ्ट (Gemeinschaft and Gesellschaft) का सिद्धांत उपयोगी है। गेमिनशैफ्ट एक प्रकार का समुदाय है जिसमें जीवन प्रगाढ़ होता है अर्थात् गेमिनशैफ्ट में घनिष्ठ सामुदायिक चेतना पाई जाती है। एफ. टॉनीज ने गेमिनशैफ्ट तथा गोसिलशैफ्ट की अवधारणा को प्रस्तुत किया है। गेमिनशैफ्ट एक समुदाय है, जिसमें सभी सदस्य एक-दूसरे को जानते हैं तथा साथी होने की भावना के भागीदार होते हैं। टॉनीज ने गोसिलशैफ्ट की अवधारणा को स्पष्ट करते हुए बताया है कि समाज का वह प्रकार जो अवैयक्तिक संबंधों, व्यक्तिगत उपलब्धियों और स्वहित द्वारा निर्धारित होता है, गोसिलशैफ्ट कहलाता है। गेमिनशैफ्ट के सभी सदस्य आत्मीयतापूर्ण संबंधों से जुड़े होते हैं। एक भू-भाग में एक संसार होता है। इसमें परिवार की तरह व्यक्ति जन्म से जुड़ा होता है तथा मृत्युपर्यंत घनिष्ठ संबंधों से उत्तेजना प्राप्त करता है। उदाहरणस्वरूप आगरा में रहने वाले सभी व्यक्तियों में एक सामुदायिक चेतना की भावना होती है। यदि आगरा से दूर भी पणजी (गोवा) में आगरा के किसी व्यक्ति की आगरा वाले अन्य व्यक्ति से मुलाकात हो जाती है तो उसे आनंद का बोध होता है। गेमिनशैफ्ट में एक-दूसरे के प्रति लगाव होता है तथा मैत्रीभाव का अनुभव किया जा सकता है। इस प्रकार गेमिनशैफ्ट का मूल आधार स्नेह, आत्मीयता, एक साथ रहने का आनंद तथा सामुदायिक चेतना है। साधारणत:

ग्रामीण परिसर में गेमिनशैफ्ट के संबंधों की सघनता पाई जाती है। गेमिनशैफ्ट में सामूहिक जीवन का स्थायी तथा वास्तविक स्वरूप होता है।

साधारणत: गोसिलशैफ्ट औपचारिक संबंधों पर आधारित होता है। यह अल्पकालिक होता है। इसमें स्नेह तथा आत्मीयता का अभाव होता है। इसमें एक साथ होने का आनन्द प्राप्त नहीं होता। यह अवैयक्तिक संबंधों पर आधारित होता है। इसमें व्यक्ति सामूहिक संबंधों से जुड़ा नहीं होता। व्यक्तिगत स्वार्थों को तरजीह देता है तथा व्यक्तिगत उपलब्धियों के लिए प्रयत्नशील रहता है। अपने स्वहित के आधार पर संबंधों को निर्धारित करता है। इस प्रकार, गेमिनशैफ्ट में स्वाभाविक जीवन है। इसके विपरीत, गोसिलशैफ्ट में मशीनी जीवन का बोध होता है। गेमिनशैफ्ट में संबंधों का सहज-स्वाभाविक एहसास होता है, जबकि गोसिलशैफ्ट में कृत्रिम जीवन तथा कृत्रिम संबंध का अनुभव होता है।

विश्लेषण के आधार पर स्पस्ट होता है कि औद्योगिक समाजशास्त्र की पृष्ठभूमि औद्योगिक क्रांति से संबंधित है। औद्योगिक क्रांति का बुनियादी आधार वैज्ञानिक आविष्कार तथा आधुनिकीकरण है। वैज्ञानिक आविष्कारों ने औद्योगीकरण की प्रक्रिया को तीव्र किया है। औद्योगीकरण के कारण श्रम-विभाजन तथा विशेषीकरण का विकास एवं विस्तार हुआ है। यांत्रिक एकता के स्थान पर सावयवी समाज की संरचना विकसित हुई है। औद्योगिक संरचना के साथ कारखाना, अधिकारी तंत्र, पूंजीपति तथा सर्वहारा मजदूरों का स्पष्ट सरोकार है। औद्योगिक अर्थव्यवस्था ने संपूर्ण दुनिया को झकझोर कर रख दिया है। मशीनीकरण के कारण परम्परागत मूल्य, धार्मिक मतवाद एवं वैचारिक मान्यताओं में भी परिवर्तन के संकेत मिल रहे हैं। विवाह, परिवार तथा नातेदारी की परम्परागत संरचना भी औद्योगीकरण की प्रक्रिया से प्रभावित है। वस्तुत: औद्योगिक क्रांति के बाद एक नए समाज का उदय तथा विकास हुआ है। औद्योगिक समाजशास्त्र में इन्हीं बिन्दुओं एवं मुद्दों का वस्तुनिष्ठ पद्धतियों के आधार पर अध्ययन किया जाता है।

सूचना प्रौद्योगिकी ने औद्योगिक समाजशास्त्र के क्षेत्र को व्यापक फलक प्रदान किया है। 19वीं सदी के मध्य में समाचार-पत्र, सूचना प्रसारित करने एवं प्राप्त करने के मुख्य साधन बन गए। 1844 में तार-प्रेषण अथवा टेलीग्राफ के आविष्कार ने मुद्रित संचार माध्यमों का स्वरूप ही बदल दिया। रेडियो, ध्वनि-लेख, छाया-चित्रण, चलचित्रण तथा अन्य सूचना प्रौद्योगिकीय साधनों ने समाज के दायरे को विस्तृत किया। 20वीं शताब्दी के अंतिम चरण में टेलीविजन, मोबाइल, ई-मेल, कम्प्यूटर, इंटरनेट तथा संचार के अन्य साधनों ने दुनिया को एक नई राह दिखलाई। 21वीं शताब्दी में औद्योगिक समाजशास्त्र अनेक मुद्दों तथा ज्वलन्त प्रश्नों के साथ मानव समाज के बहुआयामी पक्षों के साथ जुड़ चुका है। बहुल परिप्रेक्ष्य तथा औद्योगिक पृष्ठभूमि में मानवीय संबंधों का अध्ययन अपेक्षित है। भारत तथा अमेरिका में बहुल समाज की बढ़ती हुई जटिलताओं तथा बहुआयामी परिप्रेक्ष्यों की नई व्याख्या अपेक्षित है। भूमंडलीकरण उदारीकरण, बाजारवाद तथा संचार क्रांति ने व्यापक पैमाने पर समाज तथा समाज से जुड़ी व्यवस्थाओं को प्रभावित किया है। विभिन्न संस्कृतियों तथा समूहों के बीच भूमंडलीकरण के कारण घनिष्ठ सम्पर्क एवं संचार का दौर आरम्भ हो चुका है। पर-संस्कृति ग्रहण की प्रक्रिया तीव्र हुई है। परम्परागत समाजों के दरवाजे भी खुल रहे हैं। आर्थिक महत्वाकांक्षा तथा प्रतिस्पर्द्धा ने लोगों को चौराहे पर लाकर खड़ा कर दिया है। मानव समाज को 'ग्लोबल विलेज'

के रूप में प्रस्तुत किया जा रहा है। अपने-अपने कुनबों में सिमटे हुए समाज के दिन लद गए हैं। इंटरनेट ने एक नया सूचना स्रोत हमारे सम्मुख खोला है। सामाजिक रिश्तों का विस्तार हो रहा है। राष्ट्रों की सीमा, आर-पार संचार तथा संपर्क को नई उत्तेजना प्राप्त हो रही है।

औद्योगिक समाजशास्त्र की पृष्ठभूमि के विश्लेषण से यह स्पष्ट होता है कि समाजशास्त्रियों ने औद्योगिक समाज के विविध आयामों का गंभीर विश्लेषण किया है। 21वीं शताब्दी में औद्योगिक समाज की परत-दर-परत व्याख्या के लिए गंभीर समाजशास्त्रीय अनुसंधानों तथा अध्ययनों की अपेक्षा है। विनियम एफ. व्हाइट ने अपने शोध-निबंधों *प्रॉब्लम्स ऑफ इंडस्ट्रियल सोशियोलॉजी* में स्पष्ट किया है कि औद्योगिक समाज के संदर्भ में समाजशास्त्रीय शोधों की दिशा संतुलित नहीं है। व्हाइट के अनुसार औद्योगिक समाज से जुड़े अनुसंधान कर्मियों ने औद्योगिक समस्याओं के व्यापक सामाजिक संदर्भों पर ध्यान नहीं दिया है। जार्ज फ्रिडमान ने अपनी पुस्तक *इंडस्ट्रियल सोसाइटी* में स्पष्ट किया है कि औद्योगिक समाज के व्यापक संदर्भों से जुड़े हुए प्रश्नों के आधार पर गहन एवं गंभीर व्यावहारिक शोध की अपेक्षा है। टी.बी. बॉटोमोर ने भी स्पष्ट किया है कि इस क्षेत्र में व्यावहारिक शोध की मुख्य दिक्कतें इस तथ्य से पैदा होती हैं कि व्यावहारिक समस्या को जन्म देने वाले कारणों की खोज करते हुए हमारा सामना अंतर्संबंधित कार्यों के ऐसे जाल से होता है कि जो समस्या जिस स्थिति में घटित हुई है उसकी सीमा से बहुत बाहर चला जाता है। वृहद् उत्पादन के अवरोधों, तकनीकी परिवर्तन के प्रतिरोधों, प्रबंधन की क्षमता बढ़ाने के तरीकों अथवा औद्योगिक टकराव की रोकथाम, उस पर नियंत्रण या उसके शांतिपूर्ण समाधान का अध्ययन अनिवार्य रूप से संपत्ति व्यवस्था, सामाजिक स्तरीकरण और पेशागत गतिशीलता, पारिवारिक संरचना, विचारधारा और सांस्कृतिक परम्पराओं से जुड़े हुए ज्यादा व्यापक प्रश्नों पर विचार करने तक ले जाता है। बॉटोमोर ने यह भी स्पष्ट किया है कि जब परिस्थितियों के इस जटिल जाल की छानबीन की जाती है तो किसी विशेष सामाजिक समस्या को जन्म देने वाले 'कारणों की जटिलता' का ही पता नहीं चलता बल्कि सामाजिक समस्याओं में ऐसे अन्तर्संबंध पर प्रकाश पड़ता है जिसमें एक समस्या के समाधान के लिए अन्य समस्याओं के पूर्व समाधान की जरूरत पड़ सकती है या किसी एक समस्या का समाधान दूसरी के समाधान को रोक सकता है या फिर एक समस्या भी खड़ी कर सकता है।

वस्तुतः 21वीं शताब्दी का समाजशास्त्रीय दायरा औद्योगिक समाजशास्त्र के साथ-साथ स्पष्ट तौर पर जुड़ा हुआ है। निसंदेह उद्योग जगत ने मानव संबंधों को प्रभावित किया है तथा एक नए युग की शुरुआत की है।

टिप्पणी

1. "Industrialisation in its wider sense is the key to economic progress and higher living standards"

   —P.T. Bauer and B.S. Yamey: *The Economics of Underdeveloped Countries*.

2

औद्योगिक समाजशास्त्र : परिभाषा, अवधारणा, उद्‌भव तथा विकास

(Industrial Sociology: Definition, Conceptualization, Origin and Development)

1948 में प्रकाशित अपनी पुस्तक *दि इन्टरेस्ट ऑफ दि वॉयसलेस फार ईस्ट : इन्ट्रोडक्शन टू ओरियन्टल इकोनोमिक्स* में जे.डी. बोईकी ने औद्योगीकरण, औद्योगिक समाज तथा औद्योगिक मजदूर की वास्तविकता को रेखांकित किया है। उनके अनुसार एशिया में औद्योगिक संरचना के विकास के बाद ग्रामीण जीवन में विखंडन तथा टूटन का एक नया दौर आरम्भ हुआ। औद्योगिक कारखाने में रोजी-रोटी का अवसर व्यापक पैमाने पर उपलब्ध होता है। गांव से मजदूरों का पलायन होता है। गांव रिक्त होने लगे, कारखाने की चकाचौंध ने ग्रामीण जीवन के स्नेह, माधुर्य, प्राथमिक समूह तथा संयुक्त परिवार के ताने-बाने को झकझोर कर रख दिया। इस दौर में विवाह तथा नातेदारी की प्रथा भी प्रभावित हुई है। जे.डी. बोईकी के अनुसार ग्रामीण जीवन का टूटना और सिमटना समाजशास्त्रियों के लिए एक ज्वलंत विषय है। गांव के सभी त्योहार और उत्सव कृषक के जीवन को उल्लास और आनंद प्रदान करते थे। नगरों में उपलब्ध सुख-सुविधाओं की तरह ग्रामवासी पर्व और त्योहार में सुख-सुविधा का लाभ उठाते थे। ग्रामीणों को यह एहसास नहीं होता था कि उनके पास दौलत नहीं है। उन्हें एहसास नहीं होता था कि उनके चूल्हे कई दिनों तक उदास रहते हैं। परिवार, पड़ोस, नातेदार तथा अन्य प्राथमिक सदस्यों के साथ मिल-जुलकर जीना तथा आनंद मनाना वे जानते थे। बोईकी ने स्पष्ट किया है कि औद्योगीकरण की प्रक्रिया तथा औद्योगिक अर्थव्यवस्था ने गांव के लोगों के इसी आनंद को छीन लिया है। उन्होंने स्पष्ट किया है कि गांव के लोग ग्रामवासियों के साथ सामाजिक संबंधों को सुदृढ़ करते थे। अपने जीवन को व्यस्त बनाते थे परन्तु औद्योगीकरण ने इन तमाम हालातों को तार-तार कर दिया। इस सबके कमजोर होने और टूटने से गांव गरीब हो गए हैं, उनमें रिक्तता आ गई है। बिहार, उत्तर प्रदेश तथा अन्य क्षेत्रों के बेरोजगार ग्रामीण मजदूर अपने कंधे पर झोले को थामकर किसी दूर-दराज के रेल के अनारक्षित डिब्बे में बैठकर, अमृतसर, लुधियाना, दिल्ली, मुम्बई, नासिक अथवा अन्य औद्योगिक नगरों अथवा महानगरों का सफर तय करते हैं। उनकी पत्नी, उनके बच्चे, उनके बूढ़े माता-पिता अथवा परिवार के अन्य सदस्य उनके द्वारा भेजे गए रुपयों पर आश्रित हो जाते हैं। औद्योगिक नगरों में मजदूरों को रहने की ठौर नहीं मिलती है। खाने की मुक्कमल व्यवस्था नहीं मिलती है। वह शोषण और अलगाव का

शिकार होता है। कभी-कभी एड्स तथा अन्य बीमारियों से ग्रस्त होकर अपने गांव के समीप किसी रेलवे स्टेशन अथवा बस स्टैंड पर उसे उतारा जाता है। इससे पहले वह हड़ताल, मजदूर यूनियन, औद्योगिक विवाद, आर्थिक मंदी, कर्मचारियों की छंटनी, प्रदूषण, अपमान तथा अन्य कई मंजिलों को पार कर चुका होता है। जे.डी. बोईकी ने प्रश्न खड़ा किया है कि औद्योगिक अर्थव्यवस्था के नए दौर ने समाजशास्त्रियों तथा अनुसंधानकर्मियों के समक्ष एक नई चुनौती को खड़ा किया है। जाहिर है कि औद्योगिक समाजशास्त्र का विस्तृत और व्यापक अध्ययन क्षेत्र इन्हीं मुद्दों तथा जलते हुए प्रश्नों के साथ जुड़ा हुआ है। एस.एन. जॉनसन ने अपनी पुस्तक *सोशियोलॉजी : ए सिस्टेमैटिक स्टडी* में स्पष्ट किया है कि ग्रामीण मजदूरों की विवशता तथा बदहाली का मुद्दा समाजशास्त्रियों के लिए एक महत्व का विषय है। उनके अनुसार एक प्रश्न पैदा किया जा सकता है कि खेतिहर किसान दूर-दराज के कारखानों में काम करने क्यों जाते हैं? उन्होंने स्पष्ट किया है कि इसके पीछे कई कारण हैं। जॉनसन के अनुसार कई विकासशील देशों में, गरीबी के कारण लोग कारखानों में काम करने जाते हैं, यद्यपि वेतन की दरें कम होती हैं और वे समुदाय में अपना अस्तित्व भी खो देते हैं। यह तथ्य डब्ल्यू.ई. मूर के दो मैक्सिकन गांव के अध्ययन से प्रकट होता है। इसमें यह स्पष्ट किया गया है कि कारखानों में काम करने के लिए अधिकतर गरीब ग्रामीण तैयार रहते हैं। यही बात चीन और भारत के बारे में कही जा सकती है। औद्योगीकरण की प्रक्रिया जब एक निश्चित बिन्दु पर पहुंच जाती है तो फिर अन्य प्रेरणाएं काम करने लगती हैं। लोग अधिकाधिक इस बात को जानने लगते हैं कि रुपयों-पैसों से क्या खरीदा जा सकता है, उनका जीवन स्तर व उनकी इच्छाएं बदलने लगती हैं। इस प्रकार वे आधुनिक उद्योगों पर आश्रित हो जाते हैं। कुछ हद तक, नई योग्यताएं और नया जीवन स्तर, जो आधुनिक उद्योग के साथ जुड़े हैं, प्रतिष्ठा के ये स्रोत होते हैं।

औद्योगीकरण ने दुनिया में नए परिदृश्यों का सृजन किया। एक नए समाज का विकास हुआ। औद्योगीकरण के कारण शारीरिक श्रम की मांग अप्रासंगिक होने लगी। कारखानों में मशीनों के जरिये सीमित मजदूरों के सहारे उत्पादन का सिलसिला आरंभ हुआ। फलत: मजदूरों के परिवारों में निराशा का वातावरण परिव्याप्त होने लगा। जे.एल. हैमण्ड एवं बी. हैमण्ड ने अपने एक शोध निबंध 'द स्किल्ड लेबरर 1760-1832' में एक महत्वपूर्ण घटना को रेखांकित किया है। उनके अनुसार 'एक मजिस्ट्रेट ने 1790 में एक ऐसी घटना के बारे में बताया जिसमें उसे मजदूरों के हमले से निर्माता की सम्पत्ति की रक्षा के लिए बुलाया गया था। कोयला मजदूरों और उनकी बीवियों के गिरोह की परेशानी के कारण ... क्योंकि उनकी बीवियों का काम टिपनिंग इंजन के कारण छिन गया था। आरम्भ में उन्होंने बड़े अड़ियल ढंग से प्रतिरोध किया। ऊन उत्पादन में अपनाई गई मशीनों को वे टुकड़े-टुकड़े कर देना चाहते थे। क्योंकि उनकी वजह से शारीरिक श्रम की मांग घटने वाली थी। औरतों ने हंगामा मचाया हुआ था। आदमियों को समझाना आसान था। इसलिए कुछ खींचतान के बाद उन्हें शांतिपूर्वक घर जाने के लिए तैयार कर लिया गया।

विश्लेषणों के आधार पर स्पष्ट होता है कि 18वीं शताब्दी के बाद सामाजिक संरचना में व्यापक पैमाने पर परिवर्तन के संकेत मिल रहे थे। पूंजीवाद का विकास हो रहा था। औद्योगिक समाज का उदय हो रहा था। उत्पादन के साधनों में तीव्र परिवर्तन की स्थिति उत्पन्न हो रही थी। गांव के मजदूरों का पलायन हो रहा था। औद्योगिक संबंधों का ताना-बाना विकसित हो रहा

था। अधिकारी-तंत्र तथा कार्य-संस्कृति का एक नया स्वरूप उभर रहा था। इन्हीं परिस्थितियों में एमिल दुर्खाइम ने श्रम विभाजन तथा विशेषीकरण का चिंतन प्रस्तुत किया। मैक्स वेबर ने अधिकारी-तंत्र की व्याख्या की। कार्ल मार्क्स ने मजदूरों के अलगाव, शोषण तथा वर्ग-संघर्ष की चिंगारी पैदा की। उन्होंने कम्युनिस्ट मेनिफेस्टो में एलान किया कि दुनिया के मजदूरों एक हो जाओ।

जाहिर है कि औद्योगिक समाजशास्त्र का दायरा विस्तृत है। यह मूलत: समाजशास्त्र की विशिष्ट शाखा है। समाजशास्त्रीय विचारधाराओं के साथ औद्योगिक समाजशास्त्र का स्पष्ट संबंध मौजूद है। उत्पादन के साधन, संगठन, कार्य संस्कृति, सामाजिक सुरक्षा, औद्योगिक संबंध तथा विवाद, सामूहिक सौदेबाजी एवं मजदूर संघों के साथ औद्योगिक समाजशास्त्र का सरोकार है। विवाह, परिवार तथा नातेदारी पर, औद्योगीकरण के प्रभावों का स्पष्ट विवेचन औद्योगिक समाजशास्त्र के लिए अपेक्षित है। परिवर्तन तथा विकास के संदर्भ में भी औद्योगीकरण का अध्ययन किया जाता है। स्पष्ट है कि औद्योगिक समाजशास्त्र औद्योगीकरण, औद्योगिक समाज, औद्योगिक संरचना एवं उद्योग जगत से जुड़े सभी मुद्दों और प्रश्नों के आर-पार के अध्ययन से जुड़ा हुआ है।

एंथनी गिडेन्स ने भी औद्योगिक समाजशास्त्र तथा औद्योगीकरण की प्रक्रिया के परिप्रेक्ष्यों का विश्लेषण किया है। उनके अनुसार औद्योगीकरण की प्रक्रिया के कारण, अब कार्य अधिक विशिष्ट हो गए हैं। विशिष्ट कार्यों के साथ शिक्षा का स्पष्ट संबंध है। उन्होंने स्पष्ट किया है कि वर्तमान दौर में पढ़ने, लिखने और हिसाब रखने की जितनी आवश्यकता होती है, उतनी पहले नहीं होती थी। इस प्रकार तथ्यों के आधार पर स्पष्ट होता है कि औद्योगीकरण तथा मशीन के साथ ही औद्योगिक समाजशास्त्र का सरोकार नहीं है। विवेचनों के आधार पर स्पष्ट होता है कि औद्योगिक समाजशास्त्र के रास्ते और भी हैं। इसकी मंजिलें और भी हैं। शिक्षा, संस्कृति, कला, फिल्म-तकनीक, उपभोक्तावाद, बाजारवाद, विज्ञापन, सेटेलाइट, इंटरनेट तथा अन्य तकनीकी क्षेत्रों के साथ भी औद्योगिक समाजशास्त्र का स्पष्ट सरोकार है। विकासशील देशों की समस्याओं के गहन विश्लेषण में भी औद्योगिक समाजशास्त्र उपयोगी है। इसके अन्तर्गत औद्योगिक देशों और उनके बीच के संबंधों पर भी विचार किया जाता है। इन संबंधों का विशेष महत्व है। टी.बी. बॉटोमोर ने स्पष्ट किया है कि ये सम्बन्ध आज के कुछ सर्वाधिक महत्वपूर्ण सामाजिक मुद्दों के केन्द्र बिन्दु बन गए हैं। 'धनी' और 'निर्धन' देशों के बीच नस्लीय भेद-भाव और नस्लीय संघर्षों का विश्लेषण भी औद्योगिक समाजशास्त्र में अपेक्षित है। जाहिर है कि औद्योगिक देशों की आकांक्षाओं का स्पष्ट राजनैतिक प्रभाव विकासशील देशों पर अनुभव किया जा रहा है। अत: उद्योग तथा राजनैतिक व्यवस्था के बीच भी स्पष्ट सरोकार है। अतएव औद्योगिक समाजशास्त्र के अन्तर्गत दुनिया के राजनैतिक परिप्रेक्ष्यों एवं प्रणालियों पर गौर किया जाता है। बॉटोमोर ने यह भी स्पष्ट किया है कि विकसित औद्योगिक देशों में, चाहे उनका आर्थिक राजनैतिक शासन पूंजीवादी हो या समाजवादी और उन देशों में भी, जो कृषक अर्थतंत्र से औद्योगिक अर्थतंत्र की ओर जा रहे हैं, 1960 के दशक में एक क्रांतिकारी बौद्धिक आवेग और नए क्रांतिकारी आंदोलन पैदा हुए। नतीजतन, समाजशास्त्री सामाजिक जीवन में संघर्ष एवं बदलाव के पहलू पर अधिक ध्यान देने लगे हैं; ऐतिहासिक और तुलनात्मक अध्ययन में उनकी रुचि फिर से जागी है, और वे उन व्यापक सामाजिक समस्याओं के बारे में एक बार

फिर सोचने लगे हैं जिन्होंने समाजशास्त्र के जन्मदाताओं का ध्यान खींचा है। निःसंदेह, आजकल समाजशास्त्र में उसी शास्त्रीय परम्परा के फिर से दर्शन हो रहे हैं। जिसे मार्क्स, मैक्स वेबर और दुर्खाइम ने रूपाकार दिया था।

समाजशास्त्र क्या है? (What is Sociology?)

समाजशास्त्र का जन्म यूरोप में 19वीं शताब्दी में हुआ। आगस्ट काम्टे, हर्बर्ट स्पेन्सर, एमिल दुर्खाइम, कार्ल मार्क्स और मैक्स वेबर को समाजशास्त्र का संस्थापक माना जाता है। उल्लेखनीय है कि समाजशास्त्र की उत्पत्ति के संबंध में इन विद्वानों का चिंतन समय की कसौटी पर खरा उतरा है। यदि समाज एक यथार्थ है तो उसका अध्ययन वैज्ञानिक विधि से ही किया जाना चाहिए। काम्टे ने इस नए विज्ञान का नाम सोशियोलॉजी रखा था। यह शब्द लैटिन 'सोशियस' और ग्रीक 'लोगोस' से निकला था। इसलिए एक बार उन्होंने इस शब्द के दोगले चरित्र को लेकर पछतावा जाहिर किया। परन्तु बाद में उन्होंने अपनी पुस्तक *सिस्टम ऑफ पॉजिटिव पोलिटी* में स्वीकार किया कि इस व्युत्पत्तिमूलक गड़बड़ी के बावजूद इसका एक लाभ है, क्योंकि इससे उन दो ऐतिहासिक स्रोतों—एक बौद्धिक, दूसरा सामाजिक—का पता चलता है। जिनसे आधुनिक सभ्यता पैदा हुई है। हाल ही कुछ महत्वपूर्ण पुस्तकों में खासकर रेमन्ड ऐरों की *मेन करेंट्स इन सोशियोलॉजिकल थॉट* और राबर्ट निस्बेट की *दि सोशियोलॉजिकल ट्रेडीशन* में ऐसा दृष्टिकोण अपनाया गया है जिसके चलते समाजशास्त्र के स्रोत खुलना शुरू हुए हैं। समाजशास्त्र का जन्म औद्योगिक पूंजीवाद के उदय और इसके कारण सामाजिक जीवन की धारणा में आए बदलाव से जुड़ा हुआ है।

समाजशास्त्र के संस्थापक आगस्ट काम्टे ने समाजशास्त्र का प्रयोग मानव समूह के विज्ञान के संदर्भ में किया। उन्होंने मनुष्यों के सामूहिक जीवन व संबंधित आधारभूत नियमों के अध्ययन से संबंधित एक स्वतंत्र विज्ञान के रूप में समाजशास्त्र को प्रस्तुत किया। काम्टे ने इस विज्ञान को पहले सोशल फिजिक्स की संज्ञा दी और बाद में बदलकर इसका नाम सोशियोलॉजी रखा। समाजशास्त्र की परिभाषा को स्पष्ट करते हुए काम्टे ने लिखा है कि ''समाजशास्त्र सामाजिक व्यवस्था और प्रगति का विज्ञान है।'' काम्टे के इस कथन से निम्नलिखित तथ्यों का स्पष्टीकरण होता है—

1. समाजशास्त्र सामाजिक व्यवस्था के अध्ययन से संबंधित है।
2. इस प्रकार समाजशास्त्र व्यक्तियों एवं व्यक्तियों के बीच, व्यक्तियों एवं समूहों के बीच तथा विभिन्न समूहों के मध्य अंत:क्रिया का अध्ययन करता है।
3. चूंकि समाजशास्त्र सामाजिक व्यवस्था के अध्ययन से संबंधित है। अत: इसमें नियमों, परिनियमों, प्रावधानों, प्रथाओं आदि का अध्ययन भी किया जाता है।
4. चूंकि व्यवस्था के अन्तर्गत प्रत्येक इकाई की विशिष्ट पहचान तथा भूमिका है। अत: समाजशास्त्र में प्रस्थिति एवं भूमिका का अध्ययन अपेक्षित है।
5. चूंकि व्यवस्था मूल्यों, व्यवहार प्रतिमानों तथा संस्कृति के तत्वों पर आधारित है, अत: समाजशास्त्र में मूल्यों, व्यवहार प्रतिमानों तथा सांस्कृतिक तत्वों का भी अध्ययन होता है।

6. आगस्ट काम्टे ने समाजशास्त्र को परिभाषित करते हुए यह भी स्पष्ट किया है कि समाजशास्त्र सामाजिक प्रगति के अध्ययन से संबंधित है। अत: यह स्पष्ट होता है कि समाजशास्त्र में परिवर्तन, उद्‌विकास तथा परिवर्तन की दिशा का भी अध्ययन अपेक्षित है।
7. चूंकि समाजशास्त्र में सामाजिक व्यवस्था एवं प्रगति का अध्ययन होता है, अत: समाजशास्त्र समाज के स्थायित्व, संरचनात्मक निरंतरता तथा गतिशीलता के विविध पक्षों के अध्ययन से संबंधित है।
8. आगस्ट काम्टे ने समाजशास्त्र को परिभाषित करते हुए इसे एक स्वतंत्र विज्ञान के रूप में रेखांकित किया है। चूंकि समाजशास्त्र एक विज्ञान है, अत: इसमें वैज्ञानिक पद्धतियों का उपयोग होता है। इस प्रकार, समाजशास्त्र में सामाजिक व्यवस्था एवं प्रगति का अध्ययन अवलोकन, वर्गीकरण, कार्य-कारण संबंध की व्याख्या, सत्यापन तथा सामान्यीकरण पर आधारित है। विश्लेषणों के आधार पर स्पष्ट होता है कि काम्टे से पहले भी अनेक विद्वानों तथा चिंतकों ने सामाजिक घटनाओं के संबंध में अपने-अपने विचारों को प्रस्तुत किया। उदाहरणस्वरूप प्लेटो, अरस्तु, कौटिल्य, वात्स्यायन, रूसो, मॉन्टेस्क्यू तथा अनेक विद्वानों का उल्लेख इस संदर्भ में किया जा सकता है। आगस्ट काम्टे ने इन सभी विचारों से पृथक सर्वथा मौलिक, नवीन, स्पष्ट तथा तर्कपूर्ण दृष्टिकोण प्रस्तुत किया। उन्होंने सामाजिक व्यवहार, व्यवस्था तथा प्रगति के अध्ययन के लिए वैज्ञानिक पद्धति को अनिवार्य बताया। इस प्रकार सरल, सहज तथा चिंतन-मंथन पर चल रहे सामाजिक प्रघटनाओं के अध्ययन को आगस्ट काम्टे ने विज्ञान के साथ जोड़कर एक नई दृष्टि प्रस्तुत की।
9. काम्टे ने अपनी पुस्तक द *पोजिटिव फिलोसफी* में यह भी स्पष्ट किया है कि प्रत्येक समाज विकास के विभिन्न स्तरों से गुजरता है एवं उससे प्रभावित होता है। इस प्रकार समाजशास्त्र में स्थिरता एवं गतिशीलता के अध्ययन के आधार पर सामाजिक विकास के विभिन्न स्तरों का अध्ययन किया जाता है।

समाजशास्त्र की परिभाषा के संबंध में विद्वानों के विचारों में विभिन्न आधारों पर मतभेद मौजूद हैं। उदाहरणस्वरूप एफ.एम. गिडिंग्स के अनुसार समाजशास्त्र समाज का वैज्ञानिक अध्ययन है। उनका समर्थन एच.डब्ल्यू. ओडम, एल.एफ. वार्ड, मेयर वेनबर्ग तथा आस्कर एफ. शबत ने किया है। इसके विपरीत फेयरचाइल्ड ने स्पष्ट किया है-समाजशास्त्र मनुष्य तथा उसके मानव पर्यावरण के अध्ययन से संबंधित है। उन्होंने यह भी स्पष्ट किया कि समाजशास्त्र एक व्यक्ति तथा दूसरे व्यक्ति के बीच मौजूद संबंधों के अध्ययन से जुड़ा हुआ है। इस प्रकार, समाजशास्त्र वह विज्ञान है जिसमें मानव समाज का अध्ययन होता है। फेयरचाइल्ड के विचारों का समर्थन कूबर ने किया है।

उपर्युक्त विचारों के विपरीत मैकाइवर तथा पेज ने स्पष्ट किया है कि समाजशास्त्र सामाजिक संबंधों के विषय में है। इस प्रकार मैकाइवर तथा पेज के अनुसार समाजशास्त्र सामाजिक संबंधों के अध्ययन से संबंधित है। इनके विचारों का समर्थन ए.डब्ल्यू. ग्रीन ने किया है। पी.ए. सोरोकिन ने स्पष्ट किया है कि समाजशास्त्र सामाजिक, सांस्कृतिक प्रघटनाओं से संबंधित है तथा यह एक सामान्यीकरण करने वाला विज्ञान है। किम्बल यंग के अनुसार यह

समूह में मनुष्यों के व्यवहार का अध्ययन करता है। एच.एम. जॉनसन के अनुसार भी समाजशास्त्र सामाजिक समूहों का विज्ञान है। पार्क एवं बगेंस ने जॉनसन के विचारों का समर्थन किया है। जॉनसन द्वारा प्रस्तुत समाजशास्त्र की परिभाषा के आधार पर निम्नलिखित तथ्यों का स्पष्टीकरण होता है—

1. समाजशास्त्र वह विज्ञान है जो सामाजिक समूहों का अध्ययन करता है।
2. उन्होंने यह भी स्पष्ट किया है कि समाजशास्त्र सामाजिक समूहों के आंतरिक स्वरूपों या उनके संगठन के स्वरूपों के अध्ययन से संबंधित है।
3. जॉनसन के अनुसार सामाजिक समूहों के स्थायित्व एवं परिवर्तन से संबंधित प्रक्रियाओं का भी अध्ययन समाजशास्त्र के अन्तर्गत होता है।
4. उन्होंने यह भी स्पष्ट किया कि समूहों के बीच पाए जाने वाले संबंधों का अध्ययन समाजशास्त्र में होता है।
5. 'सामाजिक समूह' शब्द का प्रयोग जॉनसन ने 'सामाजिक व्यवस्था' के अर्थ में किया है।
6. समूह के सदस्यों की क्रिया व्यवस्था के अध्ययन से समाजशास्त्र जुड़ा हुआ है। इस प्रकार समूह का एक सदस्य होने के कारण व्यक्ति की क्रिया (Action) का अध्ययन अपेक्षित है। विभिन्न व्यक्तियों की कार्यशीलता (Action) से क्रिया व्यवस्था (Action System) का निर्माण होता है।
7. उन्होंने यह भी स्पष्ट किया कि चूंकि सामाजिक समूह अंत:क्रियाओं पर आधारित हैं, अत: समाजशास्त्र में समूह से संबंधित अंत:क्रियाओं का अध्ययन किया जाता है।
8. इस प्रकार जॉनसन ने समूह को केन्द्र में रखकर समाजशास्त्र को परिभाषित किया है।
9. जॉनसन द्वारा प्रस्तुत समाजशास्त्र की परिभाषा का अपना विशिष्ट महत्व है। उन्होंने इस परिभाषा के आधार पर समाजशास्त्र की दिशा को सुनिश्चित, व्यवस्थित तथा वैज्ञानिक बताने का प्रयास किया है।[1]

उपर्युक्त तथ्यों के बावजूद जॉनसन द्वारा प्रस्तुत समाजशास्त्र की परिभाषा भी अधूरी है। समाजशास्त्र की परिभाषा के संबंध में व्यापक सर्वेक्षण, विश्लेषण एवं विवेचन के बाद यह स्पष्ट होता है कि समाजशास्त्रियों में समाजशास्त्र की परिभाषा के मुद्दे पर मतभेद हैं। पांच प्रमुख बिंदुओं के आधार पर समाजशास्त्र को परिभाषित किया गया है। मतभेद जारी हैं, विवाद मौजूद हैं। फलत: किसी भी परिभाषा को पूर्णरूपेण संतुलित नहीं कहा जा सकता। आगस्ट काम्टे से लेकर आज तक समाजशास्त्र की परिभाषा को खोजने का प्रयास जारी है। विश्लेषण के आधार पर यह स्पष्ट होता है कि समाजशास्त्र एक विज्ञान है, इसमें वैज्ञानिक पद्धतियों का उपयोग होता है। समाजशास्त्र सामाजिक समूह, मानव संबंध, सामाजिक संबंध तथा सामाजिक-सांस्कृतिक प्रघटना के अध्ययन से संबंधित है। एलेक्स इंकेल्स ने अपनी पुस्तक *व्हॉट इज सोशियोलॉजी* में समाजशास्त्र की परिभाषा को निर्धारित करने के तीन पथ बतलाए हैं, जो निम्नलिखित हैं—

1. ऐतिहासिक, 2. आनुभविक, 3. विश्लेषणात्मक।

ऐतिहासिक पथ (Historical Path)

समाजशास्त्र की परिभाषा को जानने के लिए यह एक महत्वपूर्ण उपागम है। इस उपागम के अन्तर्गत यह जानने का प्रयास किया जाता है कि महत्वपूर्ण समाजशास्त्रियों तथा संस्थापक

समाजशास्त्रियों की विषय-सामग्री के केन्द्र में क्या है? उन्होंने समाजशास्त्र में किन विषयों, प्रश्नों तथा प्रघटनाओं को केन्द्र बिन्दु में प्रस्तुत किया है। समाजशास्त्र के संबंध में प्रमुख समाजशास्त्रियों का दृष्टिकोण क्या रहा है। उदाहरणस्वरूप पी.ए. सोरोकिन ने अपनी पुस्तक *कन्टेपररी सोशियोलॉजिकल थ्योरीज* में ऐसे हजारों व्यक्तियों का उल्लेख किया है जिनका लेख समाजशास्त्र में महत्वपूर्ण माना जा सकता है। हॉवर्ड बेकर ने महत्वपूर्ण समाजशास्त्रियों के विचारों को 1078 पृष्ठों में प्रस्तुत किया है। समाजशास्त्र की परिभाषा के संबंध में स्पष्ट दृष्टिकोण तक पहुंचने के लिए यह उचित है कि समाजशास्त्र के संस्थापक आगस्ट काम्टे, स्पेन्सर, डार्विन, मैक्स बेवर तथा कार्ल मार्क्स के विचारों का गंभीरतापूर्वक अनुशीलन किया जाए।

काम्टे ने दो प्रमुख आधारों पर समाजशास्त्र की व्याख्या की है-(1) सामाजिक स्थिरता (Social Statics) तथा (2) सामाजिक गतिशीलता (Social Dynamics)। सामाजिक स्थायित्व के तहत काम्टे ने संस्थात्मक जटिलताओं को प्रस्तुत किया। सामाजिक गतिशीलता के अन्तर्गत विकास एवं परिवर्तनशीलता को सम्मिलित किया।

हरबर्ट स्पेन्सर का समाजशास्त्र के विकास के इतिहास में अविस्मरणीय योगदान है। सर्वप्रथम स्पेन्सर ने समाजशास्त्र में पाठ्य पुस्तक की रचना की। उनकी पुस्तक *प्रिंसिपल ऑफ सोशियोलॉजी* तथा *डिस्क्रिप्टिव सोशियोलॉजी*, समाजशास्त्र में प्रस्थान बिंदु है। स्पेन्सर ने परिवार, राजनीति, धर्म, सामाजिक नियंत्रण, उपयोग एवं कार्य को समाजशास्त्र के केन्द्रीय विषय के रूप में प्रस्तुत किया है। साथ ही उन्होंने समितियों, समुदायों, सामाजिक विभेदीकरण, स्तरीकरण, ज्ञान का समाजशास्त्र, विज्ञान का समाजशास्त्र एवं कला तथा संगीत के समाजशास्त्र के अध्ययन को भी समाजशास्त्र के अन्तर्गत सम्मिलित किया है।

समाजशास्त्र के संस्थापकों में एमिल दुर्खाइम का योगदान भी उल्लेखनीय है। उन्होंने समाजशास्त्र के क्षेत्र में अनुसंधान पत्रिका की शुरुआत की। उन्होंने अध्ययन पद्धति को व्यवस्थित किया तथा आत्महत्या जैसे महत्वपूर्ण विषय पर समाजशास्त्रीय शोध के माध्यम से संपूर्ण विश्व को समाजशास्त्र के प्रति आकर्षित किया। उन्होंने धर्म के समाजशास्त्र, कानून के समाजशास्त्र, नैतिकता के समाजशास्त्र, सामाजिक संगठन, विवाह, परिवार, अपराध, व्यावसायिक समूह, आर्थिक समाजशास्त्र, जनसंख्या, ग्रामीण समुदाय एवं सौन्दर्य के समाजशास्त्र को प्रमुख विषय सामग्री के रूप में प्रस्तुत किया।

अन्तर्राष्ट्रीय सर्वहारा के महान चिंतक कार्ल मार्क्स का जन्म पर्शिया के राइन प्रांत के ट्रीयर नगर के एक यहूदी परिवार में 5 मई, 1818 ई. को हुआ था। कार्ल मार्क्स ने अपनी प्रसिद्ध कृति *द पॉवर्टी ऑफ फिलोसफी*, *दास कैपिटल* तथा *कम्युनिस्ट मेनिफेस्टो* में अपने विचारों को प्रस्तुत किया। उन्होंने विभिन्न रूपों में समाजशास्त्र के सैद्धांतिक उपागमों तथा मानवता संबंधी सोच को प्रभावित किया। हेगेल के विचारों से प्रभावित होकर उन्होंने द्वन्द्वात्मक भौतिकवाद के सिद्धान्त को प्रस्तुत किया। उनके अनुसार समाज को परिवर्तित करने के लिए जनसहभागिता आवश्यक है। उन्होंने यह भी स्पष्ट किया कि समाज में उत्पादन की शक्तियों तथा उत्पादन के संबंध का विशेष महत्व होता है। उन्होंने *द पॉवर्टी ऑफ फिलोसफी* में स्पष्ट किया है-"सामाजिक संबंध उत्पादक शक्तियों से घनिष्ठ रूप से जुड़े हुए हैं। नई उत्पादक शक्तियों के प्राप्त होने पर मनुष्य अपनी उत्पादन प्रणाली बदल देते हैं और अपनी उत्पादन प्रणाली तथा अपनी जीविकोपार्जन की प्रणाली बदलने से वे अपने समस्त सामाजिक संबंध को परिवर्तित

करते हैं। जब हाथ की चक्की (Hand Mill) थी तब सामंतवादी समाज था, भाप से चलने वाली चक्की वह समाज बनाती है जिसमें प्रमुख औद्योगिक पूंजीपति का प्रभुत्व होता है।"
कार्ल मार्क्स के उपर्युक्त कथन के आधार पर निम्नलिखित तथ्यों का स्पष्टीकरण होता है।

1. मार्क्स के अनुसार उत्पादक शक्तियों के साथ सामाजिक संबंध जुड़ा हुआ है।
2. उत्पादक शक्तियों के साथ सामाजिक संबंध के बीच घनिष्ठ रूप से जुड़ने के कारण समाज में परिवर्तन की व्याख्या के लिए उत्पादन प्रणाली का अध्ययन अपेक्षित है।
3. उत्पादन शक्तियों में परिवर्तन के कारण उत्पादन प्रणाली में परिवर्तन की स्थिति उत्पन्न होती है। मार्क्स ने अपने इस कथन को उदाहरण द्वारा स्पष्ट करते हुए बताया है कि जब हाथ की चक्की थी तब सामंतवादी समाज था, भाप से चलने वाली चक्की वह समाज बनाती है जिसमें प्रभुत्व औद्योगिक पूंजीपति का होता है।

कार्ल मार्क्स ने आर्थिक आधारों पर सामाजिक संबंधों तथा संरचना की व्याख्या की है। सर्वहारा, बुर्जुआ, वर्ग संघर्ष तथा वर्ग विहीन समाज के चिंतन के आधार पर उन्होंने समाजशास्त्र को जनसंघर्ष एवं जनसहभागिता से संबंधित एक नई दिशा दी।

मैक्स वेबर ने सामाजिक क्रिया के व्याख्यात्मक आधार पर समाजशास्त्र को परिभाषित करने का प्रयास किया। उन्होंने स्वीकार किया कि समाजशास्त्र एक विज्ञान है तथा इसमें सामाजिक क्रिया के व्याख्यात्मक बोध को प्रस्तुत करने का प्रयास किया गया है। साथ ही समाजशास्त्र की सामाजिक क्रिया से संबंधित प्रक्रियाओं की तर्कसंगत व्याख्या की जाती है। वेबर ने धर्म, आर्थिक जीवन के विभिन्न अंगों, श्रम विभाजन, राजनैतिक दल, सत्ता, वर्ग एवं जाति, शहर, संगीत, प्रशासन तंत्र आदि का अध्ययन किया।

उपर्युक्त विश्लेषण के आधार पर स्पष्ट होता है कि काम्टे, दुर्खाइम, स्पेन्सर, मैक्स वेबर एवं कार्ल मार्क्स के समाजशास्त्र के विचारों एवं रचनाओं में समाजशास्त्र की परिभाषाओं के मूल तत्व विद्यमान हैं। विश्लेषण के आधार पर जाहिर होता है कि मतभेद के बावजूद इस मुद्दे पर सभी एक मत हैं कि समाजशास्त्र समाज और मानव व्यवहार की अंत:क्रियाओं से संबंधित है।

आनुभविक पथ (Empirical Path)

एलेक्स इंकेल्स ने अपनी पुस्तक *व्हाट इज सोशियोलॉजी* में स्पष्ट किया है कि समाजशास्त्र की परिभाषा की खोज के लिए एक पथ आनुभविक पथ हो सकता है। इस पथ के अंतर्गत समाजशास्त्र की परिभाषा को सुनिश्चित करने के लिए विभिन्न पाठ्यपुस्तकों की विषय-सूची का अवलोकन किया जा सकता है। आधुनिक समाजशास्त्रियों के समक्ष चुनौतियां क्या हैं? वे किन विषयों पर अध्ययन कर रहे हैं। समाजशास्त्र के किन क्षेत्रों में विशेष रुचि रखते हैं। समाजशास्त्र की पत्रिकाओं तथा समाजशास्त्रीय संगठनों की गोष्ठियों के विषय क्षेत्र के विश्लेषण से भी समाजशास्त्र की परिभाषा खोजने में सहायता मिल सकती है। 150 वर्षों से अधिक की अपनी संघर्षपूर्ण यात्रा में समाजशास्त्र का प्रवेश दुनिया के कोने-कोने में हुआ है। तकनीकी साधनों, संचार माध्यमों तथा वैज्ञानिक उपकरणों में तेजी से हो रहे बदलाव के ज्वलंत बिन्दुओं का विश्लेषण करने में समाजशास्त्र किसी से पीछे नहीं है। उल्लेखनीय है कि समाजशास्त्र के विविध पक्षों से संबंधित पाठ्य-सामग्रियों एवं अनुसंधानों की जानकारी के लिए निम्नलिखित सूचना स्रोतों का उपयोग किया जा सकता है–

1. *द इनसाइक्लोपीडिया ऑफ सोशल साइंसेज* बहुधा सहायक होता है।
2. त्रैमासिक प्रकाशित होने वाला *सोशियोलॉजिकल एब्सट्रेक्ट्स* अत्यंत मूल्यवान है।
3. यूनेस्को से प्रकाशित *करन्ट सोशियोलॉजी* भी इस संदर्भ में एक प्रमुख सूचना स्रोत के रूप में उल्लेखनीय है। इसमें वर्षभर में प्रकाशित चार अंकों में से प्रथम तीन में किसी एक विषय जैसे—धर्म का समाजशास्त्र या शासनतंत्र का समाजशास्त्र पर टीकायुक्त ग्रंथ सूची होती है। चतुर्थ में विभिन्न भाषाओं में लिखी पुस्तकों और रचनाओं की वर्गीकृत सूची होती है। इसी प्रकार *अमेरिकन सोशियोलॉजिकल रिव्यू, अमेरिकन जर्नल ऑफ सोशियोलॉजी* तथा भारत से प्रकाशित *सोशियोलॉजिकल बुलेटिन* की चर्चा की जा सकती है।

विश्लेषणात्मक पथ (Analytical Path)

एलेक्स इंकेल्स ने स्पष्ट किया है कि समाजशास्त्र की परिभाषा की खोज के लिए विभिन्न आधारों पर विश्लेषण की अपेक्षा है। उनके अनुसार विश्लेषण के अन्तर्गत यह भी विचार करना चाहिए कि समाजशास्त्र क्या नहीं है। उदाहरणस्वरूप समाजशास्त्र प्रत्यक्ष रूप से सामाजिक सुधारों से संबंधित नहीं है तथा समाजशास्त्री सामाजिक सुधारक नहीं होता है। समाजशास्त्र को गलतफहमी में शिष्टाचार, सेक्स, जीवन, सफलता, सामाजिक कार्य, समाजवाद आदि विषयों से जोड़कर देखा जाता है। जाहिर है कि प्रत्यक्ष तौर पर इन विषयों के साथ समाजशास्त्र का कोई संबंध नहीं है।

टी.बी. बॉटमोर ने वर्तमान परिदृश्य में समाजशास्त्र के संबंध में स्पष्ट किया है कि समाजशास्त्र का अपना स्पष्ट और सर्वस्वीकृत अध्ययन क्षेत्र है, इसके अपने परिष्कृत छोटे मॉडल, पद्धतियां और शोध-प्रविधियां हैं, और फिर इसके अध्यापकों और विद्यार्थियों की संख्या तेजी से बढ़ रही है, इसलिए अगर आधुनिक समाजों में तकनीकी क्रांतिकारी प्रगति से पैदा होने वाली जटिल समस्याओं का सफलतापूर्वक हल खोजना है और सामाजिक समस्याओं का विस्तृत जाल बिछाए रखना है तो योग्य लोगों द्वारा व्यापक और आलोचनात्मक अनुसंधान तथा सार्वजनिक प्रशासन को समाजशास्त्रीय ज्ञान की अन्यतम जरूरत है।

उद्योग क्या है? (What is Industry?)

औद्योगिक समाजशास्त्र की परिभाषा को स्पष्ट करने से पूर्व उद्योग की अवधारणा का विश्लेषण अपेक्षित है। उद्योग के लिए अंग्रेजी शब्द 'इंडस्ट्री' प्रचलित है। यह शब्द लैटिन के शब्द 'इंडस्ट्रिया' से लिया गया है। भारतीय औद्योगिक विवाद अधिनियम की धारा-2(i) में उद्योग की अवधारणा के संबंध में निम्नलिखित तथ्यों का स्पष्टीकरण किया गया है[2]—

1. उद्योग का अभिप्राय किसी व्यवसाय से है। व्यवसाय के आधार पर रोजगार संरचना का विकास होता है। उदाहरणस्वरूप एक बड़े उद्योग में कम्प्यूटर इंजीनियर, मैकेनिकल इंजीनियर, कैमिकल इंजीनियर आदि की अपेक्षा होती है। अतः नियोजकों द्वारा विभिन्न व्यवसाय से जुड़े प्रशिक्षित एवं दक्ष कामगारों को नियुक्त किया जाता है। इस प्रकार एक व्यावसायिक संरचना का निर्माण होता है। व्यावसायिक संरचना, श्रम विभाजन एवं विशेषीकरण पर आधारित होती है।

2. उद्योग का स्पष्ट संबंध व्यापार के साथ जुड़ा हुआ है। उद्योग में उत्पादन निहित है। उत्पादन का विपणन (Marketing) तथा वितरण होता है। इस प्रकार उद्योग के साथ व्यापार से जुड़ी एक उप-व्यवस्था का विकास होता है।
3. उद्योग का महत्वपूर्ण बुनियादी आधार उपक्रम निर्माण (Manufacturing) है। इस प्रकार उद्योग के अन्तर्गत उपक्रम निर्माण की महत्वपूर्ण भूमिका है। यह सीधे तौर पर उपक्रम निर्माण की प्रक्रिया से संबंधित है।
4. उद्योगों के साथ नियोजकों का भी तर्कपूर्ण संबंध है। उद्योग की आधारभूत संरचना, उत्पादन की प्रक्रिया, विपणन, वितरण तथा अन्य जुड़े मामलों के लिए अनेक कामगारों को नियुक्त किया जाता है। फलत: उद्योग के अन्तर्गत एक व्यावसायिक संरचना तथा मैक्स वेबर के शब्दों में अधिकारी-तंत्र का विकास होता है।
5. उद्योग की परिभाषा को स्पष्ट करते हुए भारतीय औद्योगिक विवाद अधिनियम की धारा-2(i) में यह भी स्पष्ट किया गया है कि श्रमिकों द्वारा किसी सेवा, रोजगार, शिल्प अथवा औद्योगिक व्यवसाय आदि के जरिये उद्योग की संपूर्ण संरचना खड़ी की जाती है।
6. इस प्रकार उद्योग में नियोजक तथा कामगार दोनों का महत्व होता है। यह उत्पादन की प्रक्रिया से संबंधित है। इसके अन्तर्गत अधिकारी-तंत्र का विकास होता है। इस प्रकार उद्योग के लिए एक व्यवस्थित संरचना विकसित की जाती है।
7. विश्लेषणों के आधार पर स्पष्ट होता है कि बुनियादी तौर पर उद्योग दो प्रमुख पक्षों से संबंधित है—

   (i) संस्थात्मक स्वरूप (Institutional Character)

   (ii) क्रियात्मक स्वरूप (Activity Character)

इस प्रकार उद्योग संस्थात्मक स्वरूप एवं क्रियात्मक स्वरूप पर आधारित होता है। यह व्यवस्थित होता तथा इसका संचालन सुनियोजित एवं संरचित रूपों में किया जाता है।

21 फरवरी, 1978 को भारत के सर्वोच्च न्यायालय द्वारा बंगलौर जल-आपूर्ति एवं निष्कासण मंडल के मामले में उद्योग की विस्तृत परिभाषा को रेखांकित किया गया है। सर्वोच्च न्यायालय के फैसले में माननीय न्यायाधीश श्री कृष्ण अय्यर ने स्पष्ट किया है कि न्यायिक मंतव्यों के भ्रमजाल एवं कतिपय प्रमुख मामलों में दिए गए अटपटे फैसलों के कारण उद्योग शब्द की मूल अवधारणा ही धुंधली हो गयी है।[3]

सर्वोच्च न्यायालय ने व्यवस्थित एवं तर्कपूर्ण आधारों पर उद्योग की परिभाषा को निम्नलिखित रूपों में सुनिश्चित किया है—

"उद्योग की परिधि में वे समस्त उपक्रम सम्मिलित हैं जिनमें नियोजकों एवं नियोजितों के सहयोग से मनुष्य की आवश्यकताओं की पूर्ति के लिए एक व्यवस्थित क्रियाशीलता के आधार पर वस्तुओं अथवा सेवाओं के उत्पादन के कार्यों का निर्वहन किया जाता है।" सर्वोच्च न्यायालय ने अपने फैसले में यह स्पष्ट किया है कि इसके अन्तर्गत धार्मिक एवं आध्यात्मिक आकांक्षाओं को नहीं सम्मिलित किया गया। परन्तु यदि आध्यात्मिक एवं धार्मिक परिप्रेक्ष्यों में भोग तथा प्रसाद आदि से जुड़ी वस्तुओं का उत्पादन व्यापक पैमाने पर होता है तो उसे उद्योग के अन्तर्गत लिया जाएगा। इस प्रकार सर्वोच्च न्यायालय के फैसले के आधार पर निम्नलिखित बिन्दुओं का स्पष्टीकरण होता है—

1. उद्योग के लिए व्यवस्थित क्रियाशीलता अपेक्षित है।
2. नियोजकों तथा नियोजितों के बीच सहयोग होता है।
3. मानवीय आवश्यकताओं एवं इच्छाओं के अनुकूल भौतिक वस्तुओं अथवा सेवाओं का उत्पादन या वितरण किया जाता है।
4. इसके अन्तर्गत साधारणतः मनुष्य की धार्मिक एवं आध्यात्मिक इच्छाओं को सम्मिलित नहीं किया जाता है। परन्तु व्यापक पैमाने पर भोग तथा प्रसाद का उत्पादन एवं वितरण उद्योग के दायरे में सम्मिलित किया जाएगा।
5. सर्वोच्च न्यायालय ने अपने फैसले में यह भी स्पष्ट किया है कि व्यवसाय, क्लब, सहकारिताएं, शोध संस्थान, दानकर्ता संस्थाएं एवं परोपकारी संस्थाओं को भी उद्योग के अन्तर्गत सम्मिलित किया जा सकता है। यदि इनके द्वारा मनुष्य की इच्छाओं एवं आकांक्षाओं के अनुरूप वस्तुओं एवं सेवाओं का उत्पादन होता हो।

पारकर, ब्राउन, आर.के. चाइल्ड तथा एम.ए. स्मिथ ने अपनी पुस्तक *सोशियोलॉजी ऑफ इंडस्ट्री* में स्पष्ट किया है कि 'उद्योग' शब्द में समान वैज्ञानिक सिद्धान्तों एवं पद्धतियों का प्रयोग भी सन्निहित है, जिसका तात्पर्य वस्तुओं के उत्पादन एवं वितरण से संबंधित उन आर्थिक कार्यों से है जिनकी समाज को अपेक्षा होती है।

हरिकृष्ण रावत ने अपनी महत्वपूर्ण पुस्तक *उच्चतर समाजशास्त्र विश्वकोष* में उद्योग की अवधारणा को संक्षेप में परन्तु सारगर्भित शब्दों में स्पष्ट किया है। उनके अनुसार मशीन तथा ईंधन शक्ति पर आधारित उत्पादन के विशिष्ट रूप को उद्योग कहते हैं। संक्षेप में मशीनीकृत उत्पादन प्रणाली उद्योग के नाम से जानी जाती है।

ज्ञातव्य है कि औद्योगिक समाजशास्त्र का केन्द्रीय अध्ययन विषय उद्योग है।

औद्योगिक समाजशास्त्र की परिभाषा (Definition of Industrial Sociology)

एंथनी गिडेन्स ने अपनी पुस्तक सोशियोलॉजी में स्पष्ट किया है कि औद्योगीकरण ने समाज में रूपान्तर की प्रक्रिया को तीव्र किया। वस्तुतः मशीनों तथा कारखानों के विकास के बाद मानव समाज में एक नए युग की शुरुआत हुई। आर्थिक संगठनों का विकास एवं विस्तार हुआ। घर का दायरा सिमट गया। कुटीर उद्योगों के दिन लदने लगे। परम्परागत ग्रामीण अर्थव्यवस्था का स्वरूप बदलने लगा। कारखानों का व्यापक ताना-बाना फैलता चला गया। श्रम और पूंजी, पूंजीपति और सर्वहारा, मनुष्यों की आवश्यकता एवं आकांक्षाओं के अनुरूप सेवा और वस्तुओं का उत्पादन तथा पश्चिमी देशों से औद्योगीकरण की प्रक्रिया ने निकलकर पूरी दुनिया को अपने दायरे में समेट लिया। एंथनी गिडेन्स के अनुसार औद्योगीकरण की प्रक्रिया की पृष्ठभूमि में समाजशास्त्र का जन्म तथा विकास हुआ है। अतः समाजशास्त्रीय चिंतकों तथा अनुसंधानकर्मियों ने उद्योगों का गंभीर एवं गहन अध्ययन किया है। आगस्ट काम्टे ने ज्ञान के विकास के चिंतन को प्रस्तुत किया तथा प्रत्यक्षवाद एवं वैज्ञानिक पद्धतियों के बढ़ते हुए प्रभावों के आधार पर औद्योगिक समाज की व्याख्या की। स्पेन्सर ने सरल से जटिल एवं एकरूपता से विभिन्नता के आधार पर उस रूपान्तरण के दौर का विवेचन किया। एमिल दुर्खाइम ने श्रम विभाजन एवं विशेषीकरण के आधार पर बदलते हुए समाज की वास्तविकता को रेखांकित

किया। कार्ल मार्क्स ने वर्ग-संघर्ष के सिद्धान्त के आधार पर नए दौर का विश्लेषण किया। मजदूरों के शोषण एवं अलगाव की जमीनी सच्चाई को रेखांकित कर दुनिया के सामने कई प्रश्नों को खड़ा कर दिया। मैक्स वेबर ने रूपान्तरण के इस दौर में औद्योगिक अर्थव्यवस्था एवं संरचना के विभिन्न आयामों पर ध्यान केन्द्रित किया। साथ ही उन्होंने धार्मिक मतवाद एवं अधिकारी-तंत्र के आधार पर औद्योगिक अर्थव्यवस्था का तर्कपूर्ण विश्लेषण दिया। जाहिर है कि औद्योगिक समाजशास्त्र का केन्द्रीय विषय उद्योग है। उद्योग से जुड़े विविध पक्षों एवं समस्याओं के साथ औद्योगिक समाजशास्त्र का स्पष्ट संबंध है। प्रथम विश्व युद्ध के बाद व्यवस्थित आधारों पर औद्योगिक समाजशास्त्र का विकास हुआ है। यह समाजशास्त्र की एक विशिष्ट शाखा है। मशीनों के साथ भागती हुई दुनिया एवं कारखानों में लिपटी हुई तेज रफ्तार की जिन्दगी को औद्योगिक समाजशास्त्र में स्पष्ट किया जाता है।

एक जमाना था जब घरों में बैठकर लोग चरखे के जरिए धागे का निर्माण करते थे। घरों में बैठकर ही लोग कपड़े का उत्पादन करते थे। हाथ की चक्की से गेहूं की पिसाई होती थी। एक दौर आया जब मशीनों से धागे का निर्माण होने लगा। बड़े-बड़े औद्योगिक नगरों का विकास हुआ। 1956 तक बोकारो एक छोटा सा गांव था। अब देश के नक्शे पर यह एक चमकता हुआ औद्योगिक नगर है। बड़े-बड़े कारखानों तथा औद्योगिक संरचनाओं ने गांव के मजदूरों को रोजगार के लिए आकर्षित किया। अपने कंधे पर झोला थामे और फटेहाल मजदूरों को दिल्ली के रेलवे स्टेशनों पर रेल की भीड़ भरे अनारक्षित कम्पार्टमेंट में देखा जा सकता है। गुड़गांव, नोएडा, फरीदाबाद, लुधियाना, नासिक, अमृतसर, कानपुर, मुरादाबाद तथा अन्य छोटे-बड़े औद्योगिक नगरों में श्रम स्वेद और रक्त से लथपथ इन मजदूरों को देखा जा सकता है। पूंजीवादी देशों से लेकर समाजवादी देशों तक कारखानों के शोर सुनाई पड़ते हैं। सामाजिक स्तरीकरण का ताना-बाना विस्तृत हो चुका है। संरचित असमानता की बुनियाद और अधिक सुदृढ़ हो चुकी है। अमीरी और गरीबी की खाई और अधिक बढ़ गई है। श्रमिक संघों तथा औद्योगिक विवादों के समाचारों से सुबह के ताजा अखबार भरे रहते हैं। सामूहिक सौदेबाजी, श्रम कल्याण, कारखाना अधिनियम, सामाजिक सुरक्षा, गंदी बस्तियां, भागता-दौड़ता परिवहन तंत्र, सड़क के किनारे का ढाबा, धुआं और आग उगलती कारखाने की धमन भट्टी-सबने मिलकर एक नए समाज को विकसित किया है। इसे औद्योगिक समाज के नाम से जाना जाता है। औद्योगिक समाजशास्त्र औद्योगिक समाज का आईना भी है और एक्स-रे मशीन की तरह इसमें कारखाने की दुनिया का आर-पार अध्ययन भी किया जाता है। गिडेन्स ने कई प्रश्नों को खड़ा किया है। उसने स्पष्ट किया है कि आधुनिक समाज पर औद्योगीकरण का गहरा प्रभाव है। उसने प्रश्न खड़ा किया कि औद्योगीकरण की प्रक्रिया की पृष्ठभूमि क्या है? औद्योगिक समाज के विकास के पूर्व की स्थितियां क्या थीं? औद्योगीकरण ने किस तरह से विभिन्न समाजों में विभेद की स्थिति उत्पन्न की। अपराध और दंड तथा विवाह एवं परिवार में हो रहे परिवर्तन की प्रक्रिया को औद्योगीकरण ने किन रूपों में प्रभावित किया है। इन सभी बिन्दुओं एवं मुद्दों के अध्ययन के लिए समाजशास्त्रीय अवधारणाओं एवं सिद्धांत की अपेक्षा है। जाहिर है कि औद्योगिक समाजशास्त्र औद्योगीकरण की प्रक्रिया एवं उद्योग समाज से जुड़े अनुसंधानों एवं सिद्धांतों से संबंधित है। औद्योगिक समाजशास्त्र में औद्योगिक समाज के सच को स्पष्ट किया जाता है।

मैकाइवर तथा पेज ने स्पष्ट किया है कि औद्योगिक समाजशास्त्र औद्योगिक संबंधों पर केन्द्रित है। उन्होंने स्पष्ट किया था कि समाजशास्त्र का अध्ययन विषय सामाजिक संबंध है। औद्योगिक समाजशास्त्र एक विशिष्ट संबंध से जुड़ा हुआ है। यह विशिष्ट संबंध औद्योगिक संबंधों के ताने-बाने से संबंधित है। इसके अन्तर्गत नियोक्ता तथा कामगारों के बीच मौजूद संबंधों का अध्ययन किया जाता है। विपणन तथा वितरण से जुड़े विभिन्न व्यक्तियों के संबंधों का विश्लेषण औद्योगिक समाजशास्त्र में किया जाता है।

एक उद्योग के साथ अनेक लोग जुड़े होते हैं। इसके अन्तर्गत अधिकारी-तंत्र की संरचना होती है। उद्योग के साथ जुड़े हिस्सेदारों में संबंध होता है। श्रमिक नेता, मजदूर तथा मालिक के बीच संबंध होता है। अप्रत्यक्ष तौर पर राजनैतिक तंत्र के लोग भी उद्योग से जुड़े होते हैं। इस प्रकार औद्योगिक संबंध का व्यापक दायरा होता है। मैकाइवर तथा पेज ने स्पष्ट किया है कि औद्योगिक समाजशास्त्र में इन्हीं औद्योगिक संबंधों का अध्ययन किया जाता है।

अमेरिकन सोशियोलॉजिकल रिव्यू में प्रकाशित अपने एक शोध निबंध ''इंडस्ट्रियल सोशियोलॉजी, स्टेटस एंड प्रोसपेक्टस्'' में विलबर्ट मूर ने स्पष्ट किया है कि औद्योगिक समाजशास्त्र, समाजशास्त्र के उन सिद्धान्तों के विकास एवं प्रयोग से जुड़ा हुआ है जो औद्योगिक विधियों द्वारा उत्पादन एवं औद्योगिक जीवन पद्धति से संबंधित है।[4]

स्पष्ट है कि विलबर्ट मूर ने औद्योगिक पद्धति द्वारा उत्पादन एवं औद्योगिक जीवन पद्धति के आधार पर औद्योगिक समाजशास्त्र को परिभाषित किया है। उन्होंने औद्योगिक समाजशास्त्र के संबंध में निम्नलिखित बिन्दुओं को स्पष्ट किया है-

1. औद्योगिक समाजशास्त्र में औद्योगिक पद्धति द्वारा उत्पादन की प्रक्रिया का अध्ययन किया जाता है। औद्योगिक अर्थव्यवस्था में उत्पादन का विशेष महत्व है। ज्ञातव्य है कि कारखाना स्तर पर ही नहीं अपितु व्यापक स्तर पर भी उत्पादकता के साथ औद्योगिक समाजशास्त्र का स्पष्ट संबंध है। साथ ही उत्पादकता समस्त अर्थव्यवस्था की, कार्य-क्षमता की परिचायक होती है। उत्पादकता एक अनुपात (Ratio) है जो उत्पादन एवं उसके लिए प्रयोग में लाए गए साधनों के बीच होता है। यह अनुपात किसी उत्पादक इकाई के लिए अथवा समूची अर्थव्यवस्था के लिए ज्ञात किया जा सकता है। उत्पादकता श्रमिकों की निपुणता एवं कार्यक्षमता, उत्पादन की तकनीक तथा प्रबंधकीय विधियों में सुधार पर अधिक बल देती है। यहां यह स्पष्ट करना उचित होगा कि यदि साधनों (Inputs) की तुलना में कुल उत्पादन ज्यादा है तो यह अनुकूलता का परिचायक होगा और उत्तम उत्पादकता के रूप में रेखांकित किया जाएगा। परन्तु यदि उत्पादन के विभिन्न साधनों (Inputs) की तुलना में कुल उत्पादन (Total Output) अपेक्षाकृत संतोषजनक नहीं है अथवा कम है तो यह प्रतिकूल स्थिति का सूचक होगा। इसे न्यून उत्पादकता के रूप में रेखांकित किया जाएगा। अत: विलबर्ट मूर का यह कथन तर्कपूर्ण प्रतीत होता है कि औद्योगिक समाजशास्त्र का उत्पादन के साथ स्पष्ट संबंध है।
2. मूर ने यह भी स्पष्ट किया है कि औद्योगिक समाज विज्ञान औद्योगिक जीवन पद्धति से संबंधित है। औद्योगीकरण के आधार पर नए सामाजिक संबंधों का विकास होता है। इन नए संबंधों के आधार पर स्वाभाविक रूपों में एक नई जीवन पद्धति का विकास होता है।

उदाहरणस्वरूप जब एक व्यक्ति अपने गांव को छोड़कर औद्योगिक नगरों में रोजगार हासिल करता है तो उस व्यक्ति की जीवन पद्धति में व्यापक परिवर्तन होता है। बिहार अथवा उत्तरप्रदेश का नवयुवक जब नासिक अथवा गुड़गांव अथवा किसी अन्य औद्योगिक नगर में रोजगार आरंभ करता है तो वह एक नई कॉलोनी अथवा किसी अपार्टमेंट के फ्लैट अथवा किसी छोटे किराए के मकान में अकेले या परिवार के साथ रहने लगता है। उसे विभिन्न भाषा, क्षेत्र, संस्कृति तथा विचारधारा के लोगों से संपर्क एवं सामंजस्य करना होता है। इस प्रकार वह बहुल संस्कृति का हिस्सा बन जाता है। उसके जीवन, रहन-सहन तथा अन्य पक्षों में भी नई संस्कृति तथा जीवन पद्धति का विकास होता है। कार्ल मार्क्स ने भी स्पष्ट किया है कि औद्योगीकरण से जीवन पद्धति तथा अर्थव्यवस्था में परिवर्तन होता है। यह सामाजिक संबंधों को भी प्रभावित करता है। उसके अनुसार सामाजिक संबंध उत्पादक शक्तियों से घनिष्ठ रूप से जुड़े हुए हैं। नई उत्पादक शक्तियों के प्राप्त होने तक मनुष्य अपनी उत्पादन प्रणाली बदल देते हैं और अपनी उत्पादन प्रणाली तथा जीविकोपार्जन प्रणाली बदलने से वे अपने समस्त सामाजिक संबंधों को परिवर्तित करते हैं। जब चरखे से धागों का निर्माण होता था तो लोग घरों में काम करते थे। कारखाना ने लोगों को घरों से निकाल कर एक नई जीवन पद्धति को विकसित किया है। कारखाना घरों में नहीं लगाया जा सकता। इस प्रकार मूर का यह कथन औचित्यपूर्ण है कि उत्पादन की प्रक्रिया ने एक नई जीवन पद्धति विकसित की है। औद्योगिक समाजशास्त्र जीवन पद्धति में परिवर्तन के अध्ययन पर केन्द्रित है।

3. मूर ने यह भी स्पष्ट किया है कि औद्योगिक समाजशास्त्र उत्पादन की प्रक्रिया एवं जीवन पद्धति के संबंधों में सिद्धांत के विकास एवं प्रयोग से संबंधित है।
4. इस प्रकार मूर के अनुसार औद्योगिक समाजशास्त्र उत्पादन से जुड़ा हुआ है। साथ ही उत्पादन की प्रक्रिया से उत्पन्न नई जीवन-पद्धति पर केन्द्रित है। साथ ही औद्योगिक समाजशास्त्र सिद्धान्त और प्रयोग के विकास में भी सहायक है।

पी. गिसबर्ट ने स्पष्ट किया है कि औद्योगिक समाज विज्ञान उद्योग की वास्तविकता से संबंधित है। साथ ही औद्योगिक समाजशास्त्र उद्योग की समस्याओं के अध्ययन से जुड़ा हुआ है। उन्होंने स्पष्ट किया है कि औद्योगिक समाजशास्त्र वैज्ञानिक विधि पर आधारित है।[5] पी. गिसबर्ट ने औद्योगिक समाजशास्त्र की परिभाषा में निम्नलिखित बिन्दुओं की चर्चा की है–

1. पी. गिसबर्ट ने औद्योगिक समाजशास्त्र की परिभाषा में उद्योग की वास्तविकता को रेखांकित किया है। इस प्रकार औद्योगिक समाजशास्त्र द्वारा उद्योग के सच को स्पष्ट किया जाता है। समाजशास्त्री औद्योगिक समाजशास्त्र के जरिए औद्योगिक जगत की जमीनी सच्चाई को स्पष्ट करते हैं। उद्योग के साथ प्राकृतिक संसाधन (Natural Resources) का स्पष्ट संबंध होता है। उद्योग के साथ मानव संसाधन भी जुड़ा हुआ है। हर्बीसन तथा मेयर्स ने स्पष्ट किया है कि ज्ञान, कुशलता एवं क्षमताओं में वृद्धि करने की प्रक्रिया को ही मानव पूंजी निर्माण की संज्ञा दी जाती है।[6]
   जाहिर है कि मानव संसाधन उद्योग का बुनियादी आधार है। मानव संसाधन एक यथार्थ है। अत: उद्योग की वास्तविकता को स्पष्ट करने के लिए औद्योगिक समाजशास्त्र मानव

संसाधन के अध्ययन एवं विश्लेषण से जुड़ा हुआ है। पूंजी-निर्माण (Capital Formation) भी उद्योग की वास्तविकता का एक बुनियादी आधार है। आर्थिक विकास के अंतर्गत औद्योगिक संरचना एवं औद्योगीकरण के लिए पूंजी निर्माण एक अनिवार्य तत्व है। उदाहरणस्वरूप यदि कोई देश, समाज अथवा परिवार अपने समस्त उत्पादन को तात्कालिक उपभोग पर व्यय न करके, उसके एक भाग को पूंजीगत वस्तुओं, मशीनों एवं उपकरणों, यातायात सुविधाओं के निर्माण में विनियोजित कर देता है तो ऐसा कहा जाएगा कि वह देश, समाज अथवा परिवार पूंजी निर्माण या पूंजी संग्रह कर रहा है। वस्तुत: उद्योग की दीर्घकालिक सफलता पूंजी निर्माण पर ही मुख्यत: निर्भर करती है। गिसबर्ट ने स्पष्ट किया है कि औद्योगिक समाजशास्त्र उद्योग की वास्तविकता के जुड़े पहलुओं का अध्ययन करता है।

उद्योग की वास्तविकता के साथ उद्यम एवं साहस (Entrepreneurship) का भी स्पष्ट संबंध है। जे.ए. शुम्पीटर ने भी स्पष्ट किया है कि उद्यमकर्ता (Entrepreneur) औद्योगिक विकास की प्रबल धुरी है। अत: औद्योगिक समाजशास्त्र में उद्यम तथा साहस का भी अध्ययन किया जाता है। ज्ञातव्य है कि उद्योग के साथ तकनीकी प्रगति का भी संबंध जुड़ा हुआ है। लगातार वैज्ञानिक आविष्कार के कारण तकनीकी क्षेत्रों में व्यापक प्रगति की स्थिति उत्पन्न होती रहती है। नए तकनीकी ज्ञान के उपयोग से उत्पादन में वृद्धि होती है। साथ ही नए तकनीकी प्रयोग से उद्योग प्रबंधन व्यवस्थित होता है। अत: तकनीकी प्रगति तथा प्रबंधन का अध्ययन भी औद्योगिक समाजशास्त्र में किया जाता है। उद्योग की वास्तविकता के साथ सामाजिक दशाएं, सांस्कृतिक तत्व, धार्मिक मतवाद, राजनैतिक संस्कृति एवं व्यवस्था तथा पर्यावरण और प्रदूषण भी जुड़ा हुआ है। अत: औद्योगिक समाजशास्त्र में इन सभी मुद्दों का अध्ययन किया जाता है।

गिसबर्ट ने सूत्र रूप में उद्योग की वास्तविकता के आधार पर औद्योगिक समाजशास्त्र के व्यापक फलक का संकेत किया है।

2. गिसबर्ट ने औद्योगिक समाजशास्त्र की परिभाषा में उद्योग की समस्याओं को भी रेखांकित किया है। जाहिर है कि औद्योगिक समाजशास्त्र में औद्योगिक समस्याओं का भी अध्ययन किया जाता है। औद्योगिक समस्या के अन्तर्गत औद्योगिक विकास, तालाबंदी, हड़ताल, कर्मचारियों की छंटनी, श्रमिक संघों का आंदोलन तथा सफेद कर्मचारियों के दांव-पेच तथा अन्य समस्याओं को रेखांकित किया जा सकता है।

उल्लेखनीय है कि उद्योग तथा औद्योगीकरण ने प्रकृति, गांव तथा परिवार को संकट के कगार पर लाकर खड़ा कर दिया है। एड्स, डेंगू तथा अन्य संघातक बीमारियों का एक प्रमुख कारण उद्योग के साथ जुड़ा हुआ है। पर्यावरण प्रभावित हो रहा है। प्रदूषण का संकट संघातक सिद्ध हो रहा है। औद्योगीकरण के कारण हजारों एकड़ कृषि भूमि तथा हरे-भरे जंगल को कल-कारखानों के निर्माण हेतु उपयोग में लाया जाता है। हरे-भरे पेड़ों पर कुल्हाड़ी चलती है। मनुष्य के राक्षसी पंजे वनों तथा पेड़ों को ध्वंस के पीछे लगे हुए हैं। उसे यह खबर नहीं है कि यह आत्मघाती कदम है। ऑक्सीजन नहीं होने पर उसकी सांसों को सुकून नहीं मिलने वाला है। कारखानों से कार्बन मोनो ऑक्साइड तथा सल्फर-डाई-ऑक्साइड के निकलने के कारण वायु प्रदूषण की स्थिति उत्पन्न होती है।

इसी तरह जल प्रदूषण का खतरा भी बढ़ गया है। औद्योगिक अपशिष्टों को नदियों में छोड़ा जाता है। कागज, लुग्दी, वस्त्र, रसायन, पेट्रोलियम, चर्मशोधन कारखाने आदि जल को प्रदूषित करने वाले प्रमुख उद्योग हैं। इसी तरह कारखानों से निकला धातुयुक्त कूड़ा-कचरा विषाक्त होता है। यह मिट्टी को प्रदूषित करता है। अत्यधिक शोर भी प्रदूषण का कारण है। विभिन्न मशीनों के संचालन के कारण ध्वनि प्रदूषण की समस्या उत्पन्न होती है। भारत में भी उद्योग तथा औद्योगीकरण की प्रक्रिया के दामन पर भोपाल गैस रिसाव एवं चेरनोबिल की आपदा का दाग लगा हुआ है। भोपाल में गैस रिसाव ने मौत का कहर ढाया। अनेक व्यक्ति विकलांग हो गए। अनेक बच्चों की जिन्दगी संकटग्रस्त हो गई। 1986 ई. में चेरनोबिल में नाभिकीय ऊर्जा से संबंधित आपदा के कारण 31 व्यक्तियों की मृत्यु हुई। पश्चिम बंगाल में सिंगूर तथा नंदीग्राम में उत्पन्न औद्योगिक समस्याओं की भी अनदेखी नहीं की जा सकती है। इस प्रकार उद्योग की समस्याओं का अध्ययन अपेक्षित है। यही वजह है कि गिसबर्ट ने औद्योगिक समाजशास्त्र की परिभाषा में उद्योग की वास्तविकता के साथ उद्योग की समस्याओं पर भी ध्यान केन्द्रित किया है।

3. पी. गिसबर्ट द्वारा प्रस्तुत औद्योगिक समाजशास्त्र की परिभाषा के तीसरे आयाम में समाजविज्ञानी विधियों का उल्लेख किया है। उन्होंने यह भी स्पष्ट किया है कि औद्योगिक वास्तविकता तथा समस्याओं के आर-पार अध्ययन के लिए समाजशास्त्रीय विधियों का उपयोग किया जाता है। इस प्रकार औद्योगिक समाजशास्त्र में अवलोकन, सत्यापन, कार्यकारण संबंधों की व्याख्या, वर्गीकरण, प्रयोग एवं सामान्यीकरण से जुड़ी विधियों का इस्तेमाल होता है। साथ ही साक्षात्कार, अनुसूची, प्रश्नावली, निदर्शन प्रणाली, अनुमापन विधियां, वैयक्तिक अध्ययन पद्धति एवं जीवन इतिहास संकलन आदि समाजशास्त्रीय अनुसंधान की पद्धतियों का भी उपयोग किया जाता है। अध्ययन विषय के अनुरूप उपकल्पनाओं का निरूपण अथवा उद्‌देश्यों का निर्धारण किया जाता है। वस्तुनिष्ठ, पक्षपातरहित एवं कार्य-कारण संबंधों की व्याख्या के आधार पर नए तथ्यों का अन्वेषण, पुराने तथ्यों का सत्यापन, घटनाओं की क्रमबद्धता का अध्ययन, दो या दो से अधिक घटनाओं के बीच मौजूद संबंधों का विश्लेषण एवं घटनाओं को प्रभावित करने वाले कारकों की व्याख्या की जाती है।

डी.सी. मिलर और डब्ल्यू.एच. फार्म ने अपनी पुस्तक *इंडस्ट्रियल सोशियोलॉजी* में औद्योगिक समाजशास्त्र की परिभाषा को स्पष्ट किया है। उनके अनुसार औद्योगिक समाजशास्त्र सामान्य समाजशास्त्र का एक प्रमुख क्षेत्र है। उनके अनुसार औद्योगिक समाजशास्त्र को कार्य-संगठनों का समाजशास्त्र अथवा अर्थव्यवस्था का समाजशास्त्र कहा जाता है।[7]

उल्लेखनीय है कि उद्योग के साथ पूंजी एवं श्रम का स्पष्ट संबंध होता है। कार्य संगठन का बुनियादी आधार श्रम संगठन है। अतः मिलर तथा फार्म ने औद्योगिक समाजशास्त्र की परिभाषा में कार्य संगठन को रेखांकित किया है। *द कन्साइज् ऑक्सफोर्ड डिक्शनरी* के अनुसार कार्य में ऊर्जा का उपयोग होता है। यह उद्‌देश्यपूर्ण होता है तथा श्रम का उपयोग किसी उद्‌देश्य की प्राप्ति के लिए किया जाता है। इस प्रकार कार्य-संगठन के साथ श्रम-उद्‌देश्य एवं परिणाम भी जुड़ा हुआ है। बोर्न तथा हेनरी ने स्पष्ट किया है कि कार्य-संगठन एक मानवीय प्रयत्न है।

इसके आधार पर उपयोगी वस्तुओं का निर्माण होता है। इसका लक्ष्य मानवीय कल्याण से जुड़ा हुआ है। स्लोन तथा शूर्चर ने स्पष्ट किया है कि कार्य-संगठन उत्पादन की विभिन्न पद्धतियों में एक प्रमुख पद्धति है। उनके अनुसार उत्पादन का यह एक प्रमुख कारक है। इसके अन्तर्गत शारीरिक एवं मानसिक शक्तियों का उपयोग होता है। इसके लिए कार्य-संगठन से जुड़े लोगों को मजदूरी, वेतन अथवा व्यावसायिक आर्थिक लाभ प्राप्त होता है।

विश्लेषणों के आधार पर स्पष्ट होता है कि औद्योगिक संरचना के साथ कार्य-संगठन का स्पष्ट रिश्ता है। वस्तुत: कार्य-संगठन उत्पादन, औद्योगिक संरचना, विपणन तथा वितरण आदि का बुनियादी आधार है। यही वजह है कि औद्योगिक समाजशास्त्र की परिभाषा में मिलर तथा फार्म ने कार्य-संगठनों का उल्लेख किया है तथा औद्योगिक समाजशास्त्र को कार्य-संगठनों के समाजशास्त्र के रूप में रेखांकित किया है।

पी. गिसबर्ट ने औद्योगिक समाजशास्त्र की परिभाषा में अर्थव्यवस्था को भी रेखांकित किया है। उनके अनुसार औद्योगिक समाजशास्त्र अर्थव्यवस्था का समाजशास्त्र है। औद्योगिक जगत के साथ पूंजी का स्पष्ट संबंध होता है। यह पूंजी समुचित मात्रा में तथा उचित समय के अन्तर उद्योग को उपलब्ध की जानी चाहिए। भारत में औद्योगिक वित्त अधिकांशत: कुछ विदेशी एजेंसी गृहों तथा भारतीय प्रबंध अभिकर्ता गृहों द्वारा ही उपलब्ध होता रहा है। वैश्वीकरण ने औद्योगिक पूंजी के संदर्भ में एक नए क्षितिज का विस्तार किया है। उद्योग की वित्तीय आवश्यकताओं के लिए दो प्रकार की पूंजी का विवरण उपलब्ध होता है-(1) दीर्घकालीन पूंजी तथा अल्पकालीन पूंजी। स्पष्ट है कि उद्योग की सफलता पूंजी के प्रबंधन पर आधारित है। साथ ही उद्योग की अर्थव्यवस्था के कई पक्ष होते हैं। इन सभी पक्षों में तर्कपूर्ण प्रबंधन की अपेक्षा होती है। इस प्रकार औद्योगिक समाजशास्त्र औद्योगिक अर्थव्यवस्था के अध्ययन पर केन्द्रित है।

विश्लेषणों के आधार पर स्पष्ट होता है कि कार्य-संगठन एवं अर्थव्यवस्था दोनों ही औद्योगिक समाजशास्त्र के प्रमुख क्षेत्र हैं।

पारकर, एस.आर. ब्राउन, आर.के. चाइल्ड तथा स्मिथ ने अपनी पुस्तक *सोशियोलॉजी ऑफ इंडस्ट्री* में औद्योगिक समाजशास्त्र के संदर्भ में विस्तृत परिप्रेक्ष्यों को स्पष्ट किया है। इन विद्वानों के अनुसार औद्योगिक समाजशास्त्र में यह जानकारी हासिल की जाती है कि आर्थिक उप-व्यवस्था अन्य दूसरी उप-व्यवस्थाओं से किस प्रकार संबंधित है। औद्योगिक समाजशास्त्र के अन्तर्गत विशिष्ट कार्य-संगठन एवं भूमिकाओं में आर्थिक उप-व्यवस्था किस प्रकार संगठित एवं संरक्षित है। उसकी क्या भूमिका है? तथा व्यक्ति इन भूमिकाओं में किस प्रकार सफल सिद्ध होते हैं।[8]

स्मिथ तथा अन्य विद्वानों द्वारा प्रस्तुत विचारों के आधार पर औद्योगिक समाजशास्त्र के संदर्भ में निम्नलिखित तथ्यों का स्पष्टीकरण होता है-

1. औद्योगिक समाजशास्त्र औद्योगिक अर्थव्यवस्था के अध्ययन एवं अन्वेषण से संबंधित है। इन विद्वानों के अनुसार आर्थिक उप-व्यवस्था तथा अन्य दूसरी उप-व्यवस्थाओं में तर्कपूर्ण संबंध होता है। औद्योगिक समाजशास्त्र के अन्तर्गत यह जानकारी हासिल की जाती है कि एक आर्थिक उप-व्यवस्था अन्य उप-व्यवस्थाओं से किस प्रकार संबंधित

है। उद्योग के अन्तर्गत अनेक प्रकार की उपव्यवस्थाओं का विवरण उपलब्ध होता है। उदाहरणस्वरूप उत्पादन (Production), वितरण (Distribution), विनिमय (Exchange) तथा उपभोग (Consumption)। ज्ञातव्य है कि इन सभी आर्थिक उप-व्यवस्थाओं में तर्कपूर्ण संबंध होता है। एक आर्थिक उप-व्यवस्था दूसरी आर्थिक उप-व्यवस्था के साथ स्पष्ट तौर पर संबंधित है। अत: एक आर्थिक उप-व्यवस्था तथा दूसरी आर्थिक उप-व्यवस्थाओं के बीच कार्य-कारण संबंधों के आधार पर ही औद्योगिक संरचना की व्याख्या की जा सकती है। अत: औद्योगिक समाजशास्त्र विभिन्न आर्थिक उप-व्यवस्थाओं के बीच मौजूद संबंधों के विश्लेषण पर केन्द्रित है।

2. स्मिथ तथा अन्य विद्वानों ने औद्योगिक समाजशास्त्र की व्याख्या में विशिष्ट कार्य-संगठन का उल्लेख किया है। वस्तुत: विशिष्ट कार्य-संगठन उद्योग का बुनियादी आधार होता है। इस प्रकार औद्योगिक समाजशास्त्र विशिष्ट कार्य-संगठन के अध्ययन एवं विश्लेषण से संबंधित है।
3. औद्योगिक व्यवस्था में व्यक्ति की भूमिकाओं का भी विशेष महत्व होता है। मैक्स वेबर ने भी अधिकारी-तंत्र की विचारधारा में व्यक्ति की भूमिकाओं का विश्लेषण किया है। अपनी-अपनी भूमिकाओं के अनुरूप प्रत्येक व्यक्ति औद्योगिक व्यवस्था के अन्तर्गत अपने दायित्वों का निर्वहन करता है। भूमिका का निर्धारण पद तथा कार्य के आधार पर होता है। यह नियमों तथा प्रणालियों पर आधारित होता है। फोरमेन की भूमिका अलग है, जबकि कम्प्यूटर इंजीनियर की भूमिका भी अलग होती है।
4. औद्योगिक समाजशास्त्र की व्याख्या में स्मिथ अन्य विद्वानों ने संरचना का भी उल्लेख किया है। अर्थात् प्रत्येक उद्योग की एक सुनिश्चित संरचना होती है। संरचना के साथ अनेक इकाइयां जुड़ी होती हैं। इकाइयों के बीच तर्क-पूर्ण संबंध होते हैं। संरचना का भौतिक तथा अभौतिक पक्ष होता है। साथ ही संरचना का मूर्त एवं अमूर्त पक्ष भी होता है। संरचना भी नियमों तथा प्रणालियों पर आधारित है। इसमें समयानुकूल परिवर्तन तथा विकास की संभावना बनी रहती है। संरचना को विकसित करने में नई-नई तकनीकों का उपयोग किया जाता है। जाहिर है कि संरचना उद्योग का आधारभूत तत्व है।
5. विश्लेषणों के आधार पर स्पष्ट होता है कि औद्योगिक समाजशास्त्र के साथ आर्थिक उप-व्यवस्था, विशिष्ट कार्य संगठन, संरचना तथा व्यक्ति की भूमिका संबंधित है।
6. स्मिथ तथा अन्य विद्वानों ने यह भी स्पष्ट किया है कि औद्योगिक समाजशास्त्र में व्यक्ति की भूमिकाओं का विश्लेषण एवं अन्वेषण किया जाता है। यह पता लगाने का प्रयास किया जाता है कि आर्थिक उप-व्यवस्था की संरचना में व्यक्ति अपनी भूमिकाओं में उपयुक्त सिद्ध होते हैं।
7. स्मिथ तथा अन्य विद्वानों ने अपनी पुस्तक *इंडस्ट्रियल सोशियोलॉजी* में यह भी स्पष्ट किया है कि औद्योगिक समाजशास्त्र आर्थिक संरचना का अध्ययन करता है तथा उसमें हो रहे परिवर्तनों का विश्लेषण करता है।
8. इन विद्वानों के अनुसार औद्योगिक समाजशास्त्र न केवल आर्थिक उप-व्यवस्थाओं के अध्ययन से संबंधित है अपितु इनसे जुड़े मूल्यों के विश्लेषण पर भी ध्यान केन्द्रित करता

है। ज्ञातव्य है कि संस्कृति, मूल्य तथा मानदण्ड (Culture, Value and Norms) का मानव समाज में विशेष महत्व होता है। समाज में स्थायित्व, व्यवस्था तथा निरंतरता के परिप्रेक्ष्य में सांस्कृतिक मूल्यों तथा मानदंडों का विशेष महत्व है। प्रख्यात समाजशास्त्री राधाकमल मुखर्जी ने मूल्य की अवधारणा को स्पष्ट करते हुए बताया है कि समाज द्वारा स्वीकृत वे इच्छाएं एवं लक्ष्य, जो अनुकूलन एवं समाजीकरण की प्रक्रिया द्वारा आत्मसात किए जाते हैं, मूल्य हैं। ये व्यक्ति निष्ठामानक व आकांक्षा को बढ़ावा देते हैं। वस्तुतः संस्कृति का आधारभूत तत्व मूल्य है। इस प्रकार औद्योगिक समाजशास्त्र मूल्य तथा औद्योगिक संरचना के बीच मौजूद संबंधों का भी विश्लेषण करता है।

9. स्मिथ तथा अन्य विद्वानों ने यह भी स्पष्ट किया है कि औद्योगिक संरचना एवं व्यवस्था के साथ विचारधारा के बीच मौजूद संबंधों का विश्लेषण भी औद्योगिक समाजशास्त्र में किया जाता है। उदाहरणस्वरूप मैक्स वेबर ने धार्मिक मतवाद तथा पूंजीवादी आर्थिक संरचना के बीच मौजूद संबंधों का विश्लेषण किया। इसी तरह कार्ल मार्क्स ने भी अलगाव, वर्ग–चेतना, सामाजिक–वर्ग एवं वर्ग–संघर्ष के आधार पर औद्योगिक पूंजीवाद की व्याख्या की है। आर.के. मर्टन ने भी सापेक्षिक वंचन तथा वेब्लेन ने उपभोक्तावाद के आधार पर औद्योगिक व्यवस्था का विश्लेषण किया है। इस प्रकार औद्योगिक समाजशास्त्र विचारधारा एवं मतवाद के अध्ययन से जुड़ा हुआ है।
10. स्मिथ तथा अन्य विद्वानों के अनुसार औद्योगिक समाजशास्त्र का स्पष्ट संबंध वैज्ञानिक सिद्धांतों एवं ज्ञानों पर आधारित है।

चार्ल्स स्पालडिंग ने अपनी पुस्तक *एन इन्ट्रोडक्शन द सोशियोलॉजी* में औद्योगिक समाजशास्त्र को परिभाषित करते हुए स्पष्ट किया है कि इसके अन्तर्गत औद्योगिक समस्या का अध्ययन किया जाता है। स्नाइडर ने अपनी पुस्तक *इंडस्ट्रियल सोशियोलॉजी* में स्पष्ट किया है कि औद्योगिक समाजशास्त्र औद्योगिक संरचनाओं के अध्ययन से संबंधित है। उनके अनुसार औद्योगिक समाजशास्त्र के केन्द्र में उत्पादक संगठनों की सामाजिक संरचना है।

विश्लेषणों के आधार पर स्पष्ट होता है कि औद्योगिक समाजशास्त्र में औद्योगिक संबंध तथा औद्योगिक संरचना का अध्ययन किया जाता है। उत्पादन, वितरण, विनिमय तथा उपभोग का भी अध्ययन औद्योगिक समाजशास्त्र में होता है। साथ ही औद्योगिक समाजशास्त्र के आधार पर उद्योग की वास्तविकता तथा समस्या को रेखांकित किया जाता है। इसके अन्तर्गत श्रम तथा पूंजी, औद्योगिक विवाद, श्रमिक संघ, सामाजिक सुरक्षा एवं सामूहिक सौदेबाजी आदि का भी विश्लेषण अपेक्षित है। इस प्रकार उद्योग के अन्तर्गत क्रियाशीलता, कार्य–संगठन व्यक्ति की भूमिका, मूल्य तथा विचारधारा पर भी औद्योगिक समाजशास्त्र केन्द्रित है। विभिन्न विद्वानों द्वारा प्रस्तुत परिभाषाओं के विश्लेषण के आधार पर औद्योगिक समाजशास्त्र के संबंध में निम्नलिखित बिन्दुओं का स्पष्टीकरण होता है–

1. समाजशास्त्र में एक अध्ययन की शाखा का विकास हुआ है, जिसे औद्योगिक समाजशास्त्र कहा जाता है। टी.बी. बॉटोमोर के अनुसार औद्योगिक समाजशास्त्र ने सम्पूर्ण समाजशास्त्र के भीतर शोध की मात्रा और इसमें शामिल लोगों की संख्या के चलते प्रमुख स्थान बना लिया है।

2. इस प्रकार औद्योगिक समाजशास्त्र ज्ञान की एक विशिष्ट शाखा है। इसमें औद्योगिक पद्धति का विश्लेषण किया जाता है। साथ ही इसका एक प्रमुख परिप्रेक्ष्य औद्योगिक जीवन शैली के अध्ययन से जुड़ा हुआ है।
3. औद्योगिक समाजशास्त्र में कारखाने का आंतरिक संगठन भी शोध एवं अध्ययन का विषय होता है।
4. औद्योगिक समाजशास्त्र में औद्योगिक संगठनों तथा औद्योगिक संस्थाओं का अध्ययन किया जाता है। उदाहरणस्वरूप इसके अन्तर्गत मजदूर संघ तथा श्रम-कल्याण के मुद्दों का अध्ययन किया जाता है।
5. औद्योगिक समाजशास्त्र में औद्योगिक संबंधों का अध्ययन किया जाता है। उदाहरणस्वरूप उद्योगपतियों, व्यवस्थापकों, निरीक्षकों तथा सफेदपोश कामगारों एवं श्रमिकों के बीच के संबंधों का अनुशीलन किया जाता है।
6. औद्योगिक समाजशास्त्र में औद्योगिक संरचना का अध्ययन किया जाता है तथा उसमें हो रहे परिवर्तनों की व्याख्या की जाती है। संरचना के साथ प्रकार्यों का भी अध्ययन किया जाता है।
7. औद्योगिक समाजशास्त्र के अन्तर्गत तकनीकी परिवर्तन एवं प्रगति को रेखांकित किया जाता है। इसके अन्तर्गत औद्योगिक अर्थव्यवस्था का अध्ययन किया जाता है। दीर्घकालीन पूंजी तथा अल्पकालीन पूंजी की व्याख्या की जाती है। साथ ही आर्थिक संरचना के प्रबंधन एवं अन्य पक्षों पर ध्यान केन्द्रित किया जाता है। औद्योगिक समाजशास्त्र में राजनैतिक व्यवस्था, राजनैतिक संस्कृति, दबाव समूह एवं हित समूह आदि का भी अन्वेषण किया जाता है। औद्योगिक समाजशास्त्र प्रत्यक्ष अथवा अप्रत्यक्ष तौर पर औद्योगिक संरचना से जुड़े व्यक्तियों की भूमिका के अध्ययन से संबंधित है। साथ ही मनोवैज्ञानिक परिप्रेक्ष्य में कामगारों के अध्ययन के आधार पर औद्योगिक जगत से जुड़ी विभिन्न मनोवैज्ञानिक समस्याओं का विवेचन करता है।
8. औद्योगिक समाजशास्त्र में सामाजिक कारक एवं उनके प्रभावों का भी अध्ययन किया जाता है।
9. वृहद् समाज की संस्थाओं के साथ औद्योगिक घटनाओं का स्पष्ट संबंध होता है। अतः औद्योगिक समाजशास्त्र में औद्योगिक एवं वृहद् समाज की संस्थाओं के बीच मौजूद संबंधों का विश्लेषण किया जाता है।
10. संचार प्रौद्योगिकी एवं वैश्वीकरण के कारण औद्योगिक समाज का क्षेत्र भी विस्तृत हुआ है। अतः हाल के वर्षों में औद्योगिक समाजशास्त्र के आधार पर संचार तथा सूचना प्रौद्योगिकी एवं वैश्वीकरण के संबंधित पहलुओं का भी अध्ययन किया जाता है।
11. औद्योगिक समाजशास्त्र में औद्योगिक समाज एवं व्यवस्था का सम्पूर्णता में अध्ययन किया जाता है।

टिप्पणियां

1. "Sociology is a generalizing science of socio-cultural phenomena viewed in there generic forms, types and manifold interconnections".

   —P.A. Sorokin; *Society, Culture and Personality*, p. 16.

   —Karl Marx, *The Poverty of Philosophy*, Eng. ed. Moscow, 1935, p. 92.

2. "Industry means any business, trade, undertaking, manufacture or calling of employers and includes any calling, service, employment, handicraft or industrial occupation or avocation of workmen."

   —Section 2(i) of Industrial Disputes Act of India.

3. "The basic concept of Industry has been blurred due to rather. Zig-zag course of land mark cases and the tangled web of judicial thought."

   —Justice Krishna Iyer, while delivering the judgement on behalf of the Supereme Court on February, 1978.

4. "Industrial sociology then is concerned with the application or development of principles of sociology relevant to the industrial mode of production and the industrial way of life."

   —Wilbert Moore: Industrial Sociology: Status and Prospects, American Sociology Reveiw. 13 August, 1948, p. 383.

5. "As its name indicates, industrial sociology is the application of the sociological approach to the reality and problems of industry."

   —P. Gisbert S.J.: *Fundamentals of Industrial Sociology*, 1972, p. 13.

6. "Human capital formation is the process of increasing knowledge, the skills and the capacities of all people of the country."

   —E.H. Harbison and G.A. Meyers: *Management in the Industrial Society*

7. "Industrial sociology is a substantive area of general sociology which might more accurately be termed as the sociology of work organisations or the sociology of economy."

   —D.C. Miller and W.H. Form: *Industrial Sociology*, New York, Harper & Row, 1964, and Ed., p. 11.

8. "Industrial sociology is concerned with how the economic sub-system is related to other sub-system, how the sub-system is structured in terms of particular work organization and roles and how persons fit into these roles."

   —Parker, S.R. Brown, R.K. Child and M.A. Smith: *The Sociology of Industry*, Allen & Unwin, London, 1967, p. 14.

3

औद्योगिक समाजशास्त्र : विषय क्षेत्र एवं प्रकृति

(Industrial Sociology: Nature and Scope)

जेल से अपने बेटे देलियो के नाम अंतानियो ग्राम्शी ने अपने एक महत्वपूर्ण पत्र में स्पष्ट किया है कि दुनिया के तमाम लोग जो समाज में काम करने, संघर्ष करने और अपने आपको बेहतर बनाने के लिए एकत्रित हो गए हैं, उनके बारे में विचार करना किसी भी दूसरे विषय के मुकाबले तुम्हें अधिक खुशी देगा। औद्योगिक क्रांति के बाद दुनिया में काम करने, संघर्ष करने और अपने आपको बेहतर बनाने के लिए लोग एकत्रित होते रहे हैं। वस्तुत: औद्योगीकरण ने दुनिया के दायरे को विस्तृत किया है। एल. मेनफार्ड ने अपनी पुस्तक *टेक्निक एंड सिविलाइजेशन* में स्पष्ट किया है कि वर्तमान युग का नया तथा महत्वपूर्ण तत्त्व पूंजीवाद नहीं है, उनके अनुसार नवीनतम तथा व्यापक तत्त्व यंत्रीकरण है, जिसका परिणाम पूंजीवाद है। उनके अनुसार यंत्रीकरण ने जीवन विधि तथा विचार पद्धति को परिवर्तित कर दिया है। 1922 में प्रकाशित अपनी पुस्तक *सोश्यल चेन्ज* में उन्होंने स्पष्ट किया है कि केवल रेडियो के आविष्कार के कारण 150 परिवर्तनों को रेखांकित किया जा सकता है। एम.एन. कर्ण के अनुसार प्रौद्योगिकी तथा विज्ञान के बीच स्पष्ट संबंध है। प्रौद्योगिकी का एक व्यावहारिक लक्ष्य होता है। इसके अंतर्गत उद्योग, कृषि, यातायात, संचार आदि को सम्मिलित किया जा सकता है। कर्ण ने यह भी स्पष्ट किया है कि प्रौद्योगिकी का विकास सामान्य मानव को लाभ पहुंचाने की इच्छा से ही हुआ है।

औद्योगिक समाजशास्त्र का अध्ययन क्षेत्र एवं विषय वस्तु उद्योग तथा उद्योग से जुड़े विविध पहलुओं से संबंधित है। इसके अंतर्गत उत्पादन, वितरण, उपभोग तथा प्रबंधन आदि का अध्ययन किया जाता है। औद्योगिक समाजशास्त्र श्रम विभाजन तथा विशेषीकरण एवं सावयवी एकता के अध्ययन से संबंधित है। अधिकारी-तंत्र, सामाजिक वर्ग, अलगाव तथा श्रमिक संघों एवं श्रम कल्याण के बुनियादी प्रश्नों के साथ भी औद्योगिक समाजशास्त्र का प्रत्यक्ष संबंध है। नगरीकरण की प्रक्रिया, पारिवारिक संरचना पर प्रभाव, पर्यावरण संकट तथा प्रदूषण, औद्योगिक विवाद एवं सामूहिक सौदेबाजी का अध्ययन भी औद्योगिक समाजशास्त्र में सम्मिलित हैं। औद्योगिक अर्थव्यवस्था, औद्योगिक लोकतंत्र, औद्योगिक मनोविज्ञान तथा अन्य संबंधित मसलों के साथ इसका गहरा रिश्ता है। समाजशास्त्री श्यामाचरण दुबे ने उद्योग तथा उपयोग की संस्कृति की व्याख्या की है। उन्होंने स्पष्ट शब्दों में प्रश्नों को खड़ा किया है-''जिन देशों में प्रगति की माप-तौल उपभोग के गणित से की है, वे भी अपनी कई सामाजिक प्रवृत्तियों से

चिंतित हैं। पारिवारिक विघटन, पीढ़ियों की संवादहीनता और स्त्री शक्ति की अभिव्यक्ति ने सामाजिक संरचना को असंतुलित कर दिया है। मर्यादाएं टूट रही हैं। सामाजिक सरोकार क्षीण हो रहा है। भ्रष्टाचार और व्यभिचार राजनीति के शिखर को छू रहे हैं। उनका परिणाम इतना बढ़ गया है कि सामान्य नागरिक उनसे उद्वेलित नहीं होते। मनोरंजन के क्षेत्र में तो अपसंस्कृति का सैलाब आ गया है। उत्तेजक नग्नप्रदर्शन पर अब कोई रोक नहीं है। यौन विकृतियों का उत्सवीकरण हो रहा है। विश्व प्रसिद्ध उच्च शिक्षा की संस्थाओं के बीचों-बीच समलैंगिकों के 'गे क्लब्स' बन गए हैं। मादक पदार्थों के उपयोग में चिंताजनक वृद्धि हुई है।''

20वीं शताब्दी के अंतिम चरण में वैश्वीकरण (Globalization) की प्रक्रिया ने औद्योगिक समाजशास्त्र के अध्ययन क्षेत्र को विस्तृत किया है। भूमंडलीकरण एक बहुआयामी अवधारणा है। यह एक प्रक्रिया है। यह मूलत: अर्थव्यवस्था से संबंधित है। वैश्वीकरण के अंतर्गत राष्ट्रीय अर्थव्यवस्था का विश्व अर्थव्यवस्था के साथ समन्वय किया जाता है। व्यापार तथा उत्पादन साधनों का दुनिया के विभिन्न हिस्सों में आदान-प्रदान होता है। पूंजी का हस्तांतरण भी होता है। तकनीक हस्तांतरण की प्रक्रिया भी मौजूद है। सी. रंजराजन ने अपने एक शोध निबंध ''ग्लोबलाइजेशन एंड इट्स इम्पेक्ट'' में स्पष्ट किया है कि वैश्वीकरण का अभिप्राय आर्थिक अर्थव्यवस्था के विभिन्न पक्षों में समन्वय है। उन्होंने स्पष्ट किया कि अर्थव्यवस्थाओं तथा समाजों के बीच सूचना, विचारों, तकनीकों, वस्तुओं, सेवाओं, पूंजी तथा वित्त के बीच समन्वय की प्रक्रिया के साथ वैश्वीकरण संबंधित है। विभिन्न देशों के लोग तथा समाज इस प्रक्रिया से जुड़े हुए हैं।

एंथनी गिडेन्स की एक महत्वपूर्ण पुस्तक *दि कन्सीक्यूनेक्स ऑफ मॉडर्निटी* सन् 1990 में प्रकाशित हुई। उनके अनुसार वैश्वीकरण को समय (Time) और स्थान (Space) के आधार पर परिभाषित किया जा सकता है। उनके अनुसार वैश्वीकरण समय-स्थान विस्तारीकरण है। गिडेन्स ने वैश्वीकरण की परिभाषा में निम्नलिखित बिंदुओं को स्पष्ट किया है-

1. गिडेन्स के अनुसार वैश्वीकरण में समय और स्थान की दूरी सिमट जाती है अर्थात् जापान की कोई बहुराष्ट्रीय कंपनी हरियाणा के किसी हिस्से में अपने उद्योग को स्थापित कर सकती है। इस तरह दुनिया का कोई भी सक्षम व्यक्ति भारत में पूंजी निवेश कर सकता है। इस प्रकार समय और स्थान का कोई बंधन नहीं है।
2. वैश्वीकरण परस्पर निर्भरता, सामंजस्य एवं समझौते के सिद्धांत पर आधारित है। इसके अंतर्गत एक देश की अर्थव्यवस्था का दूसरे देश की अर्थव्यवस्था के साथ परस्पर आदान-प्रदान तथा सामंजस्य होता है।
3. एंथनी गिडेन्स ने यह भी स्पष्ट किया है कि वैश्वीकरण में वैज्ञानिक तकनीकों का विशेष महत्व है। वैज्ञानिक तकनीकों के कारण ही समय तथा दूरी सिमटती जा रही है। अब ई-मेल के द्वारा हम व्यापारिक कारोबार कर सकते हैं। उपग्रह के सहारे पलक झपकते दुनिया की घटनाओं की तस्वीर ले सकते हैं। टेलीविजन के सामने बैठकर कुछ ही पलों में सुनामी लहरों की सूचना मिल जाती है। दुनिया की सूचनाओं से हम रू-ब-रू होते रहते हैं। श्रव्य तथा दृश्य माध्यमों को विज्ञान की तकनीकों ने एक नई ऊंचाई दी है।

जाहिर है कि इन वैज्ञानिक तकनीकों का वैश्वीकरण से जुड़े कारोबार में व्यापक पैमाने पर उपयोग हो रहा है।

समाजशास्त्री आर. गिलपिन ने 1987 में प्रकाशित अपनी पुस्तक *द पोलिटिकल इकोनोमी ऑफ इन्टरनेशनल रिलेशंस* में स्पष्ट किया है कि वैश्वीकरण राजनैतिक कारणों के साथ जुड़ा हुआ है। यह राजनैतिक कारकों की उपज है।

राबर्स्टन के अनुसार वैश्वीकरण में सार्वभौमिकता (Universalization) और स्थानीयता (Localism) का तत्व निहित है। यूरोपीय कमीशन (The European Commission) के अनुसार वैश्वीकरण एक प्रक्रिया है। इस प्रक्रिया के साथ सामाजिक तथा सांस्कृतिक पहलू भी जुड़े हुए हैं। परन्तु वैश्वीकरण के केन्द्र में आर्थिक विमर्श निहित है। मार्शल मैक्लहन ने 'विश्व गांव' (Global Village) की अवधारणा को प्रस्तुत किया। वस्तुत: वैश्वीकरण ने दुनिया को एक नई राह दिखलाई है। समय और स्थान की सीमा सिमटती जा रही है। एक देश से दूसरे देशों के लोगों के बीच आदान-प्रदान की प्रक्रिया तीव्र हो रही है। अमेरिका, लंदन तथा कनाडा में भारत के अनेक लोग अर्थव्यवस्थाओं की प्रक्रियाओं से जुड़े हुए हैं।

जाहिर है कि वर्तमान दौड़ ने एक नई अर्थव्यवस्था तथा एक नए आर्थिक युग की शुरुआत की है। उद्योग तथा औद्योगिक संबंध भी वैश्वीकरण से प्रभावित हैं। अत: औद्योगिक समाजशास्त्र का फलक और दायरा विस्तृत हुआ है। औद्योगिक समाजशास्त्र वैश्वीकरण तथा वैश्वीकरण के प्रभावों के अध्ययन से भी जुड़ गया है। संचार तथा सूचना प्रौद्योगिकी ने औद्योगिक समाजशास्त्र के अध्ययन क्षेत्र के क्षितिज को विस्तृत किया है। सेटेलाइट, कम्प्यूटर, इंटरनेट, ई-मेल ता अन्य संचार साधनों ने उद्योग तथा औद्योगिक संबंध को एक नया आधार प्रदान किया है। युद्ध, आतंकवाद, आर्थिक मंदी, कर्मचारियों की छंटनी तथा बेरोजगारी आदि का प्रभाव भी औद्योगिक समाजशास्त्र के अध्ययन क्षेत्र पर परिलक्षित होता है। 21वीं शताब्दी के नए परिदृश्यों में दुनिया चौराहे पर खड़ी है। परिवर्तन तथा विकास की तीव्र प्रक्रिया चल रही है। मशीनों में लिपटी हुई जिंदगी, तेज रफ्तार में चल रहा कारखाना, श्रम-स्वेद और रक्त से लथपथ कामगार, संचार साधनों का ताना-बाना, डॉलर की धूम तथा सामाजिक परिदृश्यों में हो रहे बदलाव ने औद्योगिक समाजशास्त्र को एक नए परिदृश्य में खड़ा कर दिया है। अध्ययन की पुरानी तकनीक, परंपरागत उपागम तथा सैद्धांतिक परिप्रेक्ष्य एवं विश्लेषण का शास्त्रीय विधि को नए मानदंडों के अनुरूप तराशने का समय आ गया है।

औद्योगिक समाजशास्त्र : अध्ययन क्षेत्र (Industrial Sociology: Subject Matter)

टी.बी. बॉटोमोर ने औद्योगिक समाजशास्त्र के अध्ययन क्षेत्र के विविध आयामों का गहन एवं गंभीर विश्लेषण प्रस्तुत किया है। उन्होंने औद्योगिक समाजशास्त्र के अध्ययन क्षेत्र के संबंध में निम्नलिखित बिंदुओं को रेखांकित किया है—

1. समाजशास्त्र का जन्म औद्योगिक पूंजीवाद के उदय और इसके कारण सामाजिक जीवन की धारणा में आए बदलाव से जुड़ा हुआ है। औद्योगिक समाजशास्त्र मूलत: समाजशास्त्र

की एक विशिष्ट शाखा है। अत: औद्योगिक समाजशास्त्र का अध्ययन क्षेत्र भी समाजशास्त्रीय उपागमों एवं सैद्धांतिक परिप्रेक्ष्यों से जुड़ा हुआ है।

2. बॉटोमोर ने स्पष्ट किया है कि औद्योगिक समाजशास्त्र का एक प्रमुख अध्ययन क्षेत्र औद्योगिक समाज की आधारभूत संरचना के अध्ययन से संबंधित है। इसकी शुरुआत बहुत हद तक सी. राइट मिल्स के लेखन से प्रेरणा पाकर हुई। उसने अमेरिका के सामाजिक वर्गों और सत्ता पर लिखा, खासकर 'ह्वाइट कालर' और 'दि पावर एलीट' में उसने एक जटिल औद्योगिक समाज में बुनियादी ढांचागत तत्त्वों के इतिसोन्मुखी अध्ययन का महत्त्व स्पष्ट किया है।
3. औद्योगिक समाजशास्त्र में सामाजिक संरचना और उसके परिवर्तन के व्यापक पहलुओं का अध्ययन किया जाता है। इसके अंतर्गत औद्योगिक समाजों की मूल विशेषताओं की जांच-परख, विज्ञान और प्रौद्योगिकी में तीव्र विकास के सामाजिक निहितार्थों का अध्ययन तथा औद्योगीकरण और आर्थिक विकास की प्रक्रियाओं का विश्लेषण किया जाता है।
4. औद्योगिक समाजशास्त्र के अंतर्गत श्रम-विभाजन और पेशागत विशेषज्ञता, संपत्ति की व्यवस्था, अर्थतंत्र के भेद तथा औद्योगीकरण की प्रक्रिया के विशेष परिप्रेक्ष्य में ढांचागत परिवर्तन, औद्योगिक निकाय अथवा कारखाने की संरचना एवं औद्योगिक संबंधों का अध्ययन किया जाता है।
5. औद्योगिक समाज तथा राजनैतिक व्यवस्था के बीच स्पष्ट संबंध मौजूद हैं। सी.राइट मिल्स ने अपनी पुस्तक *द पावर इलाइट* में अमेरिका में 'भीड़ समाज' के उदय का उल्लेख किया। आर्थिक और अन्य क्षेत्रों में शक्ति कतिपय बड़े संगठनों के नेताओं के हाथों में लगातार केन्द्रित होती गई है। जान स्ट्रेची ने 'कंटेंपोरेरी कैपिटलिज्म' में राजनैतिक लोकतंत्र और आधुनिक पूंजीवाद की अल्पतंत्रीय प्रवृत्तियों के बीच टकराव का अनुभव किया।
6. टॉम बॉटोमोर ने स्पष्ट किया है कि औद्योगिक समाजशास्त्र का एक प्रमुख केन्द्रीय विषय औद्योगिक समाज तथा औद्योगीकरण से जुड़ा हुआ है। बॉटोमोर के अनुसार हाल के वर्षों में एक नए सिद्धांत का विकास हुआ है जो अर्थशास्त्र तथा समाजशास्त्र की बुनियाद पर खड़ा है। इस सिद्धांत के अंतर्गत दो प्रकार के अर्थतंत्रों-औद्योगिक तथा गैर-औद्योगिक के बीच मौजूद अंतर को स्पष्ट किया जाता है। साथ ही इन सिद्धांतों में यह भी स्पष्ट किया गया है कि पूंजीवाद के बजाय औद्योगीकरण पर विचार किया जाना चाहिए क्योंकि यह स्पष्ट है कि विभिन्न सामाजिक और राजनैतिक संदर्भों में औद्योगीकरण भिन्न-भिन्न तरह से हो सकता है। इस विवरण के आधार पर यह भी स्पष्ट होता है कि औद्योगिक समाजशास्त्र में केवल उद्योग पर ध्यान नहीं केन्द्रित किया जाता है बल्कि सामाजिक, राजनैतिक एवं अन्य परिप्रेक्ष्यों का विश्लेषण अपेक्षित होता है। इस सिद्धांत के विकास एवं विश्लेषण में रेमन्ड ऐरों की पुस्तक *एटीन लेक्चर्स ऑन इंडस्ट्रियल सोसाइटी* तथा डब्ल्यू. आर्थर लेविस की *द थ्योरी ऑफ इकोनोमिक ग्रोथ* का महत्त्वपूर्ण योगदान है। इस संदर्भ में डब्ल्यू.डब्ल्यू. रोस्तोव की पुस्तक ने इस बहस को

एक नई उत्तेजना दी। जाहिर है कि औद्योगिक समाजशास्त्र के अंतर्गत आर्थिक विकास तथा अन्य कारकों पर विस्तार से विचार किया जाता है। इसमें शामिल हैं–सामानों की चाहत, काम के प्रति दृष्टिकोण, संपत्ति व्यवस्था का प्रभाव, सामाजिक गतिशीलता, धर्म और पारिवारिक संरचना, जनसंख्या वृद्धि के प्रभाव और सरकार की भूमिका आदि।

7. औद्योगिक समाजशास्त्र के अंतर्गत औद्योगिक रोजगार के लिए मजदूरों की भर्ती की समस्या पर भी गंभीरतापूर्वक विचार किया जाता है। इस संदर्भ में डब्ल्यू.ई. मूर की कृति *इंडस्ट्रीयलाइजेशन एंड लेबर* उल्लेखनीय है। सभी अनौद्योगिक देशों में यह विशेष समस्या है क्योंकि जिस कृषि मजदूर को औद्योगिक कार्य में लगाया जाता है, वह गांव से शहर भी आता है और नई परिस्थितियों के साथ उसके समायोजन की प्रक्रिया लंबी और तकलीफदेह हो सकती है। यूरोप में 'कृषक मजदूरों' और उनके परिवारों की समस्या के चलते सामूहिक औद्योगीकरण वाले देशों, पोलैंड और यूगोस्लाविया में काफी उपयोगी शोध भी हुआ है।
8. औद्योगिक समाजशास्त्र का एक अन्य प्रमुख क्षेत्र जनांकिकीय के विश्लेषण से संबंधित है। संयुक्त राष्ट्र की एक रिपोर्ट में औद्योगीकरण के समाजशास्त्रीय और जनांकिकीय कारकों का विवेचन किया गया है तथा अल्पविकसित देशों के संदर्भ में विशेष तौर पर चर्चा की गई है।
9. औद्योगिक समाजशास्त्र में उद्योग के आंतरिक संगठन का अध्ययन किया जाता है। साथ ही उद्योग से जुड़े सामाजिक संबंधों का विश्लेषण भी किया जाता है। बॉटोमोर के अनुसार औद्योगिक समाजशास्त्र के अंतर्गत उद्योग के विभिन्न समूहों खासकर मालिकों, प्रबंधकों, सुपरवाइजरों और सफेदपोश कर्मचारियों तथा शारीरिक श्रम करने वालों के बीच संबंधों के व्यापक अर्थों में औद्योगिक संबंधों का विवेचन किया जाता है।
10. बॉटोमोर ने 10 वर्षों के एक सुनिश्चित कालखंड में औद्योगिक समाजशास्त्र के अंतर्गत किए गए अनुसंधानों का विश्लेषण किया है। पिछले दस वर्षों में अध्ययन के प्रमुख विषय कामगार समूहों में आपसी संबंध और उत्पादकता पर उनका असर, सुपरवाइजरों की भूमिका, प्रबंधन और नौकरशाही की समस्याएं, विशेषीकृत कार्य के प्रभाव और खाली समय में संभव क्षतिपूर्तियां, तकनीकी परिवर्तन से उत्पन्न समस्याएं आदि रहे हैं। कामगारों के विशेष समूह जैसे युवा कामगार और महिला कामगार पर विशेष ध्यान दिया गया है।
11. औद्योगिक समाजशास्त्र के अंतर्गत सार्वजनिक स्वामित्व वाले और निजी उद्यम–दोनों का अध्ययन किया जाता है। औद्योगिक समाजशास्त्र में पूंजीवादी देशों, साम्यवादी औद्योगिक देशों तथा अल्पविकसित देशों की औद्योगिक अर्थव्यवस्था का अध्ययन किया जाता है।

टी.बी. बॉटोमोर ने औद्योगिक समाजशास्त्र के अध्ययन क्षेत्र के विविध आयामों को स्पष्ट करने का प्रयास किया। उनके अनुसार औद्योगिक समाजशास्त्र उद्योग तथा औद्योगिक संबंध का अध्ययन संपूर्णता में करता है। ज्ञातव्य है कि एमिल दुर्खाइम ने श्रम-विभाजन तथा विशेषीकरण के आधार पर, मैक्स वेबर ने अधिकारी-तंत्र तथा प्रशासनिक प्रबंध के आधार पर

एवं कार्ल मार्क्स ने सामाजिक वर्ग तथा अलगाव के आधार पर औद्योगिक समाजशास्त्र के अध्ययन क्षेत्र के संबंध में सैद्धांतिक परिप्रेक्ष्यों को प्रस्तुत किया। औद्योगिक समाजशास्त्र के विविध पहलुओं पर अध्ययन एवं अनुसंधान जारी है। इन अध्ययनों एवं अनुसंधानों के आधार पर औद्योगिक समाजशास्त्र के महत्वपूर्ण अध्ययन क्षेत्रों का विवरण एवं विश्लेषण प्रस्तुत किया जा सकता है।

श्रम विभाजन तथा विशेषीकरण (Division of Labour and Specialization)

एमिल दुर्खाइम ने समाज में श्रम-विभाजन, विशेषीकरण, यांत्रिक एकता, सावयवी एकता, सामूहिक चेतना, दमनकारी कानून तथा प्रतिकारी कानून की स्पष्ट व्याख्या प्रस्तुत की है। उन्होंने समाज की सुदृढ़ता, सामूहिक चेतना, सामाजिक तथ्य एवं सामाजिक एकता से जुड़े विविध पक्षों का विश्लेषण किया है। दुर्खाइम ने अपनी पुस्तक *De La Division du Travail Social* में स्पष्ट किया है कि श्रम-विभाजन के आधार पर समाज के स्थायित्व एवं निरंतरता को एक व्यवस्थित आधार प्राप्त होता है। व्यक्ति और समाज के बीच मौजूद संरचना के लिए सुदृढ़ व्यवस्था की आवश्यकता होती है। श्रम-विभाजन के आधार पर समाज की सुदृढ़ता आधारित है। दुर्खाइम ने *डिविजन ऑफ लेबर* की भूमिका में स्पष्ट किया है कि यह पुस्तक एक ऐसा प्रयास है जिसमें नैतिक जीवन की व्याख्या प्रत्यक्षवादी विज्ञानों की विधि द्वारा प्रस्तुत की गई है। उन्होंने श्रम-विभाजन के आधार पर सरल समाज से जटिल समाज की व्याख्या की है। उन्होंने स्पष्ट किया कि सरल समाज में भी श्रम-विभाजन मौजूद होता है। साधारणतः आयु एवं लिंग के आधार पर सरल समाज में श्रम-विभाजन की व्यवस्था की जाती है। उनके अनुसार जटिल समाज में श्रम-विभाजन विभिन्न रूपों में अनुभव किया जा सकता है। परिवार में, विद्यालय में, बैंक में, बाजार में, उद्योग में, कारखाने में, प्रशासन में तथा अन्य अनेक संगठनों में श्रम-विभाजन का स्वरूप मौजूद है। दुर्खाइम के अनुसार आदिम समाज में श्रम-विभाजन का स्वरूप अधिक विकसित नहीं था। इसके विपरीत आधुनिक समाज में व्यापक पैमाने पर श्रम-विभाजन का विकास हुआ है। संक्षेप में, आदिम युग में श्रम-विभाजन का स्वरूप सरल होता है जबकि आधुनिक समाज में श्रम-विभाजन का स्वरूप अधिक जटिल है।

एमिल दुर्खाइम के अनुसार श्रम-विभाजन तथा विशेषीकरण के साथ औद्योगीकरण का स्पष्ट संबंध होता है। वस्तुतः उद्योग औद्योगिक संरचना, औद्योगिक संबंध एवं उत्पादन की प्रक्रिया के साथ श्रम-विभाजन एवं विशेषीकरण का विकास तथा विस्तार होता है। परन्तु यह विकास क्रमबद्ध, तर्कपूर्ण, सुसंगठित एवं नियमों तथा प्रणालियों पर आधारित तथा व्यवस्थित स्वरूपों में होता है। अतः समाज में उद्योग के कारण सावयवी एकता तथा सामूहिक चेतना की स्थिति उत्पन्न होती है। स्पष्ट है कि औद्योगिक समाजशास्त्र का एक प्रमुख अध्ययन क्षेत्र श्रम-विभाजन, विशेषीकरण, सामाजिक चेतना तथा सावयवी एकता से जुड़ा हुआ है। अतः औद्योगिक समाजशास्त्र में सामाजिक कार्य, श्रमिक संघ, उत्पादन, वितरण, उपभोग तथा प्रबंधन के विश्लेषण में श्रम-विभाजन एवं विशेषीकरण का अध्ययन तथा विश्लेषण किया जाता है।

अधिकारी-तंत्र (Bureaucracy)

औद्योगिक समाजशास्त्र का एक प्रमुख अध्ययन क्षेत्र अधिकारी-तंत्र से जुड़ा हुआ है। उद्योग तथा औद्योगिक संगठन का एक बुनियादी आधार अधिकारी-तंत्र होता है। मैक्स वेबर के अनुसार औद्योगीकरण के विकास के साथ नौकरशाही का विस्तार हुआ है। साथ ही उनके अनुसार औद्योगीकरण में सामाजिक संगठन के लिए नौकरशाही अपरिहार्य है। वेबर ने नौकरशाही की व्याख्या में आदर्श प्रारूप के निम्नलिखित तत्वों को सम्मिलित किया—

1. उच्च श्रेणी का विशिष्टीकरण एवं क्रमबद्ध रूप में श्रम-विभाजन।
2. दायित्वों का कर्मचारियों में विभाजन किया जाता है।
3. सत्ता की पद-क्रमानुसार संरचना स्थापित की जाती है, जिसमें निर्देश एवं दायित्व के दायरे का स्पष्ट निर्धारण होता है।
4. नियमों की औपचारिक संस्था व्यवस्थित की जाती है। साथ ही प्रशासन को लिखित प्रलेखों पर आधारित किया जाता है।
5. अधिकारी-तंत्र में निर्वैयक्तिक संबंधों को महत्त्व प्रदान किया जाता है।
6. अधिकारी-तंत्र में अधिकारियों की नियुक्ति योग्यता तथा तकनीकी ज्ञान के आधार पर होती है।
7. दीर्घकालीन सेवा की व्यवस्था की जाती है।
8. वरिष्ठता एवं योग्यता को महत्त्व प्रदान किया जाता है। वरिष्ठता एवं योग्यता के आधार पर पदोन्नति का प्रावधान होता है।
9. निश्चित वेतन का प्रावधान होता है।

उल्लेखनीय है कि आधुनिक पूंजीवाद के उदय से पहले भी दुनिया के अनेक क्षेत्रों में नौकरशाही की संरचना के विकास का विवरण उपलब्ध होता है। परंतु पूंजीवाद के विकास के साथ नौकरशाही का विकास तीव्र रूपों में हुआ है।

जूलियन फ्रेंड ने मैक्स वेबर के अधिकारी-तंत्र के सिद्धांत का व्यवस्थित आधारों पर विश्लेषण प्रस्तुत किया है। जूलियन फ्रेंड ने स्पष्ट किया है कि प्राचीन मिस्र, रोमन चर्च, चीन-एशिया, यूरोप के कई देशों तथा प्राचीन युग में भी राजतंत्र के अधीन अधिकारी-तंत्र की व्यवस्था मौजूद थी। फ्रेंड ने स्पष्ट किया है कि प्राचीन अधिकारी-तंत्र में कर्मचारियों को वास्तविक कानूनी अधिकार प्राप्त नहीं होता था तथा उन्हें आर्थिक सुरक्षा भी नहीं मिल पाती थी। इस प्रकार राजतंत्र में अधिकारी-तंत्र मनमाने ढंग से संचालित होता था। आधुनिक पूंजीवाद तथा लोकतांत्रिक शासन प्रणाली के विकास के कारण, कर्मचारी-तंत्र का संचालन अब मनमाने ढंग से संभव नहीं है। अब अधिकारियों को कानूनी हक प्राप्त है। एक स्पष्ट कार्य-संस्कृति है। नियमों तथा प्रावधानों का लिखित अभिलेख हैं। कर्मचारियों के लिए आर्थिक सुरक्षा की व्यवस्था है। अधिकारी-तंत्र पर वंश-परंपरा का वर्चस्व नहीं है।

औद्योगिक संगठन, औद्योगिक संबंध एवं उत्पादन तथा वितरण की प्रक्रिया के लिए अधिकारी-तंत्र एक महत्वपूर्ण एवं आधारभूत बुनियाद है। अतः औद्योगिक समाजशास्त्र का केन्द्रीय विषय अधिकारी-तंत्र से जुड़ा हुआ है।

सामाजिक वर्ग तथा अलगाव (Social Group and Alienation)

कार्ल मार्क्स ने औद्योगिक समाज तथा पूंजीवाद का गहन विश्लेषण किया है। उन्होंने सामाजिक वर्गों के आधार पर पूंजीवादी औद्योगिक अर्थव्यवस्था में निहित संरचित असमानता, शोषण, वर्ग-भेद तथा अलगाव आदि का विश्लेषण किया है। मार्क्स के अनुसार आर्थिक कारक बुनियादी कारक होता है। उन्होंने इतिहास की व्याख्या उत्पादन के साधनों, उत्पादन शक्तियों और उत्पादन संबंधों के आधार पर की। इस प्रकार उन्होंने स्पष्ट किया कि धर्म, साहित्य, कला आदि का निर्धारण बुनियादी तौर पर आर्थिक व्यवस्था के आधार पर होता है। उन्होंने यह भी स्पष्ट किया कि वर्ग संघर्ष का एक प्रमुख कारण उत्पादन शक्तियों और उत्पादन संबंधों के बीच टकराव से संबंधित है। उन्होंने उत्पादन शक्तियों (Forces of Production) तथा उत्पादन संबंध (Relations of Production) के बीच टकराहट की व्याख्या की है। उनके अनुसार आधुनिक तकनीकी तथा यांत्रिक विकास के कारण उत्पादन में वृद्धि होती है। उत्पादक लखपति, करोड़पति हो जाता है। करोड़पति अरबपति हो जाता है। पूंजीपति बड़ा पूंजीपति बन जाता है। उत्पादन की क्षमता में वृद्धि के कारण पूंजीपति को अपार लाभ होता है। इस लाभ में सर्वहारा वर्ग की कोई हिस्सेदारी नहीं होती। उत्पादन क्षमता में वृद्धि के कारण मजदूरों का कार्यक्षेत्र बढ़ जाता है। उनसे अधिक काम लिया जाता है। पूंजीपति मजदूरों को अधिक समय तक कार्य करने के लिए बाध्य करता है। इस प्रकार मजदूरों को दबाव तथा तनाव में काम करना पड़ता है। फलतः इस प्रक्रिया में गरीब मजदूर काम के बोझ तले दब जाता है। साथ ही वह और गरीब हो जाता है। उसकी गरीबी बढ़ती जाती है। मार्क्स ने स्पष्ट किया है कि मजदूरों का शोषण बुर्जुआ वर्ग के द्वारा होता है। वह मजदूरों के परिश्रम से अर्जित मुनाफे का अकेला उपभोग करता है। शोषण की इस प्रक्रिया को मार्क्स ने अतिरिक्त मूल्य का सिद्धांत (Theory of Surplus Value) की अवधारणा के आधार पर स्पष्ट किया है। मार्क्स ने यह भी स्पष्ट किया है कि गरीबी का मुख्य कारण मजदूरों का शोषण है। वस्तुओं की कमी के कारण गरीबी नहीं होती। मार्क्स के अनुसार गरीबी का मुख्य कारण होता है—सर्वसंपन्न वर्ग द्वारा सर्वहारा का शोषण।

मार्क्स ने औद्योगिक पूंजीवाद तथा शोषण चक्र के विश्लेषण के आधार पर 'अलगाव' की व्याख्या की। मजदूर लगातार शोषण तथा अलगाव की चक्की में जकड़ा हुआ रहता है। श्रमिकों को उस वस्तु से अलगाव हो जाता है जिसे वह उत्पादित करता है। उसको उत्पादन प्रक्रिया से अलगाव हो जाता है। उसे अपने आप से अलगाव हो जाता है। अपने समुदाय के साथियों से भी उसे अलगाव हो जाता है। मार्क्स के अनुसार अधिकारी-तंत्र व्यवस्था को सुदृढ़ करता है तथा सर्वहारा के शोषण में सहायक होता है।

इस प्रकार मार्क्स ने औद्योगिक समाजशास्त्र के एक नए अध्ययन क्षेत्र को रेखांकित किया है। यह अध्ययन क्षेत्र बुर्जुआ तथा सर्वहारा के टकराव तथा संघर्ष से जुड़ा हुआ है। इसके अंतर्गत मजदूरों के अलगाव की जमीनी सच्चाई को रेखांकित किया गया है। साथ ही मजदूरों के प्रतिरोध, विद्रोह संघर्ष एवं वर्ग-चेतना के विविध आयामों का भी अध्ययन किया जाता है।

औद्योगिक संबंध (Industrial Relations)

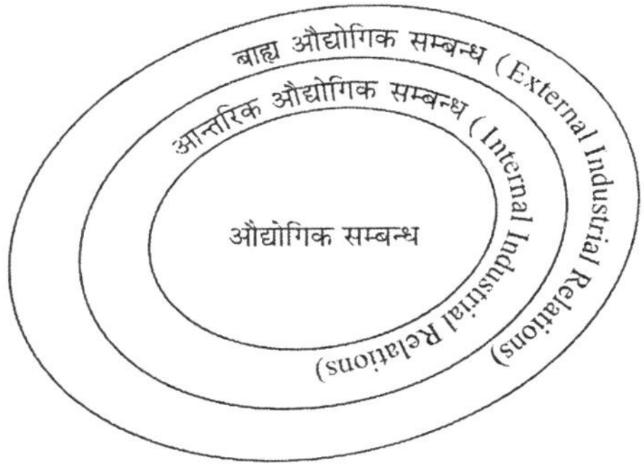

औद्योगिक समाजशास्त्र का एक प्रमुख अध्ययन क्षेत्र औद्योगिक संबंध है। औद्योगीकरण तथा औद्योगिक संगठन के साथ औद्योगिक संबंध का विकास होता है। औद्योगिक सफलता के लिए औद्योगिक संबंध का विशेष महत्त्व होता है। कारखाना के कामगारों, प्रबंधकों तथा अन्य संबंधित इकाइयों के बीच सामाजिक संबंध विकसित होता है। विद्वानों ने औद्योगिक संबंध के निम्नलिखित प्रकारों का उल्लेख किया है—

औद्योगिक सामाजिक संबंध को मुख्यत: दो प्रकारों में विभाजित किया गया है—

(1) बाह्य औद्योगिक संबंध (External Industrial Relations)

(2) आंतरिक औद्योगिक संबंध (Internal Industrial Relations)

आंतरिक औद्योगिक संबंध को मुख्यतौर पर तीन भागों में विभाजित किया गया है—

औद्योगिक संबंध के विभिन्न प्रकारों का विश्लेषण किया जा सकता है—

बाह्य औद्योगिक संबंध (External Industrial Relations)

झारखंड का एक विस्तृत औद्योगिक नगर है बोकारो इस्पात कारखाना। कारखाना के विकास के साथ बोकारो नगर का विकास हुआ है। नगर विभिन्न सेक्टर में बंटा हुआ है। नगर के अंतर्गत

दिल्ली पब्लिक स्कूल, डी.ए.वी स्कूल आदि अनेक शिक्षण संस्थानों का विकास हुआ है। नगर में इस्पात कारखाना के सहयोग से एक आधुनिक चिकित्सालय भी कार्यरत है। नगर में एक मनोहारी सिटी पार्क भी है। नाट्य एवं संगीत की संस्थाएं भी क्रियाशील हैं। नगर के मध्य में बोकारो महिला महाविद्यालय का एक विशेष स्थान है। इस प्रकार संबंधित नगर निवासियों के लिए रहन-सहन एवं जीवन पद्धति के अनुकूल अनेक संगठनों का विकास हुआ है। औद्योगिक इस्पात कारखाना का इन सभी संगठनों के साथ बाह्य संबंध है। यह कारखाना तथा उत्पादन की प्रक्रिया से आंतरिक तौर पर संबंधित नहीं है। परंतु इन सभी संगठनों का बोकारो इस्पात कारखाना के परिप्रेक्ष्य में प्रकार्यात्मक महत्त्व है। इन सभी संगठनों से कामगारों की आवश्यकताओं की पूर्ति होती है। इस प्रकार कारखाना के बाहर भी संबंधों का विस्तार होता है। इन्हीं संबंधों को औद्योगिक सामाजिक संबंधों के अंतर्गत बाह्य संबंध के रूप में रेखांकित किया जाता है। जाहिर है कि औद्योगिक समाजशास्त्र का प्रमुख अध्ययन क्षेत्र बाह्य संबंधों के साथ जुड़ा हुआ है।

आंतरिक औद्योगिक संबंध (Internal Industrial Relations)

औद्योगिक समाजशास्त्र का एक प्रमुख विषय क्षेत्र आंतरिक औद्योगिक संबंध से जुड़ा हुआ है। कारखाना के अंतर्गत कामगारों के बीच सामाजिक संबंधों का विकास होता है।

उत्तेजना (Stimulation) तथा अनुक्रिया (Response) का दौर चलता है, आदान-प्रदान होता है, जागरूकता की स्थिति बनती है, फलतः कामगार सामाजिक संबंधों के दायरे में जुड़ते चले जाते हैं। कामगार के साथ प्रबंधकों का भी संबंध बनता है। प्रबंधकों का उद्योगपतियों के साथ संबंध बनता है। इस प्रकार कारखाना, उत्पादन की प्रक्रिया एवं प्रबंधन के दायरे में आंतरिक संबंधों का विकास होता है। औद्योगिक समाजशास्त्र के आधार पर कारखाना से संबंधित विभिन्न इकाइयों तथा स्नेहों के बीच मौजूद संबंधों का विश्लेषण किया जाता है। श्रमिक संघों के दायरे में भी आंतरिक औद्योगिक संबंध का ताना-बाना खड़ा होता है। अतः श्रमिक संघों में मौजूद आंतरिक संबंधों का अध्ययन भी औद्योगिक समाजशास्त्र में किया जाता है। आंतरिक संबंध के अंतर्गत निम्नलिखित सामाजिक संबंधों का विवरण प्रस्तुत किया जा सकता है—

1. औपचारिक आंतरिक औद्योगिक संबंध (Formal Internal Industrial Relations)—जब नियमों, प्रणालियों तथा प्रबंधन के संदर्भ में आंतरिक संबंधों का विकास होता है, तो उसे आंतरिक औपचारिक संबंध कहते हैं। उद्योग में अधिकारी-तंत्र के अंतर्गत जब विभिन्न इकाइयों के बीच कार्य-संस्कृति के अंतर्गत संबंधों का विकास होता है तो महज उसमें औपचारिकता होती है। उदाहरणस्वरूप किसी कारखाना के प्रबंध के अनुरूप विभिन्न पदाधिकारी होते हैं। पदाधिकारियों को सहयोग करने के लिए कर्मचारियों का तंत्र खड़ा किया जाता है। इसी तरह अन्य सहायक अर्दली आदि कामगार भी प्रबंधन के साथ जुड़े होते हैं। इन सभी अधिकारियों एवं कर्मचारियों के बीच संबंध बनता है। परंतु इस प्रकार के संबंधों में औपचारिकता का निर्वाह करना तथा नियमानुकूल अपनी-अपनी भूमिकाओं के अनुरूप कार्यों का निष्पादन करना आवश्यक होता है। इस

प्रकार के संबंधों में लचीलेपन का अभाव होता है। उदाहरणस्वरूप एक पदाधिकारी अपने साथ काम करने वाले किसी कर्मचारी को नियम के विरुद्ध काम करने पर निलंबित भी करता है। उसके वेतन को भी रोकता है तथा नियमों के अंतर्गत उसे दंडित करता है। गौरतलब है कि इस प्रकार के फैसलों में एक पदाधिकारी अपने अंतर्गत कार्यरत कर्मचारी के पुराने संबंधों से प्रभावित नहीं होता है। इस प्रकार औद्योगिक दायरे में एक प्रकार का मशीनी संबंध होता है। यह भावनात्मक नहीं होता है। इसमें संवेदना नहीं होती है। इस प्रकार का संबंध कार्य-संस्कृति के संदर्भ में पनपता है तथा विकसित होता है। इस प्रकार के आंतरिक औपचारिक संबंधों का विशेष महत्त्व होता है। अतः औद्योगिक समाजशास्त्र के अंतर्गत आंतरिक औपचारिक संबंधों पर ध्यान केन्द्रित किया जाता है।

2. अनौपचारिक आंतरिक औद्योगिक संबंध (Informal Internal Industrial Relations)—औद्योगिक संबंधों का एक भावनात्मक आयाम अनौपचारिक आंतरिक औद्योगिक संबंध से जुड़ा हुआ है। कारखाना तथा प्रबंधन के अंतर्गत पदाधिकारी एवं कर्मचारी को दबाव एवं तनाव में काम करना पड़ता है। उसके ऊपर परिवार की जिम्मेदारी भी होती है। दु:ख-सुख तथा जिंदगी के झंझावातों के दौर से भी गुजरना होता है। उसे अपने गांव में रह रहे वृद्ध तथा बीमार माता-पिता का भी ख्याल करना पड़ता है। जाहिर है कि कठिन समस्याओं के दौर में एक कर्मचारी ही दूसरे कर्मचारी के लिए खड़ा होता है। एक कामगार अथवा उसके परिवार के किसी सदस्य के बीमार होने पर उसके साथ जुड़ा कोई दूसरा कर्मचारी रातभर अस्पताल में खड़ा रहता है। जरूरत पड़ने पर आर्थिक सहयोग भी करता है। दवा तथा इलाज के लिए भाग-दौड़ भी करता है। कभी-कभी प्राण रक्षा के लिए रक्त भी देता है। जो अपना परिवार या नातेदार भी नहीं कर पाता है— कभी-कभी, वही काम एक कामगार के लिए दूसरा कामगार कर गुजरता है। इस प्रकार के संवेदनशील तथा भावनात्मक संबंधों को अनौपचारिक आंतरिक संबंध के रूप में रेखांकित किया जाता है। इसी तरह कारखाना तथा प्रबंधन में कार्यरत युवा तथा युवतियों में प्रेम तथा अनुराग का संबंध भी विकसित होता है। बड़े-बड़े औद्योगिक नगरों में विवाह के बिना ही युवा तथा युवती सह-जीवन (Live-in Relationship) को ग्रहण कर लेते हैं। कभी-कभी इस प्रकार का संबंध विवाह में परिवर्तित हो जाता है। इसी तरह कारखानों तथा प्रबंधन के क्षेत्र में आंतरिक अनौपचारिक संबंधों के तहत विवाहेत्तर यौन संबंधों का भी विकास हो जाता है। इस प्रकार मनुष्य है तो वात्सल्य है। इंसान है तो कर्म है। आदमी कोई पत्थर नहीं होता है। उसके दिल और दिमाग में संवेदना और एहसास का समंदर लहराता रहता है। अतः मशीन की दुनिया में एक द्वीप की तरह एक कोमल तथा मृदुल संबंध का विकसित हो जाना स्वाभाविक है। अतः औद्योगिक समाजशास्त्र का विस्तृत दायरा तथा अध्ययन क्षेत्र अनौपचारिक आंतरिक औद्योगिक संबंध से जुड़ा हुआ है।

3. मिश्रित औद्योगिक आंतरिक संबंध (Mixed Internal Industrial Relations)—औद्योगिक संगठन के अंतर्गत औद्योगिक संबंधों का एक प्रमुख आयाम मिश्रित आंतरिक

औद्योगिक संबंध के साथ जुड़ा होता है। जब आंतरिक संबंधों में औपचारिक एवं अनौपचारिक संबंधों का तत्व जुड़ जाता है तो उसे मिश्रित आंतरिक संबंध कहते हैं। उदाहरणस्वरूप एक पदाधिकारी को कोई जरूरी दवा की जरूरत है। वह बाजार में उपलब्ध नहीं है। किसी कर्मचारी को इस बात की जानकारी मिलती है, उस कर्मचारी का लड़का डॉक्टर है। वह अपने पदाधिकारी से निवेदन कर रहा है कि मैं आपके लिए दवा की व्यवस्था कर सकता हूं। वह विदेश में रह रहे अपने पुत्र से मोबाइल पर पदाधिकारी के साथ संवाद स्थापित करने में सहायक होता है। विदेश में रह रहे डॉक्टर दवा की व्यवस्था कर तथा यथाशीघ्र पदाधिकारी को भेज देता है। पदाधिकारी तथा कर्मचारी के बीच स्थापित इस नए संबंध को आंतरिक मिश्रित औद्योगिक संबंध के रूप में रेखांकित किया जा सकता है। प्रबंधन-अध्ययन के क्षेत्र में मिश्रित आंतरिक संबंध को सामाजिक कार्यात्मक (socio-functional) संबंध के रूप में परिभाषित किया जाता है। साथ ही इस प्रकार के संबंधों को सामाजिक-प्राविधिक (socio-technical) संबंध के रूप में भी स्पष्ट किया जाता है। एक कारखाना तथा एक प्रबंधन के अंतर्गत साथ-साथ काम करने के क्रम में कामगारों एवं पदाधिकारियों के बीच इस प्रकार के आंतरिक मिश्रित औद्योगिक संबंधों का विकास होता है।

औद्योगिक समाजशास्त्र के अंतर्गत औद्योगिक संबंध का अध्ययन किया जाता है। साथ ही औद्योगिक संबंधों के एक प्रमुख आयाम मिश्रित आंतरिक औद्योगिक संबंध पर भी औद्योगिक समाजशास्त्र केन्द्रित है।

जनांकिकी का अध्ययन (Study of Gender)

टी.बी. बॉटोमोर ने स्पष्ट किया है कि आधुनिक दौर में पूरी दुनिया के दायरे में एक मुख्य परिघटना जनांकिकी के साथ जुड़ी हुई है। पूरी दुनिया में ही औद्योगीकरण के कारण शहरी इलाकों में आबादी का विस्तार हुआ है। आबादी के इस विस्तार, को बॉटोमोर ने आबादी के केंद्रीकरण के रूप में रेखांकित किया है। औद्योगिक संगठनों की स्थापना विकास एवं विस्तार के साथ औद्योगिक नगरों का भी उदय हुआ है। औद्योगिक समाजों में नगरीकरण जीवन की मुख्य पद्धति हो गया है। औद्योगिक नगरों ने सामाजिक संरचना के परंपरागत ताने-बाने को चौराहे पर लाकर खड़ा कर दिया है। एक संक्रमण का दौर चल रहा है। आर.ई.पार्क ने अमेरिकी शहरों में भिन्न-भिन्न इलाकों की पहचान की—"कुछ इलाके ऐसे हैं ... जहां तकरीबन बच्चे नहीं हैं। ... कुछ इलाके ऐसे हैं जहां बच्चों की संख्या अपेक्षाकृत बहुत अधिक है—झोपड़पट्टियों में और मध्यवर्गीय रिहायशी उपनगरों में। ...कुछ ऐसे इलाके हैं जहां पूरी तरह नौजवान अविवाहित लोग रहते हैं। ... ऐसे इलाके हैं जहां लोग तकरीबन कभी वोट नहीं डालते। ... ऐसे इलाके हैं जहां तलाक की दर पूरे संघ के किसी भी राज्य से अधिक है और उसी शहर में ऐसे इलाके भी हैं जहां आत्महत्या की दर बहुत ऊंची है, ऐसे इलाके भी हैं जहां ... बाल अपराध बहुत अधिक होते हैं।"

औद्योगिक नगरों में जनसंख्या के विस्तार के कारण श्रम-विभाजन तथा विशेषीकरण में विस्तार होता है। जनसंख्या के आकार एवं घनत्व में भी दबाव बढ़ता है। इस प्रकार औद्योगिक

समाजशास्त्र के अंतर्गत औद्योगिक नगरों की जनांकिकी के विविध पहलुओं का अध्ययन किया जाता है। औद्योगिक समाजशास्त्र में औद्योगिक नगरों तथा भागती-दौड़ती मशीनी दुनिया की जमीनी सच्चाई को प्रस्तुत किया जाता है।

विवरणों के आधार पर स्पष्ट होता है कि औद्योगिक समाज तथा संगठन के साथ जनांकिकी का तर्कपूर्ण संबंध है। अतः औद्योगिक समाजशास्त्र का एक प्रमुख अध्ययन क्षेत्र जनांकिकी के विविध पहलुओं के विश्लेषण से जुड़ा हुआ है।

औद्योगिक नगरों के ग्रामीण मजदूरों का अध्ययन (Study of Rural Labour in Industrial Cities)

पी.एन. प्रभु ने अपने एक महत्त्वपूर्ण शोध निबंध 'ए स्टडी ऑन दि सोशल इफेक्ट्स ऑफ अर्बनाइजेशन आन इंडस्ट्रियल वर्क्स माइग्रेटिंग फ्राम रूरल एरियाज टु दि सिटी ऑफ बांबे (*दि सोशल इंप्लिकेशंस ऑफ इंडस्ट्रियलाइजेशन एंड अर्बनाइजेशन,* यूनेस्को, कलकत्ता, 1956) में स्पष्ट किया है कि औद्योगीकरण की प्रक्रिया ने ग्रामीण संरचना को झकझोर कर रख दिया है। जीवन निर्वाह की अर्थव्यवस्था के लिए ग्रामीण परिवेशों के असंगठित क्षेत्रों के मजदूरों का औद्योगिक नगरों की ओर भारी तादाद में पलायन हो रहा है। कारखानों तथा छोटे-बड़े उद्योगों में प्रत्यक्ष अथवा अप्रत्यक्ष तौर पर इन ग्रामीण मजदूरों का औद्योगिक नगरों में नियोजन हो जाता है। परंतु गरीबी, बदहाली, अपमान तथा अंतहीन शोषण की यातना को झेलने के लिए इन मजदूरों को विवश होना पड़ता है। भारत में भी अनेक औद्योगिक नगरों में श्रम स्वेद और रक्त से लथपथ असंगठित क्षेत्र के ग्रामीण मजदूरों को देखा जा सकता है। क्षेत्रीयता तथा सजातीयता के कारण इन मजदूरों का जीवन अनेक संकट तथा तनावों से ग्रस्त रहता है। परिवार से अलग होने के कारण इनका दाम्पत्य जीवन बिखरा हुआ रहता है तथा औद्योगिक नगरों के सड़क के किनारे के वेश्यालयों में इन्हें यदा-कदा देखा जा सकता है। फलतः एड्स तथा अन्य जानलेवा बीमारी के शिकार भी इन्हें होना पड़ता है। इस प्रकार औद्योगिक संगठन तथा समाज की चकाचौंध ने ग्रामीण परिवेश के मजदूरों को फुटपाथ पर लाकर खड़ा कर दिया है। अतः औद्योगिक समाजशास्त्र के अंतर्गत असंगठित क्षेत्र के ग्रामीण मजदूरों का अध्ययन किया जाता है।

गेमिनशैफ्ट (समुदाय) और गोसिलशैफ्ट का अध्ययन (Study of Gemeinschaft and Gesellschaft)

टोनीज़ ने सामाजिक समूहों का एक वर्गीकरण गेमिनशैफ्ट तथा गोसिलशैफ्ट के रूप में किया है। समाज में संबंधों तथा सरोकारों के आधार पर एमिल दुर्खाइम ने भी 'यांत्रिक एकता' तथा 'सावयवी एकता' का चिंतन प्रस्तुत किया है। इस संदर्भ में मेन का 'प्रस्थिति' और 'समझौता' का सिद्धांत भी उल्लेखनीय है। गेमिनशैफ्ट एक प्रकार का समुदाय है जिसमें जीवन प्रगाढ़ होता है। अर्थात् इसमें घनिष्ठ सामुदायिक चेतना पाई जाती है। इसके विपरीत गोसिलशैफ्ट में अवैयक्तिक संबंधों, व्यक्तिगत उपलब्धियों तथा समझौता एवं स्वार्थ पर आधारित संबंधों का महत्त्व होता है। साधारणतः औद्योगिक समाज में गोसिलशैफ्ट पर आधारित संबंधों का अधिक

वर्चस्व होता है। इसमें मशीनी जीवन का बोध होता है। इस प्रकार औद्योगिक समाजशास्त्र के अंतर्गत विशेषतौर पर गोसिलशैफ्ट संबंधों का अध्ययन किया जाता है। गेमिनशैफ्ट एवं गोसिलशैफ्ट संबंधों का तुलनात्मक अध्ययन किया जाता है।

संपत्ति का अध्ययन (Study of Property)

ए.टी. हाबहाउस ने अपनी पुस्तक *दि हिस्टोरिकल इवोल्यूशन ऑफ प्रॉपर्टी, इन फैक्ट एंड इन आइडिया* में स्पष्ट किया है कि संपत्ति को वस्तुओं पर मनुष्य के नियंत्रण के अर्थ में समझना चाहिए, ऐसा नियंत्रण जिसे समाज की मान्यता प्राप्त हो और जो साधारणत: स्थायी एवं अनन्य हो। संपत्ति निजी अथवा साझा हो सकती है। बॉटोमोर ने स्पष्ट किया है कि औद्योगिक समाजों में संपत्ति के समाजशास्त्रीय अध्ययन बहुत हद तक दो पहलुओं से जुड़े रहे। पहला संपत्ति का वितरण और इसके सामाजिक प्रभाव तथा दूसरा आधुनिक पूंजीवाद में औद्योगिक उद्यमों के स्वामित्व और नियंत्रण में अलगाव। ब्रिटेन में आर.एच. टॉनी की *इक्वालिटी* (1952) में संपत्ति और अन्य विषमता तथा वर्ग व्यवस्था के साथ उसके संबंध की विस्तार से चर्चा की गई है। एच.डाल्टन ने अपने एक पहले के अध्ययन *दि इनइक्वालिटी ऑफ इनकम्स* (1920) में दिखाया है कि संपत्ति का असमान वितरण आय की असमानता पैदा करने का प्रमुख कारण है।

अमेरिका में संपत्ति और आय के वितरण पर पर्याप्त सूचना सी.राइट मिल्स की *दि पावर एलीट* (न्यूयार्क, 1956: अध्याय 5, 'दि वेरी रिच', और अध्याय 7, 'दि कारपोरेट रिच') तथा एफ. लुंडबर्ग लिखित *दि रिच एंड दि सुपर-रिच* (न्यूयार्क, 1968) में मिल जाएगी। ये तथा अन्य अध्ययन बताते हैं कि बीसवीं सदी की शुरुआत से अनेक विकसित औद्योगिक देशों में समानता की दिशा में कुछ प्रगति हुई है। हालांकि यह संपत्ति के मुकाबले आय के संदर्भ में अधिक उल्लेखनीय है। इन अध्ययनों के आधार पर स्पष्ट होता है कि औद्योगिक समाजों का एक बुनियादी आधार संपत्ति है। साथ ही संपत्ति के कारण औद्योगिक समाजों में संरचित सामाजिक-आर्थिक असमानता की स्थिति उत्पन्न होती है।

20वीं सदी के अंतिम चरण में औद्योगिक समाजों में एक नई आर्थिक व्यवस्था का विकास हुआ। बॉटोमोर के अनुसार आजकल जो बड़ी कंपनियां उद्योग की प्रमुख शाखा पर हावी हैं, उनके प्रबंधक और निदेशक वे लोग हैं जो उनके मालिक नहीं हैं। अधिकांश पूंजी के स्वामी वे हजारों छोटे और मध्यम अंशधारक हैं जिनको कंपनी के लाभांश के अलावा किसी चीज में रुचि नहीं होती और वे यह भी नहीं जानते कि कंपनी पैदा क्या करती है। एक सुप्रसिद्ध अध्ययन *दि मॉडर्न कारपोरेशन एंड प्राइवेट प्रॉपर्टी* (न्यूयार्क, 1953) में ए.ए. बर्ले और जी.सी.मींस ने अमेरिका के बड़े कारपोरेशनों का विस्तृत अध्ययन किया है। उनके निष्कर्ष 'प्रबंधकीय क्रांति' और पूंजीवाद के रूपांतरण संबंधी बाद के अध्ययनों का आधार बने।

औद्योगिक समाजशास्त्र के अंतर्गत अध्ययन का एक प्रमुख तंत्र संपत्ति के विविध पहलुओं से जुड़ा हुआ है। वैश्वीकरण तथा उदारीकरण ने संपत्ति के दायरे को एक विस्तृत आकार प्रदान किया है। अत: नए परिप्रेक्ष्यों में औद्योगिक समाज तथा संपत्ति के अध्ययन एवं विश्लेषण में वैश्वीकरण एवं उदारीकरण का अध्ययन आवश्यक है।

अंत:वैयक्तिक संबंधों का अध्ययन (Study of Interpersonal Relations)

कारखानों में अंत:वैयक्तिक संबंधों का अध्ययन सबसे पहले मोरेनो ने प्रस्तुत किया। उन्होंने समाजमिति पद्धति का उपयोग किया। उद्योग संबंधी अंत:क्रियाओं के साथ विभिन्न पक्ष जुड़े होते हैं। उत्पादन, वितरण, उपभोग तथा प्रबंधन आदि क्षेत्रों में अंत:वैयक्तिक संबंधों का विशेष महत्त्व होता है। अत: औद्योगिक समाजशास्त्र का एक प्रमुख अध्ययन क्षेत्र अंत:वैयक्तिक संबंधों के विश्लेषण से जुड़ा हुआ है।

राजनैतिक व्यवस्था तथा औद्योगिक समाज (Political System and Industrial Society)

औद्योगिक समाज के साथ राजनैतिक व्यवस्था का गहरा संबंध होता है। आधुनिक औद्योगिक समाजों की सामान्य राजनैतिक विशेषताएं हैं—(1) राष्ट्र-राज्य के रूप में राजनैतिक समुदाय, (2) राजनैतिक आंदोलनों, पार्टियों और दबाव समूहों की मौजूदगी, (3) सार्वभौमिक वयस्क मताधिकार के आधार पर राजनैतिक कार्यपालिका का चुनाव, और (4) विशाल केंद्रीकृत नौकरशाही के जरिए सार्वजनिक मामलों का प्रशासन।

हाल के वर्षों में औद्योगिक समाजशास्त्र के अंतर्गत औद्योगिक लोकतंत्र की धारणा का विकास हुआ है। औद्योगिक लोकतंत्र के अंतर्गत उद्योगों में तथा उससे संबंधित पक्षों में श्रमिकों की भागीदारी को लोकतांत्रिक प्रक्रियाओं के आधार पर सुनिश्चित किया जाता है। यह विचारधारा अमेरिका में संघ प्रबंध सहयोग (Union Management Co-operation), इंग्लैंड एवं स्वीडन में संयुक्त विचार-विमर्श (Joint Consultation), फ्रांस में श्रम प्रबंध-सहयोग (Labour Management of Co-operation), पश्चिमी जर्मनी में सह-निर्धारण (Co-determination) या स्वत: प्रबंध (Auto Management), यूगोस्लाविया में कर्मचारी प्रबंध (Workers Management) और भारत में प्रबंध में श्रमिकों की सहभागिता (Workers Participation in Management) के नाम से जानी जाती है।

वस्तुत: फ्रांस की राज्य क्रांति तथा ज्ञानोदय ने समता, स्वतंत्रता, न्याय तथा भाईचारे पर आधारित लोकतांत्रिक मूल्यों को सुदृढ़ किया है। औद्योगिक समाजों में भी श्रमिकों के लोकतांत्रिक अधिकारों की अनदेखी नहीं की जा सकती है। अत: औद्योगिक प्रबंधन के विभिन्न स्तरों में श्रमिकों की भागीदारी को सुनिश्चित किया जा रहा है।

औद्योगिक समाजशास्त्र के अंतर्गत औद्योगिक लोकतंत्र के विविध परिप्रेक्ष्यों का अध्ययन किया जाता है।

श्रम आंदोलन तथा श्रमिक संघ (Labour Movement and Trade Unions)

औद्योगीकरण की प्रक्रिया में औद्योगिक समाजशास्त्र के साथ श्रम आंदोलन एवं श्रमिक संघों का गहरा रिश्ता है। आर.ए. लेस्टर ने अपनी पुस्तक *इकोनोमिक्स ऑफ लेबर* में स्पष्ट किया है कि श्रम संघ कर्मचारियों का एक संगठन है। *इकोनोमिक्स ऑफ लेबर* श्रमिकों का स्तर सुधारने तथा कार्य की दशाएं सुधारने का कार्य करता है।

श्रम आंदोलन के प्रमुख चिंतक तथा भारत के पूर्व राष्ट्रपति बी.वी. गिरि ने अपनी पुस्तक *लेबर प्रॉबलम्स इन इंडियन इंडस्ट्री* में स्पष्ट किया है कि श्रम संघ श्रमिकों का ऐच्छिक संगठन है जो सामूहिक कार्यों के द्वारा अपने हितों की वृद्धि एवं सुरक्षा के लिए बनाया जाता है। इस प्रकार कारखाना एवं उद्योग की दुनिया में श्रमिक संघों के यथार्थ की अनदेखी नहीं की जा सकती है। जाहिर है कि औद्योगिक समाजशास्त्रियों ने श्रमिक आंदोलनों तथा श्रमिक संघों के विविध आयामों के अध्ययन पर ध्यान केन्द्रित किया है। बॉटोमोर के अनुसार ब्रिटेन और अमेरिका में युद्ध के बाद ट्रेड यूनियनों का विकास हुआ है और कल्याणकारी राज्य के अनुकूल सामाजिक वातावरण से उन्हें ताकत मिली है तथा सार्वजनिक स्वामित्व के विस्तार के चलते ट्रेड यूनियनों और राष्ट्रीयकृत उद्योगों के प्रबंधन के बीच रिश्तों में कठिन समस्याएं उठ खड़ी हुई हैं। इन सभी घटनाओं में ट्रेड यूनियन नेतृत्व और संगठन के बारे में अनेक शोध कार्य हुए हैं।

वार्ता, मध्यस्थता तथा टकराव की प्रक्रियाओं का अध्ययन (Study of Meeting, Negotiation and Conflict)

उद्योग तथा कारखानों के विस्तार के साथ उद्योगपतियों तथा श्रमिकों के बीच अथवा अन्य सहभागियों के बीच औद्योगिक विवाद, संघर्ष एवं टकराव का विवरण भी उपलब्ध होता रहता है। अतः औद्योगिक समाजशास्त्र का एक प्रमुख अध्ययन क्षेत्र वार्ता, मध्यस्थता एवं टकराव की प्रक्रिया के अध्ययन से जुड़ा हुआ है। इस संदर्भ में के.जी.जे.सी. नावेल्स ने अपनी पुस्तक *स्ट्राइक्सः ए स्टडी इन इंडस्ट्रियल कानफ्लिक्ट* (लंदन, 1952) में स्पष्ट किया है कि औद्योगिक समाज की व्याख्या औद्योगिक संघर्ष के अध्ययन के बिना संभव नहीं है। उन्होंने यूनाइटेड किंगडम के औद्योगिक समाजों का अध्ययन किया है। उनके अनुसार हड़ताल तथा तालाबंदी औद्योगिक समाज का एक यथार्थ है। इस संदर्भ में ए. कार्नहाउजर, आर. ड्यूबिन और ए.एम.रास (संपा.), *इंडस्ट्रियल कानफ्लिक्ट* (न्यूयार्क, 1954) और ए.एम. टास तथा पी.टी. हार्टमैन, *चैंजिंग पैटर्न्स ऑफ इंडस्ट्रियल कानफ्लिक्ट* (न्यूयार्क, 1960) का भी उल्लेख किया जा सकता है।

कार्य के संबंधों का अध्ययन (Study of Work Relations)

औद्योगिक समाजशास्त्र का एक प्रमुख अध्ययन क्षेत्र कार्य के संबंधों के अध्ययन से जुड़ा हुआ है। इसके अंतर्गत कार्य और शक्ति के पारस्परिक संबंधों का अध्ययन किया जाता है। साथ ही कार्य के मनोवैज्ञानिक और सामाजिक आधारों का विश्लेषण किया जाता है। कार्य की श्रेणियों एवं प्रकारों को रेखांकित किया जाता है। एक कार्य तथा दूसरे कार्य के बीच मौजूद अंतःसंबंधों एवं अंतःनिर्भरता की व्याख्या की जाती है। साथ ही कार्य के प्रशिक्षण पर ध्यान केंद्रित किया जाता है। कार्य पर विभिन्न कारकों के प्रभावों का विवेचन भी होता है तथा कार्य में हो रहे परिवर्तनों का विश्लेषण भी किया जाता है।

औद्योगिक संगठन एवं दबाव समूह
(Industrial Organization and Pressure Group)

लोकतांत्रिक राजनैतिक संस्थाओं में दबाव समूह का विशेष महत्त्व है। दबाव समूह जनचेतना का प्रतीक है। दबाव समूह प्रत्यक्ष तौर पर राजनैतिक संरचना का हिस्सा नहीं होता है। परंतु वह लोकतांत्रिक प्रक्रियाओं के तहत जनविरोधी नीतियों के खिलाफ जनमत का निर्माण करता है तथा उन्हें प्रभावित करने का प्रयत्न करता है। औद्योगिक संगठन भी दबाव समूहों के प्रभावों को नजरअंदाज नहीं कर सकता है। भारत में भी मेधा पाटकर, अरुंधती राय तथा महाश्वेता ने आंदोलनों तथा सत्याग्रहों के जरिए औद्योगिक संरचना एवं निर्णयों को प्रभावित किया है। पश्चिम बंगाल में सिंगुर तथा नंदीग्राम में दबाव समूह के प्रभावों को लोगों ने अपनी आंखों से देखा है। अतः औद्योगिक समाजशास्त्रों में दबाव समूहों का भी अध्ययन किया जाता है।

वैश्वीकरण तथा औद्योगिक समाजशास्त्र
(Globalization and Industrial Sociology)

वैश्वीकरण तथा उदारीकरण की प्रक्रिया ने औद्योगिक समाजशास्त्र के अध्ययन क्षेत्र को एक नया आधार प्रदान किया है। 1 जनवरी, 1995 को विश्व व्यापार संगठन (World Trade Organization) की स्थापना की गई। इसका मुख्यालय जेनेवा में है। यह व्यापार में पारदर्शिता के सिद्धांत पर आधारित है। इस संगठन की स्थापना प्रतिबंधरहित अन्तर्राष्ट्रीय व्यापार को प्रोत्साहित करने हेतु की गई है। उपलब्ध विवरणों के आधार पर स्पष्ट होता है कि 15 अप्रैल, 1994 को मोरक्को के मराकश नगर में 124 सदस्य देशों ने मसौदे पर हस्ताक्षर किए। जिसके परिणामस्वरूप 1995 में जनवरी से विश्व व्यापार संगठन अस्तित्व में आया। यह एक अंतर्राष्ट्रीय संगठन है। यह कानून आधारित अंतर्राष्ट्रीय व्यापार प्रणाली के लिए स्थापित किया गया है। भारत विश्व व्यापार संगठन का संस्थापक सदस्य है। इसका उद्देश्य वस्तुओं तथा सेवाओं के उत्पादन एवं व्यापार के पथ को प्रशस्त करने से संबंधित है। यह प्रभावपूर्ण मांग तथा रोजगार में व्यापक पैमाने पर अवसर प्रदान करने से संबंधित है। यह विश्व के संसाधनों के अनुकूलतम उपयोग करने से संबंधित है। यह दीर्घकालीन विकास की अवधारणा से संबंधित है। साथ ही यह सतत विकास की अवधारणा से जुड़ा हुआ है। इसका एक प्रमुख उद्देश्य जीवन स्तर में सुधार करने से संबंधित है। विश्व व्यापार संगठन पर्यावरण के संरक्षण एवं सुरक्षा से भी संबंधित है। वैश्वीकरण की प्रक्रिया में विश्व व्यापार संगठन का विशेष महत्त्व है।

भारत में भी औद्योगिक समाज तथा संगठन पर वैश्वीकरण के प्रभावों का अनुभव किया जा सकता है। 1991 में नई औद्योगिक नीति की घोषणा की गई और सार्वजनिक क्षेत्र के लिए आरक्षित बहुत से क्षेत्र निजी क्षेत्र के लिए छोड़ दिए गए। भारत में 24 जुलाई, 1991 को घोषित नई औद्योगिक नीति में बहुत से उदारवादी कदम उठाए गए हैं—लाइसेंसिंग व्यवस्था को लगभग समाप्त कर दिया गया है। साथ ही बहुत से आरक्षित उद्योगों के द्वार निजी क्षेत्र के लिए खोल दिए गए हैं। एकाधिकार तथा उद्योगों की परिसंपत्ति सीमा समाप्त कर दी गई है तथा विदेशी फर्मों को और रियायतें दी गई हैं। जाहिर है कि वैश्वीकरण ने भारत सहित पूरी दुनिया की

औद्योगिक अर्थव्यवस्था को प्रभावित किया है। अतः औद्योगिक समाजशास्त्र के अंतर्गत वैश्वीकरण तथा उससे जुड़े मुद्दों एवं अन्य पहलुओं का अध्ययन आरंभ हो चुका है।

पारिस्थितिकी एवं औद्योगिक नगर (Ecology and Industrial Cities)

समाजशास्त्री श्यामाचरण दुबे के अनुसार मानव के जीवन और संस्कृति के प्रायः प्रत्येक पक्ष में प्रकृति और पर्यावरण का प्रभाव स्पष्ट रूप से देखा जाता है। विज्ञान और प्रौद्योगिकी की संभावना भी तो पर्यावरण में ही निहित रहती है। उसके तत्त्वों के बिना क्या इन क्षेत्रों में कोई महत्त्वपूर्ण विकास किया जा सकता है। इन तत्त्वों के नए-नए उपयोग ही विज्ञान और प्रौद्योगिकी के मुख्य कार्य हैं। ज्ञातव्य है कि औद्योगीकरण की प्रक्रिया तथा औद्योगिक नगरों के विस्तार के कारण पर्यावरण संकट में दौर में है। 1992 की रियो कॉन्फ्रेंस में वैश्विक पर्यावरण (Global Environment) के संदर्भ में वायु प्रदूषण के मुद्दे पर गंभीर चिंता व्यक्त की गई। वायु में घुलनशील होने वाले अधिकतर धूल कण (Particulate Matter) औद्योगिक संस्थानों तथा पेट्रोल या डीजल इंजन द्वारा चालित वाहनों के धुएं से उत्पन्न होते हैं। प्रदूषण को नियंत्रित करने हेतु हाल ही में दिल्ली में सड़कों पर डीजल से चलने वाले वाहनों—बस, ऑटो, मोटरगाड़ियों में सी.एन.जी. (Compressed Natural Gas) से संचालन की व्यवस्था की गई है। फलतः वायु प्रदूषण में 15 प्रतिशत की कमी हुई है।

उक्त विवरणों के आधार पर स्पष्ट होता है कि औद्योगिक समाजशास्त्र का अध्ययन क्षेत्र सुनियोजित एवं वैज्ञानिक औचित्यों पर आधारित है। उद्योग तथा समाज के बीच गहरा संबंध है। औद्योगिक समाजशास्त्र में अध्ययन की नई दिशाओं का अन्वेषण किया गया है तथा इसके अंतर्गत भागती-दौड़ती मशीनी दुनिया पर नजर रखने का प्रयास किया जाता है। औद्योगीकरण ने चकाचौंध भी पैदा किया है और मानव सभ्यता के विकास में चार चांद भी लगाए हैं। इसमें छोटे से गांव को एक बड़े इस्पात नगर के रूप में बदलकर नए युग की रचना की है। तो इसके बढ़ते पंजों ने आत्मनिर्भर ग्रामीण अर्थव्यवस्था को तार-तार कर दिया है। इसमें उत्पादन की प्रक्रिया को घरों की दीवारों से बाहर कर कारखानों में लाकर खड़ा कर दिया है। औद्योगीकरण के आईने में वातानुकूलन संस्कृति भी है और दूसरी तरफ फुटपाथों पर बिखरी पड़ी लहूलुहान संस्कृति भी है। इसमें श्रम-विभाजन है, विशेषीकरण है, सावयवी एकता है, अधिकारी-तंत्र है तथा प्रबंधन है। कारखानों की चक्की में क्षत-विक्षत मजदूरों की आकांक्षाओं का हाहाकार भी है। इसमें उत्पादन, वितरण, बाजार तथा उपभोग के बनते-टूटते समीकरण भी हैं। श्रमिक-संघों तथा उनके आंदोलनों का इंकलाब भी मशीनी दुनिया का यथार्थ है। इसने प्रदूषण के संकट को भी खड़ा किया है तथा हाल के दिनों में इसने वैश्वीकरण तथा उदारीकरण के दायरे को भी अपने अध्ययन क्षेत्र के अंतर्गत सम्मिलित कर लिया है। इस प्रकार औद्योगिक समाजशास्त्र का क्षेत्र विस्तृत है। इसके आयामों का क्षितिज फैला हुआ है। इसने एक नए युग और एक नए दौर को पैदा किया है। 21वीं शताब्दी में औद्योगिक समाजशास्त्र के अध्ययन क्षेत्रों और परिप्रेक्ष्यों की समीक्षा चल रही है।

औद्योगिक समाजशास्त्र : प्रकृति (Industrial Sociology: Nature)

वैज्ञानिक आविष्कारों तथा विज्ञान की पद्धतियों ने आधुनिक दुनिया में एक नए इतिहास का सृजन किया है। विज्ञान मूल्यरहित होता है। यह वस्तुनिष्ठ तथा पक्षपात रहित होता है। यह सामान्यीकरण पर आधारित है। अपने-अपने कुनबों में सिमटे हुए समाज के दिन लद गए हैं। विज्ञान तथा वैज्ञानिक आविष्कारों की रफ्तार तेज है। दुनिया के लिए एक खिड़की की तरह टेलीविजन ने विश्व बाजार का जो नया परिदृश्य निर्मित किया है, उसे इंटरनेट ने विस्तृत कर दिया। विज्ञान ने एक नए क्षितिज का स्पर्श किया है। राष्ट्र की सीमा के आर-पार संचार तथा संपर्क की नई उत्तेजना प्राप्त हो रही है। विज्ञान ने दुनिया के चेहरे को बदल कर रख दिया है।

प्रौद्योगिकी ने भी आधुनिक दुनिया की नई बुनियाद को सुदृढ़ किया है। एक नई जीवन पद्धति को विकसित किया है। एक नए समाज की रचना की है। औद्योगिक समाज परंपरागत समाज से अनेक परिप्रेक्ष्यों में बिल्कुल अलग है। जाहिर है कि विज्ञान तथा प्रौद्योगिकी में तर्कपूर्ण एवं घनिष्ठ संबंध है। बॉटोमोर के अनुसार दुनिया के चेहरे बदलने में मार्क्सवादी परिप्रेक्ष्य का भी विशेष योगदान है। औद्योगिक समाजशास्त्र में विज्ञान, प्रौद्योगिकी तथा सामाजिक-आर्थिक मुद्दों से जुड़े पहलुओं पर विचार होता है। मौजूदा दौर में औद्योगिक समाजशास्त्र एक महत्वपूर्ण तथा गतिशील विज्ञान है। कार्य की दुनिया, औद्योगिक संरचना तथा आर्थिक प्रक्रिया मनुष्य के सामाजिक संबंधों को प्रभावित करते हैं। साथ ही मनुष्य की सामाजिक पहचान, जीवन पद्धति एवं सामाजिक सरोकारों को भी सुनिश्चित करने में सहायक है।[1]

पी. गिसबर्ट ने स्पष्ट किया है कि औद्योगिक समाजशास्त्र में उद्योग की वास्तविकता का अध्ययन किया जाता है। इस प्रकार औद्योगिक समाजशास्त्र में उत्पादन, वितरण, उपभोग, विनिमय एवं कार्य संगठन से जुड़े विभिन्न मसलों की हकीकत को रेखांकित किया जाता है। इसके अंतर्गत कामगारों की जमीनी सच्चाई तथा उनके रहन-सहन के संबंध में आर-पार अध्ययन किया जाता है। गिसबर्ट ने यह भी स्पष्ट किया है कि औद्योगिक समाजशास्त्र में उद्योग की समस्याओं का भी उद्भेदन होता है। समस्या के कारणों का पता लगाया जाता है। समस्या से जुड़े मुद्दों पर प्रकाश डाला जाता है। शोषण, अलगाव, न्यूनतम मजदूरी, औद्योगिक विवाद तथा संघर्ष, सामूहिक सौदेबाजी, हड़ताल, तालाबंदी तथा श्रमिक संघ से जुड़े प्रश्नों का भी अन्वेषण किया जाता है। गिसबर्ट ने अपनी पुस्तक *फन्डामेन्टल इंडस्ट्रियल सोशियोलॉजी* में यह भी स्पष्ट किया है कि उद्योग की वास्तविकता तथा समस्याओं के अध्ययन में वैज्ञानिक विधि का उपयोग होता है। उदाहरणस्वरूप कतिपय समाजशास्त्रियों ने औद्योगिक संगठन के अध्ययन में समाजमिति पद्धति का उपयोग किया है। सर विलियम मैथर, एल्टन मेयो एवं किंग्सले डेविस आदि ने भी विभिन्न प्रयोगों एवं वैज्ञानिक पद्धतियों के आधार पर कामगारों की जीवन पद्धति तथा वास्तविकता का अध्ययन किया है। 1914 में एच.एम. वर्नन ने कारखानों में प्रयोगात्मक अध्ययन के आधार पर यह स्पष्ट किया कि कामगारों में थकान एवं नीरसता के कारण उत्पादन की प्रक्रिया प्रभावित होती है तथा उत्पादन में ह्रास होता है। ज्ञातव्य है कि

किंग्सले डेविस की अनुशंसा पर 1930-40 के कालखंड में सबसे पहले पेनसिलवेनिया (संयुक्त राज्य अमेरिका) स्टेट कॉलेज में औद्योगिक समाजशास्त्र के पाठ्यक्रम को सम्मिलित किया गया। औद्योगिक समाजशास्त्र में सामाजिक सर्वेक्षण की पद्धति की शुरुआत की गई। ज्ञातव्य है कि सामाजिक सर्वेक्षण की पद्धति एक महत्त्वपूर्ण वैज्ञानिक पद्धति है। बॉटोमोर ने स्पष्ट किया है कि आधुनिक समाजशास्त्रीय अध्ययन पद्धति के अंतर्गत सामाजिक सर्वेक्षण का विशेष महत्त्व है। उनके अनुसार, इसके भी दो स्रोत हैं। एक तो यह बढ़ता हुआ यकीन कि प्राकृतिक विज्ञानों की पद्धति मानव समाज के अध्ययन में लागू की जा सकती है और उसे लागू करना चाहिए; साथ ही मानवीय परिघटनाओं (फेनोमेना) को वर्गीकृत किया जा सकता है और मापा जा सकता है। दूसरा गरीबी (सामाजिक समस्या) की चिंता। यह माना गया कि औद्योगिक समाजों में गरीबी कोई प्राकृतिक परिघटना, कोई प्राकृतिक अथवा देवी विपदा नहीं बल्कि मानवीय अज्ञान अथवा शोषण का नतीजा है। प्राकृतिक विज्ञानों की प्रतिष्ठा और सामाजिक सुधार के आंदोलनों के संयुक्त प्रभाव से समाज के इस नए विज्ञान में सामाजिक सर्वेक्षण के लिए महत्त्वपूर्ण जगह बन गई। पश्चिमी यूरोप के औद्योगिक समाजों में इसका विकास अच्छी तरह देखा जा सकता है, विशेषकर सर जान सिंक्लेयर लिखित *स्टैटिस्टिकल एकाउंट ऑफ स्काटलैंड* (21 खंड, 1791-9), और सर एफ.एम. इडेन लिखित *द स्टेट ऑफ दि पूअर* (3 खंड, 1797) जैसे शुरुआती अध्ययनों में काडरसे द्वारा 'माथेमाटिक सोशियाल' विकसित करने के प्रयासों में, केतले के *फिजिक सोशियाल* में तथा ल प्ले लिखित *लेजूप्रिये यूरोपियन* (1855, दूसरे संवर्धित संस्करण, 1877-9) और बूथ लिखित *लाइफ एंड लेबर ऑफ द पीपुल इन लंदन* (1891-1906) जैसे परवर्ती अध्ययनों में यह दिखाई पड़ता है। सामाजिक सर्वेक्षण समाजशास्त्रीय गवेषणा की एक प्रमुख पद्धति रही है।

औद्योगिक समाजशास्त्र की प्रकृति वैज्ञानिक है। परन्तु यह प्राकृतिक विज्ञानों से अलग है। यह प्राकृतिक विज्ञानों का अनुरक्षण नहीं करता है। औद्योगिक समाजशास्त्र के क्षेत्र में वैज्ञानिक पद्धतियों के स्तर पर प्राकृतिक विज्ञानों का अनुकरण नहीं किया जा सकता है। जाहिर है कि औद्योगिक समाजशास्त्र में मनुष्य और उसके सामाजिक सरोकारों का अध्ययन होता है तथा उसके आर्थिक परिप्रेक्ष्यों, सांस्कृतिक मूल्यों एवं जीवन पद्धतियों का विश्लेषण किया जाता है। मैक्स वेबर ने सच ही कहा था कि मनुष्य पत्थर नहीं होता है, वह रसायन भी नहीं होता है, वह द्रव्य भी नहीं होता है, वह संवेदनहीन नहीं होता है। अतः औद्योगिक समाजशास्त्र के परिप्रेक्ष्य में मनुष्य तथा उसके सरोकारों का अध्ययन महज किसी वातानुकूलित प्रयोगशाला में संभव नहीं है। अतः अपने संदर्भों, सरोकारों तथा परिप्रेक्ष्यों के तहत वैज्ञानिक पद्धतियों के आधार पर औद्योगिक संगठन तथा संबंधों का अध्ययन एवं अनुसंधान किया जाता है। औद्योगिक समाजशास्त्र औद्योगिक समाज की संरचना से संबंधित है। इसमें निहित असमानता तथा आजादी के मुद्दों पर केंद्रित है। परिवार तथा कार्य एवं परिवार तथा सामाजिक, आर्थिक, राजनैतिक परिप्रेक्ष्यों के अध्ययन से यह जुड़ा हुआ है। इसमें परस्पर निर्भरता के आयामों का अध्ययन होता है तथा अवसर एवं विचलन के प्रश्नों को खड़ा किया जाता है। एम.जे. स्मिथ ने स्पष्ट किया है कि औद्योगिक समाजशास्त्र के अंतर्गत अनुसंधान तथा विश्लेषण की पद्धति के

स्तर पर सतर्कता की अपेक्षा होती है। औद्योगिक समाजशास्त्र के मुद्दों तथा परस्पर निर्भरता के प्रश्नों के विश्लेषण में अवधारणा तथा पद्धति के निर्धारण में अपेक्षित सावधानी बरती जाती है।[2]

टी.बी. बॉटोमोर ने स्पष्ट किया है कि हालांकि समाजशास्त्र का दावा है कि यह एक सामान्य विज्ञान है इसके बावजूद यह अठारहवीं सदी की राजनैतिक और आर्थिक क्रांतियों से पैदा होने वाली सामाजिक समस्याओं पर विशेष रूप से ध्यान देता है। सबसे आगे बढ़कर यह नए औद्योगिक समाज का विज्ञान है। अंततः इसका चरित्र वैज्ञानिक होने के साथ ही विचार धारात्मक है, इसकी शुरुआत में ही अनुदारवादी और क्रांतिकारी विचार आ घुसे जिसके कारण परस्पर विरोधी स्थिति सामने आई और ऐसे विवाद उठ खड़े हुए जो आज तक जारी हैं।

समाजशास्त्र के संस्थापक समाजशास्त्रियों ने आरंभ में ही स्पष्ट किया था कि समाजशास्त्र एक विज्ञान है। आगस्ट काम्टे, स्पेंसर, एमिल दुर्खाइम, मैक्स वेबर ने अपने चिंतनों, अनुसंधानों एवं विश्लेषणों में वैज्ञानिक पद्धतियों का उपयोग किया। आगस्ट काम्टे ने समाजशास्त्र को परिभाषित करते हुए इसे एक स्वतंत्र विज्ञान के रूप में रेखांकित किया है। उन्होंने समाजशास्त्र को विज्ञानों की रानी के रूप में प्रस्तुत किया। औद्योगिक समाजशास्त्र की प्रकृति भी वैज्ञानिक है। विज्ञान तथा प्रौद्योगिकी की कोख से औद्योगिक समाजशास्त्र का जन्म हुआ है। यह समाजशास्त्र की एक विशिष्ट शाखा है। औद्योगिक क्रांति तथा औद्योगीकरण की पृष्ठभूमि में इसका विकास हुआ है। इसमें कारखाना एवं संबंधित मजदूरों की बदहाली एवं गरीबी के प्रश्नों को खड़ा किया गया है। कामगारों के शोषण तथा अलगाव के प्रश्नों को भी खड़ा किया गया है। आदिवासियों के विस्थापन, संयुक्त परिवार पर पड़ने वाले प्रभावों तथा सामाजिक-सांस्कृतिक एवं राजनैतिक परिक्षेत्रों में औद्योगीकरण से जुड़े प्रश्नों को भी खड़ा किया गया है।

अमर्त्य सेन के अनुसार प्रश्न का पैदा होना सबसे महत्त्वपूर्ण होता है। समाजशास्त्री श्यामाचरण दुबे के अनुसार, ''जरूरत इस बात की है कि हम प्रश्न उठाते रहें। प्रश्नों की अपनी उपयोगिता है। यह कभी समाप्त नहीं होती। चीजों के हल कभी नहीं होते। पर हम प्रश्न उठाते रहें, तो उनके हल खोजने में मदद जरूर मिलती है।'' जाहिर है कि औद्योगिक समाजशास्त्र एक वैज्ञानिक विषय है। इनमें वैज्ञानिक पद्धतियों का उपयोग होता है। उद्योग तथा औद्योगिक संबंधों के अध्ययन के लिए औद्योगिक समाजशास्त्र में व्यवस्थित सिद्धांतों का सहारा लिया जाता है। वस्तुनिष्ठता के आधार पर तथ्यों का विश्लेषण किया जाता है। इसके अंतर्गत सामाजिक वास्तविकता का मूल्यांकन एवं विश्लेषण होता है। साथ ही सामाजिक यथार्थ के मूल्यांकन एवं विश्लेषण के लिए आनुभविक पद्धतियों एवं सिद्धांतों का उपयोग होता है। इसमें अवलोकन, प्रयोगात्मक विधि, कार्य-कारण संबंध की व्याख्या, वर्गीकरण, सत्यापन तथा सामान्यीकरण से संबंधित पद्धतियों का उपयोग होता है। साथ ही सूक्ष्म (Micro) एवं वृहद् (Macro) अध्ययन परिक्षेत्र के आधार पर औद्योगिक समाज तथा संरचना के विविध परिप्रेक्ष्यों का अध्ययन किया जाता है।

प्राकृतिक विज्ञान एवं सामाजिक विज्ञान का विवाद (Conflict between Natural Science and Social Science)

प्राकृतिक विज्ञानों के अंतर्गत पौधे, गैस, जीव-जंतु, पदार्थ, ऊर्जा, प्रकाश आदि का अध्ययन किया जाता है। प्राकृतिक विज्ञानों में अवलोकन तथा प्रयोग का उपयोग होता है। इसके अंतर्गत व्यवस्थित प्रयोगशाला का होना अपेक्षित है। प्राकृतिक घटनाओं को नियंत्रित अवलोकन में रखना संभव है। इसके विपरीत औद्योगिक समाज, औद्योगिक संबंध एवं औद्योगीकरण आदि के अध्ययन में प्राकृतिक विज्ञानों के उपकरणों एवं विधियों का उपयोग साधारणतः व्यावहारिक नहीं होता है। औद्योगिक समाजशास्त्र में व्यवस्थित प्रयोगशाला का अभाव होता है। कामगारों का जुलूस, कारखानों में लिपटी मशीनी जिंदगी, कामगारों की कॉलोनी, प्रबंधन तथा श्रमिक संघों के विवाद तथा हड़ताल आदि औद्योगिक समाजशास्त्र के लिए प्रयोगशाला की तरह उपयोग में लाया जाता है। चूरेहमान एवं अकोफ के अनुसार विज्ञान ज्ञान प्राप्त करने का व्यवस्थित तरीका है। उन्हीं के शब्दों में विज्ञान का अर्थ कुशल खोज है। वाइट के शब्दों में 'Science is Sciencing' अर्थात् विज्ञान का अर्थ वैज्ञानिकता है। इस प्रकार स्पष्ट है विज्ञान कोई विषय-वस्तु नहीं बल्कि अध्ययन की पद्धति है। यदि वैज्ञानिक पद्धतियों का उपयोग औद्योगिक समाजशास्त्र में होता है तो सुनिश्चित रूप में औद्योगिक समाजशास्त्र एक विज्ञान है।

विज्ञान क्या है? (What is Science?)

विषय सामग्री अथवा किसी विशिष्ट अध्ययन विषय के आधार पर विज्ञान की परिभाषा नहीं की जा सकती। यदि कोई चुंबक का अध्ययन करता है तथा अपने व्यक्तिगत पूर्वाग्रहों के आधार पर उसकी व्याख्या करता है तो इस व्याख्या को विज्ञान के अंतर्गत सम्मिलित नहीं किया जा सकता है। इसी प्रकार, सर्पदंश के उपचार के लिए यदि कोई आधुनिक चिकित्सा की उपेक्षा कर तंत्र-मंत्र का उपयोग करता है तो इसे भी विज्ञान नहीं कहा जा सकता है। जॉनसन ने विज्ञान की चर्चा करते हुए किसी भी वैज्ञानिक अध्ययन में चार बातों का होना आवश्यक बताया है—

1. आनुभविक (Empirical)
2. सैद्धांतिक (Theoretical)
3. संचयी (Cummulative)
4. नैतिकतामुक्त (Ethically Neutral)

इस प्रकार जॉनसन के अनुसार भी विज्ञान किसी विषय-सामग्री से संबंधित नहीं है, पद्धति पर आधारित है।

1. स्टुअर्ट चेज के अनुसार, "विज्ञान पद्धति का सहगामी है न कि विषय-वस्तु का।"[3]
2. बिसेंज तथा बिसेंज ने विज्ञान को परिभाषित करते हुए लिखा है—"यह एक मार्ग है न कि विषय-सामग्री जो विज्ञान की कसौटी है।"[4]
3. लुंडबर्ग के अनुसार, "विज्ञान को विषय-सामग्री के रूप में परिभाषित करने का प्रयत्न करना मात्र भ्रम में डालने का कारण होगा।"[5]

4. कार्ल पीयरसन ने भी स्पष्ट किया है—"समस्त विज्ञानों की एकता उसकी पद्धति में है न कि केवल उसकी विषय-वस्तु में।"[6]

उपर्युक्त विचारों के विश्लेषण से स्पष्ट है कि विज्ञान के अंतर्गत अन्वेषण में वस्तुनिष्ठ तरीकों की प्रयोग क्षमता का विशेष महत्त्व है। साथ ही वस्तुनिष्ठ तरीकों के उपयोग में तर्क और तार्किकता का होना अपेक्षित है। विज्ञान के तीन प्रमुख लक्षण हैं—

1. कार्य-कारण संबंधों का विश्लेषण किया जाता है। उदाहरणस्वरूप पानी को उबलते हुए देखकर उबलने के कारणों की व्याख्या वैज्ञानिक पद्धति पर की जा सकता है। 100°C से अधिक तापमान होने के कारण जल उबलता है। उसी प्रकार पानी के बर्फ में बदल जाने की घटना की व्याख्या वैज्ञानिक पद्धति के आधार पर की जा सकती है। 0°C से तापमान कम होने के कारण जल बर्फ में बदल जाता है। इसी प्रकार यदि दुल्हन के रूप में घर की बेटी पहले-पहल ससुराल जाती है तो वह रोती है। विवाह होने के कारण अपने माता-पिता के घर को छोड़ना पड़ता है जिससे उसे दुख होता है और वह आंसुओं के सहारे अपने दुख को व्यक्त करती है।
2. विज्ञान में सामान्यीकरण एक अनिवार्य पहलू है। सामान्यीकरण व्यक्ति विशेष से जुड़ा नहीं होता है। वह इसके लिए, उसके लिए, हमारे लिए, इस प्रकार सब लोगों के लिए होता है। उदाहरणस्वरूप न्यूटन का गुरुत्वाकर्षण का सिद्धांत भारत में भी लागू है और पाकिस्तान में भी है। सामान्य स्थिति और दशा में सभी क्षेत्रों के लिए लागू है। एक अन्य उदाहरण के द्वारा भी इसे स्पष्ट किया जा सकता है। बिना विवाह के बच्चा होने पर उसे अवैध माना जाता है। उसे धार्मिक, सामाजिक तथा वैज्ञानिक मान्यता प्राप्त नहीं होती है। यह सभी समाजों पर लागू है। यह किसी जाति विशेष या क्षेत्र विशेष तक केंद्रित नियम नहीं है। इन उदाहरणों के आधार पर स्पष्ट होता है कि विज्ञान वैयक्तिकता से कोई संबंध नहीं रखता है। पक्षपात, पूर्वाग्रह तथा बिना किसी भेद-भाव के सामान्यीकरण के माध्यम से सामूहिकता को केंद्र में रखकर तथ्यों का अन्वेषण करता है।
3. विज्ञान रहस्यों, गोपनीय भंडारों तथा अनकहे तथ्यों पर से पर्दा उठाता है। नए ज्ञान का अन्वेषण करता है, पुराने तथ्यों का सत्यापन करता है। दो या दो से अधिक घटनाओं के बीच मौजूद संबंधों का विश्लेषण करता है। कार्य-कारण संबंधों का विश्लेषण करता है। घटनाओं की क्रमबद्धता की व्याख्या करता है। घटना को प्रभावित करने वाले स्वाभाविक नियमों एवं दबावों का विश्लेषण करता है। यह पूर्व के सिद्धांतों से जुड़ा हुआ है और नए सिद्धांतों की रचना की क्षमता रखता है। इस प्रकार, विज्ञान संपूर्ण घटनाओं का संपूर्ण अध्ययन करता है। विज्ञान विषय-सामग्री से संबंधित नहीं है। यह एक पद्धति है, एक दृष्टि है, एक तकनीक है। प्राकृतिक पर्यावरण तथा मनुष्य निर्मित पर्यावरण के रहस्यों को जानने का एक तरीका है।

औद्योगिक समाजशास्त्र एक विज्ञान है (Industrial Sociology as a Science)

औद्योगिक समाजशास्त्र वैज्ञानिक विधियों द्वारा औद्योगिक संरचना के सामाजिक यथार्थ का तार्किक एवं वस्तुनिष्ठ ज्ञान प्राप्त करता है। कार्य-कारण संबंधों की व्याख्या के आधार पर

औद्योगिक संबंधों एवं औद्योगिक समाज से जुड़े विविध आयामों का वैज्ञानिक दृष्टि से विश्लेषण करता है। इसके अंतर्गत अनुसंधानकर्ता के व्यक्तिगत मूल्य और पक्षपात सामाजिक अनुसंधान के निष्कर्षों को प्रभावित नहीं करते। औद्योगिक समाजशास्त्र यथार्थ से जुड़ा हुआ है, अटकल और अनुमान पर आधारित विश्लेषण को अस्वीकार करता है। औद्योगिक समाजशास्त्र निम्नलिखित वैज्ञानिक विधियों का प्रयोग करता है–

आनुभविकता	—	सिद्धांत	—	संचयी ज्ञान	—	मूल्य तटस्थता

1. **आनुभविकता**–यह एक वैज्ञानिक विधि है तथा विज्ञान का मूल आधार है। आनुभविकता का साधारण अर्थ है अनुभवों को समझना। अवलोकन के आधार पर तथ्यों का संकलन होता है तथा सामाजिक प्रघटनाओं एवं व्यवहारों का अध्ययन किया जाता है। आनुभविकता पूर्णत: वस्तुनिष्ठ तर्कों पर आधारित है। आनुभविक पद्धतिशास्त्र द्वारा विकसित की गई संकल्पनाओं के आधार पर औद्योगिक समाजशास्त्र में औद्योगिक समाज के विविध पक्षों का अवलोकन एवं प्रयोग के आधार पर अन्वेषण किया जाता है। इन्हीं प्रेक्षणों तथा प्रयोगों के आधार पर औद्योगिक समाजशास्त्र में सिद्धांतों को स्वरूप प्रदान किया जाता है। इसमें अति प्राकृतिक अथवा अंतरबोध का उपयोग नहीं किया जाता है। इसके परिणाम अनुमानों के आधार पर नहीं होते। जॉनसन ने इस संबंध में सूक्ष्म विश्लेषण प्रस्तुत करते हुए स्पष्ट किया है कि अन्वेषण के प्रारंभिक चरण में उपकल्पनाओं के माध्यम से अनुमान लगाते हैं। दो या दो से अधिक चरों (Variables) के बीच संबंधों की स्थापना के आधार पर अनुमानों पर आधारित कथन का निरूपण उपकल्पना के रूप में करते हैं। जॉनसन ने स्पष्ट किया है कि सुनिश्चित रूप से इन अनुमानों का आनुभविक पद्धति के आधार पर सत्यापन किया जाता है। यह स्पष्ट करना आवश्यक है कि सत्यापन के बाद इन अनुमानों को वैज्ञानिक निष्कर्ष के रूप में प्रस्तुत किया जाता है।
2. **सिद्धांत**–मैकाइवर ने अपने एक सिद्धांत 'थ्योरी ऑफ कॉजेशन (Theory of Causation)' में स्पष्ट किया है कि कोई भी घटना बिना कारण के घटित नहीं होती है। सिद्धांत को आनुभविकता की कसौटी पर खरा उतरना होता है। यदि कोई कथन अवलोकन तथा तार्किकता की प्रक्रिया से गुजरकर अटकलबाजी सिद्ध होता है तो औद्योगिक समाजशास्त्र में उसका कोई महत्त्व नहीं है। सिद्धांत और तथ्य के बीच स्पष्ट संबंध हैं। इसमें पारस्परिकता है, सिद्धांत जटिल अवलोकन के सार को प्रस्तुत करता है। इस प्रकार यह कार्य-कारण संबंधों की व्याख्या में उपयोगी सिद्ध हो सकता है। सिद्धांत का उपयोग प्राकल्पनाओं के निरूपण में भी किया जाता है। सिद्धांत का मुख्य उद्देश्य समाजशास्त्रीय तथ्य सामग्री के चयन के विवेचन से संबंधित है। साथ ही तथ्य सामग्री के बीच मौजूद अंतर्संबंधों को भी स्पष्ट किया जाता है। जॉनसन ने इस संबंध में अपने सारगर्भित विचारों को प्रस्तुत करते हुए लिखा है कि इसमें जटिल अवलोकनों का सारांश प्रस्तुत किया जाता है। यह सारांश संक्षिप्त होता है। इस प्रकार सिद्धांत में अनावश्यक

तथ्यों को सम्मिलित नहीं किया जाता है। इसका तर्कसम्मत होना अनिवार्य है। यह परस्पर संबंधित प्रस्तावनाओं के रूप में होता है तथा इसका उद्‌देश्य कार्य–कारण संबंधों की व्याख्या से संबंधित है।

3. **संचयी ज्ञान**–औद्योगिक समाजशास्त्र के अंतर्गत नए तथ्यों का अन्वेषण किया जाता है तथा पुराने तथ्यों का सत्यापन किया जाता है। इस प्रकार संचित समाजशास्त्रीय ज्ञान का लगातार मूल्यांकन होता रहता है। उदाहरणस्वरूप एमिल दुर्खाइम ने आत्महत्या से संबंधित प्रचलित सिद्धांतों का मूल्यांकन तथा सत्यापन किया तथा आनुभविक पद्धतियों के आधार पर आत्महत्या के सिद्धांत को प्रस्तुत किया। औद्योगिक समाजशास्त्र संचयी ज्ञान से जुड़ा हुआ है। इसके अंतर्गत श्रम–विभाजन तथा विशेषीकरण संपत्ति की व्यवस्था, औद्योगीकरण की प्रक्रिया एवं संरचनात्मक परिवर्तन तथा औद्योगिक कारखाने की संरचना एवं औद्योगिक संबंध के परिप्रेक्ष्य में अध्ययन एवं अनुसंधान किया जाता है। उदाहरणस्वरूप औद्योगिक टकराव का एक उत्कृष्ट अध्ययन के.जी.जे.सी.नावेल्स की *स्ट्राइक्स: ए स्टडी इन इंडस्ट्रियल कानफ्लिक्ट* (लंदन, 1952) है जो 1911 से 1945 तक यूनाइटेड किंगडम की स्थिति पर विचार करती है और हड़ताल की अन्य सामाजिक परिघटनाओं से जोड़ने की कोशिश करती है। इस संदर्भ में गैब्रियल कोल्को, *वेल्थ एंड पावर इन अमेरिका* (संशोधित संस्करण, न्यूयार्क, 1964), और मिशेल हैरिंग्टन, *दि अदर अमेरिका* (न्यूयार्क, 1962) आदि का उल्लेख किया जा सकता है। साथ ही बी.एबेल स्मिथ और बी.टाउनसेंड, *दि पुअर एंड दि पुअरेस्ट* (लंदन, 1965) का उल्लेख किया जा सकता है। आर.एम. टिटमस की *इनकम डिस्ट्रीब्यूशन एंड सोशल चेंज* (लंदन, 1962) में भी औद्योगिक समाज एवं औद्योगिक अर्थव्यवस्था के संदर्भ में गहन एवं गंभीर अध्ययन प्रस्तुत किया गया है। भारत में भी औद्योगिक समाज, औद्योगिक संरचना तथा अन्य संबंधित पहलुओं का अध्ययन उपलब्ध है। इस संदर्भ में ए.आर.सेठ एवं पी.जे.पटेल की पुस्तक *इंडस्ट्रियल सोशियोलॉजी इन इंडिया* में भारतीय परिप्रेक्ष्य में औद्योगिक समाजशास्त्र से जुड़े कतिपय प्रमुख अध्ययनों की चर्चा की है। इकोनोमिक एंड पोलिटिकल वीकली (वार्षिक अंक) में प्रकाशित अपने एक शोध निबंध ''एक्सपोर्ट–लेड ग्रोथ इम्पोर्ट सबस्टीट्यूशन इंडस्ट्रियलाइजेशन'' में ए.के. बागची ने औद्योगीकरण की प्रक्रिया तथा उसके प्रभाव एवं परिणामों का विश्लेषण किया है। जाहिर है कि औद्योगिक समाजशास्त्र में संचयी ज्ञान का उपयोग होता है। यह संचयी ज्ञान है तथा इसमें बदलते हुए समाज की हर धड़कन पर नजर रखी जाती है। एक सिद्धांत दूसरे सिद्धांतों से जुड़ा होता है। जिस प्रकार पेड़ की जड़ जमीन में होती है, उसी प्रकार नए सिद्धांतों का संबंध पुराने सिद्धांतों के साथ जुड़ा होता है। इस प्रकार औद्योगिक समाजशास्त्र में पुराने सिद्धांत नए संशोधित सिद्धांतों का आधार बनते हैं। साथ ही इसके सिद्धांत एक श्रृंखला में परस्पर जुड़े हुए हैं। इस प्रकार हर सिद्धांत समाजशास्त्र की मूलधारा तथा चिंतन के परिप्रेक्ष्य से जुड़ा हुआ है। जिस प्रकार हर त्रिज्या वृत्त के केंद्र से संबंधित है, उसी तरह औद्योगिक समाजशास्त्र का हर सिद्धांत समाजशास्त्र की मुख्यधारा

से संबंधित है। फलतः सिद्धांतों का एकीकरण होता है। सिद्धांत एक के आधार पर दूसरे बनते हैं, नए सिद्धांत पुराने सिद्धांतों का सुधार, विस्तार और परिष्कार करते हैं।

4. **मूल्य तटस्थता**—मूल्य तटस्थता विज्ञान का एक बुनियादी आधार है। विज्ञान में व्यक्तिगत मूल्य और पक्षपात का कोई महत्त्व नहीं होता है। यह पूर्वाग्रहरहित होता है। विज्ञान निष्पक्ष होता है। औद्योगिक समाजशास्त्र भी विज्ञान है। इसकी प्रकृति वैज्ञानिक है। इसमें वैज्ञानिक पद्धतियों का उपयोग होता है। अतः औद्योगिक समाजशास्त्र से संबंधित अध्ययनों एवं अनुसंधानों में मूल्य तटस्थता एक अनिवार्य शर्त है। एक समाजशास्त्री को निष्पक्ष, तटस्थ तथा वस्तुनिष्ठ होने के लिए तलवार की धार पर चलना होता है। गुडे एवं हाट ने स्पष्ट किया है कि मनुष्य का व्यवहार तीव्र परिवर्तनशील है तथा मनुष्य के तेजी से बदलते हुए व्यवहारों का अध्ययन कठिन होता है। साथ ही मनुष्य के व्यवहार का वर्गीकरण भी एक कठिन समस्या है। क्योंकि मनुष्य का व्यवहार जटिल एवं अनिश्चित होता है। उल्लेखनीय है कि औद्योगिक समाजशास्त्र के अंतर्गत मनुष्य ही मनुष्य का अध्ययन करता है। अतः भूल होने की संभावना बनी रहती है। चूंकि मनुष्य एक विशेष प्रकार का प्राणी है—वह जाति, बिरादरी, धर्म, संप्रदाय, सजातीयता तथा प्रजाति आदि से जुड़ा होता है। अतः मूल्य तटस्थ अध्ययन के लिए प्रशिक्षित अनुसंधानकर्मियों एवं निष्ठावान समाजशास्त्रियों की अपेक्षा होती है। अध्ययनकर्ता को अपने सभी मुखौटे को उतार कर ही अध्ययन की दुनिया में प्रवेश करना चाहिए। अनुसंधान की दुनिया में संकीर्णता, कट्टरवादिता, जड़ता तथा व्यक्तिगत मूल्यों का कोई स्थान नहीं है। जॉनसन ने स्पष्ट किया है कि एक समाजशास्त्री की रुचि कार्य-कारण संबंधों की व्याख्या से संबंधित है। वह वैज्ञानिक विधियों तथा प्रक्रियाओं से गुजरता है। अतः वह भले या बुरे या किसी पूर्वाग्रह से परे होकर सामाजिक यथार्थ की व्याख्या करता है। इस संबंध में मोरिस गिन्सबर्ग का विचार भी उल्लेखनीय है। उन्होंने स्पष्ट किया है कि आचार संबंधी समस्याओं को तटस्थता से विवेचित करना चाहिए। तटस्थता के आधार पर ही अध्ययन में वस्तुनिष्ठता और तार्किकता संभव है। मूल्य तटस्थता औद्योगिक समाजशास्त्र को विज्ञान के रूप में स्थापित करने में एक बुनियादी आधार की तरह है।

औद्योगिक समाजशास्त्र एवं विज्ञान की वस्तुनिष्ठता

(Industrial Sociology and Objectivity of Science)

हरबर्ट शील्र्स ने वस्तुनिष्ठता को स्पष्ट करते हुए बताया है कि तथ्यों के सामने एक छोटे बच्चे के समान बैठ जाओ और उन्हें वहां ले जाने दो जहां वे ले ही जाएंगे।[1]

इस प्रकार बिना किसी पक्षपात और पूर्वाग्रह के तथ्यों के विश्लेषण की पद्धति वस्तुनिष्ठता है। औद्योगिक समाजशास्त्र में 'क्या है?' का वर्णन किया जाता है। 'क्या होना चाहिए?' से औद्योगिक समाजशास्त्र का कोई संबंध नहीं होना चाहिए। संपूर्ण तटस्थता तथा निष्पक्ष अध्ययन पर ही समाजशास्त्र के अंतर्गत विश्वसनीय निष्कर्षों का प्रतिपादन संभव है।

एम.एन.श्रीनिवास ने भी अपनी पुस्तक *सोश्यल चेंज इन मॉडर्न इंडिया* के अंतिम अध्याय में स्पष्ट किया है कि समाजशास्त्रीय अध्ययन में विज्ञान की वस्तुनिष्ठता अनिवार्य रूप से अपेक्षित है। सामाजिक परिघटनाओं तथा व्यवहार के अध्ययन में अनेक संशय, द्विविधा, भ्रांति तथा अन्य समस्याएं उत्पन्न हो सकती हैं। जाति-बिरादरी का प्रभाव है, धर्म और आडंबर की समस्या है, राजनैतिक चिंतन और मतवाद के दलदल में फंसने का डर है। क्षेत्रीयता तथा भाषा का बंधन है। परंपरा और बहुमत की उलझन है। आदमी का अपना पूर्वाग्रह है। मनुष्य की प्रकृति की तीव्र परिवर्तनशीलता है, अतः बार-बार यह प्रश्न उठता है कि क्यों प्राकृतिक विज्ञानों की तरह औद्योगिक समाजशास्त्र अथवा अन्य सामाजिक विज्ञानों में सही ज्ञान प्राप्त करना संभव है। क्या एक समाजशास्त्री पक्षपात और पूर्वाग्रह से मुक्त हो सकता है? क्या जाति, बिरादरी तथा धर्म और संप्रदाय से मुक्त होकर सामाजिक घटनाओं का अध्ययन करना संभव है? क्या वैज्ञानिक विधियों के माध्यम से सामाजिक घटनाओं तथा व्यवहारों के रहस्य से पर्दा उठाया जा सकता है? क्या समाजशास्त्र में भविष्यवाणी करना वैज्ञानिक होगा? समाजशास्त्र के संस्थापक आगस्ट काम्टे ने आरंभ में ही अध्ययन और अनुसंधान के लिए वस्तुनिष्ठता तथा प्रत्यक्षवाद को आधारभूत बुनियाद के रूप में प्रस्तुत किया। इस संबंध में काम्टे के निम्नलिखित विचारों को रेखांकित किया जा सकता है–

1. काम्टे के अनुसार प्रत्यक्षवाद के लिए आनुभविकता (Empirical Method) की प्रामाणिक वैज्ञानिक विधि में अनुभव की अभिव्यक्ति के माध्यम से सहज ज्ञान प्राप्त होता है।
2. काम्टे ने यह भी स्पष्ट किया कि किस तरह प्राकृतिक विज्ञानों में तथ्यों को प्रस्तुत किया जाता है, समाज विज्ञानों में भी इन्हीं पद्धतियों के आधार पर तथ्यों को उपस्थापित किया जाता है। इस प्रकार, काम्टे के अनुसार प्राकृतिक विज्ञान तथा समाज विज्ञान में प्रत्यक्षवाद के चिंतन के क्षेत्र में समानता है।
3. काम्टे ने यह भी स्पष्ट किया कि प्राकृतिक विज्ञानों के विश्लेषण में विशुद्धता और वस्तुनिष्ठता के आधार पर सामान्यीकरण प्रस्तुत किया जाता है। समाज को समझने तथा सामाजिक प्रघटनाओं के विश्लेषण में भी विशुद्धता और वस्तुनिष्ठता एक अनिवार्य शर्त है। सामाजिक प्रघटनाओं के विश्लेषण में भी तथ्यात्मकता पर विशेष बल दिया जाता है। साथ ही प्रत्यक्षवाद का विवेचन करते हुए काम्टे ने स्पष्ट किया कि वैज्ञानिक विधि में तर्क का विशेष महत्त्व है। एमिल दुर्खाइम ने भी वस्तुनिष्ठता तथा प्रत्यक्षवादी उपागमों को प्रस्तुत किया है। उनके अनुसार समाज उतना ही यथार्थ है, जितनी की प्रकृति। उन्होंने स्पष्ट किया है जिस तरह वैज्ञानिक विधियों के माध्यम से प्रकृति का अध्ययन संभव है, उसी तरह सामाजिक तथ्यों के अध्ययन में वैज्ञानिक विधियों का उपयोग किया जा सकता है। उन्होंने सामाजिक तथ्य के चिंतन को प्रस्तुत किया। उनके अनुसार सामाजिक तथ्य दो तत्वों पर आधारित हैं–(1) बाह्यता (बाहरी सत्य), (2) बाध्यता (आंतरिक दबाव)। उन्होंने बाह्ययता का विश्लेषण किया है। उनके अनुसार प्रत्येक व्यक्ति की अपनी स्वतंत्र वैयक्तिक चेतना है। वैयक्तिक चेतना का मूल है–संवेदनाएं। इसका निर्णय जन्मजात संवेगों तथा स्नायुकोषों की अंतःक्रिया के आधार पर होता है।

विभिन्न स्नायुकोषों के मिश्रण से एक सम्मिलित वैयक्तिक चेतना का निर्माण होता है। वैयक्तिक चेतना के आधार पर विभिन्न प्रतिमाओं (Images) का जन्म होता है। उनके अनुसार विभिन्न वैयक्तिक चेतनाओं के सम्मिश्रण से सामूहिक चेतना का विकास होता है। उदाहरणस्वरूप दो भाग हाइड्रोजन तथा एक भाग ऑक्सीजन के मिलने से पानी बनता है। हाइड्रोजन तथा ऑक्सीजन से पानी की पहचान बिल्कुल अलग होती है। उसी तरह विभिन्न रंगों के मेल से इंद्रधनुष का निर्माण होता है। इंद्रधनुष की स्वतंत्र पहचान होती है। स्पष्ट है कि दुर्खाइम के अनुसार विभिन्न व्यक्तियों के सम्मिश्रण से एक सामूहिक चेतना का जन्म होता है। जिसका अपना अलग अस्तित्व होता है। दुर्खाइम ने सामाजिक प्रघटनाओं तथा व्यवहार के अध्ययन के लिए सामाजिक तथ्य के आधार पर अध्ययन करने की वैज्ञानिक विधि को स्पष्ट किया है। सामूहिक व्यवहार, पारिवारिक चेतना, सामुदायिक भावना आदि सामूहिक चेतना पर आधारित हैं। उनके अनुसार सामाजिक तथ्य व्यक्तियों के मस्तिष्क की उपज नहीं होते हैं। सामाजिक तथ्य की महत्त्वपूर्ण विशेषता व्यक्तियों के व्यवहार पर बाह्यतामूलक प्रभाव है। सामाजिक तथ्य के साथ बाह्यतामूलक प्रभाव जुड़ा हुआ है। इस आधार पर सामाजिक तथ्यों के दो प्रमुख बिंदुओं का स्पष्टीकरण किया जा सकता है जो संपूर्ण समाज में सामान्य रूप से पाए जाते हैं–

(i) ये व्यक्ति के मस्तिष्क से बाहर स्वतंत्र अस्तित्व रखते हैं।

(ii) ये व्यक्तियों के व्यवहारों पर नियंत्रण रखते हैं।

सामाजिक तथ्य का दूसरा प्रमुख आधार बाध्यता अर्थात् आंतरिक दबाव है। सामाजिक तथ्यों का व्यक्ति पर, बाध्यतामूलक प्रभाव पड़ता है। दुर्खाइम ने स्पष्ट किया है कि सामाजिक तथ्य के अंतर्गत समाज जैसा दबाव डालता है, व्यक्ति वैसा ही व्यवहार करता है। दबाव की शक्ति दंड समस्या में निहित है। यदि कोई व्यक्ति सामाजिक तथ्य के नियमों को तोड़ता है तो उसे दंडित करने का प्रावधान है। उदाहरणस्वरूप यदि कोई व्यक्ति शारीरिक सुख के लिए या वासना से वशीभूत होकर विवाहेतर यौन संबंध स्थापित करता है तो सामाजिक तथ्य के अंतर्गत उसे सामाजिक, धार्मिक एवं वैधानिक स्तर पर दंडित करने का प्रावधान है। इस प्रकार एमिल दुर्खाइम ने सामाजिक तथ्य के आधार पर वस्तुनिष्ठता एवं वैज्ञानिक दृष्टि की चर्चा की है। दुर्खाइम ने स्वयं अपने अध्ययनों में वस्तुनिष्ठता पर ध्यान केंद्रित किया है।

विश्लेषणों के आधार पर यह स्पष्ट होता है कि औद्योगिक समाजशास्त्र में वस्तुनिष्ठ पद्धतियों का उपयोग होता है। इसमें कार्य-कारण संबंधों की व्याख्या की जाती है। साथ ही नए तथ्यों का उद्घाटन किया जाता है। इसमें पुराने तथ्यों का सत्यापन भी किया जाता है। औद्योगिक समाजशास्त्र में घटनाओं तथा तथ्यों की क्रमबद्धता को स्पष्ट किया जाता है। दो या दो से अधिक घटनाओं के बीच मौजूद संबंधों का विश्लेषण किया जाता है। घटना को प्रभावित करने वाले कारणों तथा नियमों को रेखांकित किया जाता है। इसमें भविष्यवाणी नहीं की जाती है। कार्ल पावर के अनुसार भविष्यवाणी करना अवैज्ञानिक है। उनके अनुसार भविष्यवाणी करने का अभिप्राय निर्धारणवाद होगा। जाहिर है कि औद्योगिक समाजशास्त्र में अध्ययन के लिए वस्तुनिष्ठता एक महत्त्वपूर्ण प्रस्थान बिंदु है। यदि अध्ययन में वस्तुनिष्ठ दृष्टिकोण को

सुनिश्चित किया जाता है तो अध्ययन विश्वसनीय होता है। यदि वस्तुनिष्ठता के नियमों का पालन नहीं होता है तो समाजशास्त्रीय अध्ययन का कोई अर्थ नहीं होता है। यह कहना कि औद्योगिक समाजशास्त्र में वस्तुनिष्ठता संभव नहीं है, उचित नहीं प्रतीत होता है। जिस प्रकार एक वनस्पतिशास्त्री सुंदर फूलों के सौंदर्य तथा सौरभ से प्रभावित हुए बिना वनस्पतिशास्त्र की प्रयोगशाला में वैज्ञानिक खोज करता है, उसी प्रकार औद्योगिक समाजशास्त्र में एक अनुसंधानकर्ता जाति, संप्रदाय, धर्म तथा अध्ययन से बिना प्रभावित हुए सामाजिक प्रघटनाओं का अध्ययन कर सकता है। एक चिकित्सक भी सुंदर महिला की मांसलता एवं सौंदर्य से प्रभावित हुए बिना इलाज करता है। इलाज में वैज्ञानिक पद्धतियों तथा वैज्ञानिक उपकरणों का उपयोग करता है। जाहिर है कि वस्तुनिष्ठता विज्ञान का आधारभूत तत्व है तथा इसका उपयोग औद्योगिक समाजशास्त्र में संभव है। जिस प्रकार रसायनशास्त्री के लिए पानी महज H_2O है तथा नमक NaCl है, उसी तरह औद्योगिक समाजशास्त्र से जुड़े अनुसंधानकर्मी के लिए श्रम विभाजन, संपत्ति का स्वामित्व, आर्थिक व्यवस्था का प्रकार, औद्योगिक संबंधों का चरित्र तथा साथ ही राजनैतिक व्यवस्था और सामाजिक स्तरीकरण महज एक अध्ययन विषय है।

विज्ञान तथा वैज्ञानिक पद्धतियों का दुरुपयोग कहीं भी हो सकता है। प्राकृतिक विज्ञान में भी सिद्धांतों का संशोधन होता रहा है तथा अनुसंधान में असहमति के दरवाजे खुले होते हैं। इस संदर्भ में राबर्ट एस.लिंड की पुस्तक *नॉलेज फार वाट* ? (1939) का उल्लेख किया जा सकता है। इस पुस्तक में सामाजिक विज्ञानों के सदुपयोग और दुरुपयोग के संबंध में उत्कृष्ट ढंग से मार्गदर्शन किया गया है।

औद्योगिक समाजशास्त्र मशीन की दुनिया की जमीनी सच्चाई के अध्ययन से संबंधित है। इसमें कामगारों के श्रम, स्वेद और रक्त का अध्ययन होता है तथा बनते-सिमटते औद्योगिक संबंधों को विश्लेषित किया जाता है। कारखानों ने एक नए परिदृश्य को खड़ा किया है। औद्योगिक समाजशास्त्र वैज्ञानिक पद्धति एवं वस्तुनिष्ठ दृष्टिकोण के आधार पर कारखाने की दुनिया पर नजर रखने में सक्षम है।

टिप्पणियां

1. Industrial sociology is an important and fascinating subject. Its importance is obvious, since the world of work and the patterning of industrial structures and economic processes profoundly shape the kind of people we are, our social identities and lifestyle, and the kind of society in which we live.

   —M.A.Smith, *The Sociology of Industry*, London, p. 11.

2. Thus the sociology of industry is about the structure of industrial soceity, its inequalities and freedomes, its deprivations and apportunities for self-fulfilment, the interdependence of family and work, economic, political and social life. Some care, however, needs to be taken about the ways in which such relationships are presented and the concepts and methods used to describe them. Ibid. 25.

3. "Science goes with the method and not with the subject matters."

   —Stuart Chase, *The Proper Study of Mankind,* New York, Harper and Brothers 1956, p. 6.

4. "It is approach rather than content that is the test of science."

   —I. Biesanz and M.Biesanz: *Modern Society: An Introduction to Social Science*, 1956, p. 3.

5. "The attempt to define science in terms of subject matter causes only confusion."

   —George A.Lundberg; *Social Research,* Green and Co., New York, 1951, p. 3.

6. "The unity of all the sciences, consists alone in its method not in its material alone."

   —Karl Pearson; *The Grammar of Science*, London, Adam and Charles Black 1911, p. 10.

4

औद्योगिक समाजशास्त्र का सैद्धांतिक परिप्रेक्ष्य

(कार्ल मार्क्स, एमिल दुर्खाइम एवं मैक्स वेबर)

Theoretical Perspective on Industrial Sociology (Karl Marx, Emile Durkheim and Max Weber)

औद्योगिक समाजशास्त्र का परिक्षेत्र तथा दायरा विस्तृत है। औद्योगिक क्रांति ने दुनिया के विभिन्न हिस्सों में एक नए अध्याय की शुरुआत की। औद्योगीकरण के उदय तथा विकास के कारण समाज की संरचना तथा व्यवस्था में तीव्र परिवर्तन तथा उथल-पुथल का अनुभव किया जा सकता है। उत्पादन की प्रक्रिया, उत्पादन की प्रणाली तथा उत्पादन के साधन में लगातार परिवर्तन के संकेत मिलते रहे हैं। औद्योगिक क्रांति की पृष्ठभूमि में आधुनिक पूंजीवाद का उदय तथा विकास हुआ। विवाह, परिवार तथा नातेदारी संक्रमण के दौर में है। सामाजिक श्रम-विभाजन तथा विशेषीकरण का विस्तार हुआ है। कारखानों की चकाचौंध में थका-हारा मजदूर अपने हिस्से की रोशनी को तलाशता रहता है। श्रम, स्वेद और रक्त को बेचकर भी एक मजदूर अपने बीमार बच्चे के इलाज के लिए तड़पता रहता है। औद्योगीकरण ने मजदूरों में अलगाववाद की ग्रंथि को पैदा किया है। सर्वहारा के शोषण तथा बदहाली को वर्ग-संघर्ष के चिंतन ने एक नए मोड़ पर लाकर खड़ा कर दिया। धर्म तथा आर्थिकी के मुद्दे पर बहस जारी है। प्रोटेस्टेंट मतवाद अथवा काल्विनवाद के प्रश्नों को खड़ा किया गया है।

काल्विनवाद के वैचारिक आयामों को रेखांकित किया गया है। काल्विनवाद तथा तर्कसंगत आधुनिक पूंजीवाद के बीच मौजूद संबंधों की व्याख्या की गई है। पूंजीवाद के साथ विवेकीकरण के मुद्दों को उठाया गया है। जाहिर है कि एमिल दुर्खाइम ने सामाजिक तथ्य श्रम-विभाजन, विशेषीकरण एवं सामाजिक यथार्थ के बुनियादी प्रश्नों को खड़ा कर औद्योगिक समाजशास्त्र के बढ़ते-सिमटते दायरे को एक वैज्ञानिक दृष्टि तथा वैचारिक परिप्रेक्ष्य प्रदान किया। कार्ल मार्क्स ने उत्पादन के साधन के स्वामित्व के प्रश्नों की व्याख्या ऐतिहासिक संदर्भों में प्रस्तुत की है। औद्योगिक क्रांति तथा औद्योगीकरण के परिप्रेक्ष्य में मार्क्स ने सर्वहारा तथा बुर्जुआ वर्ग के टकराहट और संघर्ष के वैज्ञानिक यथार्थ को रेखांकित किया है। मार्क्स के अलगाववाद में मजदूरों की हाहाकार भी है, शोषण और अत्याचार का नग्न यथार्थ भी है—परंतु अलगाव के आंसू में वर्ग-संघर्ष के दहकते हुए अंगारे भी हैं। मार्क्स ने वर्ग-संघर्ष की चर्चा की

है, अंतर्निहित, अंतर्विरोध तथा टकराहट को रेखांकित किया है, द्वंद्वात्मक भौतिकवाद के वैज्ञानिक सूत्रों की व्याख्या की है तथा औद्योगीकरण के बढ़ते दबाव तथा पूंजीवाद के खूनी पंजे का संकेत भी किया है। मैक्स वेबर ने आदर्श प्रारूप तथा तुलनात्मक पद्धति के आधार पर ऐतिहासिक प्रोटेस्टेंट मतवाद तथा आधुनिक पूंजीवाद, विवेकीकरण एवं औद्योगीकरण के संदर्भ में संरचना में निहित विविध आयामों का खुलासा किया है। औद्योगिक समाजशास्त्रीय चिंतकों में काल मार्क्स, एमिल दुर्खाइम तथा मैक्स वेबर का नाम शुमार है।

कार्ल मार्क्स (Karl Mar

जीवन-परिचय (Life-Sketch)

कार्ल मार्क्स का जन्म 5 मई, 1818 को ट्रीट (ट्रे) नगर म हुआ था। य नगर पश्चिमी जर्मनी के राइनलैंड के वेस्ट फाकिया इलाके में राहुल सांकृत्यायन के नुसार मार्क्स जातितः यहूदी थे। छोटा-बड़ा व्यापार और पुरोहितो (खत्रीगिरी) आमतौर पर यूरोप में यहूदियों का व्यवसाय रहा है, लेकिन मार्क्स के पिता हाइनरिख उसे छोड़ चुके थे। वे ट्रीट के एक अच्छे वकील थे। माता-पिता का जीवन बड़ा ही शांति और सुख का था। इसलिए कार्ल मार्क्स का बाल्यकाल बड़ी स्वतंत्रता और निश्चिंतता में बीता। 25 अगस्त, 1835 को सत्रह साल की उम्र में मार्क्स ने ट्रीट के कॉलेज की अपनी पढ़ाई खत्म करके प्रमाण-पत्र पाया। लातिनी भाषा पर विषय और भाव दोनों की दृष्टि से कार्ल मार्क्स का असाधारण अधिकार था। छात्र जीवन में उनके जर्मन निबंध को परीक्षकों ने उत्कृष्ट बतलाया था, जिसका विषय था—'व्यवसाय चुनने से पहले एक तरुण का विचार'। उल्लेखनीय है कि कार्ल मार्क्स के माता-पिता ने ईसाई धर्म को ग्रहण किया। 1835 ई. की शरद ऋतु में कार्ल मार्क्स पिता के परामर्श पर बोन यूनिवर्सिटी में दाखिल हुआ जहां पर वह एक साल तक कानून पढ़ता रहा।

वह इतिहास और दर्शन के गहन अध्ययन के प्रति उत्सुक था। वह जन्मजात विद्रोही था। पुराने विचारों के बोझ तले दबने में वह विश्वास नहीं रखता था। उसके दिल और दिमाग में दुनिया को बदलने का एक संकल्प था। 14 मार्च, 1883 को मार्क्स का निधन हो गया। 17 मार्च, 1883 को शनिवार के दिन मार्क्स का शव लंदन के हायगेट नामक कब्रिस्तान में दफनाया गया। उनके निधन पर शोक प्रकट करते हुए एंजल्स ने लिखा—"हमारी पार्टी के सबसे महान मस्तिष्क ने सोचना बंद कर दिया है, आज एक ऐसे दृढ़तम हृदय ने धड़कना बंद कर दिया है जैसा मैंने पहले कभी देखा-सुना नहीं था।"

योगेंद्र सिंह तथा मंजू भट्ट ने कार्ल मार्क्स के अवदानों को रेखांकित करते हुए लिखा है—"यूरोप में कार्ल मार्क्स, मैक्स बेवर और एमिल दुर्खाइम जैसे समाजशास्त्रियों ने, जिन्होंने समाजशास्त्र की बुनियाद रखी, इस मान्यता को उभारा कि परंपरा और धर्म, दोनों का आधार सामाजिक होता है। कार्ल मार्क्स इस दिशा में अधिक क्रांतिकारी विचार रखता था। उसकी यह मान्यता थी कि धर्म मात्र वर्ग-विशेष को टालने के लिए शक्तिशाली सामंतों और पूंजीपतियों का एक बहकावा मात्र है।"

संक्षेप में कार्ल मार्क्स की प्रमुख कृतियों का विवरण निम्नलिखित रूपों में प्रस्तुत किया जा सकता है—

1. *एन इन्ट्रोडक्शन टु द क्रिटिज्म ऑफ हीगल्स फिलोसफी ऑफ राइट*—मार्क्स ने अपनी इस कृति में हीगल के सैद्धांतिक आयामों की आलोचना की है।
2. *द होली फैमिली (1844)*—मार्क्स और एंजल्स ने अपनी पुस्तक *द होली फैमिली* में सर्वहारा वर्ग के विविध पक्षों की व्याख्या प्रस्तुत की है। इस पुस्तक में भौतिकवादी दर्शन की क्रांतिकारी व्याख्या प्रस्तुत की गई है। साथ ही सर्वहारा वर्ग की सैद्धांतिक विचारधारा का विवेचन प्रस्तुत किया गया है।
3. *द जर्मन आइडियोलॉजी*—कार्ल मार्क्स की संघर्ष विचारधारा में उद्‌विकासीय उपागमों के विविध पक्षों को भी अनुभव किया जा सकता है। उन्होंने अपनी पुस्तक—द *जर्मन आइडियोलॉजी* (मार्क्स एवं एंजल्स) में स्वामित्व के विकास के संबंध में चार स्तरों का उल्लेख किया है—
   (i) जनजातीय (Tribal)
   (ii) पुरातन (Ancient)
   (iii) सामंती (Feudal)
   (iv) पूंजीवादी (Capitalist)

उल्लेखनीय है कि मार्क्स ने द्वंद्वात्मक भौतिकवाद तथा ऐतिहासिक भौतिकवाद का विश्लेषण भी द *जर्मन आइडियोलॉजी* में किया है। राहुल सांकृत्यायन ने स्पष्ट किया है कि कार्ल मार्क्स तथा एंजल्स ने अपनी संयुक्त कृति द *जर्मन आइडियोलॉजी* में आधुनिक जर्मन दर्शन और उसके प्रतिनिधियों फटेरबाख बावर, ब्रुनो और स्टर्नर की आलोचना एवं जर्मन समाजवाद और उसके भिन्न-भिन्न पैगंबरों की आलोचना की है।

4. *द कम्युनिस्ट मेनिफेस्टो (1848)*—कम्युनिस्ट लीग की द्वितीय कांग्रेस में मार्क्स तथा एंजल्स ने साम्यवादी घोषणा-पत्र प्रस्तुत करने का दायित्व ग्रहण किया। 1848 में घोषणा-पत्र जर्मन मूल और फ्रेंच अनुवाद के रूप में प्रकाशित हुआ। अंग्रेजी में इसका अनुवाद दो साल बाद 1850 ई. में छपा। राहुल सांकृत्यायन के अनुसार मानव इतिहास के सारे राजनैतिक निबंधों में यह घोषणा सबसे महान, सबसे स्पष्ट, सबसे व्यापक अर्थ में थी।
5. *क्लास स्ट्रगल इन फ्रांस*—इसमें कार्ल मार्क्स ने फ्रांस में वर्ग-संघर्ष के अनेक पक्षों को स्पष्ट किया है।
6. *ए कन्ट्रीब्यूशन टु ए क्रिटिक ऑफ पॉलिटिकल इकोनोमी*—कार्ल मार्क्स ने इस महत्वपूर्ण कृति में आर्थिक निर्धारणवाद का विश्लेषण किया है। साथ ही इतिहास की भौतिकवादी व्याख्या प्रस्तुत की है। इस पुस्तक में अतिरिक्त मूल्य के विवरण के सिद्धांत को भी प्रस्तुत किया है।
7. *दास कैपिटल*—मार्क्स की यह एक कालजयी कृति है। लेनिन के शब्दों में यह ग्रंथ ही वह मुख्य तथा आधारभूत ग्रंथ है, जिसमें वैज्ञानिक समाजवाद का विश्लेषण किया गया है। इ. स्टे. पानोवा के अनुसार मार्क्स की महान रचना पूंजीवादी गुलामी के विरुद्ध सर्वहारा के वर्ग-संघर्ष में उसका एक शक्तिशाली सैद्धांतिक अस्त्र है। उल्लेखनीय है कि *दास कैपिटल* का प्रथम खंड 1867 ई. में प्रकाशित हुआ। इस ग्रंथ का दूसरा तथा तीसरा खंड उनके निधन के उपरांत क्रमशः 1885 एवं 1894 में प्रकाशित किया गया।

8. *द कैपिटलिस्ट इकोनोमिक फार्मेशन (1857—58)*—इस पुस्तक में पूंजीवादी आर्थिक संरचना के विविध स्वरूपों का विश्लेषण किया गया है। *द पोवर्टी ऑफ फिलोसफी* का प्रकाशन 1847 ई. में हुआ। इस पुस्तक में मार्क्स ने पूंजीवादी अर्थव्यवस्था में शोषण तथा भेदभाव के तत्वों को स्पष्ट किया है।

औद्योगिक समाजशास्त्र : कार्ल मार्क्स का चिंतन
(Industrial Sociology: Thoughts of Karl Marx)

औद्योगिक समाजशास्त्र के विविध आयामों की व्याख्या में कार्ल मार्क्स के चिंतन का विशेष महत्व है। उन्होंने ऐतिहासिक भौतिकवाद, अधोसंरचना (Infrastrucuture) तथा अधिसंरचना (Superstructure), उत्पादन की शक्तियां तथा संबंध, उत्पादन की शक्तियां तथा संबंधों के बीच द्वंद्वात्मक संबंध, सामाजिक वर्ग, सामाजिक यथार्थ तथा चेतना आदि का विश्लेषण किया। मार्क्स ने वर्ग-संघर्ष के चिंतन के आधार पर समाजशास्त्रीय चिंतन में एक नई ऊर्जा तथा ऊष्मा पैदा की। औद्योगिक समाजशास्त्र का विशेष सरोकार उत्पादन के संबंध, उत्पादन प्रणाली, विभिन्न उत्पादन के साधन पर स्वामित्व तथा उत्पादन की प्रक्रिया एवं कारखाने की दुनिया से संबंधित है। कार्ल मार्क्स ने औद्योगिक संगठन, अर्थव्यवस्था, वर्ग टकराव तथा अलगाव आदि का विश्लेषण किया। टॉम बॉटोमोर ने स्पष्ट किया है कि मार्क्स के सिद्धांत में सामाजिक जीवन के दो तत्वों का महत्वपूर्ण स्थान है, तकनीकी का विकास (उत्पादन शक्तियां) और सामाजिक वर्गों के बीच संबंध। मार्क्स के अनुसार उत्पादक शक्तियों के विकास की कोई विशेष स्थिति एक निश्चित उत्पादन पद्धति और वर्गीय संबंधों की व्यवस्था के मेल में होती है जिसे प्रभावी वर्ग स्थिर रखता है और उसे बनाए रखता है। उन्होंने यह भी स्पष्ट किया कि उत्पादक शक्तियों का बढ़ता हुआ विकास वर्गों के बीच टकराव की स्थिति बदल देता है और उनके बीच टकराव की स्थिति उत्पन्न होती है। समय आने पर अब तक का सर्वहारा वर्ग मौजूदा उत्पादन पद्धति और सामाजिक संबंधों की व्यवस्था को उखाड़ फेंकता है और नई सामाजिक व्यवस्था स्थापित करता है। मार्क्स ने ऐतिहासिक परिवर्तन के अपने सिद्धांत की केवल रूपरेखा प्रस्तुत की। उसने शोध के लिए इसे 'निर्देशक दिशा' अथवा प्रस्थान बिंदु के रूप में ग्रहण किया। उसने अपनी ऊर्जा को एक जटिल तथा महत्वपूर्ण ऐतिहासिक परिघटना, आधुनिक पूंजीवाद का उदय और विकास के विश्लेषण में लगा दिया। उल्लेखनीय है कि कार्ल मार्क्स ने अपनी पुस्तक *ए कंट्रीब्यूशन द क्रिटिक ऑफ पोलिटिकल इकोनोमी* (1859) में स्पष्ट किया है कि अपने विकास की एक खास मंजिल पर पहुंच कर उत्पादन संबंधों से या उसी चीज को कानून शब्दावली में यों कहा जा सकता है, उन संपत्ति संबंधों में टकराती है, जिसके अंतर्गत वे उस समय तक काम करती होती हैं। संबंध उत्पादक शक्तियों के विकास के अनुरूप न रहकर उनके लिए बेड़िया बन जाते हैं, तब सामाजिक क्रांति का युग शुरू होता है।

मार्क्स का चिंतन ऐतिहसिक रूपांतरण की जमीनी सच्चाई को स्पष्ट करता है। उसने एक ऐतिहासिक रूपांतरण का गहन एवं गंभीर विश्लेषण किया। मार्क्स ने समाजों के पांच बड़े भेद किए — आदिम समाज, प्राचीन समाज, एशियाई समाज, सामंती समाज और पूंजीवादी समाज। मार्क्स की बुनियादी मान्यताओं के अनुसार यह विभाजन केवल तकनीकी स्तर और उत्पादन पद्धति के ही अर्थों में नहीं अपितु संपत्ति तथा वर्ग संबंध के भी अर्थों में किया गया है। इसी

तरह के वर्गीकरण अन्य लेखकों खासकर बुरवर और सोम्बार्ट जैसे जर्मन ऐतिहासिक अर्थशास्त्रियों और समाजशास्त्रियों द्वारा प्रस्तावित किए गए हैं।

बॉटोमोर ने स्पष्ट किया है कि अर्थ संरचना के वर्गीकरण का अध्ययन समाजशास्त्रीय दृष्टिकोण के महत्व को अच्छी तरह दिखला देता है। संपत्ति व्यवस्था, उद्योगों के संगठन, सामाजिक स्तरीकरण और राजनैतिक संगठन के जटिल अंत:संबंधों को स्पष्ट करने में अर्थतंत्र का वर्गीकरण उपयोगी है। उल्लेखनीय है कि समाजशास्त्र में एक शुरुआती विवाद पूंजीवाद के उद्भव से संबंधित है। इसे मार्क्स ने शुरू किया और मैक्स वेबर ने आगे बढ़ाया। पूंजीवाद की सर्वोत्तम मार्क्सवादी व्याख्या एम. डॉब ने की है। इस संबंध में इनकी महत्वपूर्ण कृति *स्टडीज इन द डवलपमेंट ऑफ कैपिटलिज्म* है। इस पुस्तक में मार्क्सवादी चिंतन के आधार पर पूंजीवाद के उद्भव तथा शुरुआती विकास के संबंध में विस्तार से चर्चा की गई है।

औद्योगिक समाजशास्त्र के परिप्रेक्ष्य में मार्क्स के समाजशास्त्रीय चिंतनों को निम्नलिखित रूपों में रेखांकित किया जा सकता है।

1. मार्क्स ने ऐतिहासिक भौतिकवाद की व्याख्या की है। ज्ञातव्य है कि ऐतिहासिक भौतिकवाद मार्क्स के समाजशास्त्रीय विचारों का वैज्ञानिक केंद्र है। मार्क्स के अनुसार भौतिक दशाएं अथवा आर्थिक कारण समाज की संरचना तथा उससे जुड़े विविध पक्षों को प्रभावित करते हैं। उसने यह भी स्पष्ट किया कि भौतिक दशाएं अनिवार्यत: उत्पादन का तकनीकी साधन हैं। उसके अनुसार मानवीय समाज उत्पादन की शक्ति और संबंधों से बनता है। ऐतिहासिक भौतिकवाद की व्याख्या के आधार पर मार्क्स ने मानवीय समाजों की एक अवस्था से दूसरी अवस्था में रूपांतरण की प्रकिया को स्पष्ट किया है। मार्क्स ने मानवीय समाज की विकास की व्याख्या भौतिक अथवा आर्थिक आधारों पर की है। जाहिर है कि मार्क्स ने समाजों के रूपांतरण की व्याख्या में ऐतिहासिक संदर्भों एवं भौतिकवादी आधारों पर ध्यान केंद्रित किया है। अत: उनके इस सिद्धांत को ऐतिहासिक भौतिकवाद के नाम से जाना जाता है।
2. मार्क्स के समाजशास्त्रीय चिंतनों का आधारभूत केंद्र ऐतिहासिक भौतिकवाद रहा है। एंजल्स के अनुसार ऐतिहासिक भौतिकवाद का चिंतन इतिहास की व्याख्या तथा विश्लेषण का एक विशिष्ट दृष्टिकोण है। इस चिंतन के आधार पर ऐतिहासिक घटनाओं के पीछे मौजूद मूल तत्वों को स्पष्ट किया जा सकता है। कार्ल मार्क्स और फ्रेडरिक एंजल्स दोनों ही इतिहास की व्याख्या की वैज्ञानिक प्रकृति पर जोर देते हैं। *जर्मन आइडियोलॉजी* (1845-46) नामक पुस्तक में मार्क्स तथा एंजल्स ने स्पष्ट किया है कि इतिहास के संदर्भों में उनके दृष्टिकोण वास्तविकता से संबंधित हैं। साथ ही ऐतिहासिक भौतिकवाद के आधार पर इतिहास के संदर्भों एवं वास्तविक दशाओं का वैज्ञानिक विश्लेषण किया गया है।
3. ऐतिहासिक भौतिकवाद मानवीय इतिहास के विकास की व्याख्या करता है। साथ ही इसके अंतर्गत मानवीय इतिहास के विकास में भौतिक दशाओं के उत्पादन की मूलभूत और कारणात्मक भूमिका को रेखांकित किया जाता है। समाज और इतिहास की व्याख्या में मार्क्स ने हीगलवाद का खंडन किया। हीगल ने इतिहास में विचारों की प्रगति को द्वंद्ववाद की प्रक्रिया के आधार पर स्पष्ट किया। मार्क्स ने द्वंद्ववाद की अवधारणा को

स्वीकार किया। परंतु उसे हीगल की तरह विचारों की प्रगति की अवधारणा में कोई सार नहीं दिखाई दिया। मार्क्स के अनुसार ऐतिहासिक भौतिकवाद की वास्तविकता का मूल आधार विचार नहीं होता है। उसके अनुसार मूल आधार पदार्थ होता है। उसने भौतिकवाद द्वारा वास्तविकता की व्याख्या की। यही वजह है कि मार्क्स के सिद्धांत को ऐतिहासिक भौतिकवाद के नाम से जाना जाता है, जबकि हीगल की विचारधारा प्रत्ययवादी द्वंद्ववाद कहलाती है।

4. ऐतिहासिक भौतिकवाद मानव इतिहास के दर्शन पर आधारित है। परंतु यह इतिहास का दर्शन नहीं है। इसे इतिहास की भौतिक वास्तविकताओं का समाजशास्त्रीय सिद्धांत कहा जा सकता है। सिद्धांत के रूप में यह आनुभविक अनुसंधान की पद्धतियों से संबंधित है। यह वैज्ञानिक तथा व्यवस्थित शोध का रास्ता दिखाता है। यह व्यवस्था परिवर्तन की एक क्रांतिकारी कार्य योजना को भी स्पष्ट करती है। अत: इसमें वैज्ञानिक पद्धतियों तथा व्यवस्था परिवर्तन के क्रांतिकारी चिंतनों का समन्वय मौजूद है। मार्क्स का यह सिद्धांत वैज्ञानिक भी है तथा क्रांतिकारी भी।
5. मार्क्स के अनुसार मानव समाज एक अंत:संबंधित समग्र (Whole) है। सामाजिक समूह, संस्थाएं, विश्वास और विचारधाराएं एक-दूसरे के साथ तर्कपूर्ण रूपों में जुड़े होते हैं। अत: मार्क्स ने उनकी व्याख्या अलग-अलग रूपों में नहीं की है। समाज की विभिन्न इकाइयों के अंत: संबंधों का उसने संपूर्णता में अध्ययन किया।
6. मार्क्स के अनुसार समाज में परिवर्तनशीलता का तत्व अंतर्निहित है। परिवर्तन आंतरिक विरोधाभासी तथा संघर्षों के आधार पर होता है। मार्क्स ने यह भी स्पष्ट किया कि मनुष्य की प्रकृति में विद्रोह करने की शक्ति निहित होती है। यह अनेक संभावनाओं से भरी हुई है। मनुष्य इतिहास की रचना करता है। वह इतिहास के साथ-साथ मानव-प्रकृति भी निर्मित करता है।
7. ज्ञातव्य है कि मार्क्स ने ऐतिहासिक भौतिकवाद के सिद्धांत की स्पष्ट व्याख्या अपनी पुस्तक *ए कंट्रीब्यूशन टु द क्रिटिक ऑफ पोलिटिकल इकोनोमी* (1859) की प्रस्तावना में की है। मार्क्स के अनुसार समाज का वास्तविक आधार समाज की आर्थिक संरचना है तथा यह समाज में उत्पादन के संबंधों से बनती है। समाज की वैधानिक तथा राजनैतिक अधिसंरचना (Superstructure) उत्पादन के संबंधों पर आधारित होती है। मार्क्स ने यह भी स्पष्ट किया कि उत्पादन के संबंध समाज में उत्पादन की शक्तियों की अवस्था को स्पष्ट करते हैं।
8. मार्क्स के अनुसार समाज की उत्पादक शक्तियों में विकास के कारण तकरार की स्थिति उत्पन्न होती है। उत्पादक शक्तियों में होने वाले नए विकास समाज के वर्तमान उत्पादन के संबंधों के साथ टकराव की स्थिति में आते हैं। उत्पादन की नई शक्तियां जड़ें जमा लेती हैं। साथ ही नए उत्पादन संबंधों को जन्म देती हैं। इस प्रकार नई उत्पादक शक्तियों का विकास ही मानवीय इतिहास में संघर्ष तथा रूपांतरण के मार्ग को प्रशस्त करता है।
9. कार्ल मार्क्स ने अपने समाजशास्त्रीय चिंतन को स्पष्ट करने के लिए अधोसंरचना (Infrastructure) तथा अधिसंरचना (Superstructure) की व्याख्या की है। उसके

अनुसार प्रत्येक समाज में अधोसंरचना तथा अधिसंरचना होती है। उसके अनुसार अधोसंरचना का संबंध भौतिक दशाओं से जुड़ा हुआ है। अर्थात जब सामाजिक संबंध भौतिक दशाओं के संदर्भ में परिभाषित किए जाते हैं तो उसे मार्क्स ने अधोसंरचना के रूप में रेखांकित किया है। उसने यह भी स्पष्ट किया कि किसी भी समाज की भौतिक दशाओं में परिवर्तन से उसके सामाजिक संबंधों में भी परिवर्तन होता है। उत्पादन की शक्तियां और संबंध अधोसंरचना के अंतर्गत आते हैं।

मार्क्स ने अधिसंरचना को भी स्पष्ट किया है। उसके अनुसार अधिसंरचना में वैधानिक, शैक्षणिक तथा राजनैतिक संस्थाएं, मूल्य चिंतन, संस्कृति, धर्म, विचारधाराएं और दर्शनशास्त्र सम्मिलित किए जाते हैं।

10. मार्क्स ने सामाजिक यथार्थ (Social Reality) और चेतना (Consciousness) में भी अंतर को स्पष्ट किया है। उसके अनुसार यथार्थ का निर्माण मानवीय चेतना से नहीं होता है। सामाजिक यथार्थ से मानवीय चेतना बनती है। मानवीय चेतना की व्याख्या सामाजिक संबंधों के संदर्भ में ही की जा सकती है।
11. मार्क्स ने शोषण, भेदभाव तथा व्यवस्था में निहित वर्ग-संघर्ष के तत्वों के विश्लेषण के लिए इतिहास के तथ्यों के आधार पर ऐतिहासिक भौतिकवाद की व्याख्या की। कार्ल मार्क्स ने राजा-महाराजा को महिमामंडित नहीं किया। इतिहास की व्याख्या में राजा-रानी के गीत नहीं गाए। मार्क्स ने ऐतिहासिक भौतिकवाद के आधार पर इतिहास की उस दिशा का विश्लेषण किया जो सभी महत्वपूर्ण ऐतिहासिक घटनाओं से जुड़ी हुई है। जो समाज के आर्थिक विकास को आगे सरकाती है, जो उत्पादन तथा विनिमय की पद्धतियों में परिवर्तन की प्रक्रिया को स्पष्ट करती है, जो श्रम-विभाजन के विश्लेषण से संबंधित है तथा अंततः समाज के वर्गों की पहचान करके वर्ग-संघर्ष के विविध पक्षों को स्पष्ट करने में सहायक है। इस प्रकार ऐतिहासिक भौतिकवाद भौतिक मूल्यांकन की पद्धतियों, उत्पादन शक्तियों तथा उत्पादन संबंधों के विश्लेषण से संबंधित है।

स्पष्ट है कि मार्क्स ने भौतिकवादी वास्तविकताओं, वैज्ञानिक प्रेक्षणों एवं सामाजिक यथार्थ के आधार पर ऐतिहासिक भौतिकवाद की व्याख्या की है।

उत्पादन-संबंध एवं अलगाव (Production-Relations and Alienation)

कार्ल मार्क्स ने उत्पादन-संबंध के विविध आयामों का गहन एवं गंभीर विवेचन किया है। उन्होंने उत्पादन, उत्पादन की शक्तियां, उत्पादन के संबंध, उत्पादन प्रणाली तथा उत्पादन प्रणाली के विभिन्न स्वरूपों का गहन विवेचन किया है। साथ ही उत्पादन, वितरण, उपभोग एवं विनिमय की व्याख्या भी की है। जाहिर है कि औद्योगिक समाजशास्त्र में उत्पादन-संबंध अध्ययन का केन्द्रीय विषय है। मार्क्स ने उत्पादन-संबंध तथा उत्पादन प्रक्रिया के विश्लेषण में सामाजिक वर्गों का भी विवरण प्रस्तुत किया है। उद्योगपति एवं कामगार के बीच मौजूद टकराव के विविध पहलुओं को भी प्रस्तुत किया है। उद्योगपतियों के द्वारा कामगारों के शोषण की जमीनी सच्चाई को मार्क्स ने एक नए तेवर के साथ प्रस्तुत किया। उत्पादन संगठन में निहित शोषण चक्र के विश्लेषण में उसने 'अलगाव' के चिंतन को भी प्रस्तुत किया है। औद्योगिक

समाजशास्त्र के वैचारिक परिप्रेक्ष्य में कार्ल मार्क्स का योगदान उल्लेखनीय है। उत्पादन-संबंध पर केंद्रित मार्क्स के विचारों को निम्नलिखित रूपों में रेखांकित किया जा सकता है—

उत्पादन (Production)

1. मार्क्स के अनुसार, ''प्रथम ऐतिहासिक क्रिया वस्तुओं का उत्पादन है। वस्तुतः यह एक ऐतिहासिक क्रिया है, जो संपूर्ण इतिहास की एक आधारभूत स्थिति है।'' जीवन निर्वाह की अर्थव्यवस्था के लिए मनुष्य को विभिन्न प्रकार की आवश्यकताओं की पूर्ति हेतु जागरूक होना पड़ता है। मनुष्य को जीवन-निर्वाह हेतु भोजन की आवश्यकता होती है। उसे वस्त्र तथा आवास की आवश्यकता होती है। आवश्यकता के अनुरूप भौतिक वस्तुओं का उत्पादन किया जाता है। भौतिक वस्तुओं के उत्पादन की प्रक्रिया को औद्योगीकरण ने तीव्र किया है।
2. मार्क्स के अनुसार आर्थिक उत्पादन तथा भौतिक वस्तुओं का उत्पादन समाज का वह प्रस्थान बिंदु है जहां से समाज सुसंगठित तथा सुसंरचित होता है। उत्पादन की प्रक्रिया से जुड़ने के कारण समाज एक अंतःसंबंधित समग्र के रूप में दिखाई पड़ता है।
3. मार्क्स के अनुसार आर्थिक कारकों तथा मानव के ऐतिहासिक विकास के विभिन्न पक्षों के बीच परस्पर आदान-प्रदान का संबंध मौजूद होता है। इस प्रकार ऐतिहासिक विकास का बुनियादी आधार आर्थिक कारक अथवा उत्पादन का साधन है।
4. मार्क्स ने उत्पादन की व्याख्या में यह भी स्पष्ट किया कि समाज के दायरे में हो रहे परिवर्तनों के विश्लेषण हेतु आर्थिक उत्पादन एक महत्वपूर्ण कारक है, साथ ही समाज में घटित होने वाले परिवर्तनों की व्याख्या में आर्थिक उत्पादन की अवधारणा एक केंद्रीय अवधारणा है।
5. मार्क्स के अनुसार उत्पादन की शक्तियां उत्पादन के संबंधों के साथ तर्कपूर्ण रूपों में संबंधित हैं। ज्ञातव्य है कि उत्पादन की शक्तियां उत्पादन के संबंधों के साथ मिलकर सामाजिक संरचना के आर्थिक एवं सामाजिक इतिहास को दिशा देती हैं।
6. उसने यह भी स्पष्ट किया है कि उत्पादन, वितरण तथा उपभोग की प्रक्रिया का अलग-अलग महत्व है। परंतु इसका प्रतिफलन समग्र में दिखाई पड़ता है। इस प्रकार उत्पादन, वितरण तथा उपभोग की प्रक्रियाएं समग्र का प्रतिनिधित्व करती हैं। इन तीनों में से प्रत्येक प्रक्रिया अन्य प्रक्रिया को जन्म देती है। अर्थात् एक प्रक्रिया दूसरी प्रक्रिया का माध्यम है। उदाहरणस्वरूप टाटा के नैनो कार के उत्पादन के बाद अब वितरण की प्रक्रिया की शुरुआत की गई है। वितरण के बाद नैनो कार सड़कों पर दौड़ती हुई दिखाई दे रही है अर्थात लोग उसका उपभोग करेंगे। इस प्रकार उत्पादन, वितरण तथा उपभोग की प्रक्रिया परस्पर संबंधित है।
7. मार्क्स ने स्पष्ट किया है कि आर्थिक संवर्गों में परस्पर सुनिश्चित संबंध होते हैं। अलग-अलग होने पर भी इन सवर्गों का एक तर्कपूर्ण एवं सुनिश्चित संवर्ग होता है।
8. मार्क्स ने यह भी स्पष्ट किया है कि एक विशिष्ट प्रकार का उत्पादन एक विशिष्ट प्रकार के वितरण, विनिमय एवं उपभोग की रचना करता है। उदाहरणस्वरूप बोकारो इस्पात

कारखाने में एक विशिष्ट प्रकार का उत्पादन होता है। अतः बोकारो में वितरण, विनिमय तथा उपभोग का एक विशिष्ट स्वरूप मौजूद है। कोकाकोला के कारखाने में कोकाकोला का उत्पादन होता है। अतः उसके आधार पर वितरण विनिमय एवं उपभोग का एक अलग स्वरूप मौजूद है। मार्क्स ने यह भी स्पष्ट किया है कि इन सभी आर्थिक संवर्गों के आधार पर उत्पादन के विशिष्ट प्रकार के संबंध बनते हैं। वस्तुतः भौतिक उत्पादन मानव समाज का बुनियादी आधार है।

9. मार्क्स के चिंतनों में उत्पादन का गंभीर विश्लेषण किया गया है। उसके अनुसार उत्पादन एक सामान्य एवं ऐतिहासिक संवर्ग दोनों है। अपनी पुस्तक *दास कैपिटल* में पूंजीवादी संरचनाओं में उत्पादन के विशिष्ट स्वरूपों के विवेचन में मार्क्स ने उत्पादन को एक सामान्य संवर्ग के रूप में प्रस्तुत किया है। साथ ही विशिष्ट सामाजिक एवं ऐतिहासिक विशेषताओं वाले उत्पादन का विश्लेषण भी मार्क्स ने किया है।

उत्पादन की शक्तियां (Forces of Production)

उत्पादन की प्रक्रिया में उत्पादन शक्तियों का विशेष महत्व होता है। मार्क्स के अनुसार उत्पादन शक्तियों में उत्पादन के साधन एवं श्रम शक्ति महत्वपूर्ण है। उदाहरणस्वरूप मशीनों के विकास तथा नए तकनीकी यंत्रों के उपयोग से उत्पादन में अभिवृद्धि होने की संभावना बढ़ जाती है। श्रम-प्रक्रिया में परिवर्तन तथा ऊर्जा के नए स्रोतों की खोज के आधार पर उत्पादन का विकास एवं विस्तार किया जाता है। श्रमिकों की शिक्षा तथा प्रशिक्षण भी उत्पादन की गुणवत्ता में अभिवृद्धि करता है। विज्ञान तथा अन्य तकनीकी कौशल को भी उत्पादन की शक्तियों में शामिल किया जाता है। कार्ल मार्क्स ने उत्पादन तथा उत्पादन के संबंधों की व्याख्या में उत्पादन की शक्तियों का विश्लेषण किया है।

1. मनुष्य प्रकृति पर नियंत्रण प्राप्त करना चाहता है। प्रकृति पर नियंत्रण के लिए उत्पादन की शक्तियों का उपयोग करता है। प्रकृति पर नियंत्रण करने में अनेक प्रकार की उत्पादन की शक्तियों का इस्तेमाल किया जाता है। यदि उत्पादन की शक्तियां अधिक प्रभावी तथा उन्नत हैं तो प्रकृति पर भी नियंत्रण अधिक प्रभावी सिद्ध हो सकता है। यदि उत्पादन की शक्तियां कमजोर हैं तो प्रकृति पर नियंत्रण अधिक उत्साहवर्धक नहीं होगा।
2. उत्पादन की शक्तियों का मुख्य आधार भौतिक है। तकनीकी जानकारी तथा तकनीकी कौशल भी उत्पादन की शक्तियों का एक प्रमुख स्रोत है। उत्पादन की शक्तियों के अंतर्गत उत्पादन की प्रक्रिया में प्रयुक्त उपकरण अथवा उत्पाद आदि आते हैं। उपकरण, मशीन, श्रम तथा प्रौद्योगिकी के स्तर आदि को उत्पादन की शक्तियों के उदाहरण के रूप में प्रस्तुत किया जा सकता है।
3. मार्क्स ने स्पष्ट किया है कि प्रौद्योगिकी, जनांकिकी, पारिस्थितिकी तथा भौतिक जीवन का उत्पादन की शक्तियों के संदर्भ में उल्लेखनीय महत्व है। उत्पादन की प्रणाली को प्रभावित करने में प्रौद्योगिकी, जनांकिकी आदि की भूमिका महत्वपूर्ण है। उदाहरणस्वरूप यदि कोई इंजन डीजल से चल रहा है तो उसकी उत्पादन दर सीमित होती है परन्तु बिजली से चलने वाले इंजन की गुणवत्ता बढ़ जाती है। फलतः उत्पादन में

अभिवृद्धि होती है। मार्क्स ने स्पष्ट किया कि उत्पादन की शक्तियों में सोची समझी रणनीति के तहत परिवर्तन तथा विकास किया जाता है। फलतः उसका सुनियोजित परिणाम भी प्राप्त होता है। उदाहरणस्वरूप पुरानी तकनीकों पर आधारित प्रेसों में जब आधुनिक तकनीक पर आधारित मशीनों का उपयोग हुआ तो उत्पादन तथा प्रकाशन के क्षेत्र में एक नए युग की शुरुआत हुई। प्रकाशन की गुणवत्ता में अभिवृद्धि हुई तथा उत्पादन की प्रक्रिया तीव्र हुई। मार्क्स ने यह भी स्पष्ट किया है कि उत्पादन शक्तियों के सुनियोजित विकास से उत्पादन संबंधों में भी व्यापक परिवर्तन के संकेत मिलते हैं। उत्पादन संबंधों में संतुलन का एहसास होता है।

4. मार्क्स ने यह भी स्पष्ट किया है कि उत्पादन की शक्तियों में अनचाहे परिवर्तन की स्थिति भी उत्पन्न होती है। अनचाहे परिवर्तन के कारण 'उत्पादन प्रणाली, उत्पादन की शक्तियां तथा उत्पादन का संबंध व्यापक पैमाने पर प्रभावित होता है। शक्ति के संबंधों में परिवर्तन होता है। उद्योगपतियों के वर्चस्व के मुद्दे भी अनचाहे परिवर्तन को जन्म देते हैं। सामाजिक संगठनों के स्वरूपों में बदलाव तथा प्रतिरोध के कारण भी उत्पादन की शक्तियों में परिवर्तन होता है। परंतु संघर्ष की दिशाएं एवं प्रकृति भौतिक जीवन में परिवर्तन द्वारा निर्धारित होती हैं।

5. मार्क्स ने उत्पादन की शक्तियों का गहन विवेचन किया है। उसके अनुसार भौतिक शक्तियों में लगातार परिवर्तन होता रहता है। यह परिवर्तन प्राकृतिक परिदृश्य में होता है। साथ ही परिवर्तन का क्षेत्र पारिस्थितिक प्रघटना भी हो सकता है। उदाहरणस्वरूप बाढ़, भूकंप, सुनामी, नदी के सूखने, भूमि-क्षरण आदि के कारण परिवर्तन उत्पन्न होता है। कभी-कभी वनों के कटने तथा उजड़ने के कारण भी परिवर्तन की स्थिति उत्पन्न होती है। उत्पादन के उपकरणों में विकास के कारण भी विभिन्न परिदृश्यों में परिवर्तन होता रहता है। मार्क्स ने स्पष्ट किया कि मनुष्य ने अपने श्रम और कौशल से लगातार प्रकृति पर विजय प्राप्त करने का प्रयास किया है तथा मनुष्य के लगातार संघर्ष से उत्पादन की शक्तियों का विकास तथा विस्तार हुआ है।

6. उत्पादन की शक्तियों के साथ प्रेरक शक्ति का गहरा प्रभाव होता है। प्रेरक शक्ति को उसने बाहरी कारक के रूप में रेखांकित किया है। इस प्रकार प्रेरक शक्ति उत्पादन की शक्तियों तथा संबंधों से बाहर होती है, परंतु उत्पादन की शक्तियों पर प्रभाव डालती है। प्रेरक शक्ति मनुष्य की तर्कसंगत तथा चिरकालिक मानसिक प्रेरणा है। यह प्रबंधन से जुड़ा हुआ है। यह उत्पादन शक्तियों को तराशता है। यह श्रम शक्ति के अधिक से अधिक उपयोग करने में सक्षम होता है। इस प्रकार मनुष्य प्रबंधन तथा तर्कसंगत कौशल के आधार पर उत्पादन की शक्तियों का विकास करता है तथा अपनी कमियों पर नियंत्रण प्राप्त करता है। उत्पादन की शक्तियों को बेहतर बनाने के प्रयत्न में लगातार लगा रहता है। मार्क्स ने स्पष्ट किया है कि मनुष्य ही एक ऐसा प्राणी है, जो समाज में उत्पादन करता है तथा उत्पादन में चार चांद लगाने का प्रयास करता है। यह मनुष्य ही है जो अपने श्रम, तकनीक, प्रबंधन तथा बुद्धि कौशल से प्रकृति पर विजय पाकर उत्पादन करता है।

7. मार्क्स ने स्पष्ट किया कि उत्पादन शक्तियां प्रकृति को उपयोगी मूल्यों और विनिमय मूल्यों में बदल देती हैं। उत्पादन शक्तियां उत्पादक संबंधों की क्रमिक व्यवस्थाओं के साथ संबंधित होती हैं। यह उत्पादक संबंधों की व्यवस्थाओं के विनाश में भी सहायक है। साथ ही यह उत्पादक संबंधों की क्रमिक व्यवस्थाओं के सृजन का आधार भी है। जाहिर है कि उत्पादक शक्यों की प्रकृति विकासशील है। प्रकृति पर मनुष्य की विजय के कारण उत्पादन की शक्तियों का लगातार विकास होता है। साथ ही ज्ञान में वृद्धि के कारण उत्पादक शक्तियां विकसित होती हैं। उत्पादन की शक्तियों के विकास के कारण नए उत्पादन के संबंधों का भी विकास होता है। परंतु मार्क्स के अनुसार विकास के एक मोड़ पर पहुंचकर उत्पादक शक्तियों तथा उत्पादन संबंधों के बीच संघर्ष की स्थिति उत्पन्न होती है। नई उत्पादक शक्तियां पुराने उत्पादक संबंधों के साथ सामंजस्य नहीं रख पातीं। फलतः समाज में टकराहट तथा प्रतिरोध की स्थिति उत्पन्न होती है। क्रांति का नया दौर आरंभ होता है। वर्ग-संघर्ष की स्थिति को पहचानते हुए लोग इस क्रांति के प्रति सचेत होते हैं। नई पीढ़ी वहीं नहीं रहना चाहती है जहां पुरानी पीढ़ी ने उसे लाकर रख दिया है। वर्ग-संघर्ष पुरानी व्यवस्था के प्रतिक्रयावादी ताकतों के खिलाफ नई आर्थिक संरचना से जुड़े नई प्रगतिशील पीढ़ी के द्वारा होता है।
8. मार्क्स ने यह भी स्पष्ट किया है कि उत्पादन की शक्तियों में मशीनों तथा उपकरणों का ही उपयोग नहीं होता है। उत्पादन की शक्तियों में श्रमशक्ति का भी विशेष महत्व है। उसके अनुसार श्रमशक्ति कार्य करने की एक ऐसी क्षमता है जो उत्पादों की गुणवत्ता को बढ़ाती है तथा उत्पादन की प्रक्रिया को तीव्र करने में सहायक होती है। साथ ही श्रमशक्ति उत्पादों के मूल्यों को बढ़ाने में भी सहायक है। कारखाने में कार्यरत एक कामगार, खेतों में हरियाली लाने वाला एक श्रमिक तथा श्रम, स्वेद और रक्त से लथपथ एक मेहनतकश इंसान अपनी बांहों की ताकत एवं पसीने तथा खून से उत्पादों को सींचता है। श्रमिक अपनी श्रमशक्ति अर्थात कार्य करने की क्षमता को बेचते हैं। वे नकद वेतन के बदले में पूंजीपतियों को अपनी श्रमशक्ति बेचते हैं। मार्क्स ने स्पष्ट किया है कि श्रमिकों को श्रमशक्ति का उचित मूल्य प्राप्त नहीं होता है तथा मुनाफे में कोई हिस्सेदारी प्राप्त नहीं होती है।

उत्पादन के संबंध (Relations of Production)

मार्क्स के अनुसार उत्पादन की शक्तियां तथा उत्पादन के संबंध के बीच तर्कपूर्ण संबंध मौजूद होता है। उसने यह भी स्पष्ट किया कि उत्पादन की शक्तियां उत्पादन के संबंधों की प्रकृति को निर्धारित करती हैं। वस्तुतः उत्पादन के संबंधों को उत्पादन की प्रक्रिया में पाए जाने वाले सामाजिक संबंध अथवा आर्थिक भूमिका के रूप में रेखांकित किया जा सकता है। सामंतवादी समाज में भूपति तथा कृषक मजदूरों के बीच संबंध एवं पूंजीपति समाज में पूंजीपति तथा औद्योगिक श्रमिक के बीच संबंधों को उदाहरण के रूप में प्रस्तुत किया जा सकता है। मार्क्स ने उत्पादन के संबंधों के विविध आयामों का गहन एवं गंभीर विश्लेषण किया है—

1. मार्क्स के चिंतन में उत्पादन-शक्तियां, उत्पादन-संबंध एवं उत्पादन-प्रणाली की अवधारणाएं केंद्रीय महत्व की हैं। ज्ञातव्य है कि उत्पादन-प्रणाली, उत्पादन-शक्ति और उत्पादन-संबंधों के बीच तर्कपूर्ण संबंध हैं। उसने यह भी स्पष्ट किया है कि उत्पादन-प्रणाली, उत्पादन-शक्ति तथा उत्पादन-संबंधों से बनती है एवं विकसित होती है। वस्तुतः उत्पादन-प्रणाली, उत्पादन-शक्ति तथा उत्पादन-संबंध सामाजिक प्रक्रिया के आधारभूत निर्धारक होते हैं।
2. ज्ञातव्य है कि उत्पादन की शक्तियां आर्थिक वस्तुओं के उत्पादन में प्रयुक्त तकनीक एवं ज्ञान से संबंधित हैं। उदाहरणस्वरूप उत्पादन में प्रयुक्त कच्चे माल, उपकरण एवं तकनीकी ज्ञान को प्रस्तुत किया जा सकता है। उत्पादन के संबंध उत्पादन की प्रक्रिया में उभरते हुए संबंध को कहते हैं। इन संबंधों का लगातार विकास होता है। विशेषतः उत्पादन के साधनों के स्वामित्व के आधार पर उत्पादन के संबंधों का निर्धारण होता है। उत्पादन के साधनों पर पूंजीपतियों का स्वामित्व होता है। सर्वहारा वर्ग का उत्पादन के साधनों पर स्वामित्व नहीं होता है। औद्योगिक श्रमिक को सर्वहारा कहा जाता है। पूंजीपति को बुर्जुआ के नाम से जाना जाता है।
3. कार्ल मार्क्स ने स्पष्ट किया है कि सर्वहारा का तात्पर्य श्रमिक वर्ग से है। इस प्रकार मजदूरों, कामगारों, श्रमिकों तथा मेहनतकश इंसानों के लिए मार्क्स ने सर्वहारा शब्द का इस्तेमाल किया है। उत्पादन के साधन पर सर्वहारा वर्ग का स्वामित्व नहीं होता है। वह वंचित होता है। वह अलगाव की प्रक्रिया से जुड़ा होता है। उसे उत्पादन के लाभ से वंचित किया जाता है। उसका लगातार शोषण होता है। वह मानव होने के अधिकार से भी वंचित होता है। उसके जीवन-मरण का कोई अर्थ नहीं होता है। शक्ति-संरचना में उसका कोई स्थान नहीं होता है। निर्णय की प्रक्रिया में उसका कोई महत्व नहीं होता है।
4. कार्ल मार्क्स ने बुर्जुआ वर्ग को शोषक के रूप में प्रस्तुत किया है। पूंजीपति को बुर्जुआ कहा जाता है। मार्क्स ने इतिहास के विभिन्न कालखंडों की व्याख्या की है तथा स्पष्ट किया है कि दासत्व समाज में मालिक के रूप में, सामंतवाद में सामंत के रूप में तथा पूंजीपति समाज में पूंजीपति के रूप में बुर्जुआ वर्ग का अस्तित्व मौजूद रहा है। उत्पादन के साधनों पर बुर्जुआ वर्ग का स्वामित्व होता है। स्पष्ट है कि पूंजीवादी समाज में बुर्जुआ वर्ग का विशेष महत्व होता है। बुर्जुआ उत्पादन के साधनों पर पूर्ण नियंत्रण रखता है तथा आर्थिक एवं राजनैतिक दोनों शक्तियों का लाभ उठाता है। वह सर्वहारा वर्ग में विभिन्न हथकंडों के आधार पर फूट डालने का प्रयत्न करता है। वह शोषण चक्र जारी रखने में माहिर होता है। वह संवेदनाओं से रहित होता है। निर्णय की प्रक्रिया में बुर्जुआ का महत्व होता है। शक्ति संरचना से बुर्जुआ जुड़ा होता है।
5. मार्क्स ने यह भी स्पष्ट किया कि उत्पादन के संबंधों के अंतर्गत यह निर्धारित होता है कि कौन बुर्जुआ है तथा कौन सर्वहारा है? उत्पादन के संबंधों के आधार पर ही यह निर्धारित होता है कि उत्पादों पर किसका स्वामित्व है? उत्पादों के विक्रय तथा उसके लाभ पर किसका नियंत्रण है? स्पस्ट है कि उत्पादों पर स्वामित्व बुर्जुआ वर्ग का होता है तथा उसके विक्रय एवं लाभ पर भी उसका नियंत्रण होता है। इस प्रकार उत्पादन के संबंधों के

दायरे में सर्वहारा सीने का खून जलाकर भी उत्पादों पर अधिकार हासिल नहीं कर पाता है। उसका शोषण होता है। उसे उत्पादों के लाभ से वंचित किया जाता है। वह अलगाव का शिकार होता है। वह कंधे पर अपनी लाश को लेकर शोषण के चक्र में फंसा रहता है।

6. इस प्रकार औद्योगिक समाजों में उत्पादन के संबंध में वे संबंध होते हैं जो कि बुर्जुआ तथा सर्वहारा के बीच होते हैं। बुर्जुआ न केवल उत्पादन के साधनों पर नियंत्रण रखते हैं बल्कि श्रमिक द्वारा उत्पादित वस्तुओं और सेवाओं का मनचाहे ढंग से वितरण, उपभोग अथवा विक्रय कर सकते हैं तथा लाभ बटोरते हैं।
7. मार्क्स ने स्पष्ट किया है कि समाज की संरचना में उत्पादन के संबंध और शक्तियों का बुनियादी महत्व है। समाज की संरचना के अनुरूप उत्पादन की शक्तियां उत्पादन के संबंधों के साथ जुड़ी होती हैं। उदाहरणस्वरूप उत्तर प्रदेश, बिहार अथवा उड़ीसा के एक सीमांत गांव में उत्पादन का मुख्य साधन कृषि है। अतः भूपति एवं खेतिहर मजदूरों के बीच सामाजिक संबंधों का निर्माण होता है तथा उसका विकास होता है। परंतु जमशेदपुर औद्योगिक समाज का एक उदाहरण है। अतः जमशेदपुर में पूंजीपति एवं सर्वहारा के बीच संबंधों का निर्माण तथा विकास होता रहा है।
8. मार्क्स ने यह भी स्पष्ट किया है कि उत्पादन के संबंधों की अवधारणा व्यक्तियों के बीच संबंधों को प्रत्यक्ष तौर पर इंगित नहीं करती। वस्तुतः उत्पादन के संबंधों की अवधारणा सामाजिक वर्गों के बीच मौजूद संबंधों को रेखांकित करती है। इस प्रकार उत्पादन का संबंध प्रत्यक्ष तौर पर सामाजिक वर्ग से जुड़ा हुआ है।
9. मार्क्स ने सामाजिक वर्ग की अवधारणा का विश्लेषण सामाजिक-आर्थिक यथार्थ के रूप में प्रस्तुत किया है। उन्होंने वर्ग के विश्लेषण में निम्नलिखित चार आधारभूत बिंदुओं का स्पष्टीकरण किया है—
   (i) वर्ग-चेतना (Class Consciousness)
   (ii) वर्ग संगठन (Class Organization)
   (iii) अपने आप में वर्ग (Class in Itself)
   (iv) अपने लिए वर्ग (Class for Itself)

(i) वर्ग-चेतना (Class Consciousness)—कार्ल मार्क्स के अनुसार वर्ग-चेतना के बिना वर्ग का कोई अस्तित्व नहीं है। उन्होंने स्पष्ट किया है कि एक कारखाने के अंतर्गत नीम अंधेरे में भारी तादाद में मजदूर मिलकर दवा बनाते हैं, रासायनिक वस्तुओं का उत्पादन करते हैं, कपड़ा बुनते हैं तथा उन्हें कठिन एवं नारकीय जीवन से गुजरना होता है। इन हालातों के बावजूद यदि मजदूरों में वर्ग-चेतना का निर्माण नहीं होता है तो उन्हें एक वर्ग के रूप में रेखांकित नहीं किया जा सकता। यदि मजदूर धर्म, जाति, भाषा, क्षेत्रीयता तथा तात्कालिक परिस्थितियों के आधार पर परस्पर बंटे होते हैं तो उनमें वर्ग-चेतना का उदय नहीं होता है। फलतः उनके वर्ग का भी निर्माण नहीं होता। जब कारखानों में काम करने वाले मजदूरों को यह एहसास होता है कि कारखाने में काम करने वाला मजदूर सिर्फ मजदूर होता है, खेत में काम करने वाला मजदूर सिर्फ मजदूर होता है, लहूलुहान तथा क्षत-विक्षत व फटे चीथड़ों में रहने

वाला मजदूर सिर्फ मजदूर होता है तो वर्ग–चेतना का निर्माण होता है। कार्ल मार्क्स ने दुनियाभर के मजदूरों के इसी एहसास को वर्ग–चेतना के रूप में रेखांकित किया। वर्ग–चेतना होने से ही वर्ग का निर्माण होता है। कार्ल मार्क्स ने स्पष्ट किया है कि मात्र समान व्यवसाय, समान आर्थिक स्थिति, समान काम की दशाएं तथा शोषण का तरीका समान होने से वर्ग का उदय नहीं होता है।

(ii) वर्ग-संगठन (Class Organization)—कार्ल मार्क्स ने बिखरे हुए लोगों के लिए वर्ग शब्द का इस्तेमाल नहीं किया है। एक समान व्यवसाय तथा एक समान परिस्थिति होने पर भी यदि मजदूरों में बिखराव है तो उसे वर्ग के रूप में रेखांकित नहीं किया जा सकता। वर्ग के लिए जुड़ना अपेक्षित है। वर्ग के लिए मजदूरों में एकता होना आवश्यक है। मजदूरों को इस बात का एहसास होना चाहिए कि नगर हो या गांव, मजदूरों को सताया जा रहा है। उन्हें इस बात का परिज्ञान होना चाहिए कि खेतों में काम करने वाले खेतिहर मजदूरों अथवा कारखाने में काम करने वाले खेतिहर मजदूरों अथवा कारखाने में काम करने वाले श्रमिकों—सभी का शोषण होता है। एक मजदूर तथा दूसरे मजदूर के बीच में परस्पर एक जैसा भाव होना अपेक्षित है। इस प्रकार कार्ल मार्क्स के अनुसार जब मजदूर परस्पर जुड़कर वर्ग-संगठन का निर्माण करते हैं, एक झंडे के नीचे सभी खड़े होते हैं, एक जुलूस में सभी चलते हैं, एक समान इंकलाब करते हैं तो उस जन–संघर्ष के सैलाब को कार्ल मार्क्स ने वर्ग–संगठन के रूप में रेखांकित किया है।

(iii) अपने आप में वर्ग (Class in Itself)—कार्ल मार्क्स के अनुसार जब एक व्यवसाय से जुड़े हुए लोग संगठित हो जाते हैं, जब एक छत के नीचे काम करने वाले मजदूर इस एहसास से जुड़ते हैं कि हर मजदूर का श्रम, स्वेद और रक्त एक जैसा है तो स्वत: वर्ग का निर्माण होता है। यह अपने आप में वर्ग होता है। स्वत: स्फूर्त वर्ग होता है। जिस तरह धरती के सीने को चीरकर एक बीज स्वत: कोंपल के रूप में विकसित होता है, ठीक उसी तरह संगठित होने पर स्वत: वर्ग का विकास होता है। इस प्रकार वर्ग के लिए यह आवश्यक है कि उनमें यह एहसास होना चाहिए कि वे सभी मजदूर हैं, उनका व्यवसाय एक समान है, उनका शोषण हो रहा है। जब इस तरह की चेतना पैदा होती है तो वर्ग का स्वत: उदय होता है। वर्ग थोपा नहीं जाता है, वह अपने आप में वर्ग है (Class in Itself)।

(iv) अपने लिए वर्ग (Class for Itself)—मजदूरों के काम करने का ढंग अलग–अलग हो सकता है। कोई दवा बनाता है, कोई कपड़ा बुनता है, कोई कम्प्यूटर के निर्माण में जुड़ा हुआ है, कोई मकान बनाने का काम कर रहा है, कोई खेतों में हल चला रहा है। इसी प्रकार कोई महानगर में रहता है, कोई गांव में रहता है, कोई साधारण नगर में निवास कर रहा है। मजदूर कहीं भी रह सकता है। मजदूर कहीं भी काम कर सकता है। दुनिया के कोने–कोने में रहने वाले मजदूरों में जब इस बात की चेतना पैदा होती है कि सभी मजदूरों की हैसियत समान है, सभी मजदूर फटेहाल हैं, सभी मजदूरों को उत्पादन के लाभों से वंचित किया जाता है, सभी मजदूर अलगाव से जुड़े हुए हैं—इस प्रकार की संगठित चेतना को कार्ल मार्क्स ने वर्ग के रूप में स्पष्ट किया है। कार्ल मार्क्स के शब्दों में—यह अपने लिए वर्ग है (Class for Itself)।

वर्ग-संघर्ष का सिद्धांत (Theory of Class Conflict)

कार्ल मार्क्स ने *कम्युनिस्ट मेनिफेस्टो* में लिखा है—"अभी तक के सभी समाजों का इतिहास वर्ग संघर्षों का इतिहास रहा है। मार्क्स ने यह भी स्पष्ट किया है कि स्वतंत्र मनुष्य और दास, पेट्रीशियन तथा प्लेवियन, सामंत तथा शिल्प संघ का उत्पादक एवं कारीगर तथा मजदूर—संक्षेप में शोषक तथा शोषित लगातार एक-दूसरे का विरोध करते आए हैं। मार्क्स के अनुसार कभी प्रत्यक्ष रूप में तो कभी अप्रत्यक्ष रूप में शोषक तथा शोषित निरंतर एक-दूसरे से टक्कर लेते रहे हैं। संघर्ष करते रहे हैं। उन्होंने यह भी स्पष्ट किया कि इस संघर्ष का अंत हर बार या तो संपूर्ण व्यवस्था के क्रांतिकारी पुनर्निर्माण में अथवा संघर्षरत दोनों ही वर्गों की टकराहट में हुआ है।

रेमंड एरो ने अपनी पुस्तक *मेन करेन्ट्स इन सोशियोलॉजिकल थॉट* में कार्ल मार्क्स के वर्ग-संघर्ष के सिद्धांत के महत्व को निम्नलिखित बिंदुओं के आधार पर स्पष्ट किया है—

1. रेमंड एरो के अनुसार मार्क्स का समाजशास्त्र मूलतः वर्ग-संघर्ष का समाजशास्त्र है। उन्होंने यह भी स्पष्ट किया है कि मार्क्स के सभी लेखन कार्यों एवं वैचारिक आयामों का केंद्रीय बिंदु वर्ग-संघर्ष रहा है।
2. वर्ग-संघर्ष एक प्रकार की ऊर्जा है। एक प्रकार की ऊष्मा है। व्यवस्था परिवर्तन का ज्वलंत चिंतन है अर्थात् वर्ग-संघर्ष वह जानदार ताकत है जो इतिहास के पहियों को आगे धकेलता है।
3. वर्ग-संघर्ष के आधार पर एक ऐसे समाज का निर्माण होता है जहां न प्रतिरोध है और न अंतर्विरोध का कोई आधार है। वर्गहीन, शोषणहीन समाज की रचना में वर्ग-संघर्ष एक प्रस्थान बिंदु है।
4. वर्ग-संघर्ष के आधार पर इतिहास की धारा को परिवर्तित किया जा सकता है। यह क्रांति है, इससे पूंजीवादी समाज क्षत-विक्षत होता है।
5. रेमंड एरो ने कार्ल मार्क्स के वर्ग की अवधारणा के निम्नलिखित तीन प्रमुख आयामों को स्पष्ट किया है—

    (i) वर्गों के अस्तित्व तथा उत्पादन पद्धतियों के विकास के बीच स्पष्ट एवं तर्कपूर्ण संबंध मौजूद है।

    (ii) रेमंड एरो ने स्पष्ट किया है कि कार्ल मार्क्स का वर्ग-संघर्ष का सिद्धांत सुनिश्चित रूपों में सर्वहारा के अधिनायकवाद की ओर अग्रसर होता है।

    (iii) अधिनायकवाद संक्रमण के कालखंड से संबंधित है। वस्तुतः वर्ग-संघर्ष के आधार पर वर्गों का उन्मूलन होता है। साथ ही वर्गहीन समाज की स्थापना का पथ-प्रशस्त होता है।

पूंजीवादी व्यवस्था में औद्योगिक श्रमिकों का एक नया तथा आक्रमक वर्ग उभरकर आया। उल्लेखनीय है कि पूंजीवादी औद्योगिक संगठनों के साथ वर्ग-संघर्ष का स्पष्ट संबंध है। औद्योगिक विवाद, औद्योगिक तनाव, श्रमिक संघों का संगठन, तालाबंदी, हड़ताल, सौदेबाजी तथा कामगारों के आंदोलन के साथ वर्ग-संघर्ष का प्रत्यक्ष एवं अप्रत्यक्ष संबंध है। उल्लेखनीय है कि औद्योगिक संगठन के अंतर्गत उत्पादन के साधन, उत्पादन की प्रणाली, उत्पादन-शक्तियां

तथा उत्पादन संबंध के साथ भी कार्ल मार्क्स के वर्ग-संघर्ष के सिद्धांत का सीधा सरोकार है। वर्ग-संघर्ष में जुड़े कतिपय महत्वपूर्ण बिंदुओं को रेखांकित किया जा सकता है—

1. कार्ल मार्क्स ने वर्ग-संघर्ष के सिद्धांत के आधार पर औद्योगिक संगठनों की जमीनी सच्चाई को प्रस्तुत किया है। कारखानों की दुनिया में सब कुछ ठीक-ठाक नहीं है। मजदूरों का अंतहीन शोषण होता है। बुर्जुआ वर्ग के चमक-दमक और वर्चस्व के कारण गरीब और सर्वहारा वर्ग थका-हारा अपने घरों को लौटता है। वस्तुतः मार्क्स ने वर्ग-संघर्ष के सिद्धांत के आधार पर दुनिया के मजदूरों को जगाया। मजदूरों में एक नई ऊर्जा का संचार किया है।
2. मार्क्स के अनुसार किसी भी साग्गजिक र क्रा उत्पादन की प्रक्रिया में एक निश्चित स्थान होता है। इस प्रकार वर्ग-सघर्ष का बु।नयादी आधार सामाजिक वर्ग है—बुर्जुआ तथा सर्वहारा।
3. पूंजीवादी व्यवस्था के अंतर्गत विशाल पैमाने पर उत्पादन होता है। उत्पादन शक्तियों का विकास होता है। पूंजीवादी औद्योगिक संरचना के विकास के कारण हस्तकला, कुटीर उद्योग, लघु-कृषि आधारित उद्योग आदि का भविष्य अंधकारमय हो जाता है।
4. पूंजीवादी उत्पादन शक्तियों ने छोटे-छोटे गांव को विशाल औद्योगिक नगरों में परिवर्तित कर दिया है। भारी संख्या में औद्योगिक श्रमिक उत्पादन में सहयोग करते हैं।
5. औद्योगिक संरचना के विकास के कारण उत्पादन शक्तियों में तीव्र परिवर्तन की स्थिति उत्पन्न होती है। उत्पादन का विकास तथा विस्तार होता है। उत्पादन की प्रक्रिया में तीव्रता आती है। परिवर्तन का एक नया दौर आरंभ होता है।
6. मार्क्स ने स्पष्ट किया है कि उत्पादन की शक्तियों में तीव्र प्रगति होती है। उत्पादन की शक्तियों के साथ पूंजीवादी उत्पादन के संबंधों का घनिष्ठ जुड़ाव होता है अर्थात् उत्पादन की शक्ति एवं उत्पादन के संबंधों के बीच तर्कपूर्ण सरोकार होता है।
7. मार्क्स ने यह भी स्पष्ट किया कि उत्पादन के साधनों पर पूंजीपतियों का स्वामित्व होता है। औद्योगिक श्रमिक अपनी श्रम शक्ति को बेचता है। उसे रोजी-रोटी चाहिए। उसे घर के बच्चों के लिए दवा चाहिए। उसे दो जून का खाना चाहिए। मार्क्स ने स्पष्ट किया है कि औद्योगिक श्रमिकों का उत्पादन के साधन पर स्वामित्व नहीं होता है। फलतः वह अपनी श्रम-शक्ति को बेचने के लिए बाध्य होता है। इस प्रकार वह शोषण-चक्र में उलझ कर रह जाता है।
8. उल्लेखनीय है कि औद्योगिक श्रमिक शोषण-चक्र की पीड़ा को अनुभव करते हैं। अपने वर्ग हितों के प्रति अधिक जागरूक एवं सचेत रहते हैं। साथ ही अपने आप को कामगार आंदोलन के रूप में संगठित करते हैं। यह आंदोलन शोषक वर्ग के खिलाफ संघर्ष की धार को तेज करता है। कामगार आंदोलन के तहत श्रमिक संघों का संगठन किया जाता है। आरंभिक स्तर में बेहतर वेतन और काम करने की दशाओं के लिए सौदेबाजी होती है। मार्क्स के अनुसार कामगार आंदोलन का मुख्य एवं बुनियादी उद्देश्य पूंजीवादी व्यवस्था का तख्ता पलटना होता है। उनके अनुसार पूंजीवादी व्यवस्था में औद्योगिक श्रमिकों को लगातार शोषण का शिकार होना पड़ता है। उनके अधिकारों का दमन किया

जाता है। उन पर अत्याचार तथा जुल्म ढाया जाता है। फलतः मजदूरों में शोषण तथा अन्याय के खिलाफ आक्रोश की चिंगारी पैदा होती है।

9. मार्क्स ने इतिहास के तथ्यों के आधार पर वर्ग-संघर्ष की व्याख्या की है। उनके अनुसार आदिम साम्यवादी अवस्था में उत्पादन के साधनों में निजी स्वामित्व की अवधारणा मौजूद नहीं थी। फलतः इस अवस्था में असमानता अथवा शोषण भी नहीं दिखाई देता। उत्पादन शक्तियों में विकास तथा परिष्कार के बाद उत्पादन में प्रगति हुई। फलतः उत्पादन के साधनों का निजी स्वामित्व संभव हुआ। उत्पादन संबंधों में भी परिवर्तन हुआ। इतिहास की धारा यहीं से बदलती है। इसी मोड़ पर आकर आदिम साम्यवादी अवस्था खत्म हो जाती है। दास प्रथा का जन्म होता है। फलतः मानव समाज के इतिहास में असमानता, शोषण और वर्ग-संघर्ष का एक अंतहीन दौर आरंभ होता है।
10. दास प्रथा में मालिकों एवं गुलामों के बीच वर्ग-संघर्ष के कारण उत्पादन शक्तियों तथा उत्पादन संबंधों में परिवर्तन परिलक्षित होता है। उत्पादन शक्तियों एवं उत्पादन प्रणालियों में विकास के कारण सामंतवादी अवस्था की शुरुआत हुई। सामंतवादी अवस्था में भी अंतर्विरोध का तत्व मौजूद था। वर्ग-संघर्ष की स्थिति कायम रही। वर्गों में टकराहट तथा संघर्ष का दौर जारी है। इस प्रकार वर्ग-संघर्ष का इतिहास दास प्रथा से प्रारंभ होकर सामंतवादी अवस्था में जारी रहता है। दास प्रथा के अंतर्गत दास तथा मालिकं के बीच वर्ग-संघर्ष की स्थिति मौजूद रहती है। सामंतवादी अवस्था में भूपति सामंतों तथा कृषि मजदूरों के बीच वर्ग-संघर्ष की स्थिति उत्पन्न होती है।
11. उल्लेखनीय है कि उत्पादन प्रणाली तथा उत्पादन शक्तियों में व्यापक पैमाने पर परिवर्तन एवं विकास के कारण पूंजीवादी व्यवस्था की शुरुआत हुई। पूंजीवाद व्यवस्था में औद्योगिक संरचनाओं का तीव्र विकास हुआ। कामगार आंदोलन को भी एक नया आधार प्राप्त हुआ। कारखाने की दुनिया में भारी तादाद में मजदूरों का एकत्रीकरण होता है। वर्ग-संघर्ष की चिंगारी तेज होती है। वर्ग-संघर्ष के विविध परिप्रेक्ष्यों को ठोस आधार प्राप्त होता है।
12. मार्क्स के अनुसार पूंजीवादी व्यवस्था के अंतर्गत उत्पादन शक्तियों (Forces of Production) तथा उत्पादन संबंध (Relations of Production) के बीच टकराहट की स्थिति उत्पन्न होती है।

उनके अनुसार आधुनिक तकनीकी तथा यांत्रिक विकास के कारण उत्पादन में वृद्धि होती है। उत्पादक लखपति, करोड़पति हो जाता है, करोड़पति अरबपति हो जाता है। पूंजीपति बड़ा पूंजीपति बन जाता है। उत्पादन की क्षमता में वृद्धि के कारण पूंजीपति को अपार लाभ होता है। इस लाभ में सर्वहारा वर्ग की कोई हिस्सेदारी नहीं होती। उत्पादन क्षमता में वृद्धि के कारण मजदूरों का कार्य क्षेत्र बढ़ जाता है। उनसे अधिक काम लिया जाता है। पूंजीपति मजदूरों को अधिक समय तक कार्य करने के लिए बाध्य करता है। इस प्रकार मजदूरों को दबाव तथा तनाव में काम करना पड़ता है। बीमार तथा लाचार होने पर भी काम करना पड़ता है। फलतः इस प्रक्रिया में गरीब मजदूर काम के बोझ तले दब जाता है। साथ ही वह और गरीब हो जाता है। उसकी गरीबी बढ़ती जाती है। मार्क्स ने स्पष्ट किया है कि मजदूरों का शोषण बुर्जुआ वर्ग के

द्वारा होता है। वह मजदूरों के परिश्रम से अर्जित मुनाफे का अकेला उपभोग करता है। शोषण की इस प्रक्रिया को मार्क्स ने अतिरिक्त मूल्य का सिद्धांत (Theory of Surplus) की अवधारणा के आधार पर स्पष्ट किया है। मार्क्स ने यह भी स्पष्ट किया है कि गरीबी का मुख्य कारण मजदूरों का शोषण है। वस्तुओं की कमी के कारण गरीबी नहीं होती। मार्क्स के अनुसार गरीबी का मुख्य कारण होता है—सर्वसंपन्न वर्ग द्वारा सर्वहारा का शोषण।

13. मार्क्स ने स्पष्ट किया है कि वर्ग की संरचना अधिक से अधिक ध्रुवीकृत (Polarized) हो जाती है। फलतः वर्ग–संघर्ष की स्थिति उत्पन्न होती है। जाहिर है कि व्यवस्था में निहित भेदभाव, शोषण, अतिरिक्त मूल्य तथा अत्याचार के कारण मजदूर वर्गों का ध्रुवीकरण होता है। मार्क्स के अनुसार साधारणतः समाज में अनेक प्रकार के छोटे–बड़े वर्ग दिखाई पड़ते हैं। परंतु शोषण, अत्याचार तथा भेदभाव के साथ जब गरीबों की मुठभेड़ होती है तो मजदूर छोटे–बड़े अंतर को भुलाकर लामबंद हो जाते हैं। ध्रुवीकृत हो जाते हैं। अनेक छोटे–छोटे वर्ग अपने अस्तित्व को खोकर मुख्य धारा के वर्ग में सम्मिलित हो जाते हैं। मार्क्स ने ध्रुवीकरण की प्रक्रिया का स्पष्टीकरण निम्नलिखित तीन चरणों में किया है—

(i) बुर्जुआ अथवा मध्यम वर्गों की संख्या धीरे–धीरे घटती जाती है। फलतः उनका ध्रुवीकरण होता है।

(ii) मजदूर वर्ग तथा मेहनतकश कामगारों की संख्या में वृद्धि होती है। उनका आकार बड़ा हो जाता है। उनकी जनसंख्या बढ़ जाती है।

(iii) मार्क्स के अनुसार ध्रुवीकरण की इस प्रक्रिया में मध्यस्तरीय वर्गों (Intermediatory Classes) का विलोपन हो जाता है। इस अवस्था में बुर्जुआ और सर्वहारा वर्ग का स्पष्ट ध्रुवीकृत स्वरूप मौजूद रहता है। छोटे बुर्जुआ वर्ग को मार्क्स पेटी बुर्जुआ (Petty Bourgeoisie) कहते हैं। इस चरण में बुर्जुआ तथा सर्वहारा वर्ग आमने–सामने खड़े होते हैं। छोटे–बड़े बिचौलिए वर्गों का विलोपन हो जाता है। यह मुठभेड़ की स्थिति है। यह म्यान से तलवार निकालने का दौर होता है। फिजा में क्रांति और इंकलाब होता है। क्रांति की स्थिति उत्पन्न होती है, वर्ग–संघर्ष होता है। कार्ल मार्क्स ने स्पष्ट किया कि संघर्ष में गरीबों के पास खोने के लिए गुलामी के जंजीर के सिवा कुछ नहीं होता और जीतने के लिए पूरा साम्राज्य होता है।

14. इस प्रकार कार्ल मार्क्स ने वर्ग–संघर्ष की व्यवस्थित तथा वैज्ञानिक प्रक्रियाओं को गंभीरतापूर्वक प्रस्तुत किया। उन्होंने यह भी स्पष्ट किया कि क्रांति के बाद संक्रमणकाल उत्पन्न होता है। संक्रमण के बाद साम्यवाद की स्थिति उत्पन्न होती है। साम्यवाद में वर्ग–विहीन समाज का विकास होता है। कोई मजदूर नहीं होता, कोई मालिक नहीं होता, कोई सामंत नहीं होता, कोई अर्द्धदास किसान नहीं होता। कोई बुर्जुआ नहीं होता, कोई सर्वहारा नहीं होता। वर्ग–संघर्ष वर्ग रहित व्यवस्था के विकास से जुड़ा हुआ है। वर्ग–संघर्ष के बाद व्यक्तिगत संपत्ति की भी कोई अवधारणा नहीं होती। सर्वहारा वर्ग शक्ति संरचना में जुड़ जाता है तथा संपत्ति का पूर्णरूपेण राष्ट्रीयकरण हो जाता है।

अलगाव (Alienation)

कार्ल मार्क्स ने 'अलगाव' की अवधारणा को प्रस्तुत कर पूंजीवादी व्यवस्था में निहित जुल्म और अत्याचार की वास्तविकता को रेखांकित किया है। मार्क्स के अनुसार पूंजीवादी व्यवस्था में श्रम, स्वेद और रक्त से लथपथ एक श्रमिक कारखाने की दुनिया को रोशन करता है। वह दवा की फैक्ट्री में दवा का उत्पादन करता है। परंतु दवा और समुचित इलाज के अभाव में ऑपरेशन थियेटर की टेबल पर उसका बच्चा दम तोड़ देता है। लौटकर जब वह फैक्ट्री में आता है तो उसकी निगाहें सूनी की सूनी रह जाती हैं। वह हाहाकार कर उठता है। आखिर इस दवा की फैक्ट्री ने मुझे क्या दिया? इस फैक्ट्री को बनाने और विकसित करने में उस मजदूर की भी हिस्सेदारी रही है। उसे पगार मिलता है। वह पुन: फैक्ट्री को देखता है। अब उसे फैक्ट्री नहीं दिखाई देती है। उसे अपने बच्चे की लाश दिखाई पड़ती है। उसको उस फैक्ट्री से अलगाव का अनुभव होता है—एक परायेपन का अनुभव होता है। वह दवा की बोतलों को देखता है। उसे दवा से अलगाव होने लगता है। वह मशीनों को देखता है। उसे मशीनों की प्रक्रिया से अलगाव हो जाता है। उसे अपने आप से भी अलगाव का एहसास होने लगता है। वह अनुभव करता है कि जीवन की जंग में वह हार चुका है। उसको लगता है कि उसके साथी और सहयोगी भी उससे बिछुड़ते जा रहे हैं। नाते-रिश्तेदारों से भी अलगाव का अनुभव करने लगता है। आत्म अलगाव का उसे एहसास होता है। उसे लगता है जैसे वह जंजीरों में जकड़ा हुआ है। उसको अनुभव होता है कि उसका सब कुछ दांव पर लग चुका है। मार्क्स ने स्वयं ऐसी स्थिति को मजदूर द्वारा 'चक्र में काम' (Cog in a Wheel) की संज्ञा दी है। मार्क्स ने अलगाव के चिंतन के आधार पर उत्पादन के विविध परिप्रेक्ष्यों को प्रस्तुत किया है। बुर्जुआ और सर्वहारा की टकराहट को रेखांकित किया है। उन्होंने यह भी स्पष्ट किया कि श्रमिक अलगाव का अनुभव करता है। परंतु वह टूटता नहीं है। वह झुकता नहीं है। अलगाव तो राख के तले दबी हुई चिंगारी है। तूफान से पहले का सन्नाटा है। अलगाव जब चरम पर पहुंचता है तो क्रांति अंगड़ाई लेती है। आंसू शक्ति में बदल जाती है। पीड़ा का रूपांतरण पौरुष में होता है। इस प्रकार अलगाव इंकलाब की पूर्व स्थिति है।

मार्क्स ने ''फैटिशिज्म ऑफ कमोडिटीज एंड मनी'' शीर्षक के अंतर्गत *कैपिटल* (1861-1879) में अलगाव की अवधारणा की व्याख्या की है। परंतु उन्होंने 1844 में ही 'राज्य' एवं 'धन' के संबंध में स्पष्ट चिंतन प्रस्तुत किया। उसने पूंजीवादी संरचना में निहित चकाचौंध, वर्चस्व, भेदभाव तथा अन्याय का खुलासा किया। शोषण पर आधारित व्यवस्था की आलोचना की तथा उसे अस्वीकृत कर दिया। 1844 में ही उसने व्यवस्था परिवर्तन की वकालत की तथा सर्वहारा वर्ग के नेतृत्व को स्वीकार किया। उनके अनुसार सर्वहारा वर्ग पूंजीवाद के तख्ता को पलटने में सक्षम है। मार्क्स ने *दास कैपिटल* के प्रथम खंड में अलगाव तथा अलगाव से जूझ रहे श्रमिकों की वास्तविकता को रेखांकित किया है। इरविंग जैटलिन के अनुसार अलगाव के चिंतन को मार्क्स ने *दास कैपिटल* में ही प्रस्तुत किया था। अत: कैपिटल के बदले यदि पुस्तक का शीर्षक अलगाव होता तो कोई अंतर नहीं पड़ता। उल्लेखनीय है कि मार्क्स ने अलगाव के चिंतन को हीगल तथा पूर्ववर्ती विचारकों से ग्रहण किया था। यह अवधारणा कुछ अर्थों में विवादास्पद भी रही है। लुकास के अनुसार अलगाव का चिंतन — हीगल तथा मार्क्स

की चिंतन-परंपरा से संबंधित है। ई. फ्रोम के अनुसार मार्क्स के अलगाव का चिंतन व्यापक परिप्रेक्ष्यों से जुड़ा हुआ है। इसका आधार मनोवैज्ञानिक है। इसका चिंतन पक्ष दार्शनिक है। इसका विश्लेषण समाजशास्त्रीय परिप्रेक्ष्य में संभव है। इस संदर्भ में संरचनावादी, मार्क्सवादी चिंतकों के दृष्टिकोण का उल्लेख करना भी उचित प्रतीत होता है। अल्थ्यूज़र ने अलगाव के निम्नलिखित कारणों को रेखांकित किया है—

1. अलगाव का कारण व्यक्तिगत संपत्ति है।
2. अलगाव का कारण वर्ग का वर्चस्व है। अर्थात् वर्ग प्रभुत्व के कारण अलगाव की स्थिति उत्पन्न होती है।
3. अलगाव का कारण शोषण है।
4. अलगाव का कारण श्रम-विभाजन है।

सार्त्रे के अनुसार अलगाव का संदर्भ अस्तित्ववादी है। इस प्रकार सार्त्रे ने अलगाव की व्याख्या अस्तित्ववादी संदर्भ में की है। कार्ल मार्क्स ने बिना किसी लाग लपेट के अलगाव का बेबाक विश्लेषण किया है। औद्योगिक श्रमिकों की पीड़ा तथा उनके श्रम और स्वेद की वास्तविकता को रेखांकित किया है।

अलगाव का अर्थ (Meaning of Alienation)

कार्ल मार्क्स ने पूंजीवादी अर्थव्यवस्था में अलगाव की अवधारणा के आधार पर औद्योगिक श्रमिकों की त्रासदी तथा पीड़ा को तर्कपूर्ण आधारों पर प्रस्तुत किया है। अलगाव एक प्रक्रिया है। एक औद्योगिक श्रमिक अथवा एक समूह एक वर्ग शोषण तथा अन्याय के माहौल में अलगाव की प्रक्रिया को झेलता है। लगातार शोषण एवं अत्याचार पीड़ित श्रमिक को कारखाने में अथवा अपने-अपने कर्मस्थलों पर सुख तथा शांति का एहसास नहीं होता है। वह मनोवैज्ञानिक रूप से कुंठित हो जाता है। उसके मन में यह बात चक्कर काटती है कि जो काम वह कर रहा है, उसका मालिक कोई और है, जो काम वह कर रहा है उसका लाभ कोई और उठा लेता है। उसे मालिक द्वारा बार-बार अपमानित तथा प्रताड़ित किया जाता है। फलतः उसे निम्नलिखित बिंदुओं के आधार पर अलगाव होता है—

1. श्रमिकों को उस वस्तु से अलगाव हो जाता है जिसे वह उत्पादित करता है।
2. श्रमिकों को स्वयं से भी अलगाव हो जाता है।
3. साथ ही अपने समुदाय के साथियों से भी अलगाव होता है।
4. इस प्रकार अलगाव स्वविमुखता की स्थिति होती है, जिसमें श्रमिक स्वयं को कार्य से अलग पाता है।

   मार्क्स ने स्वयं ऐसी स्थिति को मजदूर द्वारा 'चक्र में काम' (Cog in a Wheel) की संज्ञा दी है।
5. इस प्रकार मजदूर लगातार शोषण तथा अलगाव की चक्की में जकड़ा हुआ रहता है।
6. अलगाव की व्याख्या के आधार पर मार्क्स ने स्पष्ट किया है कि पूंजीवादी अर्थव्यवस्था में पूंजीपति अधिक शक्तिशाली होता जाता है तथा सर्वहारा वर्ग अलगाव का शिकार होकर कमजोर होता जाता है।

7. श्रमिकों के उत्पादन की प्रक्रिया से भी अलगाव हो जाता है।

अलगाव की एक महत्वपूर्ण स्थिति आत्म-अलगाव से संबंधित है। 1983 में प्रकाशित अपने एक शोध-निबंध एलिअनेशन में पैत्रोविक ने स्पष्ट किया है कि आत्म-अलगाव अलगाव के अनेक स्वरूपों में से एक स्वरूप मात्र नहीं है अपितु अलगाव की यह आधारभूत संरचना तथा बुनियादी तत्व है। यह मात्र एक विवरणात्मक अवधारणा नहीं है, बल्कि इसमें विश्व में क्रांतिकारी परिवर्तन लाने के लिए एक आह्वान है, एक अपील भी है। कार्ल मार्क्स ने अलगाव की अवधारणा के आधार पर वर्ग-संघर्ष तथा व्यवस्था-परिवर्तन की पृष्ठभूमि को भी स्पष्ट किया है। वस्तुतः अलगाव वर्ग-संघर्ष की प्रक्रिया का प्रस्थान बिंदु है। सर्वहारा की चट्टानी एकता का बुनियादी आधार है। मार्क्स के अलगाव की अवधारणा के विश्लेषण में अलगाव से जुड़े कुछ प्रमुख चरणों का विवरण अपेक्षित है—

1. मार्क्स ने स्पष्ट किया है कि सर्वहारा अथवा औद्योगिक श्रमिकों में अलगाव का उदय तथा विकास कई चरणों में होता है।
2. अलगाव के पहले चरण में कामगार कारखाने की दुनिया से जुड़ता है तथा उत्पादन प्रक्रिया का हिस्सा बनता है।
3. वह अपने तथा परिवार की आवश्यकताओं की पूर्ति के लिए अपनी श्रम-श्रक्ति को बेचता है। वह अनुभव करता है कि उसका शोषण हो रहा है तथा उसे उचित मजदूरी नहीं मिल रही है।
4. कारखाने की चकाचौंध तथा चमक-दमक में वह अनुभव करता है कि मालिक की आमदनी बढ़ती जा रही है, उत्पादन में प्रगति हो रही है, मुनाफा बढ़ रहा है। वह यह भी अनुभव करता है कि उसकी स्थिति दयनीय होती जा रही है, वह कर्ज में डूब रहा है, उसके बच्चे भूखे सो जाते हैं, वह अपने परिवार के भरण-पोषण में भी असफल सिद्ध हो रहा है तथा कारखाने के मुनाफे में से कोई लाभ नहीं मिल रहा है। अलगाव की प्रक्रिया तीव्र हो जाती है। एक श्रमिक को इस चरण में आकर आत्म-अलगाव हो जाता है। स्वयं से अलगाव हो जाता है। अपमान और जलालत की जिंदगी ढोने के लिए वह विवश हो जाता है।
5. यह अलगाव मात्र किसी एक श्रमिक से संबंधित नहीं है उसके जैसे सभी श्रमिकों को आत्म-अलगाव का एहसास होता है। यह पीड़ा और त्रासदी, यह अपमान और हाहाकार सभी कामगारों के लिए अलगाव का कारण बनता है। वस्तुतः कामगार का अलगाव मात्र किसी एक व्यक्ति का अलगाव नहीं रह जाता है। सभी कामगारों को अलगाव की प्रक्रिया से गुजरना होता है।
6. अलगाव का एक प्रमुख चरण श्रम से अलगाव की प्रक्रिया से संबंधित है। यह महत्वपूर्ण चरण है। आदमी को जब अपमानित किया जाता है तो कमजोर होने पर वह आंसू और अपमान का दंश लेकर अलग हो जाता है। पूंजीपति शक्तिशाली है। मजदूर कमजोर है। मजदूर की आंखों में आंसू हैं। परंतु वह अपमान को भूलता नहीं है। उसके अंतस का पौरुष उसको ललकारता है। एक संगठित चेतना का निर्माण होता है। अपमान के आंसू

चिंगारी में बदल जाते हैं। कामगारों में क्रांति चेतना का विकास होता है। वर्ग-चेतना की स्थिति उत्पन्न होती है।

7. अब श्रमिकों को अनुभव होता है कि वह शक्तिहीन नहीं है। मुट्ठीभर पूंजीपतियों के द्वारा शोषण होता है। कामगार भारी तादाद में होते हैं। कामगारों में एक नई शक्ति का उदय होता है। एक नई ऊर्जा का संचार होता है। इस प्रकार पीड़ा और त्रासदी से मुक्त होकर मजदूरों का रूपांतरण अलगाव (De-Alienation) के रूप में होता है। स्पष्ट है कि अलगाव सर्वहारा को झकझोरता है तथा अंततः उसके मन और प्राण में क्रांति-चेतना का संचार करता है।

मूल्यांकन (Evaluation)

मार्क्स ने इतिहास की एक नई व्याख्या प्रस्तुत की है। चिंतन का एक नया आधार प्रदान किया है। शोषित वर्गों को वर्ग-संघर्ष के चिंतन के आधार पर ध्रुवीकृत करने का प्रयास किया गया है। दुनिया के कोने-कोने में शोषण, भेदभाव तथा अत्याचार के केंद्रों पर प्रहार किया है। दुनिया के सामाजिक यथार्थ को एक वैज्ञानिक आधार प्रदान किया है। उद्‌विकास तथा संघर्ष के आधार पर ऐतिहासिक भौतिकवाद की व्याख्या की है। जाहिर है कि चिंतन की दुनिया में तथा समाजशास्त्रीय परिप्रेक्ष्य में कार्ल मार्क्स एक ऐसा नाम है जिसे कभी भुलाया नहीं जा सकता। कार्ल मार्क्स के साथ हम किन्हीं बिंदुओं पर असहमति रख सकते हैं परंतु उनके विचारों की उपेक्षा नहीं की जा सकती। भारत में भी डी.पी. मुखर्जी, ए.आर. देसाई तथा रामकृष्ण मुखर्जी, आंद्रे बेतेई आदि अनेक समाजशास्त्रियों ने भारतीय सामाजिक अर्थव्यवस्था के विश्लेषण में मार्क्स के विचारों का उपयोग किया है।

कार्ल मार्क्स के सिद्धांतों की कड़ी आलोचनाएं की गई हैं। वह विवादों के केंद्र में रहा। कार्ल मार्क्स के वर्ग-संघर्ष के सिद्धांत की कुछ प्रमुख आलोचनाओं को निम्नलिखित रूपों में प्रस्तुत किया जा सकता है—

1. कार्ल मार्क्स ने आर्थिक निर्धारणवाद के आधार पर इतिहास की व्याख्या की है। उनके अनुसार आर्थिक कारक बुनियादी आधार होता है। उनके इस विचार को उनके आलोचकों ने अस्वीकार किया। आर्थिक कारक का महत्व है। व्यवस्था में निहित भेदभाव तथा शोषण का एक प्रमुख कारक आर्थिक कारक हो सकता है परंतु एकमात्र बुनियादी कारक आर्थिक कारक है, मार्क्स का यह दृष्टिकोण उचित प्रतीत नहीं होता।
2. राल्फ डेरेनडार्फ ने अपनी पुस्तक *क्लास एंड क्लास कानफ्लिक्ट इन इंडस्ट्रियल सोसायटी* में स्पष्ट किया है कि कार्ल मार्क्स द्वारा प्रस्तुत वर्ग-संघर्ष का सिद्धांत दोषपूर्ण है। उनके अनुसार संघर्ष का मुख्य कारण वर्ग नहीं है। उन्होंने यह भी स्पष्ट किया कि औद्योगिक समाज में संगठनों का एक जाल बना होता है, एक संरचना बनी होती है, एक कार्य-संस्कृति होती है। कार्य क्षमता के अनुसार कर्मचारियों की प्रस्थिति होती है। प्रस्थितियों का एक सोपान होता है। औद्योगिक समाज में संगठन के इस जाल को *इमपेरेटिवली कॉर्डिनेटेड एसोसिएशन* (ICA) के रूप में डेरेनडार्फ ने स्पष्ट किया है। उनके अनुसार इन संगठनों में वर्ग संबंध नहीं होता। कर्मचारियों में परस्पर प्राधिकार

संबंध (Authority Relations) होते हैं। डेरेनडार्फ के अनुसार प्राधिकार संबंधों में टकराहट के कारण संघर्ष की स्थिति उत्पन्न होती है। कार्ल मार्क्स ने वर्ग-संघर्ष के सिद्धांत में प्राधिकार संबंधों के बीच में मौजूद टकराहट के तत्वों को नजरअंदाज कर दिया है। अत: मार्क्स के वर्ग-संघर्ष के सिद्धांत में तर्कपूर्ण विश्लेषण का अभाव है।

3. डेरेनडार्फ के अनुसार मार्क्स ने पूंजीवाद की व्याख्या परंपरागत मापदंडों के आधार पर की है। मार्क्स द्वारा पूंजीवाद की व्याख्या संतुलित तथा समीचीन नहीं है। वर्तमान दौर में पूंजीवाद की संरचना में कई हजार शेयर होल्डर जुड़े होते हैं। पूंजीवाद का यह स्वरूप कॉरपोरेट पूंजीवाद (Corporate Capitalism) है। इस प्रकार पूंजीवादी संरचना में शक्ति और प्राधिकार के केंद्र बंटे होते हैं। मार्क्स ने पूंजीवाद की व्याख्या में बदलते हुए आर्थिक संदर्भों को नजरअंदाज किया है।
4. आलोचकों के अनुसार व्यवस्था में मध्यम वर्ग का भी विशेष महत्व होता है। समाज में इस वर्ग की अपनी एक अलग पहचान है। कार्ल मार्क्स ने वर्ग-संघर्ष के दायरे में मध्य-वर्ग को बाहर निकाल दिया है। सर्वहारा अथवा पूंजीपति के रूप में इस वर्ग का तर्कपूर्ण ध्रुवीकरण संभव नहीं है।
5. आलोचकों के अनुसार मार्क्स ने संघर्ष को सर्वाधिक महत्व देकर सहयोग तथा समंजन के महत्व पर प्रश्नचिह्न लगा दिया है। हर मसले का समाधान संघर्ष ही नहीं है। सहयोग तथा सामंजस्य के आधार पर भी व्यवस्था में परिवर्तन संभव है। अत: इस दृष्टि से भी मार्क्स का वर्ग-संघर्ष का सिद्धांत पूर्णत: उचित प्रतीत नहीं होता।

आलोचनाओं के बावजूद कार्ल मार्क्स के अपराजेय तथा कालजयी चिंतन का कोई दूसरा विकल्प नहीं है। जब तक समाज में शोषण है, गरीबी है, लाचारी है, भेदभाव है, अन्याय तथा अनाचार है, लोगों को, कार्ल मार्क्स के वर्ग-संघर्ष के विचारों से एक नई ऊर्जा तथा ऊष्मा प्राप्त होना तय है। जब तक एक भी इंसान भूखा रहेगा, कार्ल मार्क्स के विचारों की चिंगारी बगावत करती रहेगी।

एमिल दुर्खाइम (Emile Durkheim)

जीवन-परिचय (Life-Sketch)

पारसंस ने अपनी पुस्तक *स्ट्रक्चर ऑफ सोश्यल एक्शन* में स्पष्ट किया है कि दुर्खाइम एक आनुभविक वैज्ञानिक थे। वस्तुत: उन्होंने वैज्ञानिक अध्ययनों के आधार पर सामाजिक प्रघटनाओं का अध्ययन प्रस्तुत किया। विशेष रूप से उन्होंने आत्महत्या, श्रम-विभाजन, यांत्रिक समाज एवं यांत्रिक सुदृढ़ता, एकता, सावयवी, समाज, सामाजिक तथ्य एवं धार्मिक जीवन के प्रारंभिक स्वरूपों का विश्लेषण प्रस्तुत किया। समाजशास्त्र के विकास में भी एमिल दुर्खाइम का योगदान महत्वपूर्ण है। उन्होंने समाजशास्त्र में अनुसंधान की पद्धति को विकसित किया, वैज्ञानिक अध्ययनों के आधार पर सामाजिक प्रघटनाओं का विश्लेषण किया तथा सामाजिक तथ्य की अवधारणा को सुस्पष्ट किया। उन्होंने समाजशास्त्र में एक शोध-पत्रिका के प्रकाशन की शुरुआत की। वस्तुत: एमिल दुर्खाइम समाजशास्त्र के प्रमुख

संस्थापक थे। पारसंस ने स्पष्ट किया है कि कुछ गिने-चुने लोग ऐसे होंगे, जिन्होंने बौद्धिक इतिहास में वैज्ञानिक संस्कृति के विकास के लिए इतना योगदान दिया हो, जितना दुर्खाइम ने दिया है।

एमिल दुर्खाइम का जन्म 15 अप्रैल, 1858 को फ्रांस के एपीनल कस्बे में हुआ था। दुर्खाइम ने स्नातक परीक्षा एपीनल महाविद्यालय से उत्तीर्ण की। उन्होंने पेरिस विश्वविद्यालय में उच्च शिक्षा ग्रहण की। आरंभिक चरण में 1882 ई. से 1887 ई. तक दर्शनशास्त्र के एक शिक्षक के रूप में अध्यापन किया। प्रखर प्रतिभा तथा बौद्धिक क्षमता के कारण एमिल दुर्खाइम की ख्याति फैलने लगी। फलतः उन्हें 1887 ई. में फ्रांस के बौर्डियक्स विश्वविद्यालय में नियुक्ति मिल गई। 9 वर्षों के बाद इसी विश्वविद्यालय में उन्हें समाज-विज्ञान विभाग के अध्यक्ष के रूप में प्रतिष्ठा प्राप्त हुई। उल्लेखनीय है कि उन्होंने समाजशास्त्र के साथ शिक्षाशास्त्र का भी अध्यापन किया। दुर्खाइम का विवाह लुइस ड्रेफस के साथ हुआ। विवाह के समय वे बौर्डियक्स में थे। उनके दो संतानें थीं—पुत्री मेरी तथा पुत्र आंद्रे। दुर्खाइम ने 'The Division of Labour in Society' शोध पर पीएच.डी की उपाधि प्राप्त की। 1889 ई. में उन्होंने समाजशास्त्र में एक शोध पत्रिका के प्रकाशन की शुरुआत की।

दुर्खाइम एक प्रखर वक्ता थे। उनके जीवन में एक हृदय विदारक घटना ने उन्हें अत्यंत मर्माहत किया। क्रिसमस से पहले 1915 ई. में उनके प्रतिभाशाली पुत्र आंद्रे का असामयिक निधन हो गया। इस आघात को वे सहन नहीं कर सके। पारसंस के अनुसार एमिल दुर्खाइम फ्रांस की वैचारिक श्रृंखला की एक सशक्त कड़ी थे। पारसंस ने समाजशास्त्रीय परिप्रेक्ष्य में एमिल दुर्खाइम के योगदानों को रेखांकित किया है।

वे समाजशास्त्र के अत्यधिक प्रभावशाली उद्यमकर्ता थे। वे एक सफल अध्यापक, चोटी के संपादक, एक सशक्त और सृजनात्मक समूह के नेता तथा शोधकर्ता थे।

एमिल दुर्खाइम एक प्रखर समाजशास्त्री थे। उन्होंने अनेक पुस्तकों की रचना की। अनेक शोध निबंध प्रस्तुत किए। दुर्खाइम की कृतियों ने समाजशास्त्र को एक व्यवस्थित, सुनियोजित, वैज्ञानिक एवं तार्किक आधार प्रदान किया। उनकी कतिपय प्रमुख कृतियों का विवरण निम्नलिखित रूपों में प्रस्तुत किया जा सकता है—

1. *डिवीजन ऑफ लेबर इन सोसाइटी (Division of Labour in Society, 1893)*
2. *द रूल्स ऑफ सोशियोलॉजिकल मेथड (The Rules of Sociological Method, 1895)*
3. *द स्यूसाइड (The Suicide, 1897)*
4. *द एलिमेंट्री फॉर्म्स ऑफ रिलीजियस लाइफ (The Elementary Forms of Religious Life, 1912)*
5. *सोशियोलॉजी ऑफ एजुकेशन (Sociology of Education, 1922)*
6. *सोशियोलॉजी ऑफ फिलोसफी (Sociology of Philosophy, 1924)*
7. *मोरल एजुकेशन (Moral Education)*

8. *द सोशियलिज्म (The Socialism, 1928)*
9. *द इवोल्यूशन ऑफ पेडागोलॉजी इन फ्रांस (The Evalution of Pedagology in France, 1938)*
10. *लेकस डि सोशियोलॉजी (Lecous de Sociology, 1950)*
11. *मोनटेस्क्यू एंड रूसो (Montesquieue and Rousseu)*
12. *प्रेगमिटिज्म एंड सोशियोलॉजी (Pragmatism and Sociology, 1955)*

औद्योगिक समाजशास्त्र : एमिल दुर्खाइम का चिंतन (Industrial Sociology : Thoughts of Emile Durkheim)

सामाजिक श्रम-विभाजन (Social Division of Labour)

एमिल दुर्खाइम ने समाज में श्रम-विभाजन, विशेषीकरण, यांत्रिक एकता, सावयवी एकता, सामूहिक-चेतना, दमनकारी कानून तथा प्रतिकारी कानून की स्पष्ट व्याख्या प्रस्तुत की है। उन्होंने समाज की सुदृढ़ता, सामूहिक चेतना, सामाजिक तथ्य एवं सामाजिक एकता से जुड़े विविध पक्षों का विश्लेषण किया है। उन्होंने श्रम-विभाजन का विश्लेषण सामाजिक-सांस्कृतिक परिप्रेक्ष्य में प्रस्तुत किया। एमिल दुर्खाइम ने 1893 ई. में फ्रेंच भाषा में अपनी पहली रचना *De la Division du Travail Social* प्रकाशित की। पारसंस के अनुसार सामाजिक विचारों के इतिहास में श्रम-विभाजन का सिद्धांत एक महत्वपूर्ण अवदान है। उन्होंने दुर्खाइम द्वारा प्रस्तुत श्रम-विभाजन के सिद्धांत को मील के पत्थर के रूप में रेखांकित किया है। दुर्खाइम के अनुसार श्रम-विभाजन विभिन्न व्यक्तियों में कौशल अथवा विशिष्टता के आधार पर किया जाता है। उदाहरणस्वरूप एक नवोदय विद्यालय को उदाहरण के रूप में प्रस्तुत किया जा सकता है। कौशल अथवा विशिष्टता के आधार पर नवोदय विद्यालय में कुछ लोग शिक्षक के दायित्व को ग्रहण करते हैं। कुछ लोग पुस्तकालय से संबंधित दायित्वों का निर्वहन करते हैं। कुछ लोग शिक्षकोतर कर्मचारी के रूप में सेवा प्रदान करते हैं। कुछ लोग चतुर्थवर्गीय कर्मचारी के रूप में विभिन्न प्रकार के दायित्वों का निर्वहन करते हैं। समय पर कक्षा का संचालन होता है। समय पर घंटी बजती है। शिक्षक समय पर वर्ग में अध्यापन करते हैं। 15 अगस्त के पावन दिवस में स्वतंत्रता दिवस का आयोजन होता है। 26 जनवरी को गणतंत्र दिवस से संबंधित राष्ट्रीय पर्व का आयोजन होता है। बच्चे पढ़ते हैं। परीक्षा का आयोजन होता है। इस प्रकार श्रम-विभाजन के आधार पर प्रत्येक व्यक्ति अपने दायित्व के प्रति सचेत होता है। श्रम-विभाजन परिवार में भी होता है। बच्चों को स्कूल जाना है। बच्चे को तैयार करने तथा टिफिन तैयार करने का काम मां का होता है। परिवार में आर्थिक सुरक्षा एवं व्यवस्था प्रदान करने का काम पिता का होता है। मकान के लिए बैंक से ऋण लेना है। पिता का काम बैंक से ऋण लेना है। छोटा-मोटा काम परिवार के छोटे-छोटे बच्चे भी करते हैं। अस्पताल में श्रम-विभाजन होता है। क्रिकेट टीम में श्रम-विभाजन होता है। श्रम-विभाजन से परिणाम प्राप्त होता है। रचनात्मक क्रियाशीलता बनी रहती है। परस्पर सहयोग एवं सामंजस्य का वातावरण तैयार होता है। सरल समाज में यांत्रिक एकता का विकास होता है। जटिल समाज में सावयवी

एकता का विकास होता है। यांत्रिक एकता के आधार पर लोगों के बीच समानता उत्पन्न होती है। यह एकता सरल समाजों में पाई जाती है। व्यक्तियों में भिन्नता, परस्पर निर्भरता एवं श्रम-विभाजन तथा विशेषीकरण के आधार पर सावयवी एकता का विकास होता है।

एमिल दुर्खाइम द्वारा प्रस्तुत सामाजिक श्रम-विभाजन के सिद्धांत की व्याख्या को निम्नांकित रूपों में प्रस्तुत किया जा सकता है—

1. दुर्खाइम ने अपनी पुस्तक *De la Division du Travail Social* में स्पष्ट किया है कि श्रम-विभाजन के आधार पर समाज के स्थायित्व एवं निरंतरता को एक व्यवस्थित आधार प्राप्त होता है। व्यक्ति और समाज के बीच मौजूद संरचना के लिए सुदृढ़ व्यवस्था की आवश्यकता होती है। श्रम-विभाजन के आधार पर समाज की सुदृढ़ता आधारित है। दुर्खाइम ने *डिविजन ऑफ लेबर इन सोसायटी* की भूमिका में स्पष्ट किया है कि यह पुस्तक एक ऐसा प्रयास है जिसमें नैतिक जीवन की व्याख्या प्रत्यक्षवादी विज्ञानों की विधि द्वारा प्रस्तुत की गई है। उन्होंने श्रम-विभाजन के आधार पर सरल समाज तथा जटिल समाज की व्याख्या की है। उन्होंने स्पष्ट किया कि सरल समाज में भी श्रम-विभाजन मौजूद होता है। साधारणतः आयु एवं लिंग के आधार पर सरल समाज में श्रम-विभाजन की व्यवस्था की जाती है। उनके अनुसार जटिल समाज में श्रम-विभाजन विभिन्न रूपों में अनुभव किया जा सकता है। परिवार में, विद्यालय में, बैंक में, बाजार में, उद्योग में, कारखाने में, प्रशासन में तथा अन्य अनेक संगठनों में श्रम-विभाजन का स्वरूप मौजूद है। दुर्खाइम के अनुसार आदिम समाज में श्रम-विभाजन का स्वरूप अधिक विकसित नहीं था। इसके विपरीत आधुनिक समाज में व्यापक पैमाने पर श्रम-विभाजन का विकास हुआ है। संक्षेप में, आदिम युग में श्रम-विभाजन का स्वरूप सरल होता है। जबकि आधुनिक समाज में श्रम-विभाजन का स्वरूप अधिक जटिल है।
2. *डिविजन ऑफ लेबर इन सोसायटी* से संबंधित दुर्खाइम की पुस्तक तीन खंडों में विभाजित है। कुल सोलह अध्यायों में श्रम-विभाजन तथा उससे संबंधित पक्षों का विश्लेषण एमिल दुर्खाइम ने किया है। पुस्तक के प्रथम खंड में श्रम-विभाजन के प्रकार्य का विश्लेषण किया गया है। द्वितीय खंड में श्रम-विभाजन के प्रमुख कारणों का विश्लेषण किया गया है। साथ ही श्रम-विभाजन की दशाओं का विवेचन किया गया है। तृतीय खंड में श्रम-विभाजन के असामान्य स्वरूप की व्याख्या की गई है। रेमंड एरो ने अपनी पुस्तक *मेन करेन्ट्स इन सोशियोलॉजिकल थॉट* में स्पष्ट किया है कि दुर्खाइम का श्रम-विभाजन का सिद्धांत व्यक्ति तथा समाज के संबंधों के विश्लेषण पर आधारित है। साथ ही इसमें सामूहिकता, पारस्परिक संबंध एवं सामाजिक सुदृढ़ता का विवेचन किया गया है।
3. दुर्खाइम के अनुसार श्रम-विभाजन एक सामाजिक तथ्य है। उन्होंने श्रम-विभाजन के सिद्धांत के विश्लेषण के आरंभिक चरण में ही स्पष्ट किया है कि समाज के अस्तित्व के लिए श्रम-विभाजन अपरिहार्य है। उदाहरणस्वरूप यदि समाज में सभी व्यक्ति चिकित्सक हो जाएं तो समाज की अन्य आवश्यकताओं की पूर्ति कौन करेगा। इसी तरह यदि समाज में सभी व्यक्ति इंजीनियर हो जाएं तो समाज में अन्य दायित्वों की पूर्ति कौन

करेगा। श्रम-विभाजन के आधार पर समाज में विभिन्न आवश्यकताओं की पूर्ति के लिए श्रम-विभाजन के स्वरूप को स्पष्ट आधार प्रदान किया जाता है। इस प्रकार दुर्खाइम ने स्पष्ट किया है कि समाज की आवश्यकताओं के अनुरूप श्रम-विभाजन की संरचना खड़ी की जाती है, विकसित की जाती है। उदाहरणस्वरूप ग्रामीण समाज में कृषि से संबंधित श्रम-विभाजन मौजूद होता है। औद्योगिक नगरों में औद्योगिक संरचना के अनुरूप श्रम-विभाजन की संरचना खड़ी की जाती है।

4. दुर्खाइम के अनुसार समाज एक नैतिक वास्तविकता है अर्थात् सामूहिक चेतना, परस्पर निर्भरता तथा संबंधों की सुदृढ़ता के आधार पर समाज की बुनियाद को सशक्त किया जाता है। साथ ही समाज के स्थ त्व एवं निरंतरता को इससे बल प्राप्त होता है। संक्षेप में, श्रम-विभाजन के बिना स ज के सुदृढ़ अस्तित्व की कल्पना तक नहीं की जा सकती। इस प्रकार समाज के स्थायित्व एवं निरंतरता के लिए श्रम-विभाजन अपरिहार्य है।

5. एमिल दुर्खाइम ने यह भी स्पष्ट किया है कि समाज में नए-नए समूहों का जन्म होता है। साथ ही पुराने समूहों का नए समूहों के रूप में रूपांतरण होता है। उन्होंने यह भी स्पष्ट किया कि समय के साथ-साथ सामाजिक संरचना में विविधता एवं विभिन्नता का विकास होता है। इस परिप्रेक्ष्य में श्रम-विभाजन की जटिलता भी बढ़ती है। दुर्खाइम ने अपने श्रम-विभाजन के सिद्धांत में स्पष्ट किया है कि समूहों के अनुरूप श्रम-विभाजन का विस्तार होता है। साथ ही समूहों में बढ़ती हुई जटिलता के अनुरूप श्रम-विभाजन का स्वरूप जटिल हो जाता है। दुर्खाइम ने स्पष्ट किया है कि श्रम-विभाजन समाज के सदस्यों में परस्पर संबंधों के विकास में सहायक है। उनके अनुसार श्रम-विभाजन समाज के सदस्यों में संबद्धता *(Cohesion)* लाता है।

6. दुर्खाइम के अनुसार समाज को दो प्रमुख श्रेणियों में प्रस्तुत किया जा सकता है—अविभेदीकृत *(Undifferentiated)* एवं विभेदीकृत *(Differentiated)*

   अविभेदीकृत समाज का तात्पर्य सरल समाज से है। दुर्खाइम के अनुसार अविभेदीकृत समाज यांत्रिक *(Mechanical)* है। विभेदीकृत समाज का तात्पर्य आधुनिक समाज से है। विभेदीकृत समाज सावयवी *(Organic)* है। श्रम-विभाजन के कारण दोनों समाजों में सुदृढ़ता की स्थिति उत्पन्न होती है। अविभेदीकृत समाज में यांत्रिक सुदृढ़ता पाई जाती है। यांत्रिक समाज में प्रथागत कानूनों का विशेष महत्व होता है। लोकाचार, रीति-रिवाज तथा परंपरा के साथ सामूहिक चेतना का स्पष्ट संबंध होता है।

   सावयवी समाज में सावयवी सुदृढ़ता *(Organic Solidarity)* पाई जाती है। इस प्रकार के समाज में बाध्यकारी कानून का विशेष महत्व होता है। दुर्खाइम के अनुसार यांत्रिक समाज में कानून की प्रकृति दमनकारी *(Repressive)* होती है। सावयवी समाज का कानून पुनः स्थापन *(Restitution)* से संबंधित होता है। यांत्रिक समाज में व्यक्तियों का कोई विशेष अस्तित्व नहीं होता। सावयवी समाज में सावयव के साथ जुड़े रहने के बावजूद व्यक्ति की एक स्वतंत्र पहचान कायम होती है। उदाहरणस्वरूप शारीरिक सावयव के साथ जुड़े होने के बावजूद आंख का अपना एक स्वतंत्रता अस्तित्व भी है।

इसी तरह शरीर के साथ जुड़े होने पर भी शरीर के विभिन्न अंगों का अपना-अपना महत्व होता है। इस प्रकार दुर्खाइम ने स्पष्ट किया है कि आदिम समाज में यांत्रिक सुदृढ़ता के अंतर्गत व्यक्ति का कोई विशेष अस्तित्व नहीं होता। प्रथा तथा परंपरा का वर्चस्व होता है। दमनकारी कानून को लागू किया जाता है। कठोर दंड का प्रावधान किया जाता है। समाज अविभेदीकृत होता है। श्रम-विभाजन का स्वरूप सरल होता है। इसके विपरीत सावयवी समाज में सामूहिक चेतना तथा सामाजिक सुदृढ़ता के बावजूद व्यक्ति का स्वतंत्र अस्तित्व होता है। समाज में विभेदीकृत व्यवस्था के बावजूद सावयवी एकता की स्थिति उत्पन्न होती है। परस्पर निर्भर संबंधों का विकास होता है। समाज का स्वरूप जटिल होता है। पुनः स्थापन के आधार पर कानून को लागू किया जाता है। श्रम-विभाजन का स्वरूप अधिक जटिल होता है।

7. दुर्खाइम के अनुसार श्रम-विभाजन बढ़ने के साथ-साथ व्यक्तियों का विभेदीकरण भी बढ़ता जाता है। व्यवसाय में विकास होता है। उत्पादन के साधनों में विकास होता है। काम का अवसर बढ़ता है। रोजगार का विकास होता है। फलतः श्रम-विभाजन के साथ-साथ विभेदीकरण एवं विशेषीकरण (Specialization) का विकास होता है। उदाहरणस्वरूप दूरदराज के एक गांव में एक ही डॉक्टर सभी रोगों का इलाज करता है। इसके विपरीत बड़े नगरों तथा महानगरों में चिकित्सा के क्षेत्र में श्रम-विभाजन तथा विशेषीकरण का एक व्यापक संरचना का अनुभव किया जा सकता है। हृदय रोग का विशेषज्ञ अलग होता है। आंख के रोग का इलाज कोई अलग डॉक्टर करता है। महिला रोग का इलाज अन्य विशेषज्ञ करते हैं। इसी तरह एड्स के विशेषज्ञ अलग होते हैं तो मधुमेह का इलाज कोई और डॉक्टर करते हैं। इस प्रकार समाज के प्रवाह के साथ श्रम-विभाजन तथा विशेषीकरण का विस्तार होता है।

8. दुर्खाइम के अनुसार श्रम-विभाजन तथा विशेषीकरण के विकास के आधार पर समाज में परिवर्तन की स्थिति उत्पन्न होती है। आर्थिक विकास होता है। राजनैतिक संस्कृति विकसित होती है। साहित्य तथा कला का विस्तार होता है। फिल्मों में प्रयोग की धूम मच जाती है। हर कलाकार अपने फन में अपने एक स्वरूप को ढालता है। उल्लेखनीय है कि दुर्खाइम के अनुसार श्रम-विभाजन के आधार पर केवल आर्थिक विकास एवं परिवर्तन ही नहीं होता है बल्कि सामाजिक, सांस्कृतिक परिदृश्यों में भी क्रांतिकारी एवं तीव्र परिवर्तन के संकेत मिलते हैं। इस प्रकार दुर्खाइम द्वारा प्रस्तुत सामाजिक श्रम-विभाजन की व्याख्या केवल आर्थिक आधारों पर बहुआयामी है।

9. एमिल दुर्खाइम ने श्रम-विभाजन के विश्लेषण में सामूहिक-चेतना की अवधारणा का उपयोग किया है। रेमंड एरो के अनुसार दुर्खाइम ने श्रम-विभाजन के विश्लेषण में सामूहिक चेतना का विश्लेषण बुनियादी अवधारणा के रूप में प्रस्तुत किया है। दुर्खाइम ने स्पष्ट किया है कि सामूहिक चेतना का अस्तित्व व्यक्तियों के साथ जुड़े संवेगों एवं विश्वासों की चेतना से संबंधित है। दुर्खाइम ने यह भी स्पष्ट किया है कि यांत्रिक समाज में नैतिकता का संबंध सामूहिक चेतना से जुड़ा है जबकि सावयवी समाजों में सामूहिक चेतना का आधार समझौता तथा कानून होता है। इस प्रकार सावयवी समाजों में नैतिकता

संविदा और कानून से जुड़ी है। इस प्रकार सरल समाजों में सामूहिक चेतना नैतिकता पर आधारित है जबकि आधुनिक समाज में सामूहिक चेतना समझौता तथा कानून से संबंधित है।

दुर्खाइम ने यह भी स्पष्ट किया है कि सामाजिक व्यवस्था की आत्मा सामूहिक चेतना है। सामूहिक चेतना यथार्थ है। व्यक्ति सामूहिक चेतना के साथ घनिष्ठ रूपों में संबंधित होता है। सामूहिक चेतना पीढ़ी-दर-पीढ़ी हस्तांतरित होती है अर्थात् यह पीढ़ी-दर-पीढ़ी चलती रहती है। सामूहिक चेतना का प्रभाव एवं गहनता सभी समाजों में समान नहीं होती है।

श्रम-विभाजन के कारण (Causes of Labour Division)

एमिल दुर्खाइम ने पद्धतियों के आधार पर श्रम-विभाजन से संबंधित नए तथ्यों का अन्वेषण किया। साथ ही पुराने तथ्यों का सत्यापन भी किया। श्रम-विभाजन के अर्थशास्त्रीय सिद्धांत का संशोधन किया तथा सामाजिक-सांस्कृतिक परिप्रेक्ष्य में श्रम-विभाजन की व्याख्या प्रस्तुत की। उन्होंने श्रम-विभाजन के कार्य-कारण संबंधों की व्याख्या प्रस्तुत की तथा श्रम-विभाजन से संबंधित घटनाओं की क्रमबद्धता का अध्ययन किया। साथ ही श्रम-विभाजन से संबंधित विभिन्न सामाजिक प्रघटनाओं में मौजूद अंत: संबंधों का भी विश्लेषण किया।

एमिल दुर्खाइम ने श्रम-विभाजन को प्रभावित करने वाले स्वाभाविक नियमों एवं घटनाओं का भी विश्लेषण किया। इस प्रकार एमिल दुर्खाइम ने श्रम-विभाजन की व्याख्या बहुआयामी आधार पर संपूर्णता में प्रस्तुत की है। दुर्खाइम ने श्रम-विभाजन के प्रमुख कारणों को रेखांकित किया है—

1. दुर्खाइम के अनुसार सरल तथा यांत्रिक समाज में आवश्यकताएं बहुत सीमित थीं। फलत: यांत्रिक समाज में श्रम-विभाजन का विकास सीमित रूपों में हुआ। सामान्य श्रम-विभाजन के आधार पर यांत्रिक समाजों में आवश्यकताओं की पूर्ति संभव है। धीरे-धीरे मनुष्यों की आवश्यकताओं का विकास हुआ। उत्पादन के साधनों का विकास हुआ। औद्योगीकरण का विकास हुआ। शासन-प्रशासन की व्यवस्था विकसित हुई। पहले व्यक्ति एक सामान्य घर में रहकर जीवन व्यतीत करता था। अब उसे सुसज्जित आवास की आवश्यकता अनुभव हुई। उसे मकान में रंग-रोगन की आवश्यकता अनुभव हुई। सोफा-सेट की आवश्यकता अनुभव हुई। फ्रिज तथा टेलीविजन की आवश्यकता हुई। आवश्यकताओं में वृद्धि होती गई। श्रम-विभाजन तथा विशेषीकरण का भी विस्तार होता गया। पहले सुंदर युवती उबटन और चंदन लगाकर सुसज्जित होती थी तथा अपने प्रेमी को सम्मोहित करने का प्रयास करती थी। आधुनिक सावयवी समाज में एक सुंदर युवती फैशन-डिजाइन के अनुरूप सुसज्जित होती है। विभिन्न प्रकार के सौंदर्य-प्रसाधनों का उपयोग करती है। जिस्म को जीवंत करने के लिए शारीरिक हाव-भाव (Body Language) को विकसित करती है तथा अंतत: वातानुकूलित ब्यूटी पार्लर में सुसज्जित होती है। सुसज्जित होकर वेलन्टाइन डे को प्रेमी को सम्मोहित करती है। इस प्रकार सौंदर्य प्रसाधन से संबंधित आवश्यकताओं का विभिन्न रूपों में विकास हो रहा है। इसी तरह भोजन, खेल, रहन-रहन, शिक्षा, तकनीकी हर क्षेत्र में नई-नई आवश्यकताओं के

दरवाजे खुलते जा रहे हैं। एमिल दुर्खाइम ने स्पष्ट किया है कि आवश्यकताओं में वृद्धि के साथ श्रम-विभाजन तथा विशेषीकरण का विस्तार होता है। इस प्रकार दुर्खाइम के अनुसार श्रम-विभाजन के एक प्रमुख तथा बुनियादी कारण के रूप में आवश्यकताओं की वृद्धि को रेखांकित किया जा सकता है।

2. एमिल दुर्खाइम के अनुसार श्रम-विभाजन के विस्तार तथा जनसंख्या के घनत्व में स्पष्ट एवं तर्कपूर्ण संबंध मौजूद हैं। इस प्रकार उन्होंने श्रम-विभाजन के एक प्रमुख कारण के रूप में जनसंख्या के घनत्व की वृद्धि को रेखांकित किया है। जनसंख्या के घनत्व में वृद्धि के कारण श्रम-विभाजन तथा विशेषीकरण का विकास होता है। उदाहरणस्वरूप जब जनसंख्या सीमित होती है तो श्रम-विभाजन का स्वरूप भी सीमित होता है। सीमित जनसंख्या होने के कारण एक पंचायत या दो पंचायतों को मिलाकर एक स्कूल की स्थापना की जाती है। परंतु विभिन्न नगरों में छात्रों की बढ़ती जनसंख्या के अनुरूप अनेक प्रकार के विद्यालयों की स्थापना की जाती है तथा उनका संचालन होता है। गांव में जनसंख्या सीमित होने के कारण एक या दो परचून की दुकान होने से काम चल जाता है। इसके विपरीत महानगरीय परिवेश में जनसंख्या के घनत्व के दबाव के कारण अनेक प्रकार की छोटी-बड़ी किराने की दुकानों को देखा जा सकता है। इस प्रकार जनसंख्या तथा श्रम-विभाजन में स्पष्ट संबंध है।
3. दुर्खाइम ने स्पष्ट किया है कि श्रम-विभाजन एक नैतिक वास्तविकता है। यह एक प्रबंधन है। सामूहिक चेतना से ही श्रम-विभाजन का संबंध है। अतः जनसंख्या की वृद्धि के कारण लोगों की आवश्यकताएं भी बढ़ जाती हैं। दुर्खाइम ने स्पष्ट किया कि समाज का नैतिक दायित्व होता है कि सभी लोगों की आवश्यकताओं की पूर्ति हो तथा नियमहीनता की स्थिति उत्पन्न नहीं हो। बढ़ती जनसंख्या के अनुरूप सभी को रोजगार के अवसर प्राप्त हों। सभी को उचित अवसर प्राप्त हों तथा सभी लोग व्यवस्थित सामूहिक जीवन व्यतीत करें। इस प्रकार दुर्खाइम के अनुसार श्रम-विभाजन का एक प्रमुख कारण नैतिक दायित्व से जुड़ा हुआ है।
4. दुर्खाइम ने श्रम-विभाजन के विश्लेषण में सावयवी समाज एवं सावयवी एकता की चर्चा की है। उन्होंने स्पष्ट किया है कि परस्पर निर्भरता, अंतः संबंध एवं सामूहिक चेतना समाज के लिए अपेक्षित है। उनके अनुसार इन्हीं तत्वों के आधार पर समाज में सावयवी एकता कायम होती है। श्रम-विभाजन के आधार पर परस्पर निर्भरता तथा अंतःसंबंध का विकास होता है। परस्पर निर्भरता तथा अंतः संबंध के आधार पर सामूहिक चेतना विकसित होती है। इस प्रकार समाज में सावयवी एकता के आधार पर स्थायित्व एवं निरंतरता बनी रहती है। इस प्रकार एमिल दुर्खाइम ने श्रम-विभाजन के एक प्रमुख कारक के रूप में सावयवी एकता के तत्वों को रेखांकित किया है।
5. एमिल दुर्खाइम के समाजशास्त्रीय चिंतन का मूल केंद्र सामाजिक तथ्य एवं सामाजिक व्यवस्था के स्थायित्व से संबंधित है। उन्होंने बार-बार इन बिंदुओं पर विचार किया है कि आखिर व्यक्ति आत्महत्या क्यों करता है? समाज में विघटन तथा बिखराव का कारण क्या है? समाज में व्यक्ति नियमहीन क्यों हो जाता है? समाज के स्थायित्व तथा निरंतरता

को कमजोर करने के पीछे कौन जिम्मेदार है? समाज में अपराध तथा अनैतिक घटनाओं के पीछे किन तत्वों का हाथ होता है। व्यक्ति तथा समाज के बीच समायोजन में अवरोध की स्थिति के पीछे क्या कारण हैं? एमिल दुर्खाइम ने इन्हीं प्रश्नों तथा मुद्दों के विश्लेषण के आधार पर श्रम-विभाजन के सिद्धांत को प्रस्तुत किया। उन्होंने स्पष्ट किया कि व्यवस्थित श्रम-विभाजन एवं विशेषीकरण के अभाव में समाज में बिखराव तथा विघटन का संकट उत्पन्न होता है। व्यवस्थित श्रम-विभाजन के अभाव में समायोजन की समस्या उत्पन्न होती है। नियमहीनता की स्थिति पैदा होती है। अतः समाज में समायोजन, सामाजिक नियंत्रण, व्यवहार-प्रतिमान, प्रथागत कानून तथा स्थायित्व एवं निरंतरता के लिए श्रम-विभाजन एवं विशेषीकरण अपेक्षित है।

6. दुर्खाइम के अनुसार श्रम-विभाजन तथा विशेषीकरण समाज में परिवर्तन तथा विकास के लिए अपेक्षित है। समाज में श्रम-विभाजन तथा विशेषीकरण की शिथिलता के कारण परिवर्तन तथा विकास की गति भी अवरुद्ध हो जाती है। इस प्रकार श्रम-विभाजन तथा विशेषीकरण परिवर्तन एवं विकास के लिए अपरिहार्य है।

श्रम-विभाजन का असामान्य स्वरूप
(Unusual Form of Division of Labour)

एमिल दुर्खाइम का श्रम-विभाजन का सिद्धांत समाज के स्थायित्व, निरंतरता, विकास तथा समायोजन से संबंधित है। उन्होंने इस सिद्धांत के विश्लेषण में अनेक मुद्दों तथा अवधारणाओं का विश्लेषण किया है। उदाहरणस्वरूप आदिम समाज तथा आधुनिक समाज में श्रम-विभाजन एवं विशेषीकरण के स्वरूपों को स्पष्ट किया है। यांत्रिक एकता एवं सावयवी एकता की व्याख्या की है। यांत्रिक समाज एवं सावयवी समाज में श्रम-विभाजन तथा विशेषीकरण के सिद्धांतों की विवेचना की है। उन्होंने श्रम-विभाजन के सिद्धांत के विश्लेषण में दमनकारी कानून तथा प्रतिकारी कानून को स्पष्ट किया है। व्यक्तिगत अहं (Ego) तथा सामूहिक चेतना का विश्लेषण किया है। उन्होंने *द डिविजन ऑफ लेबर इन सोसाइटी* के तृतीय एवं अंतिम खंड में श्रम-विभाजन से जुड़े हुए असामान्य स्वरूपों का विश्लेषण किया है। श्रम-विभाजन के असामान्य स्वरूपों को निम्नलिखित रूपों में स्पष्ट किया जा सकता है—

1. दुर्खाइम ने स्पष्ट किया है कि साधारणतः श्रम-विभाजन तथा सामाजिक सुदृढ़ता में स्पष्ट संबंध मौजूद होता है। श्रम-विभाजन के आधार पर सामूहिक चेतना एवं सावयवी एकता का विकास होता है। परंतु कभी-कभी ऐसा भी होता है कि सावयवी एकता एवं सामाजिक सुदृढ़ता को विकसित करने में श्रम-विभाजन विफल हो जाता है। उन्होंने स्पष्ट किया है कि कतिपय विसंगतियों एवं दबावों के कारण श्रम-विभाजन का परिणाम असामान्य हो जाता है। जिस प्रकार शरीर कभी-कभी बीमारियों से पीड़ित होता है, उसी प्रकार श्रम-विभाजन भी विभिन्न प्रकार की व्याधिकीय समस्याओं से ग्रस्त होने पर अपने लक्ष्य में विफल होता है।
2. दुर्खाइम के अनुसार आर्थिक प्रतिस्पर्धा तथा महत्वाकांक्षा के कारण आदर्शहीन श्रम-विभाजन का असामान्य स्वरूप उत्पन्न होता है। श्रम-विभाजन प्रकार्यात्मक

सहयोग, समायोजन तथा संबद्धता पर आधारित है। परंतु नियमहीन व्यवहारों, विभिन्न भूमिकाओं में संघर्ष, आर्थिक सौदेबाजी तथा अन्य दबावों के कारण श्रम-विभाजन के क्षेत्र में नियमहीनता तथा बिखराव की स्थिति उत्पन्न हो जाती है। उदाहरणस्वरूप भूमिपति तथा खेतिहर मजदूर के बीच में, पूंजीपति एवं कारखाने के मजदूरों में एवं सरकारी कर्मचारियों तथा सरकारी नीतियों में टकराव की स्थिति उत्पन्न होने पर उग्रवाद, हड़ताल, तोड़फोड़, भ्रष्टाचार आदि की स्थिति उत्पन्न होती है। फलतः श्रम-विभाजन का असामान्य स्वरूप प्रकट होने लगता है।

3. दुर्खाइम के अनुसार श्रम-विभाजन के अंतर्गत यदि संतुलित व्यवस्था का विकास नहीं होता है तो श्रम-विभाजन का परिणाम उत्साहवर्धक नहीं हो सकता है। दबाव, प्रलोभन, प्रभुत्व, वर्चस्व आदि के आधार पर जब मनमाने ढंग से श्रम-विभाजन की संरचना खड़ी की जाती है तो संकट की स्थिति उत्पन्न हो जाती है। दुर्खाइम ने बार-बार स्पष्ट किया है कि श्रम-विभाजन का आधार क्षमता, योग्यता तथा कौशल से जुड़ा हुआ है। यदि किसी अयोग्य व्यक्ति को श्रम-विभाजन के अंतर्गत किसी महत्वपूर्ण पद पर नियुक्त किया जाता है तो श्रम-विभाजन पर आधारित प्रबंधन का पतन हो सकता है। उदाहरणस्वरूप किसी नवोदय विद्यालय के प्राचार्य के पद पर यदि कोई बाहुबली भाई-भतीजावाद के आधार पर बैठ जाए तो उस नवोदय विद्यालय पर स्वतः संकट के बादल छा जाएंगे। एक सड़ी हुई मछली संपूर्ण तालाब को प्रदूषित कर सकती है। अतः श्रम-विभाजन के प्रबंधन में चूक होने पर असामान्य स्थिति उत्पन्न होती है।
4. दुर्खाइम के अनुसार श्रम-विभाजन से संबंधित विभिन्न इकाइयों के बीच तालमेल तथा समायोजन अपेक्षित है। उदाहरणस्वरूप परिवार में श्रम-विभाजन की सफलता के लिए स्वस्थ दांपत्य जीवन का होना अपरिहार्य है। पति तथा पत्नी यदि समंजन करने में असफल होते हैं तो परिवार में सुनिश्चित रूपों में बिखराव की स्थिति उत्पन्न होती है। इसी प्रकार व्यवस्था से जुड़े अन्य क्षेत्रों में भी श्रम-विभाजन के अंतर्गत परस्पर सहयोग, विश्वास, अंतः संबंध, समायोजन की प्रवृत्ति तथा अनुशासन की आवश्यकता होती है। तालमेल तथा समायोजन के अभाव में श्रम-विभाजन के असामान्य स्वरूपों का प्रकट होना सुनिश्चित है।

श्रम-विभाजन का परिणाम (Result of Division of Labour)

एमिल दुर्खाइम ने श्रम-विभाजन से संबंधित विभिन्न पक्षों एवं आयामों का विश्लेषण किया है। उन्होंने श्रम-विभाजन की दशाओं तथा परिणामों की व्याख्या प्रस्तुत की है—

1. सामाजिक श्रम-विभाजन के आधार पर सामाजिक परिवर्तन तथा विकास की स्थिति उत्पन्न होती है।
2. श्रम-विभाजन तथा विशेषीकरण के विस्तार के आधार पर सरल समाज का जटिल समाज में रूपांतरण होता है। यांत्रिक सुदृढ़ता से सावयवी सुदृढ़ता का विकास होता है।
3. दुर्खाइम के अनुसार सामाजिक श्रम-विभाजन के आधार पर दमनकारी कानून (Restructive Law) शिथिल हो जाता है तथा प्रतिकारी कानून (Repressive Law)

का विकास होता है। दुर्खाइम के अनुसार श्रम-विभाजन के विकास के आधार पर संविदा पर आधारित संबंधों का विकास होता है। पारस्परिक समझौते के आधार पर व्यक्ति परस्पर अंत:संबंधित होता है।

4. श्रम-विभाजन के आधार पर परस्पर निर्भरता की प्रवृत्ति बढ़ती है। श्रम-विभाजन के आधार पर समाज में समायोजन की स्थिति एवं प्रवृत्ति विकसित होती है।
5. श्रम-विभाजन विभिन्न संगठनों के कारगर प्रबंधन में सहायक है।
6. जनसंख्या के आकार एवं घनत्व में वृद्धि के आधार पर समाज में एक दबाव बना रहता है। श्रम-विभाजन के आधार पर जनसंख्या की वृद्धि को एक व्यवस्थित आधार प्रदान किया जाता है।
7. श्रम-विभाजन के आधार पर व्यक्ति को अपनी योग्यता, क्षमता एवं कौशल को प्रदर्शित करने का अवसर प्राप्त होता है।
8. श्रम-विभाजन के आधार पर सामूहिक चेतना विकसित होती है। समाज की सुदृढ़ता कारगर होती है। फलत: समाज के स्थायित्व, निरंतरता एवं विकास का पथ प्रशस्त होता है।
9. श्रम-विभाजन में वृद्धि के कारण विभिन्न प्रकार के व्यवसायों तथा रोजगार के अवसरों का विकास होता है।
10. श्रम-विभाजन सामूहिक प्रतिनिधान को विकसित करने में सहायक है। विभिन्न त्योहारों के अवसर पर सामूहिक प्रतिनिधान का अनुभव किया जा सकता है।

विश्लेषणों के आधार पर स्पष्ट होता है कि एमिल दुर्खाइम ने श्रम-विभाजन के सिद्धांत के आधार पर सामाजिक व्यवस्था के स्थायित्व से जुड़े प्रकार्यात्मक तत्वों का विश्लेषण किया है। साथ ही श्रम-विभाजन के कारणों तथा दशाओं का भी विवरण प्रस्तुत किया है। वस्तुत: एमिल दुखाईम द्वारा प्रस्तुत श्रम-विभाजन का सिद्धांत सामाजिक-सांस्कृतिक प्रबंधन का एक कारगर दस्तावेज है। उन्होंने श्रम-विभाजन के असामान्य स्वरूप को भी रेखांकित किया है तथा समाज में मौजूद नियमहीनता, विघटन तथा बिखराव के प्रति लोगों को सचेत किया है। समाजशास्त्र के चिंतन के क्षेत्र में श्रम-विभाजन से संबंधित एमिल दुर्खाइम का सिद्धांत स्वर्णाक्षरों में अंकित करने योग्य है। दुर्खाइम का यह समाजशास्त्रीय अवदान भी आलोचकों की निगाह से बच नहीं पाया तथा विद्वानों ने इस सिद्धांत की अनेक सीमाओं एवं कमजोरियों का खुलासा किया है। कुछ प्रमुख आलोचनाओं का विवरण निम्नलिखित रूपों में रेखांकित किया जा सकता है—

1. आर.के. मर्टन ने एमिल दुर्खाइम द्वारा प्रस्तुत यांत्रिक सुदृढ़ता एवं सावयवी सुदृढ़ता के विश्लेषण पर असहमति व्यक्त की है। साथ ही मर्टन ने श्रम-विभाजन के आधार पर दुर्खाइम द्वारा प्रस्तुत उद्विकास के सिद्धांत की आलोचना की है।
2. मर्टन ने एमिल दुर्खाइम द्वारा प्रकार्य शब्द के विश्लेषण पर भी असहमति व्यक्त की है। मर्टन के अनुसार उन्होंने लक्ष्य अथवा उद्देश्य के बजाय प्रकार्य (Function) का इस्तेमाल किया है यह कदापि उचित नहीं है।
3. एच.ई. बर्न्स ने अपनी पुस्तक *एन इन्ट्रोडक्शन टु द हिस्ट्री ऑफ सोश्यल थॉट* में स्पष्ट किया है कि दुर्खाइम ने श्रम-विभाजन के विश्लेषण में नैतिकता की व्याख्या की है। परंतु

दुर्खाइम द्वारा प्रस्तुत नैतिकता की व्याख्या संतुलित प्रतीत नहीं होती। बर्न्स ने यह भी स्पष्ट किया है कि वैयक्तिक नैतिकता एवं सामाजिक नैतिकता के अंतर की व्याख्या में दुर्खाइम असफल रहे हैं।

4. रेमंड एरो के अनुसार दुर्खाइम द्वारा प्रस्तुत श्रम-विभाजन की व्याख्या संतुलित नहीं है। विशेष रूप से श्रम-विभाजन से संबंधित जीवशास्त्रीय व्याख्या पर एरो ने आपत्ति व्यक्त की है। उन्होंने दुर्खाइम द्वारा प्रस्तुत यांत्रिक सुदृढ़ता तथा सावयवी सुदृढ़ता के विश्लेषण पर भी प्रश्नचिह्न खड़ा किया है।

स्पष्ट है कि आलोचना उन्हीं सिद्धांतों की होती है जिनका विचारों की दुनिया में एक विशेष महत्व होता है। वैचारिक प्रखरता तथा नई व्याख्या विवादों को जन्म देती है। श्रम-विभाजन के सिद्धांत पर प्रश्नचिह्न खड़ा किया गया है। अनेक मुद्दों पर विद्वानों की असहमति के बावजूद दुर्खाइम द्वारा प्रस्तुत श्रम-विभाजन के सिद्धांत का कोई विकल्प नहीं है। नई पीढ़ी को इस सिद्धांत से नई ऊर्जा प्राप्त होती है। प्रबंधन के वर्तमान दौर में श्रम-विभाजन से जुड़े विभिन्न आयामों का विशेष महत्व है।

मैक्स वेबर (Max Weber)

जीवन-परिचय (Life-Sketch)

जर्मन समाजशास्त्री मैक्स वेबर ने समाजशास्त्रीय चिंतन को एक नई दिशा दी। उनका जन्म थुरिंगा (Thuringa) में 21 अप्रैल, 1864 ई. को एक प्रोटेस्टेंट परिवार में हुआ था। वेबर का पालन-पोषण बौद्धिक वातावरण में हुआ था। भाषा, इतिहास तथा साहित्य में उन्हें विशेष अभिरुचि थी। स्कूल शिक्षा के दौरान उनका व्यक्तित्व अंतर्मुखी था। 1882 ई. में 18 वर्ष की आयु में वेबर ने हेडेलबर्ग विश्वविद्यालय में अध्ययन के लिए पदार्पण किया। विश्वविद्यालय में उनके व्यक्तित्व का विकास हुआ तथा वह छात्रों के बीच लोकप्रिय हो गया। विवरणों के आधार पर स्पष्ट होता है कि उसने अपनी शिक्षा पूरी किए बगैर स्ट्रासबर्ग में फौज की नौकरी शुरू कर दी। फौज की नौकरी उन्हें रास नहीं आई। दो वर्षों की सैनिक नौकरी के उपरांत 1884 ई. में वेबर ने अपने माता-पिता के पास वापस लौटकर बर्लिन विश्वविद्यालय में प्रवेश लिया। गैटिंगटन विश्वविद्यालय में भी शिक्षा ग्रहण की। 1889 ई. में मैक्स वेबर ने "हिस्ट्री ऑफ कॉमर्शियल सोसाइटीज इन द मिडिल एजेज" पर अपना शोध-प्रबंध प्रस्तुत किया। साथ ही उन्होंने रोमन ऐग्रेरीयन इतिहास पर उत्तर-डॉक्टरेट (Post-doctoral) शोध प्रबंध भी प्रस्तुत किया। वेबर ने बर्लिन विश्वविद्यालय में प्राध्यापक पद ग्रहण किया। 1893 ई. में मैक्स वेबर का मारिऐन श्नित्गर से विवाह हो गया। इससे पूर्व उनकी नियुक्ति फ्राइबर्ग विश्वविद्यालय में अर्थशास्त्र के प्रोफेसर के रूप में हो गई थी। उल्लेखनीय है कि अल्प अवधि में ही मैक्स वेबर की ख्याति एक प्रतिभाशाली शिक्षक के रूप में फैलने लगी। वस्तुतः युवाकाल में ही वे एक प्रभावशाली विद्वान बन गए। 1895 ई. में "द नेशनल स्टेट एंड इकोनोमिक पॉलिसी" पर मैक्स वेबर ने व्याख्यान प्रस्तुत किया। उनका यह व्याख्यान विचारों की दुनिया में चर्चित हुआ। 1896 ई. में वेबर को हेडेलबर्ग में अर्थशास्त्र के प्रोफेसर के रूप में नियुक्त किया गया। मोनाल्ड जी. मार्के ने वेबर के क्रियाकलापों पर एक मोनोग्राफ तैयार किया। इस मोनोग्राफ के अनुसार

1898 ई. में मैक्स वेबर बीमार हो गए। उनका स्नायुतंत्र प्रभावित हुआ। वे एकांत में रहने लगे। लगभग चार वर्षों तक वे बीमारी से जूझते रहे। 1903 ई. में 'आरकीव फ्यूअर सोशियल विसेनशाफ्ट' (Archive Fuer Social Wissenschaft) जर्मनी में सामाजिक-विज्ञान की शोध-पत्रिका के रूप में विख्यात हुई। पत्रिका के सह-संपादक के रूप में मैक्स वेबर ने योगदान दिया था। शोध-पत्रिका के सह-संपादक के रूप में उसकी प्रखर प्रतिभा को एक नई ऊंचाई प्राप्त हुई। 1904 ई. में उन्होंने सामाजिक एवं आर्थिक मुद्दों पर गंभीर विश्लेषण प्रस्तुत किया। सामाजिक विज्ञानों में वस्तुनिष्ठता के मुद्दों की व्याख्या की। उल्लेखनीय है कि 1904 ई. में ही उन्होंने *द प्रोटेस्टेंट एथिक एंड स्प्रिट ऑफ कैपिटलिज्म्* के प्रथम खंड के महत्वपूर्ण लेख को प्रस्तुत किया। 1904 ई. में ही एक विशेष अकादमिक आमंत्रण पर वे अमेरिका भी गए। अमेरिका की आर्थिक व्यवस्था, पूंजीवाद, धार्मिक मतवाद तथा अन्य पक्षों से वे प्रभावित हुए। वर्थ तथा मिल्स के अनुसार कोलंबिया विश्वविद्यालय में उन्होंने प्रोटेस्टेंट मतवाद में प्रयोग की जाने वाली अध्ययन सामग्री का संकलन किया। अमेरिका यात्रा के दौरान ही वेबर ने प्रोटेस्टेंट नैतिकता तथा पूंजीवाद के प्रादुर्भाव के बीच संबंध तथा राजनैतिक संगठन के प्रकार्य आदि का विश्लेषण किया। इन्हीं वर्षों में मैक्स वेबर का "आन द मैथोलॉजी ऑफ सोश्यल साइन्स" पूरा हुआ। साथ ही *द प्रोटेस्टेंट एथिक एंड स्प्रिट ऑफ कैपिटलिज्म* का शोध प्रबंध भी पूरा हुआ। उन्होंने रूस के राजनैतिक परिवर्तनों का विश्लेषण किया। उल्लेखनीय है कि उन्होंने औद्योगिक श्रमिकों के सामाजिक मनोविज्ञान पर एक आनुभविक अध्ययन किया। सी.ए. कोजर के अनुसार 1910 ई. में उन्होंने टॉनीज तथा सिम्बेल के साथ जर्मनी के समाजशास्त्रीय संगठन की स्थापना की। 1915 ई. तथा 1920 ई. के कालखंड में मैक्स वेबर ने अनेक महत्वपूर्ण अवदानों को प्रस्तुत किया। प्रथम महायुद्ध के कालखंड में उसने धर्म के समाजशास्त्र पर अपना अध्ययन प्रस्तुत किया। द *रिलीजन ऑफ चाइना : कन्फ्यूशिज्म् एंड थिओज्म्* 1915 ई. में पहली बार प्रकाशित हुई। द *रिलीजन ऑफ इंडिया : द सोशियोलॉजी ऑफ हिंदुज्म एवं बुद्धिज्म* 1916-17 ई. में प्रकाशित हुई। *एनशिएन्ट जूडिज्म* 1917 ई. में प्रकाशित हुई। 14 जून, 1920 को मैक्स वेबर का देहांत हो गया।

औद्योगिक समाजशास्त्र : मैक्स वेबर का चिंतन
(Industrial Sociology : Thoughts of Max Weber)

अधिकारी-तंत्र (Bureaucracy)

मैक्स वेबर ने अधिकारी-तंत्र की व्यवस्थित व्याख्या सैद्धांतिक आधारों पर प्रस्तुत की। उनके अनुसार अधिकारी-तंत्र एक संस्तरित सामाजिक संस्तरण है। हिंदी में अधिकारी-तंत्र के लिए नौकरशाही शब्दों का भी उपयोग होता है। अर्थशास्त्री विंसेट द गौरने द्वारा 19वीं शताब्दी में राज्य के बढ़ते हुए हस्तक्षेप को स्पष्ट करने के लिए अधिकारी-तंत्र का विश्लेषण किया गया। सन् 1895 में मौजाका की पुस्तक द *रूलिंग क्लास* के प्रकाशन के बाद इस शब्द ने एक स्थायी रूप ग्रहण कर लिया। किंतु इसे अपने वर्तमान अर्थ एवं संदर्भ में स्पष्ट करने का श्रेय मैक्स वेबर को है, जिन्होंने आधुनिक औद्योगिक समाज के परिप्रेक्ष्य में अधिकारी-तंत्र की व्याख्या की है। मिशेल ने स्पष्ट किया है कि नौकरशाही शब्द का सामान्य अर्थ ऐसे विभागीय एवं प्रशासनिक

अधिकारियों से है जो कड़ी कार्य प्रणाली का पालन करते हैं। मैक्स वेबर के अनुसार औद्योगिक समाज में किसी भी संगठन को विवेकपूर्ण तरीकों के आधार पर अपने लक्ष्यों की पूर्ति के लिए नौकरशाही की व्यवस्था अपरिहार्य है। इस प्रकार मैक्स वेबर के अनुसार औद्योगीकरण के विकास के साथ नौकरशाही का विस्तार हुआ है। साथ ही उनके अनुसार औद्योगिक सामाजिक संगठन के लिए नौकरशाही अपरिहार्य है। वेबर ने नौकरशाही की व्याख्या में आदर्श प्रारूप के निम्नलिखित तत्वों को सम्मिलित किया—

1. उच्च श्रेणी का विशिष्टीकरण एवं क्रमबद्ध रूप में श्रम-विभाजन।
2. दायित्वों का कर्मचारियों में विभाजन किया जाता है।
3. सत्ता की पद-क्रमानुसार संरचना स्थापित की जाती है जिसमें निर्देश एवं दायित्व के दायरे का स्पष्ट निर्धारण होता है।
4. नियमों की औपचारिक संस्था व्यवस्थित की जाती है। साथ ही प्रशासन को लिखित प्रलेखों पर आधारित किया जाता है।
5. अधिकारी-तंत्र में निर्वैयक्तिक संबंधों को महत्व प्रदान किया जाता है।
6. अधिकारी-तंत्र में अधिकारियों की नियुक्ति योग्यता तथा तकनीकी ज्ञान के आधार पर होती है।
7. दीर्घकालीन सेवा की व्यवस्था की जाती है।
8. वरिष्ठता एवं योग्यता को महत्व प्रदान किया जाता है। वरिष्ठता एवं योग्यता के आधार पर पदोन्नति का प्रावधान होता है।
9. निश्चित वेतन का प्रावधान होता है।

उल्लेखनीय है कि आधुनिक पूंजीवाद के उदय से पहले भी दुनिया के अनेक क्षेत्रों में नौकरशाही की संरचना के विकास का विवरण उपलब्ध होता है। परंतु पूंजीवाद के विकास के साथ नौकरशाही का विकास तीव्र रूप में हुआ है।

जूलियन फ्रैंड ने मैक्स वेबर के अधिकारी-तंत्र के सिद्धांत का व्यवस्थित आधारों पर विश्लेषण प्रस्तुत किया है। जूलियन फ्रैंड ने स्पष्ट किया है कि प्राचीन मिस्र, रोमन चर्च, चीन-एशिया, यूरोप के कई देशों तथा प्राचीन युग में भी राजतंत्र के अधीन अधिकारी-तंत्र की व्यवस्था मौजूद थी। फ्रैंड ने स्पष्ट किया है कि प्राचीन अधिकारी-तंत्र में कर्मचारियों को वास्तविक कानूनी अधिकार प्राप्त नहीं होता था तथा उन्हें आर्थिक सुरक्षा भी नहीं मिल पाती थी। इस प्रकार राजतंत्र में अधिकारी-तंत्र मनमाने ढंग से संचालित होता था। आधुनिक पूंजीवाद तथा लोकतांत्रिक शासन प्रणाली के विकास के कारण, कर्मचारी तंत्र का संचालन अब मनमाने ढंग से संभव नहीं है। अब अधिकारियों को कानूनी हक प्राप्त है। एक स्पष्ट कार्य-संस्कृति है। नियमों तथा प्रावधानों का लिखित अभिलेख है। कर्मचारियों के लिए आर्थिक सुरक्षा की व्यवस्था है। अधिकारी-तंत्र पर वंश-परंपरा का वर्चस्व नहीं है।

अधिकारी-तंत्र की परिभाषा (Definition of Bureaucracy)

नौकरशाही वह तंत्र है जो तर्क-विधिक सत्ता को लागू करता है। मैक्स वेबर ने नौकरशाही का विस्तृत विवेचन किया है और एक आदर्श प्रारूप की परिकल्पना प्रस्तुत की है जिसमें

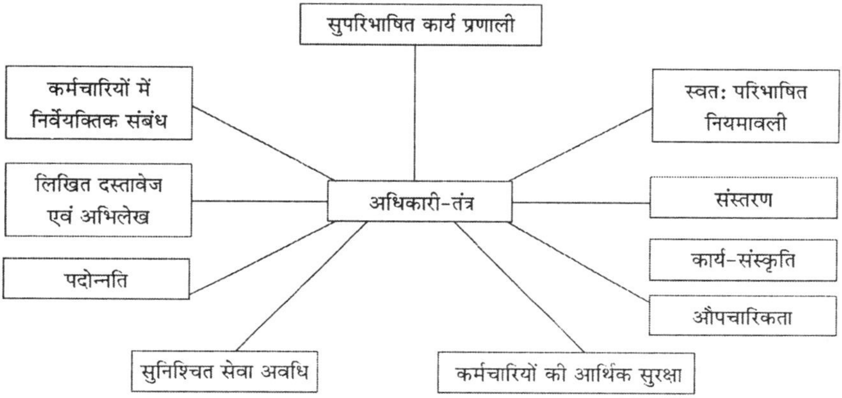

नौकरशाही की अवधारणा को स्पष्ट किया है। संक्षेप में, अधिकारी-तंत्र सुपरिभाषित कार्य-संस्कृति पर आधारित है। यह कार्यकलापों के प्रतिमानों की एक संस्तरणात्मक व्यवस्था है अर्थात् इसमें संस्तरण होता है। अधिकारी-तंत्र द्वारा प्रशासकीय कार्यों का संचालन होता है। अधिकारी-तंत्र से जुड़े व्यक्तियों में तर्कपूर्ण आधारों पर औपचारिकता विकसित होती है। अधिकारी-तंत्र में प्रत्येक अधिकारी अपने से उच्च अधिकारी के प्रति उत्तरदायी होता है। मैक्स वेबर ने अधिकारी-तंत्र की अवधारणा को निम्नलिखित बिंदुओं के आधार पर स्पष्ट किया है—

1. वेबर के अनुसार नौकरशाही व्यवस्था औपचारिक तर्कसंगत की सामाजिक अभिव्यक्ति है। औपचारिक तर्कसंगत का एक विशिष्ट अभिप्राय है। आधुनिक अधिकारी-तंत्र में वंश परंपरा, वैयक्तिक संबंध, विश्वास तथा भावुकता का कोई स्थान नहीं है। आधुनिक नौकरशाही में नियमों तथा प्रक्रियाओं को महत्व दिया जाता है।
2. वेबर की दृष्टि में नौकरशाही व्यवस्था तर्कसंगत प्रभुता की संरचना है। उनके अनुसार नौकरशाही तर्कविधिक सत्ता की विशिष्ट अभिव्यक्ति है। इसीलिए शक्ति तभी तर्कपूर्ण, नियमानुकूल एवं वैध कही जाती है जब इसका उपयोग औपचारिक व्यक्ति निरपेक्ष नियमों एवं प्रावधानों के द्वारा किया जाए जो नौकरशाही संरचना के आधार हैं।
3. वेबर के अनुसार अधिकारी-तंत्र अपने सदस्यों के तर्कसंगत कार्यों को प्रोत्साहित करता है। उन्होंने यह भी स्पष्ट किया है कि नौकरशाही के विकास तथा पूंजीवाद के तर्कसंगत विकास के बीच तर्कपूर्ण संबंध है।
4. नौकरशाही लिखित अभिलेखों पर आधारित है। इसमें कर्मचारियों के लिए आर्थिक सुरक्षा है। इसमें पदोन्नति का प्रावधान है।

अधिकारी-तंत्र की अवधारणा के विश्लेषण में मैक्स वेबर ने क्रमबद्ध एवं सुनियोजित पक्षों का स्पष्टीकरण किया है। वस्तुतः वाणिज्यिक क्रांति, औद्योगिक क्रांति तथा लोकतंत्र एवं पूंजीवाद के विकास के कारण अधिकारी-तंत्र की एक व्यापक संरचना प्रत्येक संगठन के साथ संबंधित है। विशेष रूप से सरकारी सचिवालयों, औद्योगिक संगठनों, व्यापारिक प्रतिष्ठानों एवं सामाजिक-आर्थिक परिधि के विभिन्न परिक्षेत्रों में नौकरशाही का व्यवस्थित ताना-बाना

अनुभव किया जा सकता है। मैक्स वेबर ने अधिकारी-तंत्र की जटिल संरचना को प्रस्तुत कर कार्य-संस्कृति से जुड़ी संरचना को स्पष्ट किया। स्पष्ट है कि वर्तमान माहौल में सेंसेक्स, कॉल सेंटर, शेयर मार्केट में बढ़ते-लुढ़कते सूचकांक, प्रशासनिक सचिवालय—सामाजिक संगठन का हर क्षेत्र अधिकारी-तंत्र से जुड़ चुका है। वस्तुतः अधिकारी-तंत्र से संबंधित मैक्स वेबर का समाजशास्त्रीय चिंतन एक महत्वपूर्ण अवदान है तथा विचारों की दुनिया में इसे स्वर्णाक्षरों में अंकित किया जा सकता है।

अधिकारी-तंत्र की विशेषताएं (Characteristics of Bureaucracy)

मैक्स वेबर ने व्यवस्थित कार्य-संस्कृति एवं नियमों तथा प्रावधानों पर आधारित अधिकारी-तंत्र की कतिपय विशेषताओं की चर्चा की है तथा निम्नलिखित विवरण प्रस्तुत किया है—

1. **निरंतरता**—मैक्स वेबर ने स्पष्ट किया है कि अधिकारी-तंत्र की एक प्रमुख विशेषता निरंतरता से संबंधित है। कर्मचारी का स्थानांतरण होता है। पदाधिकारी आते हैं और चले जाते हैं। सुनिश्चित सेवाकाल के बाद कर्मचारियों का अवकाश ग्रहण सुनिश्चित है। सेवा अवधि में कुछ लोगों की मृत्यु हो जाती है। परंतु अधिकारी-तंत्र की संरचना एवं व्यवस्था में निरंतरता बनी रहती है। नए पदाधिकारियों की नियुक्ति होती है। नए कर्मचारियों का चयन होता है। अधिकारी-तंत्र अपनी रफ्तार से सदैव क्रियाशील रहता है। अधिकारी-तंत्र में एक कथन विख्यात है कि कुर्सी कभी खाली नहीं होती है।
2. **नियमों एवं प्रावधानों पर आधारित अधिकारी**—तंत्र कोई पारिवारिक मसला नहीं होता। इसमें वैयक्तिक संबंध अथवा दोस्ती की भी बात नहीं चलती है। जाहिर है कि अधिकारी-तंत्र कठोर नियमों पर आधारित होता है। शासकीय कार्य नियमों तथा प्रावधानों से जुड़ा होता है। अधिकारी-तंत्र के अंतर्गत नियमों तथा प्रावधानों के उल्लंघन की इजाजत नहीं है।
3. **विशिष्टता एवं योग्यता**—अधिकारी-तंत्र के अंतर्गत कार्यरत लोगों में विशिष्टता तथा योग्यता अपेक्षित है। कोई इंटरनेट के संचालन में अपने कौशल के लिए प्रशंसा का पात्र होता है तो कोई फैक्स से जुड़ा होता है। कोई ई-मेल से जुड़ा होता है तो कोई तकनीकी ज्ञान के क्षेत्र में अपने कौशल के लिए विख्यात होता है। इस प्रकार अधिकारी-तंत्र में क्षमता, कर्मठता, कौशल तथा योग्यता का विशेष महत्व होता है।
4. **निर्वैयक्तिक संबंध**—अधिकारी-तंत्र निर्वैयक्तिक संबंधों पर आधारित होता है। इसमें भावुकता तथा विश्वास के लिए कोई स्थान नहीं होता है। इसके अंतर्गत व्यक्तिगत संबंध के आधार पर निर्णय लेने की इजाजत नहीं है। कोई मनमानी नहीं कर सकता है। सभी निर्णय नियमों तथा प्रावधानों के अंतर्गत लिए जाते है। इस प्रकार अधिकारी-तंत्र की एक प्रमुख विशेषता कर्मचारियों के निर्वैयक्तिक संबंधों से जुड़ा होना है।
5. **संस्तरण**—अधिकारी-तंत्र के अंतर्गत कार्य करने वाले सभी व्यक्तियों को एक समान पद, दायित्व एवं अधिकार मिलना संभव नहीं है। अधिकारी-तंत्र एक सोपान (Step) की तरह है। इसमें संस्तरण तथा पदक्रम है। इसमें कोई आदेश देता है तथा कोई आदेश ग्रहण करता है। इसमें कोई ऊपर होता है तो कोई निम्न स्थान पर। उदाहरणस्वरूप कोई

मुख्य सचिव होता है, कोई सचिव होता है, कोई कमिश्नर होता है तो कोई कलेक्टर होता है, कोई प्रशासकीय पदाधिकारी होता है तो कोई लिपिक होता है, कोई अर्दली होता है। इस प्रकार अधिकारी-तंत्र की संरचना का स्वरूप एक सोपान की तरह होता है।

6. **लिखित दस्तावेज**—वेबर ने स्पष्ट किया है कि अधिकारी-तंत्र के कार्य-संचालन में लिखित दस्तावेज का विशेष महत्व होता है। कोई भी निर्णय लिखित रूपों में लिया जाता है। हर निर्णय को अभिलेखों में सुरक्षित रखा जाता है। इस प्रकार मौखिक आधारों पर किसी मसले के निष्पादन की इजाजत साधारणतः अधिकारी-तंत्र में नहीं है। इस प्रकार अधिकारी-तंत्र की एक प्रमुख विशेषता लिखित दस्तावेज से संबंधित है।
7. **सुनिश्चित सेवाकाल**—अधिकारी-तंत्र के अंतर्गत साधारणतः प्रत्येक कर्मचारी का चयन एक सुनिश्चित कालखंड के लिए किया जाता है। यह बिल्कुल संविदात्मक होता है। आवश्यकता होने पर अधिकारियों एवं कर्मचारियों को एक सेवावधि समाप्त होने के पश्चात पुनः नियुक्त किया जा सकता है। परंतु नियुक्ति अथवा चयन की प्रक्रिया पूर्णतः नियमों एवं प्रावधानों पर आधारित होती है।
8. **पदोन्नति**—अधिकारी-तंत्र में पदोन्नति का प्रावधान है। एक सुनिश्चित कालखंड के बाद प्रत्येक अधिकारी एवं कर्मचारी को पदोन्नति का लाभ प्रदान किया जाता है। विशेष क्षमता एवं कौशल के आधार पर समय से पूर्व भी पदोन्नति प्रदान की जाती है। विभागीय परीक्षाओं में सफल होने पर भी पदोन्नति का लाभ प्राप्त होता है।
9. **स्पष्ट दायित्व**—अधिकारी-तंत्र के अंतर्गत प्रत्येक अधिकारी एवं कर्मचारी का दायित्व सुपरिभाषित होता है। किसको क्या करना है, किसका क्या दायित्व है तथा किसका क्या कार्य-क्षेत्र है—यह पूर्णतः स्पष्ट होता है।
10. **कर्मचारियों की सुरक्षा**—अधिकारी-तंत्र के अंतर्गत कार्यरत कर्मचारियों को पूर्ण सुरक्षा प्रदान करने का प्रावधान होता है। उच्च अधिकारी तथा राजनैतिक नेताओं के निरंकुश व्यवहारों से कार्यरत कर्मचारियों की सुरक्षा के लिए विशेष प्रावधान है। किसी भी व्यक्ति को चाहे वह कितना भी बड़ा क्यों न हो, अधिकारी-तंत्र के अंतर्गत स्वेच्छाचारिता की इजाजत नहीं है।
11. **अधिकारियों पर नियंत्रण**—अधिकारी-तंत्र के अंतर्गत विभिन्न नियमों तथा प्रावधानों के तहत नियंत्रण रखने की व्यवस्था है। अधिकारी-तंत्र द्वारा किए गए उत्पादन अथवा प्रशासन के साधनों पर किसी कर्मचारी अथवा अधिकारी का कोई हक नहीं होता है। इस प्रकार कोई भी अधिकारी अथवा कर्मचारी संगठन के उत्पादनों एवं संसाधनों का व्यक्तिगत हित में उपयोग नहीं कर सकता है।
12. **प्रशिक्षण**—अधिकारी-तंत्र में क्षमता, दक्षता तथा कर्मठता का विशेष महत्व होता है। अतः समय-समय पर कर्मचारियों के लिए विशेष प्रशिक्षण की व्यवस्था की जाती है। उदाहरणस्वरूप वर्तमान समय में बैंक के अधिकारी-तंत्र में प्रत्येक कर्मचारी तथा अधिकारी को कंप्यूटर का प्रशिक्षण प्रदान किया गया है। आपदा प्रबंधन से संबंधित प्रशिक्षण का प्रावधान भी किया जाता है। शिक्षण-संस्थाओं में भी शिक्षकों के लिए विशेष प्रशिक्षण की व्यवस्था है।

13. **आधारभूत संरचना**—अधिकारी-तंत्र की एक प्रमुख विशेषता आधारभूत संरचना का होना आवश्यक है। आधारभूत संरचना के अंतर्गत एक व्यवस्थित कार्यालय अधिकारियों के लिए केबिन, कर्मचारियों के लिए टेबल तथा कुर्सी, कैंटीन की व्यवस्था, बिजली, कंप्यूटर, इंटरनेट, स्वच्छ पेयजल की आपूर्ति, प्रदूषण रहित वातावरण एवं सुरक्षा आदि अपेक्षित हैं।

अधिकारी-तंत्र में अधिकारी वर्ग की विशेषताएं
(Characteristics of Officials in Bureaucracy)

मैक्स वेबर ने अधिकारी-तंत्र के अंतर्गत अधिकारी वर्ग की विशेषताओं का उल्लेख किया है। अधिकारी-तंत्र के अंतर्गत निर्णय की प्रक्रिया में अधिकारियों का विशेष महत्व होता है। शक्ति तथा सत्ता के केंद्र में बैठे हुए अधिकारियों की दृढ़ता पर ही अधिकारी-तंत्र की सफलता बहुलांश में निर्भर है। अधिकारी-वर्ग की कुछ प्रमुख विशेषताओं को निम्नलिखित रूपों में रेखांकित किया जा सकता है।

1. अधिकारी-तंत्र में व्यवसाय का विशेष महत्व होता है। अधिकारी के लिए कार्यालय का काम उनका व्यवसाय है।
2. अधिकारी-तंत्र में अधिकारियों की दक्षता का विशेष महत्व होता है। दक्षता प्राप्त करने के लिए उन्हें विशेष रूप से प्रशिक्षित किया जाता है।
3. अधिकारी-तंत्र में अधिकारियों की प्रस्थिति और भूमिका उनकी योग्यताओं के अनुसार निर्धारित होती है।
4. वेबर के अनुसार अधिकारियों की समाज में विशेष प्रतिष्ठा होती है। सत्ता तथा शक्ति संरचना के दायरे में उन्हें महत्वपूर्ण स्थान प्राप्त होता है।
5. अधिकारियों से यह अपेक्षा की जाती है कि वे ईमानदारी से काम करें तथा कार्य संपादन में अपनी दक्षता का उपयोग करें। ईमानदार तथा दक्ष अधिकारी को समाज में विशेष महत्व प्राप्त होता है।

अधिकारी-तंत्र : आलोचनात्मक मूल्यांकन
(Bureaucracy : Critical Evaluation)

मैक्स वेबर ने अधिकारी-तंत्र की स्पष्ट, व्यवस्थित, तर्कपूर्ण एवं सुनियोजित आधारों पर व्याख्या प्रस्तुत की है। उन्होंने औद्योगिक समाज तथा जनतांत्रिक पद्धतियों के परिप्रेक्ष्य में अधिकारी-तंत्र की संरचना को स्पष्ट किया है। फलतः समाजशास्त्रीय चिंतन के क्षेत्र में मैक्स वेबर के अधिकारी-तंत्र के सिद्धांत को विशेष महत्व प्रदान किया गया है। परंतु अनेक विद्वानों ने वेबर के अधिकारी-तंत्र के सिद्धांतों की आलोचना निम्नलिखित आधारों पर प्रस्तुत की है—

1. आलोचकों के अनुसार मैक्स वेबर ने अधिकारी-तंत्र में निहित भेदभाव, अलगाव एवं शोषण के चरित्रों को स्पष्ट नहीं किया है। अतः उनका यह सिद्धांत व्यवस्था के संपोषण से जुड़ा हुआ है।

2. आर.के. मर्टन के अनुसार वेबर ने अधिकारी-तंत्र के दुष्प्रकार्यों का विश्लेषण गंभीरतापूर्व प्रस्तुत नहीं किया है।
3. वेबर का यह विश्लेषण समाजशास्त्रीय अनुसंधानों पर आधारित नहीं है। इसमें आनुभविक अध्ययन पद्धतियों का उपयोग नहीं किया गया है।

इन आलोचनाओं के बावजूद औद्योगिक समाजों तथा अन्य संरचना के विश्लेषण में अधिकारी-तंत्र का सिद्धांत सहायक है। यह प्रबंधन से जुड़ा हुआ है। वस्तुतः अधिकारी-तंत्र समाज के विकास की रूपरेखा को सुनियोजित करने का बुनियादी आधार है।

आदर्श प्ररूप (Ideal Types)

सामाजिक विज्ञानों की विचार पद्धति को समझने के लिए मैक्स वेबर ने आदर्श प्ररूप की अवधारणा प्रस्तुत की। आदर्श प्ररूप कुछ ऐसे तत्वों, गुणों अथवा विशेषताओं का चयन है जो संबंधित अध्ययन के लिए विशेष रूप से प्रासंगिक होते हैं। उन्होंने आदर्श प्ररूप का उपयोग एक विशिष्ट संदर्भ में किया। उनके अनुसार आदर्श प्ररूप एक मॉडल की तरह है। वास्तविक यथार्थ अथवा सामाजिक परिघटनाओं के अध्ययन एवं विश्लेषण में आदर्श प्ररूप सहायक है। इसके आधार पर ऐतिहासिक तथ्यों का क्रमबद्ध एवं स्पष्ट विवेचन संभव है। वस्तुतः वेबर ने आदर्श प्ररूप के आधार पर एक नई दृष्टि दी। ऐतिहासिक तथ्यों, सामाजिक परिघटनाओं एवं सामाजिक क्रियाओं के अध्ययन की एक नई राह दिखलाई। समाज एक निरंतर परिवर्तनशील अवधारणा है। समाज की संरचना जटिल है। ऐतिहासिक तथ्यों की व्यापक परिधि है। उलझन और जटिलता है। सामाजिक यथार्थ में बदलाव संभव है। वास्तविकता के तत्व कहीं आंशिक रूप से सही हो सकते हैं। जाहिर है कि वास्तविकता एवं सामाजिक यथार्थ का अध्ययन आंख मूंद कर नहीं किया जा सकता है। प्रोटेस्टेंट मतवाद का यथार्थ अलग है। प्रोटेस्टेंट मतवाद पूंजीवादी आर्थिक संरचना के विकास में सहायक है। इसके विपरीत कैथोलिक मतवाद का यथार्थ अलग है। कैथोलिक मतवाद पूंजीवादी आर्थिक संरचना के विकास में सहायक नहीं है। अतः प्रोटेस्टेंट मतवाद एवं कैथोलिक मतवाद के बीच मौजूद अंतर को रेखांकित करने के लिए आदर्श प्ररूप का उपयोग मैक्स वेबर ने किया है।

आदर्श प्ररूप विचाराधीन सामाजिक परिघटनाओं, ऐतिहासिक शृंखलाओं एवं सामाजिक क्रिया तथा विशिष्ट समझे जाने वाले तत्वों अथवा विशेषताओं के चयन से बनाए जाते हैं। आदर्श प्ररूप अनुसंधान की एक पद्धति है। उपकल्पना के निर्माण में सहायक है। सामाजिक परिघटनाओं की आर-पार की सच्चाई को उद्घाटित करने की एक पद्धति है। इस प्रकार आदर्श प्ररूप का उपयोग किसी विशिष्ट सामाजिक प्रवृत्ति या समस्या के अध्ययन के लिए किया जाता है। इसके आधार पर अवधारणाओं में मौजूद जटिलता एवं भ्रम की स्थिति का निराकरण किया जाता है। आदर्श प्ररूप के आधार पर सामाजिक परिघटनाओं एवं ऐतिहासिक तथ्यों का विश्लेषण अधिक स्पष्ट एवं शुद्ध होता है। अधिकारी-तंत्र के विश्लेषण में भी वेबर ने आदर्श प्ररूप के मॉडल का उपयोग किया है। वेबर के अनुसार अधिकारी-तंत्र के आदर्श प्ररूप की विशेषताएं निम्नलिखित हैं—

1. श्रम विभाजन तथा विशेषीकरण

2. सरकारी कार्य के रूप में काम का वितरण
3. अधिकारियों का पदक्रम जिसमें निर्देश और दायित्व के क्षेत्रों का स्पष्ट निर्धारण हो।
4. कामकाज के संस्थागत नियमों का लिखित प्रलेख
5. निर्वैयक्तिक संबंध अर्थात अधिकारी-तंत्र में व्यक्तिगत संबंधों का कोई अर्थ नहीं होता है।
6. योग्यता के आधार पर नियुक्ति
7. निजी तथा सरकारी आय में विभेद
8. पदोन्नति
9. निश्चित वेतन

आदर्श प्ररूप तर्कपूर्ण होता है। यह स्पष्ट होता है। इसके आधार पर तथ्यों एवं घटनाओं का विश्लेषण संभव है।

आदर्श प्ररूप की अवधारणा (Concept of Ideal Types)

आदर्श प्ररूप की अवधारणा के आधार पर मैक्स वेबर ने समाजशास्त्रीय अनुसंधान को एक महत्वपूर्ण मॉडल प्रदान किया। समाज का दायरा विस्तृत एवं अनंत है। ऐतिहासिक तथ्यों की शृंखलाओं में विविधता के तत्व मौजूद हैं। उपनिवेशवाद, साम्राज्यवाद, पूंजीवाद तथा अन्य संबंधित सामाजिक, आर्थिक संरचनाओं का स्वरूप जटिल है। अत: वेबर ने आदर्श प्ररूप के आधार पर एक नई दिशा की तलाश की। समाजशास्त्रीय शोध को एक नया तर्कपूर्ण आधार प्रदान किया।

वेबर के आदर्श प्ररूप की अवधारणा का स्पष्ट विश्लेषण हरिकृष्ण रावत ने किया है। उन्होंने आदर्श प्ररूप की अवधारणा के विश्लेषण में निम्नलिखित बिंदुओं का स्पष्टीकरण दिया है—

1. सामाजिक यथार्थ अनंत है। इसमें विविधता है।
2. सामाजिक यथार्थ के अध्ययन में पक्षपात की संभावना बरकरार रहती है।
3. वास्तविकता का क्षेत्र व्यापक है।
4. अत: सामाजिक यथार्थ का अमूर्तिकरण भी संभव नहीं है।
5. उसे यथा सत्य के रूप में समझना असंभव नहीं भी हो, तब भी यह कठिन अवश्य होता है।
6. वस्तुत: वेबर को इन कठिनाइयों का परिज्ञान था। अत: उन्होंने वस्तुनिष्ठ पद्धति के आधार पर सामाजिक यथार्थ के विश्लेषण हेतु आदर्श प्ररूप की पद्धति को प्रस्तुत किया।
7. भौतिक विज्ञानों की तरह सामाजिक विज्ञानों में प्रायोगिक विधि का प्रयोग नहीं किया जा सकता। अत: उन्होंने तुलनात्मक विधि के रूप में आदर्श प्ररूप के मॉडल को प्रस्तुत किया।
8. ज्ञातव्य है कि आदर्श प्ररूप के आधार पर कार्य-कारण के संबंधों का विश्लेषण भी अधिक संतुलित रूपों में संभव है।
9. वेबर ने स्पष्ट किया है कि 'पूंजीवाद' अथवा 'नौकरशाही' अथवा 'प्रोटेस्टेंटवाद' का आदर्श प्ररूप अनुसंधान की दृष्टि से आदर्श प्ररूप है। नैतिक दृष्टि से भी इसका आदर्श

होना आवश्यक नहीं है। इस प्रकार आदर्श प्ररूप का संबंध वस्तुनिष्ठ विश्लेषण से जुड़ा हुआ है। यह एक तुलनात्मक तथा वैज्ञानिक पद्धति है। नैतिक आदर्श के साथ इसका कोई सरोकार नहीं होता है।

10. आदर्श प्ररूप से तात्पर्य घटनाओं के उन सामान्य लक्षणों से है जो उक्त घटनाओं के अधिकांश दृष्टांतों में मौजूद होते हैं। उदाहरणस्वरूप वेबर ने आदर्श प्ररूप का उपयोग नौकरशाही तथा विश्व के पांच प्रमुख धर्मों के अध्ययन में किया है। उन्होंने अध्ययन से संबंधित प्रत्येक धर्म में कुछ सामान्य बहुप्रचलित लक्षणों की व्याख्या की। इस प्रकार अध्ययन से संबंधित धर्म के आदर्श प्ररूप को प्रस्तुत किया। इन आदर्श प्ररूपों के आधार पर उन्होंने विश्व के पांच प्रमुख धर्मों का तुलनात्मक अध्ययन प्रस्तुत किया।
11. आदर्श प्ररूप के उपयोग में सतर्कता की अपेक्षा होती है। आदर्श प्ररूप के आधार पर जिन सामान्य लक्षणों को निरूपित किया जाता है वे लक्षण आंशिक भी हो सकते हैं अर्थात सभी जगह सामान्य रूप से मौजूद नहीं रह सकता है। सभी लक्षण अध्ययन से संबंधित घटनाओं की सभी इकाइयों में मौजूद हों, यह आवश्यक नहीं है। हरिकृष्ण रावत ने एक उदाहरण के आधार पर इसे स्पष्ट किया है। उनके अनुसार प्रजातंत्र के आदर्श प्ररूप के कुछ लक्षण अमेरिका के प्रजातंत्र में मौजूद हो सकते हैं, जबकि वे लक्षण भारत के प्रजातंत्र में न हों, ऐसा संभव है।
12. वेबर ने यह भी स्पष्ट किया कि यथार्थ परिवर्तनशील है। उदाहरणस्वरूप औद्योगीकरण की प्रक्रिया ने परिवर्तन तथा गतिशीलता को अधिक तीव्र किया। फलतः सामाजिक यथार्थ में भी परिवर्तन हुआ। अतः किसी घटना का यथार्थ जो आज है, वह कल भी रहेगा, यह निश्चित रूप से नहीं कहा जा सकता है। स्थान, काल तथा पात्र के अनुसार यथार्थ में परिवर्तन होता रहता है। अतः आदर्श प्ररूप का मॉडल परिवर्तन तथा गतिशीलता के विविध आयामों को रेखांकित करने में सक्षम होता है।

वेबर ने आदर्श प्ररूप की व्याख्या में पूर्ववर्ती चिंतकों के विचारों का उपयोग किया है। विशेषतः डिल्थे और रेकर्ट के विचारों को उन्होंने ग्रहण किया। डिल्थे ने समझ (Verstehen) तथा मूल्य (Value) का विचार प्रस्तुत किया। वेबर के अनुसार समझ और मूल्य समाजशास्त्र की आधारभूत अवधारणाएं हैं। इसका उपयोग मानसिक क्रियाओं के विश्लेषण में किया जा सकता है। भौतिक घटनाओं के अध्ययन में भी विज्ञान उपयोगी है। साथ ही सामाजिक गतिविधियों के अध्ययन में भी वैज्ञानिक पद्धति का उपयोग किया जा सकता है। आदर्श प्ररूप के उपागम के विश्लेषण में प्रत्यक्ष अथवा अप्रत्यक्ष तौर पर डिल्थे और रेकर्ट के विचारों ने मैक्स वेबर को प्रभावित किया।

रेमन्ड ऐरो ने आदर्श प्ररूप की व्याख्या की है। उनके अनुसार आदर्श प्ररूप के आधार पर अनुसंधानकर्ता को अध्ययन की दिशा को सुनिश्चित करने में एक नई दृष्टि प्राप्त होती है। संशय तथा दुविधा का निराकरण होता है। उलझन तथा द्वंद्व से मुक्त करने में आदर्श प्ररूप सहायक है। रेमंड एरो के अनुसार आदर्श प्ररूप का एक मुख्य उद्देश्य अनुसंधानकर्ता की दृष्टि तथा चिंतन को विकसित करने से संबंधित है। यह विज्ञान से जुड़ा हुआ है। साथ ही इसका सरोकार समाज के साथ है। आदर्श प्ररूप कार्य-कारण संबंधों की व्याख्या में सहायक है।

इसके आधार पर ऐतिहासिक तथ्यों का गंभीर विश्लेषण संभव है। जुलियन फ्रेंड ने स्पष्ट किया है कि आदर्श प्ररूप विविध अवधारणाओं का योग है। इसके आधार पर अनुसंधान की दिशा को व्यवस्थित एवं सुनिश्चित किया जा सकता है।

लेविस कोजर ने आदर्श प्ररूप की अवधारणा को निम्नलिखित बिंदुओं के आधार पर स्पष्ट किया है—

1. आदर्श प्ररूप एक पद्धति है।
2. आदर्श प्ररूप का उपयोग तुलनात्मक अध्ययन के लिए किया जाता है।
3. आदर्श प्ररूप के अंतर्गत एक या एक से अधिक सामाजिक परिघटनाओं एवं तथ्यों को सम्मिलित किया जाता है।
4. आदर्श प्ररूप विज्ञान से जुड़ा हुआ है। इसमें नैतिक आदर्शों का विशेष महत्व नहीं होता है।
5. आदर्श प्ररूप किसी एक व्यक्ति पर केंद्रित हो सकता है। अर्थात किसी एक व्यक्ति के विश्लेषण से जुड़ा हो सकता है। साथ ही सामूहिकता के साथ भी इसका संबंध हो सकता है। अर्थात आदर्श प्ररूप के अंतर्गत सामूहिकता का अध्ययन भी किया जा सकता है। इस प्रकार आदर्श प्ररूप सामूहिकता केंद्रित भी है।

विश्लेषणों के आधार पर स्पष्ट होता है कि आदर्श प्ररूप एक वैज्ञानिक पद्धति है। यह समाजशास्त्रीय अनुसंधान का एक मॉडल है। आदर्श प्ररूप कुछ तत्वों, गुणों अथवा विशेषताओं का चयन है। यह सामाजिक सरोकारों तथा ऐतिहासिक तथ्यों की शृंखलाओं से जुड़ा हुआ है। यह जटिल घटनाओं एवं बहुआयामी तथ्यों के विश्लेषण में सहायक है। यह तुलनात्मक पद्धति है। यह कार्य-कारण संबंधों की व्याख्या में सहायक है। यह वस्तुनिष्ठ पद्धति पर आधारित है। यह वैज्ञानिक पद्धति तथा चिंतन पर आधारित है। इसमें नैतिक आदर्शों का कोई महत्व नहीं होता है। यह स्थान, काल तथा पात्र की व्याख्या से संबंधित है। यह व्यक्ति केंद्रित तथा सामूहिकता केंद्रित है। यह बदलते हुए समाज के नए दौर तथा तथ्यों के नए स्पंदन पर नजर रखने में सहायक है। यह सामाजिक यथार्थ के आर-पार की सच्चाई के अध्ययन में उपयोगी है।

आदर्श प्ररूप की संरचना (Structure of Ideal Types)

वेबर ने स्पष्ट किया है कि आदर्श प्ररूप की संरचना स्पष्ट और सुनिश्चित होती है। समाजशास्त्रीय अनुसंधान के अंतर्गत एक अनुसंधानकर्मी आदर्श प्ररूप को तैयार करता है। आदर्श प्ररूप के निरूपण के क्रम में एक अनुसंधानकर्मी पूरी संरचना से कुछ विशेषताओं का चयन करता है। संपूर्ण संरचना की प्रकृति जटिल होती है। उसमें संशय तथा उलझन का तत्व भी मौजूद होता है। अतः सुनिश्चित आधारों पर बिना किसी पक्षपात के आदर्श प्ररूप की संरचना तैयार की जाती है। आदर्श प्ररूप की संरचना के निर्माण में वस्तुष्ठि पद्धति का उपयोग किया जाता है। उदाहरणस्वरूप भारतीय लोकतंत्र की अवधारणा को प्रस्तुत किया जा सकता है। भारतीय लोकतंत्र में निम्नलिखित तत्व मौजूद हैं—

1. बहुदलीय प्रणाली

2. सार्वभौमिक वयस्क मताधिकार
3. जनसमुदाय के प्रतिनिधियों द्वारा सरकार का गठन
4. निर्णयों में जनसमुदाय की भागीदारी
5. समानता का अधिकार
6. बहुमत का सम्मान

जाहिर है कि भारतीय लोकतंत्र का आदर्श प्ररूप निरूपित करने के बाद वस्तुनिष्ठ पद्धति के आधार पर भारतीय लोकतंत्र का मूल्यांकन किया जा सकता है। इस प्रकार आदर्श प्ररूप की संरचना अनुसंधान की दिशा को सुनिश्चित करती है। साथ ही सामाजिक परिघटनाओं एवं ऐतिहासिक तथ्यों के विश्लेषण हेतु एक स्पष्ट दिशा प्रदान करती है।

मार्टिनडेल ने आदर्श प्ररूप की संरचना के निर्माण हेतु दो प्रमुख आधारों को रेखांकित किया है।

1. वस्तुनिष्ठ संभावना (Objective Possibility)
2. पर्याप्त कार्य-करण संबंध (Adequate Causation)

मार्टिनडेल के अनुसार आदर्श प्ररूप की संरचना वस्तुनिष्ठ पद्धति पर आधारित है। आदर्श प्ररूप को तैयार करने में अनुसंधानकर्ता को अपेक्षित वैज्ञानिक जानकारी होनी चाहिए। उसे पक्षपातरहित होना चाहिए। उसे व्यक्तिपरक संबंधों को नजरअंदाज करना चाहिए। मार्टिनडेल ने यह भी स्पष्ट किया है कि आदर्श प्ररूप की संरचना के साथ कार्य-कारण संबंधों की व्याख्या का स्पष्ट एवं तर्कपूर्ण संबंध होता है। आदर्श प्ररूप को तैयार करने में कार्य-कारण से जुड़े महत्वपूर्ण पक्षों को सम्मिलित करना अपेक्षित है। पर्याप्त कार्य-कारण का होना अपेक्षित है। आधे-अधूरे अथवा अंशत: कार्य-कारण संबंध की व्याख्या के आधार पर आदर्श प्ररूप की संरचना को निरूपित नहीं किया जा सकता है। कार्य-कारण संबंध तुलनात्मक पद्धति का बुनियादी आधार है। अत: आदर्श प्ररूप की संरचना का आधारभूत तत्व कार्य-कारण संबंधों से जुड़ा हुआ है।

आदर्श प्ररूप की विशेषताएं (Characteristics of Ideal Types)

मैक्स वेबर ने आदर्श प्ररूप के मॉडल के आधार पर जटिल सामाजिक क्रियाओं, बहुआयामी सामाजिक परिघटनाओं एवं ऐतिहासिक तथ्यों के शृंखलाओं की अध्ययन के लिए एक वस्तुनिष्ठ, वैज्ञानिक तथा तुलनात्मक पद्धति को विकसित किया। संक्षेप में आदर्श प्ररूप की प्रमुख विशेषताओं को रेखाकित किया जा सकता है—

1. आदर्श प्ररूप का उपयोग विशिष्ट संदर्भों में किया जाता है। यह सामान्य अथवा औसत प्ररूप नहीं है। आदर्श प्ररूप कुछ ऐसे विशिष्ट गुणों पर आधारित है जो आदर्श प्ररूप की अवधारणा विकसित करने के लिए अनिवार्य है।
2. आदर्श प्ररूप पूर्ण यथार्थ नहीं है। आदर्श प्ररूप के जरिये सभी तथ्यों की व्याख्या भी संभव नहीं है। आदर्श प्ररूप के आधार पर पूर्ण यथार्थ की आंशिक अवधारणा का स्पष्टीकरण होता है।

3. आदर्श प्ररूप के आधार पर किसी निश्चित अवधारणा की व्याख्या संभव नहीं है। ये यथार्थ की कोई परिकल्पना भी प्रस्तुत करने में सक्षम नहीं है। असल में आदर्श प्ररूप यथार्थ की व्याख्या, स्पष्टीकरण तथा उपस्थापन में सहायक है।
4. आदर्श प्ररूप सामाजिक परिघटनाओं, तथ्यों, सामाजिक क्रियाओं तथा ऐतिहासिक श्रृंखलाओं के कार्य-कारण विश्लेषण में सहायक है।
5. आदर्श प्ररूप एक तुलनात्मक पद्धति है तथा तुलनात्मक विश्लेषण में सहायक है.
6. आदर्श प्ररूप के आधार पर ऐतिहासिक और सामाजिक यथार्थ के आंकड़ों को क्रमबद्ध किया जा सकता है। जाहिर है कि आदर्श प्ररूप आनुभविक शोध (Empirical Research) में सहायक है।

आदर्श प्ररूप के उद्देश्य एवं उपयोग (Purpose and Use of Ideal Types)

1949 में प्रकाशित मैक्स वेबर की एक महत्वपूर्ण कृति *मैक्स वेबर ऑन द मैथोडोलॉजी ऑफ सोशल साइंस* में उल्लेख किया गया है—''इतिहासकार अपने विवरण में जो भाषा का प्रयोग करते हैं, उसमें सैकड़ों अस्पष्ट शब्द होते हैं। ये शब्द सही भाषा की तलाश की अचेतन आवश्यकता को पूरा करने के लिए इस्तेमाल किए जाते हैं। सही अभिव्यक्ति क्या होगी, यह महसूस तो किया जा सकता है, लेकिन उस पर स्पष्ट रूप से विचार नहीं हो पाता।'' अतः आदर्श प्ररूप का एक मुख्य उद्देश्य स्पष्ट भाषा एवं स्पष्ट अभिव्यक्ति से संबंधित है।

आदर्श प्ररूप का एक मुख्य उद्देश्य परत-दर-परत छिपी सच्चाई को बेनकाब करने से संबंधित है। वस्तुतः आदर्श प्ररूप नकाब उतारने में सहायक है। आदर्श प्ररूप का मुख्य उद्देश्य संशय और भ्रम की स्थिति के निराकरण से जुड़ा हुआ है। उदाहरणस्वरूप मैक्स वेबर द्वारा प्रस्तुत सत्ता के आदर्श प्ररूपों की संरचना का उल्लेख किया जा सकता है।

वेबर ने सत्ता के तीन प्रमुख प्रकारों का उल्लेख किया है—(i) तर्क-विधिक सत्ता, (ii) पारंपरिक सत्ता, तथा (iii) करिश्माई सत्ता। वेबर ने सत्ता के इन प्रकारों को आदर्श प्ररूप के रूप में प्रस्तुत किया। विश्लेषण के आधार पर स्पष्ट होता है कि इन तीनों प्ररूपों का मिश्रण अथवा मिला-जुला रूप उपलब्ध होता है। अतः सत्ता के प्ररूपों के संबंध में स्पष्ट दृष्टिकोण की अपेक्षा है। सच्चाई यह है कि सभी प्ररूप परस्पर मिले-जुले होते हैं। अतः इन स्वरूपों को स्पष्ट रूपों में परिभाषित किया जाना चाहिए।

मैक्स वेबर ने आदर्श प्ररूपों के उद्देश्य एवं उपयोग को रेखाकित करते हुए स्पष्ट किया है कि आदर्श प्ररूप पूरी तरह अवधारणाओं के आधार पर तैयार नहीं किए जाते। इन्हें आनुभविक अध्ययनों (Empirical Research) के आधार पर विकसित किया जाता है। साथ ही समय-समय पर बदलते हुए यथार्थ के परिप्रेक्ष्य में इनका संशोधन भी अपेक्षित है। स्पष्ट है कि आदर्श प्ररूप को बदलते हुए दौर के साथ तराशे जाने की जरूरत है। उदाहरणस्वरूप भूमंडलीकरण तथा उदारीकरण की वर्तमान दौड़ में परंपरागत आदर्श प्ररूपों में व्यापक संशोधन अपेक्षित हो गया है।

आदर्श प्ररूप का उपयोग आनुभविक अध्ययन में एक महत्वपूर्ण साधन तथा पद्धति के रूप में किया जाता है। संक्षेप में यह कहा जा सकता है कि मैक्स वेबर ने किसी विशिष्ट

ऐतिहासिक परिघटना की अवधारणा प्रस्तुत करने और तुलनात्मक अध्ययन के लिए वेबर की आदर्श प्ररूप की अवधारणा में इतिहास तथा समाजशास्त्र की परस्पर निर्भरता को प्रत्यक्ष तौर पर अनुभव किया जा सकता है।

धर्म और आर्थिकी (Religion and Economy)

मैक्स वेबर ने धर्म तथा आर्थिक व्यवस्था के बीच मौजूद संबंधों का गंभीर विश्लेषण किया। औद्योगिक क्रांति ने एक नए अध्याय की शुरुआत की। अर्थव्यवस्था तथा आर्थिक प्रबंधन को नया आधार प्राप्त हुआ। उत्पादन के साधनों में तीव्र परिवर्तन की स्थिति उत्पन्न हुई। पूंजीवादी आर्थिक संरचना को एक नई उत्तेजना प्राप्त हुई। वेबर की अर्थव्यवस्था, पूंजीवादी आर्थिक संरचना तथा औद्योगीकरण के संबंध में गहन अध्ययन करने का अवसर प्राप्त हुआ था। उन्होंने 1889 'हिस्ट्र ऑफ कॉमर्शियल सोसाइटी इन द मिडिल एजेज्' पर अपनी पीएच.डी. का शोध प्रबंध प्रस्तुत किया। साथ ही उन्होंने रोमन, अग्रेरियन हिस्ट्री पर अपना पोस्ट-डोक्टरल शोध प्रबंध प्रस्थापित किया। 1895 में 'द नेशनल स्टेट एंड इकोनोमिक पॉलिसी' पर दिए गए व्याख्यान में अनेक विद्वानों का ध्यान आकर्षित किया। उन्होंने अपनी पुस्तक *द प्रोटेस्टेंट एथिक एंड द स्प्रिट ऑफ कैपिटलिज्म* में धर्म और आर्थिक व्यवस्था के संबंध में महत्वपूर्ण शोध निष्कर्षों को प्रस्तुत किया है।

मैक्स वेबर ने तुलनात्मक पद्धति के आधार पर स्पष्ट किया है कि धर्म तथा आर्थिक व्यवस्था के बीच तर्कपूर्ण संबंध है। इनका विश्लेषण आदर्श प्ररूप पर आधारित है। उन्होंने ऐतिहासिक तथ्यों का संचयन तथा विश्लेषण किया। ऐतिहासिक तथ्यों के विश्लेषण के आधार पर उन्होंने पूंजीवादी आदर्श प्ररूप तैयार किया। उनके अनुसार आधुनिक पूंजीवादी आर्थिक संरचना तथा काल्विन धर्म के मतवाद में स्पष्ट संबध मौजूद है। उनके अनुसार पूंजीवाद का मूल रूप उस उद्यमी प्रवृत्ति में निहित है, जिसका उद्देश्य अधिक लाभ पाना और अधिक निवेश करना है। ये लक्ष्य कार्य और उत्पादन के तार्किक संगठन पर आधारित हैं। आर्थिक लाभ की इच्छा तथा तार्किक अनुशासन का सामंजस्य ही पाश्चात्य पूंजीवाद की विशिष्टता का आधार है। पूंजीवादी आर्थिक संरचना का एक प्रमुख आधार अनुशासन से संबंधित है। इसका दूसरा आधार तार्किक प्रबंधन से जुड़ा हुआ है। पूंजीवाद तर्कसंगत नौकरशाही के कानूनी प्रशासन पर आधारित है। उन्होंने यह स्पष्ट किया कि काल्विन धर्म के मतवाद ने पूंजीवादी आर्थिक संरचना को एक बुनियादी आधार प्रदान किया है। धार्मिक मतवादों में पूंजीवादी क्रियाकलापों को एक नई उत्तेजना प्रदान की है। इस प्रकार धार्मिक मतवाद ने आर्थिक संरचना को प्रभावित किया है। जाहिर है कि इस संदर्भ में मैक्स वेबर का विचार कार्ल मार्क्स के विचारों से अलग है। कार्ल मार्क्स ने आर्थिक संरचना को बुनियादी संरचना के रूप में प्रस्तुत किया था। उनके अनुसार धर्म, राजनीति, संस्कृति, कला, साहित्य आदि आर्थिक संरचना पर आधारित हैं। परंतु मैक्स वेबर ने विश्व के महान धर्मों के आधार पर यह स्पष्ट किया कि स्वयं आर्थिक संरचना भी धार्मिक मतवाद पर आधारित है। धार्मिक मतवाद भी बुनियादी कारक हो सकता है। इस प्रकार वेबर ने इस संदर्भ में मार्क्स के विचारों का खंडन किया है।

वेबर ने यह स्पष्ट किया है कि पूंजीवादी आर्थिक गतिविधि एवं काल्विन सिद्धांत के विविध आयामों के बीच समानता का तत्व मौजूद है। काल्विन मतवाद के अनुसार ईश्वर सर्वशक्तिमान है और आम जनता से ऊपर है। मनुष्य को इस दुनिया में ईश्वर की गरिमा तथा प्रतिष्ठा के अनुरूप काम करना है। कर्म ही पूजा है। परिश्रमपूर्वक काम करना ही धर्म है। तर्कसंगत तरीके से तथा नियमित परिश्रम से व्यक्ति ईश्वर को प्रसन्न करता है। आर्थिक क्रियाकलाप में नैतिक मापदंडों की रक्षा अपेक्षित है। आलस्य तथा निष्क्रियता के लिए काल्विन मतवाद में कोई स्थान नहीं है। वेबर के अनुसार काल्विन सिद्धांत का यह विशिष्ट तत्व जिसमें तर्कपूर्ण नियमित एवं वैध गतिविधि से धन कमाना निहित है, पूंजीवादी प्रवृत्ति के अनुरूप है। उनके अनुसार काल्विन धर्म और पूंजीवाद के बीच यह घनिष्ठ संबंध केवल पश्चिमी देशों में रहा है। इसलिए ऐतिहासिक दृष्टि से यह खास घटनाक्रम है। उन्होंने यह भी स्पष्ट किया कि काल्विनवादी नैतिकता में धार्मिक और आर्थिक गतिविधियों का एक तर्कपूर्ण संयोग है। उनके अनुसार कैथोलिक मतवाद, हिंदू धर्म, इस्लाम, कन्फ्यूशियस धर्म, यहूदी तथा बौद्ध धर्मों में ऐसा संयोग नहीं पाया जाता है। वेबर ने इन सभी का तुलनात्मक अध्ययन किया।

विश्लेषणों के आधार पर स्पष्ट होता है कि मैक्स वेबर ने पूंजीवादी आर्थिक विकास के महत्वपूर्ण कारकों का अन्वेषण किया। आर्थिक गतिविधियों तथा आर्थिक प्रबंधन के बुनियादी आधारों को रेखांकित किया। अर्थ-जगत में मौजूद विवेकीकरण के विविध आयामों को स्पष्ट किया। आदर्श प्ररूपों के आधार पर तुलनात्मक पद्धति के जरिये धर्म एवं अर्थव्यवस्था को विविध क्षेत्रों में एक नई दृष्टि प्रस्तुत की। धर्म और आर्थिकी के संबंध में मैक्स वेबर के विचारों को निम्नलिखित बिंदुओं के आधार पर रेखांकित किया जा सकता है—

1. वेबर के अनुसार प्रोटेस्टेंट मतवाद एवं पूंजीवादी आर्थिक संरचना के बीच तर्कपूर्ण संबंध मौजूद है। उन्होंने औद्योगीकरण तथा औद्योगिक क्रांति की पृष्ठभूमि में धर्म तथा आर्थिकी के बीच मौजूद संबंधों की व्याख्या की। पूंजीवाद में इंग्लैंड तथा जर्मनी जैसे पश्चिमी देशों ने एक नए अध्याय की शुरुआत की। जाहिर है कि पश्चिमी देशों में पूंजीवाद का तीव्र विकास हुआ। उल्लेखनीय है कि इन देशों में कारखाना प्रणाली के विकास, उत्पादन की नई तकनीकों की खोज, नए-नए औजारों और मशीनों के प्रयोग ने पूंजीपतियों तथा मालिकों को असीम मात्रा में आर्थिक विकास का अवसर प्रदान किया। वेबर ने यह भी स्पष्ट किया कि पूंजीवाद ने संपत्ति की इच्छा के प्रति लोगों में एक नई उत्तेजना पैदा की। दुनिया के अनेक देशों में तार्किक पूंजीवाद का उदय तथा विकास हुआ। वेबर ने धार्मिक मतवादों के परिप्रेक्ष्य में तार्किक पूंजीवाद का गहन अध्ययन किया।
2. मैक्स वेबर ने धार्मिक मतवाद तथा तार्किक पूंजीवाद का विश्लेषण आदर्श प्ररूपों के आधार पर किया। साथ ही उन्होंने विश्व के चार प्रमुख धर्मों का तुलनात्मक पद्धति के आधार पर विवेचन किया। इस प्रकार उन्होंने अपने अध्ययन में तुलनात्मक पद्धति एवं आदर्श प्ररूप का उपयोग किया। वेबर ने स्पष्ट किया कि आर्थिक कारक ही बुनियादी कारक नहीं हैं। उन्होंने मार्क्स के विचारों का खंडन किया। वेबर के अनुसार आर्थिक संरचना तथा आर्थिक कारक का महत्व हो सकता है। परंतु एकमात्र कारक के रूप में

आर्थिक कारक को बुनियादी संरचना के रूप में रेखांकित किया जाना उचित नहीं है। धार्मिक मतवाद भी एक महत्वपूर्ण कारक है तथा इसका भी बुनियादी महत्व है।

3. मैक्स वेबर ने काल्विनवाद का गहन अध्ययन किया। उनके अनुसार काल्विनवाद पूंजीवादी आर्थिक संरचना को विकसित करने में सहायक रहा है। काल्विनवाद तथा पूंजीवाद के बीच स्पष्ट संबंध है। ज्ञातव्य है कि प्रोटेस्टेंट मतवाद तथा कैथोलिक मतवाद का वेबर ने तुलनात्मक अध्ययन किया। उनके अनुसार प्रोटेस्टेंट मतवाद के अनुयायियों ने पूंजीवादी आर्थिक संरचना को सुदृढ़ किया है। तर्कपूर्ण पूंजीवाद के विकास में प्रोटेस्टेंट मतवाद का उल्लेखनीय योगदान रहा है। इसके विपरीत कैथोलिक मतवाद के अनुयायियों ने पूंजीवाद के विकास में अवरोध उत्पन्न किया है। उसके अनुयायियों में पूंजीवादी आर्थिक संरचना के विकास के प्रति कोई विशेष उत्तेजना नहीं है। संपत्ति अर्जित करने के प्रति उनमें कोई ललक नहीं है। आर. बियरस्टेड ने अपनी पुस्तक *द सोश्यल ऑर्डर* में स्पष्ट किया है कि पूंजीवाद एवं धार्मिक मतवाद के बीच मौजूद संबंधों के विश्लेषण के आधार पर वेबर ने औद्योगीकरण, अर्थव्यवस्था तथा पूंजीवादी आर्थिक संरचना के संबंध में समाजशास्त्रीय चिंतन को एक नई दिशा दी। आर. बियरस्टेड ने एक उदाहरण के द्वारा वेबर के अनुभवों का बयान किया है। एक पर्यटक को इटली यात्रा के दौरान एक रोमांचक अनुभव हुआ। पर्यटक को एक कुर्सी पसंद आ गई। पर्यटक ने कारीगर से पूछा—"एक कुर्सी का कितना मूल्य है?" कारीगर ने उत्तर दिया—"दो लीरा।" पर्यटक ने कहा—"दस कुर्सियां चाहिए।" कारीगर ने कहा—पच्चीस लीरा। पर्यटक स्तब्ध रह गया। एक कुर्सी का दो लीरा तो दस कुर्सियों का पच्चीस लीरा—यह उचित नहीं है। खुदरा व्यापार से थोक व्यापार में लाभ होता है। अधिक वस्तु लेने पर ग्राहक को रियायत मिलने की संभावना रहती है। परंतु अधिक मूल्य बढ़ने का कोई प्रश्न ही पैदा नहीं होता। पर्यटक ने कारीगर से सीधा प्रश्न किया। "आप ज्यादा मूल्य क्यों बोल रहे हैं? दस कुर्सियों का मूल्य अधिक से अधिक बीस लीरा होना चाहिए। अधिक मूल्य लेने का क्या मकसद है आपका?" कारीगर भला आदमी था। उसने सहज भाव से उत्तर दिया—"यदि एक कुर्सी बनाते हैं तो उसमें कम समय लगेगा। परंतु दस कुर्सियां बनाने में अधिक समय लगेगा। फलतः मुझे अधिक समय तक चर्च से अनुपस्थित रहना होगा। चर्च से अनुपस्थित रहने पर मुझे अधिक पाप होगा। अतएव पाप भी हो और अधिक मुनाफा भी न मिले तो कुर्सियां बनाने का क्या लाभ है?"

पर्यटक के अनुभवों के आधार पर यह स्पष्ट होता है कि इस प्रकार की अर्थव्यवस्था के आधार पर आर्थिक संरचना कभी सुदृढ़ नहीं हो सकती है। अतः वेबर ने स्पष्ट किया कि जिन देशों में कैथोलिक मतवाद का वर्चस्व है, उन देशों में आर्थिक व्यवस्था की स्थिति दयनीय है। इसके विपरीत जिन देशों में प्रोटेस्टेंट मतवाद है, उन देशों में तर्कपूर्ण पूंजीवाद का विकास हुआ है। प्रोटेस्टेंट मतवाद का मुख्य सूत्र है—कर्म ही पूजा है।

4. मैक्स वेबर ने प्रोटेस्टेंट मतवाद की ऐतिहासिक पृष्ठभूमि की व्याख्या की है। उनके अनुसार सोलहवीं सदी में यूरोप में सुधारवाद के दौरान प्रोटेस्टेंट मतवाद का उदय हुआ। इसके मुख्य प्रवर्तक के रूप में मार्टिन लूथर तथा जॉन काल्विन का नाम लिया जाता है। इन सुधारकों ने कैथोलिक चर्च के साथ संबंध विच्छेद कर लिया। मार्टिन लूथर तथा जॉन

काल्विन ने अनुभव किया कि कैथोलिक चर्च जड़तावादी है। यह समय से बहुत पीछे है। यह अनुष्ठानों में उलझा हुआ है। यह जड़तावादी सिद्धांतों से घिरा हुआ है। समय पर इसकी पकड़ नहीं है। लालच, भ्रष्टाचार तथा आडंबर ने चर्च को जकड़ लिया था। पादरी लोग सामंतों की तरह जिंदगी जीने लगे थे। संपूर्ण यूरोप में उभरे प्रोटेस्टेंट पंथों ने चर्च की खोई हुई विचारधारा को पुनः स्थापित करने की चेष्टा की। प्रोटेस्टेंट मतवाद ने सादगी, सरलता तथा निष्ठा पर जोर दिया। ज्ञातव्य है कि फ्रांसीसी सिद्धांत जॉन काल्विन द्वारा स्थापित 'काल्विनवाद' एक ऐसा ही पंथ था। इंग्लैंड में काल्विन के अनुयायियों को प्यूरिटन (Puritane) के नाम से जाना जाता था। वेबर ने आदर्श प्ररूपों तथा तुलनात्मक पद्धति के आधार पर प्रोटेस्टेंट मतवाद के अनुयायियों के क्रियाकलापों, तर्कपूर्ण कार्य संस्कृति तथा विवेकीकरण का गहन अध्ययन एवं अवलोकन किया। उन्होंने निम्नलिखित बिंदुओं की चर्चा की—

(i) वेबर के अनुसार प्रोटेस्टेंट मतवाद के अनुयायियों ने ही शिक्षा तथा रोजगार के क्षेत्र में सबसे अधिक प्रगति की।

(ii) अधिकारी-तंत्र के अंतर्गत भी प्रोटेस्टेंट अनुयायियों को अधिक उच्च पद प्राप्त हुए।

(iii) वे सबसे अधिक कुशल तकनीकी कामगार तथा प्रतिष्ठित उद्योगपति बने।

(iv) प्रोटेस्टेंट मतवाद में निहित तर्कसंगति ने उनके अनुयायियों को एक नया आधार प्रदान किया। वस्तुतः कामगारों में निहित तर्कसंगति के कारण कुशल कार्य-संस्कृति का विकास हुआ। फलतः पूंजीवादी आर्थिक संरचना को कुशल कामगार प्राप्त हुआ।

5. एफ. हर्म ने अपनी पुस्तक *रीजन एंड फ्रीडम इन सोशियोलॉजिकल हिस्ट्री* में वेबर द्वारा प्रस्तुत धर्म तथा आर्थिकी के विचारों का विश्लेषण किया है।

(i) वेबर पूंजीवाद को उत्पादनकारी शक्तियों की वृद्धि मानता है। परंतु पूंजीवाद धार्मिक चेतना के उदय और विकास का परिणाम है जिसे प्रोटेस्टेंट नैतिकता के नाम से जाना जाता है। इसे काल्विनवादी नैतिकता भी कहते हैं। इसमें ईसाई धर्म के परंपरागत सिद्धांतों की तर्कसंगत व्याख्या की गई है। इसमें आर्थिक लाभों को धार्मिक आकांक्षाओं के साथ जोड़ दिया गया है।

(ii) वेबर के अनुसार प्रोटेस्टेंट नैतिकता में निहित तर्कवाद ने आधुनिक पूंजीवाद की भौतिक परिस्थितियों को विकसित करने में मदद की।

(iii) हर्म ने स्पष्ट किया है कि तर्कसंगत पूंजीवाद के विकास के लिए मैक्स वेबर ने कतिपय महत्वपूर्ण कारकों की पहचान की। ये हैं उत्पादन के सभी भौतिक साधनों का निजी स्वामित्व, विवरण स्वातंत्र्य, यंत्रीकरण, लिखित कानून, प्रशासन उन्मुक्त श्रम तथा आर्थिक जीवन का वाणिज्यिकरण।

7. विश्लेषणों के आधार पर स्पष्ट होता है कि प्रोटेस्टेंट मतवाद अथवा सुधारवाद युग के काल्विनवाद में पूंजीवादी आर्थिक संरचना को बुनियादी आधार प्रदान किया। काल्विनवाद के निम्नलिखित तत्वों को रेखांकित किया जा सकता है—

(i) काल्विन के अनुसार ईश्वर सर्वशक्तिमान है। ईश्वर की इच्छा को जाना नहीं जा सकता है। वह सबसे ऊपर है।

(ii) काल्विनवाद के अनुसार ईश्वर ने कुछ लोगों का चयन स्वर्ग के लिए किया है। साथ ही कुछ लोगों का चयन नरक के लिए किया है। काल्विनवाद के अनुसार यदि एक व्यक्ति तर्कसंगति, कुशलता एवं विवेकीकरण के आधार पर निष्ठापूर्वक अपने कार्यों का संपादन करता है तो उसका चयन स्वर्ग के लिए किया जाएगा। कर्म ही पूजा है। चर्च और गिरिजाघर जाने से ही मुक्ति प्राप्त नहीं होती। स्वर्ग प्राप्त करने के लिए कठोर परिश्रम अपेक्षित है। जाहिर है कि काल्विनवाद की धार्मिक चेतना ने लोगों को अपने कर्मों के प्रति अधिक निष्ठावान बनाया। कामगारों में कुशलता को नई उत्तेजना दी। फलत: पूंजीवादी आर्थिक संरचना को अधिक बल प्राप्त हुआ।

(iii) काल्विनवाद के अनुसार ऋण पर ब्याज प्राप्त करना नैतिक है। कैथोलिक धर्म में ब्याज लेना बुरा समझा जाता है। इसके विपरीत प्रोटेस्टेंट मतवाद में ब्याज लेने की स्वीकृति है। इन विचारों ने पूंजीवाद के विकास में खाद-पानी का काम किया।

(iv) प्रोटेस्टेंट मतवाद में किसी भी प्रकार के नशा सेवन को अनुचित बताया गया है। नशा सेवन से कामगारों की कार्य-कुशलता का नुकसान होता है। नशामुक्त होने पर व्यक्ति में तर्क-संगति पर आधारित कार्यकुशलता विकसित होती है तथा वह विवेकीकरण के अनुरूप कार्य करता है।

(v) नशा मुक्ति के चिंतन ने भी पूंजीवाद के विकास में सुदृढ़ आधारों को प्रदान किया।

(vi) प्रोटेस्टेंट मतवाद के अनुसार अवकाश की इच्छा रखना अथवा कार्य में समय बिताना उचित नहीं है। समय ही धन है। कैथोलिक मतवाद में कामगारों के लिए अधिक अवकाश की वकालत की गई है। परंतु प्रोटेस्टेंट मतवाद में कर्म को पूजा के रूप में रेखांकित किया गया है। जितना हम काम करते हैं ईश्वर को उतना ही अधिक प्रसन्न करते हैं। इन विचारों ने भी पूंजीवाद को फलने-फूलने में सहयोग किया।

8. धर्म तथा आर्थिकी के विश्लेषण के क्रम में मैक्स वेबर ने ऐतिहासिक तथ्यों तथा श्रृंखलाओं का विवेचन किया। उनके अनुसार पूंजीवाद का सबसे अधिक विकास इंग्लैंड, अमेरिका, हॉलैंड आदि देशों में हुआ। इन देशों में प्रोटेस्टेंट मतवाद के अधिक अनुयायी हैं। इसके विपरीत इटली, स्पेन आदि देशों में पूंजीवाद का विकास समुचित रूप में संभव नहीं हो सका। इन देशों में कैथोलिक मतवाद के अधिक अनुयायी हैं।
9. मैक्स वेबर ने विश्व के अन्य महत्वपूर्ण धर्मों का भी तुलनात्मक विवेचन किया। उन्होंने हिंदू, बौद्ध, कन्फ्यूशियन आदि धर्मों का विश्लेषण किया। वेबर के अनुसार इन धर्मों का स्पष्ट प्रभाव आर्थिक संरचना एवं आर्थिक गतिविधियों पर परिलक्षित होता है।
10. वेबर ने भारतीय सामाजिक व्यवस्था का भी विश्लेषण किया है। उन्होंने हिंदू धर्म के विविध आयामों के विश्लेषण के आधार पर यह स्पष्ट किया कि भारत में धर्म ने आर्थिक प्रगति को प्रभावित किया है। यद्यपि भारतीय समाज के संदर्भ में प्रस्तुत किए गए वेबर के विचारों पर कतिपय समाजशास्त्रियों ने असहमति प्रकट की है। प्रख्यात समाजशास्त्री

योगेंद्र सिंह ने हिंदू धर्म तथा समाज के संदर्भ में वेबर के विचारों का आलोचनात्मक विश्लेषण किया है। उन्होंने अपनी पुस्तक *मॉडर्नाइजेशन ऑफ इंडियन ट्रेडीशन* में स्पष्ट किया है कि वेबर का धर्म और आर्थिक विकास से संबंधित विचारों पर प्रश्नचिह्न खड़ा किया जा सकता है। उनके अनुसार वेबर का विचार मात्र एक आदर्श प्ररूप हो सकता है। आनुभविक अध्ययनों के स्तर पर उन्हें तर्कपूर्ण नहीं कहा जा सकता है। भारतीय सामाजिक एवं धार्मिक परिप्रेक्ष्य में वेबर के विचारों को योगेंद्र सिंह ने अनुचित करार दिया है। उनके अनुसार वेबर का यह कहना कि भारत में आर्थिक विकास की राह में धार्मिक मतवाद अवरोध उत्पन्न करता है, उचित नहीं है। भारत में और विशेषकर हिंदू अनुयायियों ने तर्कसंगति, कार्यकुशता एवं विवेकीकरण के आधार पर आर्थिक समृद्धि की राह को प्रशस्त किया है।

धर्म तथा आर्थिक व्यवस्था के संदर्भ में मैक्स वेबर के विचारों पर अनेक प्रश्नचिह्न खड़े किए जा सकते हैं। मार्क्सवादी विचारकों ने भी कड़े बुनियादी मुद्दों के आधार पर वेबर के विचारों को अनुचित करार दिया है। आलोचनाओं के बावजूद औद्योगिक क्रांति, औद्योगीकरण की प्रक्रिया, औद्योगिक अर्थव्यवस्था, उत्पादन की शक्ति, आर्थिक प्रबंधन तथा विवेकीकरण के साथ प्रोटेस्टेंट मतवाद के संदर्भ में उनके विचारों को औद्योगिक समाजशास्त्र के प्रस्थान बिंदु के रूप में रेखांकित किया जा सकता है।

5

औद्योगिक विवाद

(Industrial Dispute)

वैश्वीकरण तथा आर्थिक उदारीकरण के दौर में उद्योग एवं वाणिज्य का विस्तार हुआ है। वस्तुत: अर्थव्यवस्था के परिक्षेत्र में एक नए युग की शुरुआत हुई है। भारत में भी 1991 के बाद औद्योगिक वैश्वीकरण एवं आर्थिक उदारीकरण के परिप्रेक्ष्य में औद्योगिक विवाद की व्याख्या अपेक्षित है। सितंबर, 2009 में तत्कालीन श्रम तथा रोजगार मंत्री ऑस्कर फर्नांडीस ने स्पष्ट किया था कि वर्तमान दौर में औद्योगिक व्यवस्था के जुड़े नियमों एवं परिनियमों के पुनर्मूल्यांकन की अपेक्षा है। उनके अनुसार आर्थिक उदारीकरण के संदर्भ में औद्योगिक विवाद तथा उससे जुड़े मसलों के समाधान हेतु शांतिपूर्ण प्रयत्नों की अपेक्षा है। उन्होंने स्पष्ट किया कि उत्पादन में लगातार अभिवृद्धि हेतु नियोक्ता एवं कामगार के बीच सामंजस्य एवं सद्‌भावना अपेक्षित है। उनके अनुसार नियोक्ता तथा कामगार के बीच सामंजस्य पूर्ण संवाद के आधार पर ही दोनों पक्षों का विकास संभव है।

भारतीय संविधान की धारा 19 के अंतर्गत संघ की स्वतंत्रता को रेखांकित किया गया है। इसके अंतर्गत श्रमिक संघ कानून 1936 तथा औद्योगिक विवाद कानून 1947 को भी मान्यता दी गई है। रोजगार तथा औद्योगिक संबंधों के क्षेत्र में रूपांतरण की लगातार प्रक्रिया जारी है। वैश्वीकरण ने औद्योगिक संबंधों को एक नई उत्तेजना प्रदान की है। उल्लेखनीय है कि औद्योगिक संबंधों के साथ प्रबंधन का तर्कपूर्ण संबंध है। भारतीय परिदृश्य में औद्योगिक विवाद के कारण विभिन्न औद्योगिक समूहों को कांटों की राह चलने के लिए बाध्य होना पड़ा है। औद्योगिक कारखानों के विकास और विस्तार के क्रम में हड़ताल, तालाबंदी, घेराव, शांतिपूर्ण प्रदर्शन आदि के कारण अवरोध की स्थिति उत्पन्न होती है। प्रत्यक्ष तथा अप्रत्यक्ष तौर पर राजनैतिक दलों से जुड़े श्रमिक संघों के निहित स्वार्थ के कारण ही औद्योगिक संकट तथा विवाद की स्थिति उत्पन्न होती है।

भूधारियों का विरोध, विस्थापन की समस्या, हित समूह एवं दबाव समूह का वर्चस्व एवं राजनैतिक दलों की टकराहट के कारण भी औद्योगिक विवाद की स्थिति उत्पन्न होती है। पश्चिम बंगाल में सिंगुर तथा नन्दी ग्राम की घटना इसका ज्वलंत उदाहरण है। औद्योगिक विवाद के क्रम में छंटनी ग्रस्त कर्मचारियों के द्वारा इटली की एक कंपनी ग्रेजियानों ट्रांसमिशन के एक उच्च अधिकारी की हत्या ग्रेटर नोएडा स्थित फैक्ट्री में ही कर दी गई। जाहिर है कि वैश्वीकरण के वर्तमान वातावरण में इस तरह की हत्या तथा रक्त-रंजित घटनाओं से अंतत: देश

का आर्थिक विकास प्रभावित हो सकता है। औद्योगिक विकास के संदर्भ में नर्मदा बांध का विशेष महत्व है। परंतु मानव अधिकार संगठन से जुड़े सामाजिक कार्यकर्ताओं ने नर्मदा बांध के खिलाफ तीव्र आंदोलन को खड़ा किया। विश्लेषणों के आधार पर यह स्पष्ट होता है कि औद्योगिक विवाद की परंपरागत अवधारणा की समीक्षा अपेक्षित है। औद्योगिक विवाद के साथ श्रमिक संघों का स्पष्ट तथा तर्कपूर्ण संबंध रहा है। नियोक्ता तथा कामगार के बीच अपने हितों एवं लक्ष्यों की पूर्ति के प्रश्न पर टकराहट का उत्पन्न होना स्वाभाविक है। परंतु हाल के दिनों में राजनैतिक प्रतिस्पर्द्धा, चुनाव की राजनीति, स्वयंसेवी संगठनों का हस्तक्षेप एवं हित समूहों के निहित स्वार्थ ने औद्योगिक विवाद को एक नया स्वरूप प्रदान किया है।

टी.बी. बॉटोमोर ने अपनी पुस्तक *सोशियोलॉजी* में औद्योगिक विवाद के समाजशास्त्रीय परिप्रेक्ष्य को रेखांकित किया है।

1. बॉटोमोर के अनुसार पिछले वर्षों में अध्ययन के प्रमुख विषय कामगार समूहों में आपसी संबंध और उत्पादकता पर उसका असर, सुपरवाइजरों की भूमिका, प्रबंधन और नौकरशाही की समस्याएं, विशेषीकृत काम के प्रभाव और खाली समय में संभव क्षतिपूर्तियां, तकनीकी परिवर्तन से उत्पन्न समस्याएं आदि रहे हैं।
2. कामगारों के विशेष समूह, जैसे युवा कामगार और महिला कामगार पर विशेष ध्यान दिया गया है।
3. ई.डब्ल्यू. मूर की *इंडस्ट्रियल रिलेशंस एंड द सोशल आॅर्डर* (न्यूयार्क, 1946) और जार्ज फ्रीडमान की *इंडस्ट्रियल सोसायटी* (ग्लेनको, 1955) का उल्लेख टी.बी. बॉटोमोर ने किया है। इन अध्ययनों में उद्यम का आंतरिक संगठन और वहां मौजूद सामाजिक संबंध तथा उद्योग के विभिन्न समूहों खासकर मालिकों और प्रबंधकों, सुपरवाइजरों और सफेदपोश कर्मचारियों तथा शारीरिक श्रम करने वाले कामगारों के संबंधों का विश्लेषण किया गया है। इस प्रकार औद्योगिक संबंध एवं औद्योगिक टकराहट के संबंध में खुलासा किया गया है।
4. बॉटोमोर ने यह भी स्पष्ट किया है कि औद्योगिक विवाद एवं टकराहट की व्याख्या हेतु सार्वजनिक स्वामित्व वाले उद्योग तथा निजी उद्यम दोनों का विश्लेषण अपेक्षित है। अतः समाजशास्त्रीय परिप्रेक्ष्य में पूंजीवादी देशों, साम्यवादी औद्योगिक देशों तथा अल्प विकसित देशों में मौजूद औद्योगिक संबंधों एवं विवादों का अध्ययन किया गया है।
5. आर्थिक शक्ति के केंद्रीकरण ने 'औद्योगिक लोकतंत्र' की समस्याओं में रुचि जगाई है। यह अभिरुचि इस बात से प्रेरित हुई है कि उद्योग पर सार्वजनिक स्वामित्व से उद्योगों की सारी समस्याएं हल नहीं हुई हैं या टकराव खत्म नहीं हुए हैं। दरअसल हाल के वर्षों में प्रबंध में मजदूरों की भागीदारी या मजदूरों के प्रबंधन जैसे अनेक प्रयोग हुए हैं। समाजशास्त्रियों ने इन मुद्दों का गंभीर अध्ययन किया है। इंटरनेशनल सोशियोलॉजिकल एसोसिएशन सिंपोजियम ऑन ''वर्कर्स पार्टिसिपेशन इन मैनेजमेंट', *आरकिव एवरनाशियोनाल द सोशियोलॉजी द ला कोपसशियो*, एम.जे. ब्रोकमेयर (संपा.) *यूगोस्लाव वर्कर्स सेल्फ मैनेजमेंट*, ब्रिटेन में इंस्टीट्यूट फॉर वर्कर्स कंट्रोल के प्रकाशन तथा केन कोट्स और वाइन विलियम्स (संपा.), *हॉऊ एंड ह्वाई इंडस्ट्री मस्ट बी*

डेमोक्रेटाइज्ड का उल्लेख किया जा सकता है। इन सबसे पता चलता है कि भिन्न राजनैतिक सत्ता वाले समाजों में अनेक समस्याएं एक ही तरह की हैं।

6. बॉटोमोर के अनुसार औद्योगिक संबंधों के परिप्रेक्ष्य में वार्ता, मध्यस्थता और टकराव की प्रक्रियाओं का भी अध्ययन हुआ है। औद्योगिक टकराव का एक उत्कृष्ट अध्ययन के.जी.जे.सी. नावेल्स की *स्ट्राइक्स : ए स्टडी इन इंडस्ट्रियल कानफ्लिक्ट* (लंदन, 1952) है जो 1911 से 1945 तक यूनाइटेड किंगडम की स्थिति पर विचार करती है और हड़ताल को अन्य सामाजिक परिघटनाओं से जोड़ने की कोशिश करती है।

औद्योगिक विवाद तथा वैश्वीकरण के बीच मौजूद संबंधों को लेकर बहस जारी है। वैश्वीकरण के कारण बाजारों में प्रतिस्पर्द्धा का दौर आरंभ हो चुका है। इसने विश्व की अर्थव्यस्था को एक नई दिशा प्रदान की है। अर्थव्यवस्था से जुड़े विभिन्न देशों के नियमों एवं परिनियमों के अवरोधों को ठीक किया गया है। सी. रंगराजन ने अपने एक शोध निबंध में स्पष्ट किया है कि वैश्वीकरण का अभिप्राय आर्थिक अर्थव्यवस्था के विभिन्न पक्षों में समन्वय है। इन्होंने स्पष्ट किया कि अर्थव्यवस्थाओं तथा समाजों के बीच सूचना विचारों, तकनीकों, वस्तुओं, सेवाओं, पूंजी तथा वित्त के बीच समन्वय की प्रक्रिया के साथ वैश्वीकरण संबंधित है। विभिन्न देशों के लोग तथा समाज इस प्रक्रिया से जुड़े हुए हैं।[1]

औद्योगिक विवादों के साथ कामगार मजदूरों की अस्मिता तथा स्वाभिमान का प्रश्न भी जुड़ा हुआ है। कामगार मजदूरों को शोषण के चक्र से गुजरना होता है। अलगाव का दंश झेलना होता है। श्रम श्वेद और रक्त से लथपथ होकर एक मजदूर उत्पादन की गति को तीव्र करता है। उसका खून जलता है। अक्सर प्रबंधन के द्वारा मजदूरों के साथ दुर्व्यवहार किया जाता है। उन्हें बर्खास्त करने की धमकी दी जाती है। मजदूरों में फूट डालने का षड्यंत्र होता है। उन्हें निर्धारित समय से अधिक काम करने हेतु बाध्य किया जाता है। फलतः कामगार मजदूरों में असंतोष की चिंगारी पैदा होती है। प्रबंधन के प्रति अविश्वास की स्थिति उत्पन्न होती है। प्रबंधन तथा मजदूर संघों के बीच मतभेद के काले बादल छा जाते हैं। जाहिर है कि असहमति, असंतोष एवं मतभेद के कारण औद्योगिक विवाद की स्थिति उत्पन्न होती है। उल्लेखनीय है कि 1991 के बाद भारत तथा अन्य विकासशील देशों में वैश्वीकरण की प्रक्रिया ने धीरे-धीरे अपने कदमों को फैलाया। समझौता और सामंजस्य के सूत्र को लेकर व्यापार प्रबंधन के गुरु दुनिया को बाजार में बदलना चाहते हैं। अर्थव्यवस्था की रफ्तार में तेजी आई है। छोटे-बड़े नगरों में बाजार ने चकाचौंध पैदा की है। वैश्वीकरण की प्रक्रिया ने औद्योगिक विवादों को शिथिल किया है। मजदूर संघ के तेवर भी शिथिल पड़ते दिखाई दे रहे हैं। परंतु प्रश्न यह पैदा होता है कि मजदूरों तथा सफेदपोश कर्मचारियों का क्या होगा? व्यवस्था के खिलाफ विद्रोह करने वाले खुद्दार लोगों का क्या होगा? अपने जमीर पर मर मिटने वाले कामगारों के अस्तित्व पर प्रश्नचिह्न खड़ा किया जा रहा है। वस्तुतः वैश्वीकरण ने औद्योगिक विवाद के मुद्दे, राजनीति, रफ्तार तथा आंदोलन की संरचना को चौराहे पर लाकर खड़ा कर दिया है।

औद्योगिक विवाद की पृष्ठभूमि (Background of Industrial Disputes)

एंथनी गिडेन्स ने अपनी पुस्तक *सशियोलॉजी* में स्पष्ट किया है कि श्रमिकों तथा उससे जुड़े विभिन्न पक्षों के बीच विवादों का पुराना इतिहास रहा है। कतिपय नगरीय परिक्षेत्रों में विवादों का विवरण उपलब्ध होता है। यह विवाद कृषि उत्पादन से संबंधित था। औद्योगिक विवाद मुख्यत: प्रबंधन तथा कामगार के बीच दिखाई पड़ता है। औद्योगिक विवाद का एक सशक्त माध्यम हड़ताल है। प्रबंधन के खिलाफ मजदूरों द्वारा हड़ताल एक सशक्त माध्यम है तथा इसके जरिये कामगार मजदूर अपने असंतोष को प्रकट करते हैं। साथ ही हड़ताल के आधार पर मजदूरों की वर्ग चेतना सुदृढ़ होती है तथा हड़ताल के जरिए उनकी सामूहिक एकता झलकती है। कार्ल मार्क्स की एक छोटी-सी पुस्तिका *कम्युनिस्ट मेनिफेस्टो* में दुनिया के विभिन्न हिस्सों में औद्योगिक विवाद की चिंगारी को एक समाजशास्त्रीय परिप्रेक्ष्य प्रदान किया गया है। मार्क्स ने सामाजिक वर्ग की अवधारणा को परिभाषित किया। उत्पादन के साधन तथा स्वामित्व की व्याख्या की। वर्ग-भेद के बुनियादी आर्थिक आधारों को रेखांकित किया। सर्वहारा वर्ग के शोषण तथा दमन की जमीनी सच्चाई को ज्वलंत किया। अलगाव तथा शोषण चक्र को बेनकाब किया। वर्ग चेतना का विश्लेषण किया। अपने आप में वर्ग की व्याख्या की। मजदूरों की चट्टानी एकता की वकालत की। वर्ग-संघर्ष के आधारभूत चिंतन को प्रस्तुत किया। औद्योगीकरण के परिप्रेक्ष्य में एक ठोस तथा संघर्ष का औजार प्रदान किया। वस्तुत: औद्योगिक विवाद के बुनियादी सैद्धांतिक परिप्रेक्ष्य में कार्ल मार्क्स का योगदान मील के पत्थर की तरह है।

औद्योगिक विवाद की पृष्ठभूमि तथा इतिहास को निम्नलिखित बिंदुओं के आधार पर रेखांकित किया जा सकता है-

1. प्रख्यात समाजशास्त्री योगेंद्र सिंह ने स्पष्ट किया है कि औद्योगिक गतिविधियों में विस्तार ने उद्योग-धंधों में संलग्न कामगारों के सामाजिक आधार को व्यापक बनाया है। इससे भी अधिक ध्यातव्य यह है कि इसके कारण भारत में औद्योगिक शहरी मध्यम वर्ग की एक बहुत बड़ी तादाद दिखाई देने लगी है। औद्योगिक संबंधों की पृष्ठभूमि को रेखांकित करते हुए योगेंद्र सिंह ने स्पष्ट किया है कि पारंपरिक व्यवसायी वर्ग राष्ट्रीय आंदोलन और इसकी राजनैतिक तथा आर्थिक विचारधारा के साथ बहुत नजदीकी से जुड़े रहे हैं। यद्यपि अभिनव व्यवसायी वर्ग राष्ट्रीय, आर्थिक तथा सामाजिक नीतियों की संतति है, उनकी मूल्य संरचना तुलनात्मक रूप से अधिक अंतर्मुखी है। बहुधा यह राष्ट्रीय नीतियों के अनुरूप दीर्घकालिक राष्ट्रीय आर्थिक एवं सामाजिक लक्ष्यों की अपेक्षा अल्पकालिक व्यावसायिक हितों द्वारा, निर्देशित-निर्धारित होते हैं। नया पूंजीपति वर्ग राष्ट्र की आर्थिक नीतियों के संरक्षण में पला-बढ़ा है और उसे राजनैतिक समर्थन भी हासिल है। पर राष्ट्रीय विकास, सामाजिक न्याय, जनकल्याण, उदारवाद और मुक्तिपरकता या तार्किकता के विश्वव्यापी मूल्यों के प्रति इसकी प्रतिबद्धता अब तक स्थापित नहीं हो पाई है। उपलब्ध साक्ष्य प्राय: यह इंगित करते हैं कि इन मूल्यों के प्रति यह या तो नकारात्मक दृष्टिकोण रखता है या उदासीन है। व्यक्तिगत और सार्वजनिक आचरण में अनुशासन

और एक सशक्त तार्किक आचारिक परंपरा के बगैर किसी भी समाज में औद्योगिक पूंजीवाद सफलतापूर्वक विकसित नहीं हो पाया है।

2. भारत में औद्योगिक विवाद की पृष्ठभूमि की गंभीर व्याख्या सुमित सरकार ने की है। उनके अनुसार औद्योगिक बुर्जुआ के साथ ही मजदूर वर्ग भी उन्नीसवीं सदी के उत्तरार्द्ध में भारतीय स्थिति का एक अन्य नया तत्व था। किंतु इस वर्ग की वृद्धि पर्याप्त धीमी थी। 1911 की 30.3 करोड़ की जनसंख्या में अनुमानतः दो लाख लोग ही संगठित उद्योगों में लगे थे, और इनमें बागानों के 8 लाख कामगार भी सम्मिलित थे। किंतु जैसा कि अन्य देशों में भी हुआ, बंबई और कलकत्ता जैसे बड़े शहरों में 1920 के दशक के पश्चात सर्वहारा के केंद्रीकरण ने मजदूर वर्ग को इतनी शक्ति प्रदान कर दी कि वह कभी-कभार हड़ताल कर सके और यह शक्ति उसकी संख्या की तुलना में कहीं अधिक थी।

3. टी.बी. बॉटोमोर ने स्पष्ट किया है कि औद्योगिक समाज तथा युवा संस्कृति में स्पष्ट संबंध हैं। युवा संस्कृति के विकास के कारण औद्योगिक क्षेत्रों में भी प्रतिरोध तथा आंदोलन की स्थिति उत्पन्न हो गई। उनके अनुसार औद्योगिक समाजों की यह एक महत्वपूर्ण विशेषता है कि एक विशिष्ट युवा संस्कृति और संगठित युवा आंदोलन प्रकट हुए हैं जो अनेक तरह से पुरानी पीढ़ियों के सांस्कृतिक मूल्यों का विरोध करते हैं लेकिन भारत जैसे समाजों में भी पीढ़ियों के बीच टकराव की परिघटना देखने में आ रही है। जो अत्यंत तीव्र गति से एक किस्म के समाज से दूसरे किस्म के समाज में बदल रहे हैं।

4. दीपेश चक्रवर्ती ने भारतीय परिदृश्य के अंतर्गत श्रमिकों में आरंभिक चेतना के उदय की पृष्ठभूमि की व्याख्या की है। उनके अनुसार 1890 के दशक तक बंबई की कपड़ा मिलों और कलकत्ता के पटसन कारखानों के आसपास भारी संख्या में सर्वहारा का जमाव हो गया था। इनके रहने एवं काम करने की दशा असंतोषजनक थी। कारखानों में स्त्रियों एवं बालकों के काम करने पर जो नाम मात्र की रोक 1881 एवं 1891 के फैक्ट्री अधिनियमों के अंतर्गत लगाई गई थी, उनका भी पालन संतुलित रूप में नहीं हो रहा था। 15, 16 यहां तक की 18 घंटे प्रतिदिन काम लेना आम बात थी। 1880 में फुले के सहयोगी एन.एम. लोखंडे ने 'दीनबंधु' नाम की पत्रिका आरंभ की। 1884 में श्रम के घंटों में कमी की मांग करने के लिए श्रमिक सभाओं का आयोजन किया गया। 1890 में बंबई मिल हैंड्स एसोसिएशन भी संगठित की गई। सुमित सरकार के अनुसार 1880 के दशक में ही औद्योगिक विवाद के संकेत मिलने लगे थे। उदाहरणस्वरूप द्वारकानाथ गांगुली जैसे बंगाली बुद्धिजीवी नेताओं ने 1880 के दशक में चायबागानों के दास श्रमिकों जैसे दशाओं के विरुद्ध एक ऐतिहासिक आंदोलन का सूत्रपात किया। विवरणों के आधार पर स्पष्ट होता है कि कभी-कभी श्रमिक अपने ही ढंग से संघर्ष करने के प्रयास करते थे। इन प्रयासों के अंतर्गत ओवरसीयरों पर आक्रमण किया जाता था। साथ ही संक्षिप्त हड़तालों का विवरण भी प्राप्त होता है। हड़ताल सुनियोजित नहीं होती थी। आक्रोश तथा भावनात्मक उत्तेजना के दौर में कामगार हड़ताल पर चले जाते थे। 1882 और 1890 के बीच बंबई और मद्रास में 25 महत्वपूर्ण हड़तालें दर्ज की गईं। 1892-93 और 1901 के बीच बंबई में अनेक बड़ी हड़तालों का उल्लेख मिलता है। 1890 के दशक के

मध्य तक कलकत्ता के पटसन-मजदूरों में संघर्ष की प्रवृत्ति स्पष्ट दिखाई देने लगी थी। सुमित सरकार ने उल्लेख किया है कि ''इंडियन जूट मिल्स एसोसिएशन'' को 1895 में बंगाल सरकार से 'अतिरिक्त पुलिस निरीक्षण की मांग करनी पड़ी थी' ताकि मजदूरों के बढ़ते हुए आक्रोश एवं प्रतिरोध पर नियंत्रण किया जा सके। इस प्रकार 1980 के दशक के बीच में कलकत्ता के पटसन कारखानों में तीव्र होते आर्थिक तनावों में मालिकों के खिलाफ आक्रोश एवं विद्रोह को एक नई ऊर्जा प्रदान की। सुमित सरकार के अनुसार इन आर्थिक तनावों का कारण था भीतरी भाग से श्रमिकों का एकाएक भारी संख्या में आ जाना, अकाल की स्थिति जैसी महंगाई और बिजली आ जाने से कार्य दिवस का लंबा हो जाना।

5. 1903-1908 में एक सरकारी सर्वेक्षण हुआ था जिसका शीर्षक था, ''एडमिनिस्ट्रेशन ऑफ बंगाल अंडर एड्रयू फ्रेजर'' इसमें औद्योगिक असंतोष एवं विवाद के पांच वर्षों का अध्ययन किया गया था। अध्ययन के आधार पर स्पष्ट हुआ था कि औद्योगिक श्रमिकों के आंदोलन को एक नया तेवर प्राप्त हुआ है। इन आंदोलनों में कीमतों में वृद्धि के साथ नस्ली अपमान के मुद्दों को भी उठाया गया था। औद्योगिक विवाद के प्रति राष्ट्रवादियों का भी लगाव आरंभ हो रहा था।

6. सितंबर 1905 में हावड़ा में बर्न कंपनी के 247 बंगाली बाबुओं ने कार्य संबंधी एक नए अधिनियम के विरोध में, जिसे वे अपमानजनक समझते थे, बहिष्कार किया। स्वदेशी समर्थक जनता ने इनका हार्दिक स्वागत किया। अक्टूबर, 1905 में कलकत्ता में ट्रामों की हड़ताल हुई। 16 अक्टूबर, 2005 की एक रिपोर्ट के अनुसार अधिकांश दफ्तर बंद थे। सड़कों पर गाड़ियां नहीं थीं। कुछ पटसन कारखानों एवं रेलवे कारखानों में बाबुओं की हड़ताल के फलस्वरूप रेलवे मेंस यूनियन की स्थापना हुई। 27 अगस्त 1906 को जमालपुर कार्यशाला में मजदूरों ने प्रबंधन के खिलाफ उग्र आंदोलन किया। फलतः गोलियां चलीं। सुमित सरकार ने स्पष्ट किया है कि 1905 और 1908 के बीच पटसन कारखानों में प्रायः हड़तालें होती रहीं जिससे विभिन्न समयों में 37 में से 18 कारखाने प्रभावित हुए।

7. औद्योगिक विवाद के आरंभिक कालखंड में बाबुओं और 'सरदारों' (ठेकेदार) के खिलाफ कारखाने के मजदूरों में व्यापक आक्रोश था। ज्ञातव्य है कि 'सरदारों' तथा बाबुओं के जरिये ही श्रमिकों का कारखाने में नियोजन होता था। फलतः मजदूरों का अप्रत्यक्ष तौर पर शोषण होता था। बजबज जूट मिल्स के 28 श्रमिकों द्वारा हस्ताक्षरित एक ज्ञापन से स्पष्ट होता है कि ऐसे लोग टुच्चे शोषक होते थे जो रिश्वत और पूजा-शुल्क वसूल किया करते थे।

8. एंग्लो-इंडियन समाचार पत्र 'पायनियर' के 24 अगस्त, 1906 को प्रकाशित एक टिप्पणी से स्पष्ट होता है कि देश में औद्योगिक विवाद तथा टकराहट का तेज दौर आरंभ हो चुका था। पायनियर की टिप्पणी में रेखांकित किया है-''विभाजन के संबंध और इसके विरोध में जी भरकर आंदोलन करें, किन्तु अब जबकि वे अज्ञानी श्रमिकों के मन में असंतोष का

बीज बोकर पूरे प्रांत के कल्याण के लिए खतरा उत्पन्न करना चाहते हैं... समय आ गया है कि कानून और व्यवस्था स्थापित करने वाली सरकार अपनी ताकत दिखाए।''

9. रूस में चल रही कामगारों की हड़ताल एवं आंदोलन ने भारतीय परिदृश्य में औद्योगिक विवाद को एक नई उत्तेजना प्रदान की। 14 सितंबर, 1907 के 'नवशक्ति' में प्रकाशित एक टिप्पणी का उल्लेख किया जा सकता है–''आज रूस के मजदूर संसार को सिखा रहे हैं कि दमन के समय प्रभावशाली विरोध करने के तरीके क्या हैं–क्या भारतीय मजदूर उनसे शिक्षा नहीं लेगा।''
10. उपलब्ध तथ्यों के आधार पर स्पष्ट होता है कि श्रमिक आंदोलन के इतिहास में 1922 से लेकर 1927 तक की अवधि में गिरावट की स्थिति मौजूद है। शाही श्रम आयोग की गणना के अनुसार 1921 में 376 हड़तालें हुई थीं। परंतु 1924–27 के दौरान 130 हड़तालें प्रतिवर्ष की रह गई थीं। उल्लेखनीय है कि श्रमिक संघों की संख्या में वृद्धि हो रही थी। परंतु इनका नेतृत्व नरम दलीय श्रमिक नेताओं के साथ था। तथ्यों के आधार पर स्पष्ट होता है कि इन दिनों मालिकों की आक्रामता बढ़ रही थी। फलतः प्रबंधन के साथ मजदूरों का संबंध अधिक कटुतापूर्ण हो गया था। औद्योगिक विवाद और टकराहट की जोरदार पृष्ठभूमि तैयार हो रही थी। 1921 में 70 लाख कार्य दिवसों की हानि हुई थी। सुमित सरकार के अनुसार 1927 में निश्चित रूप से नए श्रमिक उभार का आरंभ हुआ, जब 202 लाख कार्य दिवसों का नुकसान हुआ। कुछ ऐसे केंद्र उभरे जिनका नेतृत्व कहीं अधिक जुझारू था और अधिकाधिक कम्युनिस्ट होता जा रहा था।
11. असहयोग आंदोलन के अंतिम दिनों में दर्शनानंद और विश्वानंद ने ईस्ट इंडिया रेलवे में एक सशक्त हड़ताल का नेतृत्व किया था जो 1922 में फरवरी से अप्रैल तक चली।
12. औद्योगिक विवाद तथा टकराहट के विश्लेषण के आधार पर यह भी स्पष्ट होता है कि यदा–कदा श्रमिक संघ के नेताओं द्वारा प्रत्यक्ष अथवा अप्रत्यक्ष तौर पर निहित स्वार्थ की पूर्ति हेतु प्रबंधकों के हित में निर्णय किया जाता था। उदाहरणस्वरूप टाटा उद्योग में सितंबर 1922 में होने वाली हड़ताल लगभग पूरी तरह कामगार वर्ग के स्वतःस्फूर्त दबाव के कारण हुई थी। परंतु यूनियन ने अपनी मान्यता प्राप्त करने के लिए इस अवसर का लाभ उठाया और श्रमिकों की मांगों की विशेष चिंता नहीं की।
13. अहमदाबाद में अप्रैल 1923 में मजदूरी में 20 प्रतिशत कटौती को लेकर होने वाली भारी हड़ताल के दौरान 64 में से 56 मिलें बंद हो गई थीं।
14. औद्योगिक टकराहट एवं विवाद की पृष्ठभूमि के विश्लेषण से स्पष्ट होता है कि श्रमिक आंदोलन स्वयं पर लादी जाने वाली बाधाओं के खिलाफ चलने का प्रयास कर रहा था। इस संदर्भ में मद्रास शहर का विवरण अपेक्षित है। 1922–23 में बंकिघम कर्नाटक मिल्स में चार हड़तालें हुईं।
15. 1923 के मई महीने का पहला दिन ऐतिहासिक सिद्ध हुआ। ज्ञातव्य है कि 1923 में मद्रास के समुद्र तट पर ही सिंगार वेलु द्वारा आयोजित सभा में पहला मई दिवस मनाया गया। मई दिवस कामगारों के सम्मान, स्वाभिमान एवं अधिकार का एक जीवंत प्रतीक है।

16. सुमित सरकार ने स्पष्ट किया है कि 1925 में नॉर्थ वेस्टर्न रेलवे में अप्रैल से जून तक चलने वाली भारी हड़ताल को, जो यूनियन के एक नेता को नौकरी से निकाल दिए जाने के कारण भड़की थी, लाहौर में निकाले गए एक जुलूस ने अविस्मरणीय बना दिया। जिसमें कामगार अपने ही खून से लाल-पीले झंडे लेकर चल रहे थे। उपलब्ध विवरणों के आधार पर स्पष्ट होता है कि सबसे बड़ी हड़तालें बंबई की कपड़ा मिलों में जनवरी-मार्च 1924 और फिर सितंबर-दिसंबर 1925 में हुई थीं। 1924 में 15,000 कामगारों ने इस बात के विरुद्ध हड़ताल की थी कि पिछले चार सालों में दिया जाने वाला बोनस बंद किया जा रहा था।
17. जवाहरलाल नेहरू को साम्राज्यवाद-विरोधी और राष्ट्रीय स्वाधीनता लीग का मानक अध्यक्ष नियुक्त किया गया। नवंबर 1927 में उन्हें और उनके पिता को सोवियत संघ आमंत्रित किया गया। इस यात्रा के संबंध में जवाहरलाल नेहरू ने एक भावपूर्ण लेख 'द हिंदू' में प्रकाशित किया। इस लेख में निहित तथ्यों के आधार पर स्पष्ट होता है कि सोवियत रूस के मजदूर आंदोलन ने पंडित नेहरू की वैचारिक चेतना को उद्वेलित किया। उन्होंने स्पष्ट शब्दों में रेखांकित किया-"हंसिये और हथौड़े का देश जहां मजदूर और किसान शक्तिशाली के सिंहासनों पर बैठते हैं।"
18. बंगाल में खड़गपुर की 1927 की हड़तालों के बाद लिलुआ के रेल कार्यशाला में जनवरी-जुलाई 1928 के कालखंड में एक दीर्घकालीन तथा कामगारों के उग्र प्रतिरोध एवं आक्रोश का विवरण उपलब्ध होता है। इसी तरह बामुनगाछी में 28 मार्च, 1928 को पुलिस द्वारा गोलीबारी तथा कलकत्ता के औद्योगिक उपनगरों में अनेक भव्य जुलूसों का उल्लेख किया जा सकता है।
19. सुमित सरकार के अनुसार श्रमिक आंदोलन तथा औद्योगिक विवाद के साथ राष्ट्रवादी आंदोलन का संबंध एक उल्लेखनीय घटना है। उनके अनुसार-"दिसंबर, 1928 में कलकत्ता के कामगार वर्ग ने राजनीति में अपनी भागीदारी और राजनैतिक प्रौढ़ता का बड़ा शानदार प्रदर्शन किया। मजदूर-किसान पार्टी के नेतृत्व में हजारों की संख्या में कामगार कांग्रेस अधिवेशन के स्थान तक जुलूस बनाकर गए। उन्होंने दो घंटे तक पंडाल पर अधिकार जमाए रखा और पूर्ण स्वराज की मांग करने वाले प्रस्ताव स्वीकार किए।"
20. जुलाई 1928 में साउथ इंडियन रेलवे में एक छोटी किंतु उग्र हड़ताल हुई जिसे सरकार ने जोरदार दमन के द्वारा समाप्त कर दिया। एक अन्य उल्लेखनीय हड़ताल बंबई के कपड़ा मिल मजदूरों ने की। जो अप्रैल से अक्टूबर 1928 तक चली। ज्ञातव्य है कि 1928 की हड़ताल अवनीकरण के कारण अभियान के विरुद्ध भी थी, क्योंकि इससे पारिश्रमिक में कटौती होती थी।
21. अप्रैल 1929 के ट्रेडस डिस्प्यूट्स बिल ने न्यायाधिकरणों की एक व्यवस्था थोपी और उन सभी हड़तालों पर प्रतिबंध लगाने का प्रयास किया जो "किसी व्यावसायिक विवाद में प्रगति के अलावा किसी अन्य उद्देश्य से अथवा सरकार को बाध्य करने और/या समाज को मुसीबत में डालने के इरादे से की जाती हो।"

22. 1929 से 1933 का कालखंड कामगार मजदूरों के लिए अग्नि परीक्षा का समय सिद्ध हुआ। कतिपय श्रमिक नेताओं को विभिन्न आरोपों के तहत सजाएं हुईं। इस प्रकार चौथे दशक के आरंभिक वर्षों के दौरान अनुभवी श्रमिक नेताओं को जेल में ही रखा गया।
23. 1930 का कालखंड आर्थिक मंदी के भयानक झंझावात से प्रभावित था। आर्थिक परिस्थिति औद्योगिक विवाद तथा टकराहट के प्रतिकूल होती जा रही थी। मंदी के कारण बेरोजगारी में वृद्धि हुई थी और कीमतें घटी थीं। फलत: कामगारों की मालिकों के साथ सौदेबाजी की क्षमता कमजोर पड़ गई थी। साथ ही कामगारों के असंतोष में भी कमी आई थी।
24. 1934 से आर्थिक मंदी में आंशिक कमी आई थी। विवरणों के आधार पर स्पष्ट होता है कि रोजगार के आंकड़ों में वृद्धि हो रही थी। उदाहरणस्वरूप 1935 में पटसन कारखानों में 14247 नए कामगार भर्ती किए गए थे। साथ ही पिछले वर्षों में लागू किए गए कार्य के समय को समाप्त करके सप्ताह में 52 घंटों का कार्य समय बहाल कर दिया गया था। किंतु श्रमिक असंतोष एवं औद्योगिक विवाद एक बार पुन: विस्फोटक होता जा रहा था। गोरे और भारतीय दोनों ही पूंजीपति पिछले वर्षों में मजदूरी में की गई कटौती को बहाल रखना चाहते थे। मजदूरी में कटौती की बात ने आग में घी का काम किया। औद्योगिक विवाद की एक नई चिंगारी पैदा हुई। फलत: कलकत्ता की केशोराम कॉटन मिल्स और अहमदाबाद की कपड़ा मिलों में 1935 की हड़तालें तथा दिसंबर 1936–फरवरी 1937 में बंगाल–नागपुर रेलवे की हड़ताल और 1936 के दौरान कलकत्ता के पटसन कारखानों और कानपुर की कपड़ा मिलों में उत्पन्न अनेक श्रमिक विवाद सम्मिलित थे।
25. आरंभिक श्रमिक चेतना की वैकल्पिक व्याख्याएं दीपेश चक्रवर्ती के *कम्युनल रायट्स एंड लेबर : बंगाल जूट मिल हैंड्स इन दि 1880ज,* सेंटर फॉर स्टडीज इन सोशल साइंसेज (कलकत्ता, ओकेजनल पेपर सं. 11, 1976) और रणजीतदास गुप्त के *मैटीरियल कंडीशंस एंड बिहेवियोरल एस्पेक्ट्स ऑफ कलकत्ता वर्किंग क्लास, 1875–99* (वही, सं. 22, 1979) में प्रस्तुत की गई है। दीपेश चक्रवर्ती का *शशिपद बनर्जी : ए स्टडी इन दि नेचर ऑफ दि फर्स्ट कांटैक्ट ऑफ दि बंगाली भद्रलोक विद दि वर्किंग क्लासेज ऑफ बंगाल* (वही सं. 4, 1975) उल्लेखनीय है। ऐसे विषयों पर पृष्ठभूमि संबंधी सूचना के लिए ई.पी. थाम्पसन कृत *मैकिंग ऑफ द इंग्लिश वर्किंग क्लास* (लंदन, 1963), जे. फोस्टर कृत *क्लास स्ट्रगल एंड द इंडस्ट्रियल रिवोल्यूशन* (लंदन, 1974) और जी. रूड कृत द *क्राउन इन हिस्ट्री* (न्यूयार्क, 1964) अनिवार्य हैं।
26. द्वितीय विश्व युद्ध के कालखंड में सरकार ने हड़तालें और तालाबंदियों पर प्रतिबंध लगा दिया। हड़ताल और तालाबंदी से औद्योगिक उत्पादन प्रभावित होता है। उत्पादन की गति धीमी पड़ जाती है। परंतु द्वितीय विश्व युद्ध के बाद औद्योगिक विवादों में भारी वृद्धि हुई। 1947 में औद्योगिक विवाद से जुड़े 1811 मामलों का विवरण उपलब्ध होता है। इन हड़तालों के साथ 98 लाख श्रमिक जुड़े हुए थे। इन औद्योगिक विवादों के कारण 16.5 लाख मानव–दिवसों का नुकसान हुआ। तालिका–1 में स्वाधीनता के बाद भारत में औद्योगिक विवादों से जुड़े आंकड़ों को प्रस्तुत किया गया है।

तालिका 1

हड़ताल और तालाबंदी में मानव-दिवस हानि तथा सन्निहित श्रमिक

वर्ष	श्रमिक सन्निहित			मानव-दिवस हानि			औसत दिन जिनके दौरान एक श्रमिक सन्निहित रहा	
	हड़ताल	तालाबंदी	कुल	हड़ताल	तालाबंदी	कुल	हड़ताल में	तालाबंदी में
	(हजारों में)			(लाखों में)				
1961	432	80	512	30	19	49	12	11
	(84)	(16)	(100)	(60)	(40)	(100)		
1971	1,476	169	1,645	118	47	165	8	34
	(91)	(9)	(100)	(71)	(29)	(100)		
1976	550	186	736	28	99	127	5	53
	(75)	(25)	(100)	(22)	(78)	(100)		
1981	1,261	327	1,588	212	154	366	17	47
	(79)	(21)	(100)	(58)	(42)	(100)		
1983	1,167	294	1,461	249	219	468	21	75
	(80)	(20)	(100)	(53)	(47)	(100)		
1985	878	201	1,079	115	177	292	13	88
	(81)	(19)	(100)	(35)	(65)	(100)		
1986	1,444	201	1,645	188	139	327	13	69
	(88)	(12)	(100)	(58)	(42)	(100)		
1987	1,495	275	1,770	140	213	335	9	77
	(84)	(16)	(100)	(40)	(60)	(100)		
1988	937	254	1,191	125	214	339	13	84
	(79)	(21)	(100)	(37)	(63)	(100)		
1989	1.158	206	1,364	107	220	327	9	107
	(85)	(15)	(100)	(33)	(67)	(100)		
1993	672	282	954	56	147	203	8	52
				(28)	(72)	(100)		
1994	626	220	846	67	143	210	11	65
				(32)	(68)	(100)		
				(35)	(65)	(100)		
1996	609	330	939	32	171	203	5	51
	(65)	(35)	(100)	(16)	(84)	(100)		

लगातार...

लगातार...

1997	637	344	981	63	107	170	10	31
	(65)	(35)	(100)	(37)	(63)	(100)		
1999	1,049	212	1,311	106	162	268	10	76
	(80)	(20)	(100)	(40)	(60)	(100)		
2000	385	305	690	34	133	167	9	44
	(56)	(44)	(100)	(20)	(80)	(100)		
2001	489	199	688	60	178	238	12	89
	(71)	(29)	(100)	(25)	(75)	(100)		
2002	900	179	1079	97	169	266	11	95
	(83)	(17)	(100)	(36)	(64)	(100)		
2003	1,011	805	1,816	32	271	303	3	34
	(56)	(44)	(100)	(11)	(89)	(100)		
2004	1,903	169	2,072	48	190	238	3	112
	(92)	(8)	(100)	(20)	(80)	(100)		

27. भारत के सर्वोच्च न्यायालय ने अगस्त 6, 2003 को औद्योगिक विवाद के संबंध में एक ऐतिहासिक फैसला दिया। तमिलनाडु में 12 लाख सरकारी कर्मचारियों द्वारा की गई हड़ताल से स्थिति विस्फोटक हो गई थी। सर्वोच्च न्यायालय ने अपने फैसले में यह स्पष्ट किया कि सरकारी कर्मचारियों को हड़ताल पर जाने का कोई मौलिक, कानूनी, नैतिक या न्यायोचित अधिकार नहीं है। हड़तालों द्वारा सरकारी कर्मचारी सरकारी मशीनरी एवं नागरिकों को अस्त-व्यस्त नहीं कर सकते। 1962 में ऑल इंडिया बैंक एम्पलाइज एसोसिएशन पर अपने निर्णय को दोहराते हुए न्यायालय ने साफ किया कि ''मजदूर संघों को सामूहिक सौदा शक्ति (Collective Bargaining) का कोई गारंटीकृत अधिकार प्राप्त नहीं है, न ही हड़ताल का।'' न्यायालय ने स्पष्ट किया कि कोई राजनैतिक दल या संस्था इस अधिकार का दावा नहीं कर सकती कि वह राज्य या राष्ट्र की आर्थिक और औद्योगिक क्रियाओं को ठप कर सकती है और न ही नागरिकों को असुविधा पहुंचने का अधिकार रखती है।

तत्कालीन महाभिकर्ता (Attorney General) ने 10 अगस्त, 2002 को सर्वोच्च न्यायालय के फैसले पर असहमति जाहिर की। ''सामूहिक सौदा शक्ति और इसके सहायक हड़ताल का अधिकार कर्मचारियों का एक अमूल्य अधिकार है, यह वर्षों की मेहनत और प्रयास के बाद प्राप्त किया गया।'' उल्लेखनीय है कि सर्वोच्च न्यायालय के फैसले को दृष्टि में रखते हुए अंतर्राष्ट्रीय श्रम संघ (International Labour Organization—ILO) में केंद्र सरकार से अनुरोध किया है कि वह देश में मजदूरों व संघों के अधिकार को बहाल करें। मजदूरों के हितों तथा अधिकारों की रक्षा के लिए सरकार उचित संरक्षण प्रदान करे।

हाल के वर्षों में सजातीयता तथा क्षेत्रीयता का मुद्दा खड़ा किया जा रहा है। विभिन्न प्रांतों में कार्यरत प्रवासी औद्योगिक श्रमिकों के साथ दुर्व्यवहार किया जा रहा है। यह भारतीय संविधान द्वारा प्रदत्त कार्य करने के मौलिक अधिकार का प्रत्यक्ष तौर पर उल्लंघन है। परंतु रोजी-रोटी की तलाश में अपने गांव तथा बसेरे से दूर किसी अन्य प्रांत में कार्यरत औद्योगिक श्रमिकों तथा अन्य प्रवासी मजदूरों के साथ हो रही नाइंसाफी ने औद्योगिक श्रमिकों के समक्ष एक नई चुनौती तथा संकट को खड़ा कर दिया है। आर्थिक मंदी के नाम पर विभिन्न औद्योगिक संगठनों ने कर्मचारियों की छंटनी अथवा वेतन में कटौती का सिलसिला आरंभ किया है। अधिकतर औद्योगिक श्रमिक अशिक्षित तथा गरीबी के अभिशाप से परेशान हैं। भारत एक कल्याणकारी राज्य है। कल्याणकारी राज्य में केवल आर्थिक विकास ही मुद्दा नहीं हो सकता है। देश के श्रमिकों का मान-सम्मान भी सर्वोपरि है। इस बात से किसी को एतराज नहीं हो सकता है कि देश में वैश्वीकरण तथा आर्थिक उदारीकरण के दौर को तीव्र किया जाना चाहिए। औद्योगिक उत्पादन, आर्थिक विकास तथा राष्ट्रीय आय में अभिवृत्ति के प्रयत्नों का कोई भी स्वागत कर सकता है। परंतु सिंगुर तथा नंदीग्राम जैसी घटना की पुनरावृत्ति के पक्ष में कोई अपना विचार प्रस्तुत नहीं कर सकता है। सामूहिक सौदेबाजी, हड़ताल, घेराव तथा प्रदर्शन कामगारों के आर्थिक हितों एवं स्वाभिमान की रक्षा का एक सशक्त माध्यम रहा है। अत: कामगारों के इन साधनों पर अंकुश लगाना भी न्यायसंगत नहीं कहा जा सकता है। राष्ट्र के आर्थिक विकास के नाम पर श्रम-स्वेद और रक्त से लथपथ औद्योगिक कामगारों को भाग्य के भरोसे नहीं छोड़ा जा सकता है।

औद्योगिक विवाद का अर्थ एवं अवधारणा (Meaning and Conceptualization of Industrial Dispute)

प्रबंधक तथा औद्योगिक श्रमिक के बीच मौजूद असहमति को औद्योगिक विवाद कहते हैं। प्रबंधक तथा औद्योगिक श्रमिक के बीच मौजूद मतभेद के कारण उत्पन्न स्थिति को औद्योगिक विवाद के रूप में रेखांकित किया जाता है। उद्योग में सामंजस्य तथा सहयोग का अभाव होने पर औद्योगिक विवाद की स्थिति उत्पन्न होती है। औद्योगिक विवाद तथा औद्योगिक असंतोष का तात्पर्य है कि प्रबंधक तथा श्रमिक के बीच सद्भावनापूर्ण संबंध नहीं हैं। प्रबंधक तथा प्रबंधक के बीच औद्योगिक विवाद की स्थिति उत्पन्न हो सकती है। प्रबंधक तथा श्रमिक के बीच मतभेद एवं असहमति के कारण औद्योगिक विवाद की स्थिति उत्पन्न हो सकती है। कामगार तथा कामगार के बीच औद्योगिक विवाद का लक्षण प्रकट हो सकता है। हाल के वर्षों में औद्योगिक विवाद की अवधारणा के साथ वैश्वीकरण की प्रक्रिया भी घनिष्ठ तौर पर संबंधित हो गई है। पर्यावरण-संरक्षण तथा औद्योगिक विवाद के बीच स्पष्ट संबंध मौजूद हैं। विस्थापन की समस्या तथा औद्योगिक विवाद के बीच तर्कपूर्ण संबंध हैं। औद्योगिक विवाद गहराई में राजनैतिक संरचना से भी संबंधित है। औद्योगिक विवाद का एक महत्वपूर्ण पक्ष हित समूह तथा दबाव समूह से जुड़ा हुआ है। जाहिर है कि औद्योगिक विवाद की अवधारणा एक जटिल तथा बहुपक्षीय अवधारणा है। पैटरसन ने स्पष्ट किया है कि औद्योगिक विवाद औद्योगिक असंतोष का लक्षण है। इस प्रकार औद्योगिक असंतोष तथा औद्योगिक विवाद के बीच स्पष्ट संबंध मौजूद है। जिस तरह एक फोड़ा (Boils) रोगग्रस्त

शरीर का लक्षण है, उसी तरह औद्योगिक विवाद औद्योगिक असंतोष का लक्षण है। औद्योगिक असंतोष कर्मचारियों की छंटनी से उत्पन्न हो सकता है। वेतन में कटौती, बोनस का प्रश्न, काम के घंटों में वृद्धि तथा कर्मचारियों के साथ दुर्व्यवहार एवं अपमानजनक बर्ताव औद्योगिक विवाद का माहौल तैयार करता है। श्रमिक संघों के वर्चस्व का मुद्दा भी औद्योगिक विवाद का कभी-कभी कारण बन जाता है। आर्थिक मंदी, आधुनिक तकनीक का विकास, स्वेच्छा सेवानिवृत्ति की अवधारणा तथा राजनैतिक प्रतिबद्धता एवं विचारधाराओं की भी प्रत्यक्ष अथवा अप्रत्यक्ष तौर पर औद्योगिक विवाद को नई उत्तेजना प्रदान करने में महत्वपूर्ण भूमिका होती है। कभी-कभी सहयोगी औद्योगिक संगठनों में कामगारों के साथ हो रही नाइंसाफी जन्म संगठनों में कामगारों के असंतोष का सबब बन जाती है।

औद्योगिक विवाद के संदर्भ में प्रख्यात समाजशास्त्री एच.एम. जॉनसन का विचार भी उल्लेखनीय है। जॉनसन ने स्पष्ट किया है कि मालिक और व्यवस्था पर, जब तक उन्हें बाध्य नहीं किया जाता, श्रमिकों के कल्याण को उपेक्षित करते रहते हैं। जॉनसन के अनुसार मालिक और व्यवस्थापक के द्वारा साधारणत: श्रमिकों की उपेक्षा की जाती है। फलत: प्रबंधक तथा श्रमिकों के बीच सद्भावना तथा सामंजस्य के तार टूट जाते हैं। जाहिर है कि श्रमिकों को अपने हितों तथा अधिकारों की रक्षा के लिए हड़ताल, घेराव, प्रदर्शन, कलमबंद हड़ताल आदि का सहारा लेना पड़ता है। इन्हीं परिस्थितियों में औद्योगिक विवाद की स्थिति उत्पन्न होती है। उन्होंने वार्नर तथा ली (1947) द्वारा प्रस्तुत एक समाजशास्त्रीय अध्ययन का उदाहरण के तौर पर उल्लेख किया है। औद्योगीकरण के आरंभिक दिनों में छोटे से न्यू इंग्लैंड के जूता उद्योग के मालिक अपने कारीगरों को व्यक्तिगत रूप से जानते थे। वे सभी स्थानीय स्कूलों में साथ पढ़े हुए थे। मालिक लोग वहीं रहते थे। कई स्थानीय संगठनों के सदस्य थे। अपने लोगों से प्राय: नित्य मिलते थे। अपने कामगारों के गर्व का अनुभव करते थे और उनका दायित्व संभालते थे। इस प्रकार प्रबंधक तथा कामगार के बीच सामंजस्य तथा सद्भावना का वातावरण मौजूद था। आजकल मालिक लोग न्यूयार्क में रहते हैं, स्थानीय समुदाय में कभी नहीं आते और उसमें सिवाय लाभ के साधन के और किसी प्रकार की अभिरुचि नहीं रखते हैं। उनके वेतनभोगी मैनेजर भी बाहर के हैं और वे अपने बच्चों को दूर के स्कूलों में भेजते हैं। इस प्रकार मालिकों-मैनेजरों की जीवन पद्धति श्रमिकों से अब बहुत अधिक भिन्न हो गई है। फलत: मालिकों के साथ कामगारों का प्रत्यक्ष तौर पर संवाद स्थापित नहीं हो पाता है। फलत: कामगार अपनी समस्याओं को तथा कल्याणकारी कार्यक्रमों को प्रस्तुत नहीं कर पाते हैं। मजदूरों में असंतोष का लावा फूटता है तथा अंतत: औद्योगिक विवाद की स्थिति उत्पन्न होती है।

औद्योगिक विवाद की परिभाषा (Definition of Industrial Dispute)

वाटसन एवं डॉड ने निम्नलिखित बिंदुओं के आधार पर औद्योगिक विवाद को परिभाषित किया है-

1. औद्योगिक विवाद मूलत: अव्यवस्था के कारण प्रकट होता है। प्रबंधन तथा कामगारों के बीच सद्भावना एवं सामंजस्य के अभाव के कारण अव्यवस्था उत्पन्न होती है।

2. औद्योगिक विवाद के साथ आर्थिक प्रणाली का स्पष्ट संबंध और सरोकार होता है। इस प्रकार औद्योगिक विवाद का एक मुख्य मुद्दा आर्थिक प्रणाली से संबंधित है। आर्थिक प्रणाली के अंतर्गत मजदूरों के वेतन, भत्ता, वेतन में वृद्धि अथवा वेतन में कटौती, बोनस आदि जुड़ा हुआ है। साथ ही उत्पादन में तीव्रता, उत्पादन में गुणवत्ता एवं उत्पादन में वृद्धि भी औद्योगिक विवाद के अंतर्गत एक मुख्य मुद्दा होता है। प्रबंधक अपने आर्थिक हितों की रक्षा करने के लिए तत्पर रहता है। कामगार भी अपने आर्थिक हितों को नजरअंदाज नहीं कर सकता है। इस प्रकार वाटसन एवं डॉड के अनुसार प्रबंधक तथा श्रमिक में आर्थिक हितों की टकराहट के कारण औद्योगिक विवाद की स्थिति उत्पन्न होती है।
3. डॉड ने यह भी स्पष्ट किया है कि औद्योगिक अव्यवस्था तथा विवाद के साथ राजनैतिक प्रणाली को भी सम्मिलित किया जा सकता है। इस प्रकार उन्होंने राजनैतिक प्रणाली को भी औद्योगिक विवाद के एक प्रमुख मुद्दे के रूप में रेखांकित किया है। औद्योगिक विवाद का सरोकार राजनैतिक दलों एवं राजनैतिक विचारधारा से जुड़ा हो सकता है। साथ ही औद्योगिक विवाद के संघर्षपूर्ण माहौल में अपने-अपने स्तर से प्रबंध तथा श्रमिक संघ राजनैतिक दलों की सहानुभूति तथा सहयोग प्राप्त करने का प्रयास करते हैं। राजनैतिक प्रणाली के अंतर्गत दबाव समूहों एवं हित समूहों की भी चर्चा की जा सकती है। औद्योगिक विवाद के साथ दबाव समूह तथा हित समूह जुड़ा रहता है।
4. वाटसन एवं डॉड के अनुसार औद्योगिक विवाद के साथ प्रबंधन जुड़ा होता है। साथ ही औद्योगिक विवाद के साथ कामगारों का भी प्रत्यक्ष संबंध होता है। यह संबंध कार्य पर आधारित होता है। प्रबंधक तथा कामगार का संबंध जटिल होता है। संतुलन तथा अव्यवस्था होने पर प्रबंधक एवं श्रमिक के हितों में टकराहट की स्थिति उत्पन्न होती है। फलतः औद्योगिक विवाद तथा अशांति का माहौल तैयार होता है।
5. संक्षेप में, वाटसन एवं डॉड के अनुसार औद्योगिक विवाद मूलतः अव्यवस्था के कारण प्रकट होती है। यह कार्य से संबंधित है। यह प्रबंधक तथा कामगार से जुड़ा हुआ है। कामगार तथा प्रबंधक के बीच जटिल संबंध होता है। औद्योगिक विवाद के साथ आर्थिक तथा राजनैतिक प्रणाली भी जुड़ी हुई है।

औद्योगिक विवाद अधिनियम 1947 के अंतर्गत औद्योगिक विवाद की अवधारणा को सुपरिभाषित किया गया है। औद्योगिक विवाद अधिनियम 1947 के अनुसार-"औद्योगिक विवाद नियोजकों और नियोजकों अथवा नियोजकों तथा कामगारों अथवा कामगारों एवं कामगारों के बीच होने वाला विवाद या मतभेद है। यह किसी व्यक्ति के नियोजन अथवा अनियोजन अथवा नियोजन की शर्तों अथवा श्रम की दशाओं से संबंधित होता है।[2]

औद्योगिक विवाद अधिनियम 1947 द्वारा दी कई परिभाषा के आधार पर निम्नलिखित बिंदुओं का स्पष्टीकरण होता है-

1. औद्योगिक विवाद के अंतर्गत तीन प्रमुख पक्षों को सम्मिलित किया जाता है-
   (i) नियोजक तथा नियोजक
   (ii) नियोजक तथा कामगार

(iii) कामगार तथा कामगार

औद्योगिक विवाद अधिनियम 1947 से स्पष्ट होता है कि औद्योगिक विवाद का एक मुख्य केंद्र नियोजकों तथा नियोजकों से जुड़ा हुआ है। उत्पादन, प्रबंधन, विपणन तथा अन्य निहित हितों एवं राजनैतिक प्रतिबद्धताओं के कारण नियोजकों तथा नियोजकों के बीच भी टकराहट एवं तनाव की स्थिति उत्पन्न होती है। फलतः औद्योगिक विवाद का माहौल तैयार होता है।

औद्योगिक विवाद का दूसरा प्रमुख केन्द्र नियोजक तथा कामगार के बीच मौजूद तनाव एवं टकराहट से जुड़ा हुआ है। औद्योगिक विवाद के अधिकतर मामलों में नियोजक तथा कामगार के बीच टकराहट की स्थिति उत्पन्न होती है। नियोजक तथा कामगार के बीच टकराहट के मामलों में श्रमिक संघों की भूमिका प्रभावी सिद्ध हो सकती है।

औद्योगिक विवाद का एक अन्य प्रमुख केंद्र कामगार तथा कामगार के बीच मौजूद विवाद एवं टकराहट से जुड़ा हुआ है। श्रमिक संघों के वर्चस्व के मुद्दे को लेकर कामगार तथा कामगार के बीच संघर्ष तथा विवाद की स्थिति उत्पन्न होती है। साथ ही राजनैतिक प्रतिबद्धता एवं विचारधारा के आधार पर भी कामगारों के बीच में तनाव की स्थिति उत्पन्न हो जाती है। हड़ताल, प्रदर्शन तथा घेराव आदि के मामलों को लेकर भी कामगारों में यदा-कदा विवाद की स्थिति बनती है। प्रबंधकों के द्वारा भी कामगार तथा कामगार के बीच फूट डालने का प्रयास होता रहता है। सजातीयता, क्षेत्रीयता, सांप्रदायिकता एवं जातिवाद के आधार पर भी कामगार तथा कामगार के बीच में फूट डालने का प्रयास होता रहता है।

2. औद्योगिक विवाद तथा नियोजन की शर्तों के बीच स्पष्ट एवं तर्कपूर्ण संबंध मौजूद होता है। अर्थात औद्योगिक विवाद का एक बुनियादी मुद्दा नियोजन की शर्तों से जुड़ा हुआ है। नियोजन की शर्तों के अंतर्गत न्यूनतम मजदूरी, मजदूरी में अंतर, मजदूरी में कटौतियां, मजदूरियों का नियमित भुगतान, पदोन्नति, बोनस, भत्ता, सेवानिवृत्ति तथा पेंशन आदि जुड़ा हुआ है।
3. औद्योगिक विवाद के साथ श्रम की दशाओं का भी स्पष्ट संबंध होता है। श्रम की दशाओं के अंतर्गत कार्य के घंटे, कार्य की भौतिक दशाएं, चिकित्सा सुविधा, कल्याणकारी सुविधा, अनुशासन, कार्य-संस्कृति, कार्यस्थल का वातावरण आदि को सम्मिलित किया जा सकता है।
4. उल्लेखनीय है कि औद्योगिक विवाद अधिनियम 1947 मूलतः औद्योगिक विवादों की जांच और उसके निबटारे से संबंधित है। अधिनियम के निम्नलिखित उद्देश्य हैं–

   (i) नियोजक और श्रमिकों के बीच सद्भाव और अच्छे संबंध कायम करने तथा उनके संरक्षण के उपायों को प्रोत्साहन।

   (ii) नियोजक तथा नियोजक के बीच मौजूद औद्योगिक विवादों की जांच और उनका समाधान।

   (iii) पंजीकृत ट्रेड यूनियन या ट्रेड यूनियनों के परिसंघ तथा नियोजक संगठन के बीच मौजूद तनाव तथा टकराहट की जांच एवं उनका निराकरण।

(iv) नियोजक तथा कामगारों के बीच मौजूद विवादों की समीक्षा तथा उनमें सामंजस्य एवं सद्भावना का वातावरण तैयार करना।

(v) श्रमिक तथा श्रमिक के बीच मौजूद तनावों की जांच तथा उनका समाधान।

(vi) अवैध हड़ताल और तालाबंदी की रोकथाम।

(vii) मंदी और छंटनी के दौरान श्रमिकों को राहत और सामूहिक समझौते।

(viii) अधिनियम में निहित अस्थायी छंटनी, छंटनी और तालाबंदी संबंधी विशेष प्रावधान उन प्रतिष्ठानों पर लागू हैं, जिनमें प्रत्येक कार्य-दिवस को औसतन कम से कम 100 कर्मचारी काम करते हों। अधिनियम में छंटनी के मुआवजा के रूप में संरक्षण और किसी प्रतिष्ठान में 240 दिनों तक लगातार सेवा पूरी करने वाले श्रमिक की छंटनी के मामले में 12 महीने पहले छंटनी, तालाबंदी आदि का नोटिस दिए जाने का प्रावधान है।

5. औद्योगिक विवाद के आधार पर प्रबंधक तथा कामगारों के बीच कटुतापूर्ण संबंधों का निर्माण होता है। औद्योगिक विवाद का कोई विशिष्ट मुद्दा होता है तथा इसके साथ अन्य संबंधित पक्ष भी जुड़े रहते हैं। मूलत: प्रबंधक तथा श्रमिकों के बीच सामंजस्यपूर्ण संबंधों के अभाव में औद्योगिक विवाद की स्थिति गंभीर हो जाती है। सहयोग एवं सद्भावना का अभाव होने पर भी प्रबंधक और श्रमिकों के बीच में छत्तीस का संबंध बन जाता है।

6. औद्योगिक विवाद एवं उत्पादन की प्रक्रिया के बीच स्पष्ट संबंध है। औद्योगिक विवाद की स्थिति उत्पन्न होने पर उत्पादन की प्रक्रिया ठप पड़ सकती है अथवा उसमें शिथिलता की स्थिति उत्पन्न हो सकती है। इसके अन्य दुखद परिणाम भी झेलने होते हैं। औद्योगिक प्रतिष्ठानों की शाख खतरे में पड़ सकती है। औद्योगिक विवाद की स्थिति में वितरक-व्यापारी तथा उपभोक्ता परेशान होते हैं तथा उन्हें समय पर वस्तु की आपूर्ति नहीं हो पाती है। लगातार तथा दीर्घकालीन औद्योगिक असंतोष की स्थिति में गंभीर परिणाम भुगतने पड़ सकते हैं। इन हालातों में कामगारों की स्थिति दयनीय हो जाती है तथा उन्हें भुखमरी का शिकार होना पड़ सकता है।

8. औद्योगिक विवाद के साथ आर्थिक विकास का भी सरोकार है। लगातार औद्योगिक विवाद एवं टकराहट के कारण आर्थिक विकास की गति धीमी पड़ सकती है अथवा उसमें अवरोध उत्पन्न हो सकता है। औद्योगिक विवाद का प्रत्यक्ष संबंध औद्योगिक अशांति से जुड़ा हुआ है। औद्योगिक विवाद एवं अशांति की स्थिति उत्पन्न होने पर आर्थिक संसाधनों की क्षति हो सकती है। हिंसक घटनाओं का दौर चल सकता है। शारीरिक प्रताड़ना झेलनी पड़ सकती है। प्रबंधक अथवा कामगारों को कोर्ट-कचहरी का दरवाजा खटखटाना पड़ सकता है। उन्हें न्यायिक हिरासत में लिया जा सकता है। गंभीर हालातों में उन्हें जेल की हवा भी खानी पड़ सकती है।

9. औद्योगिक विवाद के साथ मनोवैज्ञानिक, भौतिक तथा सामाजिक पहलुओं का भी उल्लेख किया जा सकता है। औद्योगिक विवाद के दौरान प्रबंधक तथा कामगार को मनोवैज्ञानिक त्रासदी के दौर से गुजरना पड़ सकता है। अनेक प्रकार के संत्रास, कुंठा,

प्रतिशोध तथा बेचैनी के कारण उनका स्वाभाविक जीवन अस्त-व्यस्त हो सकता है। भौतिक तथा सामाजिक स्तर पर भी उन्हें गंभीर समस्याओं से मुठभेड़ करनी पड़ सकती है।

10. औद्योगिक विवाद अंततः राष्ट्रीय आय तथा राष्ट्रीय उत्पादन की प्रक्रिया को भी प्रभावित कर सकता है।

11. औद्योगिक विवाद के कारण वर्ग विद्वेष की स्थिति उत्पन्न हो सकती है। सामाजिक वर्गों के बीच संघर्ष तथा मुठभेड़ की स्थिति बनी रहती है। अशांति तथा असंतोष के वातावरण में कभी-कभी परिस्थिति का विस्फोटक हो जाना भी खतरनाक सिद्ध हो सकता है। वर्ग-विद्वेष के कारण राजनैतिक स्तर पर भी मुठभेड़ की स्थिति बनी रहती है। सामाजिक संबंध, सामुदायिक चेतना तथा औद्योगिक विकास का रथ औद्योगिक विवाद के माहौल में थम जाता है।

औद्योगिक विवाद का कारण (Causes of Industrial Disputes)

औद्योगिक क्रांति, पूंजीवादी समाज का विकास, फ्रांसीसी राज्य क्रांति तथा सोवियत रूस की बोलशेविक क्रांति ने औद्योगिक विवाद को एक नई उत्तेजना दी। औद्योगिक क्रांति ने कल-कारखानों का विस्तार किया तथा श्रमिक-असंतोष एवं श्रमिक-उभार को एक नया क्षितिज प्रदान किया। पूंजीवादी आर्थिक संरचना ने उत्पादन के साधन पर स्वामित्व को सीमित किया तथा बुर्जुआ एवं सर्वहारा के संघर्ष को एक नया आयाम प्रदान किया। फ्रांसीसी राज्य क्रांति ने समता, स्वतंत्रता, न्याय एवं भाईचारे का पैगाम दिया। बोलशेविक क्रांति ने दुनियाभर से मजदूरों को शोषण तथा अन्याय के खिलाफ प्रतिरोध, असहमति एवं वर्ग-संघर्ष की चेतना को उत्प्रेरित किया। औद्योगिक विवाद की व्याख्या कार्ल मार्क्स ने वर्ग-चेतना, सामाजिक वर्ग तथा वर्ग-संघर्ष के आधार पर प्रस्तुत की। एमिल दुर्खाइम ने श्रम-विभाजन तथा विशेषीकरण एवं यांत्रिक एकता तथा सावयवी एकता के आधार पर औद्योगिक संबंधों का विश्लेषण किया। वेबर ने आदर्श प्ररूप के उपागम के आधार पर अधिकारी-तंत्र एवं औद्योगिक संरचना में निहित संघर्ष के तत्वों का खुलासा किया। प्रबंधकों के द्वारा औद्योगिक श्रमिकों की उपेक्षा की जाती है। उत्पादन की प्रक्रिया को तीव्र करने का प्रयत्न किया जाता है, परंतु कामगारों की न्यायसंगत मांगों पर ध्यान नहीं किया जाता है। बढ़ती हुई महंगाई तथा कठिन आर्थिक संघर्ष के दौर में उनके वेतन में न्यायसंगत तौर पर अभिवृद्धि नहीं की जाती है। बोनस तथा भत्ते की मांग को नजरअंदाज किया जाता है। दुर्घटनाग्रस्त श्रमिकों के परिवार को भाग्य के भरोसे छोड़ दिया जाता है तथा औद्योगिक श्रमिकों की सुरक्षा पर गौर करने की जरूरत नहीं समझी जाती है। चिकित्सा सुविधा, आवास की व्यवस्था, मनोरंजन तथा श्रमिकों के बच्चों की शिक्षा के प्रति भी प्रबंधकों द्वारा अक्सर अपमानजनक व्यवहार होता है तथा श्रमिक नेताओं को कुचला जाता है। उन पर झूठे इलजाम में मुकदमा चलाया जाता है। श्रमिक नेताओं को खरीदने का भी प्रयास किया जाता है तथा श्रमिकों में फूट डालने की साजिश की जाती है। अक्सर श्रमिकों के मानव अधिकारों का हनन होता है। फलतः कारखानों की चकाचौंध में औद्योगिक असंतोष की चिंगारी सुलगती रहती है। औद्योगिक अशांति का वातावरण मौजूद रहता है। स्पष्ट है कि औद्योगिक विवाद एक जटिल तथा बहुपक्षीय अवधारणा है। अतः औद्योगिक विवाद के कई

कारण होते हैं। औद्योगिक विवाद के कारकों में आर्थिक मुद्दा का विशेष महत्व होता है। परंतु गैर–आर्थिक मुद्दों के महत्व को भी नजरअंदाज नहीं किया जा सकता है। भोपाल गैसकांड, नर्मदा बांध, टिहरी बांध आदि के क्रम में पर्यावरण एवं विस्थापन का मुद्दा भी खड़ा हुआ है। इस संदर्भ में मेघा पाटेकर, अरुंधती राय तथा महाश्वेता देवी ने अविराम संघर्ष किया है। चिपको आंदोलन तथा इपको आंदोलन आदि की चर्चा भी की जा सकती है। पश्चिम बंगाल में नैनो कार के संदर्भ में सिंगुर तथा नंदीग्राम की घटना ने औद्योगिक विवाद को एक नया परिप्रेक्ष्य प्रदान किया है। 1992 की रियो कांफ्रेंस में वैश्विक पर्यावरण के संदर्भ में वायु प्रदूषण के मुद्दे पर गंभीर चिंता व्यक्त की गई। वायु में घुलनशील होने वाले अधिकतर धूल–कण औद्योगिक संस्थानों तथा पेट्रोल या डीजल इंजन द्वारा चालित वाहनों के धुएं से उत्पन्न होते हैं।

औद्योगिक विवाद के विश्लेषण के क्रम में एक नए समाजशास्त्रीय परिप्रेक्ष्य की चर्चा अपेक्षित है। औद्योगिक विवाद के साथ लैंगिक असमानता का मुद्दा भी उठ खड़ा हुआ है। वैश्वीकरण तथा आर्थिक उदारीकरण के दौर में भारी तादाद में औद्योगिक प्रतिष्ठानों के अंतर्गत महिलाओं का नियोजन किया जा रहा है। परंतु महिला कामगारों के साथ बड़े पैमाने पर भेदभाव किया जा रहा है। पुरुषों की तुलना में उनकी स्थिति को लेकर प्रश्न खड़े किए जा रहे हैं। उनकी सुरक्षा तथा सेवा शर्तों का मुद्दा भी औद्योगिक विवाद का एक प्रमुख सबब बनता जा रहा है। उल्लेखनीय है कि औद्योगिक प्रतिष्ठानों में प्रत्यक्ष अथवा अप्रत्यक्ष तौर पर असंगठित क्षेत्र के मजदूरों का भारी संख्या में उपयोग होता है। विशेष तौर पर औद्योगिक प्रतिष्ठानों की आधारभूत संरचनाओं के विकास के क्रम में इनका उपयोग किया जाता है। असंगठित क्षेत्र के मजदूरों का व्यापक पैमाने पर इस्तेमाल किया जाता है। परंतु असंगठित क्षेत्र के मजदूरों के साथ नाइंसाफी हो रही है। इनका व्यवस्थित संगठन नहीं है। बिचौलियों तथा ठेकेदारों के शोषण और अत्याचार को भी इन्हें झेलना पड़ता है। बदलते दौर में वैश्वीकरण ने औद्योगिक श्रमिकों तथा अन्य कामगारों को एक नए मोड़ पर लाकर खड़ा कर दिया है। सेंसेक्स, शेयर मार्केट, उपभोक्तावाद तथा बाजारवाद की धूम मची है। दिल्ली बदल रहा है। मेट्रो रेल के वातानुकूलित कक्ष में लोग सफर कर रहे हैं। मुंबई में समुद्र के विशाल कलेजे पर पुल का निर्माण हुआ है। बैंगलोर, हैदराबाद तथा पुणे आदि नगरों में सॉफ्टवेयर, सूचना तकनीक, इलेक्ट्रोनिक्स, इंटरनेट तथा लेपटॉप की चकाचौंध में एक नए औद्योगिक संबंधों का विकास हो रहा है। राजनैतिक प्रबंधन के नए मानदंडों को लागू किया जा रहा है। साम्यवादी राजनैतिक विचारधारा से जुड़े शक्ति केंद्रों का क्षरण हो रहा है। आर्थिक मंदी के काले बादलों ने दुनिया के आर्थिक संस्थानों एवं औद्योगिक प्रतिष्ठानों को चौराहे पर लाकर खड़ा कर दिया है। जाहिर है कि बदलते हुए आर्थिक एवं राजनैतिक परिदृश्य में औद्योगिक विवादों के कारणों के विश्लेषण में गंभीर समाजशास्त्रीय दृष्टि अपेक्षित है।

समाजशास्त्रीय अध्ययनों एवं अनुसंधानों के आधार पर औद्योगिक विवाद के कतिपय कारणों का उल्लेख किया जाता है। इन कारणों का वर्गीकरण आर्थिक एवं गैर–आर्थिक मुद्दों पर भी किया जाता रहा है। मूलतः मजदूरी तथा भत्ता, कार्मिक (Personnel), छंटनी, अस्थायी छंटनी (Lay-off), अनुशासनहीनता, हिंसा (Violence), अवकाश तथा काम के घंटे, पालियों में काम (Shift-working), बोनस, श्रमिक संघों में आंतरिक बिखराव तथा

प्रतिद्वंद्वी संघों में वर्चस्व की लड़ाई, प्रबंधन के साथ हुए समझौते को लागू करने में आनाकानी, मांग-पत्र (Charter of Demand) कार्यभार, कार्य की दशा तथा सुरक्षा के मानदंडों को औद्योगिक विवाद के प्रमुख कारणों के रूप में रेखांकित किया जा सकता है। उपलब्ध विवरणों के आधार पर स्पष्ट होता है कि वेतन तथा मजदूरी में अभिवृद्धि का मुद्दा औद्योगिक विवाद का एक प्रमुख कारण रहा है। गौरतलब है कि मूल्य सूचकांक में वृद्धि हो रही है तथा महंगाई आसमान छूती नजर आती है। अत: साधारणत: वेतन तथा मजदूरी के मुद्दे को लेकर कामगार प्रबंधन के खिलाफ लामबंद होते हैं तथा औद्योगिक विवाद की स्थिति उत्पन्न करते हैं। मजदूरी वेतन के साथ भत्ते (Allowances) का मुद्दा भी जुड़ा हुआ है। इस प्रकार मजदूरी तथा वेतन एवं भत्ता औद्योगिक विवाद का एक प्रमुख कारण है। आंकड़ों के आधार पर स्पष्ट होता है कि 2002 में 21.4 प्रतिशत औद्योगिक विवाद का कारण मजदूरी तथा भत्ते से संबंधित था। 2003 में 20.4 प्रतिशत औद्योगिक विवाद का मुख्य कारण मजदूरी तथा भत्ता पाया गया। 2004 में 26.2 प्रतिशत तथा 2005 में 21.8 प्रतिशत औद्योगिक विवाद का कारण मजदूरी तथा भत्ता ही था।

औद्योगिक विवाद का एक प्रमुख कारण कार्मिक (Personnel) तथा छंटनी (Retrenchment) रहा है। 2002 में कार्मिक मुद्दों के कारण 14.1 प्रतिशत तथा छंटनी 2.2 प्रतिशत एवं अस्थायी छंटनी 0.4 प्रतिशत रहा है। 2003 में कार्मिक मुद्दों के कारण 11.2 प्रतिशत, छंटनी के कारण 2.4 प्रतिशत तथा अस्थायी छंटनी के कारण 0.6 प्रतिशत औद्योगिक विवादों का विवरण प्राप्त होता है। 2004 में कार्मिक मुद्दों के कारण 13.2 प्रतिशत तथा छंटनी के कारण 0.2 प्रतिशत औद्योगिक विवाद की स्थिति उत्पन्न हुई। 2005 में कार्मिक विवाद के कारण 9.6 प्रतिशत, छंटनी के कारण 0.4 प्रतिशत तथा अस्थायी छंटनी के कारण 0.2 प्रतिशत औद्योगिक विवाद का विवरण उपलब्ध होता है।

अनुशासनहीनता तथा हिंसा भी औद्योगिक विवाद का प्रमुख कारण रहा है। उपलब्ध आंकड़ों के आधार पर स्पष्ट होता है कि हाल के वर्षों में अनुशासनहीनता के कारण औद्योगिक विवाद की स्थिति गंभीर हुई है। 2002 में अनुशासनहीनता के कारण 29.9 प्रतिशत, 2003 में 36.9 प्रतिशत, 2004 में 40.4 प्रतिशत, 2005 में 41. 6 प्रतिशत औद्योगिक विवाद की स्थिति उत्पन्न हुई।

औद्योगिक विवाद का एक अन्य प्रमुख कारण बोनस है। 2002 में 6.7 प्रतिशत, 2003 में 6.7 प्रतिशत, 2004 में 3.5 प्रतिशत तथा 2005 में 3.6 प्रतिशत औद्योगिक विवाद का प्रमुख कारण बोनस रहा है। संघों में अतिरिक्त प्रतिद्वंद्विता तथा प्रतिद्वंद्वी संघों के बीच वर्चस्व के कारण औद्योगिक विवाद की स्थिति उत्पन्न होती है।

इसी तरह प्रबंधन के द्वारा किए गए समझौते पर अमल नहीं होने से भी औद्योगिक विवाद की स्थिति उत्पन्न होती है। आंकड़ों तथा विवरणों के आधार पर स्पष्ट होता है कि मांगपत्र (Charter of Demands), कार्यभार (Workload), सेवा शर्तें तथा सुरक्षा का मामला भी औद्योगिक विवादों का कारण रहा है।

तालिका 2

कारणों के आधार पर औद्योगिक विवाद का विवरण

कारण समूह	*2002*	*2003*	*2004*	*2005*
मजदूरी तथा भत्ता (Wages and Allowances)	21.3	20.4	26.2	21.8
कार्मिक (Personnel)	14.1	11.2	13.2	9.6
छंटनी (Retrenchment)	2.2	2.4	0.2	0.4
अस्थायी छंटनी (Lay-off)	0.4	0.6	–	0.2
अनुशासनहीनता (Indiscipline)	29.9	36.9	40.4	41.6
हिंसा (Violence)	0.9	1	0.9	0.4
अवकाश तथा काम के घंटे/पालियों में काम (Leave and Hours of Work/Shift Working)	0.5	1	04	–
बोनस (Bonus)	6.7	6.7	3.5	3.6
संघ में आंतरिक प्रतिद्वंद्विता/वर्चस्व की लड़ाई (Inter/Intra-Union Rivalry)	0.4	0.6	0.4	0.4
समझौते एवं अवाड्र्स का अनुपालन नहीं (Non-implementation of Agreements and Awards)	10.5	8.8	5.7	7.1
कार्यभार (Workload)	0.5	0.4	5.7	1.1
सेवा शर्त तथा सुरक्षा प्रबंध आदि (Standing Orders/Rules/Service-Condition, Saftey Measures)	1.8	1	2.4	0.2

भारत में स्वाधीनता के बाद औद्योगीकरण के एक नए युग की शुरुआत हुई। सार्वजनिक एवं निजी क्षेत्रों में उद्योगों के विकास एवं विस्तार का विवरण उपलब्ध होता है। औद्योगिक उत्पादनों में श्रमिकों का योगदान महत्वपूर्ण होता है। आंकड़े तथा तथ्यों के आधार पर स्पष्ट होता है कि भारत में औद्योगिक संबंधों की स्थिति संतोषजनक नहीं है। औद्योगिक असंतोष तथा औद्योगिक अशांति के कारण उत्पादन प्रभावित होता रहा है। प्रबंधक तथा कामगार के बीच सामंजस्य तथा सद्भाव के अभाव के कारण मुठभेड़ की स्थिति बनी रहती है। श्रमिकों में आक्रोश परिव्याप्त रहता है। फलत: औद्योगिक विवाद की स्थिति उत्पन्न होती है। अत: औद्योगिक विवाद के कतिपय कारणों को निम्नलिखित बिंदुओं के आधार पर रेखांकित किया जा सकता है–

1. **कामगारों की उपेक्षा**–एच.एम. जॉनसन ने स्पष्ट किया था कि मालिक और व्यवस्थापक, जब तक उन्हें बाध्य नहीं किया जाता, श्रमिकों के कल्याण को उपेक्षित

करते रहते हैं। देश में कारखाना उद्योगों का विकास विस्तार धीमी गति में हुआ है। आंकड़ों के आधार पर स्पष्ट होता है कि 1950 और 1953 के बीच कारखानों में अनुमानित औसत दैनिक रोजगार 30 लाख से बढ़कर 91 लाख हो गया। कारखानों में रोजगार 1958 में कम होकर 88 लाख हो गया तथा 1999 में तेजी से घटकर 61 लाख हो गया। जाहिर है कि औद्योगिक श्रम कुल कार्यकारी संख्या (Working Population) के 3.0 प्रतिशत समान है। सभी प्रकार के उद्योगों के श्रम के 1998 में 32 प्रतिशत के समान था। 1999 में यह घटकर 24 प्रतिशत हो गया। सीमित संख्या के बावजूद राष्ट्र के आर्थिक विकास में तथा औद्योगिक उत्पाद की अभिवृद्धि में औद्योगिक श्रमिकों का योगदान स्वर्णाक्षर में अंकित करने योग्य है। परंतु उपेक्षा तथा अन्याय के कारण औद्योगिक श्रमिकों में आक्रोश तथा प्रतिरोध की भावना पैदा होती है। फलत: औद्योगिक विवाद की स्थिति उत्पन्न होती है तथा राष्ट्र का आर्थिक विकास अवरुद्ध होता है।

उपलब्ध आंकड़ों के आधार पर स्पष्ट होता है कि औद्योगिक प्रतिष्ठानों में श्रम स्वेद और रक्त से कामगार औद्योगिक उत्पादन में चार चांद लगाता है। परंतु महीने के अंतिम सप्ताह में उसका हाथ खाली हो जाता है। बच्चों की पढ़ाई, बीमारी का इलाज तथा राशन-पानी के लिए उसे दर-बदर भटकना पड़ता है। इसके विपरीत आंकड़ों के आधार पर पता चलता है कि 1972 में 20 बड़े औद्योगिक घरानों की कुल परिसंपत्ति 2,511 करोड़ रु. थी जो 1981 तक बढ़कर 7,857 करोड़ रु. हो गई। आंकड़ों के आधार पर यह भी स्पष्ट होता है कि 1989-90 तक तेजी से बढ़ती हुई 41,522 करोड़ के उच्च शिखर पर जा पहुंची। इस प्रकार स्पष्ट होता है कि 1972 से 1989-90 के दौरान 20 बड़े औद्योगिक घरानों की परिसंपत्ति में 16.9 प्रतिशत प्रतिवर्ष की वृद्धि हुई। आंकड़ों से यह भी स्पष्ट होता है कि 1989-90 में टाटा घराने का प्रथम स्थान था, दूसरे स्थान पर बिरला घराना मौजूद था। 20 उच्चतम घरानों में से 5 सर्वोच्च घरानों अर्थात, टाटा, बिरला, रिलायंस, सिंघानिया और थापर की कुल परिसंपत्ति 1989-90 में 24,920 करोड़ रुपये की थी। अत: स्पष्ट होता है कि 20 उच्च व्यापारिक घरानों में भी परिसंपत्ति का अत्यधिक संकेद्रण विद्यमान है। हाल के वर्षों में रिलायंस ग्रुप की परिसंपत्ति में तेजी से वृद्धि हुई है। ज्ञातव्य है कि रिलायंस ग्रुप की परिसंपत्ति जो 1981 में 271 करोड़ रुपये थी, बढ़कर 1989-90 में 36 हजार करोड़ रुपये हो गई। स्पष्ट है कि औद्योगिक प्रतिष्ठानों के मालिकों की परिसंपत्ति में लगातार तथा तेजी से विकास होता रहा है। परंतु मालिकों के इस चमकदार विकास का हिस्सा औद्योगिक श्रमिकों को प्राप्त नहीं हो पाता है। उनके संपत्ति में कोई विशेष विकास परिलक्षित नहीं होता है। उनकी मजदूरी, वेतन, भत्ते तथा बोनस में विकास की गति धीमी है। सामाजिक सुरक्षा से जुड़े मानदंडों में भी प्रबंधकों की अधिक दिलचस्पी नहीं होती है। इस प्रकार मजदूरों की भारी उपेक्षा होती है। उपेक्षा के कारण उनमें आक्रोश की चिंगारी पैदा होती है। अवसर मिलने पर यही चिंगारी विस्फोटक हो जाती है तथा औद्योगिक प्रतिष्ठान औद्योगिक विवाद की आग में जलने लगते हैं। इस प्रकार विभिन्न स्तरों पर औद्योगिक श्रमिकों की हो रही उपेक्षा औद्योगिक विवाद का बुनियादी कारण बनता है।

2. **वेतन तथा भत्ते**—जीवन निर्वाह की अर्थव्यवस्था के साथ वेतन और भत्ते का स्पष्ट संबंध है। आवश्यक आवश्यकता की पूर्ति के अतिरिक्त स्वास्थ्य तथा शिक्षा के क्षेत्र में भी कामगारों को व्यय करना पड़ता है। वैश्वीकरण के बाद उपभोक्तावाद एवं बाजारवाद के कारण अर्थ संघर्ष कठिन हो गया है। महंगाई में लगातार वृद्धि हो रही है। स्वास्थ्य तथा शिक्षा का क्षेत्र एक आम मजदूर तथा वेतन भोगी कर्मचारी के लिए दिवास्वप्न बनकर रह गया है परंतु कठिन आर्थिक संघर्ष एवं बढ़ती हुई महंगाई के वर्तमान दौर में कामगारों के वेतन तथा भत्ते में संतोषजनक वृद्धि नहीं हो रही है। श्रमिक संघों के अविराम संघर्ष तथा दबाव के बावजूद औद्योगिक प्रतिष्ठानों के कामगार भुखमरी, बीमारी तथा लाचारी के आलम में अभिशप्त हैं। इसके विपरीत 3 दिसंबर, 2005 के 'हिंदुस्तान टाइम्स' में प्रकाशित आंकड़ों के आधार पर स्पष्ट होता है कि औद्योगिक घराने के प्रबंधक तथा उच्च अधिकारी वेतन तथा पारिश्रमिक के रूप में मोटी रकम उठा रहे हैं।

तालिका 3

निगम क्षेत्र में वार्षिक पारिश्रमिक (2004-05)

नाम	*वेतन (करोड़ रु.)*
मुकेश अंबानी	21.72
अनिल अंबानी	21.72
ब्रिज मोहन मुंजाल	13.40
पवन मुंजाल	13.15
अकिला जाजूसा	13.00
शिनीची नाकायाम	12.90
एच.के. मित्तल	9.50
ए.जे. अग्रवाल	9.50
पंकज पटेल	7.50
विवेक पटेल	7.15
सज्जन जिंदल	7.13
सुनील भारती मित्तल	6.58
एन सेखसरिया	5.70
हितल मेसवानी	5.55
निखिल मेसवानी	5.55
ब्रायन टेम्पेस्ट	5.06
रत्न जिंदल	5.01
अशोक चतुर्वेदी	4.98
अजीत गुलाबचंद	4.74

स्रोत: *हिंदुस्तान टाइम्स,* 5 दिसंबर, 2005.

जाहिर है कि वेतन तथा भत्ते के मामले में प्रबंधकों तथा उनके मैनेजरों के वेतन एवं कामगारों के वेतन और भत्ते में आसमान और जमीन का अंतर है। फैक्ट्री-कारखानों में विकास का स्वरूप समावेशी नहीं है। फलतः वेतन और भत्ते के मुद्दे को लेकर विभिन्न क्षेत्रों में औद्योगिक विवाद की स्थिति उत्पन्न होती रहती है। सार्वजनिक तथा निजी क्षेत्र के प्रबंधकों एवं उनके मैनेजरों के वेतन और भत्ते को लेकर भी प्रत्यक्ष अथवा अप्रत्यक्ष तौर पर टकराहट की स्थिति मौजूद है। भारत में निजी क्षेत्रों तथा बहुराष्ट्रीय निगमों के प्रबंधकों एवं मैनेजरों के भारी वेतन ने सार्वजनिक क्षेत्र के प्रबंधकों एवं मैनेजरों के बीच टकराहट पैदा की है। इस प्रकार वेतन और भत्ते के आधार पर नियोजक तथा नियोजक के बीच भी शीतयुद्ध की स्थिति मौजूद है। सार्वजनिक क्षेत्रों के प्रतिभाशाली एवं दक्ष प्रबंधकों का पलायन निजी क्षेत्रों में हो रहा है। इस संदर्भ में एक उदाहरण भी प्रस्तुत किया जा सकता है। स्टेट बैंक ऑफ इंडिया के प्रबंध 1.5 करोड़ सह निदेशक का वार्षिक वेतन 6 लाख रु. है। इसके विपरीत आई.सी.आई.सी.आई. बैंक के प्रबंध निदेशक का वार्षिक वेतन 1.5 करोड़ रु. है। तथ्यों एवं आंकड़ों के आधार पर स्पष्ट होता है कि अधिकतर हड़ताल एवं घेराव वेतन और भत्ते के मुद्दे पर हो रहे हैं। वैश्वीकरण तथा उदारीकरण ने इस मुद्दे को और अधिक जीवंत किया है।

3. **असुरक्षा की भावना**—सार्वजनिक एवं निजी क्षेत्र की फैक्ट्री-कारखानों में कार्यरत कामगारों के बीच गहन एवं असुरक्षा की भावना बढ़ जाती है। आर्थिक मंदी का दौर चल रहा है। बड़े पैमाने पर कर्मचारियों की छंटनी हो रही है। आधुनिक तकनीक के विकास के बाद अधिक कामगारों की आवश्यकता नहीं रह गई है। फैक्ट्री-कारखानों में अक्सर दुर्घटना के दौरान मजदूरों की मौत होती है अथवा वे घायल होते हैं। अभी हाल में जुलाई, 2009 में दिल्ली के अंतर्गत मेट्रो रेल के विकास के संदर्भ में दुर्घटना के दौरान इंजीनियर तथा मजदूर हताहत हुए। दुर्घटना के बाद मीडिया में समाचारों का सिलसिला चलता रहता है। परंतु कुछ दिनों के बाद सभी घटनाएं विस्मृति के काल खंड में विलीन हो जाती हैं। मृतक अथवा घायल कामगार के आश्रितों एवं मासूम बच्चों को देखने वाला कोई नहीं होता है। मिलों की अस्वस्थता एवं फैक्ट्रियों के बंद हो जाने के कारण भी कामगार बेरोजगार हो जाते हैं तथा दर-बदर भटकने लगते हैं। इन तमाम हालातों के कारण कामगारों में असुरक्षा की भावना मौजूद रहती है। अतः दुर्घटनाग्रस्त होने पर मुआवजा, पेंशन, ग्रेच्युटी, भविष्य निधि एवं सामाजिक सुरक्षा के मसले को लेकर भी वेतन और भत्ते विवाद के काले बादल छा जाते हैं। इस संदर्भ में रेनाना झालवालों, रत्ना एम. सुदर्शन एवं जी. मील उन्नी द्वारा संपादित *इनफोरमल इकोनोमी एट सेन्टर स्टेज : न्यू स्ट्रक्चर्स ऑफ एम्पलॉइयमेंट* में एक ज्वलंत उदाहरण को प्रस्तुत किया गया है। विवरण के अनुसार अहमदाबाद देश का एक समृद्धशाली नगर है। उल्लेखनीय है कि इस नगर में 60 से अधिक कपड़े के कारखाने (मिलों) में 1,50,000 श्रमिक काम करते हैं। इनके निश्चित रोजगार थे। मजदूरी तथा वेतन के जरिये कामगार अपने परिवार की गाड़ी को चला रहे थे। सामाजिक सुरक्षा का कुछ लाभ प्राप्त हो रहा था। उनका एक सशक्त श्रमिक संघ भी था। श्रमिक संघ औद्योगिक विवादों में उनका पक्ष रखता था। साथ ही श्रमिकों एवं उनके परिवार के सदस्यों के लिए कतिपय कल्याणकारी कार्यक्रमों

का भी संचालन करता था। परंतु 1980 के दशक में अन्य कुछ प्रमुख नगरों की तरह अहमदाबाद में भी कपड़े की मिलें बंद होने लगीं। लगभग 10 वर्षों के अंतराल में 80,000 स्थायी तथा 50,000 अस्थायी कपड़ा मजदूरों को रोजगार से हाथ धोना पड़ा। आर्थिक मंदी राजनैतिक घटनाचक्र तथा गुजरात के सांप्रदायिक दंगों ने इन बेरोजगार मजदूरों को लाचार कर दिया। उपलब्ध विवरण के आधार पर स्पष्ट होता है कि श्रमिकों में अवसाद की स्थिति उत्पन्न हो गई। वे किसी तरह शराब की लत के सहारे अपनी पीड़ा को भूलने लगे। कुछ खुदकुशी का मामला भी सामने आया। कितने ही परिवारों को बच्चों की शिक्षा अधूरी रोककर उन्हें रोजी-रोटी के लिए काम पर भेजना पड़ा।

भारत एक कल्याणकारी राज्य है। संविधान में समता, स्वतंत्रता, न्याय और भाईचारे के प्रति वचनबद्धता व्यक्त की गई है। आर्थिक विकास और औद्योगिक विस्तार का मुद्दा सही है। परंतु कल्याणकारी राज्य के आदर्शों का उल्लंघन कर मिल मालिकों द्वारा केवल मुनाफे पर ध्यान केंद्रित करना औद्योगिक विवाद का कारण बनता है। समाजशास्त्री ए.आर. देसाई ने सच कहा था कि भारत में कल्याणकारी राज्य नहीं है, कल्याणकारी राज्य का मुखौटा है।

4. **श्रम कानूनों की जटिलता, न्याय में विलंब तथा औद्योगिक विवाद**—दूसरे राष्ट्रीय श्रम आयोग ने अपनी रिपोर्ट में श्रम कानूनों की समीक्षा की बात की है। वर्तमान समय में श्रम संबंधों के संदर्भ में निम्नलिखित कानून लागू हैं—

(i) औद्योगिक विवाद कानून (1947)

(ii) मजदूर संघ कानून (1926)

(iii) औद्योगिक रोजगार (स्थायी आदेश) कानून (1946)

(vi) बिक्री प्रोन्नति (सेवा शर्तों) कानून (1976)

(v) कारखाना अधिनियम (1948)

(vi) न्यूनतम मजदूरी अधिनियम (1948)

(vii) मजदूरी भुगतान अधिनियम (1936)

(viii) समान पारिश्रमिक अधिनियम (1976)

(ix) कामगार क्षतिपूर्ति अधिनियम (1923)

(x) प्रसूति हित-लाभ अधिनियम (1961)

(xi) कर्मचारी बीमा अधिनियम (1948)

(xii) उपदान संदाय अधिनियम (1972) (Payment of Gratuity Act 1972)

(xii) बाल श्रम (प्रतिबंध एवं विनियमन) अधिनियम (1986)

(xiv) बीड़ी तथा सिगार कामगार (नियोजन की शर्तें) अधिनियम (1966)

उक्त विवरणों के आधार पर स्पष्ट होता है कि फैक्ट्री तथा कारखाने को संस्थागत नियमों के आधार पर संचालित करने हेतु कतिपय कानूनों का प्रावधान किया गया है। परंतु मालिकों तथा मैनेजरों द्वारा समय-समय पर इन कानूनों का खुल्लम-खुल्ला उल्लंघन होता है। कानूनों के उल्लंघन से प्रबंधकों तथा प्रबंधकों में, प्रबंधक तथा कामगार में, कामगार तथा कामगार में असहमति तथा मतभेद की स्थिति उत्पन्न होती है। फलतः औद्योगिक विवाद के लक्षण दिखाई पड़ने लगते हैं। कानूनों के उल्लंघन होने पर

प्रभावित पक्ष न्यायालय का दरवाजा खटखटाता है। परंतु भारत में किसी भी मामले की सुनवाई के लिए धैर्य की आवश्यकता होती है। न्याय की लंबी प्रक्रिया है। भुखमरी तथा लाचारी के आलम में कामगार न्याय की लंबी प्रक्रिया के झंझावात में अपने धैर्य को खो बैठता है। अत: औद्योगिक विवाद का एक प्रमुख कारण जटिल औद्योगिक कानून तथा न्याय की प्रक्रिया से संबंधित है।

5. **लैंगिक असमानता तथा औद्योगिक विवाद**—उत्पादन की अर्थव्यवस्था के साथ महिलाओं का शोषण-चक्र भी जुड़ा हुआ है। औद्योगिक क्रांति के फलस्वरूप औद्योगिक अर्थव्यवस्था का जन्म हुआ। औद्योगिक अर्थव्यवस्था में उत्पादन श्रम का विशेष महत्व होता है। औद्योगिक क्रांति के बाद औरत को भी उत्पादन श्रम के क्षेत्र में प्रवेश मिला। इस प्रकार औरत सदियों के बाद मुकम्मल तौर पर अर्थ प्रक्रिया के साथ संबंधित हुई। आर्थिक क्षेत्र तथा उत्पादन श्रम के दायरे में प्रवेश मिल जाने के बाद महिलाओं की एक छोटी-सी संख्या ने खुली हवा में सांस लेने का प्रयास किया। परंतु औद्योगीकरण के बाद पुरुषों का रुख आक्रामक हो गया तथा समता के लिए महिलाओं के संघर्ष की दिशा को कुंद करने का प्रयास किया गया। ज्ञातव्य है कि फैक्ट्री-कारखानों में लैंगिक असमानता भी औद्योगिक विवाद का एक महत्वपूर्ण कारण बनता जा रहा है। भारतीय संविधान के राज्य नीति के निदेशक तत्वों से संबंधित अनुच्छेद 39 में कहा गया है कि राज्य अपनी नीति को इस प्रकार निर्देशित करेगा जिससे पुरुष तथा स्त्री श्रमिकों को समान कार्य के लिए समान वेतन मिले। संविधान, अंतर्राष्ट्रीय श्रम संगठन के दिशा निर्देश तथा राष्ट्रीय श्रम आयोग की अनुशंसा के आलोक में 1975 में समान पारिश्रमिक अध्यादेश जारी किया गया। 1976 में समान पारिश्रमिक अधिनियम को विधिवत अधिघोषित किया गया। इस अधिनियम को पुरुष और स्त्री कामगारों को समान कार्य के लिए समान वेतन उपलब्ध कराना तथा नियोजन और उससे संबंधित मामलों में लिंग के आधार पर भेदभाव को रोकना है।

तथ्यों तथा आंकड़ों के आधार पर स्पष्ट होता है कि फैक्ट्री-कारखानों में अथवा अन्य औद्योगिक प्रतिष्ठानों में पुरुष कामगारों की तुलना में महिला कामगारों की संख्या सीमित है। यद्यपि वैश्वीकरण तथा आर्थिक उदारीकरण के दौर में महिला कामगारों को भी तवज्जो दी जा रही है। असंगठित क्षेत्र में भारी संख्या में महिलाओं की सहभागिता है। परंतु पुरुषों के समान उन्हें समान मजदूरी नहीं दी जाती है। महिला कामगारों के साथ भेदभाव किया जाता है। अक्सर कार्यस्थल में महिला कामगारों के साथ छेड़छाड़ की जाती है तथा कहीं-कहीं अधीनस्थ महिला कर्मचारियों के साथ उच्च अधिकारियों द्वारा यौन-शोषण का विवरण भी उपलब्ध होता है। आधुनिक दौर में महिला कामगारों में भी अपने सम्मान और अधिकार के प्रति एक चेतना पैदा हुई है। फलत: अनेक औद्योगिक प्रतिष्ठानों में महिला कामगारों का यौन शोषण लैंगिक विभेद एवं समान मजदूरी के मुद्दे को लेकर विवाद की स्थिति उत्पन्न होती है।

6. **संघ में आंतरिक संघर्ष**—औद्योगिक प्रतिष्ठानों में श्रमिक संघों का विशेष महत्व होता है। विशेष तौर पर मान्यता प्राप्त श्रमिक संघ कामगारों के कल्याण एवं अधिकार के मुद्दे को प्रबंधक के समक्ष रखते हैं। श्रमिक संघ में आंतरिक लोकतंत्र होता है। चुनाव के द्वारा

श्रमिक संघ के अधिकारियों एवं कार्य समिति के सदस्य चुने जाते हैं। फलतः श्रमिक संघ के चुनाव के दौरान अथवा चुनाव के बाद प्रतिद्वंद्वी गुटों में यदा-कदा संघर्ष की स्थिति उत्पन्न हो जाती है। हड़ताल, घेराव, तालाबंदी तथा प्रदर्शन आदि संवेदनशील अवसरों पर प्रबंधकों के द्वारा श्रमिक नेताओं को तरह-तरह का प्रलोभन दिया जाता है। फलतः कई श्रमिक नेता कामगारों के साथ भय अथवा प्रलोभन के कारण विश्वासघात कर बैठते हैं। जाहिर है कि इन हालातों में संघ में आंतरिक संघर्ष की स्थिति उत्पन्न होती है तथा औद्योगिक संबंधों में टकराहट तथा तनाव का माहौल बनता है।

7. **संघों में वर्चस्व की लड़ाई तथा औद्योगिक विवाद**—सी.पी. ठाकुर ने *इंडियन जनरल ऑफ इंडस्ट्रियल रिलेशंस* (1976) में प्रकाशित अपने एक शोध निबंध ''ट्रेड यूनियन एंड सोश्यल साइन्स रिसर्च इन इंडिया'' में स्पष्ट किया है कि औद्योगिक संस्थानों के मान्यता प्राप्त अधिकतर संघ किसी-न-किसी राजनैतिक दल अथवा राजनैतिक विचारधारा के प्रति प्रतिबद्ध होते हैं। फलतः राजनैतिक विचारधारा एवं निहित राजनैतिक स्वार्थ के कारण संघों में वर्चस्व की लड़ाई जारी रहती है। इसका प्रतिफलन औद्योगिक विवाद के रूप में दिखाई पड़ता है। साथ ही दबाव समूह एवं हित समूह की भूमिका में भी संघ कार्यरत होता है। अतः हित समूह तथा दबाव समूह के रूप में भी संघों में परस्पर टकराहट की संभावना बनी रहती है। *इंडियन जर्नल ऑफ इंडस्ट्रियल रिलेशन्स* (अप्रैल, 1971) में प्रकाशित अपने एक शोध निबंध ''प्रोबलम्स ऑफ इंडस्ट्रियल रिलेशन्स् रिसर्च इन इंडिया'' में अरुण जोशी ने स्पष्ट किया है कि औद्योगिक प्रतिष्ठानों में मान्यता प्राप्त संघों के बीच वर्चस्व की लड़ाई को लेकर अक्सर औद्योगिक विवाद की स्थिति उत्पन्न होती है।

8. **कर्मचारियों की छंटनी अथवा अस्थायी छंटनी**—सितंबर 1991 में निर्गम नीति (Exit Policy) को स्पष्ट किया गया। इसी नीति का अभिप्राय है 'श्रमिकों की छंटनी' श्रम-बाजार, सुधार नीति की भी बात की जा रही है। इस नीति के तहत फैक्ट्रियों के मालिकों को यह अधिकार प्राप्त होता है कि आवश्यकता होने पर कामगारों को एक इकाई से दूसरी इकाई में स्थानांतरित कर सकें तथा आवश्यक होने पर कर्मचारियों को नौकरी से हटा सकें। इस संदर्भ में 'बिजनेस स्टैण्डर्ड रिसर्च ब्यूरो' द्वारा प्रकाशित एक रिपोर्ट उल्लेखनीय है। यह रिपोर्ट 25 अगस्त 2001 के *बिजनेस स्टैण्डर्ड* के अंक में प्रकाशित है। उपलब्ध विवरणों के आधार पर स्पष्ट होता है कि 1998-99 से 2000-01 के बीच मात्र दो वर्ष के कालखंड में निजी विनिर्माण क्षेत्र में कार्यरत 234 कंपनियों ने 40,338 कर्मचारियों की छंटनी की। सरकारी अभिलेखों के अनुसार 1990 के दशक में भारतीय कंपनियों ने कुल मिलाकर 8 लाख 70 हजार कर्मचारियों की छंटनी की। ज्ञातव्य है कि हाल के वर्षों में उत्पादन इकाइयों में आधुनिक उत्पादन तकनीकों की शुरुआत हुई है। आधुनिक उत्पादन तकनीकें भारी तादाद में श्रम बचाने वाली सिद्ध हुई हैं। उल्लेखनीय है कि 1994 में टाटा मोटर्स ने 35,000 श्रमिकों की सहायता से 1,29,400 वाहनों का उत्पादन किया। परंतु 2004 में टाटा मोटर्स ने केवल 21,400 श्रमिकों की मदद से 3,11,500 वाहनों का उत्पादन किया। इस संदर्भ में बजाज का भी उल्लेख किया जा सकता है। 1990 के दशक में बजाज द्वारा 24,000 श्रमिकों के सहयोग से 10 लाख

स्कूटरों का उत्पादन किया जाता था। जबकि अब वह केवल 10,500 श्रमिकों की मदद से 24,00,000 वाहनों का उत्पादन करता है। इस संदर्भ में रोश (ROCH) ने अध्ययन किया है। नवंबर 13, 2004 के *बिजनेस स्टैण्डर्ड* में ''इंडिया'स जॉबलैस रिकवरी'' में अभीक बरुआ ने रोश के अध्ययन का उल्लेख किया है। इन अध्ययनों से स्पष्ट होता है कि औद्योगिक निगम क्षेत्र में उत्पादन तो बढ़ा है परंतु भारी संख्या में कर्मचारियों की छंटनी अथवा अस्थायी छंटनी एक महत्वपूर्ण एवं संवेदनशील मुद्दा सिद्ध हो रहा है। छंटनी होने पर छंटनी की संभावना के मद्देनजर भी फैक्ट्री-कारखाना के कामगार लामबंद हो जाते हैं। हरियाणा के गुड़गांव में भारी मात्रा में कर्मचारियों की छंटनी की गयी। फलतः छंटनीग्रस्त कर्मचारियों ने उग्र एवं रोषपूर्ण प्रदर्शन किया। आरोप है कि कंपनी के इशारे पर असामाजिक तत्वों ने हीरो होंडा कंपनी के छंटनीग्रस्त कर्मचारियों के साथ मारपीट की तथा उन्हें लहूलुहान किया। फलतः औद्योगिक विवाद की स्थिति उत्पन्न हुई।

9. **अनुशासनहीनता**—औद्योगिक संबंधों के अंतर्गत कार्य संस्कृति का विशेष महत्व होता है। कामगारों की प्रस्थिति तथा भूमिका सुनिश्चित तौर पर निर्धारित होती है। कामगारों को अपनी भूमिका के अनुरूप ही काम करना होता है। संस्थागत नियमों एवं औद्योगिक प्रतिष्ठानों से संबंधित कानूनों का अनुपालन भी अपरिहार्य है। परंतु भारतीय परिदृश्य में औद्योगिक विवाद का एक महत्वपूर्ण कारण अनुशासनहीनता है। बिना अवकाश के कार्य से अनुपस्थित रहना तथा उच्च अधिकारियों तथा प्रबंधकों के आदेशों का पालन नहीं करना, अवैध संघों के नेतृत्व में हड़ताल आदि में सरीक होना, फैक्ट्री-कारखानों आदि की परिसंपत्ति को क्षति पहुंचाना, कामगारों के लिए आम बात है। अनुशासनहीनता की स्थिति में कामगारों के खिलाफ कार्रवाई की जाती है तथा उन्हें विभिन्न रूपों में दंडित किया जाता है। फलतः औद्योगिक प्रतिष्ठानों में कामगार तथा कामगार अथवा प्रबंधक तथा कामगार के बीच सामंजस्य तथा सद्भावना का अभाव हो जाता है। वातावरण कटुतापूर्ण हो जाता है। एक-दूसरे को देख लेने की बात की जाती है। फलतः औद्योगिक विवाद की स्थिति उत्पन्न हो जाती है।
10. **कार्य के घंटे तथा कार्यभार**—औद्योगिक प्रतिष्ठानों में विवाद एक प्रमुख कारण कार्यभार तथा काम के घंटे को भी कहा जा सकता है। वस्तुतः कतिपय प्रबंधकों द्वारा नियत समय से अधिक काम लेने का प्रचलन है। अवकाश के दिनों में भी उत्पादन प्रक्रिया को तीव्र करने हेतु कामगारों से काम लेने का विवरण उपलब्ध होता है। इस प्रकार प्रबंधकों के द्वारा अधिक उत्पादन तथा अधिक मुनाफे के लिए कामगारों के बूंद-बूंद रक्त निचोड़ लेने का प्रयास किया जाता है। फलतः कामगारों में उग्र आक्रोश एवं बेचैनी की स्थिति उत्पन्न होती है। प्रबंधकों के खिलाफ माहौल बनता है। अंततः औद्योगिक विवाद की स्थिति उत्पन्न होती है।
11. **कार्मिक मुद्दे**—वस्तुतः औद्योगिक प्रतिष्ठानों में कार्मिक विषय से जुड़े विभिन्न मुद्दे के कारण भी औद्योगिक विवाद की स्थिति उत्पन्न होती है। इसके अंतर्गत भर्ती, नौकरियों में आरक्षण, भर्ती के समेत अस्थायी कर्मचारियों की स्थायी पदों पर नियुक्ति, चयन का तरीका, पदोन्नति, सेवा का नियमितिकरण, स्थानांतरण, पदावनति आदि को सम्मिलित किया जाता है।

तालिका-4

भारत में कारणों के आधार पर औद्योगिक विवादों का प्रतिशत वितरण (1976–2002)

वर्ष	औद्योगिक विवादों के कारण					
	मजदूरी एवं भत्ते	बोनस	कार्मिक एवं छंटनी	छुट्टी एवं कार्य के घंटे	अनुशासनहीनता एवं हिंसा	अन्य
1976	23.4	13.8	29.9	2.9	9.9	20.1
1977	31.2	15.2	23.0	2.2	8.8	19.6
1978	28.7	9.9	24.2	2.0	10.7	24.5
1979	31.9	8.8	21.7	2.4	9.1	26.1
1980	26.9	6.9	23.0	2.1	8.4	27.2
1981	28.1	8.0	21.2	1.7	9.4	26.3
1982	30.3	5.8	21.6	1.4	11.8	26.5
1983	27.7	6.0	21.4	1.9	13.3	26.4
1984	26.6	7.7	18.8	1.8	13.4	27.5
1985	21.8	7.0	22.4	1.8	15.6	28.3
1986	25.7	9.7	23.3	1.3	15.1	24.9
1987	27.6	7.7	17.1	1.2	14.0	32.4
1988	27.8	6.9	17.0	1.6	15.8	30.9
1989	24.6	6.3	19.7	1.2	15.9	32.3
1990	24.9	4.1	16.4	1.3	16.1	37.2
1991	24.5	40	17.4	1.0	18.8	34.3
1992	23.0	8.0	17.5	1.7	21.2	28.6
1993	26.8	7.0	20.3	1.7	18.7	25.5
1994	30.	7.8	18.0	1.5	17.1	25.6
1995	30.9	7.6	19.8	2.0	15.3	24.4
1996	25.0	3.6	19.8	2.2	21.6	27.8
1997	24.0	8.8	21.2	2.4	20.4	23.2
1998	21.2	11.2	17.3	1.3	21.1	27.9
1999	21.9	9.0	14.9	1.0	21.9	31.3
2000	21.6	9.0	13.2	1.0	26.9	28.3
2001	26.9	7.1	14.0	0.2	25.3	26.5
2002	21.3	6.7	16.7	0.5	30.8	24.0

स्रोतः भारत सरकार, श्रम मंत्रालय, *इंडियन लेबर ईयर बुक* तथा *श्रम सांख्यिकी लघु पुस्तिका* के विभिन्न अंक।

उल्लेखनीय है कि औद्योगिक प्रतिष्ठानों में हितों, अधिकारों, स्वार्थों, अहं भावों तथा प्रतिद्वंद्विता तथा टकराहट का माहौल बनता है। औद्योगिक विवाद के अन्य प्रमुख कारणों में दुर्व्यवहार तथा कामगारों के साथ अपमानजनक व्यवहार का भी उल्लेख किया जा सकता है। सामूहिक सौदेबाजी समझौते के कार्यान्वयन में विलंब अथवा नकारात्मक रुख, श्रमिक संघों को मान्यता देने का प्रश्न, महंगाई भत्ता, बोनस, कार्य की भौतिक दशाएं आदि का उल्लेख किया जा सकता है। सामाजिक सुरक्षा तथा कल्याणकारी सुविधाओं के मुद्दे को लेकर भी कामगार तथा प्रबंधन के बीच विवाद की स्थिति उत्पन्न होती है। राजनैतिक हस्तक्षेप, विभिन्न कंपनियों के बीच प्रतिस्पर्धा, विस्थापन तथा पर्यावरण की समस्या अन्य कंपनियों के कामगार की सहानुभूति में लामबंदी तथा वैश्वीकरण तथा उदारीकरण के बढ़ते दबाव के कारण भी औद्योगिक प्रतिष्ठानों के दरवाजे पर विवादों का दस्तक पड़ता है।

औद्योगिक संघर्ष के उपादान (Constituents of Industrial Disputes)

साधारणतः नियोजक तथा कामगार के बीच औद्योगिक विवाद की स्थिति उत्पन्न होती है। औद्योगिक विवाद के दौरान कामगार हड़ताल का सहारा लेता है। कामगारों के द्वारा प्रबंधकों का घेराव किया जाता है। जुलूस तथा प्रदर्शन के जरिये कामगार अपने आक्रोश को प्रकट करता है। इस प्रकार औद्योगिक विवाद के दौरान कामगारों द्वारा कतिपय उपादानों (Constituents) का उपयोग होता है। प्रबंधक भी कामगारों को नियंत्रण हेतु विभिन्न प्रकार के उपादानों का उपयोग करता है। प्रबंधकों के द्वारा अपने हितों की रक्षा हेतु नियोजकों के संघ की स्थापना की जाती है तथा संकट के दौरान नियोजक संघ प्रभावित फैक्ट्री-कारखाने के प्रबंधक का सहयोग करते हैं। अधिक संकट की स्थिति उत्पन्न होने पर प्रबंधक द्वारा तालाबंदी की घोषणा की जाती है। साथ ही अधिक उग्र स्थिति होने पर प्रबंधन द्वारा कर्मचारियों को बर्खास्त भी किया जाता है।

औद्योगिक विवाद के उपादान

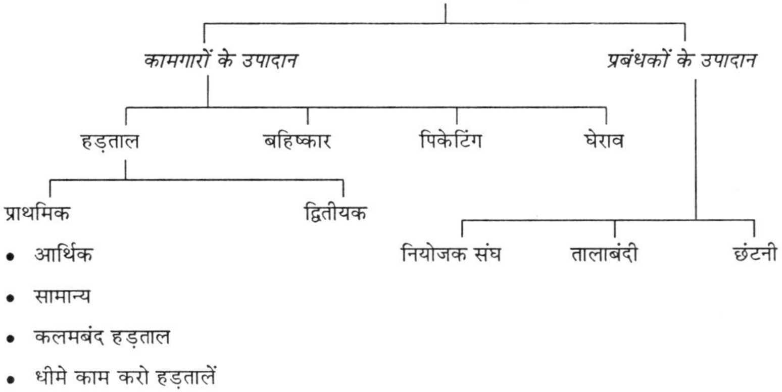

वार्ता, संवाद, समझौता, पंच निर्णय तथा समस्या के समाधान होने के सारे रास्ते बंद हो जाने के कारण श्रमिक संघ के नेतृत्व में कामगारों द्वारा विभिन्न उपादानों के जरिये प्रबंधन के खिलाफ संघर्ष का एलान किया जाता है। आरंभ में प्रबंधन तथा श्रमिक संघ के नेताओं के बीच वार्ता का दौर चलता है। मांग-पत्र प्रस्तुत किया जाता है। कामगारों द्वारा पोस्टर-पंपलेट तथा अन्य प्रचार साधनों द्वारा अपनी मांगों को सार्वजनिक किया जाता है। हड़ताल का दौर चलता है। कामगारों द्वारा इंकलाब किया जाता है। सांकेतिक हड़ताल के जरिये प्रतीकात्मक विरोध प्रदर्शित किया जाता है। वस्तुत: औद्योगिक विवाद के दौरान प्रबंधक और कामगार के बीच मुठभेड़ की स्थिति उत्पन्न होती है। असहमति तथा विरोध का स्वर प्रकट होता है। औद्योगिक विवाद से जुड़े कतिपय महत्वपूर्ण उपादानों का विवरण निम्नलिखित रूपों में प्रस्तुत किया जा सकता है।

कामगारों के उपादान (Constituents by Workers)

हड़ताल

औद्योगिक संघर्ष अधिनियम 1947 की धारा 2(Q) के अंतर्गत हड़ताल को परिभाषित किया गया है। कामगारों के समूह द्वारा, जो संगठित होकर कार्य करते हैं, सामूहिक रूप से कार्य नहीं करना अथवा एकमत होकर, कार्य करने से इंकार करना हड़ताल कहलाता है।[3]

क्लाइड ई डर्कट के अनुसार कामगारों द्वारा अपनी समस्याओं के निराकरण, मानकों की प्रतिरक्षा एवं लक्ष्यों की प्राप्ति के लिए संगठित तौर पर फैक्ट्री-कारखाना को अस्थायी रूप में हड़ताल द्वारा ठप कर दिया जाता है।[4] *ऑक्सफोर्ड डिक्शनरी* के अनुसार हड़ताल का अभिप्राय: कामगारों द्वारा कार्य को चालू रखने से इंकार करना है।

पीटरसन द्वारा हड़ताल को परिभाषित किया गया है। उनके अनुसार कामगारों के किसी समूह द्वारा अपने परिवाद (Grievance) को प्रकट करने या कार्य से संबंधित अपनी मांगों की पूर्ति हेतु दबाव डालने के लिए अस्थायी रूप से कार्य स्थगित करना हड़ताल है।

उपर्युक्त परिभाषाओं के आधार पर औद्योगिक विवाद से जुड़ी हड़ताल की अवधारणा के संबंध में निम्नलिखित तथ्यों का स्पष्टीकरण होता है।

1. प्रबंधन के प्रति कामगारों के आक्रोश, विरोध, असहमति तथा मतभेद को हड़ताल के द्वारा प्रकट किया जाता है। कामगारों की समस्याओं के साथ हड़ताल का स्पष्ट संबंध होता है। नियोजक द्वारा जब कामगारों की मांगों की लगातार उपेक्षा की जाती है तथा उनकी समस्याओं का निराकरण नहीं किया जाता है तो कामगारों द्वारा हड़ताल का उपयोग किया जाता है।
2. हड़ताल विरोध का एक साधन है। आपातकालीन परिस्थिति में भी कामगारों द्वारा अचानक हड़ताल पर चले जाने की घटना होती है। श्रमिक संघ के किसी नेता अथवा किसी कामगार की छंटनी होने पर आपातकालीन परिस्थिति में कामगार हड़ताल पर चले जाते हैं। कामगारों के साथ अपमानजनक वारदात होने पर, संदेहास्पद परिस्थिति में किसी कामगार की हत्या होने पर अथवा कार्य स्थल में महिला कामगार के साथ

यौन-उत्पीड़न एवं यौन-शोषण होने पर भी यदा-कदा कामगार अचानक हड़ताल पर चले जाते हैं। परंतु अधिकतर हालातों में हड़ताल की घटना सुनियोजित एवं व्यवस्थित तौर पर होती है।

3. हड़ताल द्वारा अस्थायी तौर पर फैक्ट्री-कारखाने के कार्य को बंद किया जाता है।
4. हड़ताल औद्योगिक असंतोष एवं अशांति का प्रतिफलन है तथा प्रबंधन के प्रति श्रमिकों के उग्र विरोध का परिचायक है। हड़ताल असंतुष्ट कामगारों द्वारा की जाती है।
5. कामगारों द्वारा हड़ताल के जरिये प्रबंधक को अपनी मांगों की पूर्ति हेतु बाध्य किया जाता है।
6. हड़ताल में कामगारों की सामूहिक शक्ति निहित होती है। यह फैक्ट्री-कारखाना के सभी कामगारों अथवा कामगारों के एक समूह द्वारा की जाती है। हड़ताल एक संगठित विरोध है तथा इसमें संगठित शक्ति निहित होती है।
7. हड़ताल तथा श्रमिक संघ के बीच स्पष्ट एवं तर्कपूर्ण संबंध होता है। साधारणत: श्रमिक संघों के नेतृत्व में हड़ताल का आह्वान किया जाता है।
8. हड़ताल एक प्रक्रिया है। इसके साथ कई पक्ष जुड़े होते हैं। नियोजक तथा कामगार के बीच हड़ताल के दौरान मुठभेड़ तथा संघर्ष की स्थिति बरकरार रहती है।
9. हड़ताल एक रणनीति है। सुनियोजित हड़ताल के लिए एक सुनिश्चित रणनीति के आधार पर श्रमिक संघ के नेतृत्व में हड़ताल का संचालन किया जाता है। हड़ताल के दौरान कामगार अधिक उत्तेजना में रहते हैं। कभी-कभी आक्रामक स्थिति भी उत्पन्न हो जाती है।
10. अधिक दिनों तक चलने वाली हड़तालों में अनेक समस्याएं उत्पन्न हो जाती हैं। लाचार कामगारों के समक्ष भुखमरी की स्थिति उत्पन्न हो जाती है। प्रबंधकों द्वारा कामगार की संगठित एकता को तोड़ने का प्रयास किया जा सकता है। कुछ कामगार काम पर लौटने का मन बना लेते हैं। हर हाल में प्रबंधकों द्वारा हड़ताल को कमजोर करने का प्रयास किया जाता है। इसके विपरीत श्रमिक संघों द्वारा धरना, प्रदर्शन, भाषण, पुतला-दहन तथा जुलूस आदि का सहारा लिया जाता है। हर हालत में श्रमिक संघों द्वारा कामगारों की एकता को संगठित करने का प्रयत्न चलता रहता है। हड़ताल के दौरान अधिक उग्र स्थिति होने पर 'जेल भरो' अभियान का सहारा लेते हैं तथा कामगार अपनी गिरफ्तारी भी देते हैं।
11. हड़ताल के लिए श्रमिक संघों द्वारा हड़ताल से पूर्व ही प्रबंधकों को पत्र एवं अन्य माध्यमों से विधिवत सूचना दी जाती है। कामगारों के परिवाद एवं मांगों पर सहानुभूतिपूर्वक विचार नहीं होने की स्थिति में श्रमिक संघों द्वारा हड़ताल का एलान किया जाता है।
12. हड़ताल का वैधानिक होना अत्यन्त आवश्यक है। यदि हड़ताल अवैधानिक घोषित की जाती है तो प्रत्येक श्रमिक पर 50 रु. तक आर्थिक दंड एवं एक माह का कारावास या दोनों ही किए जा सकते हैं।

13. हड़ताल के दौरान राजनैतिक गतिविधि एवं सक्रियता बढ़ जाती है। राजनैतिक दलों तथा संगठनों द्वारा हड़ताल के पक्ष अथवा विपक्ष में माहौल बनाने का प्रयत्न किया जाता है।
14. एहतियात के तौर पर पुलिस प्रशासन द्वारा कारगर कदम उठाए जाते हैं। हड़ताल के उग्र होने पर फैक्ट्री-कारखाने के आसपास 144 की धारा लागू की जाती है। यदा-कदा प्रबंधक तथा श्रमिक संघ द्वारा एक-दूसरे के खिलाफ प्राथमिकी दर्ज करने का भी विवरण उपलब्ध होता है।
15. हड़ताल की गंभीर स्थिति होने पर स्वयंसेवी संगठनों द्वारा जनहित याचिका प्रस्तुत कर न्यायालय के समक्ष मामले को फरियाद के लिए रखा जाता है। कतिपय मामलों में न्यायालय का हस्तक्षेप प्रभावी सिद्ध होता है।
16. संक्षेप में हड़ताल औद्योगिक लोकतंत्र का एक हिस्सा है। प्रबंधकों के दमनचक्र, शोषण तथा अन्याय के खिलाफ विरोध और असहमति का एक स्वाभाविक प्रतिफलन है।
17. संघ में आंतरिक विवाद अथवा संघों के वर्चस्व की लड़ाई अथवा निहित राजनैतिक स्वार्थ के कारण भी हड़ताल की स्थिति उत्पन्न होती है। इस प्रकार एक प्रमुख लोकतांत्रिक साधन का दुरुपयोग भी होता है।
18. हड़ताल का सकारात्मक तथा नकारात्मक प्रभाव हो सकता है। यदि कामगारों के हित में संगठित एकता के आधार पर प्रबंधकों के दमनचक्र के खिलाफ हड़ताल होती है तो इससे कामगारों को नई ऊर्जा मिलती है तथा अपने अधिकार और स्वाभिमान की रक्षा करने में उनका प्रयास सफल होता है। अधिक हालातों में हड़ताल के बाद नए उत्साह तथा नई ऊर्जा के साथ कामगार फैक्ट्री-कारखाने के कार्यों में जुट जाते हैं तथा हड़ताल के दौरान क्षति की भरपाई करने का प्रयत्न करते हैं। परंतु निहित स्वार्थ के आधार पर हड़ताल को जब इस्तेमाल किया जाता है तो इससे संकट की स्थिति उत्पन्न होती है तथा प्रभाव नकारात्मक होता है।

हड़ताल के प्रकार

1. **धीमे काम करो हड़ताल**–प्रबंधक को अपनी मांगों की पूर्ति के लिए तथा अपने रोष और असहमति को प्रकट करने के लिए श्रमिक संघ के आह्वान पर धीमे काम करो हड़ताल के अंतर्गत कामगार जानबूझकर अपनी पूर्ण क्षमता का उपयोग नहीं करते हैं। इस प्रकार की हड़ताल में पूर्णतः कार्य को स्थगित नहीं किया जाता है। नियमित रूप में कामगार कार्य-स्थल पर पहुंचते हैं परंतु समुचित रूप में कार्य नहीं करते हैं।
2. **विशिष्ट हड़ताल**–विशिष्ट हड़ताल किसी एक औद्योगिक संस्थान में केन्द्रित होती है। इसका क्षेत्र सीमित होता है। इसका प्रभाव सीमित होता है। उदाहरणस्वरूप यदि बजाज स्कूटर के कामगार हड़ताल पर चले जाते हैं तो उसे विशिष्ट हड़ताल के रूप में रेखांकित किया जाएगा।
3. प्रबंधन के खिलाफ विरोध एवं असहमति प्रदर्शित करने हेतु सांकेतिक हड़ताल की जाती है। सांकेतिक हड़ताल के जरिये प्रबंधक को एक तरह से आगाह किया जाता है कि यदि

समय रहते उनकी मांगों की पूर्ति नहीं हुई तो भविष्य में व्यापक पैमाने पर हड़ताल के द्वारा चक्का जाम किया जा सकता है। सांकेतिक हड़ताल के आधार पर प्रबंधक को अपनी नीतियों तथा अनुचित कार्य-व्यवहार में सुधार हेतु एक अवसर प्रदान किया जाता है।

4. **कलमबंद हड़ताल**—प्रबंधक की दमन चक्र तथा शोषणमूलक नीति के खिलाफ कलमबंद हड़ताल का उपयोग किथा जाता है। इस प्रकार की हड़ताल के समय कामगार फैक्ट्री-कारखाने में जाते हैं। अपने दफ्तरों में बैठते हैं। परंतु काम नहीं करते हैं। इस प्रकार की हड़ताल भी तूफान से पहले की शांति का एहसास कराती है। लेकिन वार्ता, संवाद, पंचनिर्णय एवं सामूहिक सौदेबाजी के आधार पर प्रबंधकों तथा कामगार के बीच सद्भावना का वातावरण बनता है तो भविष्य में व्यापक पैमाने पर होने वाली हड़ताल टल जाती है।

5. **आम हड़ताल**—आम हड़ताल का क्षेत्र व्यापक होता है तथा इसकी परिधि विस्तृत होती है। इसका प्रभाव भी अधिक दूरगामी होता है। उदाहरणस्वरूप जब सभी बैंक के कर्मचारी विभिन्न मुद्दों को लेकर हड़ताल पर उतर आते हैं तो इसे आम हड़ताल के रूप में रेखांकित किया जाता है। उदाहरणस्वरूप ग्रेट ब्रिटेन में 1926 की आम हड़ताल तथा फ्रांस में 1938 की आम हड़ताल को प्रस्तुत किया जा सकता है। आम हड़ताल का राजनैतिक दलों के साथ प्रत्यक्ष अथवा अप्रत्यक्ष संबंध होता है। साथ ही आम हड़ताल में राजनैतिक सक्रियता अधिक प्रभावी होती है। इस प्रकार की हड़ताल का प्रभाव राजनैतिक संरचना तथा राजनैतिक संस्कृति पर अनुभव किया जा सकता है।

6. **सहानुभूति हड़ताल**—इस प्रकार की हड़ताल में कामगार को प्रत्यक्ष तौर पर अपने नियोजक से कोई परिवाद अथवा शिकायत नहीं होती है परंतु अन्य औद्योगिक प्रतिष्ठान में कामगारों की हड़ताल की सहानुभूति में हड़ताल की जाती है। हड़ताल की सहानुभूति में हड़ताल की जाती है। इससे हड़ताल में संघर्षरत कामगारों का मनोबल बढ़ता है तथा वर्ग चेतना में तथा मजदूरों की एकता में अभिवृद्धि होती है।

7. **अधिकृत हड़ताल**—जब औद्योगिक विवाद अधिनियम तथा अन्य स्वीकृत नियमों एवं परंपराओं के अनुरूप श्रमिक संघों द्वारा विधिवत पूर्व सूचना के आधार पर हड़ताल की जाती है तो इसे अधिकृत हड़ताल कहते हैं। इस प्रकार की हड़ताल का नेतृत्व मान्यता प्राप्त श्रमिक संघों द्वारा किया जाता है।

8. **अनधिकृत हड़ताल**—औद्योगिक विवाद से संबंधित वैधानिक नियमों तथा परिनियमों के अनुपालन के बिना तथा बिना पूर्व सूचना के हड़ताल की जाती है तो इसे अनधिकृत हड़ताल कहते हैं। साधारणतः इस तरह की हड़ताल में श्रमिक संघ की कार्यकारिणी को विश्वास में नहीं लिया जाता है। साथ ही यदा-कदा गैर-मान्यता प्राप्त श्रमिक संघों द्वारा हड़ताल का आयोजन किया जाता है। ग्रेट ब्रिटेन, भारत तथा कुछ अन्य देशों में अनधिकृत हड़ताल पर प्रतिबंध लगाने का प्रयास होता रहा है। इन देशों में अनधिकृत हड़तालों की संख्या में लगातार वृद्धि हो रही थी।

औद्योगिक संबंध तथा औद्योगिक उत्पादन के बीच स्पष्ट संबंध है। औद्योगिक विवाद के कारण औद्योगिक संबंधों में असहमति तथा विरोध की चिंगारी पैदा होती हैं। हड़ताल की

स्थिति में प्रबंधक तथा कामगार के बीच प्रत्यक्ष तौर पर टकराहट एवं संघर्ष की स्थिति उत्पन्न होती है। उत्पादन की प्रक्रिया शिथिल पड़ जाती है। उत्पादन को ठप भी किया जा सकता है। वातावरण में हिंसा, विद्वेष, प्रतिशोध तथा प्रतिरोध का लावा फूटने लगता है। अंततः राष्ट्र का विकास भी प्रभावित होता है। अतः हड़ताल तथा औद्योगिक विवाद समाज वैज्ञानिकों के लिए चुनौती का विषय रहा है। इस संदर्भ में कतिपय विद्वानों ने गहन एवं क्षेत्रीय अध्ययन के आधार पर हड़ताल का अध्ययन किया है। महत्वपूर्ण अध्ययनों के मुख्य निष्कर्षों को निम्नलिखित रूपों में रेखांकित किया जा सकता है।

1. टी.एन. चौधरी ने अपनी पुस्तक *पोस्ट रिपोर्ट ऑन द सेन्ट्रल गवर्नमेन्ट* (1969) में स्पष्ट किया है कि कर्मचारियों की हड़ताल मूलतः वेतन तथा भत्ते से संबंधित थी। कार्यभार, कार्य के घंटे, प्रोन्नति तथा बोनस के मुद्दे को भी हड़ताल के दौरान कारगर ढंग से उठाया गया था। टी.एन. चौधरी ने अपने अध्ययनों के आधार पर यह भी स्पष्ट किया है कि हड़ताल के क्रम में अप्रत्यक्ष तौर पर एक विशिष्ट राजनैतिक विचारधारा से जुड़े राजनैतिक दल की सक्रियता अधिक पाई गई। सक्षम नेतृत्व तथा व्यवस्थित रणनीति के कारण हड़ताल अधिक कारगर सिद्ध हुई।
2. दयाल, श्रीवास्तव तथा थियोडोरे ने अपनी अप्रकाशित रिपोर्ट (1969) "एनाटॉमी ऑफ ए स्ट्राइक" में हड़ताल के विभिन्न पक्षों का सूक्ष्म अध्ययन किया है। अध्ययन के आधार पर स्पष्ट होता है कि प्रबंधकों की हठवादिता तथा व्यवहार कुशलता के अभाव में हड़ताल की स्थिति उत्पन्न होती है। कामगारों की न्यायसंगत मांगों की पूर्ति में भी विलंब किया जाता है तथा सामूहिक सौदेबाजी के नियमों के परिपालन में भी आनाकानी की जाती है। हड़ताल के दौरान श्रमिक संघ के नेताओं द्वारा अधिक आक्रामक एवं उत्तेजना पूर्ण स्थिति उत्पन्न करने का प्रयास किया जाता है।
3. दयाल तथा शर्मा ने अपनी पुस्तक *स्ट्राइक ऑफ सुपरवाइजरी स्टाफ* (1970) में स्टेट बैंक ऑफ इंडिया के सुपरवाइजरों की हड़ताल का तथ्यपरक अध्ययन प्रस्तुत किया है। प्रस्तुत अध्ययन द्वारा प्रबंधन की संगठनात्मक व्यवस्था के विविध कारकों को रेखांकित किया गया है। अध्ययन के आधार पर यह भी स्पष्ट होता है कि प्रबंधन की संगठनात्मक व्यवस्था के विभिन्न कारकों में तर्कपूर्ण तालमेल नहीं होने के कारण कामगारों के साथ मुठभेड़ की स्थिति उत्पन्न होती है।
4. *सोश्यल एक्शन* (1965) के खंड-15 (1-2) में प्रकाशित अपने एक शोध निबंध "स्ट्राइक इन ए न्यूली डेवलपिंग इंडस्ट्रियल सेन्टर : ए केस स्टडी" में ए.एम. जोसेफ ने एक नवविकासशील औद्योगिक प्रतिष्ठान का वैयक्तिक अध्ययन प्रस्तुत किया है। अध्ययन सूक्ष्म तथा महत्वपूर्ण है। अध्ययन के आधार पर स्पष्ट होता है कि विकासशील औद्योगिक प्रतिष्ठानों के लिए हड़ताल घातक सिद्ध हो सकती है। प्रबंधकों में अनुभवहीनता के कारण भी हड़ताल की स्थिति उत्पन्न होती है।
5. *जर्नल ऑफ पोलिटिकल इकोनोमी* (1959, 67) में प्रकाशित अपने एक शोध निबंध "द टाटा स्टील स्ट्राइक : सम डिलेमा ऑफ इंडस्ट्रियल रिलेशन इन ए डेवलपिंग इकोनोमी" में एस. कामाप्पम ने स्पष्ट किया है कि हड़ताल तथा औद्योगिक संबंध में

स्पष्ट संबंध है। इनके अनुसार हड़ताल तथा विकासशील अर्थव्यवस्था के बीच तर्कपूर्ण संबंध है। उन्होंने यह भी स्पष्ट किया कि हड़ताल तथा औद्योगिक विवाद से विकासशील अर्थव्यवस्था का नुकसान होता है।

6. *इंडियन जर्नल ऑफ सोश्यल वर्ग* (1946, 64 (4)) में प्रकाशित अपने एक शोध निबंध ''स्ट्राइक एस ए लेबर वैपन'' में एम.एन. मूर्ति ने स्पष्ट किया है कि हड़ताल की गंभीर सामाजिक एवं आर्थिक पृष्ठभूमि होती है। उनके अनुसार कामगारों के अधिकार एवं स्वाभिमान की रक्षा के लिए हड़ताल एक अंतिम अस्त्र है। अत: इसका दुरुपयोग नहीं किया जाना चाहिए। शांति और सद्भावना के माहौल में ही औद्योगिक उत्पादन का विकास हो सकता है तथा राष्ट्र की अर्थव्यवस्था सुदृढ़ हो सकती है।
7. इंडियन जर्नल ऑफ सोश्यल वर्क 1954, 15 (1) में प्रकाशित अपने एक शोध निबंध ''लेबर टेन्शंस इन इंडिया'' में स्पष्ट किया है कि औद्योगिक संबंधों को कारगर बनाए रखने के लिए संगठित श्रमिक संघों की अपेक्षा है।

बहिष्कार

हड़ताल के क्रम में रोष और विरोध को प्रकट करने के लिए बहिष्कार का उपयोग करते हैं। विभिन्न स्तरों पर बहिष्कार किया जाता है। कभी कार्यों का बहिष्कार किया जाता है, कभी फैक्ट्री-कारखाना में आयोजित किसी आयोजन का बहिष्कार किया जाता है। कभी प्रबंधक द्वारा वार्ता हेतु आमंत्रण मिलने पर श्रमिक संघों द्वारा प्रबंधक का बहिष्कार किया जाता है। जाहिर है कि प्रबंधकों के दमन और अन्याय के खिलाफ बहिष्कार एक अहिंसक तथा लोकतांत्रिक साधन है।

धरना-सत्याग्रह

औद्योगिक प्रतिष्ठानों में अपनी मांगों की पूर्ति के लिए कामगारों द्वारा धरना-सत्याग्रह का उपयोग किया जाता है। यह एक अहिंसक तथा लोकतांत्रिक पद्धति है। इसके आधार पर कामगार अपनी असहमति तथा विरोध को प्रकट करते हैं। उल्लेखनीय है कि धरना-सत्याग्रह के दौरान कामगारों द्वारा कार्य को बंद नहीं किया जाता। साधारणत: मान्यता प्राप्त श्रमिक संघों के नेतृत्व द्वारा मुद्दों तथा समस्याओं को निर्धारित किया जाता है। उदाहरणस्वरूप यदि किसी कामगार के साथ प्रबंधक का व्यवहार अपमानजनक होता है तो संघ की कार्यकारिणी की आपातकालीन बैठक बुलाई जाती है। बैठक में पीड़ित कामगार का बयान लिया जाता है। सभी दृष्टिकोण से विचार करने के बाद कार्यकारिणी में धरना-सत्याग्रह का निर्णय लिया जाता है। धरने पर चुने हुए कामगार बैठते हैं। मीडिया में धरने के समाचार को प्रमुखता से प्रचारित किया जाता है। अन्य मुद्दे भी हो सकते हैं। धरने के क्रम में प्रबंधक के खिलाफ जमकर नारेबाजी की जाती है। इस प्रकार कामगार धरना-सत्याग्रह के माध्यम से अपने पक्ष में जनमत का निर्माण करते हैं तथा अपनी मांग की पूर्ति के लिए प्रबंधक को बाध्य करते हैं।

घेराव

घेराव भी औद्योगिक विवाद का एक महत्वपूर्ण उपादान है। वस्तुत: घेराव के जरिये कामगार प्रबंधक पर अपना दबाव बनाते हैं तथा अपनी समस्याओं एवं मुद्दों के पक्ष में जनमत निर्माण करने का प्रयास करते हैं। फैक्ट्री–कारखाना के मालिक अथवा प्रबंधन के निदेशक अथवा प्रबंधन के उच्च अधिकारियों का घेराव किया जाता है। चैंबर में ही प्रबंधक को अथवा उसके अन्य सहयोगियों को कामगार घेर लेते हैं। उसे चैंबर से बाहर निकलने नहीं देते हैं। अपनी मांगों की पूर्ति के लिए दबाव डालते हैं। आर.एन. डे ने *इकोनोमिक एंड पोलिटिकल वीकली* में प्रकाशित अपने एक शोध निबंध घेराव एज ए टेक्निक आर सोश्यल इन्टरवेन्शंस में स्पष्ट किया है कि औद्योगिक विवाद के दौरान घेराव का उपयोग एक महत्वपूर्ण उपादान के रूप में किया जाता है। घेराव के दौरान उत्तेजनापूर्ण माहौल विद्यमान रहता है। प्रबंधक पर घेराव का दबाव देखा जाता है। के.एन. वैग्ड ने अपनी पुस्तक *घेराव एंड लेबर अर्नेस्ट इन वेस्ट बंगाल* (1972) में स्पष्ट किया है कि घेराव श्रमिकों के आक्रोश का प्रतिपादन है। उनके अनुसार घेराव का उपयोग तात्कालिक परिस्थितियों के अनुरूप भी किया जाता है। साथ ही घेराव श्रमिक संघों की दीर्घकालीन रणनीति का हिस्सा भी हो सकता है।

अनशन

लोकतांत्रिक एवं अहिंसक प्रक्रियाओं के अंतर्गत अनशन औद्योगिक विवाद का एक प्रभावशाली उपादान है। अपनी मांगों की पूर्ति तथा समस्याओं के निराकरण के लिए कामगारों द्वारा अनशन का सहारा लिया जाता है। चूंकि अनशन शांतिपूर्ण एवं अहिंसक पद्धति पर आधारित है, अत: प्रबंधक को एक गंभीर चुनौती का सामना करना पड़ता है। अनशन 24 घंटे का भी हो सकता है। यह छत्तीस घंटे तक चल सकता है। मुद्दा तथा समस्या के गंभीर होने पर कामगार आमरण अनशन का भी सहारा लेता है। अनशन के दौरान अनशनकारी फैक्ट्री–कारखाना के मुख्य द्वार पर अथवा मुख्यालय के किसी महत्वपूर्ण स्थल पर एक दरी–शतरंजी बिछाकर बैठा रहता है। उसके साथ कुछ अन्य सहयोगी भी बैठे रहते हैं। श्रमिक संघों के नेताओं का आना–जाना लगा रहता है। अनशनकारी के गले में एक माला होती है जिससे वह दूर से ही अनशनकारी के रूप में पहचान प्राप्त करता है। अनशन स्थल पर यदा–कदा प्रबंधन के खिलाफ आक्रोशपूर्ण भाषण का भी दौर चलता रहता है। इलेक्ट्रोनिक तथा प्रिंट मीडिया के लोग भी समाचार संकलन के लिए चहलकदमी करते रहते हैं। अनशन स्थल पर एक रजिस्टर होता है जिसमें अनशन के समर्थक व सहयोगी अपने विचार लिखते हैं तथा हस्ताक्षर करते हैं। आमरण अनशन की स्थिति में चिकित्सकों की विशेष टीम को नियुक्त किया जाता है। समय–समय पर अनशनकारियों की चिकित्सकीय जांच चलती रहती है। पुलिस भी सतर्क रहती है। आमरण अनशन की स्थिति में कामगारों का मुद्दा अधिक संवेदनशील हो जाता है। अत: प्रबंधकों में सक्रियता बढ़ जाती है तथा सामूहिक सौदेबाजी, वार्ता, समझौता, पंच–निर्णय आदि के जरिये समस्या के निदान हेतु प्रबंधक प्रयत्नशील रहता है।

प्रबंधकों के उपादान (Constituents by Management)

विकासशील अर्थव्यवस्था में औद्योगिक उत्पादन का विकास अपेक्षित है। औद्योगिक उत्पादन के लिए औद्योगिक संबंधों का संतुलित होना एक महत्वपूर्ण शर्त है। औद्योगिक विवाद की स्थिति में औद्योगिक उत्पादन का चक्का जाम हो जाता है। औद्योगिक प्रतिष्ठानों की साख पर प्रश्न चिह्न खड़ा होने लगता है। उत्पादित वस्तुओं के उपभोक्ता, व्यापारी तथा वितरक आदि परेशान हो जाते हैं। अत: प्रबंधक औद्योगिक शांति के लिए प्रयत्नरत रहता है तथा कामगारों के असंतोष को दबाने का प्रयत्न करता है। औद्योगिक विवाद की गंभीर समस्या तथा चुनौती से मुठभेड़ करने के लिए प्रबंधकों द्वारा भी कतिपय उपादानों का उपयोग किया जाता है, जिसका विवरण निम्नलिखित है–

प्रबंधकों का संघ

औद्योगिक विवाद के संकट से मुक्ति के लिए औद्योगिक प्रतिष्ठानों के प्रबंधकों ने सशक्त संघ का संगठन स्थापित किया है। औद्योगिक विवाद का एक महत्वपूर्ण उपादान औद्योगिक प्रतिष्ठानों का संघ रहा है। वर्तमान दौर में प्रबंधन का विशेष महत्व है। *इकोनोमिक एंड पोलिटिकल वीकली* (1972, 79) में प्रकाशित अपने एक शोध निबंध ''एम्पलॉयर'स आर्गेनाइजेशन इन इंडिया'' में के.सी. एलेक्जेंडर ने स्पष्ट किया है कि औद्योगिक प्रबंधकों के संगठनों का एक दीर्घकालीन इतिहास मौजूद है। उन्होंने नियोजकों के संघों का विस्तृत अध्ययन प्रस्तुत किया तथा ऐतिहासिक परिप्रेक्ष्य में इसके उद्‌भव तथा विकास को रेखांकित किया। अपने अध्ययन में एलेक्जेंडर ने नियोजकों के संघ की सदस्यता की प्रकृति, आय के स्रोत तथा सदस्यों की भूमिका एवं प्रकार्य आदि को स्पष्ट किया है।

इकोनोमिक एंड पोलिटिकल वीकली (1970, 5:29) में प्रकाशित अपने एक शोध निबंध ''इन्टरेस्ट ग्रुप एंड इन्टरेस्ट एग्रीगेशन : चैंजिंग पैटर्न्स ऑफ ऑलीगर्की इन फिक्की (FICCI)'' में एफ.एस. कोचफीक ने स्पष्ट किया है कि नियोजकों के सभी संगठनों में सबसे अधिक प्रभावी तथा प्रतिष्ठित संगठन फिक्की है। हित समूह के रूप में इसकी भूमिका महत्वपूर्ण है। औद्योगिक संगठनों के बदलते हुए प्रतिमानों पर नियंत्रण रखने में नियोजकों के संगठन का प्रकार्यात्मक महत्व है। साथ ही औद्योगिक संबंधों से जुड़ी आंतरिक गतिशीलता पर नजर रखने में भी फिक्की की भूमिका निर्णायक है। अध्ययन के आधार पर उन्होंने रेखांकित किया है कि औद्योगिक संबंधों के आंतरिक एवं बाह्यकारकों के साथ नियोजकों का तर्कपूर्ण संबंध होता है। औद्योगिक संगठनों के व्यापक पैमाने के अधिकारी-तंत्र पर नियंत्रण रखने में भी फिक्की की भूमिका कारगर है। सरकार, राजनैतिक दल, दबाव समूह तथा श्रमिक संघों के साथ भी नियोजकों के संघ का स्पष्ट संबंध होता है। अध्ययन के आधार पर उन्होंने यह अनुभव किया कि परंपरागत मूल्यों, क्षेत्रीयता तथा सांप्रदायिक ग्रंथियों ने भारत के व्यापारिक हितों के मार्ग में अवरोध खड़ा किया है।

औद्योगिक विवाद के दौरान स्थिति के गंभीर तथा विस्फोटक होने पर नियोजक संघ की सक्रियता बढ़ जाती है। साथ ही श्रमिक संघों के वर्चस्व की लड़ाई के दौरान भी फिक्की की भूमिका अथवा अन्य नियोजक संघों का महत्व बढ़ जाता है।

तालाबंदी

औद्योगिक संघर्ष अधिनियम 1947 की धारा 1 के अनुसार तालाबंदी के अंतर्गत नियोजकों के द्वारा कामगारों से कार्य नहीं लिया जाता है अथवा फैक्ट्री-कारखाने में ताला लगा दिया जाता है। कार्य स्थगित कर दिया जाता है। वस्तुतः औद्योगिक विवाद के गंभीर संकट के समय नियोजकों द्वारा अंतिम उपादान (Ingredients) के रूप में इसका उपयोग किया जाता है। तालाबंदी के दौरान उत्पादन की प्रक्रिया स्थगित हो जाती है। कामगारों में निराशा का वातावरण परिव्याप्त होने लगता है। उनका मनोबल कमजोर होने लगता है। अंधकारमय भविष्य तथा रोजी-रोटी की समस्या विकराल हो जाती है। दरअसल तालाबंदी एक प्रकार की मनोवैज्ञानिक तकनीक है। कामगारों के उग्र आक्रोश तथा आक्रामकता को शिथिल करने का एक साधन है। तालाबंदी के संदर्भ में महत्वपूर्ण बिंदुओं को रेखांकित किया जा सकता है–

1. तालाबंदी के उपादान का उपयोग नियोजक द्वारा किया जाता है।
2. नियोजक तथा कामगार के बीच मौजूद आक्रामक मुठभेड़ की स्थिति में नियोजक द्वारा तालाबंदी का सहारा लिया जाता है।
3. तालाबंदी का प्रत्यक्ष उद्देश्य श्रमिकों की मांगों को मानने से इंकार करना होता है।
4. तालाबंदी की स्थिति में औद्योगिक विवाद की लपटें स्वतः शांत होने लगती हैं। औद्योगिक विवाद के अंतर्गत चल रहे धरना, प्रदर्शन, घेराव तथा हड़ताल आदि का कोई अर्थ नहीं रह जाता है। "न रहेगा बांस न बजेगी बांसुरी"–इस प्रकार नियोजक द्वारा तालाबंदी के जरिये औद्योगिक विवाद के गहन संकट के दौरान रक्षा कवच का उपयोग होता है।
5. इस प्रकार तालाबंदी सुरक्षात्मक प्रकृति की होती है।
6. तालाबंदी के दौरान श्रम शक्ति छिन्न-भिन्न हो जाती है। अतः फैक्ट्री-कारखाना एवं संबंधित स्थानों पर किसी अप्रिय घटना के घटित होने की संभावना नहीं रहती है। तालाबंदी एकतरफा निर्णय है। इसमें कामगारों की कोई भूमिका नहीं होती है। नियोजक तथा उनके सहयोगी तालाबंदी के फैसले के समय कामगारों को विश्वास में नहीं लेते हैं।
7. प्रावधानों के तहत तालाबंदी के अनधिकृत एवं अवैधानिक हो जाने पर नियोजक पर 1,000 रु. तक आर्थिक दंड या एक माह तक का कारावास अथवा दोनों सजाएं एक साथ दी जा सकती हैं।
8. तालाबंदी से पूर्व नियोजक तथा उनके सहयोगियों के बीच विचार मंथन चलता है तथा सभी पक्षों पर विचार करने के बाद तालाबंदी की घोषणा की जाती है। तालाबंदी के पूर्व सूचना नियोजकों द्वारा कामगारों को दी जाती है।

औद्योगिक विवाद के संदर्भ में तालाबंदी एक गंभीर संकट तथा समस्या है। भारत एक कल्याणकारी राज्य है। अतः कामगारों के हितों की अनदेखी कर देश का औद्योगिक तथा

आर्थिक विकास संभव नहीं है। तालाबंदी के कारण कामगारों के परिवारों के जीवन पर संकट के बादल छा जाते हैं। बच्चों की पढ़ाई बीच में छूट जाती है। घर-परिवार उजड़ने लगता है। भुखमरी, लाचारी तथा बेबसी के आलम में एक अनिश्चिय तथा अंधकारयम भविष्य कामगारों को आतंकित करने लगता है। गौरतलब है कि भारत में स्वाधीनता के बाद तालाबंदी की घटनाओं में अभिवृद्धि हुई है। परंतु सरकारी तथा गैर-सरकारी स्तर पर तालाबंदी के खिलाफ कारगर कानून अथवा सामूहिक सौदेबाजी का अभाव दिखाई पड़ता है। आंकड़ों के आधार पर स्पष्ट होता है कि तालाबंदी की संख्या जो सन् 1961 में 80,000 थी, वह सन् 2000 में बढ़कर 3,05,00,000 हो गई। औद्योगिक विवाद के मामले में एक खतरनाक संकेत यह मिल रहा है कि तालाबंदी के कारण फैक्ट्री-कारखाने में मानव दिवसों का नुकसान भारी तादाद में हुआ है। आंकड़ों के अनुसार सन् 1985 के दौरान तालाबंदियों के कारण 65 प्रतिशत और सन् 1989 में 67 प्रतिशत तथा 1995 में 63 प्रतिशत तथा 1997 में 68 प्रतिशत, 1998 में 58 प्रतिशत तथा 2000 में 60 प्रतिशत का नुकसान हुआ। परंतु 2000 के तालाबंदी के संकेत अधिक खतरनाक है। 2000 के दौरान 80 प्रतिशत मानव-दिवसों का नुकसान हुआ। वस्तुत: तालाबंदी कामगारों के खिलाफ एक साजिश है। यह औद्योगिक पूंजीवाद के निर्मम चरित्र का परिचायक है।

इंडियन वर्कर (1962, 10) में प्रकाशित अपने शोध निबंध स्ट्राइक्स्, लॉक-आउट्स एंड घेराव : लॉ एंड प्रेक्टिस में वी.पी. अर्जा ने स्पष्ट किया है कि औद्योगिक विवादों के दौरान नियोजक तथा कामगार के बीच मुठभेड़ की स्थिति बनी रहती है। कामगार अपनी मांगों की पूर्ति के लिए अनिश्चितकालीन हड़ताल का सहारा लेता है। अधिक दबाव तथा संकट के वातावरण में नियोजक हड़ताल तथा घेराव आदि की उग्र स्थिति से निबटने के लिए तालाबंदी का सहारा लेता है।

छंटनी

औद्योगिक विवाद के साथ छंटनी का स्पष्ट संबंध है। औद्योगिक विवादों के विश्लेषण से स्पष्ट होता है कि छंटनी नियोजकों का एक महत्वपूर्ण उपादान है। कामगारों पर दबाव बनाने के लिए तथा उन्हें नियंत्रित करने के लिए नियोजकों द्वारा अक्सर छंटनी का इस्तेमाल किया जाता है। इससे कामगारों में दहशत की स्थिति उत्पन्न होती है। छंटनी के मुद्दे को लेकर गरीब कामगार के मन में भय और आतंक का वातावरण व्याप्त रहता है। हड़ताल के दौरान भी नियोजकों द्वारा कामगारों को छंटनी की धमकी दी जाती है। ज्ञातव्य है कि कामगारों की छंटनी होने पर औद्योगिक संबंधों में दरार उत्पन्न होती है तथा तनाव का वातावरण उत्पन्न होता है। 1991 के बाद वैश्वीकरण तथा उदारीकरण की गति तीव्र हुई है तथा देश के अंदर नियोजकों की आक्रामकता बढ़ती हुई दिखाई दे रही है। स्वैच्छिक सेवानिवृत्ति के नाम पर कामगारों की लगातार छंटनी हो रही है। अलख एन. शर्मा ने अपने एक शोध निबंध ''एम्प्लॉयमेन्ट जेनरेशन पॉलिसी एंड सोश्यल सेफ्टी नोट्स'' में स्पष्ट किया है कि स्वैच्छिक सेवानिवृत्ति योजना के तहत भारी तादाद में कामगारों की छंटनी होने के कारण तथा इन लोगों को पुन:प्रशिक्षण न दिए जाने के कारण ये लोग श्रम बाजार से अलग हो गए हैं। फलत: उत्पादन श्रम शक्ति का भारी अपव्यय है।

वैश्वीकरण तथा उदारीकरण ने छंटनीकरण की प्रक्रिया को तीव्र किया है। हाल के वर्षों में भारत के आर्थिक परिदृश्य में निजी क्षेत्रों का वर्चस्व बढ़ता हुआ दिखाई दे रहा है। निजी

निगम क्षेत्रों में हो रहे व्यापक प्रदर्शनों, अधिग्रहण, पुनःसंरचना आदि का व्यापक प्रभाव परिलक्षित हो रहा है। बहुत से श्रमिक अपनी नौकरी खो रहे हैं और बहुत से अनिश्चितता के आलम में आतंकित हैं। स्वचालित मशीनों की सहायता से बहुराष्ट्रीय कंपनी तथा निगम प्रशिक्षित कामगारों की सीमित संख्या के आधार पर अपना काम चला सकते हैं। फलतः 1991 के बाद निजी क्षेत्रों में व्यापक पैमाने पर छंटनी के उपादान का उपयोग हो रहा है। औद्योगिक विवाद के दौरान नियोजकों की तानाशाही तथा आक्रामकता दिल दहला देने वाली है। औद्योगिक विवाद अधिनियम 1947 के उपबंधों के अंतर्गत निम्नलिखित बिंदुओं को रेखांकित किया गया है–

कामगारों की छंटनी के लिए पूर्ववर्ती शर्तें (Conditions Precedent to Retrenching Workmen)

ऐसे प्रतिष्ठानों में जिसमें 50 या इससे अधिक कामगार नियोजित हैं, एक वर्ष या इससे अधिक की सेवा में रह चुकने वाले किसी कामगार की छंटनी करने के पहले नियोजकों को निम्नलिखित शर्तों को पूरा करना आवश्यक है–

1. कामगार को छंटनी के कारणों का उल्लेख करते हुए एक महीने पहले लिखित सूचना देना या सूचना के बदले एक महीने की मजदूरी देना आवश्यक है। अगर किसी कामगार की सेवा की समाप्ति के बारे में कोई समझौता है, तो छंटनी के लिए नोटिस देना आवश्यक नहीं है।
2. छंटनी के समय कामगार को पूरी की गई लगातार सेवा के प्रत्येक वर्ष के लिए 15 दिनों की मजदूरी की दर से क्षतिपूर्ति देना अनिवार्य है।
3. सरकार या सरकार द्वारा निर्दिष्ट प्राधिकारी के पास छंटनी की सूचना विहित तरीके से देना आवश्यक है।

किसी उपक्रम के स्वामित्व या प्रबंध के एक नियोजक से दूसरे नियोजक में हस्तांतरण की स्थिति में साधारणतः कामगार छंटनी के लिए देय क्षतिपूर्ति के हकदार होते हैं।

छंटनी की प्रक्रिया (Procedure for Retrenchment)

अगर किसी प्रतिष्ठान में छंटनी किए जाने वाले कामगार किसी खास श्रेणी में हैं तो नियोजक साधारणतः सबसे पहले ऐसे कर्मकार की छंटनी करेगा जिसे उस श्रेणी में सबसे बाद में नियोजित किया गया है। नियोजक और कामगार के बीच समझौतों के अनुसार या विशेष परिस्थितियों में अन्य कामगारों की भी छंटनी की जा सकती है।

छंटनी किए गए कामगारों की फिर से बहाली (Re-employment of Retrenchment Workmen)

जहां किसी प्रतिष्ठान में कामगारों की छंटनी की गई हो और नियोजक लोगों को नियोजित करना चाहता है, वहां उसके लिए छंटनी किए गए कर्मकारों को पुनर्नियोजन का अवसर देना और उन्हें अन्य व्यक्तियों की तुलना में प्राथमिकता देना। (धारा 25. II)

छंटनी से संबद्ध विशेष उपबंध (Special Provision Relating to Retrenchment)

ऐसे प्रतिष्ठानों में, जिनमें 100 या इससे अधिक संख्या में कर्मकार नियोजित हैं तथा जो मौसमी प्रकृति के नहीं हैं और जिनमें काम रुक-रुककर नहीं चलता हो, एक वर्ष से अधिक अवधि तक लगातार काम कर चुकने वाले कामगारों की छंटनी के लिए सरकार या सरकार द्वारा अधिकृत प्राधिकारी की अनुमति लेना आवश्यक है। साथ ही, ऐसे प्रतिष्ठानों में छंटनी के लिए कामगारों को कम-से-कम तीन महीने पूर्व सूचना देना या सूचना के बदले तीन महीने की मजदूरी देना भी आवश्यक है। इस संबंध में अन्य उपबंध पूर्वोक्त खंड (1) से (3) में उल्लिखित उपबंध की तरह हैं। (धारा 25 N)

छंटनी से संबद्ध अधिनियम के उपबंधों के उल्लंघन के दोषी नियोजक को एक महीने तक के कारावास या एक हजार रुपए तक के जुर्माने या दोनों से दंडित किया जा सकता है। विश्लेषणों के आधार पर स्पष्ट होता है कि औद्योगिक विवाद के परिप्रेक्ष्य में छंटनी एक महत्वपूर्ण मुद्दा है। छंटनी के मुद्दे को लेकर फैक्ट्री-कारखाने में तनाव की स्थिति मौजूद रहती है। नियोजक कामगार के खिलाफ इसका उपयोग निर्ममतापूर्वक करता है। औद्योगिक विवादों के निराकरण से संबंधित राष्ट्रीय श्रम आयोग (1969) तथा औद्योगिक विवादों के निराकरण से संबंधित राष्ट्रीय श्रम आयोग (2002) की सिफारिशों में भी छंटनी के मुद्दे पर चिंता व्यक्त की गई है। वस्तुत: कामगारों के हित और अधिकार के संरक्षण के बिना औद्योगिक उत्पादन में तीव्र विकास संभव नहीं है। वैश्वीकरण तथा उदारीकरण की प्रक्रिया के बढ़ते दबाव के कारण छंटनी की समस्या गंभीर हो गई है। अत: इस समस्या का निराकरण न्यायसंगत तथा वैधानिक प्रावधानों के तहत किया जाना चाहिए।

औद्योगिक विवादों का प्रभाव (Effect of Industrial Disputes)

औद्योगिक विवाद का प्रभाव विभिन्न क्षेत्रों में परिलक्षित होता है। औद्योगिक विवाद के साथ नियोजक तथा कामगार के बीच प्रत्यक्ष संबंध होता है। नियोजक तथा नियोजक के बीच भी विवाद की स्थिति उत्पन्न हो सकती है। कामगार तथा कामगार के बीच भी विवाद एवं टकराहट के कारण औद्योगिक संबंध प्रभावित होता है। औद्योगिक विवाद के साथ औद्योगिक उत्पादन का तर्कपूर्ण संबंध है। घेराव, प्रदर्शन, हड़ताल तथा तालाबंदी आदि के कारण उत्पादन में शिथिलता उत्पन्न हो जाती है। उत्पादन ठप भी पड़ सकता है। औद्योगिक विवाद का प्रत्यक्ष संबंध मानव दिवसों के नुकसान से जुड़ा हुआ है। साथ ही औद्योगिक विवाद राष्ट्र की अर्थव्यवस्था को प्रभावित करता है। गौरतलब है कि औद्योगिक विवाद का प्रकार्यात्मक पक्ष भी है तथा दुष्प्रकार्यात्मक पक्ष भी है। औद्योगिक विवाद के बाद मांगों की पूर्ति होने के कारण कामगारों में नई ऊर्जा का संचार होता है। कामगारों की एकता सुदृढ़ होती है। श्रमिक संघों की सक्रियता बढ़ती है। नियोजक तथा कामगार के बीच सामंजस्य एवं सद्भावनापूर्ण संबंधों का विकास होता है। फलत: फैक्ट्री-कारखाने में उत्पादन की प्रक्रिया में तीव्र विकास की स्थिति उत्पन्न होती है। औद्योगिक विकास का नकारात्मक प्रभाव भी परिलक्षित होता है। औद्योगिक विवाद का ठोस निराकरण नहीं होने पर तथा नियोजकों में प्रबंधन की क्षमता का अभाव होने

पर औद्योगिक प्रतिष्ठान का माहौल कटुतापूर्ण हो सकता है। एक प्रतिष्ठान में उठ रही विवाद की लपटों के कारण दूसरा प्रतिष्ठान भी प्रभावित हो सकता है।

समाजशास्त्रीय परिप्रेक्ष्य में औद्योगिक विवाद की व्याख्या से स्पष्ट होता है कि कामगारों के समक्ष अपनी उपेक्षा और अपमानजनक व्यवहार के कारण लामबंद होने के अलावा और कोई रास्ता नहीं है। उत्पादन के साधन के स्वामित्व के आधार पर बुर्जुआ तथा सर्वहारा के हितों एवं उद्देश्यों में टकराहट की स्थिति उत्पन्न होती है। नियोजकों को बाध्य करने के लिए कामगारों द्वारा हड़ताल तथा घेराव आदि का उपयोग किया जाता है। भारत एक कल्याणकारी राज्य है। परंतु भारत में व्यापक पैमाने पर पूंजीपतियों द्वारा कामगारों का शोषण किया जाता है। संरचित आर्थिक असमानता में वृद्धि हो रही है। अमीरी और गरीबी की खाई बढ़ती जा रही है। 2009 के लोकसभा के निर्वाचन में 300 से अधिक निर्वाचित सांसद करोड़पति हैं। अतः संगठित तथा असंगठित क्षेत्र के सर्वहारा मजदूरों के प्रति देश के शीर्ष राजनैतिक नेतृत्व में भी संवेदनशीलता का अभाव होता जा रहा है। बाजारवाद, उपभोक्तावाद, पूंजीवाद की चकाचौंध ने देश में एक नई संस्कृति को पैदा किया है। देश दो भागों में दिखाई पड़ता है। एक इंडिया है जिसमें बड़े-बड़े आलीशान मकान हैं, वातानुकूलित संस्कृति है, वैभव और विलास है, बियर बार और बार-गर्ल्स है। सेंसेक्स और शेयर मार्केट है। नए मॉडल की कार और आसमान में उड़ता हुआ हवाईजहाज है। देश का दूसरा हिस्सा भारत हो गया है। भारत में कामगार रहते हैं। झुग्गी-झोपड़ी हैं। गंदी बस्तियां हैं। कुपोषण है। भुखमरी और लाचारी है। बीमारी और गरीबी है। उनके बच्चे भी बोझा ढो रहे हैं। अशिक्षा है। दिनभर परिश्रम करने के बाद कामगारों का हुजूम फुटपाथ पर बांह पर माथा रखकर सोया हुआ है। जाहिर है कि स्थिति कल्याणकारी राज्य और भारतीय संविधान के उच्च आदर्शों के अनुकूल नहीं है। कामगारों का शोषण हो रहा है और उन्हें अनुभव नहीं होता है कि उनका शोषण हो रहा है।

औद्योगिक विवाद के प्रकार्यात्मक पक्षों (Functional Aspects) को निम्नलिखित बिंदुओं के आधार पर रेखांकित किया जा सकता है–

1. समय के साथ महंगाई में वृद्धि होती है। हालात में परिवर्तन होने से आवश्यकताएं बढ़ती हैं। कामगार को जीवन निर्वाह की अर्थव्यवस्था में कठिन संघर्ष से मुठभेड़ करनी होती है। परंतु सार्वजनिक तथा निजी क्षेत्रों में महंगाई तथा अन्य आर्थिक जद्दोजहद के अनुरूप कामगारों के वेतन, मजदूरी तथा भत्ते आदि में वृद्धि के मुद्दे को नियोजक दीर्घ समय तक लंबित रखता है। यदि श्रमिक संघ के नेतृत्व में कामगार हड़ताल, घेराव, प्रदर्शन तथा भूख हड़ताल आदि का सहारा न ले तो उसके वेतन तथा मजदूरी आदि में वृद्धि की संभावना रेगिस्तान में पानी की तरह दिखाई पड़ने लगती है। वेतन तथा मजदूरी में वृद्धि के लिए नियोजक सहज में तैयार नहीं होता है। अतः औद्योगिक विवाद के प्रभाव के फलस्वरूप अथवा औद्योगिक विवाद की स्थिति उत्पन्न होने के मद्देजनर नियोजक वेतन तथा मजदूरी आदि से संबंधित मांगों की पूर्ति की दिशा में पहल करता है। इस प्रकार कामगारों तथा मजदूरी में वृद्धि होती है। यह औद्योगिक विवाद का प्रत्यक्ष प्रभाव है।

2. कामगार अपनी बांहों की ताकत और पसीने से सींचकर फैक्ट्री–कारखाना उत्पादन में इजाफा करता है। उद्योगपतियों की संपत्ति बढ़ती जाती है। परंतु नियोजक कामगारों के बोनस के संबंध में उदासीन रहता है। औद्योगिक विवाद के दौरान जब श्रमिक संघों के द्वारा बोनस के प्रश्न को जीवंत किया जाता है तथा इसे प्रतिष्ठा का प्रश्न बनाया जाता है तो नियोजक बोनस देने के लिए तैयार होता है। यदि औद्योगिक विवाद अथवा उसका भय तथा दबाव न रहे तो जैसे कोई मुट्ठी में चांद नहीं पकड़ सकता है, उसी तरह कामगार को भी बोनस मिलना मुमकिन नहीं है। अत: औद्योगिक विवाद की स्थिति उत्पन्न होने पर अथवा औद्योगिक विवाद की संभावना के दबाव के कारण नियोजक बोनस देने के लिए तैयार होता है। जाहिर है कि यह औद्योगिक विवाद का प्रकार्यात्मक पक्ष है।
3. औद्योगिक प्रतिष्ठानों में नियोजक तथा कामगार का अपना–अपना हित होता है। नियोजक सीमित आर्थिक संसाधन में अधिक से अधिक मुनाफा कमाता है। उसे अधिक उत्पादन चाहिए। उसे अधिक लाभ चाहिए। उसे कम पूंजी में अधिक पैसे चाहिए। कामगार का भी अपना हित होता है। वह फैक्ट्री–कारखाने में धमन–भट्टी की गर्म हवाओं का सामना करता है। वह आग की लपटों से खेलता है। वह माथे पर बोझा ढोता है। वह अपने श्रम को बेचता है। परंतु अपने परिवार तथा बाल–बच्चों का लालन–पालन संतोषजनक एवं सम्मानजनक ढंग से करना चाहता है। उसे अपने खून और पसीने की उचित कीमत चाहिए। औद्योगिक विवादों के जरिये कामगार अपने हितों की रक्षा में सफलता हासिल करता है। अत: यह भी औद्योगिक विवाद का प्रकार्यात्मक पक्ष है। भारत तथा अन्य देशों में संवैधानक प्रावधानों के तहत फैक्ट्री–कारखाने के अंतर्गत अनेक कानूनों तथा श्रम विधानों को लागू किया गया है। अक्सर नियोजकों द्वारा श्रम विधानों की अनदेखी की जाती है। फैक्ट्री–कारखाने से संबंधित कानूनों का उल्लंघन किया जाता है। परंतु श्रम विधानों तथा कानूनों के उल्लंघन होने पर औद्योगिक विवाद तथा टकराहट की स्थिति उत्पन्न होती है। नियोजकों द्वारा श्रम विधानों के उल्लंघन होते ही सांकेतिक हड़ताल तथा घेराव की चेतावनी दी जाती है तथा मामले के गंभीर होने पर कामगार हड़ताल पर उतर आते हैं। इस प्रकार औद्योगिक विवाद की स्थिति उत्पन्न होने के कारण नियोजकों को नियम एवं परिनियम अनुपालना हेतु बाध्य होना पड़ता है। अत: यह भी औद्योगिक विवाद का एक प्रकार्यात्मक पक्ष है।
4. कामगारों के साथ दुर्व्यवहार होता रहता है। उनके साथ अपमानजनक व्यवहार किया जाता है। मारपीट भी होती है। नियोजकों द्वारा अपशब्द भी कहे जाते हैं। अपमान एवं दुर्व्यवहार के मामले के गंभीर होने पर कामगार हड़ताल पर उतर जाते हैं। औद्योगिक विवाद की स्थिति उत्पन्न हो जाती है। नियोजकों के साथ कामगारों की मूंछ की लड़ाई आरंभ हो जाती है। फलत: भविष्य में नियोजक किसी कामगार के साथ दुर्व्यवहार करने से पहले सौ बार सोचते हैं। इस प्रकार औद्योगिक विवाद का प्रत्यक्ष प्रकार्य है कि इससे कामगारों के मान सम्मान की रक्षा होती है।

5. औद्योगिक प्रतिष्ठानों में साधारणत: निर्धारित समय से अधिक काम लिया जाता है। कार्य की दशा भी संतोषजनक नहीं रहती है। आवश्यकता पड़ने पर कामगारों का उपयोग पालियों में किया जाता है। कठिन पारिवारिक परिस्थितियों में भी नियोजकों द्वारा कामगारों के अवकाश के आवेदन की अनदेखी की जाती है। उनका अवकाश स्वीकृत नहीं होता रहता है। चिकित्सकीय सुविधा, घायल होने पर इलाज तथा मुआवजा एवं फैक्ट्री-कारखाना में मौत होने पर मुआवजा तथा अन्य सुविधाओं के निष्पादन में भी नियोजकों में संवेदनशीलता का अभाव दिखता है। इस तरह औद्योगिक कामगारों की उपेक्षा एक आम बात है। संगठित एकता तथा श्रमिक संघों के नेतृत्व में औद्योगिक विवाद के आधार पर कामगार कार्य की दशा, कार्य-भार, चिकित्सकीय सुविधा तथा दुर्घटना से संबंधित मुआवजा आदि के संबंध में तर्कपूर्ण परिणाम प्राप्त करते हैं। औद्योगिक विवाद के कारण ही बाध्य होकर कामगारों के पक्ष में नियोजकों को निर्णय लेना पड़ता है।
6. औद्योगिक विवाद के दौरान ही कामगारों की जमीनी सच्चाई खुलकर सामने आती है। नियोजक तथा कामगार के बीच मौजूद संबंधों में निहित वर्ग-विभेद, शोषण तथा अन्याय के अनेक मामलों का खुलासा होता है। फलत: सरकार सचेत होती है। औद्योगिक संबंध तथा उससे जुड़े विभिन्न पक्षों का विश्लेषण होता है। कामगारों तथा फैक्ट्री-कारखाने के प्रभावी संचालन हेतु नए कानूनों को लागू किया जाता है तथा आवश्यकता पड़ने पर पुराने कानूनों में संशोधन किया जाता है।
7. औद्योगिक विवाद के आधार पर नियोजकों को नई दिशा प्राप्त होती है। उन्हें व्यापक अनुभव प्राप्त होता है। अपनी खामियों तथा विसंगतियों की उन्हें ठोस जानकारी मिलती है।
8. औद्योगिक विवाद के दौरान विभिन्न अवसरों पर नियोजकों का अपने कामगारों के साथ प्रत्यक्ष संपर्क होता है। कामगारों के साथ अंत:क्रिया का उन्हें अवसर प्राप्त होता है। इन अवसरों का लाभ नियोजकों को कारखाना के प्रबंधन के दौरान अनुभव होता है।
9. औद्योगिक विवाद के सफल होने पर अथवा आंशिक रूप से सफलता प्राप्त होने पर कामगारों में एक नई ऊर्जा तथा मनोबल का संचार होता है। फलत: कामगार पूरी निष्ठा और कर्मठता के साथ अपनी कार्यक्षमता का उपयोग करते हैं। जाहिर है कि औद्योगिक उत्पादन में बढ़ोतरी होती है तथा कारखाने में एक नई जिंदगी तथा कार्य संस्कृति की शुरुआत होती है।

औद्योगिक विवादो के दुष्प्रकार्यात्मक प्रभाव (Ill-Effects of Industrial Disputes)

औद्योगिक विवाद तथा टकराहट के आधार पर उत्पादन प्रभावित होता है। राष्ट्र की अर्थव्यवस्था को क्षति पहुंचती है। आर्थिक विकास की दौड़ में अवरोध की स्थिति उत्पन्न होती है। वैश्वीकरण तथा आर्थिक उदारीकरण के कारण प्रतिस्पर्धा का एक नया दौर आरंभ हुआ है। कोई किसी से पीछे नहीं रहना चाहता है। बहुराष्ट्रीय निगमों तथा शक्तिशाली औद्योगिक केन्द्रों के विकास के कारण देश के परंपरागत औद्योगिक प्रतिष्ठानों को संकट का सामना करना पड़ रहा है। आर्थिक मंदी के कारण बाजार की हालत अच्छी नहीं है। क्रय-शक्ति में गिरावटें आईं

हैं। अतः इन हालातों में निजी तथा सार्वजनिक क्षेत्रों में औद्योगिक विवादों के कारण प्रतिकूल स्थिति उत्पन्न हो रही है। औद्योगिक विवाद के दुष्प्रकार्यात्मक प्रभाव को रेखांकित किया जा सकता है।

1. औद्योगिक विवाद के कारण नियोजक तथा कामगार के बीच अथवा कामगार तथा कामगार के बीच अथवा नियोजक तथा नियोजक के बीच तनाव एवं संघर्ष की स्थिति उत्पन्न होती है। फलतः औद्योगिक उत्पादन प्रभावित होता है।
2. श्रमिक संघों के वर्चस्व की लड़ाई को लेकर भी औद्योगिक विवाद की स्थिति उत्पन्न होती है। श्रमिक नेतृत्व निहित स्वार्थ के लिए कामगारों को विवाद के लिए प्रेरित करते हैं। इस तरह के विवादों में कामगार तथा कामगार के बीच भी तनाव एवं टकराहट के संकेत मिलते रहते हैं। जाहिर है कि इन विवादों से मुट्ठीभर श्रमिक नेताओं को लाभ प्राप्त हो सकता है। परंतु कामगार, नियोजक तथा फैक्ट्री का भारी नुकसान होता है।
3. राजनैतिक जोड़-तोड़, विचारधारा, प्रतिबद्धता तथा विद्वेष के कारण भी औद्योगिक विवाद की स्थिति उत्पन्न होती है। इन विवादों से कामगारों, नियोजकों अथवा प्रतिष्ठान को कोई रचनात्मक लाभ प्राप्त नहीं होता है। इस प्रकार के विवाद राजनैतिक शतरंज के बिसात पर खेले जाते हैं तथा इससे भारी नुकसान होता है।
4. किसी एक प्रतिष्ठान में विवाद होने पर अन्य समकक्ष प्रतिष्ठानों में भी विवाद की लपटें उठ जाती हैं। इस प्रकार एक प्रतिष्ठान के विवाद का खामियाजा दूसरे प्रतिष्ठान को भी उठाना पड़ता है।
5. औद्योगिक विवाद एक अनिश्चय की स्थिति को उत्पन्न करता है। कामगारों के मन में भी एक अनिश्चय का भय परिव्याप्त रहता है। द्वंद्व, दुविधा तथा शंका का माहौल परिव्याप्त हो जाता है। किसी भी औद्योगिक प्रतिष्ठान के परिप्रेक्ष्य में अनिश्चय का वातावरण प्रबंधन के लिए घातक होता है अतः यह औद्योगिक विवाद का दुष्प्रकार्यात्मक पक्ष है। दीर्घकालीन हड़ताल, छंटनी तथा बंदी आदि के कारण गरीब कामगारों के समक्ष भुखमरी एवं लाचारी की स्थिति उत्पन्न हो जाती है। उनके बच्चे दाने-दाने के मोहताज हो जाते हैं। यद्यपि इन अवसरों से निपटने के लिए हड़ताल कोष की बात की जाती है। परंतु हड़ताल कोष की मुकम्मल व्यवस्था नहीं की जाती है।
6. औद्योगिक विवाद के कारण माहौल तनावपूर्ण रहता है। अक्सर छंटनी एवं दुर्व्यवहार के मामले को लेकर हिंसा तथा आगजनी की स्थिति उत्पन्न हो जाती है। विवाद के दौरान कामगार तथा नियोजक के बीच सामंजस्य का वातावरण टूट जाता है। प्राथमिकी तथा मुकदमे का दौर भी चल सकता है। इन तमाम हालातों से नियोजकों तथा कामगारों का नुकसान होता है।
7. औद्योगिक विवाद का एक मुख्य कारण औद्योगिक घरानों के सदस्यों में अंतःकलह को भी कहा जा सकता है। औद्योगिक प्रतिष्ठानों में पारिवारिक लड़ाई का नुकसानदायक प्रभाव हो सकता है।

विश्लेषणों के आधार पर स्पष्ट होता है कि औद्योगिक विवाद से कई राहें खुलती हैं। नियोजक की प्रबंधन क्षमता तथा श्रमिक संघों के नेतृत्व पर यह निर्भर करता है कि औद्योगिक विवाद के परिणाम की दिशा क्या हो? श्रमिकों का सक्षम नेतृत्व विवाद को रचनात्मक दिशा

प्रदान कर सकता है। नियोजक की प्रबंधन क्षमता कामगारों में नई ऊर्जा तथा नए उत्साह का संचार कर सकती है। औद्योगिक विवाद के निराकरण हेतु कतिपय सामझौता प्रणाली का उपयोग किया जाता है। उदाहरणस्वरूप सामूहिक सौदेबाजी (Collective Bargaining), ऐच्छिक पंच निर्णय (Voluntary Arbitration), अनिवार्य जांच (Compulsory Investigation), अनिवार्य पंच निर्णय (Compulsory Arbitration) तथा समझौता अथवा मध्यस्थता (Conciliation) आदि का उपयोग किया जा सकता है। राष्ट्रीय श्रम आयोग के सुझावों एवं परामर्शों पर अमल किया जा सकता है। श्रम कानूनों का सहारा लिया जा सकता है। कामगार को यह ध्यान रखना चाहिए कि फैक्ट्री उनकी मां के समान है। कारखाने से ही उनकी पहचान बनती है तथा उनके परिवार को रोटी मिलती है। अत: कारखाने के विकास के खिलाफ कोई घातक क़दम उठाने से पहले उन्हें सचेत होना चाहिए। राजनैतिक दलबंदी अथवा श्रमिक संघों के हथकंडे के रूप में कामगारों को अपना भविष्य अंधकारमय नहीं करना चाहिए। नियोजक में कुशल प्रबंधक की अपेक्षा होती है। श्रम के बिना पूंजी का कोई अर्थ नहीं होता है। अत: कामगारों के उचित मांगों की पूर्ति की अनदेखी नहीं की जानी चाहिए। कारखाने में कामगारों का लहू और पसीना ही नई जीवन शक्ति का संचार करता है। अत: कामगारों के साथ प्यार और स्नेह से पेश आना चाहिए। पंडित नेहरू ने सच कहा था कि उद्योग तीर्थस्थल के समान होता है अत: औद्योगिक प्रतिष्ठानों की रक्षा तथा विकास में नियोजक तथा कामगार की सम्मिलित एकता अपेक्षित है।

टिप्पणियां

1. "Broadly speaking, the term globalization means intergration of economics and societies through cross country flows of information, ideas, technologies, goods, services, capital, finance and people. The essence of globalization is connectivity."

   —C. Rangrajan

2. "Any disputes or differences between employers and employers, or between employers and workmen, or between workmen and workmen, which is connected with the employment or non-employment or the terms of employment or with the conditions of labour, of any person."

   —Sec. 2(k) Industrial Disputes Act, 1947.

3. A cessation of work by a body of persons employed in an industry acting in combination, or a concerted refusal under a common understanding of any number of persons who are or have been so employed to continue to work or to accept employment.

   —Industrial Disputes Act, 1947 Sec(q)

4. Strikes are concerted and temporary stoppage from work by employees who have grievance to be settled, standards to be defended, or goals to be attained.

   —Clyde E. Darnkert, *An Introduction to Labour*, p. 322.

6

श्रमिक संघवाद

(Industrial Unionism)

योगेंद्र सिंह तथा मंजू भट्ट ने स्पष्ट किया है कि कार्ल मार्क्स ने पूंजीवादी व्यवस्था के अध्ययन के लिए मात्र वैयक्तिक अथवा अवधारणात्मक योगदान नहीं दिया बल्कि सर्वहारा वर्ग अथवा मजदूरों की सामाजिक स्थिति और समस्याओं के मापन के लिए सर्वेक्षण पद्धति का उपयोग किया। वस्तुतः कार्ल मार्क्स सर्वहारा वर्ग के मसीहा थे। उन्होंने गरीबों के आंसुओं में चिनगारी पैदा की। शोषित तथा पीड़ित वर्ग के लोगों में सम्मान, स्वाभिमान तथा संघर्ष की एक नई चेतना को जीवंत किया। उन्होंने दुनिया के सामने अनेक ज्वलंत प्रश्नों को खड़ा किया। क्या कारण है कि एक मजदूर पर जुल्म ढाया जाता है? क्या कारण है कि गरीब सर्वहारा का शोषण किया जाता है? क्या कारण है कि मेहनतकश इंसानों को बार-बार अपमानित होना पड़ता है? कार्ल मार्क्स ने दुनिया के मजदूरों के समक्ष संघर्ष का एक प्रखर चिंतन प्रस्तुत किया। मार्क्स की समाधि पर युगांतकारी नारा अंकित है–"दुनिया के मजदूरों एक हो जाओ।" साथ ही समाधि स्तंभ पर मार्क्स की ही इन पंक्तियों को भी अंकित किया गया है–"दार्शनिक विभिन्न तरीकों से विश्व की व्याख्या करते आये हैं। मुख्य प्रश्न यह है कि इसे बदला कैसे जाये?" वस्तुतः कार्ल मार्क्स के वर्ग-संघर्ष के चिंतन तथा श्रमिक संघवाद के बीच स्पष्ट संबंध मौजूद हैं। उन्होंने स्पष्ट किया है कि स्वतंत्र मनुष्य और दास, पेट्रिशियन तथा प्लेवियन, सामंत तथा शिल्प संघ एवं उत्पादक तथा कारीगर एवं मजदूर – संक्षेप में शोषक तथा शोषित लगातार एक-दूसरे का विरोध करते आये हैं। मार्क्स के अनुसार कभी प्रत्यक्ष रूप में तो कभी अप्रत्यक्ष रूप में शोषक तथा शोषित निरंतर एक-दूसरे से टक्कर लेते रहे हैं। संघर्ष करते रहे हैं। उनके अनुसार इस संघर्ष का अंत हर बार या तो सम्पूर्ण व्यवस्था के क्रांतिकारी पुनर्निर्माण में अथवा संघर्षरत दोनों ही वर्गों के विनाश में हुआ है। निसंदेह कार्ल मार्क्स ने वैयक्तिक चिंतन के आधार पर मजदूरों को एक नई दिशा दी। उन्हें शोषण, अलगाव तथा उत्पीड़न के खिलाफ संगठित होने के लिए उत्प्रेरित किया। वस्तुतः श्रमिक संघवाद की व्याख्या में मार्क्स के चिंतन का विशेष महत्व है।

फ्रांस की राज्य क्रांति ने समता, स्वतंत्रता, न्याय तथा भाईचारे के सिद्धांत को प्रस्तुत किया। फ्रांस की नेशनल एसेंबली ने अपने मनुष्य के अधिकारों के घोषणा पत्र (Declaration of Rights of Men, 1978, France) में स्पष्ट किया है, "सब मनुष्य स्वतंत्र तथा समान पैदा हुए हैं और वे अपने अधिकारों के विषय में भी समान तथा स्वतंत्र हैं।" इस प्रकार फ्रांस की राज्य क्रांति की विचारधारा ने भी मजदूरों को अपने अधिकारों की रक्षा के लिए उत्प्रेरित किया।

इस प्रकार फ्रांस की राज्य क्रांति तथा श्रमिक संघवाद के बीच स्पष्ट एवं तर्कपूर्ण संबंध मौजूद हैं। उल्लेखनीय है कि वाणिज्यिक क्रांति तथा ज्ञानोदय ने भी दुनिया के मजदूरों में एक नई चेतना पैदा की।

श्रमिक संघवाद की पृष्ठभूमि एवं अवधारणा का विश्लेषण औद्योगिक क्रांति के परिप्रेक्ष्य में ही किया जा सकता है। वस्तुतः श्रमिक संघवाद का बुनियादी आधार औद्योगिक क्रांति है। 1760 के कालखंड में ब्रिटेन में औद्योगिक क्रांति की शुरुआत हुई। दुनिया के अन्य देशों में भी औद्योगिक क्रांति का विस्तार हुआ। औद्योगीकरण का विकास तीव्र गति से आरंभ हुआ। बैंक, बीमा कंपनियों तथा वित्त निगम आदि का गठन हुआ। औद्योगिक श्रमिकों के एक नये वर्ग का उदय हुआ। प्रबंधकों तथा पूंजीपतियों ने औद्योगीकरण के मुनाफों पर एकाधिकार करने का प्रयास किया। औद्योगिक श्रमिकों का शोषण आरंभ हुआ। औद्योगिक नगरों की एक नई संस्कृति विकसित हुई। निर्जीव मशीनों की आवाज गूंजने लगी। एमिल दुर्खाइम के अनुसार औद्योगिक क्रांति के कारण सरल समाज का जटिल समाज में रूपांतरण हुआ। श्रम-विभाजन तथा विशेषीकरण में विस्तार हुआ। यांत्रिक एकता शिथिल हो गई। सावयवी एकता का विकास हुआ।

लोकतांत्रिक प्रक्रियाओं के अन्तर्गत कामगार अपने हितों एवं अधिकारों की रक्षा के लिए श्रमिक संघ के नेतृत्व में संगठित होता है। वस्तुतः एक श्रमिक संघ कामगारों का संगठन है। इसका प्रधान उद्देश्य कामगारों के रोजगार की दशाओं पर नजर रखने से संबंधित है। श्रमिक संघ सेवा योजकों के उत्पीड़न एवं दुर्व्यवहार से श्रमिकों की रक्षा करता है। श्रम कानूनों के उल्लंघन होने पर प्रतिरोध दर्ज करता है। वेतन, भत्ता, बोनस तथा कामगारों से जुड़े अन्य मुद्दों को लेकर संघर्ष करता है। श्रमिक संघों के द्वारा सौदा करने की शक्ति को सुदृढ़ करता है। औद्योगिक विवाद के दौरान श्रमिक संघों की सक्रियता बढ़ जाती है। श्रमिक संघ की भूमिका हित समूह के रूप में है। साथ ही दबाव समूह के रूप में भी श्रमिक संघ का उद्देश्य बहुआयामी है। यह कामगारों के रहन-सहन, आपदा, मनोरंजन, सामाजिक विकास तथा आर्थिक सुधार से जुड़ा हुआ है। श्रमिक संघों का राजनैतिक निहितार्थ होता है। इसका संबंध राजनैतिक विचारधारा के साथ जुड़ा होता है। परंतु श्रमिक संघों की गतिशीलता तथा प्रभाव आंतरिक लोकतंत्र पर आधारित है। श्रमिक संघों की मान्यता वैधानिक होनी चाहिए। सदस्यों में संघ के प्रति अटूट निष्ठा एवं लगाव होना चाहिए। श्रमिक संघों के नेतृत्व की विश्वसनीयता भी एक आवश्यक शर्त है। श्रमिक संघ की कार्यकारिणी का चुनाव लोकतांत्रिक प्रक्रियाओं के अन्तर्गत किया जाना चाहिए।

भारत में स्वाधीनता से पूर्व तथा स्वतंत्र भारत में श्रमिक संघों का एक अलग अस्तित्व रहा है। हाल ही में दीपेश चक्रवर्ती ने 1890 के कालखंड में कलकत्ता के पटसन कारखानों में होने वाले औद्योगिक विवादों के आधार पर एक ऐसे विषय की गवेषणा की है जो श्रमिकों की आरंभिक चेतना से संबंधित है। वस्तुतः 1890 के दशक तक बम्बई की कपड़ा-मिलों और कलकत्ता के पटसन कारखानों के आस-पास पर्याप्त संख्या में सर्वहारा का जमाव हो गया था। सुमित सरकार के अनुसार उनका शोषण हो रहा था। मिल मालिकों के द्वारा कामगारों का उत्पीड़न होता था। उन्हें अपमानजनक स्थिति में काम करने के लिए बाध्य किया जाता था।

जाहिर है कि उत्पीड़न, शोषण तथा अन्याय के खिलाफ सर्वहारा वर्ग में एक नये उभार को लक्ष्य किया गया। वस्तुतः इन्हीं परिस्थितियों में भारतीय परिदृश्य में श्रमिक संघों का उद्भव तथा विकास हुआ है। सुमित सरकार के अनुसार 1903-08 में एक सरकारी सर्वेक्षण हुआ था जिसका शीर्षक था 'एडमिनिस्ट्रेशन ऑफ बंगाल अंडर एंड्रयू फ्रेजर'। इसमें औद्योगिक असंतोष को उन पांच वर्षों की अवधि का महत्वपूर्ण लक्षण बताया गया था, और पेशेवर आंदोलनकारियों की भूमिका को एक नितांत नवीन संवृत्ति कहा गया था। श्वेतों के नियंत्रण वाले उद्यमों में (चूंकि अधिकांश औद्योगिक इकाइयां बंगाल में थीं) कीमतों में वृद्धि के साथ ही प्रायः नस्ली अपमानों के कारण होने वाली हड़तालों को राष्ट्रवादियों की ओर से समाचारपत्रों में पर्याप्त सहानुभूति मिलने लगी थी। राष्ट्रवादी कभी-कभी इन्हें वित्तीय सहायता, यहां तक कि ट्रेड यूनियनें स्थापित करने में भी सहायता देते थे। अग्रणी श्रमिक नेताओं के रूप में चार व्यक्तियों के नाम उल्लेखनीय हैं। इनमें से तीन तो बैरिस्टर थे-अश्विनी कुमार बनर्जी, प्रभात कुसुम रायचौधरी, ऐथेनेसियस अपूर्व कुमार घोष और चौथे थे प्रेमतोष बोस जो उत्तरी कलकत्ता में एक छोटे से छापाखाने के मालिक थे। विवरणों के आधार पर स्पष्ट होता है कि भारत में भी औद्योगीकरण की प्रक्रिया की पृष्ठभूमि में श्रमिक संघों का विकास हुआ है। उल्लेखनीय है भारत में महात्मा गांधी, सुभाष चंद्र बोस, पंडित जवाहरलाल नेहरू, एम.एन. राय, सरदार वल्लभ भाई पटेल, जय प्रकाश नारायण, वी.वी. गिरि, गुलजारी लाल नंदा तथा खंडुभाई देसाई आदि अनेक नेताओं ने श्रमिक संघों का नेतृत्व किया तथा कामगारों के हितों की रक्षा के लिए पहल की।

वैश्वीकरण तथा आर्थिक उदारीकरण के वर्तमान दौर में श्रमिक संघों के समक्ष एक नई चुनौती उत्पन्न हुई है। निश्चित तौर पर वैश्वीकरण तथा उदारीकरण ने श्रमिक संघों के बुनियादी आधारों को झकझोर कर रख दिया है। समाजशास्त्रीय परिप्रेक्ष्य में यह स्पष्ट करना उचित होगा कि भारत में भारी संख्या में असंगठित क्षेत्र के कामगार कई प्रकार की समस्याओं से जूझ रहे हैं। परन्तु असंगठित क्षेत्र के कामगारों का कोई सुनियोजित श्रमिक संघ नहीं है। हाल के वर्षों में क्षेत्रवाद, सजातीयता तथा अन्य अलगाववादी विचारधाराओं ने भी कामगारों को एक नये मोड़ पर लाकर खड़ा कर दिया है। 21वीं शताब्दी की नई चुनौतियां तथा नए आयामों ने भारत में श्रमिक संघों को एक नए दौर में लाकर खड़ा कर दिया है।

श्रमिक संघ की परिभाषा (Defining Labour Union)

वी.वी. गिरि ने अपनी पुस्तक *लेबर प्राबलम्स् इन इंडियन इंडस्ट्री* में श्रमिक संघ की अवधारणा को रेखांकित किया है। उनके अनुसार श्रमिक संघ एक ऐच्छिक संगठन है। इसमें सामूहिक कार्यों पर ध्यान दिया जाता है। अर्थात् सामूहिक हितों की रक्षा की जाती है। उन्होंने श्रमिक संघ को परिभाषित करते हुए यह भी स्पष्ट किया है कि इसके अन्तर्गत श्रमिकों के हितों की अभिवृद्धि की जाती है, साथ ही उनके हितों एवं अधिकारों की रक्षा की जाती है। इस प्रकार श्रमिक संघ श्रमिकों के कल्याण एवं सुरक्षा से संबंधित है।[1]

व्यवस्था के अंतर्गत कामगारों की समस्याओं तथा अन्य मुद्दों के संबंध में श्रम संघों के द्वारा पहल की जाती है। श्रमिक संघ में कामगारों की शक्ति अंतर्निहित होती है। यह नियमों

तथा विधानों पर आधारित होता है। इसमें सामूहिक सौदेबाजी की शक्ति भी निहित होती है। श्रमिक संघ की सदस्यता ऐच्छिक होती है। कुशल नेतृत्व, कामगारों की चट्टानी एकता तथा वर्ग चेतना श्रमिक संघों का बुनियादी आधार होता है। विद्वान विशेषज्ञों ने श्रमिक संघ की अवधारणा को निम्नलिखित परिभाषा के आधार पर स्पष्ट करने का प्रयास किया है–

1. एन. बरोन के अनुसार–श्रमिक संघ में निरंतरता मौजूद रहती है। अर्थात् यह एक अविरल प्रवाह की तरह है। यह एक ऐच्छिक संघ है। इसके अन्तर्गत वेतन, मजदूरी तथा आर्थिक अर्जन से जुड़े लोगों को सम्मिलित किया जाता है। मूलत: यह कामगारों का संगठन है। कामगार मजदूरी पर अपना श्रम बेचते हैं। श्रम के बदले कामगारों को वेतन भी प्राप्त होता है। श्रम के बदले कहीं-कहीं कामगार आर्थिक उपार्जन करते हैं। इस प्रकार श्रम, स्वेद और रक्त बेचने वाले श्रमिकों का संगठन श्रमिक संघ के नाम से जाना जाता है। एन. बरोन ने श्रमिक संघ को परिभाषित करते हुए इसके तीन प्रमुख उद्देश्यों को रेखांकित किया है–

   (i) नियोजकों तथा कामगारों के बीच श्रमिक संघ की भूमिका महत्वपूर्ण होती है। श्रमिक संघ नियोजक तथा कामगार के बीच मौजूद संबंधों को सामंजस्यपूर्ण बनाये रखने का प्रयास करता है। साथ ही नियोजकों एवं कामगारों के संबंधों में सुधार लाने का प्रयास करता है। एन. बरोन के अनुसार श्रमिक संघ सेवा से जुड़ी शर्तों एवं नियमावलियों पर भी नजर रखता है। उनकी रक्षा करता है तथा आवश्यकतानुसार उनमें सुधार लाने का प्रयास करता है।

   (ii) श्रमिक संघों का स्पष्ट एवं तर्कपूर्ण संबंध राज्य के साथ होता है। अत: श्रमिक संघ राज्य के साथ भी जुड़ा होता है। राज्य तथा कामगार से जुड़े मुद्दों एवं समस्याओं के साथ भी श्रमिक संघों का सरोकार होता है। इस प्रकार श्रमिक संघ कामगारों के समूह तथा राज्य के साथ संबंधित होता है। दोनों के परस्पर संबंधित मुद्दों के संबंध में भी श्रमिक संघ की भूमिका महत्वपूर्ण है।

   (iii) श्रमिक संघ राष्ट्रीय जीवन से जुड़ा हुआ है। राष्ट्र की मूलधारा से इसका प्रत्यक्ष संबंध है। अत: श्रमिक संघ राष्ट्रीय जीवन में उत्पादकों, मजदूरों तथा वेतनभोगी कामगारों के बीच सहयोग एवं सामंजस्य की भावना को जीवन्त करता है। जाहिर है कि औद्योगिक विवादों के समय श्रमिक संघों की भूमिका महत्वपूर्ण होती है। उत्पादक एवं कामगार अथवा नियोजक एवं मजदूरों के बीच सहयोग की भावना के आधार पर ही राष्ट्रीय उत्पादन को तीव्र किया जा सकता है।[2]

2. आर.ए. लेस्टर ने अपनी पुस्तक *इकोनोमिक्स ऑफ लेबर* में स्पष्ट किया है कि श्रमिक संघ कामगारों का संगठन है। अर्थात् श्रमिक संघ की सदस्यता कामगारों को प्रदान की जानी है। श्रमिक संघ का प्रत्यक्ष संबंध रोजगार की दशाओं से संबंधित है। इसके अन्तर्गत रोजगार की दशाओं में सुधार लाने का प्रयास किया जाता है तथा कामगारों के हितों की रक्षा की जाती है। इस प्रकार श्रमिक संघ के केंद्र में कामगार होता है तथा कामगारों के हितों एवं रोजगार की दशाओं के साथ श्रमिक संघ का स्पष्ट संबंध होता है।[3]

3. एच. जे. लास्की ने अपनी पुस्तक *ट्रेड यूनियन इन द न्यू सोसायटी* में श्रमिक संघ की अवधारणा के आधारभूत तत्वों का विश्लेषण किया है। उनके अनुसार श्रमिक संघों की प्रकृति बहुलवादी है। अर्थात् इसके अन्तर्गत कामगारों को सम्मिलित किया जाता है। कामगार विभिन्न क्षेत्र, भाषा, धर्म तथा बिरादरी से जुड़े होते हैं। परंतु एक कारखाने के परिसर में उनकी पहचान कामगार के रूप में होती है। अत: कामगारों के आधार पर एक बहुलवादी संस्कृति का विकास होता है। अत: श्रमिक संघ बहुलवादी संस्कृति का संवाहक होता है तथा बहुलवादी संस्कृति का प्रतिनिधित्व करता है। लास्की ने यह भी स्पष्ट किया है कि श्रमिक संघ पद्धति के आधार पर व्यावहारिक होता है। श्रमिक संघ में सौदेबाजी की शक्ति निहित होती है। वह कामगारों की समस्याओं तथा कल्याण से जुड़े मुद्दे पर नजर रखता है। औद्योगिक विवाद एवं टकराहट के समय कठिन परिस्थितियों में कामगारों का नेतृत्व करता है। कारखाने के मालिक अथवा व्यवस्थापक एवं कामगार के बीच सामंजस्य एवं सहयोग की भावना को विकसित करता है। आवश्यकतानुसार कामगार के हितों की रक्षा के लिए कारखाना के व्यवस्थापक अथवा मालिक के खिलाफ संघर्ष भी करता है। हड़ताल, कलमबंद हड़ताल, तालाबंदी, सत्याग्रह तथा अन्य लोकतांत्रिक प्रक्रियाओं के जरिए औद्योगिक प्रतिष्ठानों के व्यवस्थापकों को कामगारों के कल्याण के लिए बाध्य करता है। वह लगातार संघर्ष एवं समझौते की पद्धति से जुड़ा होता है। उसमें निरंतरता होती है। वह अपने सदस्यों को विश्वास में लेता है। इस प्रकार लास्की ने स्पष्ट किया है कि श्रमिक संघों की पद्धति व्यावहारिक होती है। लास्की ने यह भी स्पष्ट किया है कि श्रमिक संघ का दायरा विस्तृत होता है। इसके अन्तर्गत आर्थिक, वैधानिक, नैतिक तथा अन्य कतिपय पहलुओं को सम्मिलित किया जाता है।
लास्की ने श्रमिक संघ की अवधारणा के आधारभूत तत्वों का विश्लेषण करते हुए यह भी स्पष्ट किया है कि इसके अन्तर्गत बदलते हुए वातावरण पर भी नजर रखने की प्रक्रिया जारी रहती है। इस प्रकार बदलते हुए वातावरण के अंतर्गत श्रमिक संघ के द्वारा व्यावहारिक निर्णय लिया जाता है। बदलते हुए वातावरण की नई चुनौतियां होती हैं। नई समस्याएं उठ खड़ी हो सकती हैं। अत: श्रमिक संघ के द्वारा नई समस्याओं तथा नई चुनौतियों के परिप्रेक्ष्य में कामगारों के अधिकारों की रक्षा की जाती है तथा उनकी रोजगार की दशाओं में सुधार किया जाता है।[4]

4. सिडनी तथा बेयट्रिस वेब्ब ने अपनी पुस्तक *द हिस्ट्री ऑफ ट्रेड यूनियनिज्म* में श्रमिक संघ की परिभाषा निम्नलिखित बिन्दुओं के आधार पर प्रस्तुत किया है–

(i) श्रमिक संघ कामगारों का संघ है। अर्थात् मजदूरी प्राप्त करने वाले कामगार अपने हितों तथा अधिकारों की रक्षा के लिए सुसंगठित आधारों पर श्रमिक संघ को संगठित करते हैं।

(ii) श्रमिक संघ में निरंतरता होती है। अर्थात् यह एक अविरल प्रवाह है। इसके अंतर्गत लगातार सक्रियता पाई जाती है।

(iii) श्रमिक संघ द्वारा कामगारों के कार्यकारी जीवन की दशाओं को अनुरक्षित (Maintain) किया जाता है। अर्थात् कामगारों की सेवा शर्तों, श्रम विधानों, कामगारों से जुड़े कल्याणकारी कार्यक्रमों एवं अन्य संबंधित पहलुओं पर श्रमिक संघ नजर रखता है

तथा उन्हें अनुरक्षित रखता है। उदाहरणस्वरूप यदि किसी कामगार को अवैधानिक रूप से निलंबित किया जाता है अथवा उसे बर्खास्त किया जाता है तो श्रमिक संघ की सक्रियता बढ़ जाती है। श्रमिक संघ इस मुद्दे को लेकर प्रबंधकों से संवाद स्थापित करता है; स्मरण-पत्र देता है तथा कामगार के निलंबन अथवा उसके बर्खास्त करने के खिलाफ संघर्ष करता है। आवश्यकता पड़ने पर प्रबंधकों का घेराव किया जा सकता है। कलमबंद हड़ताल, सत्याग्रह अथवा अन्ततः अनिश्चितकालीन हड़ताल द्वारा प्रबंधकों को निर्णय वापस लेने हेतु बाध्य करता है। जाहिर है कि श्रमिक संघ स्थापित नियमों एवं विधानों के अंतर्गत कामगारों से जुड़े सभी मामलों पर सतर्क रहता है तथा उन्हें अनुरक्षित करता है।

(iv) श्रमिक संघ कामगारों के कार्यकारी जीवन की दशाओं में सुधार लाने के लिए प्रयत्नशील रहता है। उदाहरणस्वरूप बढ़ती हुई महंगाई के मद्देनजर श्रमिक संघ कामगारों के वेतन एवं भत्ते में अभिवृद्धि के लिए संघर्ष करता है तथा उसमें सुधार के लिए प्रबंधकों को बाध्य करता है। जाहिर है कि श्रमिक संघ कामगारों की भावनाओं तथा आकांक्षाओं का प्रतिनिधित्व करता है। कामगारों के श्रम स्वेद तथा सम्मान के साथ श्रम संघ जुड़ा होता है। चिकित्सा, शिक्षा, मनोरंजन, आवासीय सुविधा तथा अन्य पहलुओं में लगातार सुधार करने के लिए श्रमिक संघ का संघर्ष जारी रहता है।[5]

5. क्लाइड इ. डंकर्ट ने अपनी पुस्तक *कन्टेम्परारी यूनियनिज्म* में श्रम संघ की अवधारणा को निम्नलिखित बिन्दुओं के आधार पर रेखांकित किया है–

(i) श्रमिक संघ कामगारों का संगठन है। इस प्रकार श्रमिक संघ की सदस्यता कामगार प्राप्त कर सकता है। श्रम संघ के केंद्र में कामगार होता है।

(ii) श्रमिक संघ में निरंतरता होती है। अर्थात् इसमें लगातार क्रियाशीलता का अनुभव किया जाता है।

(iii) श्रमिक संघ सामूहिक शक्ति पर केंद्रित है। अर्थात् इसमें सामूहिकता निहित है। सामूहिकता से तात्पर्य कामगारों की सम्मिलित शक्ति से है। इसमें सामूहिक क्रियाशीलता का अनुभव किया जाता है। इसमें मजदूरों की एकता अपेक्षित होती है। इसमें वर्ग चेतना का अनुभव किया जाता है। इस प्रकार सामूहिकता एवं सामूहिक क्रियाशीलता श्रमिक संघ का आधारभूत तत्व है।

(iv) श्रमिक संघ कामगारों की सामाजिक एवं आर्थिक प्रस्थिति से जुड़ा होता है। उदाहरणस्वरूप यदि किसी कामगार के साथ दुर्व्यवहार किया जाता है तो श्रमिक संघ लोकतांत्रिक प्रक्रिया के जरिये प्रबंधकों के खिलाफ प्रतिरोध दर्ज करता है। साथ ही दुर्व्यवहार के लिये जिम्मेदार अधिकारी अथवा प्रबंधन से जुड़े लोगों को अपनी कार्य-संस्कृति बदलने के लिये बाध्य करता है। इस प्रकार श्रमिक संघ कामगारों की सामाजिक प्रस्थिति को अनुरक्षित करता है।

श्रमिक संघ कामगारों की आर्थिक प्रस्थिति के प्रति संवेदनशील होता है। कामगारों के वेतन, भत्ते तथा बोनस की संरचना पर ध्यान रखता है। इस प्रकार कामगारों की आर्थिक प्रस्थिति को भी श्रमिक संघ अनुरक्षित करता है। डंकर्ट ने यह भी स्पष्ट किया है कि

श्रमिक संघ कामगारों की सामाजिक–आर्थिक प्रस्थिति में सुधार लाने का प्रयत्न करता है। उदाहरणस्वरूप कामगारों के लिए मनोरंजन, क्लब, खेलकूद, आवासीय सुविधा तथा उनके बच्चों की शिक्षा आदि में सुधार लाने के लिए संघर्ष करता है। इस प्रकार कामगारों की सामाजिक प्रस्थिति में सुधार हेतु श्रमिक संघों की क्रियाशीलता लगातार बनी रहती है।

श्रमिक संघ कामगारों की आर्थिक प्रस्थिति में सुधार लाने हेतु सजग रहता है। कामगारों की आर्थिक प्रस्थिति में सुधार हेतु प्रबंधकों को बाध्य करता है। अभी हाल में इंडियन एयर लाइंस में कार्यरत पायलेटों के संगठन ने प्रबंधकों को आर्थिक प्रस्थिति में सुधार हेतु बाध्य किया है। इसके लिए श्रमिक संघ ने हड़ताल का सहारा लिया तथा अंततः सामूहिक सौदेबाजी के आधार पर सम्मानजनक समझौता किया गया।

विवरणों के आधार पर स्पष्ट होता है कि डंकर्ट के अनुसार श्रमिक संघ कामगारों का संगठन है। इसमें निरंतरता है। इसमें सामूहिक क्रियाशीलता है। इसके अन्तर्गत कामगारों की सामाजिक एवं आर्थिक प्रस्थिति को अनुरक्षित किया जाता है। साथ ही उनकी सामाजिक एवं आर्थिक प्रस्थिति में सुधार लाने का प्रयत्न किया जाता है।[6]

6. जे. क्यूनीसन ने श्रमिक संघ की अवधारणा को स्पष्ट एवं तर्कपूर्ण आधारों पर प्रस्तुत किया है। उन्होंने निम्नलिखित बिन्दुओं के आधार पर श्रमिक संघ को परिभाषित किया है–

(i) श्रमिक संघ कामगारों का एकाधिकारी संगठन है। श्रम के बदले वेतन, मजदूरी अथवा किसी अन्य रूपों में आर्थिक उपार्जन करने वाले लोगों को कामगार अथवा श्रमिक के रूप में रेखांकित किया जाता है। इस प्रकार श्रमिक संघ मजदूरी अर्जन करने वाले श्रमिकों का संगठन है। जे. क्यूनीसन ने एकाधिकार संगठन के रूप में श्रमिक संघ को रेखांकित किया है। इसका अभिप्राय यह है कि श्रमिक संघ का स्पष्ट संबंध श्रमिकों के साथ होता है। श्रमिक–कामगार ही श्रमिक संघ के सदस्य हो सकते हैं। श्रमिकों के अधिकार एवं कल्याण के मुद्दे को लेकर श्रमिक संघ क्रियाशील रहता है। इस प्रकार श्रमिक संघ कामगारों का एकाधिकार संगठन है क्योंकि यह उनके मान–सम्मान, उनकी आर्थिक प्रस्थिति, उनके कल्याण तथा हितों की रक्षा से जुड़ा होता है।

(ii) कामगार अपने श्रम को बेचता है। कामगार उत्पादन की प्रक्रिया से जुड़ा होता है। इस प्रकार कामगार तथा प्रबंधन परस्पर संबंधित हैं। दोनों एक–दूसरे के पूरक हैं। उत्पादन की प्रक्रिया में दोनों परस्पर निर्भर हैं।

(iii) स्पष्ट है कि कामगार तथा प्रबंधन परस्पर संबंधित होता है। उत्पादन की प्रक्रिया में दोनों का सहभाग होता है। परंतु प्रबंधकों के द्वारा कामगारों के हितों एवं अधिकारों की उपेक्षा होती रहती है। प्रबंधकों के द्वारा श्रम कानूनों तथा श्रम कल्याण से जुड़े मामलों की भी उपेक्षा की जाती है। अतः क्यूनीसन के अनुसार कामगार श्रमिक संघ को संगठित करता है। श्रमिक संघ प्रबंधकों के साथ सौदेबाजी की शक्ति को विकसित करता है। सामूहिक सौदेबाजी के आधार पर श्रमिक संघ प्रबंधकों को श्रमिकों के हितों तथा अधिकारों की रक्षा के लिए बाध्य करता है। इस प्रकार श्रमिक संघ में सौदेबाजी की

शक्ति निहित होती है। जाहिर है कि श्रमिक संघ का एक महत्वपूर्ण उद्देश्य सौदेबाजी की शक्ति को सुदृढ़ करने से संबंधित है तथा आवश्यकतानुसार सामूहिक सौदेबाजी की शक्ति के उपयोग से जुड़ा हुआ है।[7]

7. प्रख्यात समाजशास्त्री ए.आर. देसाई ने अपनी पुस्तक *सोश्यल बैकग्राउण्ड ऑफ इंडियन नेशनलिज्म* में श्रमिक संघ की अवधारणा तथा प्रकृति की व्याख्या की है। उन्होंने श्रमिक संघ की अवधारणा का स्पष्टीकरण निम्नलिखित आधारों पर दिया है–

(i) सर्वहारा मजदूर सम्पत्तिहीन होने के कारण किसान से अधिक लड़ाकू होता है। कारखानों और मिलों में एवं अन्य औद्योगिक केंद्रों में मजदूर बहुत बड़ी तादाद में एक साथ रहते हैं। इसके कारण किसानों की अपेक्षा मजदूरों का संगठित होना आसान होता है।

(ii) मजदूर आधुनिक शक्तिचालित यंत्रों से काम लेते हैं और अपने श्रम की सिद्धि के लिए वे प्रकृति की स्वेच्छाचारी शक्तियों पर निर्भर नहीं हैं। मजदूर आत्मविश्वासी, तर्कशील और साफ सोचने वाला होता है। श्रम की जिस प्रक्रिया में मजदूर लगे हैं, वहां जटिल और व्यापक श्रम विभाजन लागू है।

(iii) ए.आर. देसाई के अनुसार रोज-रोज आपस में एक साथ मिलकर काम करने की जरूरत के चलते धीरे-धीरे मजदूरों में सामूहिक भाव और सहयोग की योग्यता विकसित होती है। यही कारण है कि मजदूर संगठन तेजी से उत्पन्न होते हैं, और जिसमें संगठन तथा किसान आंदोलनों की तुलना में मजदूरों की हड़तालें और सामूहिक संघर्ष अधिक जल्दी-जल्दी होते हैं।

(iv) आधुनिक समसामयिक समाज में मजदूर की स्थिति अत्यन्त महत्वपूर्ण है। देसाई ने स्पष्ट किया है कि मजदूर मिलों और कारखानों, रेलवे एवं बसों को चलाता है, गैस और बिजली जैसे शक्ति स्रोतों का सृजन करता है, कोयला खोदता है और डाक-तार से सूचना भेजता है। आधुनिक सामान के संचालन के लिए ये कार्य सामाजिक तथा आर्थिक दृष्टिकोण से महत्वपूर्ण होते हैं। इसके कारण अपनी सांख्यिकी की तुलना में आधुनिक मजदूर वर्ग का विशिष्ट सामाजिक बल बहुत अधिक है। जाहिर है कि श्रमिक संघ में कामगारों की सामूहिक शक्ति अन्तर्निहित होती है। यह अधिक जुझारू तथा सक्रिय होता है।

श्रमिक संघ के उद्देश्य (Objects of Trade Union)

प्रख्यात समाजशास्त्री ए.आर. देसाई ने श्रमिक संघ के उद्देश्यों को रेखांकित किया है। उनके अनुसार श्रमिक वर्ग श्रमिक संघ के नेतृत्व में अपने वर्ग स्वार्थों के लिए संगठित और एकजुट होते हैं। उन्होंने स्पष्ट किया है कि अपने जीवन और श्रम की हालत के ही कारण, मजदूर वर्ग की अपनी चारित्रिक विशिष्टताएं और शक्तियां विकसित होती हैं जो उन्हें किसानों और नागरिक मध्यम वर्ग से अलग करती हैं। उन्हीं के कारण उनके लिए अपने वर्ग स्वार्थों के लिए संगठित और एकजुट होना और अपना सामूहिक संघर्ष चलाना आसान होता है।

कार्ल मार्क्स ने स्पष्ट किया है कि श्रमिक संघ का मुख्य उद्देश्य कामगारों में वर्ग चेतना को विकसित करने से जुड़ा हुआ है। मजदूरों की चट्टानी एकता को सुदृढ़ करने में श्रमिक संघ

की भूमिका महत्वपूर्ण होती है। मार्क्स के अनुसार मशीनों के आविष्कार, औद्योगीकरण की तीव्र प्रक्रिया तथा कल-कारखानों के विकास के फलस्वरूप पूंजीवादी युग का विकास हुआ। पूंजीवादी युग में बुर्जुआ तथा सर्वहारा वर्ग का उदय हुआ। उत्पादन के साधनों पर बुर्जुआ वर्ग का स्वामित्व होता है। सर्वहारा वर्ग के लोग रोजी-रोटी की तलाश में मजदूरी करते हैं। अपना श्रम, स्वेद और रक्त जलाते हैं तथा बुर्जुआ वर्ग के शोषण एवं जुल्म का शिकार होते हैं। अतः मार्क्स के अनुसार शोषण तथा अन्याय के प्रतिरोध में मजदूर सुसंगठित होते हैं। इस प्रकार श्रमिक संघ का एक महत्वपूर्ण उद्देश्य पूंजीपतियों के शोषण एवं अन्याय से कामगारों की रक्षा से संबंधित है।

लास्की के अनुसार श्रमिक संघ का मुख्य उद्देश्य आर्थिक मुद्दों से जुड़ा हुआ है। कामगारों के वेतन, भत्ते तथा बोनस आदि मुद्दे को लेकर श्रमिक संघ संघर्षरत रहता है। परन्तु लास्की ने यह भी स्पष्ट किया है कि श्रमिक संघ के सामाजिक उद्देश्यों की अनदेखी नहीं की जा सकती है। वस्तुतः शिक्षा, चिकित्सा, मनोरंजन, मान-सम्मान आदि का मुद्दा भी श्रमिक संघ के लिए महत्वपूर्ण होता है। उन्होंने यह भी स्पष्ट किया कि श्रमिक संघों का उद्देश्य बदलते हुए वातावरण में बहुमुखी एवं बहुआयामी होता जा रहा है। उनके अनुसार बदलते हुए वातावरण की अलग चुनौतियां हैं। अत. श्रमिक संघ के उद्देश्यों में परिवर्तन का तीव्र संकेत मिल रहा है तथा इसका दायरा विस्तृत हो रहा है।

ब्रिटिश ट्रेड यूनियन ने श्रमिक संघ के निम्नलिखित प्रमुख उद्देश्यों को रेखांकित किया है–

1. श्रमिक संघ का मुख्य उद्देश्य कामगारों की मजदूरी से जुड़ा हुआ है। इसके अन्तर्गत मजदूरी का निर्धारण, मजदूरी में सुधार तथा समय पर मजदूरी का भुगतान आदि को सम्मिलित किया जाता है।
2. श्रमिक संघ का एक अन्य महत्वपूर्ण उद्देश्य कामगारों के कार्य की दशाओं से जुड़ा हुआ है। इसके अन्तर्गत कार्यस्थल की व्यवस्था, कार्य के घंटे तथा अन्य मानवाधिकार का प्रश्न खड़ा किया जाता है।
3. उत्पादन के मुनाफे के अनुरूप कामगारों को लाभ दिलाना भी श्रमिक संघ का एक मुख्य उद्देश्य होता है।
4. श्रमिक संघ का महत्वपूर्ण उद्देश्य अपने प्रभाव के विस्तार से संबंधित है। इसके अन्तर्गत प्रबंधन में श्रमिकों की सहभागिता का प्रश्न श्रमिक संघ के द्वारा उठाया जाता है। प्रबंधन में श्रमिकों की सहभागिता को सुनिश्चित करने हेतु श्रमिक संघ प्रयत्नशील रहता है।

विवरणों के आधार पर स्पष्ट होता है कि श्रमिक संघ का उद्देश्य बहुआयामी है। श्रमिक संघ के कतिपय उद्देश्य दीर्घकालिक होते हैं। परन्तु तात्कालिक उद्देश्यों की पूर्ति के लिए भी श्रमिक संघ संघर्षरत रहता है। श्रमिक संघ के कतिपय महत्वपूर्ण उद्देश्यों को निम्नलिखित रूपों में रेखांकित किया जा सकता है–

1. **आर्थिक सुरक्षा**–औद्योगिक व्यवस्था में कार्यरत अधिकांश मजदूर सम्पत्तिहीन होते हैं। दूर-दराज के क्षेत्रों से आकर कारखानों में काम करते हैं। उन्हें अपने परिवार तथा आश्रित सदस्यों का लालन-पालन करना होता है। उनमें आर्थिक असुरक्षा का भय मौजूद रहता

है। दुर्घटना, लम्बी बीमारी, छंटनी, निलम्बन, प्रसूति आदि के कारण उनके समक्ष आर्थिक असुरक्षा की स्थिति उत्पन्न होती है। साधारणतः प्रबंधन कामगारों के प्रति संवेदनहीन होता है। अतः कामगारों में मौजूद आर्थिक असुरक्षा एवं संकट के मद्देनजर श्रमिक संघ श्रमिकों की लड़ाई लड़ता है। दुर्घटनाग्रस्त होने पर कामगारों को मुआवजा दिलाता है। मृत्यु होने पर कामगारों के आश्रित को नौकरी दिलाने का प्रयत्न करता है। बीमार होने पर समुचित इलाज के लिए प्रबंधन पर दबाव डालता है। छंटनी तथा निलंबन के समय ढाल की तरह श्रमिक संघ कामगारों के पक्ष में खड़ा होता है। इस प्रकार श्रमिक संघ का एक महत्वपूर्ण उद्देश्य कामगारों के लिए आर्थिक सुरक्षा से संबंधित है।

2. **सामूहिक सौदेबाजी**–श्रमिक संघ का एक प्रमुख उद्देश्य सामूहिक सौदेबाजी से संबंधित है। उल्लेखनीय है कि सिडनी एवं वेब्ब ने 1891 में सर्वप्रथम सामूहिक सौदेबाजी शब्द का उपयोग किया। बाद में संयुक्त राज्य अमेरिका की अमेरिकन फेडरेशन ऑफ लेबर के अध्यक्ष सेम्युल गोम्पर्स ने इसे नियोजन की शर्तों एवं दशाओं के निर्धारण में एक महत्वपूर्ण रणनीति के रूप में रेखांकित किया। औद्योगिक व्यवस्था के अन्तर्गत सामूहिक सौदेबाजी का उपयोग व्यापक पैमाने पर होता है। इसके अन्तर्गत मान्यता प्राप्त श्रमिक संघ प्रबंधन के साथ विभिन्न मुद्दों के संदर्भ में अपनी बातों को रखता है तथा मजदूरों की जायज अथवा लम्बित मांगों की पूर्ति के लिए प्रबंधन को बाध्य करता है। श्रमिक संघ का प्रभाव उसके सौदेबाजी की शक्ति में अन्तर्निहित होता है। सुसंगठित श्रमिक संघ का प्रभाव तथा दबाव अधिक प्रखर होता है तथा प्रबंधन श्रमिक संघ के मुद्दों को नजरअंदाज नहीं कर पाता है।

3. **सामाजिक सुरक्षा**–श्रमिक संघ का एक महत्वपूर्ण उद्देश्य सामाजिक सुरक्षा से संबंधित है। संकट तथा विपदा के समय सामाजिक सुरक्षा का प्रश्न मुखर हो जाता है। इसके अन्तर्गत न केवल विपत्ति के झंझावात में पड़े कामगारों की आंखों के आंसुओं को पोंछा जाता है बल्कि उनकी समस्याओं के समाधान के लिए श्रमिक संघ ठोस प्रयत्न भी करता है। दुर्घटना, आकस्मिक तथा अकाल मृत्यु, जानलेवा बीमारी, वृद्धावस्था, पेंशन आदि के समय श्रमिक संघ चट्टान बनकर कामगारों के पक्ष में खड़ा होता है। वर्तमान दौर में बढ़ती हुई जटिलता एवं भागम-भाग की जिंदगी में सामाजिक सुरक्षा का मुद्दा अधिक महत्वपूर्ण होता जा रहा है।

4. **समाजवाद की स्थापना**–श्रमिक संघों का एक मुख्य उद्देश्य समाजवाद की स्थापना से जुड़ा हुआ है। मार्क्सवाद, गिल्ड सोशलिज्म तथा सिंडिकेलिज्म के चिंतनों ने श्रमिक संघों के वैचारिक आयाम को विस्तृत किया तथा समाजवादी चिंतन के प्रति उत्प्रेरित किया। इस संदर्भ में ए.आर. देसाई ने भारतीय श्रमिक संघ का उदाहरण प्रस्तुत किया है। उन्होंने अपनी पुस्तक *सोश्यल बैकग्राउन्ड ऑफ द इन्डियन नेशनलिज्म* में स्पष्ट किया है कि भारत में 1927 के बाद ट्रेड यूनियन आंदोलन में वामपंथी नेतृत्व विकसित हुआ और इसमें वामपंथी राष्ट्रवादी, समाजवादी और साम्यवादी लोग आए। इस नये नेतृत्व ने तेजी से पुराने नेतृत्व को विस्थापित करना शुरू किया। उनके अनुसार एआईटीयूसी का कार्यक्रम काफी आगे बढ़ा हुआ था। इसके उद्देश्य थे, भारत में समाजवादी राज्य की

स्थापना, यथासंभव उत्पादन के साधन एवं विनिमय और वितरण का समाजीकरण और राष्ट्रीयकरण, मजदूर वर्ग की आर्थिक और सामाजिक स्थिति में सुधार, वाक्स्वतंत्रता और प्रेस, संगठन, सभा और हड़ताल आदि की स्वतंत्रता जैसे नागरिक अधिकार मजदूरों को उपलब्ध कराना, मजदूर वर्ग के हितों की दृष्टि से राष्ट्रीय संघर्ष में हिस्सा बांटना और जाति, धर्म, समाज, प्रजाति और आस्था पर आधारित विशेषाधिकार की समाप्ति, यह आगे बढ़ा हुआ जनतांत्रिक और समाजवादी कार्यक्रम था।

स्पष्ट है कि श्रमिक संघ पूंजीपतियों अथवा बुर्जुआ वर्ग के एकाधिकार को चुनौती देता है। यदि श्रमिक संघ न होता, तो पूंजीपतियों अथवा बुर्जुआ वर्ग के दमन चक्र से कामगार लहूलुहान हो जाता। अत. श्रमिक संघ का एक प्रमुख उद्देश्य समाजवादी चिंतन के विकास और विस्तार से जुड़ा हुआ है।

5. **दबाव समूह**—लोकतांत्रिक राजनैतिक संस्थाओं में दबाव समूह का विशेष महत्व है। दबाव समूह का चुनाव की राजनीति के साथ अर्थात् संसद अथवा विधान सभा के चुनाव में कोई प्रत्यक्ष सहभाग नहीं होता है। परन्तु राजनैतिक घटनाओं को प्रभावित करने में दबाव समूह का विशेष महत्व होता है। श्रमिक संघ भी एक दबाव समूह की भूमिका का निष्पादन करता है। साथ ही इसका क्षेत्र विस्तृत होता है। राजनैतिक परिदृश्यों के अतिरिक्त सामाजिक, आर्थिक तंत्र को प्रभावित करने में श्रमिक संघ एक दबाव समूह के रूप में सक्षम होता है।

6. **हित समूह**—श्रमिक संघ का एक मुख्य उद्देश्य हित समूह की भूमिका में निष्पादन से जुड़ा हुआ है। ऑमंड एवं पॉवेल ने स्पष्ट किया है कि ''हित-समूह से हमारा तात्पर्य ऐसे व्यक्तियों के समूह से है जो किसी विशेष हित अथवा लाभ के लिए परस्पर मिले हुए हों और जिनमें उन हितों के संबंध में चेतना है। इस प्रकार हित समूह के लिए व्यक्तियों में हितों के संबंध में चेतना का होना आवश्यक है।''[8]

हित समूह के रूप में श्रमिक संघ का स्पष्ट उद्देश्य है। वह देश की राजनीति पर नजर रखता है। चुनाव के परिणामों की समीक्षा करता है। सत्ता के शीर्ष आसन पर बैठे हुए लोगों के राजनैतिक सुझावों का जायजा लेता है। नये बजट के प्रावधानों का विश्लेषण करता है। आयकर की जटिलताओं की व्याख्या करता है। न्यूनतम मजदूरी, स्वैच्छिक अवकाश अथवा हड़ताल से जुड़े विवाद आदि महत्वपूर्ण मुद्दों पर ध्यान केंद्रित करता है। इस प्रकार एक सजग प्रहरी के रूप में तथा हित समूह के रूप में श्रमिक संघ कामगारों का भविष्य बनाता और संवारता है।

7. **औद्योगिक विवाद**—औद्योगिक विवाद अधिनियम 1947 (Industrial Disputes Act, 1947) के अनुसार – औद्योगिक विवाद नियोजकों और नियोजकों या नियोजकों और कामगारों या कामगारों और कामगारों के बीच होने वाला ऐसा विवाद या मतभेद है, जो किसी व्यक्ति नियोजन या अनियोजन या नियोजन की शर्तों या श्रम की दशाओं से संबद्ध होता है। श्रमिक संघ का एक प्रमुख उद्देश्य औद्योगिक विवाद से जुड़ा हुआ है। वास्तव में औद्योगिक विवाद के समय श्रमिक संघों की सक्रियता बढ़ जाती है। न्यूनतम मजदूरी, मजदूरी में अन्तर, मजदूरी संरचना, मजदूरी में कटौतियों, मजदूरी के भुगतान में

विलम्ब, कार्य के घंटों, कार्य की भौतिक दशाएं, कल्याणकारी सुविधाएं, आकस्मिकताओं की स्थिति में आर्थिक सुरक्षा, भर्ती, पदोन्नति, अनुशासन, छंटनी, तालाबंदी, सत्याग्रह आदि कतिपय आयाम औद्योगिक विवाद के साथ जुड़े हुए हैं। औद्योगिक विवाद के दौरान श्रमिक संघ रणनीति तय करता है, कामगारों का नेतृत्व करता है, प्रबंधन से संवाद स्थापित करता है, सामूहिक सौदेबाजी की शक्ति को विकसित करता है तथा अन्ततः औद्योगिक विवाद के समाधान हेतु प्रयत्न करता है, सम्मानजनक समझौते के जरिये औद्योगिक शांति को बहाल करने में सहभागी होता है।

8. **राजनैतिक विचारधारा**—प्रत्यक्ष अथवा अप्रत्यक्ष रूपों में श्रमिक संघ राजनैतिक दलों तथा राजनैतिक विचारधाराओं के साथ जुड़ा होता है। अतः श्रमिक संघ का एक मुख्य उद्देश्य अपनी राजनैतिक विचारधारा को विकसित करने से संबंधित है। ए.आर. देसाई ने स्पष्ट किया है कि भारत में भी राजनैतिक दल एवं राजनैतिक विचारधाराओं के साथ श्रमिक संघों का स्पष्ट सरोकार है। 1927 के बाद भारतीय मजदूर वर्ग ने आर्थिक और राजनैतिक संघर्ष के क्षेत्र में अपने क्रिया-कलाप का अन्यतम विस्तार किया। 1928-30 में कुछ महान आर्थिक संघर्ष हुए जिनमें बम्बई के सूती मील के मजदूरों की हड़ताल भी थी। उन्होंने एक उदाहरण के जरिये श्रमिक संघों के राजनैतिक सरोकारों एवं शक्तियों का खुलासा किया है। उनके अनुसार 1937 के चुनावों में कांग्रेसी उम्मीदवारों की व्यापक सफलता का एक यह भी कारण था कि मजदूरों ने उन्हें जोरदार समर्थन दिया, क्योंकि कांग्रेस का चुनाव घोषणा-पत्र उनके मनलायक था। देसाई के विश्लेषणों से स्पष्ट होता है कि श्रमिक संघ का एक महत्वपूर्ण उद्देश्य राजनैतिक निहितार्थ के साथ जुड़ा है। स्वाधीनता के बाद भारत में भी विभिन्न राजनैतिक दलों के संरक्षण में श्रमिक संघों का विकास तथा विस्तार होता रहा है। गौरतलब है कि ग्रेट ब्रिटेन में लेबर पार्टी ट्रेड् यूनियंस कांग्रेस की उपज है।

9. **प्रबंधन में सहभागिता**—श्रमिक संघ का एक मुख्य उद्देश्य प्रबंधन में श्रमिकों की सहभागिता से जुड़ा हुआ है। श्रमिक संघ प्रबंधन में श्रमिकों की सहायता के लिए संघर्षरत रहता है। इयान क्लैग ने अपनी पुस्तक *इंडस्ट्रियल डेमोक्रेसी* में स्पष्ट किया है कि प्रबंधन की सहभागिता के अन्तर्गत कामगारों के प्रतिनिधि एक सीमा तक प्रबंधकीय निर्णय की प्रक्रिया में सम्मिलित होते हैं। परन्तु अंतिम शक्ति प्रबंधन के हाथों में ही रहती है।[9]

   भारतीय परिदृश्य में औद्योगिक लोकतंत्र के चिंतन को एक नई ऊर्जा प्राप्त हुई है। गौरतलब है कि दूसरे राष्ट्रीय श्रम आयोग (2002) में प्रबंधन में श्रमिकों की भागीदारी की योजना को कानून के अन्तर्गत बनाये जाने की सिफारिश की है। आरंभ में यह योजना ऐसे प्रतिष्ठानों में लागू की जानी चाहिए, जिनमें 300 या इससे अधिक संख्या में कामगार नियोजित हैं।

10. **श्रमिकों के अधिकारों की रक्षा**—वस्तुतः श्रमिक संघ का एक बुनियादी उद्देश्य श्रमिकों के अधिकारों को अनुरक्षित करने से संबंधित है। इसके अन्तर्गत श्रमिक संघ सेवा शर्तों एवं अन्य प्रावधानों के अन्तर्गत श्रमिकों को प्राप्त अधिकारों को अनुरक्षित करता है।

11. **हितों एवं कार्य की दशाओं में सुधार**—श्रमिक संघ का एक महत्वपूर्ण बुनियादी उद्देश्य हितों एवं कार्य की दशाओं में सुधार से संबंधित है। सिडनी तथा वेब्ब ने स्पष्ट किया है कि श्रमिक संघ श्रमिकों के कार्य की दशाओं में सुधार लाने हेतु प्रयत्नशील रहता है। उनके हितों में भी बढ़ोतरी के लिए संघर्ष करता है। उदाहरणस्वरूप कामगारों के कार्य की भौतिक दशाओं, काम के घंटे, आवासीय सुविधा तथा अन्य मामलों में सुधार के लिए श्रमिक संघ प्रबंधन को बाध्य करता है। साथ ही वेतन, भत्ते, बोनस तथा अन्य क्षेत्रों में सुधार तथा अभिवृद्धि हेतु श्रमिक संघ प्रयत्नशील रहता है।

श्रमिक संघ के कार्य (Tasks of Labour Union)

औद्योगिक व्यवस्था के अन्तर्गत श्रमिक संघों का उद्देश्य बहुआयामी है। इसका दायरा विस्तृत है। कठिन परिस्थितियों में पूंजीपति एवं बुर्जुआ वर्ग के खिलाफ श्रमिक संघ संघर्ष करता है। औद्योगिक विवाद तथा औद्योगिक शांति के साथ श्रमिक संघ का तर्कपूर्ण संबंध है। सार्वजनिक क्षेत्र के उद्यम तथा निजी क्षेत्र के उद्यम में श्रमिक संघ सक्रिय होता है। वैश्वीकरण तथा आर्थिक उदारीकरण के दौर ने श्रमिक संघ के कार्य क्षेत्र को विस्तृत किया है। श्रमिक संघ के कार्य मूलत: श्रमिकों के अधिकारों की रक्षा तथा हितों में सुधार से संबंधित हैं। इसका एक अन्य महत्वपूर्ण कार्य सौदेबाजी की शक्ति से जुड़ा हुआ है। औद्योगिक एवं राष्ट्रीय उत्पादन में विकास तथा विस्तार के दायित्व से भी श्रमिक संघ जुड़ा हुआ है। कामगारों की सामाजिक-आर्थिक प्रस्थिति में सुधार का कार्य भी श्रमिक संघ से संबंधित है। राजनैतिक परिदृश्य के साथ भी श्रमिक संघ का कार्य क्षेत्र जुड़ा हुआ है। सहयोग की भावना के विकास का दायित्व भी श्रमिक संघ के ऊपर है।

श्रमिक संघ के कतिपय प्रमुख कार्यों को निम्नलिखित रूपों में रेखांकित किया जा सकता है—

1. **संगठन से संबंधित कार्य**—श्रमिक संघ संगठन से संबंधित कार्यों के साथ जुड़ा हुआ है। क्या श्रमिक संघ निबंधित है? क्या श्रमिक संघ मान्यता प्राप्त है? क्या श्रमिक संघ में 300 से अधिक सदस्य संख्या हैं? क्या श्रमिक संघ की नियमावली लोकतांत्रिक प्रणालियों पर आधारित है? क्या श्रमिक संघ में आंतरिक लोकतंत्र है? क्या नियमों तथा परिनियमों के अन्तर्गत श्रमिक संघ की कार्यकारिणी का चुनाव होता है? क्या श्रमिक संघ की कार्यकारिणी के चुनाव में निष्पक्षता बरकरार रहती है? क्या नियमों तथा परिनियमों के अन्तर्गत कार्यकारिणी एवं आम सभा की बैठक बुलाई जाती है? क्या नियमों के अनुरूप कार्यकारिणी अथवा आम सभा में किये गये निर्णयों का अनुपालन होता है? जाहिर है कि एक गतिशील श्रमिक संघ इन तमाम प्रश्नों के साथ जुड़ा होता है। संगठन का सुदृढ़ आधार ही श्रमिक संघ को जुझारू तेवर प्रदान करता है। अत: श्रमिक संघ का पहला प्रमुख कार्य संगठन एवं संरचना से जुड़ा हुआ है।
2. **श्रमिक संघ का आर्थिक परिप्रेक्ष्य**—श्रमिक संघ का एक बुनियादी आधार आर्थिक परिप्रेक्ष्य से जुड़ा हुआ है। श्रमिक संघ का मुख्य आर्थिक आधार सदस्यों से प्राप्त सदस्यता शुल्क है। साथ ही श्रमिक संघ के द्वारा आन्तरिक स्रोत के आधार पर भी आर्थिक संरचना

को सुदृढ़ करने का प्रयास किया जाता है। कठिन परिस्थितियों में विशेषत: हड़ताल, तालाबंदी, सत्याग्रह के दौरान सदस्यों से अतिरिक्त सहयोग शुल्क भी प्राप्त होता है। आर्थिक दृष्टि से सम्पन्न श्रमिक संघ ही कारगर आधारों पर कामगारों के प्रश्नों को उठा सकता है। अत: श्रमिक संघ का एक प्रमुख कार्य आर्थिक स्रोत से जुड़ा हुआ है। संगठन तथा संरचना को सुदृढ़ करने के लिए मजबूत आर्थिक आधार का होना भी श्रमिक संघ के लिए एक प्रमुख शर्त है। अत: श्रमिक संघ अपने आर्थिक कोष के विकास एवं विस्तार के कार्य से जुड़ा होता है। आर्थिक कोष के उपयोग के लिए सुनिश्चित प्रबंधन की आवश्यकता होती है। अत: श्रमिक संघ का एक अन्य महत्वपूर्ण कार्य आर्थिक कोष के प्रबंधन से जुड़ा हुआ है।

3. **कल्याणकारी कार्य**–साधारणत: श्रमिक सम्पत्तिहीन होते हैं। अत: श्रमिकों को कई समस्याओं से जूझना होता है। उनके बच्चों की शिक्षा का प्रश्न खड़ा हो जाता है। गंभीर बीमारी होने पर इलाज के खर्च के लिए प्रश्न पैदा होता है। उन्हें लड़की के हाथ पीले करने होते हैं। आकस्मिक दुर्घटना, निलम्बन, मृत्यु तथा अनेक विपदाओं का आतंक उन्हें असुरक्षित रखता है। श्रमिक संघ का एक प्रमुख कार्य कामगार के बच्चों की शिक्षा से जुड़ा हुआ है। इसी तरह चिकित्सा, आकस्मिक दुर्घटना तथा अन्य विपदाओं के दौरान श्रमिक संघ की सक्रियता बढ़ जाती है। उसका दायित्व बढ़ जाता है। इस प्रकार श्रमिक संघ श्रमिकों के कल्याण से जुड़े विविध मुद्दों के प्रति संवेदनशील होता है तथा कल्याणकारी कार्यक्रमों के जरिये सदस्यों का विश्वास एवं स्नेह अर्जित करता है।

4. **कामगारों की एकता को अनुरक्षित करना**–कामगारों की चट्टानी एकता के बिना श्रमिक संघ का अस्तित्व संभव नहीं है। एक-से-एक मिलकर जर्रा सेहरा बन जाता है। एक-से-एक मिलकर राई पर्वत बन सकती है। कामगारों के संघर्ष में एकता चिनगारी का काम करती है। अत: श्रमिक संघ का यह महत्वपूर्ण कार्य है कि वह अपने सदस्यों में अटूट एकता बनाये रखे। गौरतलब है कि पूंजीपति अथवा बुर्जुआ वर्ग अथवा उनके सहयोगी एवं प्रबंधन से जुड़े हुए लोग मजदूरों की एकता को तोड़ने का षड्यंत्र करते रहते हैं। लोभ, भय तथा अन्य हथकंडे के जरिये प्रबंधन तथा पूंजीपति हड़ताल तथा औद्योगिक विवाद के दौरान प्रत्यक्ष अथवा अप्रत्यक्ष तौर पर कामगारों की एकता पर प्रहार करता है। अत: श्रमिक संघ श्रमिकों की एकता को बनाये रखने के लिए सदैव प्रत्यनशील रहता है। औद्योगिक प्रतिष्ठानों में प्रतिद्वंद्वी श्रमिक संघों के बीच भी अघोषित शीत युद्ध चलता रहता है। अत: श्रमिक संघ इस बिंदु पर सक्रिय रहता है कि कोई अन्य श्रमिक संघ उसके सदस्यों के बीच में घुसपैठ नहीं करे। अत: उसके कार्य का एक अहम् हिस्सा है कि उसके सदस्यों की एकता बनी रहे।

5. **राजनैतिक कार्य**–श्रमिक संघ का एक महत्वपूर्ण कार्य राजनैतिक परिदृश्य से जुड़ा हुआ है। राजनैतिक घटनाचक्रों के साथ श्रमिक संघ का स्पष्ट सरोकार होता है। उदाहरणस्वरूप भारत में भी श्रमिक संघ राजनैतिक विचारधाराओं तथा राजनैतिक दलों के साथ संबंधित रहा है। वर्तमान दौर में वामपंथी विचारधारा से राजनैतिक दलों का अलग श्रमिक संगठन है। भारतीय राष्ट्रीय कांग्रेस का भी श्रमिक संगठन की राजनीति से

सरोकार रहा है। जनसंघ अथवा भारतीय जनता पार्टी भी श्रमिक संघ के क्षेत्र में सक्रिय है। छोटे-बड़े, क्षेत्रीय तथा राष्ट्रीय दलों का किसी-न-किसी श्रमिक संघ से सरोकार रहा है। अतः श्रमिक संघ का एक प्रमुख कार्यक्षेत्र राजनैतिक परिदृश्य से जुड़ा हुआ है। हित समूह के रूप में श्रमिक संघ सक्रिय होता है। अतः कामगारों के हितों की रक्षा तथा सुधार के लिए राजनैतिक शक्ति संरचना की अनदेखी नहीं की जा सकती है।

6. **अन्तःआधारित अथवा लड़ाकू कार्य**—श्रमिक संघ का एक महत्वपूर्ण कार्य अन्तः आधारित एवं संघर्ष से जुड़ा हुआ है। साधारणतः प्रबंधन के द्वारा कार्यस्थल पर यदा-कदा कामगारों के साथ दुर्व्यवहार किया जाता है। उन्हें अपमानित किया जाता है। गंभीर रूप से बीमार होने के बाद भी उन्हें काम के लिए बाध्य किया जाता है। उन्हें कठिन परिस्थितियों एवं दुर्गम क्षेत्रों में भी काम पर भेज दिया जाता है जहां अक्सर दुर्घटना की संभावना बरकरार रहती है। कामगारों को अवकाश पर जाने के लिए अवसर प्रदान करने में आनाकानी की जाती है। गौरतलब है कि इन तमाम परिस्थितियों में श्रमिक संघ प्रबंधन को ललकारता है। दुर्व्यवहार तथा अपमान की स्थिति में कार्य बहिष्कार की धमकी देता है अथवा सांकेतिक हड़ताल पर चले जाते हैं। इस प्रकार श्रमिक संघ आक्रामक ऊर्जा तथा संघर्ष की प्रखर शक्ति से लबरेज होता है। इस प्रकार अपने लड़ाकू कार्य के द्वारा कामगारों की अन्तः आधारित स्थितियों की रक्षा करता है।

7. **बाह्य कार्य**—कारखाना के अतिरिक्त कामगारों की बाहरी जिंदगी पर भी श्रमिक संघ की नजर होती है। उदाहरणस्वरूप गंभीर बीमारी की स्थिति में यदि कोई कामगार अथवा उसके परिवार का कोई सदस्य किसी हॉस्पिटल में इलाजरत है तो श्रमिक संघ उसके इलाज की समुचित व्यवस्था से जुड़ा होता है। उसी तरह राशन, पारिवारिक सुरक्षा एवं अन्य समस्याओं के संदर्भ में भी श्रमिक संघ सजग रहता है।

8. **प्रतिनिधित्वात्मक कार्य**—श्रमिक संघ तथा विशेषतः श्रमिक नेतृत्व नियोजकों के समक्ष कामगारों का प्रतिनिधित्व करता है। वार्ता तथा संवाद के दौरान श्रमिक संघ का प्रतिनिधिमंडल कामगारों की भावनाओं तथा आकांक्षाओं के अनुरूप नियोजक को सम्मानजनक समझौते के लिए बाध्य करता है। सामूहिक सौदेबाजी के दौरान भी श्रमिक संघ सभी संबंधित कामगारों की समस्याओं पर नजर रखता है। इसी प्रकार श्रमिक संघ प्रतिनिधित्वात्मक कार्य के द्वारा कामगारों के हितों और अधिकारों की रक्षा करता है तथा उसमें सुधार लाने का प्रयत्न करता है।

9. **श्रम कानूनों से संबंधित कार्य**—औद्योगिक व्यवस्था के आरंभिक चरण से ही कतिपय श्रम विधान मौजूद है। उदाहरणस्वरूप कारखाना अधिनियम, 1948; न्यूनतम मजदूरी अधिनियम, 1948; मजदूरी भुगतान अधिनियम, 1936; समान पारिश्रमिक अधिनियम, 1936; श्रम संघ अधिनियम, 1926; औद्योगिक विवाद अधिनियम, 1947; कामगार क्षतिपूर्ति अधिनियम, 1923 आदि अनेक कानूनों तथा विधानों पर श्रमिक संघ नजर रखता है। श्रम कानूनों के उल्लंघन होने पर प्रतिरोध दर्ज करता है। गंभीर स्थिति में हड़ताल, कार्य बहिष्कार अथवा सत्याग्रह आदि का सहारा भी लेता है। वस्तुतः श्रम कानून कामगारों का रक्षा कवच है। श्रमिक संघ के लिए श्रम कानून प्रतिष्ठा का प्रश्न होता है।

10. **वैश्वीकरण के परिप्रेक्ष्य में श्रमिक संघ का कार्य**—वैश्वीकरण तथा आर्थिक उदारीकरण ने निश्चित तौर पर श्रमिक संघों की बुनियाद को हिलाकर रख दिया है। भारी संख्या में कामगारों को अप्रासंगिक बनाया जा रहा है। कामगारों की छंटनी तथा कार्यमुक्त करने का दौर जारी है। स्वैच्छिक अवकाश ग्रहण के मुद्दे को प्रमुखता दी जा रही है। अप्रशिक्षित कामगारों का भविष्य अंधकारमय होता जा रहा है। नियमित वेतन तथा मजदूरी के बदले ठेकेदारी एवं लाभांश पर आधारित कार्य संरचना को प्रमुखता दी जा रही है। फलत: श्रमिक संघों के समक्ष नये प्रश्न खड़े कर दिये गये हैं। बहुराष्ट्रीय कंपनी तथा सूचना तकनीकी की क्रांति के कारण श्रमिक संघ दोराहे पर खड़ा है। अत: श्रमिक संघ का कार्यक्षेत्र बदलते हुए माहौल में वैश्वीकरण की नई चुनौतियों के साथ जुड़ गया है। विशेषतौर पर भारत एक बहुलवादी समाज है। शिक्षा के क्षेत्र में भारत की स्थिति संतोषजनक नहीं है। भारी संख्या में लोग अशिक्षित हैं। अधिकतर कामगारों को नई तकनीकी तथा कार्यप्रणाली का परिज्ञान नहीं है। सभी क्षेत्रों में वैश्वीकरण का एक जैसा प्रभाव भी परिलक्षित नहीं होता है। राजनीति तथा सत्ता के अपने दावपेंच हैं। अत: इन हालातों में कामगारों की पीड़ा, बेबसी, लाचारी तथा टूटते हुए अरमानों को थामने का काम श्रमिक संघ ही कर सकता है। इस प्रकार वैश्वीकरण की चुनौतियों से मुठभेड़ करना श्रमिक संघ के कार्यक्षेत्र का अहम् हिस्सा बनता जा रहा है।

दुनिया में आर्थिक मंदी का भी दौर चल रहा है। भारी संख्या में तालाबंदी की स्थिति उत्पन्न हो रही है। कामगारों के वेतन घटाने का सिलसिला जारी है। कतिपय प्रतिष्ठानों में कामगारों की छंटनी भी चल रही है। दुनिया के श्रमिक संघों के समक्ष आर्थिक मंदी के दौर ने कई ज्वलन्त प्रश्नों को खड़ा कर दिया है। जाहिर है कि हाल के वर्षों में श्रमिक संघों का कार्य क्षेत्र विस्तृत हुआ है तथा श्रमिक संघों के कार्यों में परिवर्तन के संकेत मिल रहे हैं। प्राइस् जॉन ने अपनी पुस्तक ब्रिटिश ट्रेड यूनियंस में स्पष्ट किया है कि वर्तमान दौर में श्रमिक संघों का कार्यक्षेत्र श्रमिकों को उचित मजदूरी दिलाने तथा कार्य की दशाओं में सुधार तक ही सीमित नहीं है।

श्रमिक संघ उन सभी कार्यों से संबंधित है, जिनसे श्रमिक प्रभावित होते हैं।

श्रमिक संघों के प्रकार (Types of Trade Unions)

श्रमिक संघ श्रमिकों का ऐच्छिक संगठन है। इसमें श्रमिकों की एकता निहित होती है। यह सामूहिक उद्देश्यों से जुड़ा होता है। इसके द्वारा कामगारों के हितों की रक्षा की जाती है। औद्योगीकरण की पृष्ठभूमि में श्रमिक संघों का उद्भव तथा विकास हुआ है। औद्योगीकरण की जटिलताओं तथा कामगारों के हितों के बढ़ते आयामों के आधार पर श्रमिक संघों का स्वरूप भी जटिल हो गया है। अत: सदस्यता के आधार पर, उद्देश्यों की प्राप्ति के आधार पर, भौगोलिक पृष्ठभूमि के परिप्रेक्ष्य में तथा आर्थिक उद्देश्यों के आधार पर श्रमिक संघों के विभिन्न प्रकारों को रेखांकित किया जा सकता है—

सदस्यता के आधार पर (On the Basis of Membership)

सदस्यता के आधार पर निम्नलिखित तीन प्रमुख संघों का उल्लेख किया जा सकता है—

1. दस्तकारी अथवा शिल्पी श्रम संघ (Craft Trade Unions)
2. सामान्य श्रम संघ (General Trade Unions)
3. औद्योगिक श्रम संघ (Industrial Trade Unions)

श्रमिक संघों के प्रकार

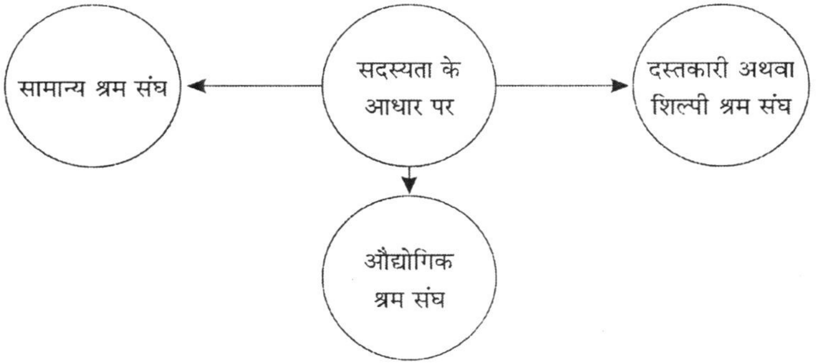

1. **दस्तकारी अथवा शिल्पी श्रम संघ** (Craft Trade Unions)—दस्तकारी अथवा शिल्पी श्रम संघ एक विशिष्ट श्रमिक संघ होता है। इसके सदस्य किसी विशिष्ट शिल्प अथवा तकनीकी ज्ञान से जुड़े होते हैं। उदाहरणस्वरूप ट्रेन चालकों, बस चालकों तथा रेलवे इंजन चालकों के श्रमिक संघ को शिल्पी संघ के रूप में प्रस्तुत किया जा सकता है। शिल्पी संघ का क्षेत्र सीमित भी हो सकता है तथा विस्तृत भी हो सकता है। अत: शिल्पी संघ स्थानीय, क्षेत्रीय या राष्ट्रीय स्तर पर बनाये जा सकते हैं। संयुक्त राज्य अमेरिका का उदाहरण प्रस्तुत किया जा सकता है। वहां कई शिल्पी संघों का विवरण उपलब्ध होता है। संयुक्त राज्य अमेरिका का इंटरनेशनल वुड कार्वर्स एसोसिएशन (International Wood Carvers' Association) एक सुदृढ़ तथा प्रभावशाली शिल्पी संघ है। भारत में शिल्पी संघ का अधिक विकास नहीं हुआ है। भारत नें इंडियन पायलट्स गिल्ड एक महत्वपूर्ण शिल्पी संघ है।
2. **सामान्य श्रम संघ** (General Trade Unions)—सामान्य संघ में विभिन्न व्यवसायों, उद्योगों तथा शिल्पों से जुड़े लोग सम्मिलित किये जाते हैं। यह कोई विशिष्ट संघ नहीं होता है। यह सभी कामगारों का एक सम्मिलित मंच होता है। विभिन्न तबके के मजदूर तथा कामगार अपने हितों एवं अधिकारों की रक्षा के लिए सामान्य श्रमिक संघ के जरिये संघर्ष करते हैं। श्रमिक संघों के विकास के आरंभिक चरण में सामान्य संघ का स्वरूप अधिक मुखर था। परन्तु श्रम-विभाजन के विस्तार, विशेषीकरण एवं वैश्वीकरण के वर्तमान दौर में सामान्य संघ का महत्व शिथिल पड़ गया है।

सामान्य संघ के कुछ प्रमुख उदाहरणों को स्पष्ट किया जा सकता है—ग्रेट ब्रिटेन का ट्रांसपोर्ट एंड जनरल वर्कर्स यूनियन (Transport and General Workers' Union) सामान्य श्रम संघ का एक प्रमुख उदाहरण है। इसी तरह नेशनल यूनियन ऑफ म्यूनिसिपल एंड जनरल वर्कर्स भी सामान्य संघ का एक अन्य महत्वपूर्ण उदाहरण है।

3. **औद्योगिक श्रम संघ (** Industrial Trade Unions **)**—औद्योगिक श्रम संघ का स्पष्ट संबंध एवं सरोकार औद्योगिक प्रतिष्ठानों से होता है। इसके अन्तर्गत औद्योगिक प्रतिष्ठानों में कार्यरत सभी प्रकार के कामगारों को सम्मिलित किया जाता है। औद्योगिक श्रमिक संघ के उदाहरण के रूप में टाटा वर्कर्स यूनियन (Tata Workers' Union), कोलियरी मजदूर-संघ (Colliery Mazdoor Sangh) तथा इंडियन नेशनल टेक्सटाइल वर्कर्स फेडरेशन (Indian National Textile Workers' Federation) का उल्लेख किया जा सकता है।

उद्देश्यों की प्राप्ति के आधार पर (On the Basis of Approach to Achieve Objectives)

उद्देश्यों की प्राप्ति के आधार पर श्रमिक संघों के निम्नलिखित प्रकारों का उल्लेख किया जा सकता है—

1. क्रांतिकारी श्रम संघ
2. सुधारवादी श्रम संघ
3. सामूहिक सौदेबाजी श्रम संघ

1. **क्रांतिकारी श्रम संघ**—क्रांतिकारी श्रम संघ का उद्देश्य व्यवस्था परिवर्तन से जुड़ा होता है। सामाजिक तथा राजनैतिक व्यवस्था में बुनियादी परिवर्तन के लिए क्रांतिकारी संघ संघर्ष करता है। व्यवस्था परिवर्तन के लिए हिंसा, अराजकता तथा विध्वंश का भी सहारा लिया जाता है। शोषण, अन्याय, उत्पीड़न तथा अलगाव की स्थिति गंभीर होने पर क्रांतिकारी संघों की क्रियाशीलता बढ़ जाती है। क्रांतिकारी संघ सत्ता और अधिकार तंत्र से टक्कर लेने के लिए तैयार रहता है।

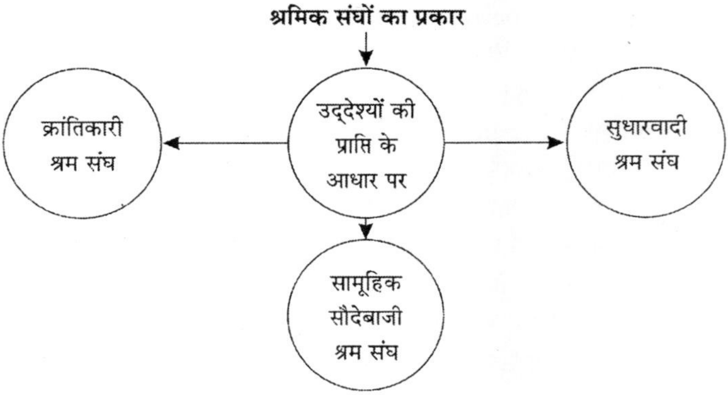

2. **सुधारवादी श्रम संघ**—सुधारवादी श्रम संघ व्यवस्था में सुधार लोने का प्रयत्न करता है। कामगारों के हितों की रक्षा के लिए सुधारवादी संघ का विशेष महत्व है। इस प्रकार के श्रमिक संघ के द्वारा कामगारों के परिवार, स्वास्थ्य, शिक्षा, मनोरंजन, सुरक्षा तथा अन्य विविध समस्याओं पर ध्यान केन्द्रित किया जाता है। वैश्वीकरण के दौर में सुधारवादी श्रमिक संघों की क्रियाशीलता अधिक दिखाई दे रही है।
3. **सामूहिक सौदेबाजी श्रमिक संघ**—सामूहिक सौदेबाजी श्रमिक संघ कामगारों के हितों एवं अधिकारों की रक्षा के लिए लगातार प्रयत्न करता है तथा उनके जीवन स्तर में सुधार लाने पर ध्यान केन्द्रित करता है। इस प्रकार के संघ द्वारा सदस्यों की एकता तथा सामूहिकता के मूलभूत आधारों को सुदृढ़ किया जाता है।

भौगोलिक पृष्ठभूमि के आधार पर (Classification on the Basis of Geographical Background)

भौगोलिक पृष्ठभूमि के आधार पर श्रमिक संघ के चार प्रमुख प्रकारों का उल्लेख किया जा सकता है—

1. स्थानीय श्रम संघ (Local Trade Unions)
2. क्षेत्रीय श्रम संघ (Regional Trade Unions)
3. राष्ट्रीय श्रम संघ (National Trade Unions)
4. अंतर्राष्ट्रीय श्रम संघ (International Trade Unions)

1. **स्थानीय श्रम संघ** (Local Trade Unions)—स्थानीय श्रम संघ का आकार सीमित होता है। यह स्थानीय क्षेत्रों से जुड़ा होता है। उदाहरणस्वरूप नगर निगम के सफाई मजदूरों के संघ को स्थानीय संघ के रूप में प्रस्तुत किया जा सकता है।
2. **क्षेत्रीय श्रम संघ** (Regional Trade Unions)—क्षेत्रीय स्तरों पर कार्यरत श्रमिक संघों को क्षेत्रीय श्रमिक संघ के रूप में रेखांकित किया जा सकता है। उदाहरणस्वरूप असम में चाय बागानों में काम करने वाले श्रमिकों के संघ को क्षेत्रीय संघ के रूप में प्रस्तुत किया जा सकता है। इसी तरह चीनी उद्योग में कार्यरत कामगारों के संघ को भी क्षेत्रीय संघ के रूप में प्रस्तुत किया जा सकता है।

श्रमिक संघों के प्रकार

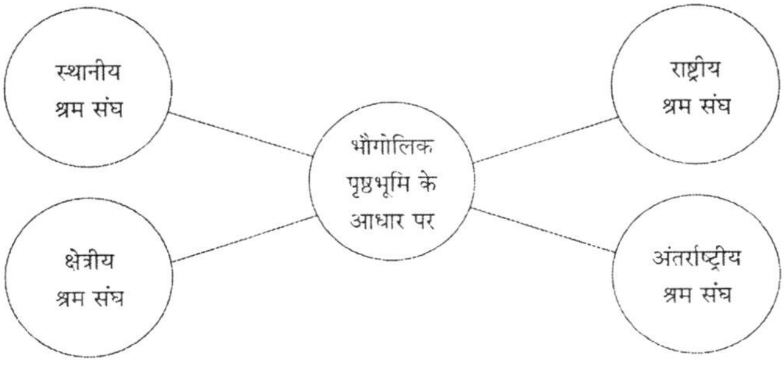

3. **राष्ट्रीय श्रम संघ** (National Trade Unions)—राष्ट्रीय श्रम संघ का आकार तथा दायरा विस्तृत होता है। इस प्रकार का संघ राष्ट्रीय स्तर का होता है। इसमें सदस्यों की संख्या भी तुलनात्मक रूप में अधिक होती है। भारत में राष्ट्रीय स्तर के कतिपय श्रमिक संघ कामगारों के हितों तथा अधिकारों की रक्षा के लिए कार्यरत हैं। उदाहरणस्वरूप इंडियन नेशनल ट्रेड कांग्रेस (इंटक), भारतीय मजदूर संघ (बीएमएस), ऑल इंडिया ट्रेड यूनियन कांग्रेस (एटक) का उल्लेख किया जा सकता है। संयुक्त राज्य अमेरिका में राष्ट्रीय संघ के रूप में यूनाइटेड ब्रदरहुड ऑफ कार्पेंटर्स एंड ज्वायनर्स (United Brotherwood of Carpenters and Joiners) तथा यूनाइटेड ऑटोमोबाइल यूनियन (United Automobile Union) आदि का उल्लेख किया जा सकता है।
4. **अन्तर्राष्ट्रीय श्रमिक संघ** (International Trade Unions)—अन्तर्राष्ट्रीय स्तर पर विकसित तथा सुसंगठित श्रमिक संगठनों को अन्तर्राष्ट्रीय श्रमिक संघ के रूप में रेखांकित किया जा सकता है। उदाहरणस्वरूप इंटरनेशनल कॉन्फेडरेशन ऑफ फ्री ट्रेड यूनियंस (International Confederation of Free Trade Unions) तथा वर्ल्ड फेडरेशन ऑफ ट्रेड यूनियंस (World Federation of Trade Unions) का उल्लेख किया जा सकता है।

आर्थिक उद्देश्यों के आधार पर (On the Basis of Economic Objectives)

श्रमिक संघों का एक प्रमुख वर्गीकरण आर्थिक उद्देश्यों पर आधारित है। आर्थिक उद्देश्यों के आधार पर श्रमिक संघों के छह प्रमुख प्रकारों का उल्लेख किया जा सकता है—

1. शुद्ध एवं सरल संघ
2. श्रम दल संघ
3. विकसित संघ
4. न्यूडील संघ

श्रमिक संघों के प्रकार

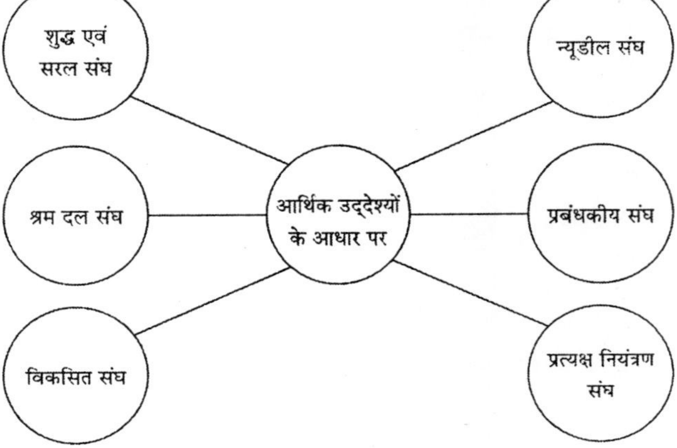

5. प्रबंधकीय संघ
6. प्रत्यक्ष नियंत्रण संघ

1. **शुद्ध एवं सरल संघ**–शुद्ध एवं सरल संघ का स्पष्ट संबंध सामूहिक सौदेबाजी से जुड़ा होता है। शुद्ध एवं सरल संघ में औद्योगिक विवादों के समाधान के लिए सामूहिक सौदेबाजी पर ध्यान केन्द्रित किया जाता है।
2. **श्रम दल संघ**–श्रम दल संघ का विशेष सरोकार राज्य सरकार से संबंधित होता है। इस प्रकार का संघ अपनी समस्याओं तथा विवादों के समाधान के लिए सरकार से सहयोग प्राप्त करता है।
3. **विकसित संघ**–विकसित संघ का ध्यान कामगारों के आर्थिक हितों पर केंद्रित होता है। यह मजदूरी नीति पर ध्यान केंद्रित करता है। मजदूरी में वृद्धि तथा बोनस आदि में इजाफे के लिए विकसित संघ प्रयत्नशील रहता है।
4. **न्यूडील संघ**–नियोजन, आर्थिक सुधार तथा राजनैतिक हितों के साथ न्यूडील संघ का स्पष्ट संबंध होता है। इस प्रकार का संघ पूर्ण नियोजन की स्थिति हेतु राजनैतिक स्तर पर प्रयत्नशील रहता है। साथ ही कामगारों की आर्थिक स्थिति में सुधार के लिए न्यूडील संघ के द्वारा लगातार प्रयत्न किया जाता है।

सत्ता के केन्द्रीकरण अथवा विकेन्द्रीकरण के स्वरूपों के आधार पर भी श्रमिक संघों के विविध प्रकारों का विवरण उपलब्ध होता है। उदाहरणस्वरूप संघात्मक श्रम संघ तथा एकात्मक श्रम संघ का उल्लेख किया जा सकता है। शासन की प्रकृति के आधार पर भी श्रमिक संघों का वर्गीकरण किया जाता है। इस प्रकार के वर्गीकरण के अन्तर्गत स्वेच्छाचारी श्रम संघ तथा प्रजातांत्रिक श्रम संघ का उल्लेख किया जा सकता है। श्रमिक संघों के प्रकारों के रूप में कंपनी संघ तथा व्यापारिक संघ आदि का भी विवरण उपलब्ध होता है। वस्तुत: श्रमिक संघ के विविध प्रकारों के जरिये कामगारों को नई ऊर्जा और ऊष्मा प्राप्त होती है एवं उनके हितों तथा अधिकारों की रक्षा की जाती है।

भारत में श्रम आंदोलन (Labour Movement in India)

प्रख्यात समाजशास्त्री ए.आर. देसाई ने अपनी पुस्तक *सोश्यल बैकग्राउन्ड ऑफ द इंडियन नेशनलिज्म* में भारत में श्रमिक संघों के सामाजिक यथार्थ की वैज्ञानिक व्याख्या की है। उन्होंने श्रमिक आंदोलन, श्रमिक संघ तथा सर्वहारा वर्ग के विविध आयामों का समाजशास्त्रीय परिप्रेक्ष्य में विश्लेषण किया है। देसाई ने श्रमिक संघवाद के उद्भव तथा विकास की पृष्ठभूमि की व्याख्या करते हुए निम्नलिखित बिन्दुओं की चर्चा की है–

1. देसाई के अनुसार भारत का आधुनिक मजदूर वर्ग अन्य वर्गों की तरह एक नए वर्ग के रूप में विकसित हुआ है। उनके अनुसार भारत में अंग्रेजी शासन काल में आधुनिक उद्योग-धंधों, यातायात के आधुनिक साधनों और बागानों की स्थापना हुई, जिसके कारण आधुनिक मजदूर वर्ग का जन्म हुआ। उन्होंने यह भी स्पष्ट किया कि जैसे-जैसे बागानों, आधुनिक कल-कारखानों, खनिज-उद्योगों, यातायात के साधनों आदि में वृद्धि हुई, वैसे-वैसे मजदूर वर्ग की संख्या में वृद्धि हुई।

2. देसाई ने स्पष्ट किया है कि भारतीय सर्वहारा वर्ग की स्थिति अत्यंत दयनीय हो चुकी थी। डी.आर. गाडगिल ने अपनी पुस्तक *द इंडस्ट्रियल इवोल्यूशन ऑफ इंडिया इन रीसेन्ट टाइम्स* में उल्लेख किया है कि भारतीय सर्वहारा वर्ग मुख्यत: उन किसानों और हस्त शिल्पकारों से निर्मित हुआ जो दरिद्र हो गए थे और मजदूरी कमाने लगे थे। पर्सेल एंड हार्लबर्थ द्वारा 1928 में जारी किये गये ''रिपोर्ट ऑन लेबर कंडीशंस इंडिया'' में स्पष्ट किया गया है कि ''सब तरह की जांच-पड़ताल से यही पता चलता है कि भारत के अधिकांश मजदूर एक शिलिंग प्रतिदिन से अधिक नहीं कमाते हैं।'' इस रिपोर्ट में स्पष्ट तौर पर स्वीकार किया गया है कि ''हम लोग जहां कहीं भी ठहरें, वहां हमने मजदूरों के घर देखे और अगर हम इन्हें नहीं देखते तो हम यह विश्वास नहीं कर पाते कि इतनी बुरी जगह भी कहीं है ... हर जगह लोगों की भीड़ और पदाधिकारियों ने अपने स्पष्ट कर्त्तव्यों की निर्मम उपेक्षा की है।''
3. ए.आर. देसाई ने स्पष्ट किया है कि ब्रिटिश शासनकाल में बागानों में अधिकांश यूरोपियन लोगों की मिल्कियत थी पर वहां के मजदूरों को शायद सबसे कम मजदूरी मिलती थी। जितनी कम मजदूरी उन्हें मिलती थी उसके आधार पर वे अपने और अपने परिवार का भरण-पोषण करने में असमर्थ थे। इसलिए उनमें से अधिकांश ऋणग्रस्त थे। ह्विटली कमीशन ने अपनी रिपोर्ट में स्पष्ट किया कि अधिकांश औद्योगिक केन्द्रों में दो-तिहाई परिवार और व्यक्ति कर्ज में हैं। आम मजदूरों के जीवन और श्रम की हालत खासतौर पर बुरी थी। जाहिर है कि इन्हीं हालातों में श्रमिक संघों का उद्‌भव तथा विकास हुआ।
4. भारत में श्रमिक संघों के उद्‌भव तथा विकास एवं श्रम आंदोलन की पृष्ठभूमि की व्याख्या करते हुए देसाई ने स्पष्ट किया है कि भारतीय मजदूर वर्ग में राष्ट्रीय और वर्गीय चेतना प्रबुद्ध वर्ग, शिक्षित मध्यम वर्ग तथा बुर्जुआ वर्ग के बाद आई। इसका कारण था कि मजदूर वर्ग सांस्कृतिक तौर पर पिछड़ा हुआ था। इसमें शिक्षा का प्रचार-प्रसार नहीं था। वे निरक्षर थे। देसाई के अनुसार मजदूरों को कुछ पहले की पीढ़ियां दरिद्र किसान और बर्बाद ग्रामीण कारीगर, शहरों में आने और मजदूर हो जाने के बाद भी गांव के पिछड़ेपन से आक्रांत रहीं। बाद में भी अधिकांश मजदूरों के संबंध गांव में बने रहे।
5. देसाई ने यह भी स्पष्ट किया है कि अपने जीवन और श्रम के हालातों के ही कारण मजदूर वर्ग की अपनी चारित्रिक विशिष्टताएं और शक्तियां विकसित हुई हैं जो उसे किसानों और नागरिक मध्यम वर्ग से अलग करती हैं। फलत: उनके लिए अपने वर्ग स्वार्थों के लिए संगठित और एकजुट होना और अपना सामूहिक संघर्ष चलाना आसान होता है।
6. भारत में श्रमिक संघ तथा श्रम आंदोलन के बुनियादी आधारों को रेखांकित करते हुए ए.आर. देसाई ने स्पष्ट किया है कि सर्वहारा मजदूर वर्ग सम्पत्तिहीन होने के कारण किसान से अधिक लड़ाकू होता है। किसान के पास थोड़ी ही सही, जमीन तो होती ही है जिससे उसको लगाव हो जाता है। और वह विद्रोह से हिचकता है। दूसरे कारखानों और मिलों में और अन्य औद्योगिक केन्द्रों में मजदूर बहुत बड़ी तादाद में एक साथ रहते हैं। इसके कारण किसानों की अपेक्षा मजदूरों का संगठित होना आसान होता है।

7. मजदूर आधुनिक शक्ति चालित यंत्रों से काम लेते हैं और उन्हें प्रकृति पर निर्भर नहीं होना पड़ता है। श्रम की जिस प्रक्रिया में मजदूर लगे हैं वहां जटिल और व्यापक श्रम-विभाजन लागू है। रोजरोज आपस में एक साथ मिलकर काम करने की जरूरत के चलते धीरे-धीरे मजदूरों में सामूहिक चेतना और सहयोग की भावना पनपती है। यही कारण है कि किसान आंदोलनों की तुलना में मजदूरों की हड़तालें और सामूहिक संघर्ष अधिक जल्दी-जल्दी होते हैं।
8. देसाई ने समाजशास्त्रीय परिप्रेक्ष्य में श्रमिक संगठनों एवं श्रम आंदोलनों की व्याख्या करते हुए स्पष्ट किया है कि भारत में स्वतंत्रता आंदोलन के दौरान भारतीय समाज के अन्य वर्ग महज राष्ट्रीय स्वातंत्र्य की कामना करते थे, लेकिन भारतीय श्रमिक शुरू से ही स्वतंत्र समाजवादी भारत का सपना साकार करना चाहते थे।
9. देसाई के अनुसार मजदूरों के जीवन और श्रम की स्थिति के कारण उनके श्रमिक संगठनों के विकास की प्रक्रिया को बल मिला। श्रमिक संगठनों तथा श्रम आंदोलन की राह में सांस्कृतिक पिछड़ापन, जातिगत एवं समुदायगत विभेद, धार्मिक अंध विश्वास एवं भाग्यवादी दृष्टिकोण ने अवरोध की स्थिति उत्पन्न की। इन अवरोधों के बावजूद भारतीय मजदूर वर्ग के ट्रेड यूनियन और उनके राजनैतिक तथा सांस्कृतिक आंदोलन बढ़ते रहे।

उद्भव तथा विकास (Rise and Evoution)

भारत में श्रमिक संघ का विधिवत एवं सुनियोजित विकास 20वीं शताब्दी के आरंभिक चरण से होता है। यद्यपि श्रमिक संघों का बीजारोपण 19वीं शताब्दी के अंतिम चरण में हो चुका था। श्रमिक संघ तथा श्रम आंदोलन परस्पर संबंधित प्रक्रिया है। अतः प्रस्तुत विवरण में श्रमिक संघ एवं श्रम आंदोलन के उद्भव तथा विकास की व्याख्या की जा रही है। भारत में श्रमिक संघ तथा श्रम आंदोलन इतिहास के कई चरणों से जुड़ा हुआ है। अतः विभिन्न चरणों के आधार पर श्रमिक संघ एवं श्रम आंदोलन के उद्भव तथा विकास के विवरण को प्रस्तुत किया जा सकता है। पहला चरण 1857-1990 के कालखंड का था। दूसरा चरण 1901 से प्रथम विश्वयुद्ध के पूर्व का था। तीसरा चरण प्रथम विश्वयुद्ध के कालखंड से 1929 तक फैला हुआ है। श्रमिक संघ तथा श्रम आंदोलन का चौथा चरण 1930 से 1947 तक का था। पांचवां चरण 1947 अर्थात् स्वाधीन भारत के उपरान्त का रहा है।

पहला चरण

औद्योगीकरण की पृष्ठभूमि में भारत में श्रमिक संघ एवं श्रम आंदोलन का विकास हुआ है। 1857 के जन विद्रोह में श्रमिकों की सहभागिता रही है। ब्रिटिश शासकों, जमींदारों तथा मिल मालिकों के शोषण एवं उत्पीड़न ने, सर्वहारा मजदूर वर्ग में वर्ग चेतना को एक नई उत्तेजना प्रदान की। 1875 में बंबई में सोरावजी शाहपुर ने श्रमिकों की दयनीय स्थिति की ओर सरकार का ध्यान आकृष्ट कराया। 1875 में ही बम्बई में कारखाना आयुक्त नियुक्त किया गया। सन् 1881 में कारखाना अधिनियम बना। श्रमिक आंदोलन के इतिहास में नारायण मेधाजी लोखाडे

का नाम स्वर्णाक्षर में अंकित किया जा सकता है। उन्होंने बम्बई के मजदूरों का एक सम्मेलन आयोजित किया। साथ ही 1890 में 'बाम्बे मिल हैण्ड एसोसियेशन' की स्थापना की। लोखाडे ने 'दीन बंधु' पत्रिका का प्रकाशन आरंभ किया। इस पत्रिका में मजदूरों के जीवन के यथार्थ को प्रकाशित किया जाता था। साथ ही मजदूरों के हितों एवं अधिकारों की रक्षा के लिए विचारोत्तेजक समाचारों तथा लेखों का प्रकाशन होता था। 'दीन बंधु' पत्रिका में सर्वहारा मजदूरों की समस्याओं से संबंधित मांग पत्रों को भी प्रस्तुत किया जाता था। ज्ञातव्य है कि 1891 में कारखाना अधिनियम को स्वीकृत कया गया। सन् 1897 में कारखाना अधिनियम समिति को गठित किया गया। 19वीं शताब्दी के अंतिम कालखंड में देश के विभिन्न हिस्सों के मिल–कारखानों के मजदूरों में श्रमिक संगठन का बीजारोपण हो रहा था। इतिहासकार शेखर बंधोपाध्याय ने स्पष्ट किया है कि 19वीं शताब्दी के आरंभिक वर्षों में पूर्वोत्तर और दक्षिण भारत में चाय बागान का विकास हो रहा था। लोहा और इस्पात उद्योग का सूत्रपात हो रहा था। 19वीं शताब्दी के मध्य में रेल निर्माण की शुरुआत की गई। इसी कालखंड में खनन कार्य का भी सूत्रपात किया गया। शेखर बंधोपाध्याय ने स्पष्ट किया है कि कलकत्ता और उसके आसपास जूट उद्योग तथा बम्बई और अहमदाबाद में सूती वस्त्र उद्योग के विकास ने भारत में संगठित क्षेत्र में एक औद्योगिक मजदूर वर्ग को जन्म दिया।

द्वितीय चरण

20वीं शताब्दी के आरंभिक कालखंड का विकास राजनैतिक चेतना तथा उपनिवेशवाद के खिलाफ तीव्र उत्तेजना के साथ हुआ। 1901 से प्रथम विश्व युद्ध के कालखंड के दौरान निम्नलिखित श्रमिक संघों की स्थापना हुई:

1. **1903**—प्रिंटर्स यूनियन कलकत्ता
2. **1907**—बाम्बे प्रिंटर्स यूनियन
3. **1909**—कामगार हितवर्धक सभा
4. **1910**—सोशल सर्विस लीग

जाहिर है कि देश में मजदूर वर्गों में एक नई चेतना पैदा हो रही थी। शोषण तथा उत्पीड़न के खिलाफ प्रतिरोध तथा विद्रोह की उत्तेजना को एक नया आधार प्राप्त हो रहा था। सन् 1911 में पुन: कारखाना अधिनियम पारित किया गया। प्रथम विश्वयुद्ध के दौरान कीमतों में भारी वृद्धि हुई थी। परन्तु मजदूरों की मजदूरी में कोई उल्लेखनीय वृद्धि नहीं की गई थी। महंगाई के मुद्दे को लेकर श्रमिकों में आक्रोश था। फलत: श्रमिक संगठित हो रहे थे। देश के राजनैतिक क्षितिज पर लोकमान्य तिलक, एनी बेसेंट तथा गोपाल कृष्ण गोखले का प्रभाव परिलक्षित हो रहा था। फलत: राजनैतिक स्तर पर भी श्रमिकों को एक नया तेवर प्राप्त हुआ।

इतिहासकार शेखर बंधोपाध्याय ने एक महत्वपूर्ण तथ्य का उद्‌घाटन किया है। उनके अनुसार 19वीं शताब्दी के अंतिम और 20वीं शताब्दी के आरंभिक वर्षों में मजदूर वर्ग के आकार में विशाल वृद्धि हुई। जनगणना के आंकड़ों के अनुसार 1911 में 30.3 करोड़ की जनसंख्या में संगठित उद्योग क्षेत्र के मजदूरों की संख्या लगभग 21 लाख थी। 1911 और 1921 के बीच इसमें कोई 5.75 लाख मजदूरों की बढ़ोतरी हुई। मजदूरों की संख्या में हो रही लगातार

वृद्धि के कारण श्रमिक आंदोलन की बुनियाद सुदृढ़ हुई। साथ ही श्रमिक संघों के विकास को एक नया तथा मजबूत आधार प्राप्त हुआ। दीपेश चक्रवर्ती ने अपनी पुस्तक *रिथिंकिंग वर्किंग क्लास हिस्ट्री : बंगाल 1890— 1940* में स्पष्ट किया है कि सर्वहारा मजदूर वर्ग अपनी गरीबी के बारे में पूरी तरह जागरूक थे। वे फैक्ट्रियों के अंदर के शक्ति संबंधों के प्रति सजग थे। रोजगार में अपनी अधीनता के प्रति गरीब मजदूर असंतुष्ट थे। तोड़फोड़ की घटनाएं भी हुई। फैक्ट्री में शक्ति की संरचना को उलट-पलट करने की कोशिशें भी की गईं। परन्तु इन तमाम प्रतिरोधी शक्तियों के बावजूद गरीब मजदूरों का सुदृढ़ संगठन खड़ा नहीं हो रहा था। अधिकतर मजदूर गांव के निवासी थे तथा उनकी पहचान के साथ जातिगत संकीर्णता तथा साम्प्रदायिक विभेद भी मौजूद था। फलतः मिल मालिकों तथा उद्योगपतियों के द्वारा धर्म तथा जातिगत चेतना को उभारकर श्रमिक संघ तथा श्रम आंदोलन की धार को कुंद करने का प्रयास किया जाता था। दीपेश चक्रवर्ती ने स्पष्ट किया है कि धार्मिक और जातिगत विभाजनों ने मजदूरों में क्षैतिज विभाजन बनाये रखा और औद्योगिक कार्रवाइयों को कमजोर करने के लिए मालिकों ने अक्सर इनका उपयोग किया।

19वीं शताब्दी के अंत तथा 20वीं शताब्दी के आरंभिक चरण में श्रमिक संघों का बीजारोपण हो रहा था। श्रमिक आंदोलन का सूत्रपात हो रहा था। परन्तु पूर्णतः श्रमिक संघ एवं श्रमिक आंदोलन का विकास नहीं हुआ था। एन.पी. रमन ने अपनी पुस्तक *पोलिटिकल इन्वोल्वमेन्ट ऑफ इंडियाज ट्रेड यूनियंस* में स्पष्ट किया है कि आरंभिक दौर में श्रमिक संगठन केवल संस्थाएं थीं, जो सुधारवादियों तथा समाजसेवियों द्वारा बनाई गई थीं। इन संगठनों का उद्देश्य श्रमिकों को शोषण से बचाना था न कि श्रमिकों के लिए उचित वातावरण तैयार करना था। इन संगठनों का सीमित उद्देश्य था। फलतः श्रमिकों को स्वतंत्रता प्रदान करना तथा आर्थिक विकास की दृष्टि से उनके लिए रोजगार की उचित व्यवस्था करना इन संगठनों का लक्ष्य नहीं था।[10]

तृतीय चरण

1914-1929 के कालखंड को भारत में श्रमिक संघ तथा श्रम आंदोलन के तृतीय चरण के रूप में रेखांकित किया जा सकता है। श्रमिक संघ तथा श्रम आंदोलन के विकास के कालखंड के रूप में यह इतिहास का महत्वपूर्ण मोड़ सिद्ध हुआ। ए.आर. देसाई ने भी स्पष्ट किया है कि संगठित आंदोलन के रूप में भारतीय मजदूर आंदोलन 1914-18 के विश्वयुद्ध के बाद ही शुरू हुआ। 1918 के बाद भारतीय मजदूर वर्ग ने वर्ग के आधार पर अपने को संगठित करना शुरू किया और तेजी से ट्रेड यूनियन और राजनैतिक चेतना का विकास हुआ। देसाई ने मजदूर आंदोलन के इस महत्वपूर्ण कालखंड के संबंध में निम्नलिखित बिन्दुओं को स्पष्ट किया है—

1. प्रथम विश्व युद्ध के बाद सर्वहारा मजदूर वर्ग में अपने हितों एवं अधिकारों की रक्षा के लिए एक नई बेचैनी पैदा हुई। 'ह्विटली कमीशन' में इस परिवर्तन की चर्चा है— 1918-19 की सर्दियों के पहले भारतीय उद्योग में शायद ही कभी हड़ताल हुई ... संगठन और नेतृत्व के अभाव में और जीवन के प्रति निष्क्रिय दृष्टिकोण के कारण औद्योगिक मजदूरों में अधिकांश का विचार था कि वापस गांव चले जाना औद्योगिक

जीवन की कठिनाइयों का एकमात्र विकल्प है। युद्ध के बाद इस स्थिति में शीघ्र परिवर्तन हुए। 1918–19 की सर्दियों में कुछ महत्वपूर्ण हड़तालें हुईं; दूसरे साल की सर्दी में हड़तालों की संख्या और बढ़ी और 1920–21 की सर्दी में संगठित उद्योग में औद्योगिक हड़तालें आम हो गईं। असल कारण था कि लोगों ने वर्तमान स्थिति में हड़तालों की शक्ति को समझा और इस बात को मजदूर संगठनकर्त्ताओं के आविर्भाव, जन साधारण को युद्ध से मिली शिक्षा, उद्योगों के विस्तार से श्रमिकों की संख्या में कमी, जो इंफ्लुएंजा के संक्रामक होने की वजह से और बढ़ी, आदि कारकों से मदद मिली।

2. देसाई ने स्पष्ट किया है कि भारत में प्रथम विश्वयुद्ध के बाद सर्वहारा मजदूरों में संगठित चेतना का उदय हुआ। सर्वहारा वर्ग में संगठित चेतना के उदय होने की पृष्ठभूमि तथा उसके कारणों की भी उन्होंने व्याख्या की है। देसाई के अनुसार–''1918 के बाद भारतीय मजदूर वर्ग के संगठित आंदोलनों की शुरुआत के निम्नलिखित कारण भी थे, युद्ध के बाद का आर्थिक संकट जिसके कारण मजदूरों के कष्ट बढ़े, भारत की समस्त जनता पर जिसमें मजदूर वर्ग भी जर्मनी, आस्ट्रिया, टर्की और अन्य देशों की जनतांत्रिक क्रांतियों और रूस की समाजवादी क्रांति का प्रभाव और देश के अंदर बढ़ता हुआ विक्षोभ।''

3. उपलब्ध विवरणों के आधार पर स्पष्ट होता है कि 1918 और 1990 के बीच देशभर में बम्बई, कानपुर कलकत्ता, शोलापुर, जमशेदपुर, मद्रास और अहमदाबाद जैसे विभिन्न औद्योगिक केन्द्रों में लगातार कई हड़तालें हुईं। पहली बार इतनी अधिक हड़तालें इतने व्यापक रूप में हुई थीं। देसाई के अनुसार मजदूर आंदोलन का यह एक महत्वपूर्ण दौर था तथा इन आंदोलनों ने अपनी राजनैतिक चेतना का परिचय दिया। उदाहरण के रूप में देसाई ने स्पष्ट किया है कि बम्बई और कुछ अन्य शहरों के रोलेट एक्ट के विरुद्ध मजदूरों ने राजनैतिक हड़तालें भी कीं और इस तरह बढ़ती हुई राजनैतिक चेतना का परिचय दिया। इससे यह भी स्पष्ट होता है कि राष्ट्रीय आंदोलन में मजदूर वर्ग का भी प्रवेश हो चुका था।

4. ए.आर. देसाई ने अपनी पुस्तक *सोश्यल बैकग्राउन्ड ऑफ द इंडियन नेशनलिज्म* में यह भी स्पष्ट किया है कि 1914–1929 के कालखंड में पहली बार बम्बई, मद्रास और कुछ अन्य केन्द्रों में विभिन्न उद्योगों के मजदूर संघों की स्थापना की चेष्टा हुई। कुछ ही दिनों में देश में बहुत सारे मजदूर संघ बन गये। 1920 में एम.एन. जोशी, लाला लाजपत राय और जोसेफ वैपटिस्टा के प्रयास के फलस्वरूप ऑल इंडिया ट्रेड यूनियन कांग्रेस की स्थापना हुई। उनके दो प्रमुख उद्देश्य थे–पहला उद्देश्य देश के सारे प्रांतों में मजदूरों के सारे संगठनों के कार्यों को समन्वित करने से था। उनका दूसरा उद्देश्य आर्थिक, सामाजिक और राजनैतिक मसलों पर भारतीय मजदूर के हितों का प्रश्रय देने से संबंधित था।

5. ए.आर. देसाई के अनुसार भारतीय मजदूर वर्ग के इतिहास में ऑल इंडिया ट्रेड यूनियन कांग्रेस (एआईटीयूसी) की स्थापना युगांतकारी घटना है। पहली बार बढ़ते हुए ट्रेड यूनियन आंदोलन को अखिल भारतीय आधार मिला। लगभग एक दशक तक एआईटीयूसी का नेतृत्व एम.एन. जोशी जैसे उदारवादी राजनीतिज्ञों के हाथ में रहा। आगे

चलकर सी.आर. दास आदि राष्ट्रवादियों के भी इससे संबंध रहे। मजदूरों के बीच होने वाला प्रचार नेतृत्व के राष्ट्रवादी और सुधारवादी विचारधारा के अनुकूल था, लेकिन एआईटीयूसी की सदस्य संख्या बहुत कम थी।

6. देसाई के अनुसार 1927 के बाद ट्रेड यूनियन आंदोलन में वामपंथी नेतृत्व विकसित हुआ और इसमें वामपंथी, राष्ट्रवादी, समाजवादी और साम्यवादी लोग आए। इस नए नेतृत्व ने तेजी से पुराने नेतृत्व को विस्थापित करना शुरू किया। 1922 से ही भारतीयों के बीच समाजवादी और साम्यवादी विचार फैल रहे थे और इस तरह देश में समाजवादी और साम्यवादी दलों की स्थापना हो रही थी। इन दलों ने राष्ट्रीय आंदोलन की सफलता के लिए मजदूर वर्ग का महत्व समझा और वर्कर्स एंड पिजेंट्स पार्टियों का संगठन किया। इन पार्टियों के सदस्य ट्रेड यूनियन कांग्रेस में अधिकाधिक प्रभावशाली होते गए। उनका उद्देश्य था ट्रेड यूनियन आंदोलन, वर्ग-संघर्ष और राष्ट्रीय मुक्ति संग्राम में मजदूरों का प्रवेश। सीधे संघर्ष के माध्यम से राष्ट्रीय स्वाधीनता की प्राप्ति उनका कार्यक्रम था।

7. श्रमिक संघ एवं श्रम आंदोलन के उद्भव तथा विकास में 1929 का कालखंड महत्वपूर्ण सिद्ध हुआ। 1929 में श्रमिक संघ से जुड़े वामपंथी चिंतकों की स्थिति सुदृढ़ हुई। एआईटीयूसी पर वामपंथी नेतृत्व का कब्जा हो गया। ए.आर. देसाई के अनुसार 1929 में रायल कमीशन ऑन लेबर के बहिष्कार और जिनेवा के इंटरनेशनल कॉन्फ्रेंस में प्रतिनिधित्व के प्रश्न पर दोनों पक्षों में घोर विभेद उठा खड़ा हुआ। इसके चलते आपस में फूट पड़ गई और कई एक ट्रेड यूनियन अलग हो गए। अब जोशी गुट के नेतृत्व में इंडियन ट्रेड यूनियन फेडरेशन की स्थापना हुई।

पंडित जवाहर लाल नेहरू ने अपनी आत्मकथा में श्रमिक संघ तथा श्रमिक आंदोलन के संदर्भ में गंभीर विश्लेषण किया है। उन्होंने निम्नलिखित बिन्दुओं को रेखांकित किया–

1. पंडित नेहरू ने स्पष्ट किया है कि भारत में श्रमिक आंदोलन के विकास के परिप्रेक्ष्य में वैचारिक स्तर पर मतभेद मौजूद था। श्रमिक संघ तथा राजनीति के संबंधों एवं सरोकारों को लेकर विवाद की स्थिति उत्पन्न हो रही थी। उनके अनुसार–"एक हिस्सा तो मजदूर-संघ के पुराने लोगों का था, जो राजनीति में माडरेट था और जो सचमुच इस बात को शक की निगाह से देखता था कि उद्योग-धंधों के मजदूरों और मिल-मालिकों के झगड़ों में राजनीति को मिलाया जाये। उनका विश्वास था कि मजदूरों को अपनी शिकायतें दूर कराने से आगे नहीं जाना चाहिए और उनके लिए भी उन्हें फूंक-फूंककर कदम रखना चाहिए। इन लोगों का उद्देश्य यह था कि धीरे-धीरे मजदूरों की हालत को सुधारा जाये। इस दल के नेता थे एम.एन. जोशी, जो कि जिनेवा में अक्सर हिन्दुस्तान के मजदूरों के प्रतिनिधि बनाकर भेजे जा चुके थे। दूसरा दल इनसे कहीं ज्यादा लड़ाकू था। राजनैतिक लड़ाई में उसका विश्वास था और वह खुल्लमखुल्ला अपने क्रांतिकारी दृष्टिकोण का एलान करता था। कुछ कम्युनिस्टों का या कम्युनिस्टों से मिलते-जुलते लोगों का इस दल पर असर था। हां, यह दल उनके नियंत्रण में नहीं था। बम्बई में कपड़ों के कारखानों के मजदूर इस दल के हाथ में थे। और उसके नेतृत्व में बम्बई के कपड़े के कारखानों में मजदूरों की एक बहुत बड़ी हड़ताल हुई थी, जो कुछ हद तक कामयाब भी

हुई थी। बम्बई में 'गिरनी कामगार यूनियन' नाम की एक नई और जबर्दस्त यूनियन स्थापित हुई थी, जिसका बम्बई के मजदूरों पर असर था। आगे बढ़े हुए दल के प्रभाव में एक और ताकतवर संघ जीआईपी रेलवे के मजदूरों का था।''

2. 1928-29 के कालखंड की चर्चा करते हुए पंडित नेहरू ने स्पष्ट किया है कि भारत में ट्रेड यूनियन आंदोलन अभी अपनी जवानी की तरफ बढ़ रहा था। पंडित नेहरू के अनुसार ट्रेड यूनियन की शक्ति कमजोर थी और जो लोग उसे चला रहे थे, उनमें से ज्यादातर खुद मजदूर नहीं थे। मजदूरों का इस्तेमाल किया जा रहा था। उनका शोषण हो रहा था।
3. पंडित नेहरू के अनुसार 1928 के साल में मजदूरों के झगड़ों और हड़तालों की भरमार रही। 1929 में भी यही हाल रहा। बम्बई के कपड़ों के कारखानों के मजदूर बहुत दुखी और लड़ाकू थे। उन्होंने इन हड़तालों का नेतृत्व किया। बंगाल के जूट के कारखानों में भी एक बहुत बड़ी हड़ताल हुई। जमशेदपुर के लोहे के कारखानों में तथा रेलों में भी हड़तालें हुईं।
4. पंडित नेहरू ने स्पष्ट किया है कि हड़तालों को मजदूरों ने बहादुरी के साथ कई महीनों तक चलाया। यद्यपि इन मजदूरों से लोगों को बहुत ज्यादा हमदर्दी थी, परन्तु पूंजीपतियों ने मजदूरों को कुचल दिया। फलतः 1928-1929 का कालखंड मजदूरों के लिए त्रासदी और संघर्ष का समय था। ये दोनों वर्ष मजदूरों में बेचैनी के वर्ष थे और मजदूरों की हालत दिन-प्रति-दिन खराब होती जा रही थी। पूंजीपति भारी पैमाने पर लाभ बटोर रहे थे। परन्तु मजदूर गरीबी और बेबसी के अंधेरे में डूबा हुआ था।
5. पंडित नेहरू ने अपनी आत्मकथा में स्पष्ट किया है कि—''मार्च 1929 में सरकार ने आगे बढ़े हुए दल में से उनके कई सबसे ज्यादा नामी-नामी कार्यकर्ताओं को गिरफ्तार करके संगठित मजदूरों पर एकाएक हमला कर दिया। बम्बई की 'गिरनी कामगार यूनियन' के नेता तथा बंगाल, संयुक्त प्रांत और पंजाब के मजदूर नेता गिरफ्तार कर लिये गये। इनमें से कुछ कम्युनिस्ट थे, कुछ कम्युनिस्टों से मिलते-जुलते और महज़ मजदूर-संघों वाले थे।''

चतुर्थ चरण

श्रमिक संघ तथा श्रम आंदोलन का चतुर्थ चरण वैचारिक ऊर्जा, संगठन, आंदोलन तथा पूंजीपतियों के खिलाफ तीव्र प्रतिरोध और उत्तेजना का चरण था। मजदूरों में वर्ग चेतना का विकास हो रहा था। साथ ही उनके अपने अधिकारों तथा हितों के प्रति एक चेतना पैदा हो रही थी। इस कालखंड में एआईटीयूसी का मजदूरों पर अधिक प्रभाव था। इसके कतिपय प्रमुख उद्देश्यों को 'ऑल इंडिया ट्रेड यूनियन कांग्रेस' के 19वें अधिवेशन की रिपोर्ट (कानपुर-1942) में रेखांकित किया गया है—

1. भारत में समाजवादी राज्य की स्थापना,
2. यथासंभव उत्पादन के साधन एवं विनिमय और वितरण का समाजीकरण तथा राष्ट्रीयकरण,
3. मजदूर वर्ग की आर्थिक और सामाजिक स्थिति में सुधार,

4. बोलने की आजादी, प्रेस, संगठन, सभा और हड़ताल आदि की स्वतंत्रता जैसे नागरिक अधिकार मजदूरों को उपलब्ध कराना,
5. मजदूर वर्ग के हितों की दृष्टि से राष्ट्रीय संघर्ष में हिस्सा बंटना तथा जाति, धर्म, समाज, प्रजाति और आस्था पर आधारित विशेषाधिकार की समाप्ति।

ए.आर. देसाई के अनुसार 1942 में एआईटीयूसी जिसमें विभिन्न उद्योगों के ट्रेड यूनियन शामिल थे, की समस्त सदस्य संख्या 3,37,695 थीं। यह मजदूरों की समस्त संख्या का अल्पांश ही था। भारत के ट्रेड यूनियनों की सदस्य संख्या कम होने के कई कारण थे। मजदूरों की गरीबी और उनके सांस्कृतिक पिछड़ेपन के कारण ट्रेड यूनियनों का समुचित विकास नहीं हो रहा था। साथ ही मजदूरों पर नियोजकों का अत्याचार तथा उत्पीड़न का आतंक था। देसाई ने स्पष्ट किया है कि हड़तालों के दौरान ट्रेड यूनियनों को मजदूरों का अपार समर्थन प्राप्त हुआ। साथ ही उनकी सदस्य संख्या भी बढ़ी।

1930–1947 के कालखंड में श्रमिक संगठन तथा श्रम आंदोलनों के विकास के प्रमुख बिन्दुओं को निम्नलिखित रूपों में स्पष्ट किया जा सकता है–

1. सन. 1930–47 के कालखंड में रेलवे के मजदूरों में प्रतिरोध तथा वर्ग चेतना का तीव्र विकास हुआ। फलतः रेलवे में कार्यरत श्रमिकों ने अपना अलग संगठन कायम किया।
2. 1933 में नेशनल ट्रेड यूनियन फेडरेशन की स्थापना की गई।
3. उपलब्ध तथ्यों के आधार पर स्पष्ट होता है कि सन 1935 में एक नया कानून बनाया गया। इस कानून के जरिये प्रांतों के राजनैतिक अधिकारों तथा प्रभावों में बढ़ोतरी की गई। साथ ही इस कानून के अन्तर्गत मजदूरों के लिए निर्वाचन क्षेत्र का प्रावधान किया गया। सरकार के गठन के बाद श्रम कल्याण पर केंद्रित कतिपय नीतियों की घोषणा की गई।
4. उल्लेखनीय है कि सन 1938 में देश के दो प्रमुख श्रमिक संगठनों का विलय हुआ। नेशनल ट्रेड यूनियन फेडरेशन तथा नेशनल ट्रेड यूनियन कांग्रेस का विलय हो गया।
5. श्रमिक संघ तथा श्रम आंदोलन के क्षेत्र एवं प्रभाव में विस्तार हो रहा था। 1937 के बाद कार्य बंदियों की तीव्रता का संकेत प्राप्त होता है। उपलब्ध आंकड़ों के अनुसार 1937 में 379 कार्य बंदियां हुईं, जिनमें लगभग 6.5 लाख कामगार शामिल थे। फलतः लगभग 90 लाख श्रम दिवसों का नुकसान हुआ। 1938 में भी यह तीव्रता बरकरार रही। यह मजदूरों में बढ़ती हुई आक्रामकता का परिचायक है।
6. 1930–1947 के कालखंड में श्रम संघों तथा उनकी सदस्य संख्या में विस्तार हुआ। श्रमिक संघों में राजनैतिक मतभेद उभरते रहे तथा श्रमिक संघों में विभाजन तथा विलयन का विवरण उपलब्ध होता है। औद्योगिक तनावों तथा विवादों में वृद्धि हुई तथा लगातार सरकार के हस्तक्षेप का क्रम जारी रहा। श्रम कानूनों एवं श्रम कल्याण की नीतियों के क्षेत्र में एक नये दौर का आरंभ हुआ।
7. द्वितीय विश्वयुद्ध के दौरान मजदूरों से अधिक सहयोग प्राप्त करने की दिशा में सरकार द्वारा पहल की गई। प्रतिरक्षा नियम को स्वीकृत किया गया। साथ ही संयुक्त परामर्श की आवश्यकता को महसूस किया गया। मजदूरों के लिए कल्याण समितियों की स्थापना की गई।

8. सन 1944 में सरकारी स्तर पर श्रमिकों से जुड़े विभिन्न मामलों के निष्पादन हेतु श्रम जांच समितियों का गठन किया गया।
9. 1930–47 के कालखंड में एक अन्य प्रभावी संगठन इंडियन फेडरेशन ऑफ लेबर का उदय तथा विकास हुआ। ज्ञातव्य है कि सन् 1946 में ऑल इंडिया ट्रेड यूनियन कांग्रेस एवं इंडियन फेडरेशन ऑफ लेबर में प्रतिनिधित्व के मुद्दे को लेकर संघर्ष हुआ। जिसमें ऑल इंडिया ट्रेड यूनियन कांग्रेस को अन्ततः सफलता हासिल हुई।

पंचम चरण

15 अगस्त, 1947 को स्वतंत्रता का सूर्योदय हुआ। देश में नए वातावरण का निर्माण हो रहा था। एक नई चेतना पैदा हो रही थी। उपनिवेशवाद की त्रासदी से देश मुक्त हो गया था। राजनैतिक स्वाधीनता प्राप्त हो चुकी थी। आर्थिक स्वाधीनता तथा राजनैतिक स्वाधीनता के लिए संघर्ष का एक नया दौर आरंभ हो रहा था। ए.आर. देसाई ने अपनी पुस्तक *सोश्यल बैकग्राउण्ड ऑफ द इंडियन सोश्यलिज्म* में स्पष्ट किया है कि नई सामाजिक शक्तियों की प्रकृति और भारतीय समाज के विकास के नियम को समझने की आवश्यकता है। उनके अनुसार आधुनिक उद्योगों की स्थापना के फलस्वरूप भारतीय समाज में दो महत्वपूर्ण वर्गों का जन्म हुआ — बुर्जुआ तथा सर्वहारा। सर्वहारा वर्ग के अधिकारों तथा हितों की रक्षा के लिए विभिन्न स्तरों पर श्रमिक संघों के द्वारा संगठित प्रयत्न जारी हैं। निम्नलिखित विवरणों के आधार पर स्वाधीन भारत में श्रम संघ एवं श्रमिक आंदोलन के महत्वपूर्ण आयामों को रेखांकित किया जा सकता है—

1. स्वाधीनता के बाद श्रमिक संघ तथा श्रम आंदोलन में उल्लेखनीय परिवर्तन परिलक्षित होता है। श्रमिक संघों पर बाहरी तथा अन्तर्राष्ट्रीय प्रभावों का लगातार विकास तथा विस्तार हुआ। परस्पर विरोधी विचारधाराओं में टकराहट के संकेत मिलते हैं। साथ ही राजनैतिक विचारों का व्यापक प्रभाव भी श्रमिक संघों पर अनुभव किया जा सकता है। सरकार के द्वारा अनिवार्य पंच–निर्णय प्रणाली पर अधिक ध्यान केंद्रित किया गया तथा श्रमिकों के हितों एवं अधिकारों की रक्षा के लिए नीति निर्धारण करने का प्रयत्न किया गया। स्वतंत्र भारत में श्रमिक तथा श्रमिक संघ से संबंधित विभिन्न अधिनियमों की रक्षा के लिए एक नई चेतना पैदा हुई तथा हित समूह के रूप में श्रमिक संघों का विस्तार हुआ। स्वाधीन भारत में श्रमिक संघों की संख्या में व्यापक पैमाने पर वृद्धि हुई है तथा श्रमिक संघों की सदस्यता में भारी वृद्धि हुई है।
2. 15 अगस्त, 1947 को कांग्रेस ने शासन सूत्र को अपने हाथ में किया। स्वाधीनता के बाद देश में बड़ी संख्या में हड़तालें हुईं। 1947 में औद्योगिक वाद–विवाद अधिनियम पारित किया गया।
3. स्वाधीनता के बाद तीन प्रमुख श्रम संघों की स्थापना के कारण श्रमिक आंदोलन में विभाजन हो गया। इंडियन नेशनल ट्रेड यूनियन कांग्रेस (इंटक) सन् 1947 में स्थापित की गई। इंटक पर कांग्रेस पार्टी का नियंत्रण था। 1948 में हिंद मजदूर सभा (एचएमएस) की स्थापना की गई। यह प्रजा समाजवादी पार्टी से संबंधित था। सन्

1949 में यूनाइटेड ट्रेड यूनियन कांग्रेस (यूटीयूसी) की स्थापना की गई। इसका नेतृत्व के.टी. साह कर रहे थे।

4. श्रमिक संघ के रूप में भारतीय राष्ट्रीय श्रम संघ अथवा इंटक (Indian National Trade Union Congress) की स्थापना सन् 1947 में कांग्रेस पार्टी के नेताओं द्वारा की गई। सुनिश्चित, संरचित संगठन, व्यवस्थित कार्ययोजना तथा राजनैतिक विचारधारा के आधार पर श्रम आंदोलन के क्षेत्र में स्वाधीनता के बाद भारतीय राष्ट्रीय श्रम संघ कांग्रेस (इंटक) का योगदान उल्लेखनीय है। इंटक पारस्परिक वार्ता द्वारा औद्योगिक संघर्षों को सुलझाने में विश्वास करता है। इसका मुख्य उद्देश्य श्रमिकों को योजनाबद्ध रूप में संगठित करने से संबंधित है। साथ ही श्रमिकों की कार्य-दशाओं एवं उनके जीवन स्तर में सुधार करना भी इस संगठन का एक मुख्य उद्देश्य है। श्रमिकों की कार्यक्षमता में वृद्धि करना तथा श्रमिक सर्वहारा वर्ग में उद्योग एवं समाज के प्रति जिम्मेदारी की भावना पैदा करना भी इस संगठन का एक महत्वपूर्ण लक्ष्य रहा है। जून 1972 में इंटक का विभाजन हुआ तथा इसका एक भाग टूट कर अलग हो गया। फलतः एक नये श्रम संघ 'राष्ट्रीय श्रम संगठन' का उदय हुआ।
5. अखिल भारतीय श्रम संघ कांग्रेस (एटक) मूलतः साम्यवादियों का संगठन है। सन् 1920 में एटक की स्थापना हुई। यह मार्क्सवादी विचारधारा से उत्प्रेरित है। देश के श्रमिक सर्वहारा वर्ग में एकता तथा सामंजस्य को स्थापित करना इसका प्रमुख लक्ष्य है। यह सर्वहारा वर्ग का एक जुझारू एवं आक्रामक संगठन है। इसके द्वारा मजदूरों में वर्ग चेतना के विकास का प्रयत्न किया जाता है तथा अलगाव के खिलाफ आंदोलन की चिंगारी पैदा की जाती है। साथ ही भारतीय श्रमिकों के आर्थिक, सामाजिक तथा राजनैतिक हितों की भी रक्षा करना इस संगठन का मुख्य लक्ष्य रहा है।
6. हिंद मजदूर सभा (एचएमएस) समाजवादियों द्वारा स्थापित एक प्रमुख श्रमिक संगठन है। इसकी स्थापना सन 1948 में की गई। यह समाजवादी विचारधारा से उत्प्रेरित है। यह उद्योगों तथा अन्य उपक्रमों के राष्ट्रीयकरण में विश्वास करता है। यह श्रमिकों के विविध आयामों से जुड़ा हुआ संगठन है।
7. संयुक्त श्रम संघ कांग्रेस (यूटीयूसी) की स्थापना 1948 में की गई। अखिल भारतीय श्रम संघ कांग्रेस (एटक) के कतिपय असंतुष्ट एवं विक्षुब्ध नेताओं ने संयुक्त श्रम संघ कांग्रेस की स्थापना में सहयोग किया। यूटीयूसी का मुख्य उद्देश्य श्रमिकों के हितों की रक्षा से जुड़ा हुआ है। यह श्रमिक संघों पर आवश्यक राजनैतिक दखलअंदाजी तथा दबाव के खिलाफ संघर्षरत रहा है।
8. भारतीय मजदूर संघ (बीएमएस) की स्थापना 1955 में की गई। यह राष्ट्रीय स्वयं सेवक संघ का आनुषंगिक संगठन है। राजनैतिक स्तर पर इसका सरोकार भारतीय जनसंघ के साथ रहा है। वर्तमान समय में यह भारतीय जनता पार्टी से जुड़ा हुआ है। यह दक्षिणपंथी विचारधारा से उत्प्रेरित है तथा सांस्कृतिक राष्ट्रवाद के प्रति प्रतिबद्ध है। हाल के वर्षों में भारतीय मजदूर संघ का व्यापक पैमाने पर विस्तार हुआ है। इसके सदस्यों की संख्या में भी वृद्धि हुई है। इसे अखिल भारतीय श्रम संगठन के रूप में मान्यता प्राप्त है।

9. सेंटर ऑफ इंडियन ट्रेड यूनियन (सीटू) एक महत्वपूर्ण श्रमिक संगठन है। वामपंथी केंद्रीय श्रम संगठनों में विवाद के लिए सीटू का उदय तथा विकास हुआ है। पिछले वर्षों में इसके सदस्यों की संख्या में काफी वृद्धि हुई है। अखिल भारतीय श्रमिक संगठन के रूप में इसे मान्यता प्राप्त है। साथ ही राष्ट्रीय स्तर पर विचाराधीन श्रम समस्याओं पर विचार-विमर्श हेतु इसे प्रतिनिधित्व प्राप्त है।
10. श्रमिक संघ आंदोलन से संबंधित कतिपय अन्य संगठनों की भी चर्चा की जा सकती है। उदाहरणस्वरूप अखिल भारतीय कर्मचारी संघ, नेशनल फेडरेशन ऑफ पोस्ट एंड टेलीग्राफ वर्कर्स, ऑल इंडिया वर्कर्स एसोसिएशन तथा नेशनल फेडरेशन ऑफ इंडियन रेलवेमैन।
11. भारतीय श्रमिक संघ तथा श्रम आंदोलन के समाजशास्त्रीय यथार्थ के विश्लेषण से स्पष्ट होता है कि भारत में श्रमिक संघों में एकता का अभाव है। श्रमिक संघों में अपेक्षित सामंजस्य नहीं है। श्रमिक संघों के टूटने और बिखरने का इतिहास रहा है। श्रमिक संघों के अन्तर्गत विचारधाराओं में टकराहट मौजूद है। फलतः श्रमिक सर्वहारा वर्ग में चट्टानी एकता का विकास नहीं हो पाया। वर्ग चेतना का अभाव रहा है। अलगाव के खिलाफ तीव्र आंदोलन की चेतना विकसित नहीं हो पाई। हाल के वर्षों में क्षेत्रीयता तथा सजातीयता के बीच टकराहट की स्थिति उत्पन्न हुई है। फलतः श्रमिक संघ तथा श्रमिक आंदोलन कमजोर हुआ है। 1991 के बाद वैश्वीकरण तथा आर्थिक उदारीकरण ने श्रमिक आंदोलन को एक नए मोड़ पर लाकर खड़ा कर दिया है। बहुराष्ट्रीय कंपनी के अपने एजेंडे, आर्थिक मंदी तथा विवेकीकरण के नाम पर मजदूरों की छंटनी की जा रही है। वर्तमान समय में श्रमिक संघ तथा श्रम आंदोलन संक्रमण के कगार पर हैं। आधारभूत संरचना, व्यापार तथा प्रबंधन, उत्पादक शक्ति तथा उत्पादन की प्रक्रिया तथा सूचना तकनीक के विकास के कारण औद्योगिक संगठनों में भारी पैमाने पर फेरबदल हुआ है। श्रमिकों के समक्ष नई चुनौतियां खड़ी हुई हैं। नई समस्याओं का जन्म हुआ है। जाहिर है कि श्रमिक संघों को समय के अनुरूप ढलना होगा। रणनीति बदलनी होगी। वी.वी. गिरि ने अपनी पुस्तक *लेबर प्रोबलम्स इन इंडियन इंडस्ट्री* में स्पष्ट किया है कि ''यदि श्रमिक संघ आंदोलन में एकता हो और वह इन उद्देश्यों की प्राप्ति के लिए शक्तिशाली न हो तो पूर्णतः समाजवादी लोकतंत्र के आधार पर निर्मित औद्योगिक संरचना की बुनियाद सुदृढ़ नहीं होगी। इन हालातों में सरकार अपने सर्वोत्तम आदर्शों और कार्यक्रमों के होते हुए भी श्रमिक मजदूर वर्ग को बुनियादी अधिकार दिलाने में कठिनाई अनुभव करेगी।''
12. विभिन्न समस्याओं तथा अवरोधों के बावजूद स्वाधीनता के बाद भारत में श्रमिक संघ आंदोलन का व्यापक पैमाने पर विकास हुआ है। उल्लेखनीय है कि 1951-52 में पंजीकृत श्रमिक संघों की संख्या 4,620 थी जबकि सन् 2000 में पंजीकृत श्रमिक संघों की संख्या बढ़कर 66,056 हो गई।

तालिका 1

भारत में मजदूर संघ आंदोलन का विकास

वर्ष	*पंजीकृत मजदूर संघों की संख्या*	*सूचना उपलब्ध कराने वाले संघ*	*सदस्यता (लाखों में)*
1951-52	4,620	2,556	20
1961-62	11,614	7,087	40
1975	28,834	10,158	65
1978	32,207	8,351	60
1981	35,539	6,082	54
1987	49,329	11,063	79
1994	56,872	6,227	41
1995	57,952	8,162	65
1998	61,592	7,403	72
1999	64,817	8,152	64
2000	66,056	7,231	54

13. स्वाधीनता के बाद केंद्रीय मजदूर संघों की सदस्यता में भी वृद्धि हुई है। भारत में पांच प्रमुख मजदूर संघों का व्यापक प्रभाव है। इनमें INTUC, HMS, BMS, AITUC तथा CITU का उल्लेख किया जा सकता है।

तालिका 2

केंद्रीय मजदूर संघों की सदस्यता

		31-12-2000 को किया गया सर्वेक्षण		*31-12-1989 को किया गया सर्वेक्षण*	
		कुल	*प्रतिशत*	*कुल*	*प्रतिशत*
1.	BMS	60.0	30.0	31.2	26.2
2.	INTUC	38.0	19.0	27.1	22.8
3.	AITUC	33.0	16.5	9.2	7.8
4.	HMS	32.0	16.0	14.8	12.4
5.	CITU	26.0	13.0	18.0	15.1
	अन्य	11.0	5.5	18.7	15.7
	कुल	200.0	100.0	119.0	100.0

टिप्पणी : INTUC–इंडियन नेशनल ट्रेड यूनियन कांग्रेस, AITUC–ऑल इंडिया ट्रेड यूनियन कांग्रेस, CITU–सेंटर ऑफ इंडियन ट्रेड यूनियंस, HMS–हिंद मजदूर सभा, BMS–भारतीय मजदूर संघ, UTUC–यूनाइटेड ट्रेड यूनियन कांग्रेस, UTUC–LS–यूनाइटेड ट्रेड यूनियन कांग्रेस–लैनिन–सारणी, NIFTU–नेशनल फेडरेशन ऑफ इंडिपेंडेंटे ट्रेड यूनियंस।
अन्य में UTUC, UTUS–LS और NIFTU शामिल हैं।

भारत में उपनिवेशवाद के खिलाफ तथा पूंजीपतियों के अत्याचार के प्रतिरोध में श्रमिक संगठनों का विकास हुआ है। औद्योगिक पृष्ठभूमि तथा औद्योगीकरण की प्रक्रिया में श्रम आंदोलन को एक सुदृढ़ आधार प्रदान किया। परन्तु श्रमिक संघों का राजनीतिकरण, श्रमिक संघों में बिखराव, क्षेत्रीयता तथा सजातीयता की भावना एवं श्रमिक संघ के नेतृत्व में प्रबंधन तथा कुशलता के अभाव के कारण भारत में श्रमिक वर्ग दोराहे पर खड़ा है। वैश्वीकरण तथा आर्थिक उदारीकरण ने भारतीय श्रमिक वर्ग के समक्ष नई चुनौतियों को खड़ा कर दिया है। अत: समय के अनुरूप श्रमिक संघों में बदलाव अपेक्षित है। श्रमिक संघों को निहित राजनैतिक स्वार्थ का परित्याग करना होगा। जिम्मेदार श्रमिक संघ नेतृत्व के बिना वैश्वीकरण तथा आर्थिक उदारीकरण की चुनौतियों से मुठभेड़ करना नामुमकिन है। देश के कोने-कोने में बिखरे-फैले श्रमिक संघों में एकता अपेक्षित है। श्रमिक सर्वहारा वर्ग में चट्टानी एकता तथा वर्ग चेतना को विकसित करना समय का तकाजा है। कांटों की राह पर चलने वाले मजदूर नेताओं को आगे लाना होगा। सामूहिक सौदेबाजी की शक्ति में वृद्धि करनी होगी। बढ़ती हुई महंगाई, आर्थिक मंदी, कामगारों की लगातार छंटनी तथा कानूनी दावपेंच के मौजूदा माहौल में श्रमिक संघों को अधिक आक्रामक एवं जुझारू होने के साथ प्रबंधन-कौशल का परिचय देना होगा।

श्रमिक संघ तथा श्रमिक आंदोलन : समाजशास्त्रीय शोध के परिप्रेक्ष्य में (Trade Unions and Labour Movement in Sociological Research Perspective)

आधुनिक औद्योगिक संगठन के साथ श्रमिक संघों का तर्कपूर्ण संबंध है। भारत में औद्योगिक पृष्ठभूमि में श्रमिक आंदोलन का एक दीर्घकालीन इतिहास रहा है। अत: औद्योगिक संगठन की तरह श्रमिक संघवाद का भी समाजशास्त्रीय शोध में उल्लेखनीय महत्व रहा है। एस.डी. पुनेकर ने *इकोनोमिक एंड पोलिटिकल वीकली*—(1972) में प्रकाशित अपने एक शोध निबंध ''ट्रेड यूनियन यूनिटी'' में स्पष्ट किया है कि भारत में श्रमिक संघवाद का उदय पश्चिमी देशों की उदार लोकतांत्रिक विचारधारा के प्रभाव में हुआ है। परन्तु इसका विकास तथा विस्तार स्वतंत्रता आंदोलन तथा राष्ट्रवाद के विकास के परिप्रेक्ष्य में हुआ है। 1971 में प्रकाशित अपनी पुस्तक *लेबर मूवमेन्ट इन इंडिया : इट्स पास्ट एंड प्रेजेन्ट* में स्पष्ट किया है कि भारत में प्रथम विश्वयुद्ध के बाद संगठित श्रम आंदोलन की शुरुआत हुई। परन्तु श्रमिक आंदोलन राजनैतिक मतभेदों का शिकार रहा है। भारत में श्रमिक संघ एवं श्रम आंदोलन पर केंद्रित कतिपय शोध एवं सर्वेक्षण किये गये हैं। समाजशास्त्रीय परिप्रेक्ष्य में श्रमिक संघ एवं श्रमिक आंदोलन का अध्ययन किया गया है। उदाहरणस्वरूप के.एन. वैद का अध्ययन उल्लेखनीय है। इस संदर्भ में उनकी पुस्तक *घेराव एंड लेबर अर्नेस्ट इन वेस्ट बंगाल* का उल्लेख किया जा सकता है। एम.के. पांधे ने 1960 में शोलापुर में श्रमिक संघों तथा विकास का अध्ययन किया है। इस संदर्भ उनका अप्रकाशित शोध ''लेबर आर्गेनाइजेशन इन शोलापुर एज वैल एज द फंक्शनिंग ऑफ ट्रेड यूनियन'' का उल्लेख किया जा सकता है। उसी तरह रेलवे तथा निर्माण उद्योग में श्रमिक संघवाद का अध्ययन उपलब्ध है। पंचवर्षीय योजनाओं तथा आर्थिक विकास के परिप्रेक्ष्य में श्रमिक संघवाद एवं श्रम आंदोलन का अध्ययन उपलब्ध है। सफेदपोश कामगारों का भी अध्ययन किया गया है। उदाहरणस्वरूप बैंक, वाणिज्य प्रतिष्ठान, सरकारी दफ्तर के सफेदपोश कामगारों एवं उनके

श्रमिक संघों का समाजशास्त्रीय संदर्भ में अध्ययन किया गया है। जटिल कार्य संरचना तथा वैश्वीकरण के परिप्रेक्ष्य में सफेदपोश कामगारों के संदर्भ में विशेष अध्ययन की अपेक्षा है। श्रमिक संघवाद को भारत में दलगत राजनीति ने प्रभावित किया है। सरकारी तंत्र का श्रमिक संघ के नेतृत्व पर विशेष प्रभाव रहा है। श्रमिक संघों में टकराहट तथा मतभेद की स्थिति उत्पन्न होती रही है। अत: इन परिप्रेक्ष्यों का भी अध्ययन किया गया है। श्रमिक नेतृत्व के सामाजिक, आर्थिक व राजनैतिक पृष्ठभूमि की व्याख्या की गई है। श्रमिक संघ तथा श्रमिक आंदोलन में कामगारों की भागीदारी का भी अध्ययन किया गया है। निम्नलिखित विवरणों के आधार पर श्रमिक संघ एवं श्रमिक आंदोलन के संदर्भ में महत्वपूर्ण समाजशास्त्रीय अध्ययनों को रेखांकित किया जा सकता है–

1. प्रख्यात समाजशास्त्री राधाकमल मुखर्जी ने 1951 में अपनी महत्वपूर्ण कृति *द इंडियन वर्किंग क्लास* में समाजशास्त्रीय संदर्भों में भारतीय कामगारों के प्रश्नों को खड़ा किया। उन्होंने कामगारों की सामाजिक एवं आर्थिक पृष्ठभूमि तथा हालातों पर खुलकर विवेचन किया। साथ ही कामगारों की नियुक्ति, नियोजन की परिस्थितियां, ठेका मजदूर, महिला कामगार एवं बाल–श्रमिकों की समस्याओं के यथार्थ को प्रस्तुत किया।
2. बी.एस. बाविष्कर ने *इंडियन जर्नल ऑफ इंडस्ट्रियल रिलेशन्स् (1968)* में प्रकाशित अपने एक शोध निबंध ''यूनियन पोलिटिक्स एंड मैनेजमेंट पोलिटिक्स'' में स्पष्ट किया है कि राजनैतिक दलों का स्पष्ट प्रभाव श्रमिक संघ–नेतृत्व पर परिलक्षित होता है। उन्होंने सहकारिता आधारित उद्योग के प्रबंधन तथा श्रमिक नेतृत्व के अध्ययन के क्रम में खुलासा किया है कि राजनैतिक दलों के साथ श्रमिक नेतृत्व का प्रत्यक्ष अथवा अप्रत्यक्ष सरोकार मौजूद रहता है। फलत: श्रमिक नेतृत्व एवं श्रमिक संघों की राजनैतिक विचारधारा के आधार पर मतभेद की स्थिति उत्पन्न होती है। कामगारों का संघर्ष कमजोर होता है। राजनैतिक स्तर पर कामगारों में विभाजन होता है। क्षेत्रीयता एवं जातिगत चेतना का विकास होता है। फलत: श्रमिक आंदोलन प्रभावित होता है। एच. क्राउच ने भी बाविष्कार के विचारों का समर्थन किया है। 1966 में प्रकाशित अपनी पुस्तक *ट्रेड यूनियंस एंड पोलटिक्स इन इंडिया* में उन्होंने स्पष्ट किया है कि राजनैतिक सरोकारों के कारण श्रमिक संघों का जुझारूपन कमजोर होता है। *इकोनोमिक एंड पोलिटिकल वीकली* (1968) में प्रकाशित अपने एक शोध निबंध ''ट्रेड यूनियन इन्फुलेएन्स इन इलेक्शन : ए केस स्टडी'' में स्पष्ट किया है जो श्रमिक संघों के राजनैतिक रुझानों एवं सरोकारों के आधार पर कामगारों का मतदान व्यवहार प्रभावित होता है। एस.एन. पांडे ने आइडियोलॉजिकल कानफ्लिक्ट इन कानपुर ट्रेड मूवमेंट में प्रकाशित अपने एक शोध निबंध 'Ideological Conflict in the Kanpur Trade Movement' में स्पष्ट किया है कि श्रमिक संघों का सत्ता की राजनीति के साथ स्पष्ट सरोकार होता है। सत्ता की राजनीति के आधार पर संघों में मतभेद की स्थिति उत्पन्न होती है। कामगारों में विभाजन होता है। अन्तत: श्रम आंदोलन कमजोर होता है।
3. एस.डी. पुनेकर ने *इंडिन जर्नल ऑफ लेबर इकोनोमिक* (1958–59) में प्रकाशित अपने एक शोध निबंध ''ट्रेड यूनियन एंड द यूनिवर्सिटीज'' में एक विशिष्ट क्षेत्र के श्रमिक संघों एवं संघवाद का अध्ययन किया है। विश्वविद्यालयों में विभिन्न पाठ्यक्रमों

में श्रमिक संघ तथा श्रमिक आंदोलन की चर्चा एवं व्याख्या की जाती है। साथ ही शिक्षक एवं शिक्षकेत्तर कर्मचारी अपने हितों तथा अधिकारों की रक्षा के लिए संगठित होते हैं। इनके संघों की कार्यसंस्कृति, आंदोलन का स्वरूप सामूहिक सौदेबाजी की शक्ति तथा सदस्यता आदि का स्वरूप विशिष्ट होता है।

4. जे.एस. माथुर ने अपनी पुस्तक इंडियन वर्किंग क्लास मूवमेन्ट (1964) में भारत में श्रमिक संघवाद के उदय और विकास से संबंधित विभिन्न मुद्दों का गंभीर विश्लेषण किया है। उनके अनुसार वामपंथी तथा दक्षिणपंथी विचारधाराओं में टकराहट के कारण श्रमिक संघों का विकास विभिन्न रूपों में हुआ है। विचारधाराओं के आधार पर विभिन्न प्रकार के संघों का उदय हुआ है। श्रमिक नेतृत्व की कमजोरी के कारण भी श्रम आंदोलन कमजोर होता रहा है।

5. एच. केशव कुलकर्णी ने अपनी एक शोध रिपोर्ट "टुवाड्र्स कन्सट्रैक्टिव ट्रेड यूनियनज्म : ए ग्लिम्पस् इन टु द गांधीयन लेबर मूवमेन्ट आन द इंडियन रेल्वेस्" में खुलासा किया है कि भारत में श्रमिक आंदोलन में गांधीवाद का व्यापक पैमाने पर उपयोग होता है। उनके अनुसार धरना, सत्याग्रह तथा अनशन आदि का उपयोग कामगारों के द्वारा श्रमिक संघ के नेतृत्व में किया जाता है। इस प्रकार श्रमिक आंदोलन महात्मा गांधी के विचारों से उत्प्रेरित रहा है।

6. इंडियन जनरल ऑफ लेबर पोलिटिक्स (1968) में प्रकाशित अपने एक शोध निबंध ग्रो एंड प्रैक्टिस ऑफ वाइट कॉलर यूनियनिज्म में आर.एस. माथुर तथा टी.एस. पपोला ने जीवन बीमा निगम के तृतीय वर्ग के कर्मचारियों के श्रमिक संघों के संबंध में गहन अध्ययन किया है। इन विद्वानों ने श्रमिक संघों के विकास, संरचना तथा कार्यप्रणाली का अध्ययन किया है। इन विद्वानों के अनुसार श्रम संघ का मुख्य उद्‌देश्य कर्मचारियों के हितों एवं अधिकारों की रक्षा से संबंधित होता है। इस अध्ययन में सफेदपोश कर्मचारियों के विभिन्न मुद्‌दों पर विचार किया गया है। सफेदपोश कर्मचारियों का श्रमिक संघ सुनियोजित तथा तर्कपूर्ण रूपों में नियोजकों के समक्ष कर्मचारियों के मुद्‌दों को प्रस्तुत करने में अधिक सक्षम होता है। परन्तु सफेदपोश श्रमिक संघों में तुलनात्मक तौर पर जुझारूपन का अभाव होता है।

7. इकोनोमिक रिव्यू (1958) में प्रकाशित अपने एक शोध निबंध "ट्रेड यूनियनिज्म इन स्माल इंडस्ट्रीज" में ए. घोष ने लघु उद्योगों में श्रमिक संघवाद के विविध आयामों का अनुशीलन किया है। लघु-उद्योगों में कामगारों की संख्या अधिक नहीं होती है। अत: शोषण तथा उत्पीड़न का खतरा अधिक रहता है। लघु उद्योगों में श्रमिक संघों का संगठन अधिक प्रभावी होता है तथा उसकी संरचना अधिक संगठित होती है।

8. ए.एस. माथुर ने श्रमिक संघ से संबंधित एक नये आयाम का अध्ययन किया है। उन्होंने अपनी रिपोर्ट "ट्रेड यूनियन इलीट इन इंडिया" में श्रमिक संघ अभिजन वर्ग का अध्ययन किया है। उन्होंने श्रमिक संघ-नेतृत्व के व्यक्तित्व तथा उनके सामाजिक जीवन का अन्वेषण किया है। उनके अनुसार जिम्मेदार तथा सक्षम नेतृत्व नियोजक को अधिक प्रभावित करता है तथा कामगारों की समस्या के समाधान को परिणाम तक पहुंचाता है।

9. इकोनोमिक वीकली (1960) में प्रकाशित अपने एक शोध निबंध ''ट्रेड यूनियन इन एन इंडियन फैक्ट्री : ए सोशियोलॉजिकल अनेलेसिस में एन.आर. सेठ'' ने श्रमिक संघवाद की कार्यप्रणाली तथा उसके विकास के विविध आयामों का समाजशास्त्रीय परिप्रेक्ष्य में विश्लेषण किया है। साथ ही उन्होंने सामाजिक पर्यावरण एवं नियोजक कामगारों के संबंधों का भी विवेचन किया है। उनके अनुसार नियोजक तथा कामगार के बीच श्रमिक संघ सेतु का काम करता है तथा औद्योगिक विवाद के दौरान उसकी भूमिका महत्वपूर्ण होती है।
10. एन.आर. सेठ ने अपने एक शोध निबंध ''वर्कर्स पार्टीसिपेशन इन ट्रेड यूनियन एक्टीविटीज'' में श्रमिक संघों में कामगारों की भागीदारी का विश्लेषण किया है। उनके अनुसार कामगारों की सामाजिक-आर्थिक पृष्ठभूमि की व्याख्या के बिना श्रमिक संघों में उनकी भागीदारी को सुनिश्चित नहीं किया जा सकता है।
11. *इंडियन जर्नल ऑफ लेबर इकोनोमिक्स* (1968—69) में प्रकाशित अपने एक शोध निबंध ''स्टडी ऑफ ट्रेड यूनियंस इन बिहार'' में बी.एन. शुक्ला ने श्रमिक संघों के विविध पक्षों का विश्लेषण किया है। श्रमिक संघों की विविधता, राजनैतिक विचारों में मतभेद तथा जातिगत चेतना एवं श्रमिक नेतृत्व के महत्व को बी.एन. शुक्ला ने स्पष्ट किया है। जाहिर है कि बिहार में श्रमिक संगठन विभिन्न संघातों से जुड़ा हुआ है तथा विचारों में टकराहट के कारण कामगारों को नुकसान होता है। यहां पर उल्लेखनीय है कि बी.एन. शुक्ला ने 1968-69 के कालखंड में बिहार के श्रमिक संघों का अध्ययन किया था। 15 नवंबर, 2000 को झारखंड राज्य का निर्माण हुआ तथा बिहार का विभाजन हो गया। बिहार में औद्योगिक संगठनों की संख्या सीमित है। अधिकतर असंगठित क्षेत्र के खेतिहर मजदूर हैं। खेतिहर मजदूर का कोई सुसंगठित संगठन नहीं है। अतः मौजूदा बिहार में श्रमिक संघों के बनते-टूटते समीकरणों एवं समाजशास्त्रीय यथार्थ का गहन अध्ययन अपेक्षित है।

श्रमिक संघवाद तथा श्रमिक आंदोलन के सिद्धांत
(Trade Unionism and Theories of Labour Movement)

कार्ल मार्क्स ने वर्ग चेतना, वर्ग संघर्ष, अलगाव, द्वंद्वात्मक भौतिकवाद तथा ऐतिहासिक भौतिकवाद के आधार पर औद्योगिक पृष्ठभूमि में दुनिया के कामगारों को एक नई ऊर्जा प्रदान की। अतः श्रमिक संघवाद तथा श्रमिक आंदोलन का एक प्रमुख सिद्धांत वर्ग संघर्ष के बुनियादी आधारों पर केन्द्रित है। सिडनी एवं बेयट्रिस वेब्ब ने औद्योगिक प्रजातंत्रवाद का सिद्धांत पेश किया। अमेरिकन फेडरेशन ऑफ लेबर ने श्रमिक आंदोलन के संदर्भ में व्यावसायिक सिद्धांत को प्रस्तुत किया। श्रमिक आंदोलन का एक महत्वपूर्ण सिद्धांत सामाजिक एवं मनोवैज्ञानिक सिद्धांत से जुड़ा हुआ है। पर्लमैन तथा मार्क ने 1958 में प्रकाशित अपनी पुस्तक *लेबर यूनियन थ्योरीज इन अमेरिका* में आधुनिक संदर्भ में श्रमिक आंदोलन के सिद्धांत को प्रतिपादित किया। सिडनी तथा वेब्ब ने अपनी पुस्तक *इंडस्ट्रियल डेमोक्रेसी* में श्रम संघों के नियमन के सिद्धांत को

प्रस्तुत किया। एच.जे. लास्की ने अपनी पुस्तक *ट्रेड यूनियंस इन द न्यू सोसाइटी* में श्रमिक संघ तथा श्रम आंदोलन से संबंधित समाजवाद के सिद्धांत की व्याख्या की। निम्नलिखित विवरण के आधार पर श्रमिक संघवाद तथा श्रम आंदोलन के विविध सिद्धांतों को रेखांकित किया जा सकता है—

मार्क्सवादी सिद्धांत

मार्क्स ने वर्ग संघर्ष का सिद्धांत प्रस्तुत किया। उन्होंने 'दुनिया के मजदूरों एक हो' के आधार पर पूंजीपतियों के खिलाफ श्रमिक संघों तथा श्रम आंदोलन को एक नई उत्तेजना प्रदान की। मार्क्सवादी सिद्धांत में सामाजिक वर्ग उत्पादन के साधनों के साथ अपने संबंध से परिभाषित होते हैं। अर्थात् उत्पादन के साधन पर जिसका स्वामित्व होता है, उसे पूंजीवादी वर्ग में सम्मिलित किया जाता है। उत्पादन के साधन पर जिसका स्वामित्व नहीं होता है उसे सर्वहारा वर्ग में शरीक किया जाता है। इस प्रकार यह दृष्टिकोण बनता है कि हरेक समाज में दो प्रमुख विरोधी वर्ग होते हैं। विभिन्न समाजों में वर्गों की प्रकृति उत्पादन के साधनों पर निर्भर है जो पुनः तकनीक के स्तर पर निर्भर हैं। शुंपीटर के अनुसार मार्क्स की प्राथमिक अभिरुचि वर्गों के विकास में थी। साथ ही उसका सिद्धांत सामाजिक और राजनैतिक परिवर्तन में प्रतिरोधी वर्गों की भूमिका के विश्लेषण में सक्षम है। मार्क्स ने पूंजीवाद के उदय और पूंजीवाद की स्थापना तथा उससे भी आगे पूंजीवादी समाज में वर्ग के बतौर मजदूरों के संगठन और विकास को महत्व दिया।

मार्क्स सबसे पहले सर्वहारा वर्ग को 'अपने आप में वर्ग' के रूप में प्रस्तुत करता है। अर्थात् समान आर्थिक स्थिति में रहने वाले व्यक्तियों के रूप में रेखांकित करता है। बाद में मार्क्स यह स्पष्ट करता है कि कैसे यह 'अपने लिए वर्ग' बन जाता है। अर्थात कैसे इसके सदस्य अपने साझा हितों और राजनैतिक लक्ष्यों के प्रति सचेत होते हैं। *द पावर्टी ऑफ फिलोसफी* तथा *दास कैपिटल* में मार्क्स ने वर्ग चेतना के इस विभाजन के अनुकूल परिस्थितियों का वर्णन किया है—वे हैं उद्योगों का केन्द्रीकरण, संप्रेषण का विकास, पूंजीपति और मजदूर वर्ग के बीच बढ़ता हुआ आर्थिक और सामाजिक अन्तर तथा कुशल कारीगरी के पतन के फलस्वरूप मजदूरों में बढ़ती हुई एकरूपता आदि। जाहिर है कि कार्ल मार्क्स ने श्रमिक संघ तथा श्रम आंदोलन को अपने विचारों तथा चिंतनों के जरिये एक नई ऊष्मा तथा ऊर्जा प्रदान की। उसने *कम्युनिस्ट मेनिफेस्टो* मेनिफेस्टो में स्पष्ट किया कि अभी तक सभी समाजों का इतिहास वर्ग-संघर्षों का इतिहास रहा है। उन्होंने यह भी स्पष्ट किया कि वर्ग संघर्ष का एक प्रमुख कारण उत्पादन शक्तियों और उत्पादन संबंधों के बीच टकराव से संबंधित है। उन्होंने उत्पादन शक्तियों (Forces of Production) तथा उत्पादन संबंध (Relations of Production) के बीच टकराहट की व्याख्या की है। उनके अनुसार आधुनिक तकनीकों तथा यांत्रिक विकास के कारण उत्पादन में वृद्धि होती है। उत्पादक लखपति, करोड़पति हो जाता है, करोड़पति अरबपति हो जाता है। पूंजीपति बड़ा पूंजीपति बन जाता है। उत्पादन की क्षमता में वृद्धि के कारण पूंजीपति को अपार लाभ होता है। इस लाभ में सर्वहारा वर्ग की कोई हिस्सेदारी नहीं होती। उत्पादन क्षमता में वृद्धि के कारण मजदूरों का कार्यक्षेत्र बढ़ जाता है। उनसे अधिक काम लिया जाता है।

पूंजीपति मजदूरों को अधिक समय तक कार्य करने के लिए बाध्य करता है। इस प्रकार मजदूरों को दबाव तथा तनाव में काम करना पड़ता है। बीमार तथा लाचार होने पर भी काम करना पड़ता है। फलतः इस प्रक्रिया में गरीब मजदूर काम के बोझ तले दब जाता है। साथ ही वह और गरीब हो जाता है। उसकी गरीबी बढ़ती जाती है। मार्क्स ने स्पष्ट किया है कि मजदूरों का शोषण बुर्जुआ वर्ग के द्वारा होता है। वह मजदूरों के परिश्रम से अर्जित मुनाफे का अकेला उपभोग करता है। शोषण की इस प्रक्रिया को मार्क्स ने अतिरिक्त मूल्य का सिद्धांत (Theory of Surplus Value) की अवधारणा के आधार पर स्पष्ट किया है। मार्क्स ने यह भी स्पष्ट किया है कि गरीबी का मुख्य कारण मजूदरों का शोषण है। वस्तुओं की कमी के कारण गरीबी नहीं होती। मार्क्स के अनुसार गरीबी का मुख्य कारण होता है—सर्वसंपन्न वर्ग द्वारा सर्वहारा का शोषण।

सामाजिक एवं मनोवैज्ञानिक सिद्धांत

श्रमिक संघ तथा श्रमिक आंदोलन का स्पष्ट सरोकार कामगारों के सामाजिक एवं मनोवैज्ञानिक पहलुओं के साथ जुड़ा हुआ है। श्रमिक संघ के नेतृत्व में सुरक्षा का एहसास होता है। छंटनी, निलम्बन तथा उत्पीड़न के भय से मुक्ति मिलती है। आत्मसम्मान और स्वाभिमान के साथ अपने परिवार तथा बाल-बच्चों का लालन-पालन करते हुए कामगार अपने दायित्वों का निर्वाह करता है। संघ में शक्ति होती है। श्रम आंदोलन में ऊर्जा होती है। अतः सामाजिक एवं मनोवैज्ञानिक सिद्धांत के अन्तर्गत कामगार के सामाजिक एवं मनोवैज्ञानिक हितों का विवेचन होता है।

व्यावसायिक सिद्धांत

श्रमिक संघ तथा श्रमिक आंदोलन का एक व्यावसायिक आधार होता है। कार्य की दशाओं में सुधार, मजदूरी में वृद्धि, सामाजिक सुरक्षा तथा संरक्षण आदि विभिन्न मुद्दों के साथ श्रमिक संघ तथा श्रम आंदोलन जुड़ा हुआ है। अतः अपने हितों एवं व्यावसायिक लाभ के लिए उपयोगिता के आधार पर एक श्रमिक संघ की सदस्यता ग्रहण करता है। अमेरिकन फेडरेशन ऑफ लेबर में व्यावसायिक सिद्धांत को उपस्थापित किया गया है।

औद्योगिक प्रजातंत्रवाद का सिद्धांत

सिडनी तथा वेब्ब ने अपनी पुस्तक हिस्ट्री ऑफ ट्रेड यूनियनिज्म में औद्योगिक प्रजातंत्र के सिद्धांत को स्पष्ट किया है। उनके अनुसार श्रम संघ एक संगठन है। यह लोकतांत्रिक मूल्यों तथा सिद्धोंतों पर आधारित है। यह श्रमिकों को संगठित करता है। यह श्रमिकों के लिए कार्य की दशाओं में सुधार लाने का प्रयत्न करता है। श्रमिक संघ तथा श्रम आंदोलन में बाध्यकारी शक्ति निहित होती है। यह उद्योगपतियों तथा पूंजीपतियों पर अंकुश लगाता है। उनके एकछत्र आधिपत्य को चुनौती देता है। इस प्रकार श्रमिक संघ एक राजनैतिक शक्ति के रूप में उभरता है। इसकी हित समूह के रूप में प्रकार्यात्मक भूमिका है। सिडनी तथा वेब्ब औद्योगिक प्रजातंत्रवाद के सिद्धांत के प्रवर्तक माने जाते हैं।

आधुनिक संदर्भ का सिद्धांत

व्यवस्था में सुधार तथा परिवर्तन के प्रति श्रमिक संघ प्रतिबद्ध होता है। पर्लमैन ने स्पष्ट किया है कि आधुनिक संदर्भ का सिद्धांत आंदोलन के स्वरूप तथा उसके उद्देश्यों की व्याख्या करता है। उनके अनुसार श्रमिक संघ श्रमिकों को श्रम आंदोलन में भागीदारी हेतु उत्प्रेरित करता है। श्रमिक संगठन पूंजीवादी नियोजकों को प्रभावित करता है तथा श्रमिकों की दशाओं में सुधार हेतु बाध्य करता है। साथ ही अपने अस्तित्व और पहचान को श्रम आंदोलन के जरिये कारगर बनाता है। बुद्धिजीवियों तथा राजनैतिक परिदृश्यों के बीच कामगारों की समस्या से जुड़े प्रश्नों को जीवंत करता है।

टिप्पणियां

1. "Trade unions are voluntary organisations of workers formed to promote and protect their interest by collective actions"

   —V.V. Giri: *Labour Problems in Indian Industry.* p. 1.

2. Trade Union is a continuous voluntary association of wage, salary and fee earners, for the following purposes: (a) for maintaining and improving the conditions of their working relations with employers and provisions of services and benefits, (b) for the regulation of the relation of the groups with the state in matters of mutual concern and (c) for the participation of wage and salary earners as against group of producers in the life of the nation.

   —N. Baron

3. Trade union is an association of employees designed primarily to maintation or improve the conditions of employment of its members.

   —R.A. Lester: *Economics of Labour*, p. 539.

4. Trade unions today are pluralist in character and pragmatic in method, if they are not, they are unlikely to survive the demands made upon them by so swiftly changing an environment."

   —H. J. Laski, *Trade Unions in the New Society*, 1949, p. 28.

5. A Trade union, as we understand the term, is a continuous association of wage-earners for the purpose of maintaining or improving the conditions of their working lives.

   —Sidney and Beatrice Webb: *The History of Trade Unionism*, p. 1.

6. A trade union is a continuing organization of employees established for the purpose of protecting or improving through, collective action, the economic and social status of its members.

   —Clyde E Dankert: *Contemproary Unionism*, p. 13.

7. A trade union is a monopolistic combination of wage-earners who as individual producers are complementary to one another but who stand to employers in relation to dependence for the sale of their labour and even for its production, and

that the general purpose of the association is in view of that dependence to strengthen their power to bargain with the employers or bargaining collectively.

—J. Cunnison: *Labour Organisation.*

8. By interest groups are mean a group of individuals who are linked by a particular bond of concern advantage and who have awareness of these bonds.

   —Almond and Powell

9. "It implies a situation where workers' representatives are, to some extent, involved in the process of management decision-making, but where the ultimate power is in the hands of the management."

   —Ian Clegg, *Industrial Democracy.*

10. "They were service organisations created by reformers and philanthropists with a view to ameliorating the worker's suffering rather than concrete manifestations of labours, freedom to organise for the purposes of recurring better terms of employment and advancing its economic well being,"

    —N.P. Raman, *Political Involvement of India's Trade Unions*, 1967, p. 1.

7

सामूहिक सौदेबाजी

(Collective Bargaining)

औद्योगिक शांति तथा औद्योगिक विवाद के साथ सामूहिक सौदेबाजी का स्पष्ट एवं तर्कपूर्ण संबंध है। औद्योगिक शांति के संदर्भ में सामूहिक सौदेबाजी की भूमिका प्रकार्यात्मक है। वस्तुत: औद्योगिक विवाद से जुड़े तनावग्रस्त माहौल में सामूहिक सौदेबाजी के आधार पर ही औद्योगिक संबंधों में सहयोग तथा सामंजस्य की भावना को विकसित किया जा सकता है। औद्योगिक लोकतंत्र के परिप्रेक्ष्य में भी सामूहिक सौदेबाजी का बुनियादी महत्व है। श्रमिक संघवाद ने सामूहिक सौदेबाजी के लिए एक नई उत्तेजना पैदा की है। वस्तुत: नियोजक तथा कामगारों के बीच सामूहिक सौदेबाजी के आधार पर ही लोकतांत्रिक मूल्यों एवं प्रक्रियाओं के जरिये एक सम्मानजनक एवं सद्भावनापूर्ण माहौल का निर्माण संभव है। एंथनी गिडेन्स ने स्पष्ट किया है कि द्वितीय विश्वयुद्ध के बाद सामूहिक उत्पादन की प्रक्रिया तीव्र हुई। साथ ही औद्योगिक संबंधों में स्थायित्व के साथ सामूहिक उत्पादन का स्पष्ट संबंध है। यहीं से श्रमिक संघवाद का तीव्र दौर आरंभ होता है। फलत: प्रबंधन तथा कामगारों के बीच सामूहिक सौदेबाजी की प्रक्रिया को एक स्पष्ट आधार प्राप्त हुआ। गिडेन्स के अनुसार सामूहिक सौदेबाजी का अभिप्राय औपचारिक समझौता (Formal Agreements) से जुड़ा हुआ है। औपचारिक समझौता नियोजक तथा कामगारों के अधिकृत प्रतिनिधियों के बीच होता है। समझौते के अन्तर्गत कामगारों के हितों तथा सुरक्षा के साधनों पर ध्यान केन्द्रित किया जाता है।

वैश्वीकरण तथा आर्थिक उदारीकरण ने उत्पादक शक्ति, उत्पादन की प्रक्रिया, उत्पादन के स्वामित्व तथा व्यापार एवं प्रबंधन के क्षेत्र में एक नए दौर की शुरुआत की है। फलत: विकसित तथा विकासशील देशों में सामूहिक सौदेबाजी की परम्परागत प्रक्रियाओं एवं स्थापित नियमों पर प्रश्न खड़े किये ज: रहे हैं। सूचना क्रांति, बाजारवाद, उपभोक्तावाद, कार्य संस्कृति तथा उत्पादन प्रक्रिया के बनते-बिगड़ते नये परिवेश में श्रम कानूनों तथा सामूहिक सौदेबाजी के परम्परागत नियमों में तीव्र परिवर्तन की अपेक्षा है। वैश्वीकरण के नये दौर में सामूहिक सौदेबाजी की व्यवस्था, प्रक्रिया एवं पद्धति में पुनर्मूल्यांकन अपेक्षित है। इस संदर्भ में टालकट पारसंस ने अपने एक शोध निबंध "सम रिफ्लेक्शंस ऑन दी इंस्टीट्यूशनल फ्रेमवर्क ऑफ इकोनोमिक डेवलपमेंट" में स्पष्ट किया है। कि "जिन परिस्थितियों में सामाजिक संरचना में कोई महत्वपूर्ण परिघटना एक बार विकसित हो चुकी है। इसी परिघटना के बाद में दोबारा विकसित होने के लिए वे ही परिस्थितियां सर्वाधिक अनुकूल होंगी, मेरा मुख्य तर्क यह है कि

औद्योगिक अर्थतंत्र के मामले में संभवतः यह सच नहीं है।" अर्नेस्ट गेलनर ने भी अपनी पुस्तक *थाट एंड चेंज* (लंदन, 1964) में औद्योगिक संबंधों के विविध परिप्रेक्ष्यों में व्यापक परिवर्तन के संकेतों को रेखांकित किया है। जाहिर है वैश्वीकरण तथा आर्थिक उदारीकरण ने औद्योगिक संबंधों को नये मोड़ पर लाकर खड़ा कर दिया है। श्रमिक संघों की शक्ति को कमजोर करने का प्रयास हो रहा है। फलतः सामूहिक सौदेबाजी की शक्ति में ह्रास हो रहा है। प्रख्यात अर्थशास्त्री मेघनाद देसाई ने स्पष्ट किया है कि श्रम कानूनों में सुधार की अपेक्षा है। सामूहिक सौदेबाजी तथा कामगारों के हितों की रक्षा तथा विकास से संबंधित श्रम कानूनों में वैश्वीकरण तथा आर्थिक उदारीकण के परिप्रेक्ष्य में नये सिरे से संशोधन एवं परिवर्धन की अपेक्षा है।

सामूहिक सौदेबाजी एक व्यवस्था है। इसके अन्तर्गत श्रमिकों की कार्य दशाओं के संबंध में श्रमिक संघ के प्रतिनिधियों तथा नियोजकों के बीच वार्ता एवं संवाद के आधार पर समझौता किया जाता है। सामूहिक सौदेबाजी एक प्रक्रिया है। अतः इसके अन्तर्गत कामगारों की छंटनी, निलंबन, मजदूरी में वृद्धि तथा अन्य संवेदनशील मुद्दों पर कई चरणों में वार्ता के आधार पर कारगर अनुबंध किया जाता है। सामूहिक समझौता एक पद्धति है। इसमें निरंतरता है। यह गतिशील है। इसके दरवाजे बराबर खुले रहते हैं। अतः यह आवश्यकता के अनुरूप लगातार चलने वाली पद्धति है। इसके अन्तर्गत औद्योगिक विवादों से उत्पन्न समस्याओं का समाधान किया जाता है। नियोजकों के साथ कारगर विचार-विमर्श के उपरान्त अनुबंध किया जाता है। परन्तु सौदेबाजी के अनुरूप नियोजकों के द्वारा समझौता अथवा अनुबंधों के अनुपालन नहीं होने पर श्रमिक संघ हड़ताल, आंशिक हड़ताल, सत्याग्रह तथा अन्य आंदोलन की तकनीकों का उपयोग कर सकता है। चूंकि सामूहिक सौदेबाजी एक प्रक्रिया है। अतः इसके साथ दो या दो से अधिक पक्ष जुड़े होते हैं। साधारणतः एक पक्ष नियोजकों का होता है तथा दूसरा पक्ष श्रमिक संघों के प्रतिनिधियों का होता है। दोनों पक्षों में अन्तःक्रिया का होना अनिवार्य है। सामूहिक सौदेबाजी वार्ता तथा संवाद पर आधारित होती है। वार्ता तथा संवाद कई चरणों में सम्पन्न हो सकता है। सामूहिक समझौते के लिए एक या एक से अधिक उद्देश्यों का होना अपेक्षित है। साथ ही इसके लिए मुद्दों पर आधारित कार्यसूचियों (Agenda) का निर्धारण किया जाता है। वार्ता के दौरान श्रमिक संघ के प्रतिनिधियों पर कामगारों का दबाव बना रहता है। कामगारों की एकता, जुनून तथा श्रमिक संघों की ताकत की निर्णायक भूमिका होती है। सामूहिक सौदेबाजी श्रमिक संघों के नेतृत्व की परीक्षा लेती है। इसमें नेतृत्व के कार्यकौशल, सूक्ष्म दृष्टि तथा क्षमता का एहसास होता है।

समाजशास्त्रीय परिप्रेक्ष्य में सामूहिक सौदेबाजी एक महत्वपूर्ण अवधारणा है। कामगारों के श्रम, स्वेद और रक्त के सम्मानों की रक्षा सामूहिक सौदेबाजी के आधार पर होती है। मानवाधिकार के प्रश्न, कामगारों के स्वाभिमान का प्रश्न, सामूहिक उत्पादन की प्रक्रिया तथा औद्योगिक संघ का मुद्दा सामूहिक सौदेबाजी के साथ जुड़ा हुआ है। प्रश्न यह पैदा होता है कि सामूहिक सौदेबाजी क्या है? समाजशास्त्रीय संदर्भों में सामूहिक सौदेबाजी की अवधारणा का अभिप्राय क्या है? सामूहिक सौदेबाजी का सिद्धांत क्या है? इसकी सफलता की पूर्व आवश्यकताएं क्या हैं। भारत में इसकी स्थिति क्या है? भारत सामूहिक सौदेबाजी के विकास का क्या स्वरूप रहा है? सामूहिक सौदेबाजी की राह की मुश्किलें क्या हैं। सामूहिक सौदेबाजी

को शांति के लिए सर्वोत्तम अवधारणा क्यों माना जाता है? आधुनिक औद्योगिक संबंधों में सामूहिक सौदेबाजी का क्या उद्देश्य और महत्व है? सामूहिक सौदेबाजी एक प्रक्रिया है। अतः इसके साथ जुड़े विभिन्न चरणों का स्वरूप क्या है? सामूहिक सौदेबाजी के विश्लेषण में इन तमाम सवालों एवं मुद्दों की व्याख्या अपेक्षित है।

सामूहिक सौदेबाजी : अर्थ एवं परिभाषा
(Collective Bargaining: Meaning and Definition)

1891 ई. में सिडनी और बेयट्रिस वेब्ब की एक महत्वपूर्ण कृति *इंडस्ट्रियल डेमोक्रेसी* प्रकाशित हुई। औद्योगिक पृष्ठभूमि में सर्वप्रथम "सामूहिक सौदेबाजी" की अवधारणा का विश्लेषण सिडनी तथा वेब्ब ने ही किया। जाहिर है कि सामूहिक सौदेबाजी की अवधारणा पूर्णतः लोकतांत्रिक चेतना एवं मूल्यों पर आधारित है। ज्ञातव्य है कि अमेरिकन फेडरेशन ऑफ लेबर के अध्यक्ष सेम्युल गोम्पर्स ने सामूहिक सौदेबाजी को एक महत्वपूर्ण प्रक्रिया के रूप में रेखांकित किया। उनके अनुसार नियोजन की शर्तों एवं दशाओं के निर्धारण में इसकी भूमिका महत्वपूर्ण है। दुनिया के विभिन्न देशों में औद्योगीकरण के तीव्र विकास के कारण श्रमिक संघों की ताकत में अभिवृद्धि हुई। श्रमिक संघों को वैधानिक मान्यता प्रदान की गई। फलतः श्रमिक संघों के द्वारा कामगारों के हितों की रक्षा तथा विकास के लिए सामूहिक सौदेबाजी की प्रक्रिया को तेज किया गया।

सामूहिक सौदेबाजी एक प्रक्रिया है। इसके साथ नियोजक तथा श्रमिक संघों का पक्ष जुड़ा होता है। इसमें सामूहिकता की शक्ति निहित होती है। एमिल दुर्खाइम के शब्दों में यदि कहा जाये तो यह एक सामाजिक तथ्य है। इसके अन्तर्गत औद्योगिक विवाद, टकराहट एवं औद्योगिक शांति से जुड़े प्रश्नों पर नियोजक तथा श्रमिक संघों के प्रतिविधियों के बीच वार्ता तथा संवाद का दौर चलता है। यह कई चरणों में पूरा हो सकता है। सामूहिक सौदेबाजी के आधार पर सम्मानजनक समझौता तथा अनुबंध को स्वीकृत किया जाता है। यह लगातार चलने वाली प्रक्रिया है। उल्लेखनीय है कि आवश्यकता के अनुरूप सामूहिक सौदेबाजी की स्थिति उत्पन्न होती रहती है।

सामूहिक सौदेबाजी की अवधारणा के संबंध में कतिपय विद्वानों के विचार उपलब्ध है। इन्हें निम्नलिखित रूपों में रेखांकित किया जा सकता है।

1. *एनसाइक्लोपीडिया ऑफ सोशल साइन्सेस* में सामूहिक सौदेबाजी की अवधारणा के संबंध में निम्नलिखित बिन्दुओं की चर्चा की गई है–

   (i) सामूहिक सौदेबाजी एक प्रक्रिया है।

   (ii) चूंकि सामूहिक सौदेबाजी एक प्रक्रिया है। अतः इसके साथ दो पक्ष जुड़े होते हैं।

   (iii) सामूहिक सौदेबाजी के साथ एक पक्ष नियोजक अथवा नियोजकों के प्रतिनिधियों का होता है। दूसरा पक्ष श्रमिक संघ अथवा श्रमिक संघों के प्रतिनिधियों का होता है।

   (iv) चूंकि सामूहिक सौदेबाजी एक प्रक्रिया है। अतः दोनों पक्षों के बीच वार्ता, संवाद तथा विचार-विमर्श के आधार पर अन्तःक्रिया की स्थिति उत्पन्न होती है।

(v) सामूहिक सौदेबाजी के अन्तर्गत दोनों पक्षों के बीच विभिन्न शर्तों एवं कार्य की दशाओं के संबंध में विचार-विमर्श किया जाता है, जिससे कि सेवा का निष्पादन सुचारू रूप से होता रहे। इस प्रकार औद्योगिक शांति के लिए सामूहिक सौदेबाजी के अन्तर्गत निर्णायक तौर पर पहल किया जाता है।

(vi) *एनसाइक्लोपीडिया ऑफ सोशल साइन्सेस* में यह भी स्पष्ट किया गया है कि सामूहिक सौदेबाजी विशेष तौर पर एक प्रक्रिया है। इसके अन्तर्गत नियोजक अथवा नियोजकों तथा कामगारों के समूहों के द्वारा कार्य की दशाओं के संबंध में परस्पर सहमति के आधार पर समझौता करते हैं।

(vii) जाहिर है कि सामूहिक सौदेबाजी में दोनों पक्षों को वार्ता तथा संवाद के जरिये अपने-अपने पक्षों को प्रस्तुत करने का अवसर प्रदान किया जाता है। खुलकर विचार-विमर्श होता है। परस्पर सहमति की स्थिति उत्पन्न होती है। कार्य की दशाओं के संबंध में दोनों पक्षों के द्वारा समझौता किया जाता है।[1]

2. नेशनल एसोशिएशन ऑफ मैन्युफैक्चरर्स ने सामूहिक सौदेबाजी की परिभाषा में स्पष्ट किया है कि यह एक प्रक्रिया है। साथ ही एक पद्धति है। सामूहिक सौदेबाजी के अन्तर्गत कामगार तथा प्रबंधक के बीच सद्भावना का संचार होता हे। दोनों पक्षों में सहयोग की भावना रहती है। दोनों पक्ष परस्पर लाभ की भावना से सामूहिक सौदेबाजी के अन्तर्गत समझौता करते हैं। सामूहिक सौदेबाजी के दौरान दोनों पक्षों में विचार-विमर्श होता है। दोनों पक्ष अपने गिले-शिकवे को रखते हैं। दोनों पक्ष अपनी समस्याओं को प्रस्तुत करते हैं। इस प्रक्रिया के आधार पर सेवा-संबंधों की रूप-रेखा को विकसित किया जाता है। इस परिभाषा के आधार पर निम्नलिखित बिन्दुओं का स्पष्टीकरण होता है-

(i) सामूहिक सौदेबाजी एक पद्धति है।

(ii) सामूहिक सौदेबाजी एक प्रक्रिया है।

(iii) इस प्रक्रिया के अन्तर्गत दो पक्ष होते हैं। एक कामगार का पक्ष होता है। दूसरा पक्ष नियोजकों का होता है। चूंकि यह एक प्रक्रिया है। अत: दोनों पक्षों में अन्त:क्रिया होती है।

(iv) इस प्रक्रिया के अन्तर्गत नियोजक तथा कामगार अपनी-अपनी समस्याओं को रखते हैं। साथ ही समस्याओं के समाधान के लिए विचारों को प्रस्तुत करते हैं।

(v) दोनों पक्षों में पारस्परिक सहयोग की भावना मौजूद रहती है।

(vi) दोनों पक्ष अपने हितों का ध्यान रखते हैं तथा लाभ की भावना से समझौता करते हैं।

(vii) सामूहिक सौदेबाजी का मुख्य उद्देश्य सेवा संबंधों की रूपरेखा के विकास से जुड़ा हुआ है।[2]

3. जे.एच. रिचर्डसन ने अपनी पुस्तक *एन इन्ट्रोडक्शन टु द स्टडी ऑफ इंडस्ट्रियल रिलेशंस* में सामूहिक सौदेबाजी की अवधारणा के संबंध में निम्नलिखित तथ्यों को स्पष्ट किया है-

(i) सामूहिक सौदेबाजी कामगारों के नियोजन की दशाओं से संबंधित है।

(ii) इसके अन्तर्गत कामगारों के नियोजन की दशाओं के संबंध में समझौता किया जाता है।

(iii) सामूहिक सौदेबाजी के साथ कामगारों के समूहों का स्पष्ट संबंध होता है।

(iv) सामूहिक सौदेबाजी वार्ता तथा विचार-विमर्श के आधार पर संपन्न होती है। इसके अन्तर्गत कामगारों के प्रतिनिधि तथा नियोजक अथवा नियोजकों के समूहों के प्रतिनिधि वार्ता में भाग लेते हैं। वार्ता, विचार-विमर्श तथा परस्पर अन्त:क्रिया के आधार पर दोनों पक्षों में समझौता संपन्न होता है।[3]

4. अन्तर्राष्ट्रीय श्रम संगठन (आईएलओ) ने भी सामूहिक सौदेबाजी को परिभाषित करते हुए निम्नलिखित बिन्दुओं को स्पष्ट किया है–

(i) सामूहिक सौदेबाजी विचार-विमर्श तथा वार्ता पर आधारित एक प्रक्रिया है।

(ii) इसके अन्तर्गत नियोजक तथा श्रमिक संघ अथवा एक से अधिक श्रमिक संघों के प्रतिनिधियों के बीच वार्ता एवं विचार-विमर्श होता है।

(iii) सामूहिक सौदेबाजी के आधार पर परस्पर सहमति के द्वारा समझौता किया जाता है।

(iv) समझौता नियोजन संबंधों में अधिकारों एवं दायित्वों की व्याख्या से संबंधित होता है।

(v) यह संहिता के रूप में काम करती है।

(vi) समझौता नियोजन की दशाओं से संबंधित होता है। इसके अन्तर्गत नियोजन की दशाओं को विस्तार दिया जाता है तथा उसे सुनिश्चित किया जाता है।

(vii) अन्तर्राष्ट्रीय श्रम संगठन ने यह भी स्पष्ट किया है कि सामूहिक सौदेबाजी व्यक्ति विशेष की समस्याओं से संबंधित नहीं है। व्यक्तिगत कामगार से संबंधित विवाद का इसमें कोई महत्व नहीं होता है। यह कामगारों के समूहों के कार्य की दशाओं से संबंधित है।

(viii) इस प्रकार सामूहिक सौदेबाजी के आधार पर वार्ता तथा विचार-विमर्श के जरिये कामगारों की समस्याओं का तर्कपूर्ण एवं व्यवस्थित आधारों पर समाधान किया जाता है।[4]

5. आर.एफ. होक्सी ने सामूहिक सौदेबाजी को परिभाषित करने हुए निम्नलिखित बिन्दुओं को स्पष्ट किया है–

(i) होक्सी ने भी स्पष्ट किया है कि सामूहिक सौदेबाजी में दो पक्ष होते हैं। एक पक्ष कामगारों के संगठित निकाय का होता है। संगठित निकाय से तात्पर्य श्रमिक संघ से है। दूसरा पक्ष नियोजक अथवा नियोजकों के संगठन से जुड़ा होता है।

(ii) सामूहिक सौदेबाजी एक तकनीक है। इसके आधार पर नियोजन की शर्तें सुनिश्चित की जाती हैं।

(iii) सामूहिक सौदेबाजी सौदा से जुड़ा हुई है। सौदा का अर्थ समझौता से है।

(iv) यह समझौता संबंधित पक्षों के बीच में होता है। इसमें बाहरी पक्षों के हस्तक्षेप अथवा दबाव का कोई महत्व नहीं होता है। जाहिर है कि श्रमिक संघ के प्रतिनिधि तथा

नियोजक के प्रतिनिधि नियोजन की शर्तों के संबंध में परस्पर सहमति के आधार पर निर्णय लेते हैं तथा समझौता करते हैं। इसमें बाहरी पक्ष के द्वारा निर्णय नहीं लिया जाता है।[5]

6. माइकल जे. ज्यूसियस ने सामूहिक सौदेबाजी की परिभाषा में निम्नलिखित तथ्यों को स्पष्ट किया है–

(i) ज्यूसियस के अनुसार भी सामूहिक सौदेबाजी एक प्रक्रिया है।

(ii) नियोजक तथा श्रमिक संघों के बीच वार्ता होती है तथा विचार विमर्श होता है।

(iii) कामगारों की दशाओं के संबंध में विचार किया जाता है। साथ ही कामगारों की सेवाओं के लिए मजदूरी तथा वेतन आदि के संबंध में विमर्श होता है।

(iv) सामूहिक सौदेबाजी के आधार पर परस्पर सहमति के जरिये समझौता किया जाता है। वस्तुतः सामूहिक सौदेबाजी का मुख्य उद्देश्य कार्य की दशाओं, सेवा शर्तों एवं वेतन आदि के संबंध में निर्णायक समझोता से जुड़ा हुआ है।[6]

7. एडविन बी. फिल्पो[7] के अनुसार सामूहिक सौदेबाजी के संबंध में निम्नलिखित बिन्दुओं का स्पष्टीकरण होता है–

(i) सामूहिक सौदेबाजी एक प्रक्रिया है।

(ii) सामूहिक सौदेबाजी के साथ श्रमिक संघों के प्रतिनिधि तथा नियोजकों के प्रतिनिधि का स्पष्ट संबंध होता है। दोनों पक्ष वार्ता करते हैं, परस्पर मिलते हैं तथा विमर्श करते हैं।

(iii) इसके अन्तर्गत एक समझौता अथवा अनुबंध करने का प्रयत्न किया जाता है।

(iv) समझौता अथवा अनुबंध के आधार पर कामगारों एवं नियोजक संघ के संबंधों की प्रकृति का निर्धारण किया जाता है।

विवरणों तथा विश्लेषणों के आधार पर स्पष्ट होता है कि सामूहिक सौदेबाजी एक तकनीक है। कामगारों तथा नियोजकों की आवश्यकताओं, हितों एवं उद्देश्यों की पूर्ति के लिए परस्पर सहमति के द्वारा सामूहिक सौदेबाजी के अन्तर्गत अनुबंध अथवा समझौता किया जाता है। साधारणतः समझौता अथवा अनुबंध लिखित होता है। अनुबंध अथवा समझौता पर दोनों पक्षों के हस्ताक्षर होते हैं। सामूहिक सौदेबाजी का दायरा विस्तृत है। इसके अन्तर्गत सेवा शर्तों की रूपरेखा, कार्य की दशा, कामगारों की मजदूरी तथा वेतन, छंटनी तथा निलंबन एवं कामगारों के साथ अपमानजनक व्यवहार के मुद्दों को उठाया जा सकता है। वस्तुतः औद्योगिक टकराहट, विवाद एवं तनाव की समस्याओं के समाधान के लिए सामूहिक सौदेबाजी का उपयोग एक महत्वपूर्ण प्रक्रिया एवं तकनीक के रूप में होता है। सामूहिक सौदेबाजी औद्योगिक शांति के लिए सर्वोत्तम विचारधारा है। इसमें लोकतांत्रिक चेतना निहित होती है।

सामूहिक सौदेबाजी की विशेषताएं एवं प्रकृति
(Characteristics and Nature of Collective Bargaining)

सामूहिक सौदेबाजी एक प्रक्रिया है

सामूहिक सौदेबाजी के साथ श्रमिक संघों के प्रतिनिधि तथा नियोजकों के प्रतिनिधि का स्पष्ट संबंध होता है। इस प्रकार इसमें दो पक्ष जुड़े होते हैं। दोनों पक्षों के बीच वार्ता एवं विमर्श होता

है। दोनों पक्षों के द्वारा गिले-शिकवे प्रस्तुत किए जाते हैं। दोनों पक्ष खुलकर अपनी बातों को रखते हैं। इस प्रकार वार्ता तथा विमर्श के आधार पर दोनों पक्षों में अन्त:क्रिया होती है। चूंकि दोनों पक्षों में अन्त:क्रिया होती है, अत: सामूहिक सौदेबाजी एक प्रक्रिया है।

उत्तेजना तथा अनुक्रिया

सामूहिक सौदेबाजी के अन्तर्गत दोनों पक्षों में वार्ता होती है। दोनों पक्षों में उत्तेजना रहती है। दोनों पक्ष उत्तेजना के आधार पर परस्पर अनुक्रिया (Response) करते हैं। उदाहरणस्वरूप श्रमिक संघ वार्ता के दौरान अधिक मजदूरी के प्रश्न को खड़ा करता है। इसकी अनुक्रिया (Response) में नियोजक आर्थिक अभाव तथा कमजोर वित्तीय स्थिति की समस्या को प्रस्तुत करता है। इस प्रकार उत्तेजना तथा अनुक्रिया के जरिये समस्याओं के समाधान की दिशा में प्रयास किया जाता है।

लोकतांत्रिक चेतना

सिडनी और बेयट्रिस वेब्ब ने अपनी पुस्तक *इंडस्ट्रियल डेमोक्रेसी* में स्पष्ट किया है कि सामूहिक सौदेबाजी का बुनियादी आधार लोकतांत्रिक चेतना है। दोनों पक्षों को बेबाक विचार प्रस्तुत करने का अवसर प्रदान किया जाता है। दोनों पक्ष बिना किसी भय अथवा दबाव के अपने विचारों को प्रस्तुत कर सकते हैं। सामूहिक सौदेबाजी में सम्मिलित होने के लिए मान्यता प्राप्त श्रमिक संघ के प्रतिनिधियों को आमंत्रित किया जाता है। श्रमिक संघ में आंतरिक लोकतंत्र का होना अपेक्षित है।

लोचदार प्रक्रिया

सामूहिक सौदेबाजी एक लोचदार प्रक्रिया है। साधारणत: वार्ता एवं विचार-विमर्श के क्रम में श्रमिक संघ के प्रतिनिधि आरंभिक चरण में तनावग्रस्त रहते हैं तथा कठोर रुख अपनाते हैं। परन्तु वार्ता, संवाद, संलाप एवं विचार-विमर्श के उपरान्त उनके गिले-शिकवे तथा मान-मनुहार का दौर चलता रहता है। फलत: वातावरण में परस्पर सहयोग की भावना पैदा होने लगती है। कभी-कभी नियोजकों का आक्रामक रुख होने पर श्रमिक संघों के प्रतिनिधि के सहज होने के बावजूद वार्ता का दौर तनावग्रस्त हो जाता है। इस प्रकार सामूहिक सौदेबाजी कभी गरम तो कभी नरम की स्थिति में चलती रहती है। कभी वार्ता के अंतिम चरण में वार्ता टूट जाती है तो कभी समझौता नहीं होने के आसार होने के बावजूद समझौता हो जाता है।

गतिशीलता

सामूहिक सौदेबाजी की प्रक्रिया में गतिशीलता मौजूद होती है। सौदेबाजी विभिन्न चरणों में संपन्न होती है। सौदेबाजी के दौरान नियोजक तथा कामगार सक्रिय रहते हैं। नियोजक तथा श्रमिक संघ के प्रतिनिधि साथ बैठक वार्ता करते हैं। साथ ही अलग-अलग वार्ता के दौरान उत्पन्न मुद्दों एवं समस्याओं की समीक्षा भी करते हैं। विभिन्न इकाइयों तथा समूहों के बीच अन्त:क्रिया का दौर चलता रहता है। फलत: सामूहिक सौदेबाजी में गतिशीलता की स्थिति मौजूद रहती है।

निरंतरता

सामूहिक सौदेबाजी में निरंतरता का तत्व निहित है। अर्थात् यह लगातार चलने वाली प्रक्रिया है। इसका दरवाजा कभी बंद नहीं होता है। कार्य की दशाओं तथा कामगारों के हितों की रक्षा के प्रश्न पर श्रमिक संघों द्वारा हड़ताल, आंशिक हड़ताल, सांकेतिक अनशन अथवा सत्याग्रह आदि की स्थिति में सामूहिक सौदेबाजी के जरिये समस्याओं के समाधान का प्रयास किया जाता है।

नियमों तथा परिनियमों पर आधारित

उल्लेखनीय है कि सामूहिक सौदेबाजी के आधार पर समझौता अथवा अनुबंध किया जाता है। परन्तु समझौता अथवा अनुबंध संवैधानिक प्रावधानों तथा श्रम कानूनों के दायरे में ही किया जाता है। समझौता तथा अनुबंध को अंतिम रूप प्रदान करने के दौरान नियमों तथा परिनियमों की अनदेखी नहीं की जा सकती है।

बाह्य हस्तक्षेप की अनुमति नहीं

सामूहिक सौदेबाजी के दौरान बाह्य हस्तक्षेप की अनुमति नहीं है। उसका कोई महत्व नहीं होता है। साधारणतः नियोजक तथा श्रमिक संघ के प्रतिनिधि मिल बैठकर समस्या का हल निकालते हैं। इसमें बाहरी पक्ष का दबदबा अथवा दबाव का कोई अर्थ नहीं होता है।

सहयोग की भावना

सामूहिक सौदेबाजी के दौरान परस्पर हितों की टकराहट के बावजूद दोनों पक्षों में सहयोग की भावना बरकरार होती है। दोनों पक्षों की इच्छा रहती है कि विवाद का सम्मानजनक हल निकले। दोनों पक्ष चाहते हैं कि हड़ताल आदि के कारण कार्य-दिवसों आदि का नुकसान न हो। दोनों पक्ष कार्य-संस्कृति अथवा उत्पादन की प्रक्रिया को आघात नहीं पहुंचाना चाहते हैं। दोनों पक्ष चाहते हैं कि औद्योगिक शांति की स्थापना हो। फलतः दोनों पक्षों में समझौते को अंतिम बिंदु तक पहुंचने का इंतजार होता है। दोनों पक्ष एक-दूसरे का सहयोग करते हैं। दोनों पक्षों में सहयोग की भावना नहीं होने पर सामूहिक सौदेबाजी की सफलता संभव नहीं है।

सामूहिकता

सामूहिक सौदेबाजी में सामूहिकता की शक्ति निहित होती है। श्रमिक संघों के प्रतिनिधि सामूहिक सौदेबाजी में सहभागिता करते हैं। परन्तु सभी कामगारों की भावनाओं एवं हितों की रक्षा के प्रति वे प्रतिपल सजग रहते हैं। उन पर कामगारों का भारी दबाव रहता है। जाहिर है कि सामूहिक सौदेबाजी किसी व्यक्तिगत मसले से संबंधित नहीं होती है। इसके अन्तर्गत कामगार प्रबंधन, उत्पादन की प्रक्रिया, कार्य-संस्कृति एवं औद्योगिक शांति आदि विभिन्न मुद्दों पर ध्यान केन्द्रित किया जाता है।

यह एक सामाजिक तथ्य है

सामूहिक सौदेबाजी के अन्तर्गत किसी एक पक्ष द्वारा निर्णय नहीं लिया जा सकता है। इसमें किसी एक व्यक्ति की मनमानी नहीं चलती है। इसके अन्तर्गत नियोजक एवं श्रमिक संघ

सामूहिक हितों के संदर्भ में निर्णय लेते हैं तथा कामगार एवं प्रबंधन की समस्याओं पर गौर किया जाता है। चूंकि इसमें सामूहिकता की शक्ति निहित है, अत: यह एक सामाजिक तथ्य है।

प्रतिकूल हितों में सामंजस्य

हर्बीन्सन के अनुसार सामूहिक सौदेबाजी दो सामान्य एवं परस्पर हित रखने वाले पक्षों के बीच स्वत: सामंजस्य की प्रक्रिया है। जाहिर है कि नियोजक का अपना दृष्टिकोण होता है। कामगार अपने जलते प्रश्नों के साथ नियोजक के खिलाफ चट्टानी एकता के साथ मुकाबला करता है। प्रतिकूल हितों में टकराहट की स्थिति उत्पन्न होती है। औद्योगिक विवाद की चिनगारी सुलगती है। सामूहिक सौदेबाजी बीच का रास्ता है। अर्थात् दोनों पक्षों में टकराहट तथा प्रतिकूल हितों के बावजूद सहयोग एवं सामंजस्य पैदा करने की एक महत्वपूर्ण तकनीक सामूहिक सौदेबाजी है।

समझौता अथवा अनुबंध

सामूहिक सौदेबाजी की एक महत्वपूर्ण विशेषता समझौता तथा अनुबंध से जुड़ा हुआ है। दोनों पक्षों के बीच वार्ता एवं विमर्श के बाद समझौता अथवा अनुबंध को अंतिम रूप दिया जाता है। साधारणत: यह लिखित रूप में होता है। इसमें दोनों पक्षों के हस्ताक्षर होते हैं।

परस्पर सहमति

सामूहिक सौदेबाजी परस्पर सहमति पर आधारित है। समझौता अथवा अनुबंध हेतु दोनों पक्षों की सहमति आवश्यक है। साथ ही समझौता अथवा अनुबंध का अनुपालन नहीं होने पर श्रमिक संघ हड़ताल तथा अन्य बाध्यकारी तकनीक के उपयोग के लिए स्वतन्त्र होता है।

श्रमिक संघ की भूमिका

सामूहिक सौदेबाजी में मान्यता प्राप्त श्रमिक संघों की भूमिका महत्वपूर्ण होती है। श्रमिक संघ नियोजक को समझौते तथा सामूहिक सौदेबाजी के लिए बाध्य करता है। शक्तिशाली तथा संगठित श्रमिक संघ सामूहिक सौदेबाजी को अंतिम परिणामों तक ले जाने में सक्षम होता है। साथ ही कामगारों के हितों की रक्षा में सफल होता है। परन्तु श्रमिक संघ के कमजोर होने पर अथवा श्रमिक संघ नेतृत्व के विश्वसनीय नहीं होने पर कामगारों के साथ विश्वासघात भी हो सकता है।

सामूहिक सौदेबाजी में तीसरा पक्ष

साधारणत: सामूहिक सौदेबाजी श्रमिक संघ के प्रतिनिधि तथा नियोजक अथवा नियोजक संगठनों के बीच का मामला रहा है। जाहिर है कि नियोजक तथा कामगार विभिन्न चरणों में तथा विभिन्न प्रक्रियाओं के आधार पर मिल-बैठकर अपनी समस्याओं का समाधान करते हैं तथा औद्योगिक शांति की राह को प्रशस्त करते हैं। परन्तु हरिकृष्ण रावत ने स्पष्ट किया है कि औद्योगिक समाजों में सरकारों और कानूनों की भूमिका भी दिन-प्रतिदिन बढ़ती जा रही है। आजकल इस सौदेबाजी में सरकारें भी कई स्तर पर दखल देने लगी हैं। कई बार इसमें सरकारी

प्रतिनिधि भी होते हैं। इस प्रकार सामूहिक सौदेबाजी के साथ एक तीसरा पक्ष भी जुड़ गया है। नियोजक, कामगार तथा सरकारी प्रतिनिधि सामूहिक सौदेबाजी के आधार स्तम्भ सिद्ध हो रहे हैं।

सामूहिक सौदेबाजी का क्षेत्र (Scope of Collective Bargaining)

विवरणों के आधार पर स्पष्ट होता है कि सामूहिक सौदेबाजी एक सामूहिक प्रक्रिया है। इसमें प्रबंधन तथा कामगारों की सम्मिलित सहभागिता होती है। यह लगातार चलने वाली प्रक्रिया है। इसका उद्देश्य संबंधित पक्षों में स्थिर संबंधों की स्थापना से जुड़ा हुआ है। सामूहिक सौदेबाजी का क्षेत्र प्रबंधन तथा कामगारों के बीच समझौता तथा सामंजस्य से ही जुड़ा हुआ नहीं है। समझौते की क्रियान्वयन के साथ ही सामूहिक सौदेबाजी का स्पष्ट संबंध होता है। इस प्रकार समझौता के बिन्दुओं को प्रभाव में लाने का दायित्व भी सामूहिक सौदेबाजी के क्षेत्र में सम्मिलित है। सामूहिक सौदेबाजी का एक महत्वपूर्ण अन्तर्निहित उद्देश्य औद्योगिक प्रतिष्ठानों में अनुशासन को बनाये रखने से भी जुड़ा हुआ है। यह एक लचीला अभिगम है। जाहिर है दोनों पक्ष सर्वमान्य बिन्दु तक पहुंचने के लिए आवश्यकतानुसार लचीले रुख का भी अख्तियार करते हैं। औद्योगिक संगठनों में साधारणत: वेतन तथा मजदूरी के प्रश्न पर विवाद की स्थिति उत्पन्न होती है। इसी तरह बोनस, अधिसमय (Overtime), हड़तालें एवं तालाबंदी, कामगारों की छंटनी तथा निलंबन आदि मुद्दों के कारण भी कामगार प्रबंधकों से टकराते हैं। अत: सामूहिक सौदेबाजी का क्षेत्र विस्तृत है तथा वैश्वीकरण के वर्तमान दौर में इसके दायरे में विस्तार हो रहा है।

सिटनी एवं वेब्ब ने अपनी पुस्तक *इंडस्ट्रियल डेमोक्रेसी*, में जे.एच. रिचर्डसन ने अपनी पुस्तक *एन इन्ट्रोडक्शन टु द स्टडी ऑफ इंडस्ट्रियल रिलेशंस* में तथा आईएलओ के प्रतिवेदन ''क्लेक्टिव बारगैनिंग'' में सामूहिक सौदेबाजी के निम्नलिखित क्षेत्रों का उल्लेख किया गया है–

1. **वेतन एवं मजदूरी**–कामगारों की अपनी एक छोटी सी दुनिया होती है। उनका छोटा सा घर–परिवार होता है। उनके बच्चे होते हैं। अधिकतर कामगार गांव तथा परिवार से बहुत दूर अकेले रहकर श्रम–स्वेद और रक्त से औद्योगिक उत्पादन में चार चांद लगाने का प्रयत्न करते हैं। उत्पादन में वृद्धि होती है। लाभ में वृद्धि होती है। कमरतोड़ महंगाई तथा लाचारी एवं बेबसी में कामगारों में वेतन तथा मजदूरी के प्रश्न पर आक्रोश की स्थिति उत्पन्न होती है। उसे पूंजीपतियों की जगमगाती रोशनी की दरकार नहीं है। परन्तु अंधकार में भी वह जीना तो चाहता है। उसे सम्मान के साथ दो जून की रोटी और घर–परिवार की परवरिश के लिए वेतन तथा मजदूरी की दरकार तो है। कामगारों में एक चिनगारी की तरह प्रश्न उत्पन्न होता है तथा औद्योगिक प्रतिष्ठानों में आक्रोश का लावा फूटता है। हड़ताल, तालाबंदी, नारा, जुलूस, घेराव तथा प्रदर्शन के सहारे औद्योगिक विवाद और टकराहट की स्थिति उत्पन्न होती है। इन्हीं परिस्थितियों में सामूहिक सौदेबाजी का अमृत बिन्दु की तरह उपयोग होता है। इस प्रकार सामूहिक सौदेबाजी का एक महत्वपूर्ण क्षेत्र कामगारों के वेतन तथा मजूदरी से जुड़ा हुआ है।

2. **बोनस**–सामूहिक सौदेबाजी का एक महत्वपूर्ण क्षेत्र बोनस से जुड़ा हुआ है। कतिपय औद्योगिक संगठनों में बचत के आधार पर बोनस दिया जाता है। अन्य कई संगठनों में बोनस को उत्पादकता से जोड़ने का प्रयास होता है। बोनस के निर्धारण में सामूहिक सौदेबाजी का उपयोग व्यापक पैमाने पर होता है। जाहिर है कि नियोजक तथा कामगारों के प्रतिनिधि मिल-बैठकर बोनस का निर्धारण करते हैं। इसमें श्रमिक संघों की भूमिका महत्वपूर्ण होती है। श्रमिक संघों के कारगर होने पर कामगार अपने हक को प्राप्त करते हैं।
3. **कार्य की भौतिक दशाएं**–सामूहिक सौदेबाजी का एक महत्वपूर्ण क्षेत्र कार्य की भौतिक दशाओं से जुड़ा हुआ है। क्या कारखाने में ठंड से ठिठुरती रातों में कार्यरत कामगारों के लिए उचित व्यवस्था मौजूद है या नहीं? गर्मी के दिनों में लू-लपट से बचने के लिए उचित प्रबंध किया गया है या नहीं? क्या कामगारों के लिए शुद्ध पेयजल की व्यवस्था है या नहीं? कई प्रश्न भौतिक दशाओं से जुड़े हुए हैं। इन प्रश्नों को लेकर भी श्रमिक संघ तथा प्रबंधन के बीच टकराहट की स्थिति उत्पन्न होती है। जाहिर है कि सामूहिक सौदेबाजी में इन तमाम मुद्दों को उठाया जाता है तथा समझौते में इन तमाम बिन्दुओं को शामिल किया जाता है।
4. **कार्य के घंटे**–कामगार तथा प्रबंधन के बीच काम के घंटे को लेकर भी अक्सर विवाद की स्थिति उत्पन्न होती है। कार्य की शुरुआत कब हुई, कार्य का समापन कब हुआ तथा कार्य के कितने घंटे होने चाहिए–इन मुद्दों पर भी सामूहिक सौदेबाजी के अन्तर्गत परस्पर विचार-विनिमय होता है। भोजन का समय तथा काम का समय भी केन्द्र में होता है। प्रबंधन के द्वारा कामगारों से काम लेने की प्रवृत्ति पाई जाती है। फलतः कामगारों में आक्रोश उत्पन्न होता है। अतः सामूहिक सौदेबाजी का प्रमुख क्षेत्र कार्य के घंटे से जुड़ा हुआ है।
5. **अनुषंगी लाभ**–कामगार ईमानदारी तथा निष्ठा के साथ परिश्रम करता है। कारखाना, धमन भट्टी, उत्पादकता, उत्पादन वितरण आदि के साथ कामगारों की जिंदगी बंधी रहती है। अतः मात्र वेतन या मजदूरी के आधार पर ही उसके तथा उसके परिवार के सदस्यों की अभिलाषाओं की पूर्ति नहीं हो सकती। अतः अनुषंगी लाभ के अन्तर्गत

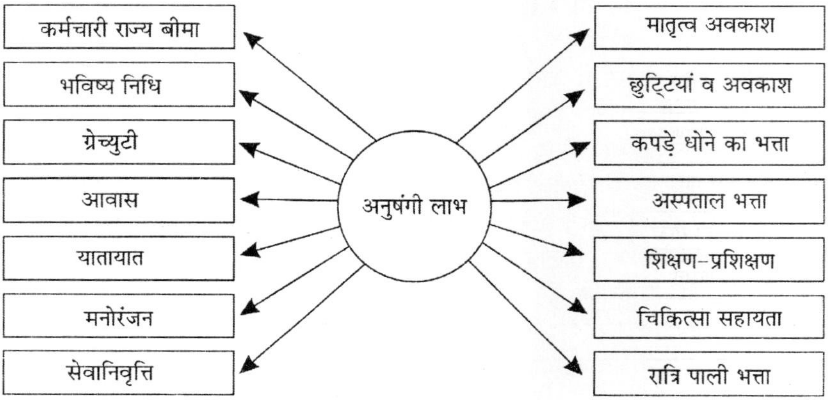

कर्मचारी राज्य बीमा, भविष्य निधि, ग्रेच्युटी, आवास आदि के प्रश्न खड़े किये जाते हैं। साथ ही यातायात, मनोरंजन, सेवानिवृत्ति के प्रश्न को भी उठाये जाते हैं। जाहिर है कि सामूहिक सौदेबाजी का क्षेत्र विस्तृत है तथा अनुषंगी लाभ के तहत् रात्रि पाली भत्ता, अस्पताल भत्ता, मातृत्व अवकाश, चिकित्सा सहायता, शिक्षण-प्रशिक्षण, अवकाश आदि मुद्दे को सम्मिलित किया जाता है।

वस्तुतः अनुषंगी लाभ कामगारों के जीवन को स्थायित्व प्रदान करता है। यह दीर्घकाल की सेवा का अनुषंगी प्रतिफल होता है।

6. **सुरक्षा**—सामूहिक सौदेबाजी का एक महत्वपूर्ण क्षेत्र सुरक्षा के प्रश्नों से जुड़ा हुआ है। कठिन परिस्थितियों में कामगार काम करते हैं। अतः उन्हें सुरक्षा की अपेक्षा रहती है।
7. **वरिष्ठता**—कामगारों को सेवाकाल में पदोन्नति, वरिष्ठता, वरिष्ठता का क्रम तथा वरिष्ठता से जुड़े अन्य मुद्दों के प्रति जागरूकता रहती है। अतः वरिष्ठता के प्रश्न को भी सामूहिक सौदेबाजी के अन्तर्गत सम्मिलित किया जाता है।
8. **अधिसमय**—उत्पादन की प्रक्रिया को तीव्र करने हेतु अथवा अन्य आवश्यकताओं की पूर्ति हेतु प्रबंधन अक्सर कामगारों से सुनिश्चित काम के घंटे के अतिरिक्त भी काम लेना चाहता है। परन्तु कामगार अधिक काम के लिए अधिक मजदूरी एवं काम के समय भोजन आदि के मुद्दे को लेकर प्रबंधक से टकराते रहते हैं। अतः सामूहिक सौदेबाजी के अन्तर्गत अधिसमय के मुद्दे को भी सम्मिलित किया जाता है।
9. **श्रम कानून**—औद्योगिक प्रतिष्ठान अथवा कोई भी संगठन श्रम कानून के नियमों अथवा परिनियमों के साथ जुड़ा हुआ है। श्रम कानूनों के उल्लंघन होने पर आक्रोश की स्थिति उत्पन्न होती है। प्रबंधन भी श्रम कानून का उल्लंघन करता है तथा कामगारों द्वारा भी श्रम कानूनों का उल्लंघन होता रहता है। फलतः प्रबंधन एवं कामगार के बीच विवाद की स्थिति उत्पन्न होती है। अतः सामूहिक सौदेबाजी के क्षेत्र के अन्तर्गत श्रम कानूनों के मुद्दे को भी सम्मिलित किया जाता है।
10. **अन्य संबंधित क्षेत्र**—सामूहिक सौदेबाजी की प्रक्रिया ने कामगारों के जीवन में एक नए अध्याय की शुरुआत की है। अतः इसका क्षेत्र तथा दायरा विस्तृत है। सामूहिक सौदेबाजी से संबंधित कुछ अन्य प्रमुख क्षेत्रों का उल्लेख निम्नलिखित रेखाचित्र द्वारा प्रस्तुत किया जाता है—

विवरणों के आधार पर स्पष्ट होता है कि देश तथा दुनिया के विभिन्न क्षेत्रों में औद्योगीकरण, वैश्वीकरण तथा आर्थिक उदारीकरण के विकास तथा विस्तार के साथ सामूहिक सौदेबाजी की प्रक्रिया में तेजी आई है। औद्योगिक लोकतंत्र में परस्पर संवाद, सहमति, सर्वानुमति तथा समझौता आदि का विशेष महत्व है। जाहिर है कि प्रबंधक तथा कामगार परस्पर सामंजस्य तथा सद्भावना एवं औद्योगिक शांति को विकसित करने के लिए सामूहिक सौदेबाजी का उपयोग करते हैं। अतः सामूहिक सौदेबाजी के क्षेत्र में विस्तार हुआ है।

सामूहिक सौदेबाजी के उद्देश्य (Purposes of Collective Bargaining)

सामूहिक सौदेबाजी का मुख्य उद्देश्य प्रबंधक तथा श्रमिक संघों के बीच वार्ता से संबंधित है। वार्ता मुद्दों पर आधारित होती है। मुद्दा विवाद से जुड़ा होता है। विवाद प्रबंधन तथा कामगार के बीच उत्पन्न होता है। विवाद के कारण औद्योगिक संबंध, उत्पादन तथा कार्य–संस्कृति प्रभावित होती है। अतः सामूहिक सौदेबाजी का मूलभूत उद्देश्य औद्योगिक शांति एवं सामंजस्य से जुड़ा हुआ है। *एनसाइक्लोपीडिया ऑफ सोशल साइन्सेस्* के अनुसार सामूहिक सौदेबाजी का मुख्य उद्देश्य नियोजक अथवा नियोजकों एवं कामगारों के बीच कार्य की दशाओं से संबंधित समझौता है। वस्तुतः सामूहिक सौदेबाजी का एक महत्वपूर्ण उद्देश्य कामगारों को प्रजातांत्रिक अधिकार प्रदान करना है। उल्लेखनीय है कि कामगार नौकरी करते हैं अथवा मजदूरी करते हैं। कामगार किसी की गुलामी नहीं करते हैं। वे किसी के बंधुआ मजदूर नहीं होते हैं। मानव होने का अधिकार और गरिमा उन्हें भी प्राप्त है। अतः सामूहिक सौदेबाजी के अन्तर्गत कामगारों के अधिकार, सम्मान तथा स्वाभिमान का प्रश्न खड़ा होता है। उनके प्रजातांत्रिक अधिकारों की रक्षा की जाती है। संक्षेप में सामूहिक सौदेबाजी के कतिपय महत्वपूर्ण उद्देश्यों को निम्न प्रकार से समझा जा सकता है—

1. **श्रमिक संघों की मान्यता**—प्रबंधक श्रमिक संघों की मान्यता के प्रश्नों को अक्सर लंबित रखता है अथवा विवादग्रस्त बनाये रखने का प्रयास करता है। फलतः सामूहिक सौदेबाजी के अन्तर्गत श्रमिक संघों की मान्यता का प्रश्न उठाया जाता है। श्रमिक कानूनों के अन्तर्गत निर्धारित मानदंड के अनुरूप अर्हता प्राप्त करने पर श्रमिक संघों की मान्यता के संबंध में फैसला लिया जाता है।
2. **स्वतंत्रता का अधिकार**—कामगार विभिन्न क्षेत्रों में स्वतंत्रता के प्रश्न को खड़ा करते हैं। फ्रांस की राज्यक्रांति ने स्वतंत्रता के चिंतन को नई उत्तेजना प्रदान की। भारतीय संविधान की प्रस्तावना में भी स्वतंत्रता के चिंतन के प्रति प्रतिबद्धता व्यक्त की गई है। अतः सामूहिक सौदेबाजी का एक प्रमुख उद्देश्य कामगारों की स्वतंत्रता के संरक्षण से जुड़ा हुआ है।
3. **सामाजिक न्याय**—सामूहिक सौदेबाजी के अन्तर्गत सामाजिक न्याय के प्रश्न को भी खड़ा किया जाता है। दुर्घटना होने पर अथवा बीमार होने पर कामगार प्रबंधकों से चिकित्सा सहायता की अपेक्षा करते हैं। सामाजिक तथा शैक्षणिक दृष्टि से पिछड़े हुए कामगार अपने मान–सम्मान की रक्षा का प्रश्न खड़ा करते हैं। महिला कामगारों के अधिकारों का मुद्दा भी उठाया जाता है। कामगारों के आवास, मनोरंजन, सेवानिवृत्ति

तथा बच्चों की शिक्षा के प्रश्न को भी सामूहिक सौदेबाजी द्वारा हल करने का प्रयास किया जाता है।

4. **समानता का अधिकार**—समानता के अधिकार का चिंतन भी फ्रांस की राज्यक्रांति से जुड़ा हुआ है। समान काम के लिए समान वेतन के प्रश्न को पैदा किया जाता है। पदोन्नति, बोनस तथा भत्ता आदि में समानता के प्रश्न को सामूहिक सौदेबाजी के अन्तर्गत प्रस्तुत किया जाता है। वस्तुत: सामूहिक समझौता का एक प्रमुख उद्देश्य समानता के नियमों की रक्षा के साथ संबंधित है।
5. **कामगारों की शोषण से रक्षा**—साधारणत: प्रबंधकों द्वारा कामगारों का शोषण किया जाता है। उचित मजदूरी तथा वेतन देने में प्रबंधकों द्वारा कोई दिलचस्पी नहीं दिखलाई जाती है। कामगार उचित मजदूरी और वेतन के लिए तरसते हैं। उनसे अधिक काम लिया जाता है। प्रतिकूल भौतिक दशाओं में भी उन्हें काम के लिए बाध्य किया जाता है। कार्ल मार्क्स ने भी स्पष्ट किया है कि बुर्जुआ वर्ग द्वारा सर्वहारा कामगार का शोषण होता है। अत: सामूहिक सौदेबाजी का मुख्य उद्देश्य कामगारों के शोषण के खिलाफ सुनिश्चित समझौता करने से संबंधित है। यह सुनिश्चित किया जाता है कि भविष्य में किसी भी कामगार का शोषण न हो।
6. **औद्योगिक विवादों का समाधान**—विभिन्न मुद्दों को लेकर प्रबंधन तथा कामगार के बीच तनाव तथा टकराहट की स्थिति मौजूद रहती है। फलत: औद्योगिक विवाद की स्थिति उत्पन्न होती है। सामूहिक सौदेबाजी एक लोकतांत्रिक प्रक्रिया है। सामूहिक सौदेबाजी के आधार पर आद्योगिक विवादों के समाधान के लिए निर्णायक तौर पर पहल किया जाता है।
7. **औद्योगिक शांति**—संगठनों तथा औद्योगिक संबंधों में विवाद होने पर औद्योगिक शांति प्रभावित होती है। फलत: उत्पादन की प्रक्रिया, उत्पादन का संबंध, उत्पादकता तथा

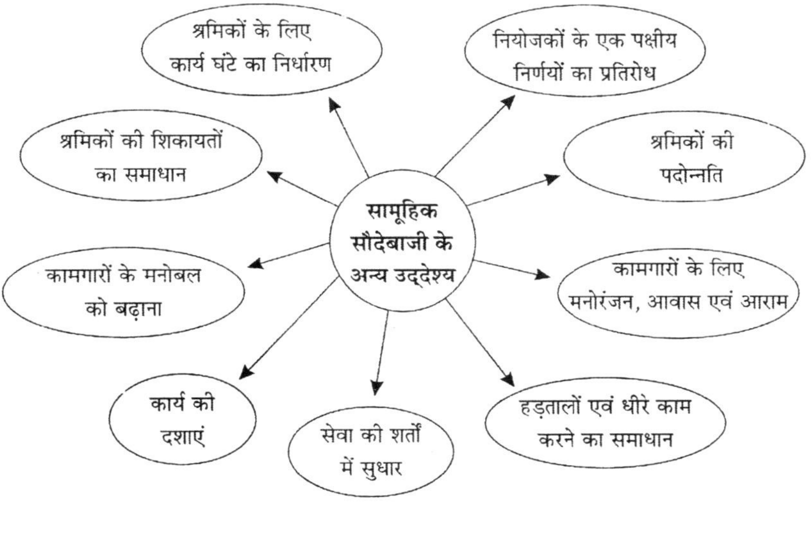

उत्पादन प्रभावित होता है। औद्योगिक विवाद नियोजक तथा कामगार–दोनों को प्रभावित करता है। मिल में तालाबंदी हो सकती है। कामगारों की छंटनी हो सकती है। औद्योगिक प्रतिष्ठान का आर्थिक नुकसान हो सकता है। कार्य दिवस प्रभावित होता है। अत: सभी पक्षों के हित के आधार पर कामगार तथा नियोजक अपने गिले–शिकवे को दूर करते हैं। दोनों पक्षों में सम्मानजनक समझौता होता है। फलत: औद्योगिक शांति की स्थिति उत्पन्न होती है।

8. **समझौता**–सामूहिक सौदेबाजी का मुख्य उद्देश्य नियोजक एवं नियोजकों के प्रतिनिधि एवं श्रमिक संघ तथा श्रमिक संघों के प्रतिनिधि परस्पर विचार विनिमय के द्वारा दोनों पक्षों के हितों के अनुरूप समझौता करते हैं। समझौते को सामूहिक सौदेबाजी करार (Collective Bargaining Agreement–CBA) अथवा साूहिक नियोजन करार (Collective Employment Agreement) कहते हैं यह सामूहिक सौदेबाजी पर आधारित होता है अथवा सामूहिक नियोजन से संबंधित समझौता है।
9. **समझौते का क्रियान्वयन**–नियोजक तथा श्रमिक संघ के बीच समझौता होने पर ही बात खत्म नहीं हो जाती है। समझौते के सुनिश्चित क्रियान्वयन के लिए बहस होती है तथा दोनों पक्षों में विचार–विनिमय के जरिए सुनिश्चित कार्य योजना को निर्धारित किया जाता है। समझौता के क्रियान्वयन के लिए समय सीमा का निर्धारण होता है।

विश्लेषणों के आधार पर स्पष्ट होता है कि सामूहिक सौदेबाजी का मुख्य उद्देश्य औद्योगिक शांति की स्थापना से संबंधित है। उल्लेखनीय है कि सामूहिक सौदेबाजी औद्योगिक शांति की सर्वोत्तम विचारधारा है। सामूहिक सौदेबाजी द्वारा प्रबंधन एवं कामगार के बीच मौजूद तनाव तथा टकराहट को दूर किया जाता है।

सामूहिक सौदेबाजी की प्रक्रिया (Process of Collective Bargaining)

सामूहिक सौदेबाजी की प्रक्रिया विभिन्न चरणों पर आधारित है। साधारणत: सामूहिक सौदेबाजी के साथ नियोजक अथवा नियोजकों के प्रतिनिधि एवं श्रमिक संघ अथवा श्रमिक संघों के प्रतिनिधि जुड़े होते हैं। परन्तु अक्सर जटिल परिस्थितियों में सरकार अथवा कानून के

सामूहिक सौदेबाजी की प्रक्रिया

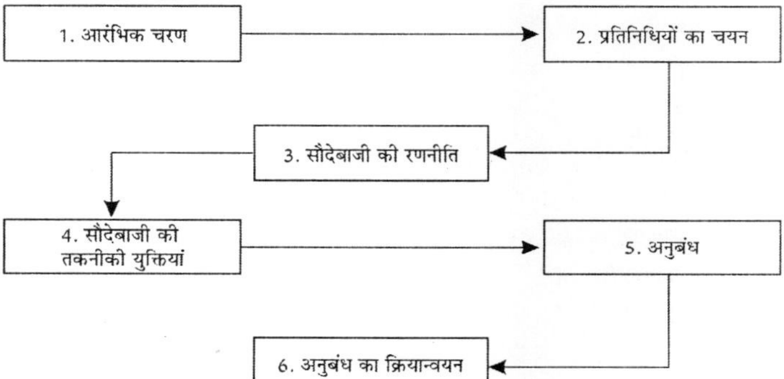

विशेषज्ञों का हस्तक्षेप होता है। इस प्रकार सामूहिक सौदेबाजी के साथ एक तीसरे पक्ष की भागीदारी का अनुभव किया जा रहा है। प्रबंधकों तथा श्रमिक संघ के प्रतिनिधियों को औद्योगिक विवाद से संबंधित विभिन्न पहलुओं का गहन एवं गंभीर परिज्ञान होना चाहिए। कामगारों में तनाव तथा टकराहट से जुड़े विभिन्न बिन्दुओं की जानकारी होनी चाहिए। साथ ही दोनों पक्षों को औद्योगिक प्रतिष्ठान के संबंध में भी विस्तृत एवं सूक्ष्म जानकारी होनी चाहिए। श्रमिक संघों के प्रतिनिधि के चयन में सतर्कता की अपेक्षा रहती है। श्रमिक संघों के प्रतिनिधियों में नेतृत्व की क्षमता होनी चाहिए। कामगारों के प्रति निष्ठा एवं ईमानदारी होनी चाहिए। साथ ही प्रतिनिधियों में समझदारी तथा जागरूकता भी अपेक्षित है। प्रबंधक के प्रतिनिधियों में रचनात्मक दृष्टि तथा प्रबंधन कौशल की क्षमता होनी चाहिए। कामगारों की भावनाओं के प्रति समझदारी होनी चाहिए। श्रमिक संघों के प्रतिनिधियों में आक्रोश एवं उत्तेजना को झेलने की क्षमता होनी चाहिए। सामूहिक सौदेबाजी की प्रक्रिया के अन्तर्गत कई प्रकार की व्यूहरचना की आवश्यकता होती है। जटिल परिस्थितियों में वार्ताकारों को धैर्य से काम लेना होता है। दोनों पक्ष एक-दूसरे को प्रभावित करने का प्रयास करते हैं तथा दाव-पेंच की तकनीक का उपयोग होता है। अन्ततः अनुबंध का मसौदा तैयार किया जाता है। साधारणतः यह लिखित होता है। परन्तु यदा-कदा अलिखित भी होता है। वार्ताकारों को श्रम-कानूनों का परिज्ञान होना चाहिए। औद्योगिक संगठनों में पूर्व के निर्णयों की जानकारी होनी चाहिए। वार्ताकारों का स्वभाव लचीला होना चाहिए। दोनों पक्षों के हितों के संबंध में वार्ताकारों को ध्यान केन्द्रित करना चाहिए। सामूहिक सौदेबाजी का अंतिम चरण समझौते के क्रियान्वयन से जुड़ा हुआ है। अतः अनुबंध में क्रियान्वयन की रणनीति एवं पद्धति का भी स्पष्टीकरण होना चाहिए। सामूहिक सौदेबाजी की प्रक्रिया की सफलता दोनों पक्षों की जागरूकता, रचनात्मकता एवं संवेदनशीलता पर निर्भर करती है। यह एक लोकतांत्रिक प्रक्रिया है। अतः सामूहिक सौदेबाजी के दौरान संसदीय मर्यादा का पालन करना चाहिए। अशिष्ट अथवा असंसदीय भाषा का उपयोग नहीं किया जाना चाहिए।

आरंभिक चरण

आरंभिक चरण को वार्ता के पूर्वचरण के रूप में भी रेखांकित किया जाता है। सामूहिक सौदेबाजी का आरंभिक चरण एक महत्वपूर्ण चरण होता है। यह सामूहिक सौदेबाजी की तैयारी का चरण होता है। श्रमिक संघों के प्रतिनिधि सामूहिक सौदेबाजी में सहभागिता करने से पूर्व कामगारों के साथ बैठक आयोजित करते हैं। कामगारों की समस्या तथा तनाव एवं टकराहट के विभिन्न मुद्दों को रेखांकित करते हैं। कामगारों की भावनाओं तथा अपेक्षाओं की जानकारी प्राप्त करते हैं। प्रबंधन तथा उसके प्रतिनिधि भी सामूहिक सौदेबाजी में सहभागिता करने से पहले विवाद से संबंधित विभिन्न पहलुओं की जानकारी प्राप्त करते हैं। विशेषज्ञों से विचार विनिमय करते हैं तथा आवश्यकतानुसार उनसे मार्गदर्शन प्राप्त करते हैं। श्रम कानूनों, संवैधानिक प्रावधानों एवं मानवाधिकार के उपबंधों की जानकारी प्राप्त करते हैं। आवश्यकतानुसार कानून के विशेषज्ञों से भी मार्गदर्शन प्राप्त करते हैं। इस प्रकार दोनों पक्ष सामूहिक सौदेबाजी के संबंध में गहन जानकारी प्राप्त करने का प्रयत्न करते हैं। साधारणतः प्रथम चरण में निम्नलिखित बिन्दुओं पर ध्यान केन्द्रित किया जाता है–

1. श्रम कानूनों का परिज्ञान।
2. पूर्व के अनुबंधों की जानकारी।
3. पूर्व के अनुबंधों के क्रियान्वयन का परिज्ञान।
4. वेतन तथा मजदूरी के संबंध में विवादग्रस्त पहलुओं की जानकरी।
5. अन्य विवादग्रस्त बिन्दुओं का परिज्ञान।
6. औद्योगिक संगठन में कच्चे माल उत्पादन की प्रक्रिया, वितरण, आर्थिक स्थिति, खरीद-बिक्री आदि की जानकारी।
7. तकनीकी तथा उत्पादन विधियों के होने वाले परिवर्तनों का परिज्ञान।
8. औद्योगिक संगठन से संबंधित बाह्य कारकों का विश्लेषण।
9. राजनैतिक हस्तक्षेपों एवं निहितार्थों का विवेचन।
10. तीसरे पक्ष की संभावित भागीदारी के संबंध में रणनीति।
11. वैश्वीकरण, आर्थिक उदारीकरण तथा आर्थिक मंदी आदि के प्रति जागरूकता।
12. संबंधित मामलों के संदर्भ में न्यायालय के पूर्व आदेशों की जानकारी।

स्पष्ट है कि सामूहिक सौदेबाजी का आरंभिक चरण बुनियादी चरण होता है। अतः आरंभिक चरण पर ही सामूहिक सौदेबाजी की सफलता बहुलांश में आधारित है।

प्रतिनिधियों का चयन

सामूहिक सौदेबाजी के अन्तर्गत एक महत्वपूर्ण चरण प्रतिनिधियों के चयन से जुड़ा हुआ है। प्रबंधन तथा श्रमिक संघ के प्रतिनिधि परस्पर विचार विनिमय के आधार पर जटिल समस्याओं का समाधान प्रस्तुत करते हैं। अतः प्रबंधन के प्रतिनिधियों को औद्योगिक तनाव तथा विवाद के संबंध में प्रामाणिक जानकारी होनी चाहिए। उन्हें संबंधित अभिलेखों का परिज्ञान होना चाहिए। न्यायालय के आदेशों, विचाराधीन मामलों, संबंधित श्रम कानूनों तथा मानवाधिकार से जुड़े पहलुओं का ज्ञान होना चाहिए। सन 2009 में बिहार राज्य के अन्तर्गत पटना मेडिकल कॉलेज तथा दरभंगा मेडिकल कॉलेज के जूनियर डॉक्टरों ने हड़ताल की थी। हड़ताल आक्रामक थी। 300 से अधिक मरीजों की मौत हो गई। फलतः मानवाधिकार आयोग ने हस्तक्षेप किया। न्यायालय में जनहित याचिका दायर की गई। स्वयंसेवी संगठनों ने हंगामा किया। इलेक्ट्रॉनिक मीडिया तथा प्रिंट मीडिया ने हड़ताल के समाचारों को व्यापक पैमाने पर प्रस्तुत किया। अतः जूनियर डॉक्टरों के मामलों के निष्पादन हेतु सामूहिक सौदेबाजी से जुड़े प्रतिनिधियों ने इन तमाम पक्षों पर ध्यान केंद्रित किया। अन्ततः हड़ताल खत्म हुई। परिसर में शांति की स्थापना हुई। अतः वार्ताकारों में नेतृत्व की क्षमता होनी चाहिए। उन्हें पूर्वाग्रह से मुक्त होना चाहिए। विचार-विमर्श के कला कौशल से प्रतिनिधियों का व्यक्तित्व धारदार होना चाहिए। उनमें स्पष्टता के साथ विनम्रता होनी चाहिए। श्रमिक संघों के प्रतिनिधियों के चयन में भी अपेक्षित सतर्कता आवश्यक है। श्रमिक संघ के प्रतिनिधियों को कामगार के प्रति निष्ठा होनी चाहिए। उनमें सर्वहारा वर्ग के प्रति ईमानदारी होनी चाहिए। सामूहिक सौदेबाजी का परिणाम, बुद्धि कौशल तथा प्रतिनिधियों की जागरूकता पर निर्भर है। श्रमिक संघ के प्रतिनिधि अपने जुझारू तेवर से न्यायपूर्ण निर्णय हेतु प्रबंधन को बाध्य करते हैं। श्रमिक संघ के प्रतिनिधियों को सामूहिक

सौदेबाजी के दौरान तलवार की धार पर चलना होता है। अतः प्रतिनिधियों का चयन सामूहिक सौदेबाजी की प्रक्रिया का एक मुख्य आधार बिन्दु है। स्काट क्लादियर आदि ने स्पष्ट किया है कि सामूहिक सौदेबाजी के दौरान संस्था के सुलझे हुए अधिकारी को प्रतिनिधित्व करना चाहिए। उन्हें प्रबंधन के विस्तृत दायरे में निर्णय लेने का अधिकार होना चाहिए। साथ ही उन्हें अनुबंध पर हस्ताक्षर करने का अधिकार भी होना चाहिए।

सौदेबाजी की रणनीति

सामूहिक सौदेबाजी के दौरान प्रबंधन तथा श्रमिक संघों के प्रतिनिधियों के बीच अन्त:क्रिया होती है। विचार तथा विनिमय का लम्बा दौर चल सकता है। जटिल परिस्थितियां उत्पन्न हो सकती हैं। अतः वार्ता के दौरान व्यूह रचना की अपेक्षा होती है। शतरंज की बिसात पर 'शह' और मात के नाज-नखरे चलते रहते हैं। किसी भी पक्ष को उत्तेजित नहीं होना चाहिए। वार्ता के दौरान कटुता से परहेज करना चाहिए। प्रबंधन के प्रतिनिधियों को अपने औद्योगिक संगठन की संरचना, उत्पादन प्रक्रिया, आर्थिक शक्ति तथा अन्य संबंधित मामलों का परिज्ञान होना चाहिए। दबाव को झेलना चाहिए। दबाव में गलत निर्णय से परहेज करना चाहिए। श्रमिक संघ के प्रतिनिधियों को भी अपनी मूल समस्याओं तथा मांगों के प्रति बेचैनी होनी चाहिए। परन्तु धैर्य पूर्वक बिना किसी पूर्वाग्रह के पूरी स्पष्टता के साथ अपनी बातों को प्रस्तुत करना चाहिए। सामूहिक सौदेबाजी के दौरान अक्सर लगता है कि वार्ता विफल हो रही है। कठिन मोड़ पर आकर लगता है कि जैसे वार्ता दम तोड़ देगी। परन्तु प्रतिनिधियों की सूक्ष्म दृष्टि, कला-कौशल तथा व्यूह रचना फिर से वार्ता में नई ताजगी ला देती है। लहरों तथा थपेड़ों से जैसे नाविक नहीं डरता है वैसे ही दोनों पक्षों के प्रतिनिधियों को कठिन परिस्थितियों में भी निराश नहीं होना चाहिए। उन्हें एक-दूसरे से भयभीत नहीं होना चाहिए। जाहिर है कि सामूहिक सौदेबाजी के अन्तर्गत व्यूह रचना की प्रक्रिया एक महत्वपूर्ण चरण होता है तथा सामूहिक सौदेबाजी की सफलता के लिए इसका विशेष महत्व है।

सौदेबाजी की तकनीक

विचार तथा विमर्श के दौरान सौदेबाजी के अन्तर्गत विभिन्न प्रकार की परिस्थितियों का होना स्वाभाविक है। तनावग्रस्त तथा विवादास्पद मुद्दों के हल के लिए युक्तियों तथा तकनीकों की अपेक्षा होती है। गौरतलब है कि वार्ता के लिए सद्भावनापूर्ण माहौल का होना सामूहिक सौदेबाजी के लिए एक अपेक्षित शर्त है। अनेक प्रकार की तकनीकों का उपयोग होता है। यदि प्रबंधन के प्रतिनिधि मित्रतापूर्ण व्यवहार करें तथा उदारतापूर्वक समस्याओं का हल करें तो बात ठीक है। परन्तु ऐसा नहीं होने पर सठ के साथ सठता का व्यवहार करना चाहिए। अर्थात् दुष्ट को शक्ति का एहसास दिलाना चाहिए। कुटिल प्रीति से नहीं पिघलता है। कुटिल को बाध्य किया जाना चाहिए। कृपण सुन्दर उपदेश का भूखा नहीं होता है। अतः वार्ता के दौरान विभिन्न तकनीकों का उपयोग होता है। बिना भय के प्रीति संभव नहीं है। परन्तु अनावश्यक भय भी घातक होता है। निष्प्रयोजन शक्ति का अहंकार भी नुकसान करता है। अतः आरंभ में एक-एक करके सहज सामान्य मांगों को प्रस्तुत करना चाहिए। आरंभ में ही विवाद एवं जटिल मुद्दों को

नहीं उठाना चाहिए। जाहिर है कि अनुभवी प्रतिनिधियों को ही सामूहिक सौदेबाजी में शिरकत करनी चाहिए।

अनुबंध

सामूहिक सौदेबाजी का एक प्रमुख चरण अनुबंध से जुड़ा होता है। प्रतिनिधियों में वार्ता होती है। विचार-विनिमय का दौर चलता है। अक्सर उत्तेजना की स्थिति उत्पन्न हो जाती है। अक्सर निराशा के काले बादल छाने लगते हैं। दोनों पक्षों के प्रयास से पुनः वार्ता का सिलसिला चलता है। एक लम्बी प्रक्रिया, एक लम्बा दौर, तनाव और विवाद की फूटती चिनगारियों के बीच अन्ततः दोनों पक्ष बिन्दु-बिन्दु सौदेबाजी तथा निर्णायक परिणाम की ओर अग्रसर होते हैं। कुछ पाना कुछ खोना – कुछ बातें बनती हैं तो कुछ भविष्य के लिए छोड़ दी जाती हैं। अन्ततः अनुबंध का चरण पूरा होता है तथा अनुबंध से संबंधित इन विभिन्न प्रस्तावों तथा बिन्दुओं को सुनिश्चित किया जाता है।

अनुबंध एक अभिलेख होता है। साधारणतः यह लिखित होता है। अनुबंध के महत्वपूर्ण बिन्दुओं को निम्नांकित रूप में रेखांकित किया जा सकता है–

1. अनुबंध की अवधि एवं क्षेत्र को स्पष्ट रूप में सुनिश्चित किया जाता है। साथ ही समझौते के लागू होने की तिथि आदि का भी निर्धारण होता है। समझौते में सम्मिलित प्रतिनिधियों एवं वार्ताकारों के नाम एवं उनके पदों का भी उल्लेख किया जाता है।
2. समझौते के प्रमुख एवं गौण उद्देश्यों को रेखांकित किया जाता है। कामगार एवं प्रबंधन के अधिकार तथा उत्तरदायित्व का भी आवश्यकतानुसार उल्लेख किया जाता है। विवादग्रस्त मुद्दों को रेखांकित किया जाता है तथा उनसे संबंधित समाधान एवं तकनीक को स्पष्ट किया जाता है। उदाहरणस्वरूप सामाजिक सुरक्षा, श्रम कल्याण, बोनस, मजदूरी तथा वेतन तथा अन्य मांगों के संबंध में लिए गए निर्णय का स्पष्ट तौर पर उल्लेख किया जाता है।
3. इस प्रकार अनुबंध में स्पष्टता होनी चाहिए। समस्याओं के समाधान की दिशा में ठोस पहल की जानी चाहिए।
4. जाहिर है कि सामूहिक सौदेबाजी के दौरान लिये गए सभी निर्णयों को स्पष्ट एवं परिमार्जित भाषा में अनुबंध के अन्तर्गत सम्मिलित किया जाता है।

अनुबंध का क्रियान्वयन

अनुबंध औद्योगिक शांति की दिशा में पहला कदम है। यह प्रस्थान बिन्दु है। अनुबंध का क्रियान्वयन ही सामूहिक सौदेबाजी की प्रक्रिया का चरम उत्कर्ष होता है। अनुबंध के क्रियान्वयन के प्रति श्रमिक संघों का लगातार दबाव बरकरार रहता है। अनुबंध के क्रियान्वयन नहीं होने पर कामगार श्रमिक संघों के नेतृत्व में हड़ताल, सत्याग्रह तथा घेराव आदि का सहारा लेता है।

सामूहिक सौदेबाजी की प्रक्रिया में अक्सर तीसरे पक्ष का भी हस्तक्षेप होता है। यह तीसरा पक्ष न्यायालय, मानवाधिकार आयोग, स्वयंसेवी संगठन अथवा कोई मध्यस्थता करने

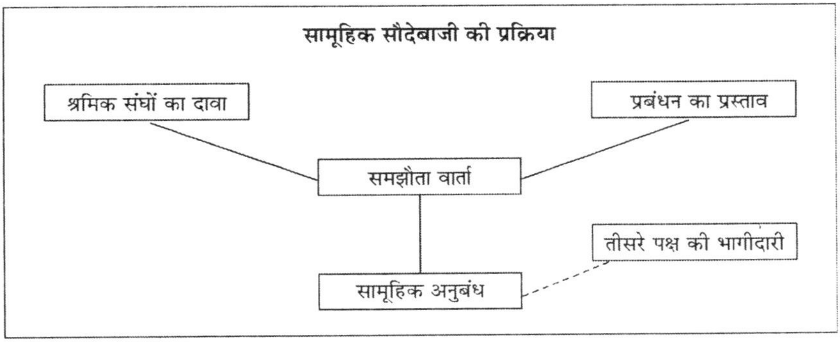

वाला पक्ष भी हो सकता है। अप्रत्यक्ष अथवा प्रत्यक्ष तौर पर राजनैतिक दलों की सहभागिता भी सामूहिक सौदेबाजी की प्रक्रिया के लाभ से जुड़ी हुई रहती है। उल्लेखनीय है कि सामूहिक सौदेबाजी की प्रक्रिया श्रमिक संघों के दावे तथा प्रबंधन के प्रस्तावों पर आधारित होती है। सौदेबाजी की प्रक्रिया का मूल आधार बिन्दु समझौता वार्ता है। अन्ततः परस्पर सहमति के आधार पर सामूहिक अनुबंध पर दोनों पक्षों के हस्ताक्षर होते हैं। तीसरे पक्ष की भागीदारी भी अक्सर सामूहिक सौदेबाजी में निर्णायक सिद्ध होती है। प्रक्रिया से संबंधित महत्वपूर्ण बिन्दुओं को एक रेखाचित्र के जरिये भी स्पष्ट किया जा सकता है—

वस्तुतः सामूहिक सौदेबाजी की प्रक्रिया का आधारभूत तत्व सुदृढ़ तथा मान्यता प्राप्त श्रमिक संघ है। औद्योगिक लोकतंत्र तथा संवेदनशील प्रबंधन, प्रगतिशील विचारधारा एवं दोनों पक्षों के बीच सद्‌भावना एवं सामंजस्य होने पर सामूहिक सौदेबाजी की प्रक्रिया की सफलता की संभावना बनी रही है।

सामूहिक सौदेबाजी की सफलताः आवश्यक शर्तें
(Productive Collective Bargaining: Essential Conditions)

सामूहिक सौदेबाजी की सफलता के लिए कारगर श्रमिक संगठनों का होना अपेक्षित है। प्रबंधन के प्रतिनिधियों तथा श्रमिक संघों के प्रतिनिधियों को सामूहिक सौदेबाजी के लिए पूर्ण अधिकार दिया जाना चाहिए। सामूहिक सौदेबाजी में सामूहिक हितों पर ध्यान केन्द्रित करना चाहिए। सामूहिक अनुबंध श्रम कानूनों, संवैधानिक प्रावधानों, कल्याणकारी राज्य की मान्यताओं तथा मानव अधिकार के मूलभूत चिंतनों से संबंधित होना चाहिए। औद्योगिक समस्याओं के समाधान की दिशा में दोनों पक्षों में निष्ठा होनी चाहिए। वस्तुतः औद्योगिक शांति सामूहिक सौदेबाजी का मुख्य लक्ष्य होता है।

सामूहिक सौदेबाजी की चेतना औद्योगिक लोकतंत्र के चिंतन पर आधारित है। अतः नियोजकों तथा श्रमिक संघों के प्रतिनिधियों में लोकतांत्रिक मूल्यों के प्रति निष्ठा अपेक्षित है। लोकतांत्रिक मूल्यों के प्रति प्रतिबद्धता होने पर सामूहिक सौदेबाजी की प्रक्रिया सफलता के शिखरों को चूमती है। लोकतांत्रिक मूल्यों के लिए विचार-विमर्श की प्रक्रिया अपेक्षित है। धैर्य

एवं सहनशक्ति के आधार पर दोनों पक्षों में सद्भावना का विकास हो सकता है। सामूहिक सौदेबाजी के साथ सर्वानुमति का स्पष्ट संबंध होता है। विचार-विमर्श के उपरान्त सर्वानुमति के आधार पर ही अनुबंध पर हस्ताक्षर होते हैं।

सामूहिक सौदेबाजी की प्रक्रिया की सफलता के लिए दोनों पक्षों में औद्योगिक शांति तथा औद्योगिक प्रतिष्ठान के विकास के प्रति लगाव होना चाहिए। उत्पादन की प्रक्रिया चलती रहती है तो कामगार को भी रोजी-रोटी उपलब्ध होती रहती है। एक कामगार के लिए कारखाना मां के समान होता है। कारखाने से कामगार को रोटी मिलती है। अतः कामगारों को अपने कारखानों के प्रति स्नेह होना चाहिए। जाहिर है कि नियोजकों के मन में भी कामगार के प्रति लगाव होना चाहिए। कामगारों के श्रम और स्वेद के आधार पर ही उसका कारखाना फलता-फूलता है, उत्पादन क्षमता में वृद्धि होती है। अतः दोनों पक्षों में तर्कपूर्ण दृष्टि तथा विवेकपूर्ण समझदारी के आधार पर ही सामूहिक सौदेबाजी की प्रक्रिया सफल सिद्ध हो सकती है।

सामूहिक सौदेबाजी की सफलता के लिए कतिपय प्रमुख आवश्यक शर्तों का उल्लेख निम्नांकित रूपों में किया जा सकता है-

कारगर श्रमिक संघ

सामूहिक सौदेबाजी की सफलता के लिए कारगर श्रमिक संघ का होना आवश्यक है। कमजोर श्रमिक संघ नियोजकों के लिए चुनौती नहीं बन सकता। उसे औद्योगिक न्याय के लिए बाध्य नहीं कर सकता है। कारगर श्रमिक संघ के प्रति कामगारों में अपार निष्ठा होती है। उसके इशारे पर कामगार मरने-मिटने के लिए तैयार होता है। ईमानदार नेतृत्व आंतरिक लोकतंत्र, सदस्यों की संख्या तथा जुझारूपन के आधार पर श्रमिक संघ शक्तिशाली बनता है। परन्तु श्रमिक संघ को अपनी शक्ति का दुरुपयोग नहीं करना चाहिए। उसे अपनी ताकत का अहसास होना चाहिए। नियोजक उसकी ताकत को परखता और समझता है। श्रमिक संघ के शक्तिशाली होने पर सौदेबाजी की प्रक्रिया सहज-स्वाभाविक रूप में सफलता की ओर अग्रसर होती है।

औद्योगिक लोकतंत्र के प्रति निष्ठा

नियोजकों की दृष्टि, चेतना तथा संवाद की प्रक्रिया में लोकतांत्रिक मूल्यों के प्रति आस्था प्रकट होनी चाहिए। सामूहिक सौदेबाजी की प्रक्रिया के दौरान नियोजक तथा श्रमिक संघ के प्रतिनिधियों के बीच में समानता का भाव होना चाहिए। समता, स्वतंत्रता तथा न्याय के प्रति निष्ठा होनी चाहिए। श्रमिक संघ के प्रतिनिधियों को भी लोकतांत्रिक प्रक्रियाओं के प्रति गहन लगाव होना चाहिए। तानाशाही प्रवृत्ति के आधार पर सामूहिक सौदेबाजी के परिणाम की आशा हम नहीं रख सकते। सामूहिक सौदेबाजी लोकतांत्रिक मूल्यों से जुड़ा हुआ है। यह लाभ और कानून से जुड़ा हुआ है। यह तर्क और वैज्ञानिकता से संबंधित है। यह आधुनिकीकरण की प्रक्रिया से संबंधित है। अतः सामूहिक सौदेबाजी की सफलता का बुनियादी आधार औद्योगिक लोकतंत्र है।

नियमों तथा कानूनों की जानकारी

सामूहिक सौदेबाजी की प्रक्रिया से संबंधित दोनों पक्षों को श्रम कानूनों, औद्योगिक नीतियों, मानव अधिकार के प्रश्नों, न्यायालय के आदेशों तथा अन्य संबंधित परम्परागत नियमों की पूरी तथा प्रामाणिक जानकारी होनी चाहिए। आवश्यकता के अनुरूप विशेषज्ञों से मार्गदर्शन प्राप्त करना चाहिए।

आंकड़ों, तथ्यों तथा अभिलेखों की जानकारी

दोनों पक्षों को विवाद से संबंधित तथा समझौता से जुड़े पहलुओं के संबंध में पूरी जानकारी होनी चाहिए। औद्योगिक प्रतिष्ठानों से संबंधित आंकड़ों, तथ्यों तथा अभिलेखों के संबंध में दोनों पक्षों को पूरी तरह से तैयार होकर सौदेबाजी में भागीदारी करनी चाहिए। जानकारी हासिल करने की तकनीक में तेजी से परिवर्तन हो रहे हैं। अतः इस संदर्भ में इंटरनेट, ई-मेल, कम्प्यूटर, सेटेलाइट तथा अन्य वैज्ञानिक तकनीकों का भी उपयोग करना चाहिए।

पूर्ण जिम्मेदारी

सामूहिक सौदेबाजी से संबंधित नियोजकों तथा श्रमिक संघों के प्रतिनिधियों को पूर्ण जिम्मेदारी मिलनी चाहिए। पूरे दमखम के साथ दोनों पक्षों के प्रतिनिधि फैसला लेने के लिए स्वतंत्र हो। उन्हें इस संबंध में पूरी सत्ता मिलनी चाहिए। उन्हें इस संबंध में पूरा अधिकार मिलना चाहिए।

मुख्य उद्देश्य का निर्धारण

सामूहिक सौदेबाजी की सफलता के लिए मुख्य उद्देश्यों का निर्धारण अपेक्षित है। सामूहिक सौदेबाजी के साथ कई प्रश्न जुड़े होते हैं। समस्या क्या है? समस्या का समाधान क्या हो सकता है? टकराहट की मूल वजह क्या है? विसंगति कहां पैदा हो रही है? जाहिर है कि विभिन्न बिन्दुओं और दृष्टिकोणों के आधार पर मुख्य लक्ष्यों का निर्धारण करना चाहिए। कार्यवृत्ति (Agenda) का निर्धारण मुख्य लक्ष्यों के अनुरूप कर दिया जाना चाहिए। प्रोडेक्टीविटी (1967, 8(1)) में प्रकाशित अपने एक शोध निबंध ''बाईपारटाइट नेगोशिएशन : व्हेन, हाऊ, वाई?'' बी.सी. बोम ने स्पष्ट किया है कि सामूहिक सौदेबाजी की सफलता के लिए उसके लक्ष्यों एवं कार्यवृत्तियों का निर्धारण सुनिश्चित आधारों पर किया जाना चाहिए। उनके अनुसार 'कब', 'कैसे' तथा 'क्यों' पर ध्यान केन्द्रित किया जाना चाहिए। वैज्ञानिक दृष्टि तथा तर्कपूर्ण चिंतन के लिए राह की पहचान आवश्यक होती है। चलने से पहले कहां चलना है-इसकी पूर्ण जानकारी होनी चाहिए।

निहित स्वार्थों की पहचान

इंडस्ट्रियल रिलेशन्स में प्रकाशित अपने एक शोध निबंध ''प्राब्लम्स ऑफ कलेक्टिव बारगैनिंग'' में पी.एन. कृष्णा पिल्लई ने स्पष्ट किया है कि अक्सर सामूहिक सौदेबाजी में निहित स्वार्थ के कारण अवरोध की स्थिति उत्पन्न हो जाती है। राजनैतिक दलों का निहित स्वार्थ होता है। राजनैतिक विचारधारा के जरिये हस्तक्षेप की स्थिति उत्पन्न हो जाती है। श्रमिक संघों की

गुटबंदी के कारण सामूहिक सौदेबाजी की प्रक्रिया संकट के दौर में उलझ सकती है। अक्सर श्रमिक संघ के नेताओं के जरिये भी निहित स्वार्थ के कारण निजी एजेंडे को लागू करवाने का प्रयास किया जाता है। अतः सामूहिक सौदेबाजी की सफलता के लिए निहित स्वार्थ के प्रति सतर्क रहने की अपेक्षा होती है।

सामूहिक सौदेबाजी की आवश्यकता एवं महत्व
(Necessity and Importance of Collective Bargaining)

ए.वी. रामाराव ने स्पष्ट किया है कि सामूहिक सौदेबाजी नियोजकों तथा कामगारों में सुलह, सद्भावना तथा सामंजस्य की एक तकनीक है। अब वे दिन लद गए जब कामगार नियोजकों के तानाशाही फरमान के तले दबा रहता था। सामूहिक सौदेबाजी ने कामगारों को एक नई ऊर्जा तथा ऊष्मा प्रदान की है। सरकार तथा न्यायालय के द्वारा भी सामूहिक सौदेबाजी के फैसले को प्रामाणिक अनुबंध के रूप में स्वीकार किया जाता है।

अन्तर्राष्ट्रीय श्रमिक संगठन (आईएलओ) के अनुसार सामूहिक सौदेबाजी के आधार पर कामगारों की स्थिति में सुधार होता है। इसके आधार पर कामगारों को एक नई जिन्दगी प्राप्त होती है। पर्लमैन ने स्पष्ट किया है कि सामूहिक सौदेबाजी के आधार पर कामगारों का एक नया वर्ग पैदा हुआ है। एक जाग्रत, सशक्त, ऊर्जावान तथा जुझारू कामगारों का वर्ग सौदेबाजी के आधार पर नियोजकों को अपनी मांगों की पूर्ति के लिए बाध्य कर सकता है।[8]

सामूहिक सौदेबाजी के आधार पर एक नई औद्योगिक संस्कृति विकसित हुई है। यह कामगारों के लिए भी महत्वपूर्ण है। यह प्रबंधकों के लिए भी लाभदायक है। राष्ट्रीय स्तर पर भी सामूहिक सौदेबाजी का महत्व है। औद्योगिक विवाद के कारण कामगारों की स्थिति उलझ जाती है। हड़ताल, तालाबंदी, छंटनी, सत्याग्रह, कलमबंद हड़ताल आदि के कारण कामगारों का जीवन तनावपूर्ण रहता है। अक्सर उनके समक्ष भुखमरी की स्थिति उत्पन्न हो जाती है। सामूहिक सौदेबाजी के आधार पर सम्मानजनक समझौता होता है। विधि सम्मत लिखित अनुबंध के आधार पर सुनिश्चित निर्णयों को रेखांकित किया जाता है। कामगारों की कार्य-दशाएं बेहतर होती हैं। उनकी लम्बित मांगों की पूर्ति की जाती है। अक्सर उनके वेतन और मजदूरी में वृद्धि होती है। भत्ते तथा बोनस में वृद्धि होती है। कामगारों की पदोन्नति का मार्ग प्रशस्त होता है। उन्हें सामाजिक सुरक्षा का काम प्राप्त होता है। श्रम कानूनों का विधिवत पालन होता है। कामगारों के परिवारों में भी आनंद और उत्साह का वातावरण परिव्याप्त हो जाता है। नियोजकों की निरंकुशता पर अंकुश लगता है। शांति तथा सद्भावनापूर्ण वातावरण में कामगारों की दक्षता तथा कार्यक्षमता में वृद्धि होती है। उन्हें एक नई जीवनी शक्ति प्राप्त होती है।

सामूहिक सौदेबाजी की प्रक्रिया नियोजकों के लिए भी लाभदायक तथा महत्वपूर्ण है। प्रबंधन के लिए उत्पादन महत्वपूर्ण होता है। उत्पादन में वृद्धि के आधार पर ही औद्योगिक प्रतिष्ठानों के विकास में चार चांद लग सकते हैं। औद्योगिक शांति की स्थापना के बाद कामगार पूरे दमखम के साथ उत्पादन प्रक्रिया से जुड़ जाता है। फलतः औद्योगिक प्रतिष्ठान में विकास और विस्तार का पक्ष प्रशस्त होता है। क्षमता से अधिक उत्पादन होने लगता है।

प्रबंधन तथा व्यवस्था का स्पष्ट संबंध है। तर्कपूर्ण तथा सुनियोजित व्यवस्था के अभाव में औद्योगिक प्रतिष्ठानों के विकास की रफ्तार शिथिल हो जाती है। परन्तु सामूहिक सौदेबाजी के आधार पर औद्योगिक लोकतंत्र की स्थापना होती है। एक तर्कपूर्ण व्यवस्था तथा रचनात्मक वातावरण का निर्माण होता है। अन्ततः परिणाम नियोजकों के लिए लाभदायक सिद्ध होता है। कटुता, तनाव, टकराहट तथा संघर्ष के आधार पर समस्याओं का समाधान नहीं होता है। सामूहिक सौदेबाजी के आधार पर औद्योगिक प्रतिष्ठानों में छाये काले बादल छंट जाते हैं। नियोजक भी राहत की सांस लेता है। भविष्य की योजनाओं को कारगर बनाता है। नई तकनीकों तथा नई संभावनाओं को तलाशता है। अतः कामगार तथा नियोजक–दोनों के लिए सामूहिक सौदेबाजी की प्रक्रिया एक नये अध्याय की शुरुआत करती है।

राष्ट्रीय दृष्टिकोण से भी सामूहिक सौदेबाजी की प्रक्रिया महत्वपूर्ण है। पूरे विश्व तथा भारत में आर्थिक मंदी का दौर छाया हुआ है। वैश्वीकरण तथा आर्थिक उदारीकरण की रफ्तार में कोई किसी से पीछे रहना नहीं चाहता है। उपभोक्तावाद तथा बाजारवाद ने निश्चित तौर पर आर्थिक प्रतिस्पर्धा को तीव्र किया है। अतः वर्तमान युग में औद्योगिक प्रतिष्ठानों तथा कारखानों में तालाबंदी, छंटनी तथा हड़ताल आदि भारी नुकसान दिला सकते हैं। राष्ट्रीय उत्पादन की गति को शिथिल कर सकते हैं। जाहिर है कि सामूहिक सौदेबाजी की प्रक्रिया राष्ट्रीय उत्पादन की अभिवृद्धि में सहायक है। यह शांति तथा सद्‌भावना की सर्वोत्तम विचारधारा है। यह उत्पादन प्रक्रिया को तेज करने की सबसे निरापद तकनीक है। यह वर्तमान दौर में बढ़ती हुई आर्थिक प्रतिस्पर्द्धा के मद्‌देनजर एक संजीवनी शक्ति की तरह है।

भारत में सामूहिक सौदेबाजी की प्रक्रिया
(Process of Collective Bargaining in India)

प्रख्यात समाजशास्त्री ए.आर. देसाई के अनुसार आधुनिक समसामयिक समाज में मजदूर की स्थिति अत्यन्त महत्वपूर्ण है। वह मिलों और कारखानों को एवं रेलवे एवं बसों को चलाता है, गैस और बिजली जैसे शक्तिस्रोतों का सृजन करता है, कोयला खोद लाता है और डाकतार से सूचना भेजता है। देसाई ने अपनी महत्वपूर्ण कृति *सोश्यल बैक ग्राउंड द इंडियन नेशनलिज्म* में स्पष्ट किया है कि आधुनिक समाज के संचालन के लिए श्रम का विशेष महत्व है। सामाजिक और आर्थिक दृष्टिकोण से भी यह अत्यंत महत्वपूर्ण है। अतः अपनी सांख्यिकी शक्ति की तुलना में आधुनिक मजदूर वर्ग का विशिष्ट सामाजिक बल बहुत अधिक है। वर्तमान वैश्वीकरण तथा आर्थिक उदारीकरण के दौर में भी श्रम शक्ति को नजरअंदाज नहीं किया जा सकता है। वस्तुतः राष्ट्रीय उत्पादन तथा आर्थिक प्रगति का बुनियादी आधार श्रम शक्ति में निहित है। दुनिया के विभिन्न देशों में आर्थिक मंदी का दौर चल रहा है। अन्तर्राष्ट्रीय स्तर पर आर्थिक प्रतिस्पर्द्धा का तीव्र माहौल है। विकासशील राष्ट्र के रूप में भारत विकास की दौड़ में आगे रहना चाहता है। विकसित राष्ट्र का सपना अभी अधूरा है। औद्योगिक शांति तथा सद्‌भावना के बिना यह स्वप्न पूरा नहीं हो सकता है। सामूहिक सौदेबाजी की प्रक्रिया औद्योगिक शांति की सर्वोत्तम विचारधारा है। अतः भारत में भी सामूहिक सौदेबाजी के तत्वों को सुसंगठित एवं प्रभावी बनाने की अपेक्षा है।

एस.एन. ध्यानी ने *ट्रेड यूनियन एंड द राइट टु स्ट्राइक* में स्पष्ट किया है कि भारत में सामूहिक सौदेबाजी की व्याख्या सामाजिक तथा राजनैतिक परिप्रेक्ष्यों से जुड़ी हुई है। भारत में श्रमिक संघ प्रत्यक्ष अथवा अप्रत्यक्ष तौर पर राजनैतिक दलों से जुड़ा हुआ है। फलतः श्रमिक संघों पर बाहरी तत्वों का नियंत्रण रहा है। अतः आलोचकों का स्पष्ट मत है कि बाहरी पक्षों के दबाव के कारण तथा निहित स्वार्थी तत्वों के कारण भारत में सौदेबाजी की प्रक्रिया शिथिल रही है।[9]

भारत में लम्बे समय से सामूहिक सौदेबाजी औद्योगिक अधिनिर्णय का विषय क्षेत्र रहा है तथा यह नियमों एवं विधानों के आधार पर सुपरिभाषित रहा है। हाल के वर्षों में औद्योगिक संबंधों के प्रख्यात विशेषज्ञ सी.एस. वैंकटरत्नम ने वैश्वीकरण के परिप्रेक्ष्य में सामूहिक सौदेबाजी की प्रक्रिया का विश्लेषण किया है। भारत में पहले महत्वपूर्ण अनुसंधान के आधार पर आर्थिक उदारीकरण तथा वैश्वीकरण के साथ सामूहिक सौदेबाजी के संबंधों का विवेचन किया है। उन्होंने अपनी पुस्तक *निगोशिएटेड* में स्पष्ट किया है कि आर्थिक उदारीकरण तथा वैश्वीकरण ने सामूहिक सौदेबाजी के विशिष्ट क्षेत्रों को प्रभावित किया है तथा गतिशील प्रबंधन की व्याख्या की है।

इस प्रकार वर्तमान दौर में भारतीय परिक्षेत्र के अन्तर्गत सामूहिक सौदेबाजी का प्रभाव विस्तृत हुआ है। साथ ही सामूहिक सौदेबाजी में प्रबंधन के तत्वों एवं वैज्ञानिकता का समावेश हुआ है। नियोजनकर्ता तथा कामगारों के बीच की दूरी घटी है। साथ ही सामूहिक सौदेबाजी में लचीलापन परिलक्षित हो रहा है। वैंकट रत्नम ने इसके पूर्व अपनी एक महत्वपूर्ण कृति लेबर मैनेजमेंट रिलेशंस इन द ईरा ऑफ ग्लोबलाइजेशन में आर्थिक उदारीकरण एवं वैश्वीकरण के परिप्रेक्ष्य में सामूहिक सौदेबाजी की कामयाबी के लिए तीन प्रमुख बिन्दुओं की चर्चा की है–

1. वैश्विक परिदृश्य के बदलते परिदृश्यों के अनुरूप नये यथार्थ को स्वीकार कर सामूहिक सौदेबाजी की प्रक्रिया को गतिशील किया जा सकता है। वैश्विक कार्य संस्कृति के अनुरूप इसे भारत में भी एक नया स्वरूप दिया जा सकता है।
2. वैंकट रत्नम के अनुसार सामूहिक सौदेबाजी की प्रक्रिया में संवैधानिक निहितार्थों का समावेश अपेक्षित है।
3. अन्तर्राष्ट्रीय स्तर पर स्वीकृत श्रम-मानदंडों के अनुरूप भारत में भी सामूहिक सौदेबाजी के लिए श्रम मानकों को ग्रहण करना चाहिए।

जाहिर है कि भारत में औद्योगिक संबंधों के अन्तर्गत सामूहिक सौदेबाजी की प्रक्रिया का एक विशेष महत्व रहा है। उपनिवेशवाद, स्वाधीन भारत, वैश्वीकरण तथा आर्थिक उदारीकरण के कालखंडों में सामूहिक सौदेबाजी में उतार-चढ़ाव होते रहे हैं। बनते-मिटते समीकरणों के बीच में सामूहिक सौदेबाजी संक्रमण की स्थिति में है। भारत में सामूहिक सौदेबाजी संक्रमण के दौर में है। इसकी तकनीकों में आधुनिकीकरण हुआ है। परन्तु राजनीतिकरण के कारण इसकी गति तथा प्रभाव शिथिल है। भारत में सामूहिक सौदेबाजी की प्रक्रिया के विभिन्न चरणों एवं विकास के विविध आयामों को निम्नांकित रूपों में रेखांकित किया जा सकता है–

1. ए.आर. देसाई के अनुसार संगठित आंदोलन के रूप में भारतीय श्रमिक आंदोलन 1914-18 के विश्व युद्ध के बाद ही शुरू हुआ। 1918 के बाद भारतीय मजदूर वर्ग ने

वर्ग के आधार पर अपने को संगठित करना शुरू किया और तेजी से ट्रेड यूनियन तथा राजनैतिक चेतना का विकास हुआ। भारत में सौदेबाजी की प्रक्रिया का सूत्रपात इन्हीं कालखंडों में हुआ। देश में विवादों को सुलझाने की पद्धति का ठोस विकास अहमदाबाद के सूती वस्त्र उद्योग के औद्योगिक विवादों के संदर्भ में उपलब्ध होता है। उल्लेखनीय है कि अनुसूया बेन साराभाई, शंकर लाल बेंकर तथा महात्मा गांधी के प्रयत्नों से 1918 में ही संयुक्त वार्ता के जरिये विवादों को सुलझाने की शुरुआत की गई।

2. विवरणों के आधार पर स्पष्ट होता है कि 1918 में अहमदाबाद टेक्सटाइल लेबर एसोसिएशन की स्थापना की गई। साथ ही श्रम संघ एवं अहमदाबाद मिल मालिकों के बीच कई विवादों का निराकरण संयुक्त वार्ता के द्वारा किया गया।
3. शाही श्रम आयोग ने भारत में सामूहिक सौदेबाजी के आरंभिक चरणों का उल्लेख किया है। आयोग के अनुसार 1929 से पूर्व देश में अहमदाबाद टेक्सटाइल लेबर एसोसिएशन तथा अहमदाबाद मिल मालिकों के संघों के बीच सामूहिक समझौते का विवरण उपलब्ध होता है।
4. तथ्यों के आधार पर स्पष्ट होता है कि अहमदाबाद सूती वस्त्र उद्योग ने औद्योगिक विवादों के निराकरण हेतु एक नए अध्याय की शुरुआत की तथा सामूहिक सौदेबाजी की प्रक्रिया को कारगर बनाया।
5. 1925 में टाटा आयरन एंड स्टील कंपनी में नियोजक तथा श्रमिक संघों के बीच विवादों के संदर्भ में कई दौर में अनौपचारिक वार्ताएं हुईं तथा विवादों को सुलझाने का प्रयत्न किया गया। 1943 में ट्रावनकोर क्वायर कारखानों के मालिकों तथा श्रमिक संघों के प्रतिनिधियों के बीच समझौता हुआ। समझौते के क्रियान्वयन के लिए संयुक्त समिति का गठन किया गया।
6. 1946 में बंगाल में स्टीमर कम्पनियों तथा समुद्र की लहरों पर काम करने वाले कामगारों के बीच एक लिखित समझौता किया गया। 1946 में ही डनलप रबर कंपनी तथा श्रमिक संघों के प्रतिनिधियों के बीच समझौता वार्ता को अंतिम रूप दिया गया।
7. सामूहिक सौदेबाजी की प्रक्रिया के विकास में अधिनियमों तथा श्रम कानूनों का विशेष महत्व रहा है। 1938 में बॉम्बे इंडस्ट्रियल डिसप्यूट एक्ट बनाया गया। इसके अन्तर्गत श्रमिक संघों की व्याख्या की गई तथा औद्योगिक विवादों के निराकरण के लिए सामूहिक सौदेबाजी से संबंधित कई उपबंधों को सम्मिलित किया गया। गौरतलब है कि 1946 में इस अधिनियम में संशोधन किया गया तथा बॉम्बे इंडस्ट्रियल एक्ट को स्वीकृत किया गया। इसके अन्तर्गत निम्नलिखित प्रमुख उपबंधों को सम्मिलित किया गया–
   (i) समितियों का गठन
   (ii) सुलह
   (iii) अधिनिर्णय
   (iv) सामूहिक समझौतों का कानूनी स्वरूप
   (v) श्रमिक संघों की मान्यता से संबंधित उपबंध।

8. 1947 में केन्द्र सरकार द्वारा औद्योगिक विवाद अधिनियम को लागू किया गया। सामूहिक सौदेबाजी की प्रक्रिया को रचनात्मक दिशा देने में औद्योगिक विवाद अधिनियम 1947 का योगदान महत्वपूर्ण है। वस्तुतः यह सामूहिक सौदेबाजी का प्रस्थान बिन्दु है। यह एक नया मोड़ सिद्ध हुआ। अधिनियम के अन्तर्गत औद्योगिक विवादों की रोकथाम तथा उनके निराकरण के लिए विभिन्न पदाधिकारियों की नियुक्ति की व्यवस्था की गई–
   (i) कार्य समिति (Working Committee)
   (ii) सुलह-अधिकारी (Conciliation Officer)
   (iii) सुलह-बोर्ड (Board of Conciliation)
   (iv) जांच-न्यायालय (Court of Inquiry)
   (v) श्रम-न्यायालय (Labour Court)
   (vi) अधिकरण (Tribunal)
   (vii) राष्ट्रीय अधिकरण (National Tribunal)

   जाहिर है कि औद्योगिक विवाद अधिनियम 1947 के आधार पर भारत में सामूहिक सौदेबाजी की प्रक्रिया को सुसंगठित तथा सुसंरक्षित किया गया। साथ ही सौदेबाजी की प्रक्रिया को नई दिशा प्रदान की गई।
9. विवरणों के आधार पर स्पष्ट होता है कि औद्योगिक विवाद अधिनियम 1947 तथा बम्बई औद्योगिक संबंध अधिनियम 1946 के लागू होने के बाद औद्योगिक संबंधों में सामूहिक सौदेबाजी का एक नया दौर आरंभ हुआ। निम्नलिखित कारखानों तथा औद्योगिक प्रतिष्ठानों में सामूहिक सौदेबाजी का उपयोग किया गया–
   (i) बाटा शू कंपनी (1948, 1951, 1955 तथा 1961)
   (ii) बेलूर एल्युमिनियम कंपनी (1951, 1956 तथा 1961)
   (iii) टाटा आयरन एंड स्टील कंपनी (1956, 1959)
   (iv) इंपीरियल टुबैको कंपनी (1952)
   (v) मैसूर आयरन एंड स्टील वर्क्स (1953, 1956)
   (vi) हिन्दुस्तान लिवर ब्रदर्स (1955)
   (vii) शुगर मिल्स एसोसिएशन (1959)
   (viii) काल्टेक्स इंडिया लिमिटेड (1959)
   (ix) अहमदाबाद मिल ओनर्स एसोसिएशन (1955)
10. भारत में सामूहिक सौदेबाजी के तीन प्रमुख आयामों का विवरण उपलब्ध होता है। पहला आयाम संयंत्र स्तर पर समझौते (Plant Level Agreements) से जुड़ा हुआ है। इसके अन्तर्गत टाटा आयरन एंड स्टील समझौता 1956 का उल्लेख किया जा सकता है। सामूहिक सौदेबाजी का दूसरा प्रमुख आयाम उद्योग स्तरीय समझौते (Industry Level Agreements) से जुड़ा हुआ है। इसके अन्तर्गत अहमदाबाद मिल मालिक संघ और अहमदाबाद मजदूर संघ के बीच हुए सामूहिक सौदेबाजी को उदाहरण के रूप में प्रस्तुत किया जा सकता है। विवाद का मुख्य कारण बोनस से जुड़ा हुआ था।

भारत में सामूहिक सौदेबाजी प्रक्रिया का तीसरा प्रमुख आयाम राष्ट्रीय स्तर (National Level Agreements) पर समझौता-अनुबंध से संबंधित है। 7 जनवरी, 1951 का दिल्ली समझौता तथा 1956 के चाय बागान श्रमिकों के बोनस समझौते को उदाहरण के तौर पर प्रस्तुत किया जा सकता है।

11. भारत में सामूहिक सौदेबाजी की प्रक्रिया के संबंध में समाजवैज्ञानिकों तथा औद्योगिक संबंधों के विशेषज्ञों ने गहन अध्ययन किया है। महत्वपूर्ण अध्ययनों का विवरण निम्नांकित रूप में प्रस्तुत किया जा सकता है–

(i) 1961(22(2)) में प्रकाशित अपने एक शोध निबंध ''कलेक्टिव बारगैनिंग इन इंडियन इंडस्ट्रीज'' में ए.वी. सुब्बाराव ने स्पष्ट किया है कि भारत में औद्योगिक शांति के लिए सामूहिक सौदेबाजी एक विधिसम्मत तथा महत्वपूर्ण प्रक्रिया है। उनके अनुसार सामूहिक सौदेबाजी के अन्तर्गत नियोजक अथवा नियोजकों के प्रतिनिधि एवं श्रमिक संघों के प्रतिनिधि दिल खोलकर बात कर सकते हैं। गिले-शिकवे को दूर कर सकते हैं। फलत: औद्योगिक विवादों का निराकरण होता है। उन्होंने यह भी स्पष्ट किया है कि इस प्रक्रिया में बाहरी अथवा तीसरे पक्ष के दबाव से परहेज करना चाहिए। अक्सर भारत में सामूहिक सौदेबाजी की प्रक्रिया में बाहरी पक्ष प्रभावी हो जाता है।

(ii) मेरी सुर ने अपनी पुस्तक कलेक्टिव बारगैनिंग में सामूहिक सौदेबाजी की अवधारणा, समस्या, कारक तथा प्रक्रिया का विश्लेषण किया है। वैयक्तिक अध्ययन पद्धति (Case Studies) के आधार पर कतिपय महत्वपूर्ण सौदेबाजी की प्रक्रिया का विश्लेषण किया है। उनके अनुसार उदारवादी दृष्टिकोण तथा दोनों पक्षों का लचीलापन समझौता वार्ता के लिए अपेक्षित है। भारत में सौदेबाजी की प्रक्रिया प्रगति की ओर अग्रसर है। परन्तु समय-समय पर बदलते हुए परिदृश्यों के अनुरूप नियमों तथा विधानों की समीक्षा आवश्यक है।

(iii) जी.एन. श्रीवास्तव ने अपनी पुस्तक *कलेक्टिव बारगैनिंग एंड लेबर मैनेजमेंट रिलेशंस* में स्पष्ट किया है कि सामूहिक सौदेबाजी के लिए कामगारों तथा उनके प्रतिनिधियों को जुझारू होना चाहिए। उनमें सौदेबाजी की शक्ति होनी चाहिए। समझौता वार्ता के दौरान सभी पक्षों पर ध्यान केन्द्रित करना चाहिए तथा सामाजिक तथा नैतिक मूल्यों को प्रमुखता देनी चाहिए। उनके अनुसार राष्ट्रीय उत्पादन में अभिवृद्धि के लिए सामूहिक सौदेबाजी की प्रक्रिया को अधिक प्रभावी तथा रचनात्मक दिशा प्रदान करने की अपेक्षा है।

(iv) 1958 (10-7, 256) के इकोनोमिक वीकली में प्रकाशित अपने एक महत्वपूर्ण शोध पत्र ''इंडस्ट्रियल पीस'' में धीरूबेन पंडित ने कई प्रश्नों को खड़ा किया है। उनके अनुसार क्या औद्योगिक शांति यथार्थ में शांति है? क्या सौदेबाजी के आधार पर भारत में एक 'छद्म शांति' की बात नहीं की जाती? सौदेबाजी की प्रक्रिया के नाम पर केवल ढोंग रचा जाता है। बड़े पैमाने पर कामगारों का शोषण हो रहा है। उन्हें सताया जा रहा है। यह विस्फोटक विवाद का संकेत दे रहा है। यह तूफान से पहले का सन्नाटा सिद्ध हो सकता है।

भारत में सामूहिक सौदेबाजी की असफलता एवं अवरोध
(Failure of and Hurdles in the Collective Bargaining in India)

देश के विभिन्न क्षेत्रों में औद्योगिक प्रतिष्ठानों तथा कारखानों का विकास-विस्तार होता रहा है। वस्तुतः औद्योगीकरण ने स्वाधीन भारत को एक नई दिशा दी है। औद्योगिक पृष्ठभूमि में श्रमिक संघों का विकास हुआ। अध्ययनों के आधार पर स्पष्ट होता है कि नियोजकों तथा कामगारों के बीच तनाव तथा विवाद के कारण राष्ट्रीय उत्पादन का नुकसान होता है। कार्य-दिवसों की क्षति होती है। फलतः सामूहिक सौदेबाजी के आधार पर औद्योगिक विवादों का निराकरण होता रहा है। तथ्यों के आधार पर स्पष्ट होता है कि सौदेबाजी की प्रक्रिया में अवरोध की स्थिति उत्पन्न होती है। सामूहिक सौदेबाजी के आधार पर लिए गए फैसलों का समुचित रूप से क्रियान्वयन नहीं हो पाता है। नियोजक तथा कामगार के बीच सामंजस्य का अभाव पाया जाता है। श्रम नीतियों की समीक्षा होती रही है। श्रम कानूनों में संशोधन भी हुआ है। परन्तु कामगारों के विवाद के कारण कभी हवाईजहाज के यात्री परेशान हो जाते हैं तो कभी पेट्रोल पम्प के कामगारों की हड़ताल के कारण सड़कों पर दौड़ती गाड़ी ठप पड़ जाती है। कभी रेल का चक्का जाम हो जाता है तो कभी चीनी मिल में अराजकता की स्थिति उत्पन्न हो जाती है। औधोगिक विवाद के कारण औद्योगिक प्रतिष्ठानों एवं कारखानों में संकट के काले बादल छाये रहते हैं। जाहिर है कि सामूहिक सौदेबाजी की राहें आसान नहीं हैं। अवरोध भी है और असफलता भी है।

भारत में सामूहिक सौदेबाजी की असफलता के महत्वपूर्ण कारणों को निम्नांकित रूपों में रेखांकित किया जा सकता है—

शक्तिशाली श्रमिक संघों का अभाव

भारत में क्षेत्रीयता, नृजातीयता, सम्प्रदायवाद तथा परस्पर प्रतिद्वन्द्विता के कारण श्रमिक संघों की स्थिति सुदृढ़ नहीं है। अधिकतर श्रमिक संघ मान्यता प्राप्त भी नहीं हैं। फलतः नियोजकों के प्रतिनिधियों के साथ श्रमिक संघों के प्रतिनिधियों की वार्ता अक्सर सफल सिद्ध नहीं हो पाती है। एम.एस. विश्वन ने *इंडियन जर्नल ऑफ लेबर इकोनोमिक्स* (1958—59, 1(1—4))में प्रकाशित अपने एक शोध पत्र ''लेबर इन शुगर इंडस्ट्री इन यू.पी.'' में स्पष्ट किया है कि मजदूरी, कार्य के घंटे तथा श्रम-कल्याण के मुद्दे को लेकर कामगारों में तीव्र आक्रोश है। परन्तु श्रमिक संघों के कमजोर होने पर उनका व्यापक पैमाने पर शोषण हो रहा है। उल्लेखनीय है कि शक्तिशाली श्रमिक संघ प्रबंधन को सामूहिक सौदेबाजी के लिए बाध्य करता है। अतः सामूहिक सौदेबाजी की असफलता का एक प्रमुख कारण श्रमिक संघों का कमजोर होना है।

श्रमिक संघों में आंतरिक लोकतंत्र का अभाव

भारत में अधिकतर श्रमिक संघों में आंतरिक लोकतंत्र का अभाव है। मुट्ठीभर लोग लगातार श्रमिक संघ का नेतृत्व करते हैं। बार-बार उन्हें अथवा उनके द्वारा मनोनीत व्यक्ति को श्रमिक संघ के मुख्य पदों पर आसीन किया जाता है। श्रमिक संघ के पदाधिकारियों का चुनाव मात्र एक रस्म अदा करने की पद्धति है। जुझारू और क्षमतावान कामगार श्रमिक संघ के उच्च पदों पर बैठ

नहीं पाते हैं। फलतः नेतृत्व अविश्वसनीय हो जाता है। श्रमिक संघों में विद्वेष की चिनगारी फूट पड़ती है। सर्वानुमति का प्रश्न ही नहीं पैदा होता। आंतरिक लोकतंत्र के अभाव में श्रमिक संघ सामूहिक सौदेबाजी की वार्ता में भी अक्सर सफल नहीं हो पाता है। अतः सामूहिक सौदेबाजी की असफलता का दूसरा प्रमुख कारण श्रमिक संघों में आंतरिक लोकतंत्र का अभाव रहा है।

बाहरी तत्वों का प्रभाव

तथ्यों तथा आंकड़ों के आधार पर स्पष्ट होता है कि श्रमिक संघों का शीर्ष नेतृत्व बाहरी दबाव में काम करता है। ट्रेड यूनियन एक्ट-1926 के आधार पर बाहरी व्यक्ति को भी श्रमिक संघ के पदाधिकारी के रूप में चुने जाने का अधिकार प्राप्त है। अतः जिन व्यक्तियों को कारखाना अथवा औद्योगिक प्रतिष्ठान में काम करने का कोई अनुभव नहीं है, उन व्यक्तियों को भी श्रमिक संघ के पदाधिकारी निर्वाचित होने का अधिकार प्राप्त है। कभी-कभी संगीन आरोप में निष्कासित कामगार भी पदाधिकारी के रूप में निर्वाचित हो जाते हैं। औद्योगिक संबंधों के विशेषज्ञों ने अपने अनुभवों के आधार पर स्पष्ट किया है कि बाहरी व्यक्ति जिन्हें श्रम समस्या की कोई जानकारी नहीं होती है, श्रम आंदोलन के इतिहास का कोई परिज्ञान नहीं होता है, श्रमिक संघवाद के बुनियादी मसलों का कोई अनुभव नहीं होता है, उन्हें सामूहिक सौदेबाजी में कामगारों के प्रतिनिधि के रूप में वार्ता करने का अधिकार प्राप्त हो जाता है। जाहिर है कि हालात अच्छे नहीं हैं। श्रमिक संघों पर अनुभवहीन व्यक्तियों का प्रभाव एवं दबाव है। कामगारों के श्रम-स्वेद और रक्त से उनका कोई लेना-देना नहीं है। भावनात्मक रूप से भी कामगारों के स्पंदन का परिज्ञान नहीं है। फलतः सामूहिक सौदेबाजी का परिणाम कामगारों की भावनाओं के प्रतिकूल सिद्ध होता है तथा औद्योगिक विवाद की चिनगारी सुलगती रहती है। औद्योगिक शांति का स्वप्न अधूरा रह जाता है।

श्रमिक संघों का राजनीतिकरण

भारत में श्रमिक आंदोलन राजनैतिक प्रतिबद्धता के आधार पर बंटा हुआ है। श्रमिक संघों के अपने राजनैतिक निहितार्थ हैं तथा वे राजनैतिक दलों से निर्देशित होते हैं। फलतः श्रमिक संघों का नेतृत्व अपने-अपने राजनैतिक दलों से जुड़ा रहा है। कामगारों के हितों की चिंता उसे नहीं होती है। उल्लेखनीय है कि इंडियन नेशनल ट्रेड यूनियन कांग्रेस तथा भारतीय मजदूर संघ भारतीय जनता पार्टी के साथ जुड़ा हुआ है। सीटू को मार्क्सवादी कम्युनिस्ट पार्टी का समर्थन प्राप्त है। एटक कम्युनिस्ट पार्टी ऑफ इंडिया का एक महत्वपूर्ण संगठन है। एचएमएस समाजवादी पार्टी द्वारा दिशा निर्देशित है। जाहिर है कि सामूहिक सौदेबाजी की प्रक्रिया का भी व्यापक पैमाने पर राजनीतिकरण हो रहा है। चुनाव की राजनीति, वोट बैंक, निहित राजनैतिक स्वार्थ तथा राजनैतिक एजेंडों ने सामूहिक सौदेबाजी की प्रक्रिया को तार-तार कर दिया है।

सामाजिक न्याय तथा लोकतंत्र का अभाव

सफलता के लिए विचारधारा एक आवश्यक शर्त है। सामूहिक सौदेबाजी की प्रक्रिया की विचारधारा, औद्योगिक लोकतंत्र, सामाजिक न्याय तथा औद्योगिक शांति से संबंधित है। जस्टिस

गुलाब गुप्ता ने अपनी महत्वपूर्ण कृति *अवर इंडस्ट्रियल जूरिस्प्रूडेन्स* में स्पष्ट किया है कि सामूहिक सौदेबाजी की प्रक्रिया में विचारधारा का अभाव अनुभव किया जा रहा है। सामूहिक सौदेबाजी में फैसला राजनैतिक प्रभावों में लिया जाता है तथा उपभोक्ताओं के प्रतिरोध को ध्यान में रखा जाता है। उन्होंने यह भी स्पष्ट किया है कि एक सर्वेक्षण के आधार पर यह सिद्ध होता है कि पिछले दस सालों के औद्योगिक विवाद से संबंधित अनेक लंबित मामलों तथा फैसला लिए गए मामलों में कामगारों के वेतन मजदूरी एवं बोनस पर ध्यान केन्द्रित नहीं किया गया। वेतन तथा उत्पादकता के बीच मौजूद संबंधों को प्राथमिकता नहीं दी गई। फलत: 'उन्नति में सबका साथ' तथा सामाजिक न्याय (Social Justice) का चिंतन खंडित होता रहा है। जस्टिस गुलाब गुप्ता ने स्पष्ट किया है कि सामूहिक सौदेबाजी में राजनैतिक प्रभाव में लिए गए फैसलों के कारण ही पिछले वर्षों में लोहा, कोयला, इस्पात, सीमेंट तथा चीनी आदि में व्यापक पैमाने पर मूल्य वृद्धि हुई है।

वर्ग चेतना का अभाव

कमजोर श्रमिक संघ, श्रमिक संघों में आंतरिक लोकतंत्र का अभाव, श्रमिक संघों का राजनीतिकरण तथा श्रमिक नेतृत्व में बाहरी व्यक्ति के प्रवेश के कारण कामगारों में वर्ग चेतना का अभाव रहा है। प्रबंधन हड़ताल तथा उग्र आंदोलन के दबाव के संकेत के बिना विवेकपूर्ण फैसले पर हस्ताक्षर नहीं करना चाहता है। वह कामगारों के हितों में निर्णय नहीं लेना चाहता है। नियोजक अपने हितों में डूबा और खोया रहता है। उसे जगाकर, झकझोर कर कामगार बेचैन कर सकता है। उसे कामगारों के हितों में फैसला लेने के लिए श्रमिक संघ बाध्य कर सकता है। परन्तु इस विस्फोटक स्थिति के लिए कामगारों में चट्टानी एकता की अपेक्षा होती है। कंधे से कंधे और कदम-से-कदम मिलाकर जब कामगार चलते हैं तो नियोजकों का कलेजा कांपता है। परन्तु आंतरिक कलह, फूट, विभेद तथा निहित स्वार्थों के कारण भारत में कामगारों की एकता क्षत-विक्षत और लहू-लुहान है। जाहिर है कि वर्ग चेतना के अभाव में सामूहिक सौदेबाजी की प्रक्रिया असफल सिद्ध हो रही है।

तीसरे पक्ष का प्रभाव

सामूहिक सौदेबाजी की प्रक्रिया में तीसरे पक्ष का प्रभाव भी निर्णायक सिद्ध हो सकता है। यह तीसरा पक्ष न्यायालय हो सकता है। यह तीसरा पक्ष सरकार हो सकती है। यह तीसरा पक्ष पंचाट हो सकता है। परन्तु तीसरा पक्ष सीधे तौर पर कामगारों की बुनियादी समस्याओं का हल नहीं निकाल सकता है। वह विवाद को दबा तो सकता है परन्तु कामगारों के दिलों में सुलग रही चिनगारी को राख में बदल नहीं सकता है। किर कोल्डे ने अपनी पुस्तक *द स्प्रिट ऑफ इंडस्ट्रियल रिलेशन्स* में स्पष्ट किया है कि न्यायालय कुछ दिनों के लिए मामलों को लंबित रख सकता है अथवा विवाद के निराकरण की दिशा में प्रयत्न कर सकता है। औद्योगिक संबंधों से जुड़े आधारभूत समस्याओं का हल नहीं निकाल सकता है।[10]

वैश्वीकरण तथा सामूहिक सौदेबाजी की प्रक्रिया

वैश्वीकरण तथा आर्थिक उदारीकरण की प्रक्रिया ने सामूहिक सौदेबाजी को कमजोर किया है। सूचना तकनीकों के विकास के कारण तथा इंटरनेट, ई-मेल तथा कम्प्यूटर आदि प्रवेश के बाद भारी संख्या में कामगारों की छंटनी हो रही है। वैश्वीकरण ने एक नये यथार्थ को पैदा किया है। बहुराष्ट्रीय कंपनियों की चकाचौंध में कामगारों के श्रमिक संघ बौने पड़ रहे हैं। गुड़गांव में हीरोहोंडा कारखाना के छंटनीग्रस्त कर्मचारियों को लहूलुहान किया गया। आर्थिक मंदी के नाम पर कामगारों के वेतन तथा मजदूरी में भारी गिरावट लाने का प्रयत्न हो रहा है। प्राइवेट तथा पब्लिक सेक्टर में 'गूगल', 'मॉस', डॉटकाम तथ लैपटॉप से काम लिया जा रहा है। पुराने तंत्र बदल रहे हैं। औद्योगीकरण के पुराने समीकरण और सिद्धांत ध्वस्त हो रहे हैं। सामूहिक सौदेबाजी के नाम पर सहकारी सौदेबाजी (Co-operative Bargaining) की बातें हो रही हैं। वैंकटरत्नम् ने अपनी पुस्तक *लेबर मैनेजमेंट रिलेशंस इन द ईरा ऑफ ग्लोबलाइजेशन* में स्पष्ट किया है कि वैश्वीकरण के कारण पुरानी व्यवस्था लुंज-पुंज हो रही है। एक नई व्यवस्था का निर्माण हो रहा है। परन्तु सामूहिक सौदेबाजी की संरचना प्रणाली, अधिनियम तथा परिनियम में प्रभावी परिवर्तन के संकेत नहीं मिल रहे हैं। वैंकटरत्नम ने यह भी स्पष्ट किया कि केन्द्रित सौदेबाजी के बदले विकेन्द्रित सौदेबाजी को प्रभावी बनाने की अपेक्षा है। सौदेबाजी की प्रक्रिया को समय के साथ चलना होगा, समय से आगे चले तो और अच्छा है।

टिप्पणियां

1. "A process of discussion and negotiation between two parties one or both of whom is a group of persons acting in a concern. The resulting bargain is an understanding as to terms and conditions under which a continuing service is to be performed. More specially, collective bargaining is the procedure by which an employer or employers and a group of employers agree upon the conditions of work."

   —*Encyclopaedia of Social Sciences*

2. "In its simplest definition the process of collective bargaining is a method by which management and labour may explore each other's problems and view-point and develop a framework of employment relations with in which both may carry on their daily association in a spirit of cooperative goodwill and for their mutual benefit."

   —Industrial Relations Dept. of National Association of the Manufacturers

3. "Collective bargaining takes place when a number of workers go into negotiation as a bargaining unit with an employer or group of employers with the object of reaching an agreement on conditions of employment for the work-people concerned."

   —Richardson, J.H.: *An Introduction to the Study of Industrial Relations*, p. 229.

4. "Negotiations about working conditions and terms of employment between an employer and a group of employees or one or more employees' organisation with a view to reaching an agreement wherein the terms serve as a code of defining the rights and obligations of each party in their employment relations with one another; fix a large number of detailed conditions of employment; and during its validity, none of the matters it deals with can in normal circumstances be given as a ground for a dispute concerning an individual worker".

   —International Labour Organization.

5. "Collective bargaining is a mode of fixing the terms of employment by means of bargaining between an organised body of employees and an employer or an association of employers usually acting through organised agents. The essence of collective bargaining is a bargain between interested parties and not a decree from outside parties."

   —R.F. Hosie

6. "Collective bargaining refers to the process by which employers on the one hand, and the representatives of employees on the other, attempt to arrive at agreements covering the conditions under which employees will contribute and be compensated for their services."

   —Micheal J. Jucius

7. "Collective bargaining is a process in which the representatives of a labour organisation and the representatives of the business organisation meet and attempt to negotiate a contract or agreement which specify the nature of employee-employer union relationship."

   —Edwin B. Flippo.

8. Collective Bargaining in not just a means of raising wages and improving conditions of employment. Nor is it nearly democratic government in industry. It is above all technique, collective bargaining as a technique of the rise of a new class in quite different ... from the desire to displace or abolish "the old ruling class" ... to gain equal rights as a class ... to acquire an excessive jurisdiction that sphere where the most immediate interests, both material and spiritual are determined, and a shared jurisdiction with the older class or classes in all other spheres."

9. Collective bargaining machinery essentially is a reflection of a particular social and political climate. The history of the trade union movement shows that union are affiliated to one or the other political parties. As a result most of the trade unions are controlled by outsiders. Critic says that the presence of outsiders, is one of the important reasons for the failure of collective bargaining in India.

   —S.N. Dhyani, *Trade Union and the Right to Strike*, S. Chand & Co. (Pvt.) Ltd., New Delhi, pp. 374–380.

10. While statutes, rules, regulations, pains and penalties have their place in the ordering of industry, they do not touch the core of the problems of industrial relations.

   —Kir Kaldy, *The Spirit of Industrial Relations* (1974) p. 58, cited in S.N. Dhyani op. cit., p. 396.

8

औद्योगीकरण

(Industrialization)

1956 में बिहार राज्य (अब झारखंड) के अंतर्गत बोकारो एक गांव था। पंडित जवाहरलाल नेहरू ने इस्पात उद्योग हेतु बोकारो का चयन किया। रात में जब बोकारो रेलवे स्टेशन से जुड़ी पटरियों से रेल गुजरती है तो दूर से ही एक ज्योतिपिंड की तरह बोकारो दिखलाई पड़ता है। विशाल इस्पात कारखाना आज बोकारो (अब झारखंड) में गौरव के साथ औद्योगीकरण की प्रक्रिया से जुड़ चुका है। इसी तरह हरियाणा राज्य का गुड़गांव आज औद्योगिक अर्थव्यवस्था के एक प्रमुख केन्द्र के रूप में चर्चित है। जमशेदपुर भी औद्योगीकरण का एक महत्वपूर्ण उदाहरण है। आज जमशेदपुर भारत का एक प्रमुख औद्योगिक नगर है। हाल के वर्षों में टाटा स्टील लिमिटेड झारखंड में नए प्रस्तावों के साथ स्टील तथा एल्युमिनियम के व्यापक उत्पादन हेतु प्रयत्नशील है। स्टील उत्पादन के क्षेत्र में दुनिया की एक महान हस्ती लक्ष्मीनारायण मित्तल ने भी झारखंड राज्य के साथ स्टील उत्पादन के क्षेत्र में विनिवेश हेतु समझौता किया है। इसी तरह कल्याणी स्टील लिमिटेड, भूषण लिमिटेड, जिंदल ग्रुप तथा अन्य अनेक उद्यमियों ने झारखंड में औद्योगिक इकाइयों की स्थापना की दिशा में सहयोग का हाथ बढ़ाया है। द *हिन्दू* द्वारा प्रकाशित ''सर्वे ऑफ इंडियन इंडस्ट्री, 2006'' में यह स्पष्ट किया गया है कि 21वीं शताब्दी के वर्तमान परिदृश्य में भारत औद्योगिक विकास के क्षेत्र में दुनिया के अनेक देशों के लिए एक उदाहरण बन चुका है। इस महत्वपूर्ण दस्तावेज के संपादकीय में निम्नलिखित बिंदुओं को रेखांकित किया गया है–

1. भारत में तथा भारत के बाहर भारतीय अर्थव्यवस्था के क्षेत्र में व्यापक पैमाने पर आशावादिता का संदेश मिल रहा है।
2. आर्थिक विकास के क्षेत्र में सतत विकास उल्लेखनीय है।
3. वर्तमान समय में उल्लेखनीय विकास दर को रेखांकित किया जा सकता है।
4. नई तकनीक के क्षेत्र में भी भारी सफलता प्राप्त हुई है।
5. निर्यात उद्योग (Export Industry) क्षेत्र में भी उपलब्धि उल्लेखनीय है।
6. विकासशील मध्यम वर्ग औद्योगिक अर्थव्यवस्था के क्षेत्र में महत्वपूर्ण भूमिका के साथ जुड़ चुका है तथा मध्यम वर्ग ने देश को एक आकर्षक बाजार के रूप में बदल डालने में योगदान किया है।

7. आज भारत दुनिया में आर्थिक विनिवेश का एक महत्वपूर्ण केंद्र बन चुका है। दिल्ली में वातानुकूलित मेट्रो रेल पर भारी तादाद में अमीर-गरीब गौरव के साथ सफर करता हुआ दिखाई दे रहा है। एक नलवाला, एक बिजली मिस्त्री, एक कारीगर, एक साधारण सब्जी विक्रेता तथा सड़कों पर दौड़ता हुआ एक यात्री मोबाइल से बातचीत कर रहा होता है। साइबर कैफे, इंटरनेट तथा ई-मेल आज छोटे-छोटे शहरों तथा कस्बों में भी दिखाई पड़ सकते हैं। स्वाधीनता के बाद देश की जनता औद्योगीकरण की प्रक्रिया से जुड़कर आज दुनिया के कोने-कोने में अपनी योग्यता, क्षमता तथा कौशल के कारण आदर तथा स्नेह का पात्र बन चुकी है। औद्योगीकरण की प्रक्रिया ने भारत की कायापलट कर दी। भारत के महान वैज्ञानिकों ने अपनी साधना और उत्कृष्ट योग्यता से भारत को विकास के नए दौर में खड़ा कर दिया है। भारतीय सामाजिक संरचना के विविध पक्षों के साथ औद्योगीकरण का स्पष्ट एवं तर्कपूर्ण संबंध मौजूद है। हल-फावड़े के स्थान पर ट्रैक्टर से जुताई, डीजल व बिजली से दौड़ती रेलगाड़ियां, सड़कों पर भागते तीव्रगामी वाहन, हवाई जहाज की उड़ान, टीवी, मोबाइल, कम्प्यूटर का विकास तथा इनसे लगातार जुड़ती जनसंख्या औद्योगीकरण की राह पर बढ़ते भारत की तस्वीर ही पेश करते हैं। यह सारी प्रक्रिया एक पल, एक दिन या एक माह या एक वर्ष में नहीं हुई है। इसके पीछे सतत् विकास (Sustainable Development) का योगदान है। औद्योगीकरण की प्रक्रिया ने आदमी को तथा सरोकारों को एक नया क्षितिज प्रदान किया है। वर्तमान दौर में आदमी औद्योगीकरण की प्रक्रिया की चकाचौंध में सम्मोहित भी है तथा वह अकेला भी पड़ चुका है। वह औद्योगीकरण के साथ दौड़ भी रहा है तथा हाशिये पर भी चला गया।

औद्योगीकरण की अवधारणा (Concept of Industrialization)

औद्योगीकरण की अवधारणा का औद्योगिक क्रांति के साथ स्पष्ट एवं तर्कपूर्ण संबंध है। 1760 के कालखंड में ब्रिटेन में औद्योगिक क्रांति की शुरुआत हुई। दुनिया के अन्य देशों में भी औद्योगिक क्रांति का विस्तार हुआ। विशेष रूप से यूरोप में औद्योगिक क्रांति को एक सुदृढ़ आधार प्रदान किया गया। उत्पादन के साधन के नए-नए क्षेत्रों का अन्वेषण किया गया। फलतः व्यापार एवं वाणिज्य में विकास हुआ। परंपरागत व्यवस्था के अन्तर्गत उपभोक्ता वस्तुओं का उत्पादन लोग अपने ही घरों में करते थे। परस्पर निर्भरता की स्थिति कायम थी। अधिकतर क्षेत्रों में विनिमय का प्रचलन था। परंतु औद्योगिक क्रांति के दौरान एक नई दुनिया तथा एक नए माहौल में मानव समाज ने प्रवेश किया। नए औजारों का विकास हुआ। नई तकनीकों का निर्माण किया गया। फलतः उत्पादन क्षमता विकसित हुई। मशीनों का आविष्कार किया गया। हाथ से बनी वस्तुओं का बाजार धीरे-धीरे समाप्त हो गया। कल-कारखानों की स्थापना की गई। नगरों का विकास किया गया। पूंजीवादी अर्थव्यवस्था की बुनियाद सुदृढ़ हुई। औद्योगिक क्रांति के आरंभिक चरण में कतिपय महत्वपूर्ण आविष्कारों का विवरण निम्नलिखित रूपों में रेखांकित किया जा सकता है-

1. 1767 में जेम्स हारग्रीव्स ने स्पिनिंग जेनी (Spindle) का आविष्कार किया। जेम्स हारग्रीव्स एक अंग्रेज बुनकर था।

2. औद्योगिक क्रांति की शुरुआत में एक अंग्रेज आर्क राइट का योगदान भी उल्लेखनीय है। उसने 1769 में वाटर प्रोन मशीन का आविष्कार किया। इस मशीन का आकार बहुत बड़ा था। अत: इस मशीन के आकार के अनुपात में एक बड़ी इमारत का निर्माण किया गया। ऐतिहासिक तथ्यों के आधार पर यहीं से फैक्ट्री प्रणाली का शुभारंभ हुआ।
3. 1779 में सैमुअल क्राम्प्टन ने इंग्लैंड में 'म्यूल' नाम की मशीन ईजाद की।

औद्योगीकरण का विकास तीव्र गति से आरंभ हुआ। बैंक, बीमा कंपनियों तथा वित्त निगम आदि का गठन हुआ। औद्योगिक श्रमिकों के एक नए वर्ग का उदय हुआ। प्रबंधकों तथा पूंजीपतियों ने औद्योगीकरण के मुनाफों पर एकाधिकार करने का प्रयास किया। औद्योगिक श्रमिकों का शोषण आरंभ हुआ। औद्योगिक नगरों की एक नई संस्कृति विकसित हुई। निर्जीव मशीनों की आवाज गूंजने लगी। एमिल दुर्खाइम के अनुसार औद्योगिक क्रांति के कारण सरल समाज का जटिल समाज में रूपांतरण हुआ। श्रम-विभाजन तथा विशेषीकरण में विस्तार हुआ। यांत्रिक एकता शिथिल हो गई। सावयवी एकता का विकास हुआ। एम.एम. कर्ण के अनुसार "प्रौद्योगिकी तथा विज्ञान के बीच स्पष्ट संबंध है। प्रौद्योगिकी का एक व्यावहारिक लक्ष्य होता है। इसके अंतर्गत उद्योग, कृषि, यातायात, संचार आदि को सम्मिलित किया जा सकता है।" कर्ण ने यह भी स्पष्ट किया है कि प्रौद्योगिकी का विकास सामान्य मानव को लाभ पहुंचाने की इच्छा से ही हुआ है।

औद्यौगिकीकरण का विकास विज्ञान के विकास के साथ जुड़ा हुआ है। वैज्ञानिक आविष्कारों ने औद्योगीकरण की प्रक्रिया को गतिशील किया है। समाजशास्त्रीय परिप्रेक्ष्य में औद्योगीकरण की प्रक्रिया एक जटिल तथा बहुआयामी अवधारणा है। यह वैज्ञानिक तथा तार्किकता से संबंधित है। यह आधुनिकीकीरण की प्रक्रिया से संबंधित है। औद्योगीकरण तथा नगरीकरण के बीच परस्पर संबंध मौजूद है। औद्योगीकरण का प्रभाव तीव्र तथा विस्तार व्यापक है। इसने प्राथमिक समूह को चौराहे पर लाकर खड़ा कर दिया है। मानव अधिकार तथा मानवीय मूल्यों का एक सीमा तक मशीनीकरण हो रहा है। उत्पादन क्षमता में शिथिल होने पर अधिक उम्र के लोगों को मूल धारा से अलग-थलग कर देने का विवरण उपलब्ध होता है। यौन-नैतिकता तथा विवाह नाम की संस्था संकट के घेरे में है। औद्योगीकरण ने प्रकृति, गांव तथा परिवार को सबसे अधिक प्रभावित किया है। अत: समाजशास्त्रीय परिप्रेक्ष्य में औद्योगीकरण की अवधारणा का विश्लेषण प्रकृति, गांव तथा परिवार के साथ जुड़ा हुआ है। औद्योगीकरण की अवधारणा के साथ पर्यावरण का संकट भी जुड़ा हुआ है। प्रदूषण का जहर तथा पर्यावरण असंतुलन की दुष्प्रकार्यात्मक (Dysfunctional) समस्याएं भी औद्योगीकरण से जुड़ी हुई हैं।

औद्योगीकरण क्या है? (What is Industrialization?)

औद्योगीकरण के साथ उद्योग का स्पष्ट संबंध है। उद्योग से ही औद्योगीकरण की अवधारणा विकसित हुई है। एच.पी. फेयर चाइल्ड द्वारा संपादित *डिक्शनरी ऑफ सोशियोलॉजी* में उद्योग शब्द को भौतिक संस्कृति एवं औद्योगिक तकनीक के आधार पर रेखांकित किया गया है। *एनसाइक्लोपीडिया ऑफ सोश्यल साइंसेस* में आधुनिक उद्योगवाद को आधुनिक पूंजीवादी

अर्थशास्त्र के साथ संबंधित किया गया है। *रिबर्ट जर्नल* में प्रकाशित अपने एक शोध निबंध ''द इफेक्ट ऑफ टेक्नोलॉजी'' में लेसली पॉल ने निम्नलिखित दो बिंदुओं के आधार पर प्रौद्योगिकी को स्पष्ट किया है–

1. **यंत्रीकरण** (Mechanization)–यंत्रीकरण के अन्तर्गत मनुष्य की शारीरिक शक्ति के बदले मुख्यतः यंत्र शक्ति का उपयोग होता है।
2. **आटोमेशन** (Automation)–इसके अंतर्गत मनुष्य की मानसिक शक्ति के बदले यंत्र शक्ति का उपयोग होता है। यू.एन. रिपोर्ट ''प्रोसेस एंड प्राबलम्स ऑफ इंडस्ट्रियलाइजेशन इन अण्डरडेवलप्ड कन्ट्रीज़'' में औद्योगीकरण की परिभाषा में निम्नलिखित बिंदुओं की चर्चा की गई है–

(i) औद्योगीकरण से तात्पर्य बड़े-बड़े उद्योगों के विकास से संबंधित है।

(ii) औद्योगीकरण का अभिप्राय लघु तथा कुटीर उद्योग-धंधों के स्थान पर बड़े पैमाने की मशीनों की व्यवस्था से जुड़ा हुआ है।

(iii) औद्योगीकरण आर्थिक विकास की व्यापक प्रक्रिया से संबंधित है।

(iv) औद्योगीकरण का उद्देश्य उत्पादन के साधनों की क्षमता में अभिवृद्धि करने से संबंधित है।

(v) वस्तुतः औद्योगीकरण जनजीवन के स्तर को ऊंचा उठाने से संबंधित है।

क्लार्क केर के अनुसार, ''औद्योगीकरण का अभिप्राय एक ऐसी स्थिति से है जिसमें पहले का कृषक अथवा व्यापारिक समाज एक औद्योगिक समाज के रूप में परिवर्तित होने लगता है।''

पी-कांग-चांग के अनुसार औद्योगीकरण तथा उत्पादन कार्यों में स्पष्ट संबंध मौजूद है। यह आधारभूत परिवर्तन से संबंधित है। यह यंत्रीकरण से संबंधित है। यह नवीन उद्योगों के निर्माण से संबंधित है। यह नए बाजार की स्थापना से संबंधित है। यह किसी नवीन क्षेत्र के विस्तार से संबंधित है। इस प्रकार औद्योगीकरण व्यापक क्षेत्रों से संबंधित है। मूलतः पूंजी से जुड़ा हुआ है तथा पूंजी को व्यापक बना देने की विधि से संबंधित है।

गुनार ने अपनी पुस्तक *एशियन ड्रामा* में औद्योगीकरण को निम्नलिखित बिंदुओं के आधार पर परिभाषित किया है–

1. औद्योगीकरण तथा उत्पादन परस्पर संबंधित हैं अर्थात् औद्योगीकरण तथा उत्पादन एक-दूसरे पर निर्भर हैं। दोनों एक-दूसरे को प्रभावित करते हैं।
2. औद्योगीकरण का प्रत्यक्ष संबंध उत्पादकता से है। उत्पादकता का भी प्रत्यक्ष संबंध औद्योगीकरण के साथ जुड़ा हुआ है।
3. मिर्डल ने स्पष्ट किया है कि औद्योगीकरण के कारण उत्पादन की दर तथा मात्रा प्रभावित होती है।
4. उन्होंने यह भी स्पष्ट किया कि अधिक उत्पादन स्वयं औद्योगीकरण की प्रक्रिया को तीव्र करता है।

गेराल्ड ब्रीज ने अपनी पुस्तक *अर्बनाइजेशन इन न्यूली* में निम्नलिखित बिंदुओं के आधार पर औद्योगीकरण की परिभाषा को रेखांकित किया है–

(i) ब्रीज के अनुसार औद्योगीकरण का आरंभिक चरण छोटी-छोटी मशीनों के विकास से संबंधित है।

(ii) कालांतर में बड़ी-बड़ी मशीनों के विकास के साथ औद्योगीकरण संबंधित होता है।

(iii) औद्योगीकरण के साथ नगरीकरण की प्रक्रिया भी संबंधित है अर्थात् औद्योगीकरण नगरीकरण की प्रक्रिया को प्रभावित करता है।

(iv) गेराल्ड ब्रीज के अनुसार औद्योगीकरण आर्थिक विकास को भी निर्देशित करता है।

विलबर्ट मूर ने अपनी पुस्तक *सोश्यल चेंज* में औद्योगीकरण की परिभाषा में निम्नलिखित तथ्यों को रेखांकित किया है–

(i) औद्योगीकरण एक प्रक्रिया है।

(ii) यह आर्थिक रूप से उपयोगी वस्तुओं के व्यापक पैमाने पर उत्पादन करने से जुड़ा हुआ है।

(iii) इस प्रक्रिया के अन्तर्गत लोगों की योग्यता तथा सेवाओं का सर्वोत्तम उपयोग किया जाता है।

एम.एन. कर्ण ने औद्योगीकरण की प्रक्रिया को समाजशास्त्रीय परिप्रेक्ष्य में स्पष्ट किया है। उन्होंने औद्योगीकरण की परिभाषा में निम्नलिखित बिंदुओं को रेखांकित किया है–

(i) औद्योगीकरण प्रौद्योगिक उन्नति की एक प्रक्रिया है।

(ii) यह सामान्य उपकरणों से चलने वाले घरेलू उत्पादन से लेकर वृहद्स्तरीय कारखानों के उत्पादन के साथ संबंधित है।

(iii) समाजशास्त्रीय दृष्टि से औद्योगीकरण उद्योगों के संरचनात्मक बदलाव के फलस्वरूप होने वाले आर्थिक एवं सामाजिक परिवर्तन की प्रक्रिया को व्यक्त करता है।

(iv) औद्योगीकरण में सामाजिक कारकों की एक व्यापक श्रृंखला मौजूद है अर्थात् औद्योगीकरण के साथ सामाजिक कारकों का स्पष्ट संबंध मौजूद है।

(v) औद्योगीकरण का स्पष्ट प्रभाव सामाजिक जीवन पर परिलक्षित होता है। एम.एन. कर्ण ने उदाहरण के रूप में कारखानों के माध्यम से किया गया विस्तृत श्रम-विभाजन तथा नई कार्य संस्कृति को रेखांकित किया है।

भारत में औद्योगीकरण (Industrialization in India)

औपनिवेशिक शासनकाल के अन्तर्गत भारत में औद्योगीकरण की प्रक्रिया शिथिल रही। ऐतिहासिक तथ्यों के आधार पर स्पष्ट होता है कि द्वितीय विश्व युद्ध के दौरान भारत में ब्रिटिश शासकों ने औद्योगीकरण की प्रक्रिया को तीव्र करने का प्रयास किया। कई नए उद्योगों का भी युद्ध-काल में विकास हुआ। उदाहरणस्वरूप वायुयान तैयार करने वाली हिंदुस्तान एयर क्राफ्ट कंपनी, एल्युमीनियम उद्योग, युद्ध सामग्री तथा शस्त्र उद्योग आदि। 1940 में भारत में रोजर मिशन (Rojer Mission) का आगमन हुआ। रोजर मिशन ने युद्धकालीन संकट के परिप्रेक्ष्य में युद्ध संबंधी उद्योग-धंधों के विकास हेतु दिशा-निर्देश प्रदान किया। फलतः कई नए

कारखाने, बंदूकों, गोली, कारतूसों तथा युद्ध हेतु तथा अन्य उपयोगी वस्तुओं के उत्पादन के लिए स्थापित किए गए। देश के विभाजन के कारण भारत में औद्योगीकरण की प्रक्रिया प्रभावित हुई। उदाहरणस्वरूप जूट की अधिकांश मिलें भारतीय संघ में आ गईं। परंतु जूट पैदा करने वाले अधिकांश क्षेत्र पूर्वी पाकिस्तान (बांग्लादेश) में चले गए। विभाजन के बाद सूती वस्त्र की 90 प्रतिशत मिलें भारत में ही रह गईं। परंतु लंबे तथा मध्यम धागे वाली कपास की आठ से दस लाख गांठों के लिए भारत को पाकिस्तान तथा अन्य दूसरे देशों पर निर्भर रहना पड़ा।

स्वाधीनता के बाद औद्योगीकरण की प्रक्रिया को लगातार तीव्र करने का प्रयास किया गया। वस्तुतः देश के वैज्ञानिकों, अभियंताओं, कामगार श्रमिकों एवं सार्वजनिक तथा निजी क्षेत्रों के प्रबंधकों ने दिन-रात परिश्रम करके भारत के विभिन्न हिस्सों में औद्योगीकरण की बुनियाद को सुदृढ़ किया। औद्योगीकरण से संबंधित अर्थ (Economy), वित्त (Finance) तथा आधारभूत संरचना के क्षेत्र में भारत को उल्लेखनीय सफलता प्राप्त हुई है। इसी तरह औद्योगीकरण के बुनियादी क्षेत्रों में भारत को उल्लेखनीय उपलब्धि प्राप्त हुई है। उदाहरणस्वरूप तेल तथा गैस, पेट्रोलियम, इस्पात, सीमेंट, कोल, निर्माण तथा संरचना, एल्यूमीनियम एवं कॉपर के क्षेत्र में भी भारत विकास के नए दौर से जुड़ चुका है। औद्योगीकरण की प्रक्रिया को सूचना तकनीकी के विस्तार के कारण एक नया आधार प्राप्त हुआ है। इसी तरह ऑटोमोबाइल्स, रसायन तथा फार्मास्यूटिकल्स, बायोटेक्नोलॉजी, टेक्सटाइल आदि अनेक क्षेत्रों में भारतीय उद्योगों के महत्व को स्वर्णाक्षरों में रेखांकित किया जा रहा है। अनेक तरह के अवरोध तथा आधारभूत संरचनाओं के अभाव के कारण देश के अनेक हिस्सों में औद्योगीकरण का विकास अत्यंत सीमित है। झारखंड के अलग हो जाने के बाद बिहार में औद्योगीकरण की स्थिति अत्यंत दयनीय है। इस प्रकार भारत में औद्योगीकरण के विकास में संतुलन का अभाव है। इंडियन इंस्टीट्यूशन ऑफ टेक्नोलॉजी (IIT) में प्रशिक्षित प्रतिभाशाली छात्रों का एक वर्ग भारत से पलायन कर रहा है। यह एक चिंतनीय प्रश्न है। इनकी प्रतिभाओं का उपयोग भारत के औद्योगिक विकास की दिशा में अधिक अपेक्षित है।

भारत में औद्योगीकरण के प्रमुख तथ्यों को निम्नलिखित बिंदुओं के आधार पर रेखांकित किया जा सकता है–

1. औद्योगीकरण की प्रक्रिया के साथ खनिज संपदा एवं अन्य प्राकृतिक संपदा का स्पष्ट संबंध मौजूद है। भारत में विपुल प्राकृतिक संपदा है। प्राकृतिक संपदा तथा औद्योगीकरण की प्रक्रिया के आधार पर भारत को भविष्य का देश (Land of Future) कहा जाता है। ए.पी.जे. अब्दुल कलाम ने 2020 तक भारत को विकसित राष्ट्र के रूप में स्थापित करने हेतु बहु-आयामी दृष्टि एवं चिंतन को रेखांकित किया है।
2. वी. बाल ने अपनी पुस्तक *इकोनोमिक जियोलॉजी ऑफ इंडिया* में स्पष्ट किया है कि भारत के भूगर्भ में विभिन्न प्रकार के खनिज पाए जाते हैं। भारतीय औद्योगिक आयोग का भी यह स्पष्ट दृष्टिकोण रहा है कि भारत के मुख्य आधारभूत उद्योगों (उन उद्योगों को छोड़कर जिनमें वैनेडियम, निकिल तथा मोलीवेडेनम की अपेक्षा होती है) के लिए भारत में खनिज संपदा पर्याप्त मात्रा में उपलब्ध है। जाहिर है कि खनिज संपदा की प्रचुरता के

कारण भारत में औद्योगीकरण की प्रक्रिया को लगातार ताकत प्राप्त होती है। इस प्रकार औद्योगीकरण के विकास में खनिज संपदा का योगदान महत्वपूर्ण है।

3. भारत में औद्योगीकरण की प्रक्रिया को तीव्र गतिशीलता प्रदान करने हेतु लगातार प्रयत्न किया जाता रहा है। विशेष रूप से खनिज संपदा के प्रचुर उपयोग हेतु कतिपय कार्य योजनाओं को अमल में लाया गया है। कुछ प्रमुख कार्य योजनाओं को निम्नलिखित रूपों में रेखांकित किया जा सकता है–

(i) सार्वजनिक क्षेत्र में कोयला, लिग्नाइट, तांबा, जस्ता, पेट्रोलियम एवं प्राकृतिक गैस को छोड़कर अन्य खनिज अयस्कों के अन्वेषण हेतु राष्ट्रीय खनिज विकास निगम (National Mineral Development Corporation) की स्थापना की गई।

(ii) नए तेल एवं गैस क्षेत्रों का पता लगाने के लिए 1956 में तेल और प्राकृतिक गैस आयोग (Oil and Natural Gas Commission) की स्थापना की गई।

(iii) कोयला निकालने तथा उसमें मौजूद अशुद्धियों के निराकरण हेतु 1956 में राष्ट्रीय कोयला विकास निगम (National Coal Development Corporation)

(iv) खनिजों एवं धातुओं के निर्यात व्यापार को विकसित करने हेतु 1956 में खनिज एवं धातु व्यापार निगम (Minerals and Metals Trading Corporation)

(v) भारत में भूगर्भ संबंधी ज्ञान के विकास हेतु भारतीय भूगर्भ सर्वेक्षण (Geological Survey of India) की स्थापना की गई।

(vi) अणु खनिज विभाग (Atomic Minerals Division), ईंधन शोध संस्थान (Fuel Research Institute), राष्ट्रीय धातु संबंधी प्रयोगशाला (National Metallurgical Laboratory) तथा खनिज सलाहकार बोर्ड (Mineral Advisory Board) आदि कतिपय महत्वपूर्ण संस्थानों की स्थापना की गई।

(vii) औद्योगीकरण की प्रक्रिया को तीव्र करने हेतु 1966 में हिंदुस्तान जिंक लिमिटेड की स्थापना की गई। 1967 में हिंदुस्तान कॉपर लिमिटेड को स्थापित किया गया तथा इसी वर्ष फर्टिलाइजर कॉर्पोरेशन ऑफ इंडिया जैसे महत्वपूर्ण प्रतिष्ठानों की स्थापना की गई। 1972 में खनिज गवेषण निगम लिमिटेड तथा भारतीय खनन मंडल (Indian Bureau of Mines) की स्थापना नागपुर में की गई। इसी तरह हिंदुस्तान निगम लिमिटेड तथा नेशनल एल्युमीनियम कंपनी लिमिटेड (1981) की स्थापना की गई।

4. भारत में जाति संरचना के अन्तर्गत परंपरागत जाति व्यवसाय प्रत्येक जाति के साथ जुड़ा हुआ है। उदाहरणस्वरूप एक कुंभकार मिट्टी को कला-कौशल के साथ प्राणवंत करने में माहिर होता है। इसी तरह एक बढ़ई में लकड़ी को कला-कौशल के साथ विभिन्न स्वरूप प्रदान करने की क्षमता होती है। जाति व्यवसाय पीढ़ी-दर-पीढ़ी हस्तांतरित होता है। 1991 की जनगणना के अनुसार भारत में 82 प्रतिशत हिंदू जनसंख्या है। इस प्रकार देश की बहुसंख्यक जनता परंपरागत व्यवसाय से संबंधित रही है। परंपरागत व्यवसाय का कुटीर उद्योग के साथ स्पष्ट संबंध रहा है। कुटीर उद्योग कृषि अर्थव्यवस्था की आधारभूत बुनियाद है। अन्य धर्म तथा समुदाय के लोगों

में भी परंपरागत व्यवसाय का विवरण उपलब्ध होता है। वस्तुतः देश के कोने-कोने में परंपरागत व्यवसाय के कारण कुटीर उद्योगों की एक सुसंगठित संरचना मौजूद है। भारत में औद्योगीकरण की प्रक्रिया के साथ-साथ कुटीर उद्योगों को भी आधुनिक संयंत्रों के आधार पर विकसित करने का प्रयास किया गया है। फलतः औद्योगीकरण तथा कुटीर उद्योग का विकास साथ-साथ होता रहा है। अनेक अर्थों में कुटीर उद्योग औद्योगीकरण की प्रक्रिया का पूरक है। कुटीर उद्योग के क्षेत्र में हथकरघा उद्योग (Handloom Industry), ऊनी कपड़े का कुटीर उद्योग (Woolen Cottage Industry) रेशमी कपड़े का कुटीर उद्योग, शहद की मक्खियां पालने का उद्योग, चमड़ा उद्योग, तथा दियासलाई उद्योग आदि का उल्लेख किया जा सकता है। जुलाई 1981 में अखिल भारतीय हथकरघा एवं हस्तशिल्प मंडल (All India Handlooms and Handicrafts Board) की स्थापना की गई। खादी के क्षेत्र में भी कुटीर उद्योग का योगदान उल्लेखनीय है।

5. विवरणों के आधार पर स्पष्ट होता है कि देश के स्वतंत्र होने पर औद्योगिक नीतियों की समीक्षा की गई। 1948 में प्रथम औद्योगिक नीति को रेखांकित किया गया। 1977, 1980 एवं 1990 में औद्योगिक नीतियों की समीक्षा की गई। 24 जुलाई, 1991 के बाद निजी क्षेत्र में विकास, आर्थिक उदारीकरण, एनआरआई तथा पूंजी निवेश आदि के आधार पर भारत में औद्योगीकरण की प्रक्रिया एक नए युग में प्रवेश कर चुकी है।
6. 1948 एवं 1956 की औद्योगिक नीतियों में सार्वजनिक क्षेत्र में विशेष उद्योगों की स्थापना पर बल दिया गया। सार्वजनिक क्षेत्रों में स्थापित उद्योगों के कतिपय महत्वपूर्ण केंद्र निम्नलिखित हैं–

	फैक्ट्री उद्योग	*स्थान*
1.	एटॉमिक रिएक्टर (अप्सरा)	ट्रांबे (मुंबई)
2.	भारत इलेक्ट्रॉनिक्स लि. (प्राइवेट)	जलाहाली (बंगलौर)
3.	भिलाई इस्पात संयंत्र (सेल)	भिलाई (म.प्र.)
4.	चितरंजन लोकोमोटिव वर्क्स	चितरंजन (वर्धमान, प. बंगाल)
5.	दुर्गापुर इस्पात संयंत्र (सेल)	दुर्गापुर (प. बंगाल)
6.	हैवी इलेक्ट्रीकल्स (प्राइवेट)	भोपाल (मध्य प्रदेश)
7.	हिंदुस्तान एयरक्राफ्ट लि.	बंगलौर (कर्नाटक)
8.	हिंदुस्तान एंटीबायोटिक्स लि.	पिम्परी (पुणे)
9.	हिंदुस्तान केबल्स लि.	रूपनारायणपुर (वर्धमान, पं. बंगाल)
10.	हिंदुस्तान हाउसिंग फैक्ट्री लि.	जंगपुरा (नई दिल्ली)
11.	हिंदुस्तान इन्सेक्टीसाइड्स लि.	नई दिल्ली तथा अलवाये (केरल)

लगातार...

लगातार...

12.	हिंदुस्तान मशीन टूल्स लि.	जलाहली (बंगलौर)
13.	हिंदुस्तान शिपयार्ड लि.	विशाखापट्टनम (आंध्र प्रदेश)
14.	हैवी इंजीनियरिंग कॉर्पोरेशन लि.	रांची के निकट, हटिया (झारखंड)
15.	इंडियन गवर्नमेंट सिलवर रिफाइनरी	स्ट्रेंड रोड (कोलकाता)
16.	इंडियन रेअरअर्थ्स लि.	अलवाये (केरल)
17.	इंडियन टेलीफोन इंडस्ट्रीज लि.	बंगलौर (कर्नाटक)
18.	इंटीग्रल कोच फैक्ट्री	परोबूर (तमिलनाडु)
19.	इंडियन रिफाइनरीज लि. (रिफाइनरीज के प्रबंध के लिए)	नई दिल्ली
20.	मशीन टूल प्रोटोटाइप फैक्ट्री	अंबरनाथ (महाराष्ट्र)
21.	नाहन फाउंड्री लि.	नाहन (हिमाचल प्रदेश)
22.	नेशनल इंस्ट्रूमेंट्स फैक्ट्री	वुडस्ट्रीट (कोलकाता)
23.	नैवेली लिग्नाइट कॉर्पोरेशन प्रा. लि.	चेन्नई
24.	नांगल फर्टिलाइजर हैवीवाटर प्रोजेक्ट	नांगल (पंजाब)
25.	ऑप्टीकल एंड आप्थेल्मिक ग्लास फैक्ट्री	दुर्गापुर (बंगाल)
26.	राउरकेला इस्पात संयंत्र (सेल)	राउरकेला (उड़ीसा)
27.	सिंदरी फर्टिलाइजर एंड केमिकल्स (एफसीआई)	सिंदरी (बिहार)
28.	थोरियम प्लांट	ट्रांबे (मुंबई)

7. भारत में औद्योगीकरण की प्रक्रिया के विकास में विभिन्न क्षेत्रों में असमानता तथा असंतुलन है। उदाहरणस्वरूप औद्योगीकरण की दृष्टि से हरियाणा राज्य में विकास की गति तीव्र है। अधिकतर उद्योग कृषि पर भी आधारित हैं। हरियाणा में कुछ प्रमुख उद्योगों का विवरण निम्नलिखित रूपों में रेखांकित किया जा सकता है–

(i) सूती वस्त्र की मिलें भिवानी, हिसार, फरीदाबाद तथा रोहतक में हैं।

(ii) कागज का कारखाना जगाधरी में है।

(iii) चीनी की मिलें रोहतक, करनाल तथा यमुना नगर में अवस्थित हैं।

(iv) एस्बेस्टस का संयत्र बल्लभगढ़ में अवस्थित है।

(v) सीमेंट की फैक्ट्रियां सूरजपुर तथा चरखी दादरी में हैं।

(vi) कांच के कारखाने फरीदाबाद, बहादुरगढ़ तथा सोनीपत में अवस्थित है।

(vii) सिलाई की मशीनों के कारखाने गुड़गांव, रोहतक तथा अंबाला में हैं।

(viii) पिंजौर में हिंदुस्तान मशीन टूल्स के कारखाने में बेधन यंत्र तथा सूक्ष्म यंत्र आदि का निर्माण होता है।

(ix) हरियाणा राज्य के अंतर्गत चावल साफ करने की मिलें हिसार, रोहतक अंबाला और करनाल में हैं।

(x) हरियाणा में छपाई की मशीनें, टैक्टर, पावर टीलर, डीजल इंजन, विद्युत मोटरें, विद्युत बल्ब, पंखे, मोटर साइकिल, स्कूटर, पीतल के बर्तन तथा स्नानघर के सामान के निर्माण से संबंधित अनेक छोटे-बड़े कारखाने मौजूद हैं। सोनीपत, पानीपत, अंबाला बहादुरगढ़, भिवानी, बल्लभगढ़ तथा फरीदाबाद आदि हरियाणा राज्य के अंतर्गत प्रमुख औद्योगिक केंद्र हैं। आर्थिक उदारीकरण तथा वैश्वीकरण के दौर में गुड़गांव का तेजी के साथ विकास हो रहा है।

परंतु अन्य राज्यों की तुलना में हरियाणा में औद्योगीकरण की व्यापक प्रक्रिया अधिक विकसित नहीं हो पाई है। अत: हरियाणा राज्य में औद्योगीकरण की व्यापक संभावना मौजूद है।

8. भारत में कर्नाटक, झारखंड, महाराष्ट्र, तमिलनाडु, आंध्र प्रदेश आदि राज्यों में औद्योगीकरण की प्रक्रिया अधिक तीव्र है।
9. भारत में औद्योगीकरण के क्षेत्र में जमशेद जी टाटा का योगदान भी उल्लेखनीय है। टाटा लोहा और इस्पात का कारखाना (टिस्को) भारत में एक महत्वपूर्ण औद्योगिक प्रतिष्ठान है। इस प्रतिष्ठान में भारत का 20 प्रतिशत इस्पात बनता है। सन् 1907 में जमशेद जी टाटा द्वारा यह स्थापित किया गया। झारखंड राज्य के अंतर्गत साक्ची नामक स्थान पर स्वर्ण रेखा एवं खारकोई नदियों के संगम पर यह विश्व प्रसिद्ध कारखाना अवस्थित है।
10. भारत में औद्योगीकरण की प्रक्रिया तीव्र करने में मानव संसाधन का योगदान भी महत्वपूर्ण है। विभिन्न औद्योगिक प्रतिष्ठानों में देश के कोने-कोने के मजदूरों तथा कामगारों ने औद्योगीकरण की प्रक्रिया को तीव्र करने में उल्लेखनीय योगदान किया है।

भारत में औद्योगीकरण तथा सामाजिक परिवर्तन
(Industrialization and Social Change in India)

भारत एक बहुल समाज है। विभिन्न धर्म तथा संस्कृति के लोग यहां रहते हैं। भारत के इतिहास में उत्थान-पतन तथा लगातार संघर्ष का विवरण उपलब्ध होता है। परंतु इस देश की जनता महान है। भारत की जनता में अपार संघर्ष करने की क्षमता है। एक लंबे संघर्ष के दौर के बाद 15 अगस्त, 1947 को भारत में स्वतंत्रता का सूर्योदय हुआ। स्वतंत्रता के बाद देश में पं. जवाहरलाल नेहरू के नेतृत्व में औद्योगीकरण की प्रक्रिया को एक सुदृढ़ आधार प्रदान किया गया। भारत में औद्योगीकरण के कारण वैज्ञानिकता तथा तार्किकता का विकास हुआ। औद्योगिक नगरों तथा नगरीकरण की प्रक्रिया तीव्र हुई है। निर्जीव मशीनों तथा ऑटोमेशन के माध्यम से देश ने औद्योगीकरण की एक व्यापक संरचना को खड़ा करने में सफलता हासिल की है। भारत में औद्योगीकरण के दुष्प्रकार्यात्मक प्रभावों को भी नजरअंदाज नहीं किया जा सकता है। उदाहरणस्वरूप औद्योगीकरण की प्रक्रिया ने पर्यावरण संतुलन को संकट के कगार पर खड़ा कर दिया है। औद्योगिक श्रमिकों के व्यापक पैमाने पर शोषण के संकेत भी मिल रहे हैं। औद्योगीकरण की प्रक्रिया में असंतुलन तथा असमानता के कारण देश के अनेक क्षेत्रों का

विकास संतुलित रूप में नहीं हुआ है। भारत में औद्योगीकरण के सामाजिक परिणामों को निम्नलिखित रूपों में रेखांकित किया जा सकता है–

1. एल. मेनफार्ड ने अपनी पुस्तक *टेक्निक एंड सिविलाइजेशन* में स्पष्ट किया है कि वर्तमान युग का नया तथा महत्वपूर्ण तत्व पूंजीवाद नहीं है। उनके अनुसार नवीनतम तथा व्यापक तत्व यंत्रीकरण है, जिसका परिणाम पूंजीवाद है। उनके अनुसार यंत्रीकरण ने जीवन विधि को तथा विचार पद्धति को परिवर्तित कर दिया है। भारत में भी औद्योगीकरण की प्रक्रिया ने जीवन विधि तथा विचार पद्धति को विभिन्न रूपों में प्रभावित किया है। उदाहरणस्वरूप औद्योगीकरण की प्रक्रिया ने भारतीय सामाजिक संरचना के अन्तर्गत नातेदारी, संयुक्त परिवार, जजमानी व्यवस्था, जाति संरचना तथा अन्य सांस्कृतिक मूल्यों एवं प्रतिमानों को प्रभावित किया है। औद्योगीकरण की प्रक्रिया के कारण तकनीकी संस्थानों का विकास तीव्र रूप में हो रहा है। फलत: गांव का एक किसान भी अपने लड़के को आईआईटी में दाखिला दिलवाना चाहता है। सामाजिक प्रतिष्ठा के मानदंडों में परिवर्तन हुआ है। भारी तादाद में गांव से लोगों का पलायन हो रहा है। औद्योगिक नगरों में अनेक प्रकार के रोजगार के अवसर खुले हुए हैं। गांव के शिक्षित एवं अशिक्षित बेरोजगारों के लिए औद्योगिक नगर आकर्षण का प्रमुख केंद्र सिद्ध हो रहे हैं।
2. कार्ल मार्क्स के अनुसार उत्पादन प्रणाली के परिवर्तन के कारण सामाजिक संबंध प्रभावित होते हैं। सामाजिक संबंध उत्पादन शक्तियों से घनिष्ठ रूप से जुड़े हुए हैं। नई उत्पादक शक्तियों के प्राप्त होने पर समाज में परिवर्तन की स्थिति उत्पन्न होती है। उत्पादक शक्ति में परिवर्तन होता है। उत्पादन के साधन में परिवर्तन होता है तथा उत्पादन की प्रणाली में परिवर्तन होता है। मार्क्स के अनुसार, ''उत्पादन प्रणाली तथा जीविकोपार्जन की प्रणाली बदल जाने से समस्त सामाजिक संबंधों में परिवर्तन होता है। जब हाथ की चक्की थी तब सामंतवादी समाज था। भाप से चलने वाली चक्की वह समाज बनाती है, जिसमें प्रभुत्व औद्योगिक पूंजीपति का होता है।''[1]

   भारत में भी औद्योगीकरण की प्रक्रिया के कारण सामाजिक संबंधों में परिवर्तन परिलक्षित होता है। विशेष रूप से औद्योगीकरण के कारण पूंजीवादी संरचना का विकास हुआ है। औद्योगिक श्रमिकों की स्थिति संतोषजनक नहीं है। उनका अपना गांव उनसे दूर हो गया है। उनका अपना परिवार उनके मनीआर्डर के इंतजार में रहता है। उन्हें अक्सर महानगरों में तथा औद्योगिक नगरों में अकेले रहना पड़ता है। मजदूरों का जीवन संघर्ष कठिन राहों से गुजरता हुआ दिखाई पड़ता है। आवास का समुचित प्रबंध नहीं हो पाता है। इस प्रकार औद्योगीकरण ने पारिवारिक संरचना को प्रभावित किया है। संयुक्त परिवार का परंपरागत स्वरूप अपने अंतिम दौर में है। प्राथमिक संबंधों में घनिष्ठता का अभाव होता जा रहा है। प्राथमिक समूह बनते और बिखर जाते हैं। इस प्रकार उत्पादन के साधन में परिवर्तन के कारण भारतीय समाज की संरचना विभिन्न रूपों में प्रभावित हो रही है। औद्योगीकरण ने आदमी को चौराहे पर लाकर खड़ा कर दिया है।
3. एमिल दुर्खाइम के अनुसार कृषि पर आधारित अर्थव्यवस्था में सामाजिक जीवन सहज एवं सरल होता है। साधारणत: कृषि संरचना में जुड़ा हुआ समाज सरल समाज होता है।

इसमें यांत्रिक एकता मौजूद होती है। श्रम-विभाजन की जटिलता नहीं होती है। विशेषीकरण का अभाव होता है। इसके विपरीत औद्योगीकरण तथा जनसंख्या के घनत्व एवं आकार में वृद्धि होने पर सरल समाज जटिल समाज के रूप में परिवर्तित हो जाता है। जटिल समाज में सावयवी एकता मौजूद होती है। श्रम-विभाजन का विस्तार होता है। विशेषीकरण की प्रक्रिया तीव्र हो जाती है। भारत में भी औद्योगीकरण के कारण समाज का स्वरूप सरल से जटिल होता जा रहा है। श्रम-विभाजन का विस्तार हो रहा है तथा विशेषीकरण की प्रक्रिया तीव्र हो रही है।

4. 1922 में ऑगबर्न ने अपनी पुस्तक *सोश्यल चेंज* में केवल रेडियो के आविष्कार के कारण 150 परिवर्तनों की चर्चा की है। जाहिर है कि भारत में भी रेडियो, ट्रांजिस्टर, टेलीविजन, वीसीडी आदि का विकास हुआ है। जीवन के विविध क्षेत्रों में इन उपकरणों का प्रभाव है। फलतः भारतीय सामाजिक संरचना विभिन्न प्रकार के आविष्कारों तथा औद्योगीकरण से जुड़े संयंत्रों से प्रभावित हो रही है।

5. भारतीय समाजशास्त्री योगेंद्र सिंह ने अपने एक शोध-निबंध "कन्ट्री टाउन नेक्सस : सोश्यल ट्रांसफोर्मेशन इन केन्टेम्पररी इंडिया" में औद्योगीकरण के आधार पर हो रही उथल-पुथल एवं परिवर्तन के विविध आयामों की चर्चा की है। औद्योगीकरण के विकास के कारण नौकरशाहों तथा व्यवसायियों का एक नया वर्ग उत्पन्न हुआ है। वस्तुतः विभिन्न नगरों में इस प्रकार के नए मध्यम वर्गों के प्रभाव का अनुभव किया जा सकता है। हरित क्रांति के फलस्वरूप ग्रामीण परिवेश में भी एक नए मध्यम वर्ग का उदय हुआ है। इस नए मध्यम वर्ग में परंपरागत कृषक जातियां सम्मिलित हैं। योगेन्द्र सिंह के अनुसार परिवर्तन के इस दौर में ग्रामीण-नगरीय संबंधों के अन्तर्गत दो परस्पर विरोधी परिणाम परिलक्षित होते हैं। एक ओर उन्नत और वैज्ञानिक खेती के लिए कृषकों को आधुनिक उपकरणों, बैंक और बाजार आदि के लिए नगरों पर निर्भरता बढ़ी है। दूसरी ओर संचार तथा संपर्क बढ़ने से नवीन मध्यम वर्ग में अपनी पहचान स्थापित करने के प्रति चेतना बढ़ी है। आर्थिक स्थिति में सुधार के कारण राजनीति और शिक्षा में उनकी पहुंच बढ़ी है और गांव के विकास की प्रक्रिया में भागीदारी बढ़ी है। योगेंद्र सिंह के इस सारगर्भित विवरण के आधार पर भी स्पष्ट होता है कि प्रौद्योगिकी सामाजिक परिवर्तन का एक महत्वपूर्ण कारक है।

6. शिव बहाल सिंह ने भी स्पष्ट किया है कि औद्योगीकरण के कारण पारिवारिक संरचना प्रभावित हुई है तथा पारिवारिक संबंधों में परिवर्तन की स्थिति उत्पन्न हुई है। प्रौद्योगिकी एवं आर्थिक विकास के कारण परिवार व्यवस्था में परिवर्तन होता है। मूर, गुडे तथा रॉस जैसे समाजशास्त्रियों के अनुसार औद्योगीकरण के कारण परिवारों का स्वरूप एकाकी हुआ।

7 बेवलन के अनुसार औद्योगीकरण के कारण समाज में बहुआयामी परिवर्तन की स्थिति उत्पन्न होती है। बेवलन ने औद्योगीकरण को सामाजिक परिवर्तन के एक प्रमुख कारण के रूप में रेखांकित किया है। उनके अनुसार औद्योगीकरण के कारण कार्य-संस्कृति में परिवर्तन होता है। औद्योगीकरण के कारण प्रविधियों एवं तकनीकों में परिवर्तन होता रहता है। औद्योगीकरण के कारण भौतिक पर्यावरण में परिवर्तन होता है। बेवलन ने यह

औद्योगिकरण : कार्य-संस्कृति में परिवर्तन

↓

औद्योगिकरण : प्रविधियों तथा तकनीकों में परिवर्तन

↓

औद्योगिकरण : भौतिक पर्यावरण में परिवर्तन

↓

औद्योगिकरण : वैचारिक मूल्यों तथा रहन-सहन में परिवर्तन

↓

औद्योगिकरण : सामाजिक संरचना में परिवर्तन

↓

औद्योगिकरण : सामाजिक परिवर्तन

भी स्पष्ट किया है कि औद्योगीकरण के कारण आदतों तथा विचारों में परिवर्तन होता है अर्थात् औद्योगीकरण लोगों के वैचारिक मूल्यों के परिवर्तन से जुड़ा हुआ है। साथ ही रहन-सहन, खान-पान, आचार-व्यवहार एवं अन्य आदतों में भी परिवर्तन की स्थिति उत्पन्न होती है। औद्योगीकरण के कारण सामाजिक संरचना में परिवर्तन होता है। इस प्रकार औद्योगीकरण सामाजिक परिवर्तन का एक प्रमुख कारक है।

बेवलन के विचारों के आधार पर भारत में औद्योगीकरण की प्रक्रिया के प्रभावों का विश्लेषण किया जा सकता है। औद्योगीकरण ने भारत में कार्य संस्कृति, प्रविधि तथा तकनीक, भौतिक पर्यावरण, वैचारिक मूल्य तथा रहन-सहन एवं सामाजिक संरचना में व्यापक बदलाव किया है। इस प्रकार भारत में औद्योगीकरण सामाजिक परिवर्तन एवं गतिशीलता का एक प्रमुख कारक है।

8. एम.एन. श्रीनिवास के अनुसार भारत में नगरीकरण, औद्योगीकरण तथा आधुनिकीकरण भारत की परंपरागत सामाजिक संरचना से संबंधित परिवर्तन की मुख्य प्रक्रियाएं हैं। उल्लेखनीय है कि औद्योगीकरण तथा नगरीकरण के बीच स्पष्ट संबंध मौजूद हैं। औद्योगीकरण के कारण नगरीकरण की प्रक्रिया का विकास होता है। उल्लेखनीय है कि औद्योगीकरण के साथ आधुनिकीकरण की प्रक्रिया भी संबंधित है। वस्तुत दोनों एक-दूसरे के पूरक हैं।

9. भारत में परिवहन उपकरण का उद्योग लगातार विकास की ओर उन्मुख है। उदाहरणस्वरूप भारतीय रेलवे को प्रस्तुत किया जा सकता है। रेल के इंजन, माल के डिब्बे, सवारी डिब्बे आदि भारत में ही तैयार होते हैं। भारतीय रेल डीजल तथा विद्युत

चालित इंजनों के युग में प्रवेश कर चुका है। रेल इंजनों का निर्माण चितरंजन (प. बंगाल), वाराणसी (उत्तर प्रदेश) तथा जमशेदपुर (झारखंड) में होता है।

सड़क परिवहन का भी भारत में उल्लेखनीय योगदान है। यह अधिक व्यापक है। आज भारत में अमूमन डेढ़ करोड़ साइकिलें तथा अड़तीस लाख स्कूटर एवं मोटर साइकिलों का निर्माण प्रतिवर्ष होता है। स्कूटर, मोटर साइकिल तथा साइकिलों के कारखाने दिल्ली, गुड़गांव, पुणे, चेन्नई, कोलकाता, लखनऊ, इंदौर, हैदराबाद, जमशेदपुर तथा बंगलौर में अवस्थित हैं।

भारत में पोत निर्माण एक विशाल पैमाने का उद्योग है। बड़े आकार के पोतों को कोच्चि तथा विशाखापट्टनम में तैयार किया जाता है। इनमें क्रमशः एक लाख टन (DWT) तथा पचास हजार टन (DWT) के जहाज बनाए जाते हैं। खाली जहाज के वजन को 'DWT-डेड वेट टन' कहते हैं। भारत में वायुयान निर्माण प्रगति की ओर उन्मुख है। यद्यपि भारत में अभी यात्री परिवहन के लिए वायुयानों के निर्माण का कार्य आरंभ नहीं हुआ है। ज्ञातव्य है कि बंगलौर, कोरापुट, नासिक, हैदराबाद, कानपुर तथा लखनऊ में वायुयान उद्योग की इकाइयां सैन्य आवश्यकताओं के लिए स्थापित की गई हैं। इन इकाइयों को लड़ाकू जहाज बनाने की दक्षता प्राप्त है। भारत में हेलीकॉप्टर का भी निर्माण होता है।

विवरणों के आधार पर स्पष्ट होता है कि परिवहन उपकरण का एक व्यापक उद्योग भारत में मौजूद है। परिवहन की संरचना विस्तृत है। परिवहन ने बाजार, नगर, विपणन, पर्यटन, लाइन होटल, होटल उद्योग तथा परिवहन से जुड़े प्रशिक्षित एवं अप्रशिक्षित कामगारों को एक विस्तृत संगठन में बदल दिया है। जाहिर है कि सामाजिक गतिशीलता में अभिवृद्धि हुई है। विभिन्न क्षेत्रों में आर्थिक विकास का नया दौर आरंभ हो चुका है। परिवहन ने गांव तथा नगर की दूरी को सीमित कर दिया है। ग्रामीण उत्पादन को परिवहन के कारण नगर में भी बाजार उपलब्ध हो रहा है। इस प्रकार परिवहन उद्योग के कारण भारतीय संरचना में बहुआयामी परिवर्तन की स्थिति उत्पन्न हो रही है।

10. औद्योगीकरण के दुष्प्रकार्यात्मक प्रभाव (Dysfunctional Effects) को भी रेखांकित किया जा सकता है। वस्तुतः औद्योगीकरण ने प्रकृति, गांव तथा परिवार को संकट के कगार पर लाकर खड़ा कर दिया है। एड्स, डेंगू तथा अन्य संघातक बीमारियों का एक प्रमुख कारण औद्योगीकरण की प्रक्रिया के विस्तृत परिक्षेत्र से जुड़ा हुआ है। विशेष रूप से औद्योगीकरण ने प्रदूषण का संकट पैदा कर दिया है। पर्यावरण प्रभावित हो रहा है। औद्योगीकरण के दुष्प्रकार्यात्मक प्रभावों को निम्नलिखित रूपों में रेखांकित किया जा सकता है।

औद्योगीकरण ने मूलतः चार प्रकार के प्रदूषणों को उत्पन्न किया है–

(1) वायु प्रदूषण, (2) जल प्रदूषण, (3) भूमि प्रदूषण, (4) ध्वनि प्रदूषण

औद्योगीकरण के कारण हजारों एकड़ कृषि भूमि तथा हरे-भरे जंगल को कल-कारखानों के निर्माण हेतु उपयोग में लाया जाता है। हरे-भरे पेड़ों पर कुल्हाड़ी चलती है।, उनका कत्ल होता है। मनुष्य के राक्षसी पंजे वनों तथा पेड़ों के ध्वंस के पीछे लगे हुए हैं। उसे यह खबर नहीं

है कि यह आत्मघाती कदम है। ऑक्सीजन नहीं होने पर उसकी सांसों को सुकून मिलने वाला नहीं है। कारखानों से कार्बन मोनोऑक्साइड तथा सल्फर डाइऑक्साइड के निकलने के कारण वायु प्रदूषण की स्थिति उत्पन्न होती है। इसी तरह जल प्रदूषण का खतरा भी बढ़ गया है। टाइफाइड, हैजा एवं पीलिया जैसी जल से फैलने वाली बीमारियां बहुत गंभीर समस्याएं पैदा करती हैं। जल प्रदूषण के विभिन्न स्त्रोत हैं। औद्योगिक अपशिष्टों को नदियों में छोड़ा जाता है। कागज लुगदी, वस्त्र रसायन, पेट्रोलियम, चर्म शोधन कारखाने आदि जल को प्रदूषित करने वाले प्रमुख उद्योग हैं। इसी तरह कारखानों से निकला धातुयुक्त कूड़ा-कचरा विषाक्त होता है। यह मिट्टी को प्रदूषित करता है। अत्यधिक शोर भी प्रदूषण का कारण है। विभिन्न मशीनों के संचालन के कारण ध्वनि प्रदूषण की स्थिति उत्पन्न होती है। यह स्वास्थ्य के लिए घातक है।

भारत में औद्योगीकरण ने प्रगति और विकास के एक नए शिखर का निर्माण किया है। आर्थिक विकास का एक स्वर्णिम अध्याय भारत में दिखाई दे रहा है। परंतु भारत में औद्योगीकरण की प्रक्रिया के दामंन पर भोपाल गैस रिसाव आपदा का दाग भी लगा हुआ है। भोपाल में गैस रिसाव ने मौत का कहर ढाया था। हजारों अनेक व्यक्ति विकलांग हो गए, लाखों बच्चों का सही रूप में विकास नहीं हो पाया। इसी तरह 1986 ई. में चेरनोबिल में नाभिकीय ऊर्जा से संबंधित आपदा के कारण 31 व्यक्तियों की मृत्यु हुई।

विश्लेषणों के आधार पर स्पष्ट होता है कि औद्योगीकरण के प्रभावों का यथार्थवादी विश्लेषण होना चाहिए। क्या औद्योगीकरण का लाभ गांव के गरीबी रेखा के नीचे के निर्धन जनों को प्राप्त हो रहा है? क्या औद्योगीकरण की प्रक्रिया के विकास तथा विस्तार में क्षेत्रीय संतुलन है? क्या औद्योगीकरण के परिप्रेक्ष्य में पर्यावरण संरक्षण से संबंधित नीतियों को यथार्थवादी बनाया गया है? क्या औद्योगीकरण पूंजीवाद तथा उद्योगपतियों के विकास की ओर उन्मुख है? भारत एक कल्याणकारी राज्य है। भारत में संविधान के अन्तर्गत समता, स्वतंत्रता, न्याय के प्रति प्रतिबद्धता व्यक्त की गई है। अत: प्रश्न यह भी उठता है कि क्या भारत में औद्योगीकरण का विकास कल्याणकारी राज्य के परिप्रेक्ष्य में हो रहा है?

औद्योगीकरण तथा परिवार (Industrialization and Family)

प्रख्यात समाजशास्त्री योगेन्द्र सिंह ने औद्योगीकरण तथा परिवार के बीच मौजूद संबंधों का गहन एवं गंभीर विश्लेषण किया है। उन्होंने स्पष्ट किया है कि निस्संदेह भारत में हो रहे औद्योगिक तथा नगरीय विकास संयुक्त परिवार प्रणाली के अनेक नियमों में परिवर्तन का पक्ष प्रशस्त कर रहे हैं, इनमें आवासीय व्यवस्था, विवाह के विभिन्न रूपों और सत्ता व्यवस्था से संबंधित नियमों का उल्लेख किया जा सकता है। पर ये परिवर्तन प्रकृति से अनुकूली होते हैं। औद्योगीकरण तथा परिवार के बीच मौजूद संबंधों का विश्लेषण योगेंद्र सिंह ने निम्नलिखित बिंदुओं के आधार पर किया है–

1. आर्थिक विकास और परिवार प्रणाली में परिवर्तनों के बीच संबंध लम्बे समय से मानवशास्त्रियों, समाजशास्त्रियों और इतिहासकारों के अध्ययन का विषय रहा है।
2. योगेंद्र सिंह ने यह भी स्पष्ट किया है कि भारत में होने वाले अनेक अध्ययनों से अर्थव्यवस्था में हो रहे परिवर्तनों, औद्योगीकरण की प्रक्रिया तथा परिवार प्रणाली में

परिवर्तन की प्रक्रियाओं के बीच निकट-संबंध की जानकारी मिली है। संयुक्त परिवार के टूटते-बिखरते स्वरूपों का अध्ययन समाजशास्त्रियों ने किया है। साथ ही उसके परम्परागत संरचनात्मक अस्तित्व का भी विवेचन किया है।

3. कतिपय मार्क्सवादी इतिहासकारों ने पूंजीवाद के उदय एवं विकास के साथ परिवार प्रणाली और उत्पादन की पारिवारिक पद्धति के बीच कमजोर होते संबंध को स्पष्ट किया है।
4. यह एक प्रचलित धारणा है कि परिवार प्रणाली का नाभिकीयकरण अर्थव्यवस्था के औद्योगिक रूपान्तरण की विश्वव्यापी प्रक्रिया का परिचायक हो सकता है।
5. योगेंद्र सिंह के अनुसार यह धारणा सामान्य तौर पर प्रचलित हो चुकी है कि औद्योगिक अर्थव्यवस्था अनिवार्य रूप से मूलतः संयुक्त परिवार, जाति, समुदाय, धार्मिक आस्थाओं एवं जीवन शैलियों के रूपान्तरण को स्पष्ट करती है। परन्तु योगेन्द्र सिंह ने इन मान्यताओं से असहमति जाहिर की है। उन्होंने स्पष्ट किया है कि डब्ल्यू.ई. मूर ने अपनी पुस्तक *इम्पेक्ट ऑफ इंडस्ट्री* (1965) तथा डब्ल्यू.जे. गुडे ने अपनी पुस्तक *वर्ल्ड रिवोल्यूशन एंड फैमिली पैटर्न* में औद्योगीकरण के बाद होने वाले परिवर्तनों के विश्वव्यापी परिणाम के रूप में पारिवारिक संरचना के नाभिकीकरण को उचित ठहराया है। योगेंद्र सिंह के अनुसार पाश्चात्य समाजों से, उपलब्ध साक्ष्यों से यह संकेत प्राप्त होता है कि औद्योगीकरण के बजाय निरंतर व्यापक होता नाभिकीय पारिवारिक संरचना समाज में पहले से मौजूद नाभिकीय परिवार प्रणाली का परिणाम हो सकता है।
6. योगेंद्र सिंह के अनुसार पाश्चात्य एवं भारतीय समाजवैज्ञानिकों द्वारा प्रतिपादित विचारों का एक महत्वपूर्ण पक्ष यह है कि संयुक्त परिवार प्रणाली रक्त संबंधों अथवा नातेदारियों की विस्तृत शृंखला और जातीय तथा सामुदायिक विच्छृंखलता या अलगाव सदृश्य पारंपरिक घटक जो इन समाजों के सामाजिक ढांचे में विद्यमान होते हैं, औद्योगिक तथा सांस्कृतिक आधुनिकीकरण के लिए सहायक नहीं हो सकते हैं। यह भी विश्वास किया जाता है कि ज्यों-ज्यों आर्थिक आधुनिकीकरण की प्रक्रियाएं तीव्र होती जाती हैं, संयुक्त परिवार प्रणाली आदि जैसी पारंपरिक संस्थाएं नाभिकीय परिवार प्रणाली जैसे आधुनिक रूपों को जन्म देती हैं। योगेंद्र सिंह ने यह भी स्पष्ट किया है कि भारत में औद्योगीकरण की प्रक्रिया तथा उद्यमों के विकास एवं परिवार प्रणालियों के बीच संबंध पर केन्द्रित अध्ययन इन धारणाओं की सत्यता पर प्रश्न चिह्न लगा देते हैं।
7. ए.डी. रौस ने *हिन्दू फैमिली इन इट्स अरबन सैटिंग्स* में औद्योगीकरण तथा नगरी पृष्ठभूमि में हिन्दू परिवारों की विवेचना की है। एम.एस. गोरे ने अपनी कृति *अरर्बनाइजेशन एंड फैमिली चेंज* में बदलते हुए पारिवारिक आयामों का विश्लेषण किया है। किंग्सले डेविस ने अपनी पुस्तक *पापुलेशन ऑफ इंडिया एंड पाकिस्तान* में औद्योगीकरण एवं आर्थिक आधुनिकीकरण के परिप्रेक्ष्य में पारिवारिक संरचनाओं का विश्लेषण किया है। योगेंद्र सिंह के अनुसार इन अध्ययनों ने अंतिम निष्कर्ष के तौर पर यह धारणा प्रतिपादित की है कि औद्योगिक एवं आर्थिक आधुनिकीकरण के कारण अन्ततः परिवार प्रणालियों का नाभिकीकरण होगा। योगेंद्र सिंह के अनुसार इन अध्ययनों

का निष्कर्ष प्रवृत्तिमूलक आंकड़ों पर आधारित है। परिवार प्रणाली के व्यवस्थित ढांचागत अध्ययन पर इन विद्वानों ने अधिकतर जगहों पर ध्यान केन्द्रिति नहीं किया है। उन्होंने आई.पी. देसाई के अध्ययन का भी उल्लेख किया है। आई.पी. देसाई ने अपनी पुस्तक *सम असपेक्टस ऑफ फैमिली इन महुवा : ए सोशियोलॉजिकल स्टडी ऑफ ज्वाइन्टनैस इन ए स्माल टाउन* में संयुक्त परिवार में हो रहे परिवर्तनों की व्याख्या की है। आई.पी. देसाई द्वारा लगातर अनेक पीढ़ियों को केंद्र में रखकर प्रतिपादित समय-गहनता (Time-depth analysis) से यह स्पष्ट होता है कि संयुक्त से नाभिकीय रूप ग्रहण करने की प्रक्रिया अपनी प्रवृत्ति में रैखीय नहीं बल्कि चक्रीय होती है।

8. औद्योगिक तथा नगरीय विकास के परिणामस्वरूप पारिवारिक ढांचे में होने वाले परिवर्तनों के लिए आवासीय व्यवस्था का नियम अत्यधिक महत्व रखता है। इस संदर्भ में योगेंद्र सिंह ने जी.पी. मुरडोक के विचारों का उल्लेख किया है। मुरडोक ने अपनी पुस्तक *सोश्यल स्ट्रक्चर* में स्पष्ट किया है कि आवास प्रणाली के संदर्भ में ही अर्थव्यवस्था, प्रौद्योगिकीय सम्पत्ति, सरकार या धर्म में परिवर्तन सबसे पहले विभिन्न संबंधित व्यक्तियों के बीच एक-दूसरे के साथ स्थापित संरचनात्मक संबंधों में बदलाव लाते हैं और इसके उपरांत परिवार में, रक्त-संबंधों और समझौते पर आधारित नातेदारी समूहों तथा नातेदारी की पदावली के विभिन्न रूपों में होने वाले परिवर्तनों को बल मिलता है।

9. योगेंद्र सिंह ने यह भी स्पष्ट किया है कि पिछले कुछ दशकों के दौरान शहरों तथा कस्बों में काम तथा रोजगार के लिए प्रव्रजन या आप्रवास के मामले में वृद्धि हुई है। चूंकि प्रव्रजन कार्य की प्रकृति पर निर्भर है, यह संयुक्त परिवार प्रणाली को प्रभावित करता है। गांव से शहरों में या एक शहर से किसी दूसरे शहर में तकनीकी तथा व्यावसायिक काम-धंधों के सिलसिले में प्रव्रजन के परिणामस्वरूप भी नाभिकीय परिवारों का जन्म होता है। इस तरह का परिवार आमतौर पर पति, पत्नी और बच्चों से मिलकर बना होता है।

10. योगेंद्र सिंह के अनुसार प्रव्रजन के कारण शहरों में झुग्गियों और झोपड़-पट्टियों का जन्म होता है और जहां कामगारों के परिवार अपनी बस्तियां बसा लेते हैं और पारंपरिक पारिवारिक दायित्वों, रीति-रिवाजों, मूल्यों एवं विश्वासों के साथ जीना जारी रखते हैं।

11. योगेंद्र सिंह के अनुसार औद्योगीकरण, नगरीकरण तथा काम रोजगारों में विविधता ने अनेक रूपों में भारतीय परिवार प्रणाली को प्रभावित किया है। उनके अनुसार काम-रोजगार या आजीविका के ढांचे में विभेदीकरण, स्त्री शिक्षा में वृद्धि और नगरीकरण में गतिशीलता की प्रणाली तथा आवास प्रणाली के संदर्भ में संयुक्त परिवार के चरित्र नातेदारी के संबंध और सामाजिक तथा आर्थिक बंधनों की प्रकृति को बदल डाला है।

12. नगरीकरण और औद्योगीकरण ने निश्चित तौर पर पारंपरिक संयुक्त परिवार के लिए थोड़े-बहुत बिखराव के कारण सिद्ध हैं और इन्हेंने नाभिकीय परिवारों के अनुपूरित तथा अन्य प्रकार के विकास में योगदान दिया है।

13. योगेंद्र सिंह ने भारतीय सामाजिक संरचना के मूल तत्वों की व्याख्या करते हुए स्पष्ट किया है कि औद्योगीकरण तथा नगरीकरण की प्रक्रिया के बावजूद सांस्कृतिक रूप से भारत में जाति, समुदाय और रक्त संबंधों के बंधनों को देखते हुए यह कहना समीचीन है कि अब भी संयुक्त परिवार प्रणाली की संस्कृति जारी है। उनके अनुसार नगरों में और विशेषकर बाहर से आने वाले कामगार पुरुषों एवं महिलाओं में एक सदस्य पारिवारिक इकाइयों की संख्या के बढ़ने के संकेत मिल सकते हैं।
14. योगेंद्र सिंह के अनुसार औद्योगीकरण के कारण परिवार संक्रमण की स्थिति में हैं। उन्होंने स्पष्ट किया है कि शैक्षिक, प्रौद्योगिकीय और औद्योगिक उन्नति तथा व्यावसायिक संकाय से संबंधित कुशल श्रमिकों की नौकरियों और अन्य सहायक सेवाओं के कारण परिवार प्रणाली के लिए अनेक प्रकार के परिणाम दिखाई पड़ते हैं। यह परिवार के लिए संक्रमण का दौर है।
15. योगेंद्र सिंह न एम.एम. अमीस द्वारा प्रस्तुत *स्ट्रक्चरल डाइमेन्शंस ऑफ फैमिली लाइफ इन द स्टील सिटी ऑफ जमशेदपुर इंडिया* का उल्लेख किया है। एम.एम. अमीस द्वारा जमशेदपुर के स्टील सिटी में कारखानों के कामगारों पर केन्द्रित अध्ययन से स्पष्ट है, जिसका उद्देश्य उनके आदर्श पारिवारिक प्राथमिकताओं या पसंदों की रूप रेखा प्रस्तुत करना था। अपने अध्ययन में अमीस ने स्पष्ट किया है कि उत्तरदाताओं ने स्वीकार किया कि पारंपरिक आवासीय संयुक्त परिवार सबसे अधिक सम्मानित या प्रतिष्ठित अथवा 'आदर्श' प्रकार का परिवार है जिसे बरकरार रखा जाना चाहिए। यह बात वे लोग भी मानते हैं जिनके पास इस तरह का परिवार नहीं है। या जो निकट भविष्य में इसकी फिलहाल कोई संभावना भी नहीं देखते हैं। जाहिर है कि औद्योगीकरण ने भारतीय परिवारों को एक नई दिशा दी है। परिवार में एक नए स्वरूप का निर्माण हो रहा है। गांव से लोगों का औद्योगिक नगरों में प्रव्रजन हो रहा है। परन्तु योगेंद्र सिंह का यह विचार तर्कपूर्ण और समीचीन है कि भारत में संयुक्त परिवार की संस्कृति अभी भी जारी है। भारत के लोग संयुक्त परिवार से अलग होने के बावजूद पारिवारिक अस्मिता एवं जड़ों से जुड़े हुए हैं।
16. योगेंद्र सिंह ने एम.एम. अमीस के अध्ययनों के निष्कर्षों का उल्लेख करते हुए यह भी स्पष्ट किया है कि सम्पत्ति पर स्वामित्व उन दबावों से प्रभावित होता है जिनकी परिधि स्थान और समय के संदर्भों में अपेक्षाकृत बहुत अधिक व्यापक होती है। एम.एम. अमीस ने 1973 में प्रकाशित अपनी एक महत्वपूर्ण कृति *एंटरप्रिन्योरशिप एंड मॉडर्नाइजेशन ऑफ कल्चर इन साऊथ एशिया* में स्पष्ट किया है कि औद्योगीकरण के संघात के बावजूद परिवर्तन की प्रणालियां ऐसी हैं कि संयुक्त परिवार का मानदंड विचारधारात्मक दृष्टि से अपनी प्रभुता को बनाये रखता है।
17. औद्योगिकिरण तथा परिवार के बीच मौजूद संबंधों की व्याख्या करते हुए योगेंद्र सिंह ने स्पष्ट किया है कि परिवार प्रणाली पर प्रभाव डालने के अलावा औद्योगीकरण समाजों में औद्योगिक तथा आर्थिक प्रगति की प्रकृति और दिशा को भी प्रभावित करता है। उनके अनुसार आरंभिक अध्ययनों ने व्यवसायी वर्गों में संयुक्त परिवारों तथा पारंपरिक जातीय

काम–धंधों या पेशों की भूमिका को दर्शाया है। उन्होंने डी.आर. गाडगिल की कृति *ऑरिजिन ऑफ द मॉडर्न इंडियन बिजनेस क्लास : एन एंटरिंग रिपोर्ट* का उल्लेख किया है। साथ ही एस.डी. मेहता की कृति *द इंडियन कॉटन टेक्सटाइल इंडस्ट्री : एन इकोनोमिक एनालिसिस* का भी उल्लेख किया है। इन अध्ययनों के आधार पर स्पष्ट होता है कि व्यापार और बैंकिंग के अतिरिक्त संयुक्त व्यवसायी परिवारों ने कपड़ा मिलों, इस्पात के कारखानों तथा अन्य औद्योगिक उद्यमों में अपना महत्वपूर्ण योगदान दिया है। योगेंद्र सिंह के अनुसार औद्योगिक उद्यमशीलता के आरंभिक चरणों में इन परिवारों ने पूंजी के एकत्रीकरण, प्रबंधकीय और तकनीकी कौशलों की सुविधाएं जुटाने तथा बाजार व्यवस्था स्थापित करने में महत्वपूर्ण भूमिका निभाई है।

18. योगेंद्र सिंह ने प्रबंधन सत्ता के वितरण और विभिन्न पीढ़ियों में आपसी संबंधों के संदर्भ में परिवार प्रणाली तथा औद्योगिक प्रतिष्ठानों के संगठन के बीच संबंधों का विश्लेषण किया है। पारिवारिक प्रतिष्ठानों के शक्तिकरण और वैवाहिक बंधनों के माध्यम से काम–धंधों में विस्तार के आयाम का विवेचन किया है। साथ ही आर्थिक विकास के फलस्वरूप कृषि से वाणिज्यिक–औद्योगिक उद्यमों में संक्रमण की प्रक्रियाओं का विश्लेषण किया है। उनके अनुसार विभिन्न समाजशास्त्रीय अध्ययनों में सामाजिक गतिशीलता के विविध पक्षों और किसानों में उत्पन्न हो रहे प्रौद्योगिकीय और उद्यम पर रुझान का विश्लेषण किया गया है। योगेंद्र सिंह के अनुसार परिवार प्रणाली से इनका प्रत्यक्ष संबंध नहीं होता है। बल्कि उससे वे अप्रत्यक्ष तौर पर जुड़े होते हैं। उनके अनुसार अधिकांश समृद्ध किसान, जो विस्तृत अथवा संयुक्त परिवारों से संबंद्ध होते हैं, उत्पादन की पारिवारिक प्रणाली से काम करते हुए कृषि अधिशेषों का उत्पादन करते हैं। उत्पादन की इस पद्धति में प्राप्त होने वाले अधिशेषों का निवेश व्यवसाय, औद्योगिक उद्यमों और शिक्षा के क्षेत्र में भी होता है, जिस कारण सामाजिक गतिशीलता उत्पन्न होती है तथा उनकी क्षमता में वृद्धि हो जाती है।

19. योगेंद्र सिंह के अनुसार व्यवसायी जातियों, समुदायों और व्यावसायिक समूहों के अध्ययन में परिवार प्रणाली और औद्योगिक विकास के बीच संबंध को अधिक स्पष्ट तथा प्रत्यक्ष ढंग से प्रस्तुत किया गया है। उत्तरी और पूर्वी भारत में मारवाड़ी, दक्षिण में चेट्टियार और पश्चिम भारत में पारसी जैसी जातियों या समुदायों के उदाहरण हैं, जिन्होंने भारत में औद्योगिक उद्यमशीलता में योगदान दिया। पारंपरिक व्यापारियों से औद्योगिक पूंजीपतियों में उनके रूपान्तरण का अध्ययन उनके परिवार, समुदाय और विचारधारा के संदर्भ में किया गया है। इन समुदायों से संबंधित महत्वपूर्ण उद्यमियों की जीवनियों का आकलन भी किया गया है। इस संदर्भ में उन्होंने टिम्बर्ग का उल्लेख किया है। टी.ए. टिम्बर्ग ने अपनी पुस्तक *द मारवाड़ी : फ्राम ट्रेडर्स टु इंडस्ट्रियलिस्ट* में औद्योगिक पूंजीवादियों के रूप में मारवाड़ियों के उत्थान का अध्ययन किया है। टिम्बर्ग ने मारवाड़ियों के उत्थान में संयुक्त परिवार प्रणाली की महत्वपूर्ण भूमिका का विश्लेषण किया है। उनके अनुसार व्यापार के अपने विशेष कौशल के कारण इन समुदायों ने अनेक ऐसी संस्थाएं विकसित कर ली हैं जो उन्हें अधिक सहजता से व्यापार–कार्य करने का

सामर्थ्य देती हैं। यदि काम-धंधे के सिलसिले में यात्रा पर जाने वाले पुरुष अपनी पत्नियों तथा बच्चों को घर पर छोड़ जाते हैं तो संयुक्त परिवार का घर परिवार के आश्रितों को शरण देता है। घूमंतु व्यापारी काम-धंधे के सिलसिले में जहां कहीं भी जाते हैं अपने समुदाय के लोगों के सौजन्य से उन्हें आश्रय और रहने-सहने की सुविधा हासिल हो जाती है।

20. योगेंद्र सिंह के विश्लेषण के आधार पर स्पष्ट होता है कि औद्योगीकरण के कारण भारत में परिवार संक्रमण के दौर में हैं। भारत में अभी भी पारिवारिक संस्कृति जारी है। संयुक्त परिवार के प्रति सम्मान और आदर का भाव बरकरार है। परन्तु रोजी-रोटी, प्रव्रजन तथा अन्य विविध क्षेत्रों में हो रहे परिवर्तनों के कारण परिवार ने एक नये धरातल का स्पर्श किया है।

औद्योगीकरण तथा शिक्षा (Industrialization and Education)

समाजशास्त्र के संस्थापक आगस्ट काम्टे ने अपने तीन स्तरों के नियम (Law of Three States) में स्पष्ट किया है कि ज्ञान में विकास के कारण समाज का विकास होता है। औद्यौगिकीकरण की प्रक्रिया ने तकनीकी शिक्षा को एक नई ऊर्जा प्रदान की है। इस प्रकार उत्पादन की प्रक्रिया, उत्पादकता, उत्पादक शक्ति तथा वाणिज्य और प्रबंधन के क्षेत्र में तकनीकी शिक्षा का विकास और विस्तार हुआ है। आवश्यकतानुसार विज्ञान की प्रयोगशालाओं में विभिन्न यंत्रों, मशीनों तथा तकनीकी साधनों का विकास किया गया। ऑगबर्न ने अपनी पुस्तक *सोश्यल चेंज* में स्पष्ट किया है कि रेडियो के आविष्कार से 150 प्रकार के परिवर्तन हुए। ए.आर. देसाई ने अपनी पुस्तक *सोश्यल बैकग्राउण्ड ऑफ द इंडियन नेशनलिज्म* में स्पष्ट किया है कि आधुनिक युग में उत्पादन के जिन आश्चर्यजनक साधनों का आविष्कार हुआ है, वे भाप, बिजली या आणविक शक्ति द्वारा संचालित होते हैं। बहुत पिछड़े हुए देशों में भी वैज्ञानिक ज्ञान और शिल्प विद्या कुछ हद तक तो थी ही। उनके पास भी अपना जीवनदर्शन था, चाहे वह कितना ही अपरिष्कृत या अनगढ़ क्यों न हो। देसाई ने भारत में औद्योगीकरण की प्रक्रिया तथा तकनीकी तथा वैज्ञानिक शिक्षा की पृष्ठभूमि को रेखांकित किया है। उनके अनुसार अंग्रेजों के आने के पहले भारत का आर्थिक और वैज्ञानिक विकास बहुत कम हुआ था। विश्व के बहुत सारे राष्ट्र जब सभ्य जीवन के पथ पर अग्रसर हुए उसके सदियों पहले भारतीयों ने गणित, रसायन और औषधि विज्ञान में पथप्रदर्शक का काम किया, लेकिन संभवत: इसीलिए भारतीय समाज लगभग उसी पुराने आर्थिक और सांस्कृतिक स्तर पर बहुत दिनों तक स्थिर रहा और भारतीय जनजीवन का समुचित विकास नहीं हो सका। सी.ई. ट्रेवीलियन ने अपनी पुस्तक *द एजुकेशन ऑफ द पीपुल ऑफ इंडिया* (1838) में स्पष्ट किया है-"समय आ गया है जब यूरोप एशिया को सभ्यता के पुराने ऋण का भुगतान करे। विज्ञान जो पूरब के देशों में जन्मा और पश्चिम के देशों में सयाना हुआ, अब सारी दुनिया पर छा जाने वाला है।"

भारत में औद्योगीकरण की प्रक्रिया की पृष्ठभूमि में श्रमिकों की शिक्षा पर विशेष बल दिया गया है। साथ ही मानव संसाधन के विकास के लिए प्रशिक्षण हेतु कदम उठाये गये हैं।

अन्तर्राष्ट्रीय श्रम संगठन (आईएलओ) ने श्रमिकों की शिक्षा के संबंध में निम्नलिखित बिन्दुओं की चर्चा की है।

1. श्रमिक शिक्षा अपने परिक्षेत्र में श्रमिकों की विभिन्न शैक्षणिक आवश्यकताओं से संबंधित है।
2. श्रमिक शिक्षा श्रमिकों के विकास से संबंधित है।
3. यह श्रमिकों की तकनीकी कुशलता से जुड़ा हुआ है।
4. एक सफल नागरिक के रूप में श्रमिकों के रूपान्तरण की प्रक्रिया से श्रमिक शिक्षा संबंधित है।

भारत में श्रमिक शिक्षा का शुभारंभ 1958 में केन्द्रीय शिक्षा बोर्ड द्वारा किया गया है। बोर्ड का प्रधान कार्यालय नागपुर में अवस्थित है। बोर्ड की एक सुनिश्चित संगठनात्मक व्यवस्था है। इसके अन्तर्गत क्षेत्रीय केन्द्र, उपक्षेत्रीय केन्द्र तथा संस्थान स्तरीय कक्षाओं का संचालन होता है। श्रमिक शिक्षा बोर्ड के निम्नलिखित लक्ष्यों को रेखांकित किया जा सकता है–

1. औद्योगिक संगठन के श्रमिकों को श्रमिक संघ के सदस्य के रूप में, कारखाने के कामगार के रूप में तथा देश के सफल नागरिक के रूप में अपने अधिकारों तथा कर्त्तव्यों के प्रति जागरूक किया जाता है।
2. बोर्ड के अन्तर्गत श्रमिक अपना प्रशिक्षण पूरा करते हैं। अपनी-अपनी इकाइयों में सभी श्रमिकों के लिए आवश्यकतानुसार विविध कार्यक्रमों का आयोजन किया जाता है। विशेष रूपों में उद्योगों, खानों, चाय बागानों, कृषि और असंगठित क्षेत्रों के श्रमिकों के विभिन्न वर्गों के लिए इन कार्यक्रमों का संचालन किया जाता है।
3. श्रमिक शिक्षा का एक महत्वपूर्ण उद्देश्य श्रमिक संघों को सुदृढ़ करने से संबंधित है। इसके अन्तर्गत श्रमिक नेताओं की क्षमता तथा कुशलता में अभिवृद्धि हेतु समुचित मार्गदर्शन प्रदान किया जाता है।
4. बोर्ड का एक महत्वपूर्ण लक्ष्य औद्योगिक लोकतंत्र की स्थापना तथा विकास से जुड़ा हुआ है।
5. बोर्ड का एक अन्य महत्वपूर्ण उद्देश्य श्रमिकों को अपनी आर्थिक समस्याओं के निराकरण के संबंध में समुचित मार्गदर्शन प्रदान करने से जुड़ा हुआ है।

भारत में श्रमिकों के प्रशिक्षण कार्यक्रम को विशेष महत्व प्रदान किया गया है। इसके अन्तर्गत कारीगरों तथा दस्तकारों को प्रशिक्षण प्रदान किया जाता है। साथ ही शिल्प प्रशिक्षकों को भी प्रशिक्षण प्रदान करने की व्यवस्था है। उच्च व्यावसायिक प्रशिक्षण योजना की व्यवस्था के अन्तर्गत भारत सरकार ने चेन्नई में उच्च प्रशिक्षण संस्थान की स्थापना की। संस्थान में औद्योगिक श्रमिकों को प्रशिक्षित किया जाता है। व्यावसायिक प्रशिक्षण अनुसंधान पर भी ध्यान दिया गया है। उल्लेखनीय है कि 1970 में भारत सरकार ने पश्चिमी जर्मनी के सहयोग से कोलकाता में 'केन्द्रीय स्टाफ प्रशिक्षण एवं शोध संस्थान' का शुभारंभ किया। साथ ही औद्योगिक संबंध, कार्मिक प्रबंध एवं श्रम अधिनियम आदि के संबंध में भी प्रशिक्षण तथा शोध की व्यवस्था की गई है। 'श्रम अध्ययन के भारतीय संस्थान' की स्थापना 1964 में की गई। इलेक्ट्रॉनिकी तथा प्रोसेस इन्स्ट्रेंट के क्षेत्र में भी प्रशिक्षण की व्यवस्था है। उल्लेखनीय है कि

1974 में एक उच्च प्रशिक्षण संस्थान की स्थापना की गई। 1981 में देहरादून में एक अन्य महत्वपूर्ण संस्थान का शुभारंभ किया गया। तकनीकी क्षेत्र में विकास के लिए महिलाओं के समुचित प्रशिक्षण की व्यवस्था की गई है। उल्लेखनीय है कि मुम्बई, तिरुअनंतपुरम तथा बेंगलूर में क्षेत्रीय व्यावसायिक प्रशिक्षण संस्थान की स्थापना की गई है। मीडिया के परिज्ञान के लिए चेन्नई में केन्द्रीय शैक्षणिक मीडिया संस्थान को स्थापना की गई। साथ ही श्रमिकों एवं अन्य कुशल कारीगरों, अभियंताओं तथा औद्योगिक उत्पादन से जुड़े हुए महत्वपूर्ण व्यक्तियों की कार्यकुशलता तथा क्षमता में वृद्धि हेतु भारत के विभिन्न क्षेत्रों में तकनीकी संस्थानों का विकास किया गया है। साथ ही अखिल भारतीय एवं क्षेत्रीय स्तर पर प्रबंध संस्थानों (Institute of Management) का विकास किया गया है।

श्रमिकों तथा श्रमिकों के परिवारों के सदस्यों के शैक्षणिक विकास हेतु प्रौढ़ शिक्षा की व्यवस्था की गई है। अनेक औद्योगिक संगठनों द्वारा कामगारों के बच्चों के शैक्षणिक विकास के लिए अति आधुनिक शैक्षणिक संस्थान की स्थापना तथा विकास हुआ है। सर्वशिक्षा योजना में भी प्राथमिकता के तहत ध्यान देने का प्रावधान है। नये दौर में आधुनिक सूचना तकनीकों का प्रशिक्षण भी कामगारों को प्रदान किया गया है। कम्प्यूटर, इंटरनेट, सेटेलाइट तथा अन्य सूचना तकनीकी साधनों के संबंध में कामगारों को समुचित प्रशिक्षण देने का प्रावधान तथा व्यवस्था है। वैश्वीकरण, आर्थिक उदारीकरण बाजारवाद तथा उपभोक्तावाद के मौजूदा दौर में श्रमिकों की तकनीकी दक्षता में वृद्धि हेतु विशेष ध्यान दिया जा रहा है।

शिक्षा तथा सामाजिक परिवर्तन (Education and Social Change)

समाजशास्त्री योगेंद्र सिंह ने स्पष्ट किया है कि ब्रिटिश शासन की स्थापना के बाद प्राथमिक तथा माध्यमिक स्तर के शिक्षण संस्थानों के विकास के साथ 1857 ई. में बंबई, कलकत्ता तथा मद्रास विश्वविद्यालयों की स्थापना की गई। ब्रिटिश शासन के अंतिम कालखंड तक 15 अन्य विश्वविद्यालयों की भी स्थापना की गई। स्वतंत्रता के बाद शिक्षण संस्थानों के तीव्र विकास के संकेत मिल रहे हैं। योगेंद्र सिंह के अनुसार शिक्षण संस्थानों में विकास के बावजूद शिक्षा की विकास दर बहुत अधिक प्रभावी नहीं है। उन्होंने यह भी स्पष्ट किया कि भारतीय सामाजिक स्तरीकरण व्यवस्था में सामाजिक गतिशीलता तथा परिवर्तन के संकेत उत्साहवर्धक नहीं हैं। योगेंद्र सिंह के अनुसार उच्च शिक्षा पर अभी भी आभिजात्य वर्गों का वर्चस्व बरकरार है। अशिक्षितों की भारी तादाद देश के कोने-कोने में मौजूद है। यू.एस.ए., जापान तथा सीलोन (Ceylon) की तुलना में भारत में शिक्षा मद में व्यय भी बहुत सीमित मात्रा में किया जाता है।

उपर्युक्त विवरणों के आधार पर स्पष्ट होता है कि भारत में शिक्षा को उच्च प्राथमिकता प्रदान नहीं की गई है। साथ ही शिक्षण संस्थानों के सुनियोजित विकास के संकेत नहीं मिल रहे हैं। योगेंद्र सिंह ने स्पष्ट किया है कि इन सीमाओं के बावजूद भारत में शिक्षा आधुनिकीकरण का एक सर्वाधिक महत्वपूर्ण साधन है। आधुनिक शिक्षा ने एक नई बौद्धिक चेतना को जीवंत किया है। राष्ट्रवाद, उदारवाद तथा स्वतंत्रता के प्रति लोगों को उत्प्रेरित किया है। भारत में एक नवजाग्रत बौद्धिक वर्ग के उदय का श्रेय भी आधुनिक शिक्षा को प्राप्त है। स्वतंत्रता के अविराम

संघर्ष तथा सामाजिक–सांस्कृतिक सुधार आंदोलनों में इस नवजाग्रत बौद्धिक वर्ग का योगदान उल्लेखनीय रहा है।

एम.एन. श्रीनिवास ने भी अपनी पुस्तक *सोश्यल चेंज इन मॉडर्न इंडिया* में स्वीकार किया है कि आधुनिक शिक्षा के कारण सामाजिक संरचना के विविध पक्षों में तीव्र परिवर्तन की स्थिति उत्पन्न हुई। एक नई बौद्धिक चेतना का उदय हुआ। उन्होंने पश्चिमीकरण की प्रक्रिया के विश्लेषण में आधुनिक शिक्षा के महत्व को स्वीकार किया है।

भारतीय सामाजिक संरचना के अन्तर्गत सती प्रथा, बाल–विवाह, बहु–विवाह, अनमेल विवाह, छुआछूत, जजमानी व्यवस्था, अंधविश्वास, पाखंड तथा आडंबर का वातावरण व्याप्त था। लोग परंपरा तथा अंधविश्वास के नाम पर मानव अधिकार का हनन कर रहे थे। आधुनिक शिक्षा के विकास के साथ ही भारत में एक नए युग का आरंभ होता है। शिक्षा के कारण लोगों की वैचारिक चेतना में परिवर्तन होता है। शिक्षा मनुष्य को एक नया प्रकाश प्रदान करती है। धार्मिक कट्टरता, जड़ता तथा अंधविश्वास के खिलाफ दुनिया के विभिन्न देशों में शिक्षित जन समूहों ने अविराम संघर्ष किया है। निम्नलिखित विवरणों के आधार पर सामाजिक परिवर्तन में आधुनिक शिक्षा की भूमिका को स्पष्ट किया जा सकता है–

1. शिक्षण संस्थानों के विकास तथा शिक्षा के विस्तार के कारण परिवार की संरचना तथा प्रकार्य के व्यापक परिवर्तन के संकेत मिल रहे हैं। शिक्षा के कारण गतिशीलता में वृद्धि हुई, शिक्षित व्यक्ति नए रोजगार के क्षेत्रों से संबंधित होकर एक नई जिंदगी की शुरुआत करता है। शिक्षित व्यक्ति बौद्धिक चेतना के विकास के कारण परिवार में व्याप्त अंधविश्वास, आडंबर तथा परंपरा के खिलाफ विद्रोह करता है। कट्टरवादिता के खिलाफ असहमति व्यक्त करता है। इस प्रकार आधुनिक शिक्षा के कारण संयुक्त परिवार का तीव्र विघटन आरंभ हुआ। परिवार में एक नई बौद्धिक संस्कृति विकसित हुई। सामाजिक गतिशीलता के कारण परिवार के सभी सदस्यों का एक छत के नीचे रहना संभव नहीं रह गया। निर्णय की प्रक्रिया में परिवार के मुखिया के तानाशाही के दिन लद गए। कृषि आधारित अर्थव्यवस्था से शिक्षा के कारण परिवार के कई सदस्यों का संबंध औद्योगिक अर्थव्यवस्था के साथ जुड़ गया। आधुनिक शिक्षा ने परिवार के एक बच्चे को दुनिया के विभिन्न परिवेशों एवं स्वरूपों से साक्षात्कार का अवसर प्रदान किया। शिक्षित व्यक्तियों के घर की महिलाओं के प्रति एक नए दृष्टिकोण का उदय हुआ तथा परिवार में पूर्व की अपेक्षा महिलाओं को भी सम्मानजनक स्थान प्रदान किया गया।
2. भारतीय सामाजिक संरचना में जाति व्यवस्था के कारण एक संस्तरण मौजूद है। खान–पान, सहनिवास तथा विवाह के आधार पर जातियों एवं उपजातियों में सामाजिक दूरी कायम है। कुछ जातियों को विशेष अधिकार प्राप्त है तथा कुछ जातियों को निर्योग्य करार दिया गया है। आधुनिक शिक्षा के विकास के कारण जाति व्यवस्था की जड़ता तथा जाति के नाम पर सामाजिक दूरी को सीमित करने में आधुनिक शिक्षा की भूमिका महत्वपूर्ण है। आधुनिक शिक्षा के कारण लोगों में एक नई जागरूकता पैदा हुई तथा जाति के नाम पर छुआछूत, सामाजिक दूरी, खान–पान तथा सामाजिक व्यवहार में व्याप्त जड़ता के तत्वों पर प्रहार किया गया।

3. आधुनिक शिक्षा के विकास के कारण नए वैज्ञानिक तत्वों का विकास हुआ। कृषि व्यवस्था के क्षेत्र में भी आधुनिक कृषि संयंत्रों के उपयोग की शुरुआत की गई। फलत: कृषि उत्पादन में भी वृद्धि हुई है। इस प्रकार आधुनिक शिक्षा के कारण विशेष रूप से ग्रामीण क्षेत्रों में आर्थिक विकास के नए अवसरों का उदय हुआ है।
4. सामाजिक संबंधों के क्षेत्र में भी आधुनिक शिक्षा के कारण अनेक प्रकार के परिवर्तन के संकेत मिल रहे हैं। परंपरागत जड़ता के दिन लद गए हैं तथा ग्रामीण क्षेत्रों में भी अब शिक्षण संस्थानों में सभी जाति तथा वर्ग के छात्रों का प्रवेश निर्बाध रूप में हो रहा है। इसी तरह शिक्षकों की नियुक्ति में भी जाति-बिरादरी अथवा धर्म के आधार पर भेद-भाव समाप्त प्राय है। यदि किसी सीमांत ग्रामीण क्षेत्रों में जाति-बिरादरी तथा धर्म के आधार पर भेद-भाव के संकेत मिलते हैं तो उसका व्यापक स्तर पर विरोध होता है।
5. आधुनिक शिक्षा के कारण व्यापक स्तर पर जाति-व्यवसाय प्रभावित हुआ है। जाति-व्यवस्था के अंतर्गत परंपरागत रूप से प्रत्येक जाति एक या एक से अधिक जाति व्यवसाय से जुड़ी होती थी। उदाहरणस्वरूप बढ़ई लकड़ी के काम से संबंधित है तथा लोहार लोहे के व्यवसाय से जुड़ा हुआ है। इसी तरह अन्य जातियों का भी अपना-अपना व्यवसाय है। यह व्यवसाय पीढ़ी-दर-पीढ़ी हस्तांतरित होता था। आधुनिक शिक्षा के कारण अब लोहार का लड़का भी आईआईटी जैसी प्रतियोगी परीक्षाओं में सफलता प्राप्त कर आईआईटी संस्थानों में दाखिला ले सकता है। एक बढ़ई का लड़का सीबीएसई की प्रतियोगी परीक्षाओं में सफलता प्राप्त कर प्रतिष्ठित मेडिकल संस्थानों में प्रवेश प्राप्त कर सकता है। अब आधुनिक शिक्षा के कारण नए-नए दरवाजे खुल गए हैं। इस लंबी-चौड़ी दुनिया में अपनी क्षमता, प्रतिभा और मेधा के आधार पर आदमी कहीं-से-कहीं तक जा सकता है। इस प्रकार आधुनिक शिक्षा के कारण जाति संरचना पर गहरा प्रहार हो रहा है तथा सदियों से चली आ रही जातिगत जड़ता तथा अहंकार के दिन अब लद चुके हैं।
6. आधुनिक शिक्षा में क्रमश: महिलाओं की सहभागिता भी बढ़ रही है। ग्रामीण क्षेत्रों में भी छात्राओं में आधुनिक शिक्षा के प्रति उत्साहवर्द्धक स्थिति के संकेत मिल रहे हैं। केरल एक ऐसा राज्य है जहां शिक्षा का औसत प्रतिशत 2001 की जनगणना के अनुसार 90.92 है। स्त्री शिक्षा का प्रतिशत 87.86 है। पुरुष शिक्षा का प्रतिशत 94.20 है। इस प्रकार केरल में स्त्री शिक्षा की स्थिति निश्चित रूप से स्वर्णाक्षरों में अंकित करने योग्य है। फलत: रोजगार के क्षेत्रों में भी केरल की महिलाओं की सहभागिता उत्साहवर्द्धक है। यद्यपि भारत के सभी राज्यों में इस तरह की उत्साहवर्द्धक स्थिति नहीं है। राजस्थान में शिक्षा का प्रतिशत 9.03 है। स्त्री शिक्षा का प्रतिशत 44.34 है, जबकि पुरुष शिक्षा का प्रतिशत 70.85 है। बिहार में शिक्षा का औसत प्रतिशत 47.53 है। पुरुष और स्त्री में यह प्रतिशत क्रमश: 60.32 तथा 33.57 है। उत्तर प्रदेश, मध्य प्रदेश तथा उड़ीसा जैसे राज्यों में स्त्री शिक्षा की स्थिति उत्साहवर्द्धक नहीं है। समाजशास्त्रीय विश्लेषणों के आधार पर स्पष्ट होता है कि स्त्री शिक्षा के विकास के कारण भारतीय सामाजिक संरचना में आधारभूत सामाजिक परिवर्तन की स्थिति उत्पन्न होती है। स्त्रियों में आत्मविश्वास का उदय होता है। रोजगार से जुड़ जाने के बाद महिलाएं आत्मनिर्भर हो जाती हैं।

7. शिक्षा का स्पष्ट संबंध जागरूकता के साथ है। जागरूकता के कारण शिक्षित व्यक्तियों में वैज्ञानिक तथा वैश्विक दृष्टि के प्रति एक नई चेतना पैदा होती है। उनमें स्वतंत्रता, समानता तथा मानवतावाद के प्रति नई दृष्टि उत्पन्न होती है। उन्हें दुनिया के चिंतनों से परिचित होने का अवसर प्राप्त होता है। उन्हें पता लगता है कि एजरा पाउंड के क्या विचार हैं? सार्त्रे तथा कामू ने क्या कहा है? उन्हें मालूम होता है कि कार्लमार्क्स का वर्ग-संघर्ष और महात्मा गांधी का सत्याग्रह का सिद्धांत क्या है? मेजिनी तथा एस्किन के विचारों से उनके प्राण में एक नई चेतना पैदा होती है। इस प्रकार आधुनिक शिक्षा व्यक्ति को जादू-टोना छुआछूत, जड़ता और अंधविश्वास के अंधकार से निकाल कर दुनिया के महान चिंतनों के वैचारिक क्षितिज की ओर ले जाती है। औद्योगीकरण ने शिक्षा को एक नया क्षितिज प्रदान किया।

टिप्पणी

1. "... Social relations are closely bound up with productive forces. In acquiring new productive forces men change their moding the way of earning their living, they change all their social relations. The hand-mill gives you society with the feudal lord; the steam-mill society with the industrial capitalist."
   —Karl Marx

9

अंतर्राष्ट्रीय श्रम संगठन

(International Labour Organization)

अंतर्राष्ट्रीय श्रम संगठन स्वतंत्रता, सुरक्षा, मानवीय गरिमा तथा निष्पक्षता के सिद्धांत पर आधारित है। सामाजिक न्याय के साथ अंतर्राष्ट्रीय श्रम संगठन का स्पष्ट संबंध मौजूद है। अंतर्राष्ट्रीय मानदंड पर आधारित श्रम अधिकारों की रक्षा अंतर्राष्ट्रीय श्रम संगठन का मुख्य उद्देश्य है। इस संगठन के जरिये मानवाधिकार के प्रश्नों को खड़ा किया जाता है तथा मानवाधिकार के मुद्दों को सुलझाया जाता है। उत्पादक कार्य के प्रति इसकी गहरी निष्ठा है। इसके द्वारा रोजगार के अवसरों को व्यापक पैमाने पर उत्पन्न करने का प्रयत्न किया जाता है। सामाजिक सुरक्षा तथा संरक्षण के कल्याणकारी कार्यक्रमों को विकसित करने का प्रयास किया जाता है। कामगारों के अधिकारों की रक्षा के लिए अंतर्राष्ट्रीय श्रम संगठन की भूमिका को स्वर्णाक्षर में अंकित किया जा सकता है। अंतर्राष्ट्रीय श्रम संगठन कामगार तथा नियोजकों से संबंधित है। इसका संबंध सरकार के प्रतिनिधियों से भी जुड़ा हुआ है। अंतर्राष्ट्रीय श्रम संगठन सरकार, नियोजकों तथा कामगारों का प्रतिनिधि होता है। इस प्रकार अंतर्राष्ट्रीय श्रम संगठन त्रिपक्षीय सामाजिक संवाद (Tripartism and Social Dialogue) पर आधारित है। निर्धनता, बाल श्रम, बंधुआ मजदूरी, एचआईवी (एड्स) तथा अन्य गंभीर संवेदनशील मुद्दों के साथ इसका प्रत्यक्ष संबंध रहा है। 1969 में अंतर्राष्ट्रीय श्रम संगठन को नोबेल शांति पुरस्कार से सम्मानित किया गया।

प्रथम विश्वयुद्ध की विभीषिका ने दुनिया में कई प्रश्नों को खड़ा किया। अंतहीन रक्तपात, हिंसा, बीमारी, गरीबी, लाचारी तथा शोषण और पीड़ा की यंत्रणा से आहत दुनिया के लिए युद्ध कोई समाधान नहीं दे सकता है। शांति, सद्भावना, सामाजिक संवाद, सहयोग तथा सामंजस्य एवं सामाजिक न्याय के चिंतनों के आधार पर दुनिया को नई दिशा दी जा सकती है। अंतर्राष्ट्रीय श्रम संगठन की स्थापना प्रथम विश्व युद्ध की पृष्ठभूमि में हुई है। 1919 में दुनिया के महान चिंतकों, विद्वानों, सामाजिक कार्यकर्ताओं तथा श्रम-नीति के विशेषज्ञों ने एक अनूठे श्रम संगठन की स्थापना की जिसे अंतर्राष्ट्रीय श्रम संगठन के नाम से जाना जाता है। उल्लेखनीय है कि अंतर्राष्ट्रीय श्रम संगठन सन् 1919 में वर्सलीज की संधि (Treaty of Versalles) के आधार पर स्थापित किया गया है। इसका विकास राष्ट्रसंघ (League of Nations) के एक अंग के रूप में हुआ। 1945 में इसे संयुक्त राष्ट्र संघ के एक विशिष्ट अभिकरण का दर्जा दिया गया। इस समझौते को 1946 में लागू किया गया। जाहिर है कि सन् 1946 से यह संयुक्त राष्ट्र संघ की एक विशेषज्ञ संस्थान (Specialized Agency) के रूप में क्रियाशील है।

संयुक्त राष्ट्र संघ का मुख्य सचिवालय जेनेवा, स्विट्ज़रलैंड में अवस्थित है। प्रत्येक वर्ष जून में जेनेवा में अंतर्राष्ट्रीय श्रम सम्मेलन (International Labour Conference) का आयोजन किया जाता है। सम्मेलन में श्रम समस्याओं से संबंधित प्रस्तावों एवं अनुशंसाओं को अंतिम रूप दिया जाता है। संगठन की सामान्य नीतियों, कार्य योजनाओं तथा बजट से संबंधित प्रस्तावों पर निर्णय लिया जाता है।

औद्योगीकरण ने एक नए युग की शुरुआत की। रोजगार के अवसरों में वृद्धि हुई। मील और कारखानों का विस्तार हुआ। श्रमिक संघों की स्थापना तथा विकास हुआ। नियोजक संघ का संगठन खड़ा किया गया। विभिन्न देशों की सरकारों द्वारा श्रम कानूनों तथा श्रम नीतियों की घोषणा की गई। कामगारों के श्रम स्वेद और रक्त की गरिमा के प्रश्न को दुनिया के जुझारू चिंतकों ने खड़ा किया। काल मार्क्स ने वर्ग संघर्ष तथा द्वन्द्वात्मक भौतिकवाद के आधार पर सर्वहारा के प्रश्नों को खड़ा किया। साथ ही सर्वहारा के अलगाव एवं प्रतिरोध के चिंतन को प्रस्तुत किया। एमिल दुर्खाइम ने सावयवी एकता, श्रम विभाजन तथा विशेषीकरण के आधार पर औद्योगिक समाज की व्याख्या की। मैक्स वेबर ने अधिकारी तंत्र तथा प्रशासनिक संरचना के चिंतन के आधार पर नये दौर की व्याख्या की। इस प्रकार अंतर्राष्ट्रीय श्रम संगठन की 1919 में स्थापना की गई। मौजूदा आंकड़ों के अनुसार अंतर्राष्ट्रीय श्रम संगठन के 182 सदस्य हैं। दुनिया के कोने-कोने में इसका प्रभाव परिलक्षित होता है।

अंतर्राष्ट्रीय श्रम संगठन के साथ कई प्रश्न जुड़े हुए हैं। इसके मुख्य उद्देश्य क्या हैं? इसकी संरचना क्या है? इसकी सदस्यता का नियम और विधान क्या है? इसकी कार्य योजना के विविध आयामों का मूल आधार क्या है? विभिन्न देशों में श्रम कल्याण कार्य को प्रोत्साहित करने में अंतर्राष्ट्रीय श्रम संगठन की क्या भूमिका रही है? भारत में श्रम विधान तथा श्रम संघ आंदोलन पर इसका क्या प्रभाव रहा है? अंतर्राष्ट्रीय श्रम मानकों के सृजन में इसकी क्या भूमिका रही है? गरीबी तथा बंधुआ मजदूरी के खिलाफ संयुक्त राष्ट्र संघ ने एक मौन क्रांति की चेतना पैदा की है। एचआईवी (एड्स) तथा अन्य संवेदनशील क्षेत्रों में इसका योगदान अविस्मरणीय रहा है। इसने एक स्वर्णिम इतिहास की रचना की है। यह श्रमिकों तथा नियोजकों के वर्तमान की कशमकश के साथ जुड़ा हुआ है। अंतर्राष्ट्रीय श्रम संगठन के एक विशिष्ट अभिकरण के रूप में इसका भविष्य मजदूरों एवं नियोजकों की तकदीर के साथ जुड़ा हुआ है।

अन्तर्राष्ट्रीय श्रम संगठन के उद्देश्य
(Objects of International Labour Organization)

अंतर्राष्ट्रीय श्रम संगठन (आईएलओ) का मुख्य उद्देश्य सामाजिक न्याय, स्वतंत्रता, समानता तथा मानवाधिकार के मूलभूत सिद्धांतों पर आधारित है। संगठन की स्पष्ट मान्यता है कि श्रमिक कोई वस्तु नहीं है तथा उसका विनिमय नहीं किया जा सकता। श्रमिकों के मान-सम्मान और गरिमा की रक्षा के बिना औद्योगिक शांति संभव नहीं है। उत्पादन में अभिवृद्धि के लिये श्रमिकों के स्वास्थ्य, शिक्षा एवं श्रमिक परिवारों के कल्याण पर ध्यान केन्द्रित करना अपेक्षित है। अंतर्राष्ट्रीय श्रम संगठन श्रमिकों के अधिकारों की रक्षा से संबंधित है। रोजगार के अवसर को विकसित करना इसका मुख्य उद्देश्य है। बंधुआ मजदूरी तथा बाल मजदूरी के विरुद्ध इसकी

मुहिम जारी है। एचआईवी (एड्स) तथा अन्य गंभीर स्वास्थ्य संबंधी समस्याओं के प्रति यह संवेदनशील है।

अंतर्राष्ट्रीय श्रम संगठन सामाजिक संवाद के जरिये श्रमिकों की समस्या के समाधान में विश्वास करता है। लैंगिक असमानता तथा निर्धनता के खिलाफ भी इसका अविराम संघर्ष उल्लेखनीय है। इसका मुख्य उद्देश्य त्रिपक्षीय संवाद से जुड़ा हुआ है। संगठन के अनुसार नियोजक संघ, श्रमिक संघ तथा सरकार के प्रतिनिधियों के बीच संवाद के जरिये औद्योगिक विवादों का हल ढूंढा जा सकता है। यह सामूहिक सौदेबाजी का पक्षधर है। वैश्वीकरण के परिप्रेक्ष्य में अंतर्राष्ट्रीय श्रम संगठन ने श्रमिकों को संरक्षण प्रदान करने हेतु विशेष तौर पर पहल की है। श्रम मानकों तथा श्रमिकों की कार्य के दशाओं के प्रति भी अंतर्राष्ट्रीय श्रम संगठन जागरूक है।

अंतर्राष्ट्रीय श्रम संगठन के महत्वपूर्ण उद्देश्यों को निम्नलिखित रूपों में रेखांकित किया जा सकता है–

सामाजिक न्याय

अंतर्राष्ट्रीय श्रम संगठन का एक मुख्य उद्देश्य सामाजिक न्याय के चिंतन पर आधारित है। दुर्बल तथा कमजोर श्रमिकों के संरक्षण एवं उनके अधिकारों की रक्षा हेतु आईएलओ ने लगातार प्रयत्न किया है। इस संगठन ने "श्रमिकों की स्वतंत्रता का अधिकार पत्र (Charter of Freedom of Labour)" में निम्नलिखित बिन्दुओं को स्पष्ट किया है–

1. श्रम कोई वस्तु नहीं है। इनका विनिमय नहीं किया जा सकता है।
2. सतत् प्रगति (Sustained Progress) हेतु अभिव्यक्ति की स्वतंत्रता अपेक्षित है। श्रमिक संघों की स्थापना की स्वतंत्रता भी श्रमिकों का अनिवार्य अधिकार है।
3. निर्धनता दुनिया के लिए अभिशाप है। समृद्धि तथा विकास के लिए खतरनाक है।
4. फिलाडेल्फिया में 1944 में अंतर्राष्ट्रीय श्रम सम्मेलन का आयोजन किया गया। अंतर्राष्ट्रीय श्रम सम्मेलन में आईएलओ के उद्देश्यों तथा सिद्धांतों से संबंधित घोषणा पत्र जारी किया गया। पी.आर. सिन्हा ने अपनी पुस्तक *इंडस्ट्रियल रिलेशनस् ट्रेड यूनियंस एंड लेबर लेजिस्लेशन* में स्पष्ट किया है कि आईएलओ द्वारा जारी घोषण पत्र में सामाजिक न्याय को महत्वपूर्ण स्थान दिया गया है। दुनिया में स्थायी शांति तथा समृद्धि के लिए सामाजिक न्याय पर अमल करना अपेक्षित है। घोषणा पत्र में यह भी स्पष्ट किया गया है कि सभी इंसानों को प्रजाति, सम्प्रदाय अथवा लैंगिक भेदभाव के बिना आजादी तथा गरिमा, आर्थिक सुरक्षा तथा समान अवसर मिलना चाहिए। सभी मनुष्यों को अपने भौतिक कल्याण तथा आध्यात्मिक साधनों का अधिकार प्राप्त होना चाहिए। तथ्यों, आंकड़ों तथा प्रमाणों के आधार पर स्पष्ट होता है कि अंतर्राष्ट्रीय श्रम संगठन ने सामाजिक न्याय के परिप्रेक्ष्य में दुनिया के मजदूरों, नियोजकों एवं संबंधित पक्षों के बीच में शांति और समृद्धि का माहौल खड़ा करने का प्रयास किया है।

श्रमिक कल्याण

अंतर्राष्ट्रीय श्रम संगठन का एक महत्वपूर्ण उद्देश्य श्रम कल्याण से जुड़ा हुआ है। 1944 में जारी किए गए फिलाडेल्फिया अधिकार पत्र में श्रम कल्याण के विविध आयामों को रेखांकित किया गया–

1. श्रमिकों के जीवन स्तरों को विकसित करना आईएलओ का एक मुख्य उद्देश्य है। संगठन पूर्ण रोजगार की उपलब्धि के प्रति वचनबद्ध है। योग्यता तथा तकनीकी कौशल के अनुरूप श्रमिकों को दायित्व दिया जाना चाहिए। श्रमिकों की कार्य संतुष्टि (Job Satisfaction) के प्रति आईएलओ सचेत है।
2. श्रमिकों के प्रशिक्षण पर बल दिया गया है। श्रमिकों के स्थानांतरण में न्यायपूर्ण मानकों का अनुपालन किया जाना चाहिए। श्रमिकों के आवास एवं रहन–सहन की समुचित व्यवस्था होनी चाहिए।
3. आईएलओ ने अपने घोषणा पत्र में मजदूरी, श्रमिकों के उपार्जन, कार्य के घंटों तथा कार्य की दशाओं पर ध्यान केन्द्रित किया है। न्याय संगत आधारों पर ही मजदूरी आदि का निर्धारण होना चाहिए।
4. सामाजिक एवं आर्थिक कार्यक्रमों में नियोजकों तथा श्रमिकों के बीच सहयोग एवं सामंजस्य के लिए लगातार प्रयास किया जाना चाहिए।
5. आईएलओ श्रमिकों तथा नियोजकों के बहुआयामी कल्याण के कार्यक्रमों में विश्वास रखता है।

त्रिपक्षीय सामाजिक संवाद

औद्योगिक उत्पादन में विकास, औद्योगिक शांति तथा औद्योगिक विवादों की समस्याओं के समाधान के लिए आईएलओ त्रिपक्षीय संवाद में विश्वास करता है। अंतर्राष्ट्रीय श्रम संगठन के अनुसार नियोजकों, श्रमिकों तथा सरकार के प्रतिनिधियों के बीच सामाजिक संवाद के आधार पर औद्योगिक समस्याओं का समाधान किया जा सकता है।

निर्धनता के खिलाफ मुहिम

संयुक्त राष्ट्र संघ का दुनिया में गरीबी के खिलाफ लगातार संघर्ष जारी है। आंकड़ों के अनुसार दुनिया के कोने–कोने में भारी तादाद में लोग गरीब हैं। गंदी बस्तियों तथा फुटपाथ पर गरीबों की जिंदगी लहूलुहान है। आईएलओ के अनुसार रोजगार के अवसरों को उत्पन्न कर गरीबी का उन्मूलन किया जा सकता है।

सामाजिक सुरक्षा

अंतर्राष्ट्रीय श्रम संगठन का एक आधारभूत उद्देश्य सामाजिक सुरक्षा से संबंधित है। आईएलओ द्वारा प्रकाशित "एप्रोचेज टु सोश्यल सिक्योरिटी : एन इंटरनेशनल सर्वे" में स्पष्ट किया गया है कि आकस्मिक घटनाओं तथा विपदा से जूझ रहे श्रमिकों को भाग्य के भरोसे नहीं छोड़ा जा सकता है। अपनी क्षमता तथा मित्र–बंधुओं के सहयोग मात्र से कोई भी श्रमिक आकस्मिक

घटनाओं का निराकरण नहीं कर सकता है। अतः उपयुक्त संगठन के जरिए श्रमिकों की सामाजिक सुरक्षा की व्यवस्था की जानी चाहिए।

सामूहिक सौदेबाजी

आईएलओ का एक मुख्य उद्देश्य सामूहिक सौदेबाजी पर केन्द्रित है। धरना, सत्याग्रह, हड़ताल तथा औद्योगिक विवाद के आधार पर समस्या का समाधान नहीं किया जा सकता है। औद्योगिक टकराहट तथा विवाद के निराकरण के लिए सामूहिक सोदेबाजी एक महत्वपूर्ण संवाद प्रक्रिया है। आईएलओ द्वारा प्रकाशित पुस्तिका *कलेक्टिव बारगैनिंग* के संबंध में निम्नलिखित तथ्यों को रेखांकित किया गया है–

1. सामूहिक सौदेबाजी एक वार्ता अथवा संवाद की प्रक्रिया है।
2. सामूहिक सौदेबाजी के अन्तर्गत नियोजक तथा कामगारों के समूह अथवा एक से अधिक श्रमिक संगठनों के बीच लगातार संवाद तथा वार्ता की जाती है।
3. सामूहिक सौदेबाजी के अन्तर्गत विवाद से संबंधित मुद्दों को उठाया जाता है। नियोजन की शर्तों, कार्य की दशाओं तथा कामगारों की समस्याओं पर वार्ता की जाती है।
4. सामूहिक सौदेबाजी के अन्तर्गत सभी पक्षों के द्वारा स्वीकृत समझौते को स्वीकार किया जाता है।
5. सामूहिक सौदेबाजी बड़ी संख्या में नियोजन की दशाओं को विस्तारपूर्वक सुनिश्चित करती है। साथ ही वैधता की अवधि में व्यक्तिगत कामगार को विवादों से रक्षा करने में सहायक होती है।

बाल श्रम का उन्मूलन

जब कोई बच्चा घर से स्कूल का यूनिफॉर्म पहनकर हाथ में टिफिन और कंधे पर किताबों का बस्ता लेकर स्कूल के लिए निकलता है तो मां के दिल में आनंद की अनुभूति होती है और आंखों से खुशी के आंसू टपकते हैं। दुनिया के सभी परिवारों में आनंद का यह स्रोत उपलब्ध नहीं है। आर्थिक बदहाली, गरीबी, अशिक्षा, कमजोर शासन तथा राजनैतिक इच्छा शक्ति के अभाव में भारी तादाद में बच्चे अभी भी बंद कमरे के अंधेरे में छोटी-छोटी अंगुलियों से कालीन बुनते हैं। बच्चे ईंट-भट्टे में काम करते हैं। खेतों में मजदूरी करते हैं। जाहिर है कि दुनिया के बच्चों के साथ इंसाफ नहीं हो रहा है।

अंतरर्राष्ट्रीय श्रम संगठन का एक बुनियादी उद्देश्य बाल श्रम के उन्मूलन से संबंधित है। आईएलओ ने दुनिया के विभिन्न देशों में बाल श्रम के सामाजिक-आर्थिक यथार्थ का सर्वेक्षण एवं अध्ययन किया है। यह एक कड़वी सच्चाई है कि भारी संख्या में बच्चों के हाथों में कलम और किताब के बदले हाथौड़े और औजार होता है। भारत में भी बाल श्रम की गंभीर समस्या मौजूद है। 1999 में अंतरर्राष्ट्रीय श्रम संगठन के सम्मेलन में बाल श्रम की कड़वी सच्चाइयों पर गंभीरतापूर्वक विचार किया गया। 1999 में बाल श्रम से संबंधित मुद्दे का 'वर्स्ट फॉर्म्स ऑफ चाइल्ड लेबर कन्वेशन, 1999' के नाम से जाना जाता है। आईएलओ ने सदस्य देशों से बाल श्रम उन्मूलन हेतु वैधानिक एवं सामाजिक स्तर पर पहल करने का आह्वान किया। आईएलओ

के द्वारा 14 वर्ष से कम उम्र के व्यक्तियों को बालक की श्रेणी में रखा गया है। बाल श्रम उन्मूलन हेतु बाल श्रमिकों के अधमतम रूपों की पहचान की गई तथा बाल श्रम से संबंधित निम्नलिखित बिन्दुओं को आईएलओ के द्वारा रेखांकित किया गया–

1. गुलामी के सभी रूप तथा गुलामी के समान अन्य व्यवहार उदाहरणस्वरूप बालकों की खरीद–बिक्री, कर्ज के बदले बच्चों का बंधन, कृषि दास प्रथा तथा जबरन श्रम आदि का उल्लेख किया जा सकता है।
2. वेश्यावृत्ति अथवा अश्लील एवं अनैतिक व्यवसाय हेतु लड़के एवं लड़कियों का उपयोग तथा देह व्यवसाय में आर्थिक प्रलोभन के आधार पर लड़के–लड़कियों का इस्तेमाल बाल श्रम के अधमतम (Worst) स्वरूपों का परिचायक है।
3. आईएलओ ने यह भी स्पष्ट किया है कि बाल श्रमिक के रूप में बच्चों से अवैध व्यवसाय के क्षेत्र में भी काम लिया जाता है। उदाहरण स्वरूप मादक द्रव्यों की तस्करी, जाली नोट का व्यवसाय तथा अन्य अवैध क्रिया–कलापों में भी बच्चों का इस्तेमाल किया जाता है। कम उम्र के बच्चों से कठिन काम लिया जाता है। फलतः उनका स्वास्थ्य प्रभावित होता है। बच्चे बीमार तथा बदहाल हो जाते हैं।

अंतर्राष्ट्रीय श्रम संगठन ने बाल श्रम के खिलाफ एक नई चेतना पैदा की है। दुनिया के देशों को बाल श्रम उन्मूलन का पैगाम दिया है। एक नई रणनीति प्रस्तुत की है। आईएलओ ने बाल श्रम उन्मूलन के लिए ठोस कार्य योजनाओं को प्रस्तुत किया है। उल्लेखनीय है कि आईएलओ के दिशा–निर्देश के आलोक में भारत में भी बाल श्रम उन्मूलन के अभियान को तेज किया है। द्वितीय राष्ट्रीय श्रम आयोग (2002) के अन्तर्गत बाल श्रम के विभिन्न पहलुओं तथा बालश्रम कानूनों का गहन अध्ययन किया गया। अध्ययन के आधार पर आयोग ने मौजूदा कानून में आधारभूत परिवर्तन लाने का परामर्श दिया है।

एंथनी गिडेन्स ने बाल श्रम उन्मूलन के संबंध में अंतर्राष्ट्रीय श्रम संगठन के महत्वपूर्ण परिप्रेक्ष्यों का उल्लेख किया है। गिडेन्स ने आईएलओ के बाल श्रम से संबंधित सर्वेक्षण के आंकड़ों का उल्लेख किया है। आईएलओ के अंतर्गत उपलब्ध आंकड़ों के आधार पर स्पष्ट होता है कि विकासशील देशों में पांच से चौदह वर्ष के लड़के तथा लड़कियां बाल श्रमिक के रूप में कार्यरत हैं। उनकी संख्या 250 मिलियन से अधिक है। विकासशील देशों में चार बच्चों में एक बच्चा बाल श्रमिक है। गिडेन्स ने आईएलओ के आंकड़ों के आधार पर स्पष्ट किया है कि एशिया में 61 प्रतिशत, अफ्रीका में 32 प्रतिशत तथा लेटिन अमेरिका में 7 प्रतिशत बच्चे बाल श्रमिक के रूप में अभिशापग्रस्त हैं।

एचआईवी (एड्स)

एड्स एक खतरनाक तथा जानलेवा बीमारी है। इसे एक्वायर्ड इम्यूनो डेफिशियेन्सी सिण्ड्रोम (एड्स) के नाम से जाना जाता है। विभिन्न औद्योगिक संगठनों तथा अन्य कार्यक्षेत्रों में सक्रिय श्रमिकों में एचआईवी (एड्स) एक खतरनाक मोड़ सिद्ध हो रहा है। अधिकतर श्रमिक अकेले दूर–दराज के शहरों में काम करते हैं। उनका पारिवारिक तथा दाम्पत्य जीवन स्वाभाविक नहीं रह जाता है। अतः शारीरिक आवश्यकताओं की पूर्ति हेतु असुरक्षित यौन संबंध स्थापित करने

की प्रवृत्ति अक्सर श्रमिकों में देखी जाती है। अतः अंतर्राष्ट्रीय श्रम संगठन का एक मुख्य उद्‌देश्य एड्स के खिलाफ मुहिम से जुड़ा हुआ है। साथ ही एड्स के वायरस से प्रभावित श्रमिकों की चिकित्सा एवं उनके आश्रितों की सुरक्षा पर आईएलओ ने गंभीरतापूर्वक ध्यान केन्द्रित किया है।

प्रसूतिहित लाभ

अंतर्राष्ट्रीय श्रम संगठन का एक अन्य महत्वपूर्ण संदेश प्रसूतिहित लाभ से संबंधित है। दुनिया के विभिन्न देशों में लैंगिक असमानता तथा पितृसत्तात्मक व्यवस्था के कारण महिला श्रमिकों की स्थिति संकट के कगार पर है। महिला श्रमिकों को विभिन्न समस्याओं से जूझना होता है। संगठित एवं असंगठित क्षेत्रों में रोजगार प्राप्त महिलाएं गर्भावस्था में अनेक प्रकार की स्वास्थ्य समस्याओं से प्रभावित हो जाती हैं। अतः गर्भवती श्रमिक महिलाओं के हितों की रक्षा के लिए आईएलओ ने सदस्य देशों के समक्ष ठोस नीतियों तथा कार्य योजनाओं को प्रस्तुत किया है। उदाहरण स्वरूप भारत में भी अंतर्राष्ट्रीय श्रम संगठन के प्रभाव में द्वितीय राष्ट्रीय श्रम आयोग ने प्रसूतिहित लाभ हेतु कई प्रकार के प्रस्तावों एवं परामर्शों को प्रस्तुत किया है। रिपोर्ट ऑफ द नेशनल कमीशन ऑन लेबर ने स्पष्ट किया है कि संगठित क्षेत्र में प्रसूतिहित लाभ से संबंधित मौजूदा व्यवस्था तथा प्रावधानों में सुधार की अपेक्षा है। इनमें विस्तार की आवश्यकता है, जिससे सभी महिला कामगार को लाभ प्राप्त हो सके। आईएलओ ने प्रसूतिहित लाभ के साथ नवजात शिशुओं के कल्याण पर भी ध्यान केन्द्रित किया है। गर्भवती महिलाओं के लिए चिकित्सा भत्ता, चिकित्सा व्यवस्था तथा मातृत्व अवकाश आदि महत्वपूर्ण प्रश्नों को आईएलओ द्वारा खड़ा किया गया है।

यौन व्यापार तथा वेश्यावृत्ति

अंतर्राष्ट्रीय श्रम संगठन ने यौन व्यापार तथा वेश्यावृत्ति की कड़वी सच्चाइयों को भी दुनिया के सामने प्रस्तुत किया है। 1998 में आईएलओ द्वारा प्रकाशित एक रिपोर्ट में स्पष्ट किया गया है कि हाल के वर्षों में दक्षिण-पूर्व एशिया (South-East Asia) में एक व्यापारिक संगठन के रूप में यौन पर्यटन (Sex Tourism) का विकास हुआ है। एंथनी गिडेन्स के अनुसार देह व्यापार उद्योग तथा आर्थिक कठिनाइयों के बीच स्पष्ट संबंध होता है। आईएलओ के अनुसार एड्स के वायरस से सुरक्षा हेतु भारी तादाद में कम उम्र के लड़के तथा लड़कियों का देह व्यापार में इस्तेमाल होता है। अधिकतर अभावग्रस्त श्रमिक परिवार के लड़के तथा लड़कियां यौन पर्यटन के कुत्सित व्यापार में संलग्न हो रहे हैं। यह एक खतरनाक संकेत है। आईएलओ ने यह भी स्पष्ट किया है कि अधिकतर देशों में यौन व्यापार के संबंध में स्पष्ट एवं सुपरिभाषित कानूनी संरचनाओं का अभाव है। देह व्यापार के संदर्भ में स्पष्ट सामाजिक नीति के अभाव में अवैध व्यवसाय के रूप में वेश्यावृत्ति का विकास हो रहा है। वेश्यावृत्ति के साथ एड्स तथा अन्य यौन रोगों का भी संबंध होता है। सैक्स-व्यापार अक्सर हिंसा, अपराध, मादक द्रव्यों की तस्करी एवं अवैधानिक क्रियाकलापों से जुड़ा होता है। अतः आईएलओ का एक स्पष्ट उद्‌देश्य यौन उद्योग के दलदल से श्रमिकों के बच्चों की रक्षा से जुड़ा हुआ है। साथ ही सदस्य राष्ट्रों से आईएलओ ने

देह व्यापार के संबंध में तर्कपूर्ण कानूनी संरचना एवं सुपरिभाषित वैधानिक नियमों को सुनिश्चित करने का आह्वान किया है।

कृषि श्रमिक

यह कृषि उत्पादन का एक महत्वपूर्ण साधन है। भारत तथा अन्य अनेक देशों में कृषि श्रमिकों की संख्या भारी तादाद में मौजूद है। अधिकतर हालातों में कृषि श्रमिकों का रोजगार असंगठित होता है। उनका कोई सुनिश्चित श्रमिक संघ भी नहीं होता है। सरकारी तथा गैर सरकारी स्तर पर भी कृषि श्रमिकों की उपेक्षा की जाती है। द्वितीय विश्वयुद्ध के बाद आईएलओ ने गंभीरतापूर्वक कृषि श्रमिकों के प्रश्नों तथा मुद्दों को खड़ा किया। 1951 में आईएलओ के 34वें सम्मेलन तथा 1952 में 35वें सम्मेलन में कृषि मजदूरों की समस्याओं को रेखांकित किया गया। सम्मेलन में व्यापक पैमाने पर न्यूनतम मजदूरी के प्रश्नों को पैदा किया गया। कृषि श्रमिकों के शोषण तथा उत्पीड़न के मामलों की समीक्षा की गई। कृषि में मजदूरी तथा अवकाश के मुद्दों पर विचार किया गया। उल्लेखनीय है कि 1955 में आईएलओ के 38वें सम्मेलन में कृषि श्रमिकों के व्यावसायिक प्रशिक्षण को रेखांकित किया। 1969 में आईएलओ ने एक विश्व रोजगार कार्यक्रम (WEP) की शुरुआत की। इसमें अन्य अंतर्राष्ट्रीय श्रम संगठनों का भी सहयोग प्राप्त किया।

वैश्वीकरण तथा आर्थिक उदारीकरण के वर्तमान दौर में कृषि श्रमिकों की समस्याओं को आईएलओ ने गंभीरतापूर्वक प्रस्तुत किया है। वे आर्थिक असमानता, सामाजिक असुरक्षा, शोषण, बेरोजगारी तथा उत्पीड़न को झेल रहे हैं। कृषि श्रमिकों के जीवन में एक नई शुरुआत करने का श्रेय अंतर्राष्ट्रीय श्रम संगठन को है।

विवेचनों के आधार पर स्पष्ट होता है कि अंतर्राष्ट्रीय श्रम संगठन का उद्देश्य बहुआयामी है। आईएलओ ने श्रमिकों की परत-दर-परत छिपी हुई सच्चाई को प्रस्तुत किया है। आईएलओ के कतिपय अन्य मुख्य उद्देश्यों का भी उल्लेख किया जा सकता है। उदाहरणस्वरूप शिक्षा, संस्कृति, कला, साहित्य, मनोरंजन तथा श्रमिकों के सर्वतोन्मुखी विकास एवं कल्याण के साथ आईएलओ का गहरा एवं तर्कपूर्ण संबंध है। आईएलओ का बुनियादी उद्देश्य श्रम शांति (Labour Peace) तथा विकास एवं प्रगति से जुड़ा हुआ है। आईएलओ एक वैश्विक संगठन है। इसकी दृष्टि वैज्ञानिक है। इसका परिप्रेक्ष्य तर्कपूर्ण एवं मानव अधिकार के प्रश्नों के साथ जुड़ा हुआ है। इसका एक अन्य महत्वपूर्ण उद्देश्य अंतर्राष्ट्रीय श्रम मानदंडों (International Labour Standards) की स्थापना से संबंधित है। व्यवहार (Practice) तथा सिद्धांत (Principle) के आधार पर आईएलओ अंतर्राष्ट्रीय श्रम मानदंडों के प्रति प्रतिबद्ध है।

सदस्यता और संरचना (Membership and Structure)

अंतर्राष्ट्रीय श्रम संगठन के इतिहास में 29 अक्टूबर, 1919 की तिथि को स्वर्णाक्षर में अंकित किया जा सकता है। 29 अक्टूबर, 1919 को अंतर्राष्ट्रीय श्रम संगठन का पहला वार्षिक सम्मेलन आरंभ हुआ था। इस सम्मेलन को इन्टरनेशनल लेबर कान्फ्रेंस अथवा आईएलओ के नाम से

जाना जाता है। दुनिया के विख्यात फ्रेंच समाजवादी अल्बर्ट थॉमस आईएलओ के प्रथम डायरेक्टर जनरल निर्वाचित किए गए। 1946 के बाद आईएलओ संयुक्त राष्ट्र संघ का एक महत्वपूर्ण अंग है। अंतर्राष्ट्रीय श्रम संगठन का संविधान है। 1944 में इसके संशोधित स्वरूप को स्वीकृत किया गया। वर्तमान में जॉन सोमाविया आईएलओ के डायरेक्टर जनरल हैं। आईएलओ में सदस्यता की स्पष्ट व्याख्या की गई है। साथ ही एक संगठित संरचना के आधार पर दुनिया के श्रमिकों के संबंध में कई दशकों से यह क्रियाशील है। सदस्यता और संरचना के संबंध में निम्नलिखित बिन्दुओं को स्पष्ट किया जा सकता है–

सदस्यता

अंतर्राष्ट्रीय श्रम संगठन के सदस्य वे राज्य होते हैं, जो संयुक्त राष्ट संघ के सदस्य राष्ट्र हैं। व्यक्ति या संगठन को सदस्यता प्रदान नहीं की जाती है। भारत भी अंतर्राष्ट्रीय श्रम संगठन का प्रारम्भ से ही एक महत्वपूर्ण तथा प्रभावी सदस्य रहा है।

अंतर्राष्ट्रीय श्रम कार्यालय

अंतर्राष्ट्रीय श्रम संगठन का मुख्य सचिवालय जेनेवा में स्थित है। कार्यालय पर महानिदेशक का नियंत्रण होता है। महानिदेशक की नियुक्ति शासीनिकाय (Governing Body) द्वारा की जाती है। अंतर्राष्ट्रीय श्रम कार्यालय के अंतर्गत श्रमिक तथा श्रम-समस्याओं से संबंधित महत्वपूर्ण सूचनाओं का संकलन तथा विश्लेषण किया जाता है। अनुसंधान प्रतिवेदनों को प्रकाशित किया जाता है। श्रम सम्मेलनों के समझौते तथा प्रस्तावों को व्यवस्थित किया जाता है तथा उनका प्रकाशन होता है। श्रम सम्मेलनों की सिफारिशों का भी प्रकाशन किया जाता है। श्रम सम्मेलन की कार्यसूची तथा आवश्यक प्रलेख को तैयार किया जाता है। अंतर्राष्ट्रीय श्रम मामलों के संबंध में लगातार अनुसंधान किया जाता है। आंकड़ों तथा तथ्यों का संकलन किया जाता है। श्रम सम्मेलनों में लिए गए निर्णयों पर अमल किया जाता है। साथ ही श्रम सम्मेलनों में लिए गए फैसलों के आधार पर किसी अधिनियम के निर्माण में सदस्य राष्ट्रों से सहयोग प्राप्त किया जाता है। विभिन्न प्रस्तावों तथा समझौते को भिन्न-भिन्न भाषाओं में रूपांतरित किया जाता है। साथ ही शासीनिकाय के द्वारा निर्देशित कार्यों का संपादन किया जाता है।

शासीनिकाय

शासीनिकाय में त्रिपक्षीय प्रतिनिधित्व होता है। श्रमिकों, नियोजकों तथा सरकार के प्रतिनिधियों को शासीनिकाय में स्थान प्राप्त होता है। इस प्रकार शासीनिकाय में सभी संबंधित पक्षों के प्रतिनिधियों को सम्मिलित किया जाता है। अंतर्राष्ट्रीय श्रम संगठन का मुख्य शक्ति केंद्र शासीनिकाय में निहित होता है। शासीनिकाय के द्वारा आईएलओ की नीतियों के संबंध में निर्णय किया जाता है। कार्य सूची को अंतिम रूप दिया जाता है। अंतर्राष्ट्रीय श्रम सम्मेलनों के मुख्य मुद्दों एवं बिन्दुओं के संबंध में विचार किया जाता है तथा उसे अंतिम रूप दिया जाता है। संगठन के वित्तीय मामलों पर निर्णय लेने का अधिकार शासीनिकाय का होता है। शासीनिकाय के द्वारा ही डायरेक्टर जनरल का निर्वाचन होता है। संक्षेप में शासीनिकाय के संबंध में निम्नलिखित तथ्यों को स्पष्ट किया जा सकता है–

1. शासीनिकाय के द्वारा महानिदेशक को नियुक्त किया जाता है।
2. शासीनिकाय में सरकार के 28 प्रतिनिधि, श्रमिक संगठनों के 14 प्रतिनिधि तथा नियोजकों के 14 प्रतिनिधि होते हैं। इस प्रकार शासीनिकाय में कुल 56 सदस्य होते हैं। सरकार के प्रतिनिधियों में दस स्थान औद्योगिक दृष्टि से विकसित राष्ट्रों के लिए सुरक्षित हैं। उल्लेखनीय है कि आरम्भ के दो वर्षों को छोड़कर भारत को भी शासीनिकाय में आरक्षित स्थान प्राप्त रहा हे। वर्तमान समय में ब्राजील, चीन, फ्रांस, जर्मनी, भारत, इटली, रूस (Russian Federation), यूनाइटेड किंगडम तथा यूनाइटेड स्टेट्स को आरक्षित स्थान प्राप्त है। सरकार के शेष प्रतिनिधियों का निर्वाचन सरकार के प्रतिनिधियों के द्वारा प्रत्येक तीन वर्ष पर होता है।
3. शासीनिकाय के द्वारा श्रम सम्मेलन आयोजित करने की व्यवस्था की जाती है तथा तिथियों का निर्धारण की जाती है।
4. अंतर्राष्ट्रीय श्रम संगठन के सभी कार्यों का निरीक्षण तथा समीक्षा भी शासीनिकाय द्वारा किया जाता है।
5. क्षेत्रीय कार्यालयों से उपलब्ध प्रतिवेदनों पर आवश्यक कार्यवाही करने का अधिकार भी शासीनिकाय का होता है।
6. शासीनिकाय द्वारा क्षेत्रीय कार्यालयों की सभाओं की तिथियों, कार्यक्रमों, कार्य योजनाओं, कार्य सूचियों तथा कार्यकाल का भी निर्धारण किया जाता है।
7. सम्मेलन द्वारा पारित प्रस्तावों, समझौतों एवं की गई सिफारिशों का सदस्य राष्ट्रों में क्रियान्वयन करने का दायित्व भी शासीनिकाय का होता है।
8. सदस्य राष्ट्रों द्वारा प्रस्तावों एवं सिफारिशों पर किए गए क्रियाकलापों की समीक्षा तथा अनुवर्तन (Follow-up) का दायित्व शासी निकाय का है।
9. शासीनिकाय द्वारा ही वित्तीय मामलों पर विचार-विमर्श किया जाता है। साथ ही सम्मेलन में द्विवार्षिक बजट एवं अन्य वित्तीय मामलों को प्रस्तुत करने का दायित्व भी शासी निकाय का होता है।
10. आईएलओ के द्वारा विभिन्न प्रकार के विशेषज्ञों की समितियों की स्थापना की जाती है। उनसे समय-समय पर परामर्श तथा मार्गदर्शन प्राप्त किया जाता है। विशेषज्ञ समितियों के गठन का दायित्व भी शासीनिकाय का है।

अंतर्राष्ट्रीय श्रम सम्मेलन

श्रम सम्मेलन अंतर्राष्ट्रीय श्रम संगठन की संरचना का केन्द्रीय मंच होता है। श्रम सम्मेलन के संबंध में निम्नलिखित बिन्दुओं को रेखांकित किया जा सकता है–

1. अंतर्राष्ट्रीय श्रम सम्मेलन की बैठक वर्ष में एक बार होती है। बैठक का आयोजन जेनेवा में होता है। सम्मेलन का आयोजन जून महीने में होता है। सम्मेलन में समझौतों अथवा अभिसमयों (Conventions) एवं सुझावों (Recommendations) को अंतिम रूप दिया जाता है तथा उन्हें स्वीकार किया जाता है।
2. अंतर्राष्ट्रीय श्रम सम्मेलन में आईएलओ से संबंधित सामान्य नीतियों, कार्य योजनाओं तथा बजट प्रावधानों के संबंध में भी निर्णय किया जाता है।

3. सम्मेलन में प्रत्येक सदस्य राष्ट्रों के चार सदस्यों की सहभागिता सुनिश्चित रहती है। इनमें दो सरकार के प्रतिनिधि होते हैं। श्रमिक संघ संगठन के एक प्रतिनिधि को सम्मेलन में सहभागिता हेतु मनोनीत किया जाता है। इसी तरह नियोजक संघों को सम्मेलन हेतु एक प्रतिनिधि मनोनीत करने का अधिकार होता है। श्रमिक संघ तथा नियोजक संघ के प्रतिनिधि राष्ट्रीय स्तर के सर्वाधिक महत्वपूर्ण संगठन से मनोनीत किए जाते हैं।
4. प्रत्येक प्रतिनिधि के साथ परामर्शदाता भी हो सकते हैं। परन्तु उनकी संख्या कार्यसूची के प्रत्येक मद हेतु दो से अधिक नहीं हो सकती। महिलाओं की समस्या पर विचार हेतु महिला सलाहकारों का मनोनयन किया जा सकता है। सलाहकार विधिवत अनुमति के आधार पर अपनी बातों को रख सकते हैं, परन्तु उन्हें मत देने का अधिकार नहीं होता है। उल्लेखनीय है कि प्रतिनिधियों को मत देने का अधिकार होता है।
5. अंतर्राष्ट्रीय श्रम सम्मेलन आईएलओ के शासीनिकाय (Governing Body) एवं अंतर्राष्ट्रीय श्रम कार्यालय को मार्ग निर्देश करता है। साथ ही उनके कार्यों की समीक्षा, मूल्यांकन एवं विश्लेषण भी करता है। सम्मेलन के जरिये अंतर्राष्ट्रीय श्रम मानदंडों का निर्धारण किया जाता है।
6. सम्मेलन का महत्वपूर्ण कार्य श्रम एवं सामाजिक विषयों पर चिंतन-विश्लेषण से जुड़ा हुआ है।
7. सम्मेलन अपनी कार्यवाही का स्वयं निर्धारण करता है।
8. आईएलओ के उद्देश्यों की प्राप्ति हेतु अपेक्षित कार्यों का संपादन भी सम्मेलन के अंतर्गत किया जाता है।
9. सम्मेलन को समितियों के गठन करने का अधिकार प्राप्त होता है। अतः सम्मेलन द्वारा आवश्यकतानुसार समितियों का गठन किया जाता है।
10. सम्मेलन अन्य अंतर्राष्ट्रीय संगठनों के साथ श्रम एवं सामाजिक विषयों में सहयोग करता है।
11. अंतर्राष्ट्रीय श्रम सम्मेलन के अंतर्गत दस औद्योगिक राष्ट्रों में से कम-से-कम पांच सदस्यों को सम्मिलित करने के उपरांत दो-तिहाई बहुमत के आधार पर संगठन के संविधान में संशोधन किया जा सकता है। आईएलओ के सुचारु रूप से संचालन एवं सदस्य राष्ट्रों के सहयोग हेतु सम्मेलन के द्वारा तकनीकी विशेषज्ञों की नियुक्ति की जाती है।
12. सम्मेलन द्वारा अंतर्राष्ट्रीय श्रम संहिता का निर्माण किया जाता है।

अंतर्राष्ट्रीय श्रम संगठन के कार्य (Functions of ILO)

अंतर्राष्ट्रीय श्रम सगठन मूलतः सर्वहारा श्रमिक वर्ग के कल्याण से जुड़ा हुआ है। यह सामाजिक न्याय तथा विकास के बुनियादी सिद्धांतों पर आधारित है। यह समावेशी विकास (Inclusive Development) से जुड़ा हुआ है। आईएलओ का क्षेत्र विस्तृत है। साथ ही इसके क्रियाकलाप का क्षेत्र भी बहुआयामी है।

अंतर्राष्ट्रीय श्रम संगठन का महत्वपूर्ण कार्यक्षेत्र औद्योगिक शांति तथा श्रमिकों के कल्याण एवं विकास पर केन्द्रित है। आईएलओ द्वारा अंतर्राष्ट्रीय श्रम मानकों की स्थापना पर ध्यान

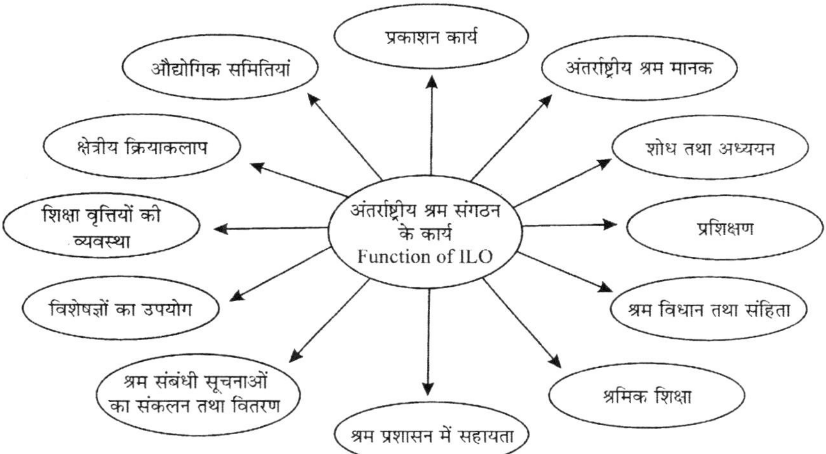

केन्द्रित किया गया है। श्रमिकों की शिक्षा तथा प्रशिक्षण आईएलओ का प्रमुख कार्यक्षेत्र रहा है। विभिन्न क्षेत्रों के विशेषज्ञों से श्रम समस्याओं पर मार्गदर्शन प्राप्त किया जाता है। साथ ही सदस्य देशों को श्रमिक समस्याओं के समाधान एवं श्रम कल्याण के लिए आईएलओ के द्वारा उत्प्रेरित किया जाता है। श्रम विधान एवं संहिता के साथ भी इसका गहरा संबंध है। यह श्रम प्रशासन में प्रत्यक्ष तथा अप्रत्यक्ष तौर पर सहयोग प्रदान करता है। यह शोध तथा अध्ययन से जुड़ा हुआ है। यह दक्ष कामगारों को तकनीकी प्रशिक्षण एवं दक्षता अर्जित करने हेतु शिक्षा वृत्तियों की व्यवस्था करता है। इसके द्वारा औद्योगिक समितियों की स्थापना की जाती है। यह क्षेत्रीय क्रिया–कलाप से भी जुड़ा हुआ है। निम्नलिखित विश्लेषणों के आधार पर आईएलओ के महत्वपूर्ण कार्यों को निम्नलिखित रूपों में रेखांकित किया जा सकता है–

अंतर्राष्ट्रीय श्रम मानकों की स्थापना

अंतर्राष्ट्रीय श्रमिक संगठन का एक महत्वपूर्ण कार्य अंतर्राष्ट्रीय श्रम मानकों की स्थापना से संबंधित है। औद्योगिक संगठनों के द्वारा श्रमिकों का शोषण होता था। श्रमिकों का शोषण एक आम बात रही है। शोषण तथा अन्याय के खिलाफ कामगारों के संगठनों द्वारा सत्याग्रह, हड़ताल आदि द्वारा अपने आक्रोश और विरोध को प्रकट करने की रणनीति औद्योगिक परिक्षेत्रों में दिखाई पड़ती है। फलत: औद्योगिक विवाद तथा टकराहट की स्थिति उत्पन्न होती है। औद्योगिक शांति खतरे में पड़ जाती है। औद्योगिक उत्पादन प्रभावित होता है। कारखानों में तालाबंदी की स्थिति उत्पन्न हो जाती है। अत: अंतर्राष्ट्रीय श्रम संगठन द्वारा श्रम मानकों की स्थापना की गई है। श्रम मानकों की स्थापना के आधार पर औद्योगिक शांति तथा सद्भावना को बरकरार रखने का प्रयत्न किया जाता है। अंतर्राष्ट्रीय श्रम मानक निम्नलिखित मुद्दों से जुड़ा हुआ है–

1. कार्य के समयों का नियमन।
2. साप्ताहिक अवकाश।

3. समान कार्य के लिए लाभ।
4. बेगार का उन्मूलन।
5. रोजगार के भेदभाव पर अंकुश।
6. बीमारग्रस्त श्रमिकों की चिकित्सा।
7. न्यूनतम मजदूरी का नियमन।
8. बाल मजदूरी का उन्मूलन।
9. महिलाओं के कार्य की दशाओं का नियमन।
10. श्रमिक संघों के गठन की स्वतंत्रता।
11. तकनीकी प्रशिक्षण।
12. व्यावसायिक कार्यशालाओं का आयोजन।
13. श्रम प्रबन्ध।

अंतर्राष्ट्रीय श्रम मानक का निर्धारण अंतर्राष्ट्रीय श्रम संगठन द्वारा प्रस्तुत किए गए अभिसमय (Conventions) तथा सुझावों के रूप में होते हैं। अंतर्राष्ट्रीय श्रम मानकों के आधार पर सदस्य देश श्रम मामलों में आईएलओ से मार्गदर्शन प्राप्त करता है।

शोध तथा अध्ययन

अंतर्राष्ट्रीय श्रम संगठन का एक महत्वपूर्ण कार्य शोध तथा अध्ययन से जुड़ा हुआ है। औद्योगिक व्यवस्था के तहत तीव्र परिवर्तन की स्थिति उत्पन्न होती रहती है। उत्पादन की प्रक्रिया उत्पादक शक्ति, उत्पादन तथा उत्पादन प्रबंधन के क्षेत्र में नई तकनीकों का विकास होता रहता है। वैश्वीकरण, आर्थिक उदारीकरण, बाजारवाद तथा उपभोक्तावाद ने औद्योगिक व्यवस्था को एक नये मोड़ पर लाकर खड़ा कर दिया है। युद्ध, आतंकवाद, उग्रवाद तथा अन्य समस्याओं से दुनिया जूझ रही है। जाहिर है कि तेजी से बदलती हुई दुनिया में नये तथ्यों की खोज तथा पुराने तथ्यों का सत्यापन, कार्य-कारण संबंधों की व्याख्या तथा घटनाओं के बीच मौजूद संबंधों का विश्लेषण अपेक्षित है। घटना को प्रभावित करने वाले कारकों का अन्वेषण भी अनिवार्य है। अतः आईएलओ के द्वारा अनुसंधान की नई तकनीकों के आधार पर श्रम समस्या तथा श्रम कल्याण से जुड़े मामलों का लगातार अध्ययन किया जाता है। अध्ययन में अनुसंधान के जाने-माने विशेषज्ञों से सहयोग प्राप्त किया जाता है। अध्ययन के आधार पर रिपोर्ट को सदस्य देशों के लिए जारी किया जाता है। साथ ही अध्ययन तथा अनुसंधान के निष्कर्षों को इंटरनेट के जरिये आईएलओ की वेबसाइट पर भी प्रस्तुत किया जाता है। इस प्रकार आईएलओ अनुसंधान के जरिये श्रम-समस्याओं तथा संबंधित मामलों को तराशता है। बदलते हुए माहौल में सर्वहारा श्रमिकों के कल्याण के लिए वैज्ञानिक दृष्टियों एवं पद्धतियों के आधार पर तथ्यों को प्रस्तुत करता है।

श्रमिक शिक्षा

आर्थिक अभाव एवं पारिवारिक दबाव के कारण सुयोग्य कामगार अक्सर अपनी क्षमता के अनुरूप मंजिल को प्राप्त नहीं कर पाता है। अतः आईएलओ के द्वारा श्रमिकों की शिक्षा की

व्यवस्था की गई है। उन्हें जागरूक बनाने का प्रयास किया जाता है। उनके आत्मविश्वास और मनोबल को बरकरार रखने के लिए उन्हें विशेष तौर पर शिक्षित करने का प्रयास किया जाता है। श्रमिक शिक्षा के अन्तर्गत निम्नलिखित बिन्दुओं को रेखांकित किया जा सकता है–

1. विभिन्न विषयों पर अध्ययन सामग्री तैयार की जाती है। साथ ही संबंधित श्रमिकों के बीच अध्ययन सामग्रियों का वितरण किया जाता है। अध्ययन सामग्री का प्रकाशन किया जाता है तथा इंटरनेट की वेबसाइट पर भी आवश्यकतानुसार प्रस्तुत किया जाता है।
2. आईएलओ के तत्वावधान में श्रम मामलों से संबंधित ज्वलंत मुद्दों पर सेमिनार तथा संगोष्ठी का आयोजन किया जाता है।
3. श्रमिक शिक्षा के लिए विशेषज्ञों का सहयोग तथा मार्गदर्शन प्राप्त किया जाता है।
4. शैक्षिक परियोजना के लिए आर्थिक अनुदान प्रदान किया जाता है।
5. श्रमिक शिक्षा के लिए आवश्यक आधारभूत संरचनाओं की व्यवस्था की जाती है।

शिक्षावृत्तियों की व्यवस्था

श्रमिक समस्या तथा श्रम मामलों के संबंध में आईएलओ का प्रकार्यात्मक महत्व है। सुयोग्य कामगारों को आईएलओ के द्वारा समय-समय पर शिक्षावृत्ति प्रदान की जाती है। साधारणतः विभिन्न देशों में श्रम समस्याओं के अध्ययन के लिए तथा तकनीकी कुशलता प्राप्त करने के लिए शिक्षावृत्ति की व्यवस्था की जाती है। फलतः अभावग्रस्त एवं विपन्न कामगार भी आईएलओ के सहयोग से देश और दुनिया की श्रम समस्याओं के यथार्थ से परिचित होता है। साथ ही कार्य क्षेत्र में नई जीवनी शक्ति प्राप्त करता है।

औद्योगिक समितियां

अंतर्राष्ट्रीय श्रम संगठन ने कतिपय महत्वपूर्ण उद्योगों की समस्याओं पर ध्यान केन्द्रित किया है। इन उद्योगों की वास्तविक सच्चाइयों तथा समस्याओं के अध्ययन के लिए निम्नलिखित क्षेत्रों में औद्योगिक समितियों का गठन किया गया है–

1. वस्त्र
2. कोयला खान
3. अंतर्देशीय यातायात
4. पेट्रोलियम
5. लोहा और इस्पात
6. धातु व्यवसाय
7. भवन
8. सिविल इंजीनियरी
9. लोक निर्माण
10. रसायन उद्योग

जाहिर है कि उद्योग समितियों के गठन से कठिन परिस्थितियों में कार्यरत कामगारों की समस्याओं तथा उनके कल्याण के लिए विशेष तौर पर ध्यान केन्द्रित किया जाता है।

प्रशिक्षण

आईएलओ प्रशिक्षण के कार्यक्षेत्र से भी जुड़ा हुआ है। इसके द्वारा सदस्य राज्यों को समय-समय पर विशेष सहयोग प्रदान किया जाता है। व्यावसायिक प्रशिक्षण की विशेष व्यवस्था की जाती है। प्रशिक्षण समन्वित होता है। प्रशिक्षण के अन्तर्गत समेकित कार्यक्रमों पर ध्यान केन्द्रित किया जाता है। हाल के वर्षों में विकासशील देशों की आवश्यकताओं के अनुरूप व्यावसायिक प्रशिक्षण प्रदान करने की व्यवस्था की गई है। इसका मुख्य उद्देश्य विकासशील देशों के आर्थिक विकास से जुड़ा हुआ है। आईएलओ के प्रशिक्षण कार्यक्रम के अन्तर्गत निम्नलिखित आयामों पर ध्यान केन्द्रित किया गया है–

1. शिक्षा प्रशिक्षण (Apprentice Training)
2. विकासशील देशों के आर्थिक और सामाजिक विकास के लिए कार्मिक का प्रशिक्षण
3. प्रशिक्षण के लिए संगठनात्मक योजना
4. अलग-अलग उद्योगों के लिए प्रशिक्षण योजनाएं

ज्ञातव्य है कि आईएलओ व्यावसायिक मार्गदर्शन के क्षेत्र में भी सदस्य राज्यों तथा विशेषत: विकासशील देशों को सहयोग तथा परामर्श प्रदान करता है।

श्रम विधान एवं संहिता

आईएलओ का एक महत्वपूर्ण कार्य क्षेत्र श्रम विधान एवं संहिता से संबंधित है। विशेषज्ञों से विचार विनिमय एवं परामर्श के आधार पर के द्वारा श्रम विधान एवं संहिता को तैयार किया जाता है। बदले हुए हालातों के अनुरूप श्रम विधान तथा संरक्षण में सुधार भी कया जाता है। साथ ही सदस्य राज्यों को श्रम विधान एवं संहिता को तैयार करने में के द्वारा मार्गदर्शन तथा सहयोग प्रदान किया जाता है।

श्रम प्रशासन

आईएलओ का एक प्रमुख कार्यक्षेत्र श्रम प्रशासन से जुड़ा हुआ है। श्रम प्रशासन से संबंधित नीतियों को तैयार करने में सदस्य राज्यों को अंतर्राष्ट्रीय श्रम संगठनों का मार्गदर्शन प्राप्त होता है। श्रम निरीक्षण, श्रम प्रशासन, रोजगार सेवाओं में सुधार तथा श्रम प्रशासन से संबंधित नीतियों को विकसित करने में अंतर्राष्ट्रीय श्रम संगठन का योगदान अविस्मरणीय है। आईएलओ ने श्रम प्रशासन के क्षेत्र में निम्नलिखित बिन्दुओं पर ध्यान केन्द्रित किया है–

1. श्रम प्रशासन तथा श्रम निरीक्षण से जुड़े अभिसमय (Conventions) तथा सिफारिशें (Recommendations)।
2. श्रम कानूनों का अनुपालन।
3. श्रम कानूनों के कार्यान्वयन को सुनिश्चित करना।
4. सदस्य राज्यों को श्रम निरीक्षण से संबंधित प्रभावी निरीक्षण केन्द्रों की स्थापना में सहयोग।
5. श्रम कानूनों के लुप्त अथवा निष्क्रिय कानूनों को स्थापित करना। साथ ही इन कानूनों को नई जीवन शक्ति प्रदान करने हेतु पहल करना।

6. नियोजकों तथा कामगारों को तर्कपूर्ण कानूनों एवं प्रावधानों के अनुपालन के संबंध में मार्गदर्शन एवं परामर्श प्रदान करना।
7. श्रम निरीक्षण सेवाओं के तहत नियोजकों एवं कामगारों को मार्गदर्शन तथा सहयोग प्रदान करना।
8. व्यावसायिक दुर्घटनाओं से सुरक्षा के लिए आईएलओ द्वारा नियोजकों तथा कामगारों को विशेष प्रशिक्षण तथा मार्गदर्शन प्रदान किया जाता है।
9. एचआईवी (एड्स) तथा अन्य घातक बीमारियों से रक्षा के लिए समय-समय पर सहयोग तथा परामर्श प्रदान किया जाता है।

विवरणों के आधार पर स्पष्ट होता है कि श्रम प्रशासन के क्षेत्र में आईएलओ की क्रियाशीलता अत्यन्त महत्वपूर्ण है। इन क्षेत्रों में महत्वपूर्ण अभिसमय निम्नलिखित है–

1. श्रम-निरीक्षण अभिसमय, संख्या 81, 1947
2. श्रम-निरीक्षण (कृषि) अभिसमय सं. 129, 1969
3. श्रम-प्रशासन अभिसमय सं. 150, 1978

अंतर्राष्ट्रीय श्रम संगठन सदस्य राज्यों के श्रम प्रशासन पर विशेष नजर रखता है। समय-समय पर उनका मूल्यांकन भी करता है। श्रम प्रशासन को न्याय तथा विकास से संबंधित करने हेतु सदस्य राज्यों को विशेष मार्गदर्शन प्रदान किया जाता है।

सदस्य राज्यों में श्रम प्रशासन को अधिक गतिशील, ऊर्जावान एवं तर्कपूर्ण बनाने के लिए अन्तर्राष्ट्रीय श्रम संगठन ने श्रम विधि तथा प्रशासन विभाग (Department of Labour Law and Administration-GLLAD) की स्थापना की है। आईएलओ का यह महत्वपूर्ण विभाग है। इस विभाग के अन्तर्गत निम्नलिखित बिन्दुओं पर ध्यान केन्द्रित किया जाता है–

1. श्रम नीति तथा श्रम प्रशासन से संबंधित मंत्रालयों एवं अभिकरणों को गतिशील एवं ऊर्जावान बनाने का प्रयास किया जाता है।
2. अंतर्राष्ट्रीय श्रम संगठन के मानकों एवं सिद्धांतों पर ध्यान केन्द्रित किया जाता है। इन सिद्धांतों के अनुरूप श्रम कानूनों तथा सिविल सेवा विनियमों का विकास किया जाता है।
3. सार्वजनिक क्षेत्र के नियोजकों तथा प्रशासकों को अपने कामगारों के साथ रचनात्मक संबंध स्थापित करने में आईएलओ सदस्य राज्यों को परामर्श प्रदान करता है।

श्रम मामलों के संबंध में सूचनाओं का संकलन

आईएलओ के द्वारा विभिन्न अभिकरणों के जरिये श्रम मामलों के संबंध में प्रामाणिक, विस्तृत एवं गहन सूचनाओं का संकलन किया जाता है। सूचनाओं तथा आंकड़ों के आधार पर प्रामाणिक तथ्यों का उपस्थापन किया जाता है। साथ ही इन प्रामाणिक सूचनाओं एवं तथ्यों का सदस्य राज्यों में समय-समय पर वितरण भी किया जाता है। अत: श्रम मामलों के संबंध में एक महत्वपूर्ण सूचनाओं का स्रोत है। सूचनाओं तथा आंकड़ों को इंटरनेट की वेबसाइट पर जारी किया जाता है।

विशेषज्ञों की सेवा

दुनिया के विभिन्न देशों में कार्यरत विशेषज्ञों का सहयोग आईएलओ के द्वारा प्राप्त किया जाता है। आवश्यकतानुसार इन विशेषज्ञों की सेवा सदस्य राज्यों को प्रदान की जाती है।

क्षेत्रीय क्रिया कलाप

आईएलओ का एक प्रमुख कार्यक्षेत्र क्षेत्रीय क्रियाकलाप से संबंधित है। इसके अंतर्गत निम्नलिखित कार्यक्षेत्रों पर ध्यान केन्द्रित किया जाता है–

1. क्षेत्रीय सम्मेलनों का आयोजन
2. क्षेत्रीय सलाहकार समितियों का गठन
3. क्षेत्रीय तकनीकी सेमिनारों का आयोजन
4. क्षेत्रीय अध्ययन
5. क्षेत्रीय स्तर पर कार्यक्रमों की व्यवस्था तथा सक्रियता

प्रकाशन कार्य

आईएलओ द्वारा श्रम अधिनियम, श्रम प्रशासन, क्षेत्रीय सम्मेलन, नियमित वार्षिक अधिवेशन एवं अन्य संबंधित मामलों का प्रकाशन किया जाता है। उदाहरणस्वरूप आईएलओ द्वारा *इन्टरनेशनल लेबर रिव्यू तथा इंडस्ट्री एंड लेबर* नामक पत्रिकाओं का प्रकाशन किया जाता है।

अंतर्राष्ट्रीय श्रम संगठन का भारतीय श्रम विधान पर प्रभाव
(Impact of the ILO on Indian Labour Legislation)

अंतर्राष्ट्रीय श्रम संगठन, सामाजिक न्याय तथा कामगारों के कल्याण एवं विकास के कार्यक्रमों से जुड़ा हुआ है। कामगार, नियोजक तथा सरकार के प्रतिनिधियों के बीच सामंजस्य तथा सद्भावना के आधार पर औद्योगिक शांति की दिशा में प्रयत्नशील है। औद्योगिक विवाद, वर्ग संघर्ष तथा कामगार और नियोजक के बीच टकराहट के आधार पर समस्याओं का समाधान संभव नहीं है। अतः अंतर्राष्ट्रीय श्रम संगठन द्वारा समय–समय पर सिफारिशों एवं अभिसमयों के जरिए सदस्य राज्यों को नई दिशा देने का प्रयत्न जारी है। भारत के श्रम विधानों पर भी अंतर्राष्ट्रीय श्रम संगठन का व्यापक प्रभाव परिलक्षित होता है। कार्य की दशाओं, मजदूरी, बंधुआ मजदूरी, असंगठित क्षेत्र के रोजगार तथा महिलाओं के रोजगार के संबंध में आईएलओ के दृष्टिकोण को भारत सरकार ने स्वीकार किया है। साथ ही सामाजिक सुरक्षा, स्वास्थ्य तथा कल्याण, औद्योगिक संबंध, रोजगार एवं बेरोजगारी के संबंध में भी भारत सरकार ने आईएलओ के सामाजिक न्याय पर केन्द्रित प्रस्तावों तथा संस्तुतियों (Recommendations) को ग्रहण किया है। भारत एक कल्याणकारी देश है। भारत में लोकतांत्रिक मतवादों तथा चिंतनों के प्रति प्रतिबद्धता है। समता, स्वतंत्रता, न्याय तथा भाईचारे के सिद्धातों पर भारत का श्रम विधान आधारित है। अतः भारत में सहज एवं स्वाभाविक रूपों में अंतर्राष्ट्रीय श्रम संगठन के दृष्टिकोणों का अनुपालन किया जाता है।

प्रख्यात समाजशास्त्री ए.आर. देसाई ने स्पष्ट किया है कि नई आर्थिक व्यवस्था ने पुराने समाज के अवशेषों के बावजूद पूंजीवादी समाज और केन्द्रित राजसत्ता को जन्म दिया। परन्तु आम जनता ने पूंजीवादी व्यवस्था के खिलाफ अविराम संघर्ष किया। नए वर्गों का उदय हुआ। श्रमिक संगठनों का विकास हुआ। वर्ग संघर्ष की स्थिति उत्पन्न हुई। औद्योगिक विवाद तथा औद्योगिक टकराहट के कारण भारत में उत्पादन की शक्ति प्रभावित हुई। फलतः देश में नये वर्गों का उदय हुआ।

स्वाधीनता के बाद भारत में औद्योगिक विकास, औद्योगिक शांति तथा श्रम-कल्याण की दिशा में एक नये युग की शुरुआत की गई। जाहिर है कि औद्योगिक शांति तथा श्रम-कल्याण के मामले में भारत ने अंतर्राष्ट्रीय श्रम संगठन के विचारों, मान्यताओं तथा प्रस्तावों से एक नई प्रेरणा प्राप्त की। विवरणों के आधार पर स्पष्ट होता है कि भारतीय श्रम विधान पर अंतर्राष्ट्रीय श्रम संगठन का व्यापक प्रभाव है। मूलतः तीन महत्वपूर्ण क्षेत्रों में प्रभावों को रेखांकित किया जा सकता है–

1. अनुसमर्थित अभिसमय तथा भारतीय श्रम विधान (Ratified Conventions and Indian Labour Legislation)
2. अनुसमर्थित अभिसमयों का प्रभाव (Influence of Ratified Conventions)
3. सिफारिशों का प्रभाव (Influence of Recommendations)

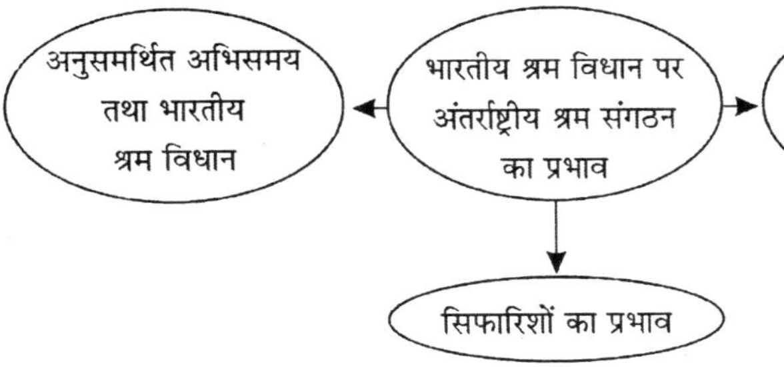

अनुसमर्थित अभिसमय और भारतीय श्रम विधान

भारतीय श्रम विधान पर अनुसमर्थित अभिसमयों का व्यापक प्रभाव है। इन प्रभावों का विश्लेषण निम्नलिखित बिन्दुओं के आधार पर किया जा सकता है–

कार्य की दशाओं से संबंधित कानूनों का प्रभाव

1. **कार्य के घंटे**–अंतर्राष्ट्रीय श्रम संगठन ने कार्य के घंटे का निर्धारण संख्या 1, 1919 के अनुसार औद्योगिक प्रतिष्ठानों में कामगारों से नियोजकों द्वारा निर्धारित अवधि के अतिरिक्त कार्य नहीं लिया जा सकता है। अंतर्राष्ट्रीय श्रम संगठन ने स्पष्ट किया है कि प्रतिदिन कामगारों से आठ घंटे से अधिक काम लेना अवैधानिक है। इसी तरह प्रति

सप्ताह कामगारों से 48 घंटे काम लिया जा सकता है। इस अभिसमय के अन्तर्गत पर्यवेक्षण, प्रबंधन तथा गोपनीय पदों पर नियुक्त कार्यरत व्यक्तियों के लिए छूट का प्रावधान है। अर्थात् इन व्यक्तियों से समय सीमा के अतिरिक्त भी कार्य लेने का प्रावधान है। इसी तरह आपदा प्रबंधन से जुड़े लोगों तथा अति आवश्यक कार्य के लिये नियुक्त कामगारों से अधिक कार्य लिया जा सकता है। उनके कार्य के घंटे बढ़ाये जा सकते हैं। ज्ञातव्य है कि भारत सरकार के श्रम कानूनों पर इस अभिसमय का व्यापक प्रभाव है। भारत सरकार ने इसे अनुसमर्थित किया है। भारत सरकार ने इन अभिसमयों को स्वीकार किया है। इसके उपबंधों को कारखाना अधिनियम, 1948, खान अधिनियम, 1952, बीड़ी-सिगार कर्मकार (नियोजक की शर्तें) अधिनियम, 1966 तथा अन्य कुछ अधिनियमों में अनुभव किया जा सकता है।

2. **साप्ताहिक विश्राम**–अंतर्राष्ट्रीय श्रम संगठन ने अनुभव किया कि शारीरिक तथा मानसिक स्वास्थ्य के लिए साप्ताहिक विश्राम अपेक्षित है। साथ ही परिवार के सदस्यों के साथ एवं अन्य मित्रों तथा नातेदारों के संबंधों एवं सरोकारों से जुड़ने के लिए कामगारों के लिए साप्ताहिक विश्राम का विशेष महत्व है। विश्राम से कामगारों की स्फूर्ति तथा ताजगी बढ़ती है। इससे औद्योगिक प्रतिष्ठानों को लाभ प्राप्त हो सकता है। अत: अंतर्राष्ट्रीय श्रम संगठन ने साप्ताहिक विश्राम (उद्योग)–अभिसमय, संख्या 14, 1921 के अनुसार साप्ताहिक विश्राम के अभिसमय को प्रस्तुत किया। इसके अन्तर्गत कामगारों के लिये लगातार 24 घंटे के विश्राम की व्यवस्था की गई। भारत सरकार ने भी इस महत्वपूर्ण अभिसमय का समर्थन किया। भारत सरकार द्वारा इसके उपबंधों को कारखाना अधिनियम, 1948 तथा खान अधिनियम, 1952 के जरिये लागू किया गया है।

3. **न्यूनतम मजदूरी अधिनियम**–नियोजकों द्वारा व्यापक पैमाने पर कामगारों का शोषण होता है। उन्हें उचित मजदूरी नहीं दी जाती है। मजदूरी मांगने पर उन्हें प्रताड़ित भी किया जाता है। मजदूरी के प्रश्न पर दुनिया के मजदूरों में व्यापक असंतोष मौजूद रहा है। अत: अंतर्राष्ट्रीय श्रम संगठन ने अपने अभिसमयों में मजदूरी की संरक्षा तथा न्यूनतम मजदूरी संरक्षा अभिसमय, संख्या 95, 1949 के अनुसार श्रमिकों को नियमित मजदूरी के भुगतान का प्रावधान किया है। इसके अंतर्गत यह भी उल्लेख किया गया है कि वैध मुद्रा में ही नियमित मजदूरी का भुगतान किया जाये। इस अभिसमय के अन्तर्गत मजदूरी में कटौतियों के संबंध में उपबंधों को प्रस्तुत किया गया है। ज्ञातव्य है कि केवल न्यायालय के आदेशों, सामूहिक समझौतों तथा अभिनियमों के अधीन निर्धारित शर्तों के अंतर्गत ही कामगारों के वेतन में कटौती करने का उपबंध है। मजदूरी-संरक्षा-सिफारिश, संख्या 85, 1949 में इससे संबंधित महत्वपूर्ण नियमों एवं परिनियमों का प्रावधान किया गया है। भारत सरकार ने अंतर्राष्ट्रीय श्रम संगठन के अभिसमयों का समर्थन किया साथ ही इस अभिसमय के उपबंधों को न्यूनतम मजदूरी अधिनियम, 1948 में शामिल किया गया है।

4. **श्रम प्रशासन और निरीक्षण**–अंतर्राष्ट्रीय श्रम संगठन ने कामगारों के कार्य की दशाओं का गहन सर्वेक्षण किया। श्रमिकों की संरक्षा के प्रश्न को भी खड़ा किया। तकनीकी सूचना की आपूर्ति के संबंध में भी विमर्श किया गया। श्रम प्रशासन में निहित त्रुटियों तथा

दोषों को रेखांकित किया गया। साथ ही श्रम प्रशासन में निहित त्रुटियों के निराकरण के लिये उपबंधों को शामिल किया गया। उल्लेखनीय है कि अंतर्राष्ट्रीय श्रम संगठन के श्रम निरीक्षण अभिसमय, संख्या 81,1947 के अंतर्गत कार्य की दशाओं, श्रमिकों की संरक्षा तथा तकनीकी सूचना की आपूर्ति को शामिल किया गया। साथ ही इसके अंतर्गत श्रम प्रशासन में त्रुटियों तथा दोषों की पहचान की गई एवं इसके निराकरण हेतु उपबंधों को प्रस्तुत किया गया।

भारत सरकार ने भी कार्य की दशाओं तथा श्रमिकों की संरक्षा एवं अन्य मुद्दों से संबंधित अंतर्राष्ट्रीय श्रम संगठन के दृष्टिकोणों तथा अभिसमयों का समर्थन किया। गौरतलब है कि भारत सरकार ने कारखाना अधिनियम, 1948, खान अधिनियम 1952, दुकान एवं प्रतिष्ठान अधिनियम, मोटर परिवहन कर्मकार अधिनियम, 1961, न्यूनतम मजदूरी अधिनियम 1948 तथा मजदूरी भुगतान अधिनियम 1936 द्वारा आईएलओ के अभिसमयों का परिपालन किया है।

बाल श्रम तथा तरुणों के नियोजन से संबंधित कानूनों पर प्रभाव

1. **न्यूनतम उम्र**—भारत तथा दुनिया के दूसरे देशों में बाल श्रम एक गंभीर समस्या है। बाल श्रमिकों का व्यापक पैमाने पर शोषण होता है। साथ ही उनके बचपन के खिलते-फूलते जीवन को नियोजकों द्वारा क्षत-विक्षत कर दिया जाता है। यह मानवाधिकार के प्रश्न से भी जुड़ा हुआ है। अतः अंतर्राष्ट्रीय श्रम संगठन के न्यूनतम उम्र (उद्योग) अभिसमय संख्या 5, 1919 के अंतर्गत उद्योगों में नियोज. की न्यूनतम उम्र 14 वर्ष रखी गई है। भारत सरकार ने न्यूनतम उम्र से संबंधित आईएलओ के प्रावधानों का पुरजोर समर्थन किया। भारत में कारखाना अधिनियम 1948, खान अधिनियम 1952, बाल श्रम (प्रतिवेदन एवं विनियमन) अधिनियम 1986 तथा कुछ अन्य संरक्षात्मक अधिनियमों में बाल श्रम से संबंधित प्रावधानों को लागू किया गया।
2. **चिकित्सकीय परीक्षा**—अल्पवयों की चिकित्सकीय जांच (सामूहिक) अभिसमय, संख्या 16, 1921 के अंतर्गत सामूहिक कार्यों के लिये अल्पवयों के नियोजन के पहले उनकी चिकित्सकीय जांच का प्रावधान है। भारत सरकार ने भी इस अभिसमय को स्वीकार किया। इस अभिसमय के उपबंधों को वाणिज्यपोत परिवहन अधिनियम, 1958 द्वारा लागू किया गया है।
3. **रात्रिकार्य**—अल्पवयों का रात्रि कार्य उद्योग, अभिसमय, संख्या 6, 1919 तथा संख्या 90, 1948 के अंतर्गत अल्पवयों के रात्रि कार्य पर प्रतिबंध लगाया गया है। भारत सरकार ने भी कम उम्र के कामगारों के हितों की रक्षा के लिए अंतर्राष्ट्रीय श्रम संगठन के उपबंधों पर पहल की। गौरतलब है कि भारत सरकार ने कारखाना अधिनियम 1948), खान अधिनियम 1952, बाल श्रम प्रतिवेद एवं विनियमन अधिनियम 1986 तथा कुछ अन्य संरक्षात्मक अधिनियमों में कामगारों के हितों के लिए श्रम कानूनों को लागू किया है।
4. अंतर्राष्ट्रीय श्रम संगठन ने कम उम्र के कामगारों के विविध आयामों के संबंध में लगातार विमर्श किया है।

महिलाओं का नियोजन

अक्सर कार्यस्थलों पर महिलाओं के साथ छेड़छाड़ तथा यौन उत्पीड़न की समस्या उत्पन्न होती है। उन्हें पुरुषों की तुलना में कम मजदूरी देने का प्रयास किया जाता है। उनसे क्षमता से अधिक काम लिया जाता है। साथ ही औद्योगिक प्रतिष्ठानों में लैंगिक विभेद की समस्या मौजूद है, अतः अंतर्राष्ट्रीय श्रम संगठन के विभिन्न मंचों पर महिला कामगारों की समस्याओं का गहन एवं गंभीर चिंतन होता रहा है। फलतः आईएलओ के अभिसमयों में महिला श्रमिकों के नियोजन से संबंधित कतिपय उपबंधों को प्रस्तुत किया गया है–

1. **रात्रिकार्य (महिलायें)**–अभिसमय संख्या 4, 1919 के अंतर्गत महिला श्रमिकों को रात के समय में कार्य करने पर प्रतिबंध लगाया गया है। साथ ही रात्रिकार्य अभिसमय संख्या 41, 1934 तथा संख्या 89, 1943 आदि द्वारा भी महिलाओं के रात्रिकार्य पर प्रतिबंध है। भारत सरकार ने भी महिला श्रमिकों के हितों की रक्षा के लिए आईएलओ द्वारा प्रस्तुत अभिसमयों पर पहल की। उल्लेखनीय है कि कारखाना अधिनियम 1948, खान अधिनियम, 1952 तथा अन्य संरक्षात्मक अधिनियमों में भारत सरकार द्वारा महिलाओं के रात्रिकार्य पर प्रतिबंध लागू किया गया है। गौरतलब है कि अभिसमय संख्या 41 के अधीन प्रबंधकीय कार्यों पर नियोजित महिलाओं के रात्रिकार्य पर प्रतिबंध नहीं है। भारत में भी इसे स्वीकार किया गया है।
2. **अस्वास्थ्यप्रद**–भूमिगत कार्यों में महिलाओं के नियोजन के संबंध में अंतर्राष्ट्रीय श्रम संगठन ने स्पष्ट दृष्टिकोण अपनाया है। भूमिगत कार्य (महिलायें) अभिसमय, संख्या 45, 1935 के अनुसार किसी भी भूमिगत खनन में महिलाओं के रोजगार पर प्रतिबंध लगाया गया है। भारत सरकार ने इसके उपबंधों को खान अधिनियम 1952 में सम्मिलित किया।
3. साधारणतः औद्योगिक प्रतिष्ठानों में महिला कामगार तथा पुरुष कामगार के वेतन के संबंध में भेद-भाव की स्थिति मौजूद रहती है। इस अन्याय और लैंगिक विभेद से जुड़े मामलों पर आईएलओ ने गंभीरता से पहल की है। समान पारिश्रमिक अभिसमय, संख्या 109, 1951 ह्रास पुरुष और स्त्री श्रमिकों के लिये समान कार्य हेतु समान वेतन के सिद्धांत को स्वीकार किया गया है। भारत सरकार ने भी आईएलओ के उपबंधों पर पहल की है। भारत सरकार द्वारा समान पारिश्रमिक अधिनियम 1976 लागू किया गया है।
4. **स्वास्थ्य, सुरक्षा और कल्याण**–अंतर्राष्ट्रीय श्रम संगठन ने अपने विभिन्न सर्वेक्षण प्रतिवेदनों में कामगारों के स्वास्थ्य, सुरक्षा तथा कल्याण से संबंधित प्रश्नों को खड़ा किया। इसके अंतर्गत निम्नलिखित तीन प्रमुख अभिसमयों को प्रस्तुत किया गया है–

   (i) *भार-चिह्नांकन (जलयान द्वारा परिवहित पैकेज)*–अभिसमय, संख्या 27, 1929 के तहत जलयान द्वारा ले जाने वाले एक अथवा अधिक टन के पैकेजों पर उनके भार का स्पष्ट चिह्न अंकित करना अपेक्षित है। भारत सरकार द्वारा इन उपबंधों को भी पैकज चिह्नांकन अधिनियम 1951 के अधीन लागू किया गया है।

   (ii) आईएलओ के द्वारा विकिरण, संरक्षा, समय, संख्या 115, 1960 तथा बेंजीव-अभिसमय, संख्या 136, 1971 के उपबंधों को भारत सरकार ने भी स्वीकार किया है। साथ ही इसके लिए भारत सरकार द्वारा कानून बनाये गये हैं।

(iii) दुर्घटनाओं से संरक्षा हेतु आईएलओ ने दुर्घटनाओं से संरक्षा (गोदी मजदूरी) संशोधित अभिसमय, संख्या 32, 1932 को प्रस्तुत किया है। भारत सरकार ने भी इसे स्वीकार किया। इसे भारतीय गोदी श्रमिक अधिनियम 1934 द्वारा लागू किया गया है।

सामाजिक सुरक्षा

टी.के. ओमेन ने कामगारों की सामाजिक सुरक्षा के प्रश्नों को खड़ा किया। वस्तुतः औद्योगिक प्रतिष्ठानों में कामगार कांटों की राह पर चलता है। उसे कई खतरों को झेलना होता है। अतः कामगारों की सुरक्षा का प्रश्न मानवाधिकार के प्रश्नों से भी जुड़ा हुआ है। आईएलओ ने अपने दो महत्वपूर्ण अभिसमयों में कामगारों की सामाजिक सुरक्षा हेतु पहल की है–

1. कामगार क्षतिपूर्ति (व्यावसायिक रोग) अभिसमय संख्या 18 तथा संशोधित अभिसमय संख्या 42, 1934 में सामाजिक सुरक्षा से संबंधित उपबंधों को प्रस्तुत किया गया है। इसके अंतर्गत कुछ विशेष प्रकार के कार्यक्षेत्रों में नियोजित कामगारों में व्यावसायिक रोगों की समानताओं पर विचार किया गया है। साथ ही व्यावसायिक रोगों के लिए क्षतिपूर्ति की व्यवस्थाओं का प्रावधान किया गया है। इन अभिसमयों के उपबंधों को भारत सरकार द्वारा भी लागू किया गया है। गौरतलब है कि भारत सरकार द्वारा कर्मकार क्षतिपूर्ति अधिनियम, 1923 तथा कर्मचारी राज्य बीमा अधिनियम 1948 में शामिल किया गया है।
2. अंतर्राष्ट्रीय श्रम संगठन ने सामाजिक सुरक्षा में व्यवहार की समता को रेखांकित किया है। सामाजिक सुरक्षा में राष्ट्रीय तथा गैर-राष्ट्रीय के व्यवहार की समता अभिसमय, संख्या 118, 1962 के तहत सामाजिक सुरक्षा लाभों के लिये देशवासियों तथा विदेशियों के बीच व्यवहार की समता को उपबंधित किया गया है। भारत में भी कर्मकार क्षतिपूर्ति अधिनियम 1923 तथा कामगार राज्य बीमा अधिनियम 1948 के अंतर्गत इन उपबंधों को लागू किया गया है।

कृषि श्रमिक

अंतर्राष्ट्रीय श्रम संगठन ने कृषि श्रमिकों पर भी ध्यान केन्द्रित किया है। कृषि श्रमिक साधारणतः संगठित नहीं होते हैं। वे असंगठित क्षेत्र के रोजगार से जुड़े होते हैं। उन्हें नियमित रोजगार भी नहीं प्राप्त हो पाता है। अतः उनका व्यापक पैमाने पर शोषण होता है तथा उचित मजदूरी भी नहीं मिल पाती है। आईएलओ ने अपने दो प्रमुख अभिसमयों में कृषि श्रमिकों के संबंध में उपबंधों को प्रस्तुत किया है।

संगठन का अधिकार (कृषि) अभिसमय, संख्या 11, 1921 के अंतर्गत कृषि श्रमिकों को औद्योगिक श्रमिकों की तरह श्रम संगठन बनाने के अधिकार बनाने हेतु निर्देश दिये गये हैं। भारत सरकार ने भी आईएलओ के दृष्टिकोण को स्वीकार किया। विशेष तौर पर ग्रामीण श्रमिक संगठन अभिसमय, संख्या 141, 1975 में ग्रामीण श्रमिकों के संगठन को प्रोत्साहित करने हेतु आईएलओ ने उपबंधों को प्रस्तुत किया है। इन उपबंधों का भारत में श्रम संघ अधिनियम 1926

के तहत अनुपालन किया जा रहा है। साथ ही ग्रामीण श्रमिकों के हितों एवं कल्याण की रक्षा के लिए भारतीय संविधान में कतिपय उपबंधों को लागू किया गया है।

औद्योगिक संबंध

अंतर्राष्ट्रीय श्रम संगठन ने त्रिदलीय परामर्श के आधार पर औद्योगिक संबंधों के संदर्भ में ध्यान केन्द्रित किया है। इस संबंध में आईएलओ के द्वारा त्रिदलीय परामर्श (अंतर्राष्ट्रीय श्रम-मानक) अभिसमय, संख्या 144, 1975 को प्रस्तुत किया गया है। भारत में भी औद्योगिक संबंध कानूनों तथा प्रशासनिक आदेशों द्वारा त्रिपक्षीय परामर्श को स्वीकार किया गया है।

रोजगार एवं बेरोजगारी

1. नियोजन सेवा अभिसमय, संख्या 88, 1948 के अनुसार राष्ट्रीय, क्षेत्रीय एवं स्थानीय स्तर पर निःशुल्क सार्वजनिक रोजगार कार्यालयों की स्थापना का प्रावधान है। भारत सरकार ने भी इन उपबंधों को स्वीकार किया है। रोजगार कार्यालयों एवं उससे संबंधित कानूनों एवं नियमों की व्यवस्था भारत सरकार द्वारा की गई है।
2. बलात श्रम अभिसमय संख्या 39, 1930 के तहत जबरन श्रम के संबंध में उपबंधों को लागू किया गया है। भारतीय संविधान में बलात श्रम से संबंधित कतिपय उपबंध मौजूद हैं।

विवरणों के आधार पर स्पष्ट होता है कि भारत सरकार ने कुछ अन्य अभिसमयों को भी स्वीकार किया है। इनमें मुख्य हैं।

1. प्रवासियों का निरीक्षण-अभिसमय, संख्या 21, 1926
2. सामुद्रिकों की समझौता नियमावली-अभिसमय, संख्या 22, 1926
3. स्वदेशी एवं जनजातीय जनसंख्या-अभिसमय, संख्या 107, 1957
4. नियोजन और व्यवसाय का भेदभाव-अभिसमय, संख्या 11, 1958
5. क्रम सांख्यिकी-अभिसमय, संख्या, 107, 1958

भारत सरकार ने इन सभी अभिसमयों के प्रति संवेदनशीलता को प्रकट किया है। भारतीय संविधान तथा प्रशासनिक आदेशों के द्वारा इन सभी अभिसमयों को भारत में लागू किया गया है।

अननुसमर्पित अभिसमयों का प्रभाव

अंतर्राष्ट्रीय श्रम संगठन की स्थापना 1919 में हुई थी। उन दिनों उपनिवेशवाद के खिलाफ जोरदार संघर्ष चल रहा था। जाहिर है कि ब्रिटिश शासनकाल में अंतर्राष्ट्रीय श्रम संगठन के अभिसमयों पर विशेष तौर पर ध्यान केन्द्रित नहीं किया गया। स्वाधीनता के बाद भी तकनीकी अड़चनों के कारण कतिपय अभिसमयों को लागू करना संभव नहीं हुआ। अभिसमय का यह नियम है कि इसे सम्पूर्णता में स्वीकार करना होता है। परंतु भारत में मौजूद सामाजिक-आर्थिक संरचना के तहत अभिसमयों को संपूर्णता में स्वीकार करना अक्सर संभव नहीं हो पाता है। परंतु आईएलओ के नियमों में इस प्रकार की कोई रियायत नहीं है। उल्लेखनीय है कि भारत में श्रम आंदोलन अधिक जुझारू नहीं है। श्रम संगठन राजनैतिक विचारधाराओं के आधार पर विभाजित

है। क्षेत्र विशेष में किसी श्रमिक संगठन का विशेष प्रभाव है तो देश के दूसरे हिस्से में उसका प्रभाव कारगर नहीं है। श्रमिक संघों की शिथिलता के कारण भी देश में अंतर्राष्ट्रीय श्रम संगठन के कतिपय महत्वपूर्ण अभिसमयों को लागू नहीं किया जा सका।

वैश्वीकरण तथा आर्थिक उदारीकरण ने श्रम आंदोलन तथा श्रम कानूनों को एक नए मोड़ पर लाकर खड़ा कर दिया है। भारत सरकार ने कतिपय अभिसमयों को औपचारिक रूपों में स्वीकार नहीं किया है। परंतु उनके अनेक उपबंधों को अपने श्रम कानूनों में शामिल करने का प्रयास किया है। इसमें वेतन के साथ अवकाश, मजदूरी की संरक्षा, प्रसूति संरक्षा, कर्मकार क्षतिपूर्ति, बीमारी बीमा, औद्योगिक संबंध एवं कार्य की दशाओं से संबंधित अभिसमयों का प्रभाव भारत के श्रम कानूनों पर दिखाई पड़ता है। आईएलओ के अभिसमयों का भारत के श्रम कानूनों पर प्रभाव को निम्नलिखित बिंदुओं के आधार पर स्पष्ट किया जा सकता है–

प्रसूति संरक्षा

अंतर्राष्ट्रीय श्रम संगठन ने कामगार महिलाओं के हितों की रक्षा के लिए कतिपय अभिसमयों को प्रस्तुत किया है। प्रसूति संरक्षा वस्तुतः एक संवेदनशील मसला है। प्रसूति संरक्षा के संबंध में आईएलओ ने कई प्रश्नों को खड़ा किया। क्या कामगार महिलाओं को गर्भावस्था में तथा प्रसूति के संदर्भ में आवश्यकतानुसार अवकाश की व्यवस्था अपेक्षित नहीं है? क्या प्रसूति के दौरान कामगार महिला को आर्थिक सहयोग प्रदान करना उचित नहीं है? क्या प्रसूति अवस्था में महिला श्रमिक को चिकित्सकीय सुविधा प्रदान करना अपेक्षित नहीं है? इन तमाम प्रश्नों को दुनिया के श्रमिक नेताओं, नियोजकों तथा सरकार के प्रतिनिधियों के समक्ष उठाया गया। अंततः आईएलओ ने प्रसूति संरक्षा से संबंधित अभिसमयों को प्रस्तुत किया। गौरतलब है कि प्रसूति संरक्षा अभिसमय, संख्या 3, 1919 तथा प्रसूति संरक्षा (संशोधित) अभिसमय, संख्या 103, 1952 को प्रस्तुत किया गया। इन अभिसमयों के तहत महिला कामगारों को प्रसवावस्था में 12 सप्ताह का अवकाश प्रदान करने का प्रावधान है। साथ ही आर्थिक सहयोग तथा चिकित्सकीय सुविधा दिये जाने की व्यवस्था की गई है। यह भी प्रावधान किया गया है कि प्रसूति अवकाश के दिनों में महिला कामगारों को सेवा से बर्खास्त नहीं किया जा सकता है। भारत सरकार ने आईएलओ के प्रसूति संरक्षा से संबंधित अभिसमयों को पूर्णतः स्वीकार नहीं किया। परंतु इन अभिसमयों के उपबंधों को बहुत हद तक प्रसूतिहित लाभ अधिनियम 1961 तथा कर्मचारी राज्य बीमा अधिनियम, 1948 में सम्मिलित किया गया है।

कार्य की दशाएं

आईएलओ ने कार्य की दशाएं (होटल और रेस्तरां) अभिसमय संख्या 172, 1991 के अंतर्गत होटल तथा रेस्तरां में कार्यरत कामगारों के मानवाधिकार तथा हितों की रक्षा के लिये महत्वपूर्ण नियमों तथा मार्गदर्शक परिनियमों का उल्लेख किया है। भारत सरकार ने इन उपबंधों को स्वीकार नहीं किया। परंतु भारत सरकार द्वारा लागू दुकान तथा प्रतिष्ठान अधिनियमों में इसे प्रमुखता के साथ शामिल किया गया है।

औद्योगिक संबंध

अंतर्राष्ट्रीय श्रम संगठन ने औद्योगिक संबंधों से जुड़े विविध आयामों का समय-समय पर अध्ययन तथा सर्वेक्षण किया है। मिसाल के तौर पर औद्योगिक विवाद *श्रम संघ तथा औद्योगिक* नियोजन आदि को प्रस्तुत किया जा सकता है। आईएलओ ने औद्योगिक संबंध के संदर्भ में दो प्रमुख अभिसमयों को रेखांकित किया है–

1. संगठन की स्वतंत्रता एवं संगठन के अधिकार की संरक्षा-अभिसमय, संख्या 87, 1948
2. सामूहिक सौदेबाजी-अभिसमय संख्या 155, 198

   भारत सरकार ने इन अभिसमयों को पूर्णतः स्वीकार नहीं किया है, परंतु भारत के औद्योगिक संबंध से जुड़े कानूनों जैसे औद्योगिक विवाद अधिनियम, 1947, श्रम संघ अधिनियम, 1926 तथा औद्योगिक नियोजन (स्थायी आदेश) 1946 में कुछ अभिसमयों के उपबंधों को शामिल किया गया है।

बीमारी बीमा

कामगारों को कठिन परिस्थितियों में अपने कार्यों का संपादन करना होता है। कड़ी धूप, जानलेवा ठंडक तथा जलती चिनगारियों के बीच कार्यरत कामगार अपने खून और पसीने से औद्योगिक प्रतिष्ठानों को सींचता है। परंतु जब वह बीमार पड़ता है तो अपने आपको असहाय महसूस करता है। अतः अंतर्राष्ट्रीय श्रम संगठन ने बीमार कामगारों की चिकित्सकीय सुरक्षा के लिए बीमारी बीमा के प्रावधानों को उपबंधित किया है। गौरतलब है कि बीमारी बीमा (उद्योग) अभिसमय, संख्या 24, 1927 के तहत औद्योगिक कामगारों के लिये अनिवार्य बीमारी बीमा की व्यवस्था का प्रावधान है। साथ ही बीमार कामगार को निर्धारित अवधि के लिए आर्थिक सुविधा प्रदान करने की व्यवस्था है। भारत सरकार ने आईएलओ के इस अभिसमय को पूर्णतः स्वीकार नहीं किया है। परंतु इसके उपबंधों को कर्मचारी राज्य बीमा अधिनियम 1948 में सम्मिलित किया गया है।

मजदूरी की संरक्षा

दुनिया के विभिन्न देशों में औद्योगिक प्रतिष्ठानों के अंतर्गत मजदूरी के प्रश्न को लेकर कामगार तथा नियोजक के बीच विवाद तथा संकट के बादल घिरे रहते हैं। साधारणतः कार्य की तुलना में उचित मजदूरी नहीं दी जाती है। आधे वेतन की कटौती की जाती है। नियमित रूपों में वेतन का भुगतान नहीं हो पाता है। फलतः थके-मांदे कामगार जब घर लौटकर आते हैं तो चूल्हा जलाने के लिये भी उनके पास पैसे नहीं होते हैं। फलतः कामगारों में असंतोष की चिनगारी पैदा होती है। औद्योगिक विवाद तथा संकट की स्थिति उत्पन्न होती है। अतः अंतर्राष्ट्रीय श्रम संगठन ने मजदूरी की संरक्षा का स्पष्ट प्रावधान किया है। उल्लेखनीय है कि मजदूरी संरक्षा अभिसमय संख्या 95, 1949 के अनुसार श्रमिकों की मजदूरी को संरक्षित किया गया है। वेतन भुगतान से जुड़े प्रश्नों पर स्पष्ट निर्देश दिया गया है। इसके तहत नियमित वेतन, वैध मुद्रा में भुगतान तथा वेतन कटौती की शर्तों को रेखांकित किया गया है। भारत में भी श्रम कानूनों पर इन अभिसमयों

का व्यापक प्रभाव दिखाई पड़ता है। भारत में मजदूरी भुगतान अधिनियम 1936 तथा अन्य संरक्षात्मक श्रम अधिनियमों में आईएलओ के प्रावधानों को शामिल किया गया है।

अवकाश के साथ वेतन

कठिन परिस्थितियों में कार्यरत औद्योगिक कामगारों के लिये वेतन सहित अवकाश अभिसमय, संख्या 52, 1936 को प्रस्तुत किया गया है। इसके तहत औद्योगिक तथा वाणिज्यिक प्रतिष्ठानों में कार्यरत कामगारों को प्रतिवर्ष छह दिनों के लिये वेतन सहित अवकाश का प्रावधान किया गया है। भारत के विभिन्न श्रम कानूनों में इसका प्रभाव झलकता है। उदाहरण के रूप में उच्च स्तर के मानक कारखाना अधिनियम, खान अधिनियम तथा मोटर परिवहन कामगार अधिनियम का उल्लेख किया जा सकता है।

सिफारिशों का प्रभाव

अंतर्राष्ट्रीय श्रम संगठन द्वारा प्रस्तुत कतिपय सिफारिशों का स्पष्ट प्रभाव भारत के श्रम कानूनों पर भी दिखाई पड़ता है। औद्योगिक प्रतिष्ठानों में कार्य की दशाओं, सामाजिक सुरक्षा, स्वास्थ्य सुरक्षा तथा, कल्याण तथा औद्योगिक संबंधों के क्षेत्र में आईएलओ की सिफारिशों का व्यापक प्रभाव मौजूद है–

1. कार्य की दशाएं
   (i) श्रम निरीक्षक संख्या, 20, 1923
   (ii) श्रम निरीक्षक (नाविक) संख्या, 28, 1926
   (iii) न्यूनतम मजदूरी-नियतन, संयंत्र संख्या, 30, 1928
   (iv) श्रम निरीक्षक संख्या, 81, 1947
   (v) श्रम निरीक्षण (खनन और यातायात) संख्या, 82, 1947
   (vi) न्यूनतम आयु (कोयला खान) संख्या, 97, 1953
   (vii) श्रम निरीक्षक (कृषि) संख्या, 133, 1969
   (viii) न्यूनतम मजदूरी-नियतन-संख्याएं 135, 1970
   (ix) श्रम प्रशासन संख्या, 158, 1978
   (x) कार्य के घंटे एवं विश्राम अंतराल (मोटर परिवहन), संख्या, 161, 1979
   (xi) कार्य की दशाएं (होटल और रेस्तरां), संख्या, 179, 1991
   (xii) कार्य की दशाएं (गैर-होटल और रेस्तरां), संख्या, 178, 1991
2. औद्योगिक संबंध
   (i) स्वैच्छिक सुलह तथा विवेचन, संख्या, 92, 1951
   (ii) औद्योगिक संस्थान पर सहयोग, संख्या, 94, 1952
   (iii) ग्रामीण कामगार-संगठन, संख्या, 149, 1975
3. सामाजिक सुरक्षा
   (i) कर्मकार क्षतिपूर्ति (व्यावसायिक रोग), संख्या 24, 1925
   (ii) उपचार की समानता (दुर्घटना क्षतिपूर्ति), संख्या 25, 1926

(iii) दुर्घटनाओं से सुरक्षा (गोदी श्रमिक), संख्या 34, 1929
(iv) दुर्घटनाओं से पारस्परिक सुरक्षा (गोदी श्रमिक), संख्या 40, 1932
(v) सामाजिक सुरक्षा (सशस्त्र सेना), संख्या 68, 1944

4. स्वास्थ्य सुरक्षा और कल्याण
(i) सफेद फास्फोरस, संख्या 6, 1919
(ii) पत्तनों पर नाविकों का कल्याण, संख्या 46, 1936
(iii) बिस्तर-चौका-बर्तन और विविध अवस्थाएं (नाविक दल), संख्या 78, 1946
(iv) कल्याण-सुविधाएं, संख्या 102, 1956
(v) समुद्र पर चिकित्सा सेवा, संख्या 106, 1958

5. अन्य
(i) व्यवहार की पारस्परिकता, संख्या 2, 1919
(ii) राष्ट्रीय नाविक संहिता, संख्या 9, 1920
(iii) बलात श्रम (अप्रत्यक्ष बाध्यता), संख्या 35, 1930
(iv) बलात श्रम (नियमन), संख्या 36, 1930
(v) सार्वजनिक निर्माण (अंतर्राष्ट्रीय सहयोग), संख्या 50, 1930
(vi) समान पारिश्रमिक, संख्या 90, 1951
(vii) देशी तथा जनजातीय जनसंख्या, संख्या 104, 1957
(viii) समुद्री नाविकों की नियुक्ति (विदेशी जलयान), संख्या 107, 1958
(ix) सामाजिक परिस्थिति एवं सुरक्षा संस्था 108, 1958
(x) भेदभाव (नियोजन तथा व्यवसाय), संख्या 111, 1958
(xi) परामर्श (औद्योगिक तथा राष्ट्रीय स्तर), संख्या, 113, 1960
(xii) परिवेदनाओं की जांच, संख्या 130, 1967

विश्लेषणों के आधार पर स्पष्ट होता है कि अंतर्राष्ट्रीय श्रम संगठन के अभिसमयों तथा सिफारिशों ने भारत के श्रम कानूनों को एक नई दिशा दी है। आईएलओ नियोजक कामगार तथा सरकार के प्रतिनिधियों के बीच समन्वय एवं सामंजस्य का एक नया तथा सुदृढ़ आधार प्रदान किया है। औद्योगिक कामगारों के हितों एवं अधिकारों की रक्षा के लिये भारत सरकार ने अंतर्राष्ट्रीय श्रम संगठन के दृष्टिकोणों का पुरजोर समर्थन किया है। परंतु भारत में उत्पादन का मुख्य साधन कृषि है। हरितक्रांतियों के बावजूद भारत के कई राज्यों में कृषि कामगारों की स्थिति संतोषजनक नहीं है। उदाहरणस्वरूप बिहार, उड़ीसा, झारखंड तथा पश्चिम बंगाल में कृषि मजदूरों की समस्याओं का तर्कपूर्ण आधारों पर समाधान नहीं हो पाया है। इन राज्यों की सूची में छत्तीसगढ़ को भी सम्मिलित किया जा सकता है। खेतिहर मजदूर प्राकृतिक विपदाओं से जूझ रहे हैं। बाढ़ की गंभीर समस्या मौजूद है। सूखे का संकट भी उत्पन्न होता है। बिहार सहित कुछ अन्य राज्यों में भूमि सुधार कार्यक्रमों को कारगर ढंग से लागू नहीं किया गया है। अंतर्राष्ट्रीय श्रम संगठनों द्वारा इन समस्याओं पर लगातार चिंता व्यक्त की जा रही है। परंतु भारत में केंद्रीय सरकार तथा प्रांतीय सरकार खेतिहर मजदूरों की समस्याओं के निराकरण की दिशा में सक्रिय नहीं है। उल्लेखनीय है कि महाराष्ट्र, आंध्रप्रदेश तथा कुछ अन्य राज्यों में भारी संख्या में

किसानों द्वारा ऋणग्रस्तता तथा आर्थिक दिवालियेपन के कारण आत्महत्या का विवरण उपलब्ध होता रहा है। अतः भारत में अंतर्राष्ट्रीय श्रम संगठन के सहयोग से ग्रामीण परिक्षेत्रों के असंगठित रोजगार के संदर्भ में भी पुरजोर पहल करने की आवश्यकता है।

कृषि मजदूरों की समस्याओं के समाधान नहीं होने के कारण एक राज्य से दूसरे राज्य में बड़े पैमाने पर मजदूरों का पलायन हो रहा है। महानगरों में इन मजदूरों की जिंदगी फुटपाथ पर गुजर रही है। गंदी बस्तियों में इनका रैन-बसेरा होता है। इन मजदूरों को बूंद-बूंद पानी के लिये तरसना पड़ता है। इन्हें सामाजिक सुरक्षा का कोई लाभ नहीं प्राप्त होता है। क्षेत्रीयता के नाम पर इन्हें अक्सर अपमानित भी होना पड़ता है। अतः इन प्रवासी मजदूरों की समस्याओं के समाधान के लिये अंतर्राष्ट्रीय श्रम संगठन का हस्तक्षेप अपेक्षित है।

भारत में कई प्रमुख राज्यों में उग्रवाद तथा नक्सलवाद की समस्या मौजूद है। बिहार, झारखंड, उड़ीसा, पश्चिम बंगाल, छत्तीसगढ़ तथा आंध्रप्रदेश में नक्सलवाद का संकट मौजूद है। सामाजिक, आर्थिक असंतोष के साथ नक्सलवाद का स्पष्ट संबंध मौजूद है। असंगठित क्षेत्र के मजदूरों का लगातार शोषण जारी है। मजदूरों में अलगाव की स्थिति उत्पन्न होती है तथा नक्सलवाद की चिंगारी पैदा होती है। जाहिर है कि भारत में औद्योगिक कामगारों के संदर्भ में ही श्रम कानूनों पर ध्यान केन्द्रित किया गया है। यह एकपक्षीय तथा असंतुलित दृष्टिकोण का परिचायक है। माटी और पानी के बीच में हरियाली लाने वाले गांव के गरीब मजदूरों को हम भाग्य के भरोसे नहीं छोड़ सकते हैं।

भारत में वैश्वीकरण तथा आर्थिक उदारीकरण का नया दौर 1990 के दशक में तीव्र हुआ है। उत्पादन, विपणन, उत्पादक शक्ति तथा अन्य क्षेत्रों में प्रबंधन को नया रूप दिया जा रहा है। कम्प्यूटर, लैपटॉप, इंटरनेट, मोबाइल तथा अन्य संचार साधनों ने औद्योगिक प्रतिष्ठानों की संरचना को एक नया स्वरूप प्रदान किया है। महज बारह नियमित कामगार के सहयोग से अब दैनिक पत्रों का प्रकाशन किया जा सकता है। अन्य सहयोग अनुबंध के आधार पर लिया जाता है। एक मोबाइल कंपनी कमीशन तथा अनुबंध के आधार पर लाखों व्यक्तियों का सहयोग प्राप्त करती है। जाहिर है कि श्रम संरचना तथा श्रमिकों की सेवा का स्वरूप बदल रहा है। अतः पुराने श्रम कानूनों तथा प्रावधानों के आधार पर वैश्वीकरण, आर्थिक उदारीकरण, बाजारवाद तथा उपभोक्तावाद के नये दौर में कामगारों के हितों तथा अधिकारों की रक्षा नहीं की जा सकती है। भारत में अंतर्राष्ट्रीय श्रम संगठन के सहयोग से बदले हुए हालातों के अनुरूप श्रम कानूनों को नया स्वरूप देना होगा। उनकी नई व्याख्या करनी होगी। उनमें नये प्रावधानों को शामिल करना पड़ सकता है। उल्लेखनीय है कि नये दौर में व्यापक पैमाने पर कामगारों का शोषण हो रहा है। परंतु जानकारी नहीं हो पाती है कि उनका शोषण हो गया है।

10

सामाजिक सुरक्षा

(Social Security)

कामगारों के कल्याण, विकास तथा सुरक्षा के इतिहास में सन् 1933 का कालखंड स्वर्णाक्षर में अंकित किया जा सकता है। सामाजिक सुरक्षा (Social Security) शब्द का सर्वप्रथम उपयोग 1933 में अब्राहम एप्स्टीयों ने किया था। 1935 में अमेरिका में सामाजिक सुरक्षा अधिनियम पारित किया गया। 1938 में सामाजिक सुरक्षा शब्द का प्रयोग न्यूजीलैंड में किया गया। साथ ही सामाजिक सुरक्षा के प्रावधानों को व्यापक पैमाने पर लागू किया गया। उल्लेखनीय है कि सन् 1941 में अटलांटिक चार्टर (Atlantic Charter) के तहत दुनिया के सभी देशों को सामाजिक सुरक्षा के लिये उत्प्रेरित किया गया। सन् 1942 में अंतर्राष्ट्रीय श्रम संगठन ने एप्रोचेज टु सोश्यल सिक्योरिटी को जारी किया। आईएलओ ने सामाजिक सुरक्षा के विविध आयामों को रेखांकित किया। 10 दिसंबर, 1948 को संयुक्त राष्ट्र की सामान्य सभा द्वारा मानवीय अधिकारों की सार्वभौमिक घोषणा की गई। फलतः दुनिया के विभिन्न देशों में सामाजिक सुरक्षा को व्यापक स्वीकृति प्राप्त हुई। सन् 1948 में सर विलियम बेवरिज ने रिपोर्ट आन् सोश्यल एंड एलाइड सर्विसेज इन्श्योरेन्स को प्रस्तुत किया। उन्होंने अपनी रिपोर्ट के आधार पर सामाजिक बीमा एवं संबंधित सेवाओं के संदर्भ में मुकम्मल रूपरेखा प्रस्तुत की। इसी बीच एल.सी. मार्श ने कनाडा में सामाजिक सुरक्षा पर केन्द्रित एक प्रतिवेदन को जारी किया। संयुक्त राज्य अमेरिका में कार्यरत नेशनल रिसोर्सेज बोर्ड ने सामाजिक सुरक्षा के व्यापक संदर्भों को तर्कपूर्ण आधारों पर प्रस्तुत किया।

हरिकृष्ण रावत के अनुसार सामाजिक सुरक्षा वह सुरक्षा है जो एक समाज समुचित साधनों द्वारा अपने नागरिकों को उन अज्ञात आपदाओं तथा आकस्मिक संकटों के लिये प्रदान करता है जिनकी आशंका सदैव विद्यमान रहती है। सामान्यत: अभाव, अज्ञान, गंदगी, बेकारी, बीमारी, दुर्घटना एवं वृद्धावस्था जैसे संकटों से रक्षा के लिये जो सेवाएं एक समाज द्वारा अपने सदस्यों को दी जाती हैं, वे सामाजिक सुरक्षा कहलाती हैं।

औद्योगीकरण के तीव्र विकास के कारण दुनिया के विभिन्न देशों में मिलों तथा कारखानों का विकास हुआ। औद्योगिक प्रतिष्ठानों में उत्पादन, विपणन तथा अन्य कार्यों के लिये बड़े पैमाने पर कामगारों का उपयोग होता है। श्रम स्वेद और रक्त से लथपथ होकर कामगार कारखानों में काम करते हैं। अधिकतर हालातों में उनका शोषण होता है तथा उनमें अलगाव की स्थिति उत्पन्न होती है। कार्ल मार्क्स ने शोषण तथा अलगाव से मुक्ति के लिये वर्ग संघर्ष के

सिद्धांत को प्रस्तुत किया। परंतु अंतर्राष्ट्रीय श्रम संगठन तथा संयुक्त राष्ट्र संघ ने गहन चिंतन एवं विश्लेषण के आधार पर स्पष्ट किया कि नियोजक कामगार तथा सरकार के प्रतिनिधियों के बीच समन्वय तथा सामंजस्य के आधार पर औद्योगिक शांति तथा सद्‌भावना की स्थिति कायम रह सकती है। औद्योगिक विवाद तथा टकराहट से उत्पादन में व्यवधान होता है तथा आर्थिक विकास की गति धीमी पड़ जाती है। जाहिर है कि औद्योगिक शांति और सद्‌भावना की दिशा में सामाजिक सुरक्षा एक कारगर कदम है।

बीसवीं शताब्दी के तीसरे दशक में औद्योगिक मजदूरों की समस्याओं ने कई प्रश्न खड़े किये। क्या कामगारों की आवश्यकताएं पूरी होती हैं? क्या जीवन निर्वाह की अर्थव्यवस्था के अनुरूप उन्हें साधन उपलब्ध हैं? क्या उनके बच्चों को दूध मिल रहा है? क्या उनके बच्चे 'दूध-दूध' चीख कर रात गुजारते हैं? क्या उनके परिवार के बीमार सदस्यों का इलाज समुचित रूप में होता है? क्या आर्थिक अभाव के कारण उनके बच्चे दवा के बिना तड़पते हैं? क्या कामगारों के बच्चे सुबह-सवेरे कंधों पर स्कूल का बैग लटकाए हाथों में टिफिन लिये घर से निकलते हैं? क्या उनके बच्चों को आर्थिक अभाव के कारण स्कूलों में प्रताड़ित किया जाता है? क्या उनकी जिंदगी तंग बस्तियों में गुजरती है? क्या उनका कूड़े और कचरे के ढेर के बीच में परिवार के साथ जीवन व्यतीत हो रहा है? क्या उन्हें पानी की किल्लत झेलनी पड़ती है? क्या उनके नसीब में स्वच्छ पर्यावरण नहीं है? क्या तालाबंदी के दौरान उन्हें दर-दर भटकना पड़ता है? क्या छंटनी होने पर उन्हें खून के आंसू रोने पड़ते हैं? क्या बेकारी के माहौल में कामगार दाने-दाने को तरसते हैं? सर विलियम बैवरीज ने औद्योगिक प्रतिष्ठानों में कार्यरत कामगारों की कड़वी सच्चाइयों को इन प्रश्नों के जरिये ज्वलंत कर दिया है। इन्होंने स्पष्ट किया कि कामगार जीवन निर्वाह की आवश्यकता से झुकता है। वह बीमारी से मुठभेड़ करता है। एक कामगार शिक्षा और जागरूकता के लिये तरसता है? वह अज्ञानता से लड़ता है। उसे भी शिक्षा की मुट्‌ठीभर रोशनी चाहिए। वह गंदगी और बदहाली के खिलाफ संघर्ष करता है तथा स्वच्छ पर्यावरण के इंतजार में जिंदगी गुजार लेता है। छंटनी, तालाबंदी तथा बेकारी के आलम में उसकी छाया तक उसका साथ नहीं निभा पाती है। बेवरीज ने कहा कि इन पांच दानवों से एक कामगार लड़ता है। उन्होंने यह भी स्पष्ट किया कि सामाजिक सुरक्षा का प्रश्न कामगारों के लिये समय का तकाजा है। सरकार और समाज का दायित्व बनता है कि सामाजिक सुरक्षा के विविध साधनों द्वारा कामगारों के जीवन में उत्साह और मनोबल का संचार करें। इन्हीं प्रश्नों को मॉरिस स्टैक ने अपने एक शोध निबंध ''द मीनिंग ऑफ सोशल सिक्योरिटी'' में खड़ा किया है। बीमारी, अभाव, अज्ञानता, गंदगी तथा बेकारी से जूझ रहे कामगारों के संदर्भ में डब्ल्यू.एच. वाटकिंसन ने अपने एक शोध निबंध ''हाउ वेलफेयर बिगैन'' में सामाजिक सुरक्षा के पहलुओं को रेखांकित किया है।

वैश्वीकरण, आर्थिक उदारीकरण, उपभोक्तावाद तथा बाजारवाद के नए दौर में सामाजिक सुरक्षा का प्रश्न और अधिक महत्वपूर्ण होता जा रहा है। परिवार की संरचना तथा नातेदार संबंधों में भी बदलाव के संकेत मिल रहे हैं। भीड़ में भी आदमी अपने को अकेला महसूस करता है। आतंकवाद, उग्रवाद तथा नक्सलवाद के साये में सड़कती हुई जिंदगी को कल की खबर नहीं है। कब क्या हो जाये? किसी को पता नहीं। कहां क्या घटित हो जाय? किसी को

ज्ञात नहीं है। कोई किसी का सहारा नहीं है। कभी वृद्धावस्था में आदमी आदर और सम्मान प्राप्त करता था। अब परिवार में वृद्ध लगभग अकेला पड़ता जा रहा है। एक दुर्घटना, रेल दुर्घटना, गैसों का रिसाव, खान दुर्घटना – आदमी वर्तमान दौर में अपने को सबसे अधिक असुरक्षित महसूस करता है। अर्थशास्त्री अमर्त्य सेन तथा समाजशास्त्री टी.के. ओमेन ने लगातार सामाजिक सुरक्षा के जलते प्रश्नों को खड़ा किया है। जाहिर है कि सामाजिक सुरक्षा कामगारों के लिये कवच के समान है।

भारत में भी औद्योगिकरण की प्रक्रिया के साथ सामाजिक सुरक्षा के प्रश्नों को खड़ा किया गया। भारत में सन् 1923 में कामगार मुआवजा अधिनियम पारित होने के साथ सामाजिक सुरक्षा का श्री गणेश किया गया। प्रसूति–लाभ अधिनियम, 1961, कर्मचारी राज्य बीमा योजना अधिनियम, 1948, कर्मचारी भविष्य निधि और विविध उपबंध अधिनियम 1952, कर्मचारी भविष्य निधि योजना, 1952, ग्रैच्युटी भुगतान अधिनियम, 1972, जमा राशि से जुड़ी कर्मचारी बीमा योजना, 1976 तथा कर्मचारी पेंशन योजना, 1995 आदि सामाजिक सुरक्षा से संबंधित कतिपय अधिनियमों का उल्लेख किया जा सकता है।

स्पष्ट है कि सामाजिक सुरक्षा तथा सामाजिक न्याय के बीच गहरा संबंध है। सामाजिक सुरक्षा मानवाधिकार के सिद्धांतों तथा प्रश्नों से संबंधित है।

सामाजिक सुरक्षा की अवधारणा (Concept of Social Security)

1977 में अंतर्राष्ट्रीय श्रम संगठन तथा नार्वे की सरकार द्वारा नई दिल्ली में सामाजिक सुरक्षा पर केन्द्रित एक संगोष्ठी का आयोजन किया गया। संगोष्ठी में सामाजिक सुरक्षा की अवधारणा की व्याख्या की गई। यह स्पष्ट किया गया कि सामाजिक सुरक्षा का दायित्व समाज का है। यह सार्वजनिक विधि नियमों पर आधारित है। सार्वजनिक विधि नियम क्रमबद्ध तथा शृंखला के रूप में मौजूद हैं। यह भी स्पष्ट किया गया कि सामाजिक सुरक्षा अभावग्रस्त लोगों के लिये है। यह बीमार तथा दुर्घटना से प्रभावित कामगारों के लिये है। मिलों में तालाबंदी तथा छंटनी के कारण बेरोजगार हो गए कामगारों के लिए सामाजिक सुरक्षा एक रक्षा कवच है। प्रसूति, नियोजन से उत्पन्न चोट अथवा व्यावसायिक बीमारी से जूझ रहे कामगारों के लिए सामाजिक सुरक्षा के तहत सहायता अथवा सामाजिक बीमा का प्रावधान है। असहाय कामगारों के लिए भी सामाजिक सुरक्षा के अंतर्गत विशेष प्रावधान मौजूद है। वृद्धावस्था, मौत, गंभीर बीमारी, लाचारी तथा अन्य गंभीर समस्याओं से आहत कामगारों के लिए सामाजिक सुरक्षा अमृत तुल्य है।

सामाजिक सुरक्षा की अवधारणा के संदर्भ में लार्ड विलियम बेवरीज, स्टैक, डब्ल्यू.एच. वाटकिन्सन आदि विद्वानों ने विचार प्रकट किये हैं। निम्नलिखित विश्लेषणों के आधार पर सामाजिक सुरक्षा की अवधारणा को इस प्रकार रेखांकित किया जा सकता है–

1. सामाजिक सुरक्षा की अवधारणा का स्पष्ट विवेचन सर विलियम बेवरीज ने किया है। उन्होंने अपने ''रिपोर्ट आन् सोश्यल इन्शयोरेन्स एंड एलाइड सर्विसेज'' में सामाजिक सुरक्षा को परिभाषित करते हुए स्पष्ट किया कि सामाजिक सुरक्षा एक अभियान है। यह अभियान पांच प्रमुख आपदाओं के खिलाफ है यह पांच प्रमुख आपदा अभाव, अज्ञान गंदगी, बेकारी तथा बीमारी से जुड़ी हुई हैं। बेवरीज के अनुसार सामाजिक सुरक्षा इन

पांच प्रमुख आपदाओं से मुठभेड़ करती है। यह एक तर्कपूर्ण रणनीति है। सामाजिक सुरक्षा के अन्तर्गत सामाजिक बीमा तथा सामाजिक सहायता कार्यक्रमों का संचालन होता है। साथ ही इसके अंतर्गत ऐच्छिक बीमा योजनाएं भी संचालित की जाती हैं। बेवरीज ने यह भी स्पष्ट किया कि सामाजिक सुरक्षा कार्यक्रमों के अन्तर्गत तीन बुनियादी मान्यताएं हैं – नियोजन का उचित स्तर, सर्वांगीण स्वास्थ्य सेवा तथा बच्चों के भत्ते की योजना।[1]

लार्ड विलियम बेवरीज के द्वारा प्रस्तुत सामाजिक सुरक्षा की परिभाषा के आधार पर निम्नलिखित बिन्दुओं का स्पष्टीकरण होता है–

(i) विलियम बेवरीज एक चिंतक थे। अतः उन्होंने सामाजिक सुरक्षा की अवधारणा के बुनियादी तत्वों को रेखांकित किया। उनके अनुसार सामाजिक सुरक्षा एक पद्धतियुक्त योजना है। अर्थात् यह तर्क एवं औचित्य पर आधारित है। यह वस्तुनिष्ठ तथा वैज्ञानिक दृष्टि से संबंधित है। सामाजिक सुरक्षा के तहत उन्होंने पांच प्रमुख आपदाओं को रेखांकित किया है। आपदाओं की विकरालता को स्पष्ट करने के लिये उन्होंने दानव शब्द का उपयोग किया है। उनके अनुसार अभाव, बीमारी, अज्ञान, गंदगी तथा बेकारी के विरुद्ध सामाजिक सुरक्षा एक ठोस तथा पद्धतियुक्त कदम है। ज्ञातव्य है कि इंसान की जिंदगी में अभाव के कारण कई प्रकार की समस्याओं का जन्म होता है। अकेला एक असहाय मनुष्य आपदाओं से लड़ नहीं सकता है। अतः दुनिया के देशों में सामाजिक सुरक्षा का प्रावधान किया गया है।

(ii) बेवरीज ने बेरोजगारी को रेखांकित किया है। बेरोजगार होने पर व्यक्ति अपनी तथा अपने परिवार की आर्थिक आवश्यकताओं की पूर्ति में विफल हो जाता है। छंटनी, मिलों में तालाबंदी तथा रोजगार नहीं मिलने पर व्यक्ति बेकारी से जूझता है। सामाजिक सुरक्षा बेकारी की त्रासदी तथा पीड़ा के खिलाफ एक अभियान है। सामाजिक सुरक्षा के अन्तर्गत बेरोजगार व्यक्तियों को विभिन्न प्रावधानों के अंतर्गत राहत प्रदान करने की व्यवस्था की जाती है।

(iii) गंभीर बीमारी तथा दुर्घटना के कारण व्यक्ति लाचार हो जाता है। बीमारी व्यवसाय के कारण भी उत्पन्न हो सकती है। अतः समाज तथा सरकार के द्वारा बीमार तथा दुर्घटनाग्रस्त कामगारों को आर्थिक आमदनी की व्यवस्था की जाती है। आर्थिक तौर पर उन्हें सुरक्षा प्रदान की जाती है।

(iv) अवकाश ग्रहण करने के बाद अथवा वृद्धावस्था में भी मनुष्य अपने को असहाय समझता है। अतः विभिन्न प्रावधानों के तहत अवकाश प्राप्त व्यक्तियों एवं वृद्ध व्यक्तियों के लिये आर्थिक तथा अन्य क्षेत्रों में सुरक्षा प्रदान की जाती है।

(v) एक व्यक्ति के निधन के बाद उस पर आश्रित अन्य व्यक्तियों के समक्ष संकट के बादल घिर जाते हैं। भुखमरी तथा लाचारी की स्थिति उत्पन्न हो जाती है। अतः संकट के इन क्षणों में सामाजिक सुरक्षा के अन्तर्गत समाज तथा सरकार का दायित्व महत्वपूर्ण हो जाता है। आश्रित व्यक्तियों का समुचित आर्थिक प्रबंधन सामाजिक सुरक्षा के अंतर्गत किया जाता है।

(vi) बेवरीज ने सामाजिक सुरक्षा को परिभाषित करते हुए जीवन के तीन महत्वपूर्ण चरणों का उल्लेख किया है। उनके अनुसार जन्म, विवाह तथा मृत्यु जीवन के तीन प्रमुख चरण होते हैं। साधारणत: एक कामगार को इन चरणों में आर्थिक सहयोग तथा अन्य प्रकार की सहायता की अपेक्षा होती है। अत: जन्म, मृत्यु एवं विवाह से संबंधित अपेक्षाओं की पूर्ति सामाजिक सुरक्षा के तहत की जाती है।

(vii) बेवरीज ने सामाजिक सुरक्षा से संबंधित विभिन्न आयामों का विश्लेषण किया है। उनके अनुसार सामाजिक सुरक्षा के अन्तर्गत विभिन्न प्रकार के कार्यक्रमों, प्रावधानों तथा योजनाओं को स्वीकृत किया जाता है। साथ ही इन प्रावधानों को लागू करने का प्रयास किया जाता है। उल्लेखनीय है कि सामाजिक सुरक्षा के तहत सामाजिक बीमा तथा सामाजिक सहायता कार्यक्रम एवं ऐच्छिक बीमा योजनाएं बनाई एवं संचालित की जाती हैं।

(viii) बेवरीज ने सामाजिक सुरक्षा कार्यक्रमों की तीन प्रमुख बुनियादी मान्यताओं का उल्लेख किया है–

(क) नियोजन का उचित स्तर,

(ख) सर्वांगीण स्वास्थ्य सेवा, एवं

(ग) बच्चों के भत्ते की योजना

2. अंतर्राष्ट्रीय श्रम संगठन ने अपने "एप्रोचेज टू सोशल सिक्योरिटी-ऐन इंटरनेशनल सर्वे" में सामाजिक सुरक्षा की अवधारणा के संबंध में स्पष्ट किया है कि सामाजिक सुरक्षा एक प्रकार की सुरक्षा है। मनुष्य कई प्रकार के खतरों एवं संकटों की त्रासदी से जूझता है, साथ ही संकटों एवं समस्याओं की संभावनाओं से भी मनुष्य भयभीत रहता है। अपने को असुरक्षित महसूस करता है। सामाजिक सुरक्षा के तहत व्यवस्थित संगठन के आधार पर समाज अपने सदस्यों को विभिन्न प्रावधानों के जरिये सुरक्षा प्रदान करने का भरोसा देता है। अंतर्राष्ट्रीय श्रम संगठन ने यह भी स्पष्ट किया है कि बुनियादी तौर पर खतरे तथा संकट आकस्मिक रूप में उत्पन्न होते हैं। दुर्घटना का शिकार होना एक आकस्मिक घटना है। अचानक पक्षाघात से पीड़ित हो जाना भी आकस्मिक रूप में होता है। कई अन्य घटनाओं का भी उल्लेख किया जा सकता है। इन आकस्मिक घटनाओं के दौरान एक अल्प आय वाला कामगार अपने को अकेला तथा लाचार अनुभव करता है। आकस्मिक संकटों से जूझने की क्षमता उसमें नहीं होती। नाते, रिश्तेदार भी किनारे हो जाते हैं। नर्सिंग होम के प्रबंधक भी अभावग्रस्त मरीजों से नफरत करते हैं। अंतर्राष्ट्रीय श्रम संगठन के अनुसार सामाजिक सुरक्षा के जरिये ही व्यक्ति आकस्मिक घटनाओं से उत्पन्न संकट एवं समस्या का समाधान कर सकता है।[2]

अंतर्राष्ट्रीय श्रम संगठन ने सामाजिक सुरक्षा को परिभाषित करते हुए निम्नलिखित तथ्यों को स्पष्ट किया है–

(i) अंतर्राष्ट्रीय श्रम संगठन के अनुसार सामाजिक सुरक्षा का स्पष्ट संबंध कामगारों की सुरक्षा से है। जाहिर है कि सामाजिक सुरक्षा एक प्रकार का रक्षा कवच है।

(ii) आईएलओ के अनुसार कामगार को जीवन में अथवा कार्यक्षेत्र में खतरों से खेलना होता है। उसे विभिन्न प्रकार की समस्याओं तथा संकटों को झेलना पड़ता है। उसके मन में असुरक्षा की भावना मौजूद रहती है। वह आर्थिक दृष्टिकोण से सबल नहीं होता है। अतः उसमें असुरक्षा की अधिक भावना रहती है। इन संकटों तथा असुरक्षा के दौर से सामाजिक सुरक्षा कामगारों को भरोसा देता है। उनका मनोबल बढ़ाता है। संकट के समय खड़े होने का वादा करता है।

(iii) आईएलओ ने यह भी स्पष्ट किया है कि सामाजिक सुरक्षा एक संगठित पद्धति है। विभिन्न संगठनों के जरिये सामाजिक सुरक्षा के प्रावधानों के तहत संकट तथा समस्या के समय सामाजिक सुरक्षा के प्रावधानों के तहत कामगारों को विभिन्न रूपों में सहयोग किया जाता है।

(iv) आईएलओ ने विशेष तौर पर 'आकस्मिक' शब्द का उपयोग किया है। वस्तुतः आकस्मिक दुर्घटना, मौत, छंटनी आदि के कारण व्यक्ति लाचार तथा असहाय हो जाता है। अंतर्राष्ट्रीय श्रम संगठन के अनुसार इन आकस्मिक घटनाओं के दौरान सामाजिक सुरक्षा के प्रावधानों का विशेष महत्व होता है।

(v) अंतर्राष्ट्रीय श्रम संगठन ने सामाजिक सुरक्षा को एक मनोवैज्ञानिक तकनीक के रूप में प्रस्तुत किया है। वस्तुतः आदमी आकस्मिक दुर्घटनाओं, लाचारी, छंटनी, मौत तथा संघातक बीमारी आदि से भयभीत रहता है। वह अधिक क्षमता संपन्न नहीं होता है। अतः आकस्मिक विपदाओं से वह डरता है। एक भयभीत कामगार अपने कार्यों का संपादन भी संतुलित रूपों में नहीं कर पाता है। परंतु सामाजिक सुरक्षा के विभिन्न प्रावधानों से उसे भरोसा प्राप्त होता है। उसे लगता है कि आकस्मिक दुर्घटना अथवा अन्य विपदा के समय में सरकार तथा समाज सामाजिक सुरक्षा के प्रावधानों के साथ उसे सहयोग करेगा। फलतः उसके मन के भीतर बैठा हुआ भय उसे नहीं सताता। सामाजिक सुरक्षा के कारण वह भय से मुक्त हो जाता है। उसे अब डर नहीं लगता है। फलतः समर्पण और निष्ठा के साथ वह औद्योगिक उत्पादन में सहयोग करता है। जाहिर है कि सामाजिक सुरक्षा एक मनोवैज्ञानिक तकनीक है। विभिन्न संगठनों के जरिए प्रावधानों के तहत सामाजिक सुरक्षा की व्यवस्था सरकार अथवा समाज द्वारा की जाती है। यह एक पद्धति है, यह एक रणनीति भी है। सामाजिक सुरक्षा के आधार पर नियोजक, कामगार तथा सरकार के प्रतिनिधियों के बीच सामंजस्य एवं सद्भावना का भी विकास होता है।

3. *एनसाइक्लोपीडिया ऑफ सोश्यल वर्क इन इंडिया* में सामाजिक सुरक्षा की अवधारणा को स्पष्ट किया है। मूलतः आकस्मिकता, आर्थिक संकट तथा राष्ट्र की भुगतान क्षमता पर विचार किया गया है। एनसाइक्लोपीडिया में स्पष्ट किया गया है कि सामाजिक सुरक्षा इंसान को विविध आकस्मिकताओं से रक्षा करती है। आर्थिक संकट के दौरान सहयोग करती है। साथ ही संकटग्रस्त कामगार को सामाजिक सुरक्षा के अंतर्गत राष्ट्र की भुगतान क्षमता के अनुरूप सहयोग किया जाता है। सामाजिक सुरक्षा व्यक्ति के न्यूनतम जीवन स्तर को सुनिश्चित करने का साधन है।[3]

एनसाइक्लोपीडिया ऑफ सोश्यल वर्क इन इंडिया द्वारा प्रस्तुत सामाजिक सुरक्षा की परिभाषा के आधार पर निम्नलिखित बिन्दुओं का स्पष्टीकरण होता है—

(i) सामाजिक सुरक्षा का स्पष्ट संबंध आकस्मिकता के साथ है। आकस्मिक विपदाओं के समय सामाजिक सुरक्षा की भूमिका महत्वपूर्ण होती है।

(ii) आकस्मिक विपदाओं के समय आर्थिक संकट से जूझ रहे कामगारों को सामाजिक सुरक्षा के प्रावधानों के तहत सहयोग किया जाता है।

(iii) सामाजिक सुरक्षा तथा भुगतान क्षमता के बीच स्पष्ट संबंध है। राष्ट्र की भुगतान क्षमता के अनुरूप सामाजिक सुरक्षा के जरिये कामगारों की सहायता की जाती है।

(iv) सामाजिक सुरक्षा के अंतर्गत व्यक्ति के न्यूनतम जीवन स्तर को सुरक्षित करने का प्रयास किया जाता है।

4. मॉरीस स्टैक ने अपने शोध निबंध ''द मिनिंग ऑफ सोश्यल सिक्योरिटी '' में सामाजिक सुरक्षा की अवधारणा का विवेचन किया है। मॉरीस स्टैक के अनुसार आधुनिक जीवन में आकस्मिक विपदाओं की संभावना अधिक है। उदाहरणस्वरूप बीमारी, बेरोजगारी, वृद्धावस्था तथा पराश्रित जीवन का उल्लेख किया जा सकता है। साथ ही औद्योगिक दुर्घटनाओं तथा लाचारी आदि का उल्लेख किया जा सकता है। इन विपदाओं के दौरान सामाजिक सुरक्षा अपने कार्यक्रमों के जरिये व्यक्ति को सुरक्षित करती है। सामाजिक कार्यक्रमों के आधार पर व्यक्ति को सुरक्षा का बोध होता है। व्यक्ति इन विपदाओं तथा समस्याओं के समाधान के लिये अपने स्तर से अक्षम होता है। उसमें दूरदर्शिता का अभाव होता है। अत: संकट के दौरान वह अपने अथवा अपने परिवार के सदस्यों की रक्षा करने में असमर्थ होता है।[4]

5. डब्ल्यू.एच. वाटकिन्सन ने भी अपने एक शोध निबंध ''हाऊ वेलफेयर बिगिन'' में सामाजिक सुरक्षा की अवधारणा को स्पष्ट किया है। उनके अनुसार सामाजिक सुरक्षा, बेरोजगारी, बीमारी या अन्य दुर्घटना के दौरान व्यक्ति को आर्थिक स्तर पर सुरक्षित करती है। वृद्धावस्था तथा अवकाश प्राप्ति के बाद व्यक्ति को सुरक्षा प्रदान करती है। मौत के कारण परिवार में असहाय हुए लोगों को सामाजिक सुरक्षा सहारा प्रदान करने में सहायक है। साथ ही जन्म-मृत्यु एवं विवाह के दौरान उत्पन्न आर्थिक संकट के समय व्यक्ति आर्थिक लाभ एवं सुरक्षा प्राप्त करता है।[5]

वी.वी. गिरी ने अपनी पुस्तक *लेबर प्राबलम्स इन इंडियन इंडस्ट्री* में स्पष्ट किया है कि सामाजिक सुरक्षा एक गतिशील विचारधारा है। यह सामाजिक एवं आर्थिक नीतियों की नई राह दिखला रही है। उन्होंने यह भी स्पष्ट किया कि आर्थिक अभाव के कारण असहाय व्यक्ति को सामाजिक सुरक्षा के आधार पर सहयोग प्रदान किया जाता है। यह एक प्रकार की सुरक्षा है।

विश्लेषणों के आधार पर स्पष्ट होता है कि सामाजिक सुरक्षा कल्याणकारी राज्य के आदर्शों से जुड़ी हुई है। वर्तमान जटिल सामाजिक-आर्थिक परिस्थिति में आकस्मिक विपदाओं के समय सामाजिक सुरक्षा के आधार पर एक असहाय व्यक्ति अथवा कामगार को आर्थिक सहयोग प्राप्त होता है। उसे सुरक्षा प्रदान की जाती है। वह भविष्य की विपदाओं के भय से मुक्त हो जाता है। औद्योगिक शांति तथा सद्भावना की दिशा में सामाजिक सुरक्षा एक ठोस कदम है,

अत: बेवरीज का यह कथन तर्कपूर्ण है कि सामाजिक सुरक्षा के आधार पर एक व्यक्ति अभाव, बीमारी, अज्ञान, गंदगी तथा बेकारी से मुठभेड़ करता है तथा उस पर विजय प्राप्त करने का प्रयास करता है।

सामाजिक सुरक्षा के उद्देश्य (Purposes of Social Security)

सर विलियम बेवरीज ने अपने ''रिपोर्ट ऑन सोश्यल इन्श्योरेन्स एंड एलाइड सर्विसेज'' में सामाजिक सुरक्षा के उद्देश्यों को रेखांकित करते हुए स्पष्ट किया है कि कामगारों के हित में सामाजिक सुरक्षा अमृत बिंदु के समान है। उन्हीं के शब्दों में ''तुम जितने गरीब हो, उतनी ही सामाजिक सुरक्षा की अधिक आवश्यकता तुम्हें होगी। अच्छे स्वास्थ्य से कार्य की क्षमता बढ़ती है। वास्तव में राष्ट्रीय समृद्धि को बढ़ाने के लिए यह एक साधन है। सामाजिक बीमा एक ऐसी ढाल है जो प्रजातंत्र के उद्देश्य को सही अर्थ में प्रस्तुत करती है तथा प्रगति के मार्ग को प्रशस्त करती है।''

बेवरीज के विचारों से स्पष्ट होता है कि सामाजिक सुरक्षा निर्धनता की संस्कृति के साथ संबंधित है। इस प्रकार निर्धन वर्गों को तथा असहाय व्यक्तियों को सामाजिक सुरक्षा के आधार पर संरक्षण प्रदान किया जाता है। बेवरीज के अनुसार सामाजिक सुरक्षा का महत्वपूर्ण उद्देश्य स्वास्थ्य से जुड़ा हुआ है। सामाजिक सुरक्षा के अंतर्गत सामाजिक बीमा एक ढाल की तरह है। बेवरीज ने यह भी स्पष्ट किया कि सामाजिक सुरक्षा प्रजातांत्रिक मूल्यों तथा सामाजिक न्याय की दिशा में एक कारगर कदम है।

इकोनोमिक एंड पोलिटिकल वीकली (2006, खंड XLI, No. 32) में प्रकाशित अपने एक शोध निबंध ''नीड टु यूनिवर्सलाइज सोश्यल सिक्योरिटी'' में रवि दुग्गल ने स्पष्ट किया है कि दुनिया के सभी देशों में कामगारों की रक्षा के लिए सामाजिक सुरक्षा का सार्वभौमिक स्वरूप दिया जाना चाहिए। नई परिस्थितियों तथा नई आवश्यकताओं के संदर्भ में सामाजिक सुरक्षा का बार-बार मूल्यांकन अपेक्षित है।

इकोनोमिक एंड पोलिटिकल वीकली (2006, अगस्त 19, खंड XLI, No. 33)में ''ए मॉडल फार सोश्यल सिक्योरिटी'' शीर्षक सम्पादकीय में कई प्रश्नों को खड़ा किया गया है। स्पष्ट किया गया है कि विभिन्न विकासशील देशों में सामाजिक सुरक्षा के मॉडल का अभाव है। भारत में भी सामाजिक सुरक्षा के कार्यान्वयन के क्षेत्र में उदासीनता की स्थिति मौजूद है। अत: सामाजिक सुरक्षा के लिए जरूरतमंद लोगों की पहचान अपेक्षित है। सामाजिक सुरक्षा के कार्यक्रमों को गरीबों के घर के दरवाजे तक ले जाना होगा।

संक्षेप में सामाजिक सुरक्षा के निम्नलिखित उद्देश्यों को रेखांकित किया जा सकता है—

आखिरी पंक्ति के आखिरी आदमी की सुरक्षा

समाजशास्त्री श्यामाचरण दुबे ने आखिरी पंक्ति के आखिरी आदमी का प्रश्न पैदा किया है। उनके अनुसार—''हमारे समाज में आज दो विपरीत प्रवृत्तियां दिख रही हैं। गरीबी हमारी राष्ट्रीय चर्चाओं का केन्द्रीय विषय अब नहीं है। उसका स्थान मुक्त अर्थव्यवस्था और बाजार के तर्क ने ले लिया है। राष्ट्रीय उत्पादन में वृद्धि और विकास-दर को बढ़ाना, हमारे राष्ट्रीय कार्यक्रम के प्रमुख मुद्दे बन गए हैं। वितरण से जुड़े प्रश्न इतने असुविधाजनक हो गए हैं कि हम उनसे सीधे

साक्षात्कार करने से कतराते हैं। कुछ वर्षों की प्रतीक्षा के बाद, हमें आशा है, हम संपन्नता के नये शिखरों का स्पर्श कर सकेंगे। यह संपन्नता किसकी होगी? समाज के वंचित-शोषित-प्रताड़ित वर्ग की उसमें हिस्सेदारी क्या होगी? इन प्रश्नों को या तो हम टाल जाते हैं या उनके छायावादी उत्तर देते हैं।''

समाजशास्त्री ए.आर. देसाई ने भी हाशिये पर खड़े लोगों के प्रश्नों को खड़े किये हैं। स्पष्ट है कि सामाजिक सुरक्षा का सबसे महत्वपूर्ण उद्देश्य आखिरी पंक्ति के आखिरी आदमी के कल्याण, स्वास्थ्य एवं आकस्मिकता से उत्पन्न समस्याओं के समाधान के लिए कोष 'कार्यक्रमों' का क्रियान्वयन करना है।

सामाजिक न्याय

सामाजिक सुरक्षा का एक महत्वपूर्ण उद्देश्य सामाजिक न्याय के चिंतनों से जुड़ा हुआ है। सर्वहारा तथा बुर्जुआ का वर्ग-विभेद मौजूद है। अमीरी तथा गरीबी की खाई चौड़ी होती जा रही है। दिवालियेपन तथा ऋणग्रस्तता के कारण संपन्न किसान भी खुदकुशी के लिए मजबूर हो रहे हैं। कामगारों की जिंदगी चिथड़ों में सिमटी हुई फुटपाथों पर गुजर रही है। कोई किसी को देखने वाला नहीं। विकलांग, परिवार से उपेक्षित वृद्ध, छंटनीग्रस्त कामगार तथा गरीबों के बच्चे दाने-दाने के लिए तरस रहे हैं। महंगाई तथा मूल्य-वृद्धि का कहर जारी है। समस्या का समाधान कौन करेगा? अतः सामाजिक सुरक्षा का एक मुख्य उद्देश्य सामाजिक-आर्थिक असमानता के दौर में प्रभावित तबकों के संरक्षण से जुड़ा हुआ है। 2002 में भारत सरकार द्वारा जारी रिपोर्ट *ऑफ द स्टडी ग्रुप आन सोश्यल सिक्योरिटी* (श्रम आयुक्त, श्रम मंत्रालय, नई दिल्ली) में स्पष्ट किया गया है कि सामाजिक सुरक्षा के अंतर्गत सामाजिक न्याय के चिंतनों पर अमल करना समय का तकाजा है।

अलगाव तथा सामाजिक सुरक्षा

मार्क्स के अनुसार-''लगातार शोषण एवं अत्याचार पीड़ित श्रमिक को कारखाने में अथवा अपने-अपने कर्म स्थलों पर सुख तथा शांति का एहसास नहीं होता है। वह मनोवैज्ञानिक रूप से कुंठित हो जाता है। श्रम, स्वेद और रक्त को जलाकर एक मजदूर दिन-रात परिश्रम करता है तथा उत्पादन में वृद्धि करता है। परंतु उसके मन में यह बात चक्कर काटती है कि जो काम वह कर रहा है, उसका मालिक कोई और है, जो काम वह कर रहा है उसका लाभ कोई और उठा लेता है। उसे मालिक के द्वारा बार-बार अपमानित तथा प्रताड़ित किया जाता है।'' मूलतः उसे निम्नलिखित बिंदुओं के आधार पर अलगाव होता है-

- श्रमिकों को उस वस्तु से अलगाव हो जाता है, जिसे वह उत्पादित करता है।
- श्रमिकों को उत्पादन की प्रक्रिया से भी अलगाव हो जाता है।
- श्रमिकों को स्वयं से भी अलगाव हो जाता है।
- साथ ही अपने समुदाय के साथियों से भी अलगाव होता है।
- इस प्रकार अलगाव स्वविमुखता की स्थिति होती है, जिसमें श्रमिक स्वयं को कार्य से अलग पाता है।

- इस प्रकार मजदूर लगातार शोषण तथा अलगाव की चक्की में जकड़ा हुआ रहता है।
- अलगाव की व्याख्या के आधार पर मार्क्स ने स्पष्ट किया है कि पूंजीवादी अर्थव्यवस्था में पूंजीपति अधिक शक्तिशाली हो जाता है तथा सर्वहारा वर्ग अलगाव का शिकार होकर कमजोर होता जाता है।

कामगारों में अलगाव की स्थिति उत्पन्न होने पर वर्ग संघर्ष की स्थिति उत्पन्न हो सकती है। यहां स्पष्ट करना अनुचित नहीं होगा कि कारगर सामाजिक सुरक्षा के प्रावधानों के अभाव के कारण एक सीमा तथा बिहार, उड़ीसा, झारखंड, छत्तीसगढ़, पश्चिम बंगाल तथा आंध्रप्रदेश में नक्सलवाद की गंभीर समस्या मौजूद है। आंसू में चिंगारी पैदा होती है। अभाव में आक्रोश जन्म लेता है। अत: सामाजिक सुरक्षा का एक महत्वपूर्ण उद्देश्य अलगाव की स्थिति से जूझ रहे कामगारों के संरक्षण से जुड़ा हुआ है।

कामगारों का संरक्षण

सर विलियम बेवरीज ने भी स्पष्ट किया था कि सामाजिक सुरक्षा कामगारों की रक्षा करता है, उनके अनुसार अभाव, बीमारी, अज्ञान, गंदगी और बेकारी के दानवों से सामाजिक सुरक्षा कामगारों को छुटकारा दिलाने का प्रयास करता है। आकस्मिकता, वृद्धावस्था, अवकाश ग्रहण, छंटनी अथवा इस्तीफा, प्रसूति समस्या, मृत्यु विकलांगता तथा अन्य संघातक हालातों में कामगारों को सामाजिक सुरक्षा का सहारा प्राप्त होता है। जाहिर है कि सामाजिक सुरक्षा अपने विविध कार्यक्रमों के जरिये कामगारों को भरोसा दिलाती है तथा उनका मनोबल बढ़ाती है। भारत में भी भारतीय संविधान के अंतर्गत धारा 41, 42, 43 में सामाजिक सुरक्षा के विविध उपबंधों को शामिल किया गया है। साथ ही भारतीय संविधान में समवर्ती सूची (Concurrent List) में भी सामाजिक सुरक्षा से जुड़े विविध मुद्दों का उल्लेख किया गया है। इसके अंतर्गत सामाजिक सुरक्षा तथा बीमा रोजगार तथा बेकारी को रेखांकित किया गया है। साथ ही कामगारों के कल्याण की बात की गई है। कामगारों के कार्य की दशा में, भविष्य निधि नियोजकों पर भार, कामगारों को मुआवजा, वृद्धावस्था तथा प्रसूति लाभों का उल्लेख किया गया है। इस प्रकार सामाजिक सुरक्षा सीधे तौर पर कामगारों के कल्याण एवं संरक्षण से जुड़ी हुई है।

असंगठित क्षेत्र का रोजगार तथा सामाजिक सुरक्षा

तथ्यों तथा आंकड़ों के आधार पर स्पष्ट होता है कि दुनिया के देशों में असंगठित रोजगारों की समस्या अधिक गंभीर है। अंतर्राष्ट्रीय श्रम संगठन ने इस मुद्दे को बार-बार उठाया है। असंगठित क्षेत्र के कामगार अपने आप को अधिक असुरक्षित महसूस करते हैं। उदाहरणस्वरूप बिहार का एक मजदूर उत्साह तथा नई आकांक्षा के साथ मुंबई में कदम रखता है। रोजगार करता है, रोजी-रोटी कमाता है। छठ, दिवाली तथा होली पर घर भी जाता है। मुंबई में रहते हुए परिवार को नियमित तौर पर आर्थिक सहयोग भी करता है और एक दिन पता चलता है कि उस मजदूर को एड्स हो गया है। स्वास्थ्य परीक्षण के बाद ज्ञात होता है कि उसकी पत्नी को भी एड्स है। जाहिर है कि इस मजदूर का सहयोग कौन करेगा। परिवार, नातेदार तथा पड़ोस के लोग अलग-थलग पड़ जाते हैं। जाहिर है कि सामाजिक सुरक्षा के आधार पर ही एड्स प्रभावित मजदूर को सहायता प्रदान की जा सकती है। इस प्रकार असंगठित क्षेत्र के कामगारों

की बीमारी तथा लाचारी में सामाजिक सुरक्षा का ही सहारा प्राप्त हो सकता है। ग्रामीण क्षेत्रों के असंगठित कामगारों को नियमित तौर पर मजदूरी नहीं मिलती है। बाढ़ तथा सूखे की तबाही के दिनों में कामगार खून के आंसू रोते हैं। वैश्वीकरण, आर्थिक उदारीकरण, बाजारवाद तथा उपभोक्तावाद ने दुनिया के अर्थतंत्रों को झकझोर कर रख दिया है। अन्न नहीं है। पैसे नहीं हैं–उनके बच्चे कैसे पढ़ेंगे। वी.वी. गिरी नेशनल लेबर इंस्टीट्यूट के बी.पी. रमेश ने अपनी एक रिपोर्ट "सोश्यल सर्वे फार अनऑर्गेनाइज्ड सेक्टर वर्कर्स इन इंडिया अल्टरनेटिव एप्रोचेज एंड न्यू इनिशिएटिव" में स्पष्ट किया है कि गांव की गलियों से महानगरों के चौराहे तक असंगठित क्षेत्र के कामगार आठ–आठ आंसू बहा रहे हैं। अत: उनके अनुसार सामाजिक सुरक्षा का एक महत्वपूर्ण उद्देश्य असंगठित क्षेत्र के कामगारों से जुड़ा हुआ है। दुनिया के देशों में सामाजिक सुरक्षा के संदर्भ में असंगठित क्षेत्र के कामगारों की बदहाली तथा लाचारी को लेकर चिंतन–मंथन का दौर जारी है। सामाजिक सुरक्षा का परिष्कार करना होगा। नई रणनीति तथा प्रभावी कार्यक्रमों के जरिये सामाजिक सुरक्षा असंगठित क्षेत्र के कामगारों का संरक्षण कर सकती है।

सामाजिक बीमा तथा सामाजिक सुरक्षा

सामाजिक सुरक्षा के अंतर्गत सामाजिक बीमा पर अधिक ध्यान केन्द्रित किया जा सकता है। सामाजिक बीमा वस्तुत: सामाजिक सुरक्षा का केंद्रीय उद्देश्य है। सामाजिक बीमा एक संगठित पद्धति है। इसके अन्तर्गत यह लाभ अल्प आय वाले लोगों को प्रदान किया जाता है। यह अधिकार के रूप में प्राप्त होता है। सामाजिक बीमा के लिए आवश्यक राशि संबंधित पक्षों से एकत्रित की जाती है। ज्ञातव्य है कि इस अंशदान में कामगार, नियोजक तथा सरकार का सहयोग होता है। आकस्मिकता, दुर्घटना, मृत्यु तथा अन्य विपदाओं के दौरान सामाजिक बीमा कामगारों के लिए आर्थिक तौर पर सुरक्षा प्रदान करता है।

सामाजिक सहायता

सामाजिक सुरक्षा के अंतर्गत सामाजिक सहायता का प्रावधान है। आकस्मिक दुर्घटनाओं तथा विपदाओं से पीड़ित व्यक्तियों को सामाजिक सहायता प्रदान की जाती है। सामाजिक सहायता कल्याणकारी राज्य के आदर्शों तथा सिद्धांतों पर आधारित है। सामाजिक सहायता के लिए व्यक्तियों से अंशदान नहीं लिया जाता है। जाहिर है कि सामाजिक सहायता सामाजिक सुरक्षा का एक प्रमुख उद्देश्य है।

बच्चों के हितों की योजना

विकासशील देशों में बच्चों की स्थिति संतोषजनक नहीं है। भारत में भी बालश्रम अधिनियम के बावजूद भारी संख्या में बच्चे मजदूरी करते हैं। बच्चों का शोषण होता है। साथ ही आकस्मिक दुर्घटना, मृत्यु तथा बीमारी के कारण आश्रित बच्चे असहाय हो जाते हैं। अत: सामाजिक सुरक्षा के अंतर्गत बच्चों के हितों की सुरक्षा के लिए कतिपय कल्याणकारी कार्यक्रमों को लागू किया गया है। अत: सामाजिक सुरक्षा का एक मुख्य उद्देश्य बच्चों के हितों की रक्षा से संबंधित है।

बाल श्रमिकों के बारे में 'दिल्ली घोषणा पत्र' (1995) में स्पष्ट निर्देश दिया गया है कि बच्चों के विकास तथा रक्षा के लिए सामाजिक सुरक्षा व्यवस्थाओं का कुशल प्रबंधन अपेक्षित है।

महिला श्रमिक तथा सामाजिक सुरक्षा

दुनिया के विभिन्न देशों में महिला श्रमिकों की स्थिति संतोषजनक नहीं है। विशेष तौर पर असंगठित क्षेत्र की महिलाओं के साथ विभिन्न स्तरों पर भेद-भाव किया जाता है। अत: बीमारी, विकलांगता, अभाव तथा लाचारी के दौरान महिलाओं के लिए व्यापक पैमाने पर सामाजिक सुरक्षा की आवश्यकता है। कामगार के दुर्घटनाग्रस्त होने पर अथवा उनकी मृत्यु होने पर भी महिलाओं को विभिन्न प्रकार की समस्याओं से जूझना होता है। अत: सामाजिक सुरक्षा का एक मुख्य उद्देश्य महिलाओं के हितों से संबंधित है।

कल्याणकारी कोष तथा सामाजिक सुरक्षा

विशेष व्यावसायिक वर्ग के लिए सामाजिक सुरक्षा के अन्तर्गत कल्याणकारी कोष का प्रावधान है। कल्याणकारी कोष का उपयोग शिक्षा, स्वास्थ्य, पेयजल, आवास तथा आर्थिक अभाव के दौरान किया जाता है। ज्ञातव्य है कि भारत में केंद्रीय स्तर पर असंगठित क्षेत्र के कामगारों के लिये कल्याण कोष की व्यवस्था अभी तक संभव नहीं हुई है। दक्षिण भारत के कई राज्यों में कामगारों के संरक्षण के लिए प्रभावी तौर पर कल्याण कोष की व्यवस्था की गई है। विशेष तौर पर केरल में इसका संचालन सुनियोजित तरीके से हो रहा है। *द इंडियन जर्नल ऑफ इकोनोमिक्स* (खंड 45, No. 2, 2002) में प्रकाशित अपने एक शोध निबंध "द वेलफेयर फंड मॉडल ऑफ सोश्यल सिक्योरिटी फार इनफोर्मल सेक्टर वर्कर्स : द केरला एक्सपीरियंस" में के.पी. कानन ने स्पष्ट किया है कि केरल में सामाजिक सुरक्षा के तहत श्रमिक संघों तथा कामगारों के सहयोग से कल्याण कोष का प्रभावी संचालन संभव हुआ है।

सामाजिक सुरक्षा तथा अधिनियम

सामाजिक सुरक्षा के साथ अधिनियम भी जुड़ा हुआ है। सामाजिक सुरक्षा के कल्याणकारी कार्यक्रमों के प्रभावी कार्यान्वयन के लिए संवैधानिक प्रावधानों, कानूनों तथा अधिनियमों की अपेक्षा होती है। अत: सामाजिक सुरक्षा के अंतर्गत विभिन्न देशों तथा समाजों की आवश्यकता के अनुरूप विधानों को लागू किया जाता है। अत: इसका एक महत्वपूर्ण उद्देश्य विधानों को लागू करने से संबंधित है।

सामाजिक बीमा तथा सामाजिक सहायता
(Social Insurance and Social Assistance)

सामाजिक सुरक्षा के साथ सामाजिक बीमा का स्पष्ट संबंध है। सामाजिक बीमा कामगारों को सुरक्षा प्रदान कराता है। भविष्य की चिंताओं तथा अनिश्चितताओं से एक सीमा तक सामाजिक बीमा कामगारों को मुक्त करता है। सामाजिक बीमा कानूनों तथा नियमों पर आधारित होता है। सामाजिक बीमा के अंतर्गत कामगारों को एक सुनिश्चित राशि अंशदान के रूप में नियम के

अनुसार जमा करानी होती है। इसमें कोई भेदभाव नहीं है। यह किसी वर्ग विशेष तक सीमित नहीं है। यह अनिवार्य होती है। इसका लाभ सभी वर्ग तथा तबके के कामगारों को प्राप्त होता है।

सामाजिक सहायता का क्षेत्र सीमित है। इसके अंतर्गत साधारणतः अभावग्रस्त, निर्धन, विकलांग तथा विपदाग्रस्त कामगारों को लाभ प्रदान किया जाता है। सामाजिक सहायता के लिए कामगारों से अंशदान प्राप्त नहीं किया जाता है। सामाजिक सहायता नियमों तथा स्वीकृत मानदंडों पर आधारित होती है। उदाहरणस्वरूप नेत्रहीन तथा अन्य विकलांग व्यक्तियों को सहायता प्रदान की जाती है। सामाजिक सहायता के अंतर्गत सामाजिक सुरक्षा पेंशन योजना, वृद्धावस्था पेंशन योजना तथा अन्य कार्यक्रमों का उल्लेख किया जा सकता है। सामाजिक सहायता का क्षेत्र सीमित है। यह एक विशिष्ट वर्ग से जुड़ा हुआ है। निर्धनता तथा आकस्मिकता के साथ सामाजिक सहायता का स्पष्ट सरोकार है।

सामाजिक बीमा

अमेरिकन राज्यों के द्वितीय सम्मेलन में यह स्पष्ट किया गया था कि उत्पादन को बढ़ाने के लिए कामगार के आत्मविश्वास तथा मनोबल को बनाये रखने में सामाजिक बीमा का प्रकार्यात्मक महत्व है। अनिश्चित भविष्य तथा असुरक्षा के वातावरण में कामगार दिल लगाकर काम नहीं कर पाता है। सामाजिक बीमा कामगार को एक सुनिश्चित तथा सुनहरे भविष्य का विश्वास देता है। फलतः कामगारों की ऊर्जा एवं ऊष्मा में वृद्धि होती है। अमेरिकन राज्यों के द्वितीय सम्मेलन में यह भी स्पष्ट किया गया है कि सामाजिक बीमा व्यक्तियों के जीवन स्तर को ऊंचा उठाने में सहायक है। सामाजिक बीमा के तहत व्यक्तियों को मृत्यु, दुर्घटना, बीमारी तथा अन्य आकस्मिकताओं के समय अनिवार्य तौर पर आर्थिक लाभ प्राप्त होता है। उसमें अंशदान बढ़ाने की प्रवृत्ति बढ़ती है। वह अर्थ-संचय के महत्व से अवगत होता है। अतः सामाजिक सुरक्षा के क्षेत्र में विभिन्न देशों में सामाजिक बीमा एक प्रभावी कदम के रूप में मान्य है। भारत में भी सामाजिक सुरक्षा के अन्तर्गत सामाजिक बीमा पर ध्यान केन्द्रित किया गया है। गौरतलब है कि भारत कृषि प्रधान देश है। अतः भारत में असंगठित क्षेत्रों में व्यापक पैमाने पर कामगार कार्यरत है। औद्योगिक तथा अन्य प्रतिष्ठानों में सामाजिक बीमा का सुनिश्चित स्वरूप मौजूद है। हाल के दशकों में असंगठित क्षेत्र के कामगारों के लिए भी सामाजिक बीमा की स्पष्ट संरचना की गई है। उदाहरणस्वरूप जनश्री बीमा योजना (JBY), 2000 तथा यूनिवर्सल हेल्थ इन्श्योरेन्स स्कीम (UHIS), 2004 का उल्लेख किया जा सकता है। ज्ञातव्य है कि भारत में असंगठित क्षेत्र के कामगारों में जागरूकता का अभाव है। उनमें शिक्षा का प्रचार-प्रसार भी संतोषजनक नहीं है। अतः असंगठित क्षेत्र के कामगारों को भारत जैसे विकासशील देश में सामाजिक बीमा का विशेष लाभ प्राप्त हो रहा है। इस दिशा में स्वयंसेवी संगठनों की सक्रियता अपेक्षित है।

सर विलियम बेवरीज ने अपने बेवरीज प्लान (1942) में सामाजिक बीमा की अवधारणा को स्पष्ट किया है। उनके अनुसार सामाजिक बीमा के अंतर्गत कामगारों को अंशदान करना होता है। एक अधिकार के रूप में उन्हें सामाजिक बीमा का लाभ प्राप्त होता है। इसके अंतर्गत कोई

आर्थिक सीमारेखा नहीं है। सामाजिक बीमा का लाभ सभी वर्ग तथा तबके के लोगों को प्राप्त हो सकता है। इसमें कामगारों को स्वतंत्रता प्राप्त होती है। वह स्वतंत्र रूप में सामाजिक बीमा के लाभों पर निर्भर करता है।[6]

बेवरीज के इस कथन के आधार पर सामाजिक बीमा के संबंध में निम्नलिखित बिंदुओं को रेखांकित किया जा सकता है–

1. सामाजिक बीमा एक संरचना है। यह सुनिश्चित नियमों तथा व्यवस्थाओं पर आधारित है। इसका क्षेत्र विस्तृत है।
2. यह सामाजिक सुरक्षा की एक महत्वपूर्ण पद्धति तथा साधन है। इसके अंतर्गत कामगारों को सुनिश्चित नियमों के तहत अंशदान करना होता है। यह औद्योगिक संगठनों तथा अन्य प्रतिष्ठानों में अनिवार्य तौर पर लागू किया जाता है। इसका लाभ उसी को प्राप्त होता है जो सामाजिक बीमा के लिए अंशदान करता है।
3. यह एक व्यूह रचना (Strategy) है। इसके अंतर्गत कामगारों को अभाव, अशिक्षा, गंदगी, बीमारी तथा अन्य आकस्मिक दुर्घटनाओं के समय आर्थिक तौर पर लाभ प्राप्त होता है।
4. यह एक मनोवैज्ञानिक तकनीक है। सामाजिक बीमा के साथ जुड़ा होने के बाद कामगार एक सीमा तक अपने आपको सुरक्षित महसूस करता है। उसमें आत्मविश्वास की अभिवृद्धि होती है। उसका मनोबल बढ़ता है। वह भयमुक्त हो जाता है।
5. यह सामाजिक न्याय के सिद्धांत पर आधारित है। इसके अंतर्गत सभी वर्ग तथा तबके के लोगों को लाभ प्राप्त होता है। मेहनतकश मजदूरों के लिए यह वरदान के समान है। भय और असुरक्षा के कारण उसकी नींद नहीं उड़ती है। सामाजिक बीमा के कारण वह सुख की नींद सोता है।
6. यह स्वाभिमान की बुनियाद पर आधारित है। व्यक्ति अंशदान करता है और फिर लाभ प्राप्त करता है। अत: उसके स्वाभिमान को चोट नहीं पहुंचती है।
7. सामाजिक बीमा का लाभ उसका अधिकार होता है। वह अधिकारपूर्वक सामाजिक बीमा के लाभों को स्वीकार करता है।
8. सामाजिक बीमा योजना का प्रबंधन तथा निरीक्षण सरकार अथवा उसके प्रतिनिधियों के द्वारा किया जाता है।

सामाजिक सहायता

सामाजिक सहायता का क्षेत्र सीमित होता है। यह एक निश्चित वर्ग से जुड़ा होता है। सामाजिक सहायता का लाभ साधारणत: निर्धन तथा अभावग्रस्त लोगों को प्रदान किया जाता है। इसके अंतर्गत लाभान्वित व्यक्ति को अंशदान करने की आवश्यकता नहीं होती है। गौरतलब है कि भारत एक कल्याणकारी राज्य है। अत: संवैधानिक प्रावधानों तथा कल्याणकारी कार्यक्रमों के तहत अभावग्रस्त लोगों के लिए सामाजिक सहायता के विविध कार्यक्रमों का निर्धारण किया गया है। सामाजिक सहायता विपदाग्रस्त व्यक्तियों के लिए अमृत के समान होती है। इसके अंतर्गत विकलांग व्यक्तियों को सहायता दी जाती है। बाढ़ तथा अन्य विपदा के समय अभावग्रस्त लोगों को सामाजिक सहायता का लाभ प्राप्त होता है। सामाजिक सहायता भी नियमों

तथा व्यवस्थाओं पर आधारित है। अधिक उम्रदराज लोगों को उनकी आर्थिक क्षमता के अनुरूप सामाजिक सहायता का लाभ प्रदान किया जाता है। प्रसूति तथा मातृत्व के लिये भी सामाजिक सहायता का प्रावधान है। अतः सामाजिक सहायता की अवधारणा के संबंध में निम्नलिखित बिंदुओं का स्पष्टीकरण किया जा सकता है–

1. सामाजिक सहायता का परिक्षेत्र एक निश्चित वर्ग तक सीमित है। इसके अंतर्गत गरीबी रेखा के नीचे के लोगों को अधिक प्रमुखता दी जाती है। साथ ही आकस्मिक दुर्घटनाओं तथा विपदाओं के समय सामाजिक सहायता प्रदान करने का प्रावधान है।
2. सामाजिक सहायता कल्याणकारी राज्य के आदर्शों तथा सरोकारों से जुड़ी हुई है। मूलतः सामाजिक सहायता के अंतर्गत अनाथों, विधवाओं, विकलांगों तथा विपदाग्रस्त व्यक्तियों पर ध्यान केन्द्रित किया जाता है।
3. सामाजिक सहायता एक सामाजिक पर्याय है। सामाजिक पर्याय के साथ सामाजिक सहायता का स्पष्ट संबंध मौजूद होता है।
4. सामाजिक सहायता सामाजिक सुरक्षा का एक महत्वपूर्ण साधन है। सामाजिक सहायता के आधार पर निर्धन तथा अभावग्रस्त व्यक्ति भी जिंदगी के कठिन दौर में समस्याओं से मुठभेड़ करने में सक्षम हो जाता है।
5. सामाजिक सहायता का प्रबंधन सरकारी तथा गैर-सरकारी स्तर पर किया जा सकता है। परंतु बुनियादी तौर पर यह सरकार की कार्य योजनाओं से जुड़ा हुआ है। भारत में भी सामाजिक सहायता के आधार पर सामाजिक सुरक्षा की व्यवस्था की गई है। उदाहरणस्वरूप राष्ट्रीय सामाजिक सहायता कार्यक्रम (NSAP) का उल्लेख किया जा सकता है। इस कार्यक्रम का क्षेत्र विस्तृत है। सामाजिक सहायता के तौर पर इससे खेतिहर मजदूर भी लाभान्वित होते हैं। उसी तरह वृद्धावस्था पेंशन राष्ट्रीय वृद्धावस्था पेंशन योजना (NOAPS) की चर्चा की जा सकती है। इसके अंतर्गत निर्धन परिवारों को लाभ प्रदान किया जाता है। उसी तरह प्रसूति लाभ योजना का उल्लेख किया जा सकता है। गौरतलब है कि भारत जैसे देशों में प्रशासनिक भेद-भाव, भ्रष्टाचार, जातिवाद तथा प्रतिबद्धता के अभाव में सामाजिक सहायता के कार्यक्रमों का प्रभावी तौर पर कार्यान्वयन नहीं हो रहा है। एस.के. प्रभु ने 2001 में अंतर्राष्ट्रीय श्रम संगठन कार्यालय, जेनेवा में एक महत्वपूर्ण शोध-पत्र प्रस्तुत किया था। शोध पत्र का शीर्षक था–''सोशियो-इकोनोमिक सिक्योरिटी इन द कानटेक्स्ट ऑफ परवेसिव पॉवर्टी : ए केस स्टडी ऑफ इंडिया'' (एसईएस पेपर्स) एस.के. प्रभु ने स्पष्ट किया है कि भारत में सामाजिक सुरक्षा के अंतर्गत सामाजिक सहायता के कल्याणकारी कार्यक्रमों की उपलब्धि उत्साहवर्द्धक नहीं है। उनके अनुसार भारत में प्रशासनिक स्तर पर जड़ता तथा भेद-भाव मौजूद है। नियमों तथा प्रावधानों में जटिलता है। भ्रष्टाचार है। फलतः गरीब तथा भूखे लोगों को सामाजिक सहायता के लाभ के लिये दर-दर भटकना पड़ता है।

कल्याण कोष

सामाजिक सुरक्षा के अंतर्गत कल्याण कोष का भी विशेष महत्व होता है। इसके अंतर्गत स्वास्थ्य, गृह-निर्माण, पेयजल आपूर्ति तथा बच्चों की शिक्षा आदि को सम्मिलित किया जाता

है। भारत में सामाजिक सुरक्षा के तहत केन्द्रीय तथा प्रांतीय स्तर पर कल्याण कोष का प्रावधान है। परंतु दक्षिण के राज्यों में कल्याण कोष की अवधारणा अधिक प्रभावी है। भारत के अन्य राज्यों में कल्याण कोष की संरचना तथा व्यवस्था उत्साहवर्द्धक नहीं है।

साधारणत: विद्वानों के द्वारा सामाजिक सहायता तथा सामाजिक बीमा में बुनियादी अंतरों को रेखांकित किया जाता है। संरचना-पद्धति, प्रकृति तथा नियमों एवं विधानों के आधार पर इनमें अंतर मौजूद है। उल्लेखनीय है कि अंतत: सामाजिक सुरक्षा के लक्ष्यों की पूर्ति हेतु सामाजिक बीमा, सामाजिक सहायता तथा कल्याण कोष का प्रकार्यात्मक महत्व है। वैश्वीकरण के दौर में आम आदमी भी भीड़ में अपने को अकेला तथा असहाय महसूस करता है। संबंधों तथा सरोकारों में संवेदनाओं का अभाव दिखाई पड़ता है। एक अनाथालय के नेत्रहीन बालक ने अपनी डायरी में रेखांकित किया था–"अनाथालय की व्यवस्था अच्छी है। नेत्रहीनों के लिए विशेष सहायता की व्यवस्था है। परंतु मुझे दु:ख इस बात का है कि मेरे पापा पांच वर्ष पहले मुझे अनाथालय में दाखिल करके चले गए। लौटकर कोई देखने के लिए नहीं आया।"

समाजशास्त्रीय विश्लेषणों के आधार पर स्पष्ट होता है कि सामाजिक सुरक्षा के अंतर्गत लोगों को आर्थिक लाभ प्रदान करने की व्यवस्था की गई है। जाहिर है कि आर्थिक लाभ से व्यक्ति को संबल प्राप्त होता है। परंतु मनुष्य कोई पत्थर नहीं होता। अत: सामाजिक सुरक्षा के कार्यक्रमों का विस्तार किया जाना चाहिए। आर्थिक सुरक्षा के साथ भावनात्मक सुरक्षा भी अपेक्षित है।

भारत में सामाजिक सुरक्षा (Social Security in India)

भारत में ब्रिटिश उपनिवेशवाद के दौरान मजदूरों तथा किसानों का व्यापक पैमाने पर शोषण किया गया। प्रथम विश्वयुद्ध के बाद अंतर्राष्ट्रीय श्रम संगठन की स्थापना हुई। कामगारों के कल्याण तथा विकास के चिंतन को एक नई उत्तेजना प्राप्त हुई। फलत: अंतर्राष्ट्रीय दबाव के कारण ब्रिटिश उपनिवेशवाद के दौरान भी सामाजिक सुरक्षा का विवरण उपलब्ध होता है। इस संदर्भ में घातक दुर्घटना अधिनियम, 1855 का उल्लेख किया जा सकता है। देश में व्यवस्थित तौर पर सामाजिक सुरक्षा पर केन्द्रित पहला कदम कर्मकार क्षतिपूर्ति अधिनियम, 1923 था। शाही श्रम-आयोग, 1929, बम्बई वस्त्र श्रमिक जांच-समिति, 1937, कानपुर श्रमिक जांच-समिति, 1937, बिहार श्रमिक जांच-समिति, 1938, आदि ने सामाजिक सुरक्षा की बुनियाद को सुदृढ़ किया। 1940 में श्रम मंत्रियों का पहला सम्मेलन आयोजित किया गया तथा औद्योगिक श्रमिकों के लिए स्वास्थ्य बीमा योजना के संबंध में चिंतन किया गया। 1941 में श्रम मंत्रियों का दूसरा सम्मेलन आयोजित किया गया। इस सम्मेलन में नियोजक तथा श्रम संघ की सहमति के आधार पर बीमारी बीमा योजना की रूपरेखा सुनिश्चित की गई। 1942 में श्रम मंत्रियों का तीसरा सम्मेलन आयोजित किया गया। सम्मेलन में प्रयोग के तौर पर केवल वस्त्र, जूट-मिल तथा भारी उद्योगों में स्वास्थ्य बीमा योजना को लागू करने का प्रस्ताव स्वीकृति किया गया। बीमा योजना के संबंध में विशेषज्ञ की सहायता प्राप्त करने का निर्णय लिया गया। गौरतलब है कि श्रम-मंत्रियों के तीसरे सम्मेलन की अनुशंसा के आधार पर बी.पी. अदारकर को विशेषज्ञ के रूप में नियुक्त किया गया, साथ ही जोसेफ भोरे की अध्यक्षता में हेल्थ सर्वे एंड

डेवलपमेंट कमेटी की स्थापना की गई। समिति की सहायता हेतु एक औद्योगिक स्वास्थ्य उपसमिति का गठन किया गया। अदारकर ने अपनी रिपोर्ट 1944 में प्रस्तुत की। उन्होंने श्रमिकों को तीन वर्गों में विभाजित किया–(i) स्थायी (Permanent), (ii) अस्थायी (Temporary) तथा (iii) अनियत (Casual)। उन्होंने स्थायी एवं अस्थायी कामगार से अंशदान लेने की अनुशंसा की अनियत कामगार को अंशदान देने से छूट दी गई। परंतु वे केवल चिकित्सा राहत के ही हकदार थे। नियोजक के लिए तीनों श्रेणियों के कामगारों के संबंध में अंशदान देना आवश्यक रखा गया।

अदारकर ने प्रसूति-हित लाभ को सुदृढ़ करने का सुझाव दिया। उन्होंने एकीकृत (Unified) तथा समेकित (Integrated) बीमा योजना के पक्ष में निर्णय दिया। भारत में ब्रिटिश उपनिवेशवाद के दौरान ही भविष्य निधि एवं पेंशन योजनाओं का विकास किया गया। 15 अगस्त सन् 1947 को भारत में स्वतंत्रता का सूर्योदय हुआ। फलतः भारत में कल्याणकारी राज्य की स्थापना की गई। समता, स्वतंत्रता, न्याय तथा भ्रातृत्व के आदर्शों के प्रति प्रतिबद्धता व्यक्त की गई। स्वतंत्रता के बाद भारत में सामाजिक सुरक्षा का एक नया दौर आरंभ हुआ। समाजशास्त्री ए.आर. देसाई ने स्पष्ट किया कि कल्याणकारी राज्य के नाम पर पूंजीवादी आर्थिक संरचना का विकास हो रहा है। कल्याणकारी राज्य का चिंतन मात्र एक मुखौटा है। उन्होंने स्पष्ट किया कि दावे तो बहुत किये जा रहे हैं परंतु परिणाम संतोषजनक नहीं हैं। उनके अनुसार भारत में राज्य ने न केवल पूंजीवादी रूपरेखा के अनुसार आर्थिक संवृद्धि की बुनियादी कार्य नीति की है, बल्कि वह इस कार्यनीति को लागू करने के लिए प्रयत्नशील भी है। संसाधनों की उत्पत्ति, संसाधनों के आबंटन, आय की उत्पत्ति तथा आय के वितरण के लिए राज्य ने विस्तृत नीतियां तथा उपाय सुनिश्चित किए हैं, जिनका आधार संपत्तिशाली वर्ग पर निर्भर है। देसाई के अध्ययनों से पता चलता है कि राज्य द्वारा अपनाई गईं बुनियादी कार्यनीति और ठोस आर्थिक उपाय, दोनों ही भारत में पूंजीवादी विकास को सुनिश्चित करने के लिए तैयार किए गए हैं।

भारत सरकार द्वारा जारी किए गए अधिकृत विवरणों के आधार पर एवं सामाजिक सुरक्षा की रिपोर्ट के आधार पर सामाजिक सुरक्षा के निम्नलिखित महत्वपूर्ण अधिनियमों तथा योजनाओं का उल्लेख किया जा सकता है–

कामगार मुआवजा अधिनियम, 1923

सन् 1923 में कामगार मुआवजा अधिनियम पारित होने के साथ-साथ सामाजिक सुरक्षा की शुरुआत हुई। इसके अंतर्गत कर्मचारियों और उनके आश्रितों को अपने सेवाकाल के दौरान किसी दुर्घटना (व्यवसायजन्य कुछ रोगों समेत) में मृत्यु या अपंग होने की स्थिति में मुआवजा देने का प्रावधान है। यह अधिनियम रेलवे कर्मचारियों और अधिनियम की अनुसूची-II में निर्दिष्ट किसी पद पर कार्यरत व्यक्तियों पर लागू होता है। अनुसूची-II में कारखानों, खानों, बागानों, मशीन से चलने वाले वाहनों के संचालन, निर्माण कार्यों और जोखिम वाले कुछ अन्य व्यवसायों में कार्यरत व्यक्ति शामिल हैं। स्थायी व पूर्ण विकलांगता होने पर न्यूनतम मुआवजा राशि 90 हजार रुपए और मृत्यु होने पर 80 हजार रुपए निर्धारित की गई है। कर्मचारी की आयु और वेतन के हिसाब से मृत्यु होने पर अधिकतम मुआवजा 4.56 लाख रुपए और स्थायी पूर्ण विकलांगता होने पर 5.48 लाख रुपए निर्धारित किया गया है।

प्रसूति लाभ अधिनियम, 1961

प्रसूति लाभ अधिनियम, 1961 में कुछ प्रतिष्ठानों में प्रसव-काल से पूर्व और पश्चात कुछ निश्चित अवधि के लिए महिलाओं के रोजगार के नियमन का प्रावधान है। उन्हें प्रसूति और अन्य दूसरे लाभ देने का भी प्रावधान है। यह अधिनियम कर्मचारी राज्य बीमा अधिनियम, 1948 के तहत आने वाले कर्मचारियों को छोड़कर उन खानों, कारखानों, सर्कसों, उद्योगों बागानों तथा दुकानों और प्रतिष्ठानों पर लागू होता है। जहां दस या उसमें से ज्यादा लोग काम करते हैं। राज्य सरकारें अन्य संस्थानों पर भी इस अधिनियम को लागू कर सकती हैं। इस अधिनियम के अंतर्गत आने के लिए कोई वेतन-सीमा निर्धारित नहीं है।

कर्मचारी राज्य बीमा योजना अधिनियम, 1948

कर्मचारी राज्य बीमा अधिनियम विद्युत का इस्तेमाल करने वाले ऐसे गैर-मौसमी कारखानों में लागू होता है, जहां 10 या उससे अधिक कर्मचारी काम करते हैं। इस अधिनियम के अंतर्गत ऐसे कारखाने भी आते हैं, जहां विद्युत का इस्तेमाल नहीं किया जाता है और जहां 20 या उससे अधिक कर्मचारी कार्यरत हैं। 1 अप्रैल, 2004 से 7,500 रुपये तक मासिक वेतन पाने वाले कर्मचारी इस बीमा योजना का लाभ ले सकते हैं। इस अधिनियम के अंतर्गत कर्मचारियों को आकस्मिक बीमारी, प्रसूति, काम के दौरान घायल होने की अवस्था में इलाज का प्रबंध और नकद भत्ता देने तथा काम करते समय घायल होने के कारण मृत्यु होने पर उनके आश्रितों को पेंशन देने का प्रावधान है। बीमाशुदा व्यक्ति के परिवार को अस्पताल से इलाज के साथ-साथ पूरी चिकित्सा सुविधाएं उपलब्ध कराई जाती हैं। 1 अप्रैल, 2005 से कर्मचारी राज्य बीमा निगम ने 'राजीव गांधी श्रमिक कल्याण योजना' शुरू की है, जिसके अंतर्गत ऐसे श्रमिकों को रखा गया है, जो छंटनी फैक्ट्री/संस्थान की तालाबंदी के कारण अपना रोजगार खो चुके हैं, काम के दौरान नहीं किंतु स्थायी रूप से अपंग हो चुके हैं। इस योजना के तहत उन लाभार्थियों को उनके वेतन का 50 से 53 प्रतिशत नकद मासिक भत्ता उनके स्वयं और आश्रितों के स्वास्थ्य की देखभाल के लिए दिया जाता है। वे चाहें तो इसे एक मुश्त ले सकते हैं या फिर प्रत्येक महीने भी ले सकते हैं।

इस अधिनियम के अंतर्गत बीमाशुदा व्यक्ति के परिवार को अस्पताल के इलाज की पूरी सुविधाएं उपलब्ध कराई जाती हैं। बीमार होने या अस्थायी या पूर्ण अपंगता की स्थिति में उसके आश्रितों को नकद राहत पहुंचाई जाएगी। काम के दौरान बीमित व्यक्ति की मृत्यु होने पर उसके आश्रितों को समय-समय पर भुगतान कर लाभ पहुंचाया जाएगा। बीमित महिला की प्रसूति के लिए और मृत्यु होने की स्थिति में उसकी अंत्येष्टि के लिए नकद भुगतान किया जाएगा।

मार्च 2006 तक योजना के तहत कुल 144 राज्य बीमा अस्पताल और 42 उप अस्पताल थे, जिनमें 28,308 बिस्तरों की सुविधा है और राज्य बीमा अस्पतालों, उप-अस्पतालों में 4,396 बिस्तर रिजर्व में रखे गए हैं। इस योजना के अंतर्गत 1,427 डिस्पेंसरी तथा 2,135 क्लीनिक हैं, जिनसे कुल 91.49 लाख कर्मचारी बीमा का लाभ उठा रहे हैं, जिनमें 16.22 लाख महिलाएं हैं। इस योजना के लाभार्थियों की संख्या 3.54 करोड़ है। यह योजना नियोक्ता की हिस्सेदारी (4.75 प्रतिशत) और कर्मचारियों के हिस्से (1.75 प्रतिशत) के अंशदान से चलाई जा रही है।

ग्रेच्युटी भुगतान अधिनियम, 1972

ग्रेच्युटी भुगतान अधिनियम, 1972 कारखानों, खानों, तेल-क्षेत्रों, बागानों, बंदरगाहों, रेलों, मोटर परिवहन प्रतिष्ठानों, कंपनियों, दुकानों और अन्य प्रतिष्ठानों में काम करने वाले कर्मचारियों पर लागू होता है। इस अधिनियम के अनुसार हर वर्ष के सेवाकाल पर कर्मचारी को 15 दिनों का वेतन ग्रेच्युटी के रूप में दिया जाता है, बशर्ते यह रकम 3.50 लाख रुपए से अधिक न हो, जिन प्रतिष्ठानों में विशेष सीजन में काम होता है, उनमें हर सीजन में सात दिनों के वेतन के बराबर ग्रेच्युटी दी जाती है। अगर किसी कर्मचारी को अपने मालिक के साथ किए गए समझौते या अनुबंध के अंतर्गत बेहतर शर्तों पर ग्रेच्युटी मिलती है, तो अधिनियम में कर्मचारी के इस अधिकार पर कोई पाबंदी नहीं लगाई गई है।

कर्मचारी भविष्य निधि और विविध उपबंध अधिनियम, 1952

कर्मचारी भविष्य निधि और विविध उपबंध अधिनियम, 1952 के अंतर्गत कर्मचारियों को सेवानिवृत्ति पर कई प्रकार के लाभ उपलब्ध हैं। इनमें भविष्य निधि, पारिवारिक पेंशन और जमा राशि से जुड़ा बीमा शामिल है। जम्मू तथा कश्मीर को छोड़कर यह पूरे भारत में लागू है। यह अधिनियम अनुसूची में निर्देशित सभी प्रतिष्ठानों तथा ऐसे सभी प्रतिष्ठानों, जहां बीस या बीस से अधिक व्यक्ति कार्यरत हों, पर लागू होता है। केंद्र सरकार के आधिकारिक गजट में अधिसूचना द्वारा किसी भी अन्य प्रतिष्ठान को, जिसमें बीस या बीस से अधिक व्यक्ति कार्य करते हों या इस प्रकार के प्रतिष्ठान के वर्ग को निर्देशित कर सकता है, उस पर यह अधिनियम लागू होगा। वर्तमान में यह अधिनियम 182 तरह के प्रतिष्ठानों पर लागू है। इस अधिनियम के अंतर्गत तीन योजनाएं तैयार की गई हैं–कर्मचारी भविष्य निधि योजना, 1952, कर्मचारी पेंशन योजना, 1952 तथा जमा राशि से जुड़ी कर्मचारी बीमा योजना, 1976, केंद्रीय न्यासी बोर्ड, कर्मचारी भविष्य निधि संगठन के जरिये योजना का संचालन करता है। केंद्रीय न्यासी बोर्ड त्रिपक्षीय निकाय है, जिसका अध्यक्ष केंद्रीय श्रम तथा रोजगार मंत्री होता है। कर्मचारी भविष्य निधि संगठन ने तीनों योजनाओं में लगभग 4.30 करोड़ कर्मचारी पंजीकृत किए हैं। कर्मचारी भविष्य निधि संगठन अनेक सेवाएं उपलब्ध कराता है, जैसे प्रतिष्ठान से सदस्यों द्वारा दी गई धनराशि का संग्रहण, सदस्यों के खातों की देखरेख तथा सदस्यों और उनके आश्रितों को विभिन्न लाभकारी योजनाओं के तहत धनराशि का वितरण।

कर्मचारी भविष्य निधि योजना, 1952

कर्मचारी भविष्य निधि योजना, 1952 के तहत प्रावधान से एक कर्मचारी अपने प्रतिष्ठान में अनिवार्य जमा पूंजी के बल पर अपने को वित्तीय दृष्टि से सुरक्षित महसूस करता है। वर्तमान में अधिनियम के तहत लाभ पाने वाले कर्मचारियों की वेतन-सीमा 6,500 रुपए मासिक है। पहली नवंबर, 1990 से प्रावधान किया गया है कि कर्मचारी फैक्ट्री प्रतिष्ठान में नियुक्त होने की तिथि से ही भविष्य निधि का सदस्य हो जाएगा। 31 मार्च, 2006 तक के आंकड़ों के अनुसार इस योजना के अंतर्गत लगभग 4.5 लाख प्रतिष्ठान और उद्योग हैं, जिनके 4.30 करोड़ सदस्य हैं। वर्ष 2005-06 के दौरान 35,633 नए प्रतिष्ठान और उद्योगों के 18.43 लाख कर्मचारियों को

इस योजना में शामिल किया गया। कर्मचारी भविष्य निधि योजना के अंतर्गत एक मृत्यु-राहत कोष की व्यवस्था गई है। तत्काल सहायता के रूप में ऐसे कर्मचारी जिसकी मृत्यु 1 अप्रैल, 1988 के बाद हुई है और जिसका वेतन 1,500 रुपए मासिक से कम है, उसके आश्रित को इस कोष से 2000 रुपए का लाभ पहुंचाया जा सकता है।

कर्मचारी पेंशन योजना, 1995

कर्मचारी पेंशन योजना, 1995, 16 नवंबर, 1995 से लागू हुई। इसका उद्देश्य व्यक्ति को वृद्धावस्था में आर्थिक रूप से मजबूत बनाए रखना है। 16 नवंबर, 1995 से भविष्य निधि कोष की सदस्यता लेने वाले नए सदस्य अनिवार्य रूप से इस योजना के भी सदस्य बन जाते हैं। कर्मचारी भविष्य निधि योजना, 95 लागू होने के साथ ही कर्मचारी परिवार पेंशन योजना, 1971 समाप्त हो गई तथा उस योजना के सदस्य नई योजना के सदस्य बन गए। पेंशन का लाभ प्राप्त करने के लिए कम से कम दस वर्ष की सेवा अवधि होनी चाहिए। 31 मार्च, 2006 तक इस योजना की कुल सदस्य संख्या 3.24 करोड़ थी। वर्ष 2005-06 के दौरान इस योजना में 12.4 लाख नए सदस्य शामिल हुए। सदस्य को देय पेंशन की गणना पेंशन योग्य सेवा (16.11.95 के पश्चात सेवा) लाभ तथा पूर्व सेवा (16.11.95 के पूर्व सेवा) लाभ के योग के अनुसार होगी।

कर्मचारी पेंशन योजना, 1995 सदस्यों तथा उनके परिवारों को निम्न लाभ उपलब्ध कराती है-

- मासिक सदस्य पेंशन
- पूर्ण विकलांगता पेंशन
- पूंजी का प्रतिलाभ
- पेंशन राशि के एक-तिहाई का विनिमय
- विधवा/विधुर पेंशन
- बाल पेंशन
- अनाथ पेंशन
- विकलांग बच्चों को पेंशन
- नामजद व्यक्ति को पेंशन
- आश्रित माता/पिता को पेंशन

इस योजना के अंतर्गत धन की व्यवस्था के लिए भविष्य निधि में नियोक्ता की ओर से दिए जाने वाले मासिक वेतन की 8.33 प्रतिशत धन राशि को पेंशन कोष में जमा करा दिया जाता है। इसके अलावा केंद्र सरकार वेतन के 1.16 प्रतिशत के बराबर योगदान करती है। अधिकतम वेतन राशि 1 जून, 2001 से 5,000 रुपए से बढ़ाकर 6,500 रुपए कर दी गई है। कोष में 31 मार्च, 2006 को कुल राशि 70,749.13 करोड़ रुपए थी।

जमा राशि से जुड़ी कर्मचारी बीमा योजना, 1976

सामाजिक सुरक्षा से जुड़ी एक अन्य महत्वपूर्ण योजना जमा राशि से जुड़ी कर्मचारी बीमा योजना, 1976 है। इसे कर्मचारी भविष्य निधि और छूट प्राप्त भविष्य निधियों के सदस्यों के

लिए एक अगस्त, 1976 से लागू किया गया। इसके अनुसार कर्मचारी की मृत्यु होने पर उसके उत्तराधिकारी को भविष्य निधि में जमा धन राशि के अतिरिक्त वह धन राशि भी मिलेगी जो पिछले 12 महीनों में निधि में जमा औसत अधिशेष के बराबर होगी। इस योजना के अंतर्गत अधिकतम भुगतान 60 हजार रुपए होगा और इसके लिए कर्मचारियों को कोई अंशदान नहीं करना होगा।

भारत में सामाजिक सुरक्षा के अन्य कार्यक्रम (Social Security Programmes in India)

1. स्वतंत्रता के बाद भारत में संवैधानिक प्रावधानों के तहत सामाजिक सुरक्षा के प्रति प्रतिबद्धता व्यक्त की गई। अनुच्छेद 41, 42 तथा 43 में अभावग्रस्त तथा विपदाग्रस्त नागरिकों के लिए सामाजिक सुरक्षा के विभिन्न प्रावधानों का उल्लेख किया गया है। साथ ही भारतीय संविधान की समवर्ती सूची (Concurrent List) में सामाजिक सुरक्षा, बीमा, रोजगार तथा बेरोजगारी के प्रश्नों को रेखांकित किया गया है। साथ ही कामगारों के कल्याण, भविष्य निधि, कामगारों की मुआवजा, प्रसूति लाभ तथा वृद्धावस्था पेंशन को उपबंधित किया गया है।
2. असंगठित क्षेत्र के कामगारों के लिए पिछले एक दशक से सामाजिक सुरक्षा के कतिपय प्रभावी योजनाओं को लागू किया गया है। उदाहरणस्वरूप महात्मा गांधी नेशनल रूरल एम्पलॉयमेंट गारंटी एक्ट (MGNAREGA) मनरेगा को पूरे देश में लागू करने का प्रयास जारी है। असंगठित क्षेत्र के कामगारों को मनरेगा के आधार सामाजिक सुरक्षा प्रदान की गई है।
3. असंगठित क्षेत्र के श्रमिकों की सामाजिक सुरक्षा के लिए भारत सरकार ने व्यापक पैमाने पर प्रभावी योजनाओं को लागू किया है। सरकारी प्रतिवेदनों में उपलब्ध सूचनाओं के आधार पर ज्ञात होता है कि असंगठित क्षेत्र के श्रमिक से तात्पर्य उन मजदूरों से है, जो रोजगार के अस्थायी स्वरूप, अज्ञानता और निरक्षरता, छोटे तथा बिखरे प्रतिष्ठानों आदि कुछ कारणों से अपने साझा हितों के लिए स्वयं को संगठित नहीं कर पाए।

   राष्ट्रीय नमूना सर्वेक्षण संगठन (NSSO) 2004–05 में कराये गए सर्वेक्षण के अनुसार, देश में संगठित और असंगठित दोनों ही क्षेत्रों में श्रमिकों की कुल संख्या 45.9 करोड़ थी। इनमें से 2.6 करोड़ श्रमिक संगठित क्षेत्र में थे और बाकी 43.3 करोड़ असंगठित क्षेत्र में थे। असंगठित क्षेत्र के 43.3 करोड़ मजदूरों में से 26.8 करोड़ कृषि क्षेत्र में लगे थे, जबकि 2.6 करोड़ मजदूर निर्माण क्षेत्र में तथा शेष विनिर्माण गतिविधियों और सेवा क्षेत्र में संलग्न थे। असंगठित क्षेत्र के मजदूरों की सामाजिक सुरक्षा और कल्याण की देख–रेख के लिए सरकार ने विधायी उपायों तथा कल्याणकारी योजनाओं और कार्यक्रमों की द्विस्तरीय नीति अपनाई है। विधायी उपायों में न्यूनतम मजदूरी कानून, 1948; कर्मकार मुआवजा अधिनियम, 1923; मातृत्व अभिलाभ अधिनियम, 1961; बंधुआ मजदूर प्रथा (उन्मूलन) अधिनियम, 1976; ठेका मजदूर (विनियमन और उन्मूलन) अधिनियम, 1970; अंतर्राज्यीय प्रवासी कर्मकार रोजगार विनियमन और सेवा शर्त, अधिनियम, 1978; भवन और अन्य विनिर्माण श्रमिक अधिनियम, 1996 आदि शामिल हैं।

भारत सरकार ने बीड़ी मजदूरों, कोयले को छोड़कर अन्य खानों के मजदूरों और सिने-कर्मियों के कल्याण के लिए कल्याण कोष का गठन किया है। इनकी धन राशि का उपयोग मजदूरों को उनके बच्चों की शिक्षा, मनोरंजन, चिकित्सा एवं स्वास्थ्य सेवाओं, मकानों के निर्माण आदि के लिए धनराशि उपलब्ध कराने पर किया जाता है। भवन और अन्य निर्माण श्रमिक (रोजगार विनियमन और सेवा शर्त) अधिनियम 1996 के तहत यह भी प्रावधान किया गया है कि प्रत्येक राज्य सरकार कल्याण बोर्ड/कोष की स्थापना का निर्माण कार्य में लगे श्रमिकों के कल्याण/सामाजिक सुरक्षा के लिए कदम उठाए। कुछ राज्यों जैसे केरल ने असंगठित क्षेत्र में अधिसूचित श्रेणी के श्रमिकों के लिए कल्याण कोष की स्थापना की है।

सरकार ने हाल ही में असंगठित क्षेत्रों के उद्यमों की समस्याओं के समाधान के लिए अर्जुन सेनगुप्ता की अध्यक्षता में एक राष्ट्रीय आयोग की स्थापना की थी। आयोग को असंगठित क्षेत्रों के उद्यमों में काम करने वाले श्रमिकों के लिए सामाजिक सुरक्षा प्रणाली की समीक्षा करनी थी। असंगठित क्षेत्र के कामगारों की सामाजिक सुरक्षा पर आयोग ने अपनी रिपोर्ट मई 2006 में सरकार को सौंप दी थी जिसमें असंगठित क्षेत्र के श्रमिकों को सामाजिक सुरक्षा देने की बात की गई थी।

4. सामाजिक सुरक्षा के अंतर्गत हाल के वर्षों में महिला श्रमिकों पर विशिष्ट ध्यान केंद्रित किया गया है। भारत की श्रम शक्ति में महिला श्रमिकों का एक प्रमुख हिस्सा है, लेकिन रोजगार के स्तर और गुणवत्ता की दृष्टि से वे पुरुषों से पीछे रह जाती है। भारत की जनगणना (2001) के अनुसार महिला श्रमिकों की संख्या 25.60 प्रतिशत है, यानी देश में महिलाओं की कुल संख्या 49.60 करोड़ में से 12.72 करोड़ महिलाएं श्रमिक हैं। अधिकांश श्रमिक महिलाएं ग्रामीण क्षेत्रों में हैं। ग्रामीण क्षेत्र की महिला श्रमिकों में 87 प्रतिशत खेतिहर मजदूर हैं। शहरी क्षेत्र में 80 प्रतिशत श्रमिक महिलाएं घरेलू उद्योगों छोटे-मोटे व्यवसायों और नौकरी तथा भवन निर्माण जैसे असंगठित क्षेत्रों में काम कर रही हैं। संगठित क्षेत्र (निजी और सार्वजनिक दोनों) में 31 मार्च, 2002 तक महिला श्रमिकों की संख्या लगभग 49 लाख 35 हजार थी। ये देश में संगठित क्षेत्र के कुल रोजगार का 17.8 प्रतिशत है। प्रमुख उद्योगों में महिला कर्मचारियों की तैनाती की संख्या-विश्लेषण से पता चलता है कि अधिकतर महिलाएं सामुदायिक, सामाजिक और निजी सेवा-क्षेत्र में कार्यरत हैं। बिजली, गैस, जल क्षेत्रों में सबसे कम संख्या में महिलाओं को रोजगार मिला है। सन् 2000 में फैक्ट्रियों और बागानों में महिला श्रमिकों की संख्या कुल कर्मचारियों का क्रमशः 10 प्रतिशत तथा 5 प्रतिशत थी। सन 2000 में खनन प्रतिष्ठानों में महिला श्रमिकों की संख्या कुल श्रमिकों की 5 प्रतिशत थी। महिला श्रमिकों के बारे में सरकार की नीतियों में मुख्य ध्यान उनके काम में आने वाली अड़चनें समाप्त करने, वेतन के बारे में सौदेबाजी कर पाने की उनकी क्षमता बढ़ाने, उनका वेतन बढ़ाने और उनकी कार्य स्थितियों में सुधार लाने, उनकी कुशलता बढ़ाने और उनके लिए रोजगार के बेहतर अवसर उपलब्ध कराने पर रहता है।

भारत में महिला श्रमिकों के संबंध में विभिन्न स्तरों पर सामाजिक सुरक्षा के संदर्भ में चिंतन-मंथन का दौर जारी है। कार्य क्षेत्रों में यौन-उत्पीड़न का प्रश्न भी बहस का मुख्य मुद्दा

है। हाल में कार्य क्षेत्रों में यौन-उत्पीड़न के मामलों से निपटने के लिए कारगर कानून बनाए गए हैं। प्रसूति-लाभ तथा मातृत्व लाभ आदि के जरिये परंपरागत तौर पर महिलाओं को सामाजिक सुरक्षा प्रदान करने की व्यवस्था है।

भारत में सामाजिक सुरक्षा के उपायों का मूल्यांकन
(An Appraisal of the Social Security Measures in India)

भारत में संवैधानिक प्रावधानों तथा कल्याणकारी योजनाओं के आधार पर बीमारी, लाचारी, अभाव, अशिक्षा, मृत्यु, गंदगी तथा दुर्घटनाओं से पीड़ित व्यक्तियों को सामाजिक सुरक्षा प्रदान करने की व्यवस्था की गई है। उपलब्ध अध्ययनों के आधार पर स्पष्ट होता है कि भारत में सामाजिक सुरक्षा के प्रावधानों का कार्यान्वयन संतोषजनक नहीं है। अत: निम्नलिखित बिंदुओं के आधार पर विद्वानों ने सामाजिक सुरक्षा के प्रावधानों तथा योजनाओं पर प्रश्न खड़े किए हैं।

1. बेवरीज प्लान के अंतर्गत यह स्पष्ट किया गया था कि सामाजिक सुरक्षा अभाव, बीमारी, अशिक्षा, गंदगी तथा बेकारी के खिलाफ एक मुहिम है। भारत में सामाजिक सुरक्षा के संदर्भ में पीड़ित व्यक्तियों की पहचान का संकट बरकरार है। सुनियोजित पद्धति तथा संरचना के अभाव में गरीबों की झोपड़ी तक सामाजिक सुरक्षा का लाभ नहीं पहुंच रहा है। हासिये पर खड़े लोग बीमारी तथा अभाव से जूझ रहे हैं। परंतु उनकी पहचान नहीं हो रही है। बी.पी. रमेश ने अपने एक शोध निबंध ''सोश्यल सिक्योरिटी एंड द लेबर मार्केट : ए मिसमैच'' में पहचान के संकट के प्रश्न को खड़ा किया है।
2. भारत में भारी संख्या में कामगार अशिक्षित हैं। उनमें जागरूकता का भी अभाव है। फलत: उन्हें सामाजिक सुरक्षा के प्रावधानों एवं प्रक्रियाओं की अधिक जानकारी नहीं है। सामाजिक बीमा, सामाजिक सहायता तथा कल्याण कोष आदि से संबंधित विभिन्न प्रावधानों तथा योजनाओं की समुचित जानकारी नहीं होने के कारण अधिकतर व्यक्ति लाभ से वंचित हो रहे हैं।
3. सामाजिक सुरक्षा के क्षेत्र में वैज्ञानिक पद्धति तथा प्रबंधन का अभाव है। सूचना क्रांति के वर्तमान दौर में भी विभिन्न क्षेत्रों में चल रहे सामाजिक सुरक्षाओं के कार्यक्रमों के संबंध में एकीकृत जानकारी नहीं मिल पाती है। इंटरनेट, वेबसाइट, ई-मेल, इलेक्ट्रॉनिक मीडिया तथा अन्य सूचना तंत्रों पर सामाजिक सुरक्षा के कार्यक्रमों, समस्याओं तथा उपलब्धियों को प्रस्तुत किया जा सकता है परंतु ऐसा नहीं हो रहा है।
4. नियोजकों में सामाजिक सुरक्षा के प्रावधानों तथा योजनाओं के प्रति प्रतिबद्धता का अभाव है। श्रमिक संघों के कमजोर होने के कारण सामाजिक सुरक्षा के मुद्दों को सरकारी तथा गैर-सरकारी स्तर पर हल्के ढंग से लिया जाता है।
5. महिला श्रमिकों के संबंध में सामाजिक सुरक्षा के कई प्रावधानों का उल्लेख किया जा सकता है। परंतु जमीनी सच्चाई है कि महिला श्रमिकों की त्रासदी तथा संकट के दौरान उन्हें अक्सर सामाजिक सुरक्षा के लाभों से वंचित होना पड़ता है। एन. नीथा ने 2006 में *इकोनोमिक एंड पोलिटिकल वीकली* (खंड XLI. No. 32.) में प्रकाशित अपने एक शोध निबंध ''इनविजिबिलिटी कन्टीन्यू? सोश्यल सिक्योरिटी एंड अनपेड वर्कर्स

वुमन'' में स्पष्ट किया है कि भारत में महिला श्रमिकों के साथ व्यापक पैमाने पर भेद-भाव जारी है। उन्हें न्यूनतम मजदूरी भी प्राप्त नहीं होती है। सामाजिक सुरक्षा के क्षेत्र में भी अभावग्रस्त महिलाओं को विशेष लाभ प्राप्त नहीं है।

6. सामाजिक सुरक्षा का दायरा और क्षेत्र सीमित है। घरेलू महिलाओं के संबंध में सामाजिक सुरक्षा का कोई विशेष कार्यक्रम तथा उल्लेखनीय योजना नहीं है। घरेलू महिलाओं को भी दिन-रात परिश्रम करना होता है। रविवार को भी उन्हें अवकाश नहीं मिलता। उन्हें श्रमिक के रूप में रेखांकित नहीं किया जाता है। सुप्रीम कोर्ट ने अपने हाल के एक निर्णय में घरेलू महिलाओं को भी श्रमिक के रूप में रेखांकित किया है।
7. भारत में भारी तादाद में सेक्स वर्कर देह व्यापार में संलिप्त हैं। उनका जीवन त्रासदीपूर्ण है। सामाजिक सुरक्षा के अंतर्गत सेक्स वर्कर की बीमारी लाचारी, गंदगी तथा अभाव से निपटने के लिए कोई स्पष्ट तथा विशेष कार्यक्रम नहीं है।
8. असंगठित क्षेत्र के कामगारों की समस्या के संदर्भ में लगातार बहसों का दौर जारी है। सामाजिक सुरक्षा के अन्तर्गत उनके लिए कुछ उपाय भी किए गए हैं। परंतु प्रशासनिक जटिलता तथा जागरुकता के अभाव में असंगठित क्षेत्र के कामगारों को सामाजिक सुरक्षा का ठोस लाभ प्राप्त नहीं हो रहा है।
9. सामाजिक सुरक्षा से संबंधित प्रावधानों तथा योजनाओं में परंपरागत तौर-तरीके का प्रभाव मौजूद है। हाल के वर्षों में आर्थिक मंदी, वैश्वीकरण, सामाजिक गतिशीलता की तीव्रता तथा मूल्यों और मानदंडों में परिवर्तन के कारण नई परिस्थितियों तथा नए संदर्भों का विकास हुआ है। विशेष तौर पर वैश्वीकरण के कारण व्यापक पैमाने पर कामगारों की छंटनी की जा रही है। स्थायी सेवा की अवधारणा समाप्त हो रही है। सेवा शर्तों में बदलाव दिखाई पड़ रहा है। स्पष्ट है कि सामाजिक सुरक्षा के प्रावधानों का परंपरागत तौर-तरीका समय की नई चुनौतियों से मुठभेड़ करने में सक्षम नहीं हो रहा है।

सामाजिक सुरक्षा का प्रश्न सामाजिक न्याय तथा मानवाधिकार के मुद्दों से जुड़ा हुआ है। भारत में भूख और बीमारी का कहर जारी है। अशिक्षा और गंदगी का दानव सामने खड़ा है। नई समस्याओं का जन्म हो रहा है। अतः सामाजिक सुरक्षा के प्रावधानों तथा योजनाओं का परिष्कार तथा पुनर्मूल्यांकन अपेक्षित है।

टिप्पणियां

1. The term 'Social Security' is used to denote the security of an income to take the place of earnings when they are interrupted by unemployment, sickness or accident, to provide for retirement through age, to provide against loss of support by death of another person and to meet exceptional expenditures, such as those concerned with birth, death and marriage.

   —Lord William Beveridge
2. Social security is the security that society furnishes, through appropriate organization, against certain risks to which its members are exposed. The risks are

essentially contingencies against which the individual of small means cannot effectively provide by his own ability or foresight alone or even in private combination with his fellows.

—International Labour Organization

3. Social security ... insures a person against economic distress resulting from various contingencies and assures him a minimum level of living consistent with the nation's capacity to pay.

   —*Encyclopaedia of Social Work in India.*

4. By 'Social Security' we understand a programme of protection provided by society against those contingencies of modern life—sickness, unemployment, old-age dependency, industrial accidents, and invalidism—against which the individual cannot be expected to protect himself and his family by his own ability or foresight.

   —Maurice Stack

5. "Social Insurance is giving, in return for contribution benefits upto subsistence level, as of right and without means test, so that the individuals may freely build it".

   —Sir William Beveridge, 'The Beveridge Plan'.

11

स्वचलन

(Automation)

स्वचलन का स्पष्ट संबंध वैज्ञानिक पद्धति के साथ जुड़ा हुआ है। इसके अंतर्गत नियंत्रण-व्यवस्था (Control Systems) तथा सूचना तकनीकी का उपयोग होता है। स्वचलन के उपयोग ने जीवन के विभिन्न क्षेत्रों में कामगारों की आवश्यकता को सीमित कर दिया। धूप और बरसात में, रात के अंधेरे में तथा अन्य कठिन परिस्थितियों में कामगारों को उत्पादन की प्रक्रिया में संलग्न होना पड़ता है। स्वचलन ने कार्य की दशाओं को परिवर्तित किया है। अब सड़क निर्माण में मजदूरों की अपेक्षा ट्रैक्टर, बुलडोजर, जेसीबी तथा अन्य आधुनिक संयंत्रों का उपयोग होता है। इसमें अधिक कामगार की आवश्यकता नहीं होती है। सड़क के चौराहे पर एक भव्य शीशे में बंद कमरा दिखाई पड़ता है। दरवाजे पर एक गार्ड बैठा रहता है। अब किसी भी समय बैंक के खाते से कोई भी खातेदार पैसा निकाल सकता है। इस विधि को आटोमेटेड टैलर मशीन (Automated Teller Machines–ATM) के नाम से जाना जाता है। ज्ञातव्य है कि एटीएम स्वचलन का एक ज्वलंत उदाहरण है। स्पष्ट है कि जीवन के विभिन्न क्षेत्रों में स्वचलन का व्यापक पैमाने पर उपयोग हो रहा है। पहले आंकड़ों की गणना के लिए परंपरागत शैली में अंकगणित का सहारा लेना पड़ता था। अब स्वचलन के अंतर्गत कैलकुलेटर तथा कम्प्यूटर का उपयोग हो रहा है। पहले संवाद भेजने के लिए डाक-तार का सहारा लेना पड़ता था। अब मोबाइल के जरिये एसएमएस का सहारा लिया जाता है। संवाद प्रेषण के लिए स्वचलन के अंतर्गत इंटरनेट तथा ई-मेल का उपयोग होता है। अब कार्डियोग्राफी के जरिये प्रामाणिक तौर पर हृदय रोगी का इलाज होता है। पहले परंपरागत तौर पर माप-तौल करने की प्रक्रिया मौजूद थी। अब कम्प्यूटर मशीन के जरिये पलक झपकते माप-तौल का परिणाम स्क्रीन पर दिखलाई पड़ता है। पहले कॉलेज तथा विश्वविद्यालय के परीक्षार्थी को परीक्षाफल प्राप्त करने हेतु भाग-दौड़ करनी पड़ती थी। अब इंटरनेट के जरिये पल-दो-पल में परीक्षार्थी परिणाम प्राप्त कर सकता है। राष्ट्रीयकृत बैंक के बरामदे में एक अवकाश प्राप्त शिक्षक प्रसन्नचित्त खड़ा था। उसे आईआईटी में अध्ययनरत अपने लड़के को पैसा भेजना था। मनीऑर्डर अथवा ड्राफ्ट बनाने की अब कोई समस्या नहीं है। उसने बैंक के खाते में पैसा डाल दिया। लड़के को मोबाइल से सूचित कर दिया। ''पैसा जमा हो गया है। खाने-पीने पर ध्यान देना। स्वास्थ्य पर ध्यान देना। मन लगाकर पढ़ाई करना''। इस प्रकार स्वचलन ने बैंकिंग प्रक्रिया के जरिये दुनिया के लोगों की कई समस्याओं का निराकरण किया।

स्वचलन आधुनिकीकरण की प्रक्रिया से संबंधित है। इसमें तीव्र गतिशीलता के तत्व मौजूद हैं। इसने औद्योगिक प्रबंधन को एक नया आयाम दिया है। मशीनों ने मनुष्यों के काम को थाम लिया है। उत्पादन में लागत सीमित होती जा रही है। उत्पादन के लाभ में वृद्धि हो रही है। स्वचलन ने रोजगार के क्षेत्र को भी विस्तृत किया है। नये दौरे में अपने-अपने घरों में सिमट कर कई परिवार जीवन निर्वाह की अर्थव्यवस्था में सफल हो रहे हैं। एक छोटा बच्चा भी रिमोट कंट्रोल से टेलीविजन के चैनलों को नियंत्रित कर सकता है। स्वचलन ने दुनिया को नई दिशा दी है। दुनिया को एक नई राह दिखलाई है।

स्वचलन के संबंध में निम्नलिखित महत्वपूर्ण बिंदुओं को रेखांकित किया जा सकता है-

1. स्वचलन ने आधुनिकीकरण की प्रक्रिया को तीव्र किया है। वैज्ञानिक औचित्य तथा तार्किकता के साथ स्वचलन का स्पष्ट संबंध है। यह सार्वभौमिकता के नियमों पर केंद्रित है।
2. जरमी राफ्किन ने अपनी महत्वपूर्ण कृति *द डिक्लाइन ऑफ द ग्लोबल लेबर फोर्स एंड द डॉन ऑफ द पोस्ट-मार्केट ईरा* में स्पष्ट किया है कि स्वचलन ने कामगारों की संख्या को सीमित किया है। कठिन परिस्थितियों में कार्यरत कामगारों की रक्षा की है। वैश्विक स्तर पर स्वचलन ने औद्योगिक प्रबंधन की आधारभूत संरचना को एक नया आयाम प्रदान किया है।
3. 1969 में ही ई.एल. स्काट ने अपनी महत्वपूर्ण कृति *ऑटोमेशन एंड सोसाइटी* में स्वचलन के प्रभाव को रेखांकित किया था। स्वचलन की संभावनाओं तथा उससे जुड़े प्रश्नों को खड़ा किया था। स्कॉट के अनुसार स्वचलन ज्ञान समाज (Knowledge Society) से जुड़ा हुआ है।
4. स्वचलन ने समाज के विकास की प्रक्रिया को तीव्र किया है।
5. स्वचलन ने औद्योगिक अर्थव्यवस्था को एक नई राह दिखलाई है। साथ ही इसने उत्पादन में व्यापक पैमाने पर अभिवृद्धि की है।
6. स्वचलन ने तकनीकी परिवर्तन के क्षेत्र में क्रांतिकारी परिवर्तन की स्थिति उत्पन्न की है।
7. स्वचलन ने सूचना तकनीकी के क्षेत्र तथा क्षितिज को विस्तृत किया है।
8. स्वचलन ने तीव्र औद्योगीकरण की स्थिति को उत्पन्न किया है।
9. मशीनों ने बड़े पैमाने पर कामगारों का स्थान ग्रहण कर लिया है।
10. स्वचलन के कारण लाभ में भी भारी वृद्धि हुई है।
11. स्वचलन के कारण दुनिया के विभिन्न देशों तथा हिस्सों की दूरी सिमट कर रह गई है।
12. इससे भारी पैमाने पर समय तथा साधन की बचत हो रही है।
13. मनुष्य का जीवन बहुलांश में तकनीकों तथा संयंत्रों पर आधारित हो गया है।
14. स्वचलन का क्षेत्र विस्तृत है तथा इसका सरोकार जीवन के विविध क्षेत्रों से जुड़ा हुआ है। जैसे स्वास्थ्य, शिक्षा, वाणिज्य, उद्योग, बैंकिंग व्यवस्था तथा अन्य क्षेत्रों के साथ स्वचलन का तर्कपूर्ण संबंध है। संगीत, फिल्म, मीडिया, नाट्य अभिनय तथा अन्य क्षेत्रों में भी स्वचलन का प्रभाव परिलक्षित होता है।
15. जाहिर है कि स्वचलन की प्रक्रिया ने उन्नीसवीं शताब्दी की कृषि अर्थव्यवस्था को औद्योगिक अर्थव्यवस्था की ओर अग्रसर किया है। बीसवीं शताब्दी में स्वचलन ने

औद्योगिक प्रबंधन को मशीन पर केंद्रित कर दिया। कामगारों की संख्या सीमित हो गई। इक्कीसवीं शताब्दी के आरंभिक दशक में स्वचलन ने वैश्वीकरण तथा बाजारवाद को बुनियादी आधार प्रदान किया है।

16. स्वचलन की प्रक्रिया में मनुष्य की क्षमता से बहुत अधिक शक्ति है। भारी वजन उठाने में स्वचलन सक्षम है। आपदा प्रबंधन में इसकी शक्ति अपार है। अत्यंत गर्म तथा ठंडक से मशीनों का जूझना सहज एवं स्वभाविक रूप में संभव हो पाता है।
17. साधारणतः स्वचलन के कारण बड़े पैमाने पर कामगारों की छंटनी होती है। साथ ही औद्योगिक प्रतिष्ठानों में कामगारों की बहाली भी सीमित हो जाती है। मूलतः बेरोजगारी की समस्या बढ़ सकती है। अनुसंधानों तथा विश्लेषणों के आधार पर स्पष्ट होता है कि स्वचलन ने रोजगार के अवसर को विस्तृत किया है। मसलन एक मोबाइल ने कई प्रकार के रोजगार के अवसरों को प्रदान किया है। कम्प्यूटर ने भी रोजगार के क्षेत्र को विस्तृत किया है।

उल्लेखनीय है कि स्वचलन ने व्यापार तथा वाणिज्य के क्षेत्र को भी विस्तृत किया है। यद्यपि स्वचलन ने दक्षतारहित कामगारों में बेरोजगारी तथा अलगाव की समस्या पैदा की है।

स्वचलन की परिभाषा (Definition of Automation)

स्वचलन का अभिप्राय उत्पादन प्रक्रिया के संचालन और नियंत्रण को नई दिशा देने से संबंधित है। स्वचलन की प्रक्रिया में अधिक मजदूरों की अपेक्षा नहीं होती है। यह नई तकनीक पर आधारित है। स्वचलन उत्पादन प्रक्रिया के संचालन तथा नियंत्रण से संबंधित है। थॉमस मेन्जीस ने अपनी पुस्तक *नेशनल ऑटोमेटेड हाइवे सिस्टम रिसर्च प्रोग्राम : ए रिव्यू* (1998) में स्पष्ट किया है कि स्वचलन नियंत्रण व्यवस्था (Control System) पर आधारित है। उन्होंने यह भी स्पष्ट किया कि स्वचलन तथा सूचना तकनीकी के बीच तर्कपूर्ण सम्बन्ध है। इस प्रकार स्वचलन नियंत्रण व्यवस्था तथा सूचना तकनीक पर आधारित है। स्वचलन ने दुनिया को एक नई राह पर लाकर खड़ा कर दिया है। यह विश्व की अर्थव्यवस्था की धड़कन बन चुकी है। दैनिक जीवन में भी व्यापक पैमाने पर लोगों द्वारा जाने या अनजाने स्वचलन का उपयोग हो रहा है। उदाहरणस्वरूप एक मोबाइल को प्रस्तुत किया जा सकता है। इसका उपयोग गांव के गरीब भी करते हैं। साथ ही इसका उपयोग पूंजीपतियों द्वारा भी होता है। कार्यालय के अर्दली के पास भी मोबाइल सेट होता है। ऊंचे पदों पर आसीन वरिष्ठ अधिकारी भी दिन-रात मोबाइल से चिपके रहते हैं। मोबाइल की प्रक्रिया स्वचलन की तकनीक पर आधारित है। मोबाइल के जरिये विभिन्न क्षेत्रों में संवाद प्रेषण का कार्य होता है। लोग वार्तालाप करते हैं। एसएमएस भेजते हैं। मैसेज को टेप करके प्रेषित किया जाता है। मोबाइल पर इंटरनेट की भी सहूलियत है। इसके जरिये समाचार की जानकारी प्राप्त की जा सकती है। इसमें गीत-संगीत की व्यवस्था भी मौजूद है। इसमें कैमरे भी होते हैं। जाहिर है कि मोबाइल ने स्वचलन पद्धति के आधार पर समय तथा दूरी को सीमित कर दिया। इससे प्रबंधन, उत्पादन, विपणन तथा अन्य क्षेत्रों में भी लाभ प्राप्त होता है। मोबाइल के स्वचलन में मानव संसाधन की अपेक्षा नहीं होती है। इस प्रकार स्वचलन ने दुनिया को एक नई तकनीक के आधार पर एक नया स्वरूप प्रदान किया है।

विभिन्न विद्वानों ने निम्नलिखित रूपों में स्वचलन को परिभाषित किया है–

1. लेडेन गुडमैन के अनुसार स्वचलन एक प्रौद्योगिकी है। यह स्वचालित प्रौद्योगिकी है। इसमें उन्नत तकनीक का उपयोग होता है। स्वचलन के अंतर्गत विभिन्न तकनीकों में समन्वय किया जाता है। इसमें पद्धतियों, प्रक्रियाओं तथा उत्पादित वस्तुओं के बीच समन्वय की स्थापना की जाती है। विचारों तथा प्रयासों का भी समन्वय होता है। यंत्रीकरण का समन्वय के आधार पर उपयोग किया जाता है।
2. *इनसाइक्लोपीड़िया अमेरिकन,* खंड 2 के अनुसार स्वचलन औद्योगिक उत्पादन की प्रगतिशील तकनीक है। यह वैज्ञानिक अनुसंधान पर आधारित है। यह मशीनों तथा बड़े पैमाने पर उत्पादन की मौलिक अवधारणाओं से जुड़ी हुई है।[1] जाहिर है कि स्वचलन तथा उन्नत तकनीक के बीच स्पष्ट सम्बन्ध हैं। स्वचलन तथा उत्पादन में वृद्धि की अवधारणा भी संबंधित है अर्थात स्वचलन के आधार पर उत्पादन में वृद्धि होती है।
3. एडविन वी. फिल्पो के अनुसार स्वचलन मशीनी प्रक्रिया से संबंधित है। यह स्वचालित है। इसमें नियंत्रण व्यवस्था है। यह आत्मनियंत्रण की सीमा तक व्यवस्थित है। यह यंत्रीकृत है।
4. जॉन डीकबोल्ड के अनुसार स्वचलन एक नया शब्द है। स्वचलन का अर्थ स्वत: चालित क्रियाओं पर आधारित है। इसमें वस्तुओं का उत्पादन स्वत: चालित क्रियाओं से होता है।[2]
5. बीथल, स्मिथ तथा अन्य विद्वानों ने स्वचलन को परिभाषित करते हुए स्पष्ट किया है कि स्वचलन एक स्वचालित प्रक्रिया है। इसमें स्वचालित मशीनों का उपयोग होता है। मशीनों का नियंत्रण भी स्वत: होता है। यह बिना मानवीय नियंत्रण के भी काम कर सकता है।[3]

आर. रोमाटेंन ने 1991 में प्रकाशित अपनी एक महत्वपूर्ण कृति *कैपिटलिज्म एंड ऑटोमेशन रिवोल्यूशन इन टेक्नोलॉजी एंड कैपिटलिस्ट ब्रेकडाउन* में स्वचलन की प्रक्रिया का गंभीर विश्लेषण प्रस्तुत किया है। पूंजीवादी अर्थव्यवस्था में स्वचलन ने एक नई ऊर्जा प्रदान की है। तकनीकी क्षेत्र में क्रांति की स्थिति उत्पन्न हुई है। वस्तुत: 21वीं शताब्दी में स्वचलन ने एक नए दौर का आरंभ किया है। परिभाषाओं तथा विश्लेषणों के आधार पर स्वचलन की अवधारणा के संबंध में निम्नलिखित बिन्दुओं को रेखांकित किया जा सकता है–

- उन्नत तकनीक द्वारा स्वचलन की प्रक्रिया में संयंत्रों पर नियंत्रण किया जाता है।
- स्वचलन की प्रक्रिया ने स्वचालित मशीनों के जरिये कामगारों को विस्थापित किया है। कामगार के बदले स्वचलन में मशीनों द्वारा काम लिया जाता है। (Automation Replaces Human Workers by Machines)।
- स्वचलन में स्वत: प्रक्रियाओं का संपादन होता है। साथ ही उसे नियंत्रित भी किया जाता है। इस प्रकार रोबोट की तरह मशीनों का संचालन तथा नियंत्रण किया जाता है। (Equipment Used to Achieve Automatic Control or Operation)।
- स्वचलन की प्रक्रिया के अन्तर्गत नियंत्रण व्यवस्था का उपयोग होता है। इसके अंतर्गत संख्यात्मक नियंत्रण, कार्यप्रारूप नियंत्रण एवं औद्योगिक नियंत्रण व्यवस्था का उपयोग होता है।

- स्वचलन सूचना तकनीक पर आधारित है। उदाहरणस्वरूप इसके अन्तर्गत कम्प्यूटर प्रायोजित तकनीकी सीएडी (Computer-Aided Design), सीएएम (Computer Aided Manufacturing) तथा CAT (Computer Aided Technology) का उपयोग होता है।
- मशीनों के संचालन, नियंत्रण तथा फेरबदल के लिए संचलन के अंतर्गत कम्प्यूटर अथवा इलेक्ट्रॉनिक संयंत्रों द्वारा नियंत्रण व्यवस्था कायम की जाती है।
- स्वचलन स्वत:चालित प्रक्रिया से संबंधित है। यह मशीनों के द्वारा संभव हुआ है। (Automated-made Automatic; Done by Machine)।
- स्वचलन ने मानवीय दक्षता में अभिवृद्धि की है, साथ ही दक्षतारहित मानव कामगारों की प्रासंगिकता को लगभग समाप्त कर दिया है।
- स्वचलन आत्मनियंत्रण पर आधारित व्यवस्था है। साथ ही यह स्वयंचालित प्रक्रिया है। (Automation is a Self-Controlling or Self-Moving Processes)
- स्वचलन के अन्तर्गत उत्पादन की प्रणाली, प्रक्रिया एवं संयंत्रों को स्वत:चालित साधनों के द्वारा नियंत्रित किया जाता है।
- स्वचलन के अन्तर्गत मानवीय प्रक्रियाओं तथा प्रणालियों का स्वत:चालित मशीनों के द्वारा विस्थापन किया गया है। मनुष्य के बदले मशीनों का उपयोग आंशिक एवं पूर्णरूप में हो रहा है। अनुसंधान, प्ररचना (Design) विकास, प्रयोग आदि विभिन्न प्रक्रियाओं के लिए स्वचलन एक महत्वपूर्ण साधन सिद्ध हो रहा है।
- वस्तुत: औद्योगीकरण के बुनियादी आधार के रूप में भाप के इंजन तथा स्वचलन की प्रक्रिया को रेखांकित किया जा सकता है।

स्वचलन प्रक्रिया के प्रमुख चरण (Main Steps in Automation)

1. *स्वचालित मशीनों का चयन*—स्वचलन तथा औद्योगिक उत्पादन में तर्कपूर्ण संबंध हैं। स्वचलन के कारण औद्योगिक उत्पादन में वृद्धि हुई है। साथ ही सीमित लागत मूल्य में अधिक उत्पादन संभव हो गया है। अधिक कामगारों की आवश्यकता नहीं होती है। कामगारों के स्थान पर स्वचालित मशीनों का उपयोग होता है। अत: स्वचलन प्रक्रिया का पहला चरण स्वचालित मशीनों के चयन पर केन्द्रित है। औद्योगिक प्रतिष्ठान में उत्पादन की व्यवस्था के अनुकूल स्वचालित मशीनों का चयन किया जाता है। स्वचलन के क्षेत्र में नए-नए आविष्कार हो रहे हैं। अत: स्वचालित मशीनों के चयन में आधुनिकतम तकनीक तथा संयंत्रों पर ध्यान केन्द्रित किया जाता है।
2. स्वचलन नियंत्रण व्यवस्था से जुड़ा हुआ है। इसके अन्तर्गत विभिन्न प्रकार के संकेतक यंत्र होते हैं। प्रक्रिया में विसंगति अथवा विचलन होने पर स्वत: मशीन के जरिये संकेत प्राप्त होने लगता है। संकेत प्राप्त होने के बावजूद यदि मशीन को बन्द नहीं किया जाता है तो मशीन स्वत: बन्द हो जाती है। उदाहरणस्वरूप चार्ज नहीं रहने पर लैपटॉप स्वत: संकेत देने लगता है। यदि पुन: चार्ज की व्यवस्था नहीं की गई अथवा लैपटॉप को बन्द नहीं किया गया तो उसका स्वत: बन्द होना संभव हो जाता है। अत: स्वचलन में स्वयं

नियंत्रण (Self-Control) की व्यवस्था मौजूद रहती है। अतः मशीनों के चयन के क्रम में नियंत्रण व्यवस्था की जांच-परख आवश्यक है। स्वचलन के अन्तर्गत उत्पादित वस्तुओं पर भी नियंत्रण होता है। यदि उत्पादित वस्तु में कोई खामी आ जाती है तो मशीन स्वयं संकेत करती है। फलतः खामियों का निराकरण संभव है। स्वचलन के दूसरे चरण में मशीनों के रखरखाव, विद्युत आपूर्ति तथा अन्य संसाधनों की समय-समय पर जांच-परख करना अपेक्षित है।

3. स्वचलन का तीसरा चरण कम्प्यूटर के उपयोग से जुड़ा हुआ है। स्वचलन की प्रक्रिया में कम्प्यूटर का उपयोग विभिन्न रूपों में किया जाता है। मशीनों के संचालन तथा नियंत्रण व्यवस्था के साथ कम्प्यूटर का स्पष्ट एवं तर्कपूर्ण संबंध होता है। अतः कम्प्यूटर के चयन, रखरखाव तथा उससे संबंधित संसाधनों पर विशेष रूप से ध्यान केन्द्रित किया जाता है।

स्वचलन की विशेषताएं (Characteristics of Automation)

स्वचलन की अवधारणा को सर्वप्रथम 19वीं शताब्दी के मध्य में एक अमेरिकन क्रिस्टोफर स्पेन्सर ने प्रस्तुत किया। उसने स्क्रू (Screw), नट (Nut) तथा गियर (Gears) का आविष्कार किया। आरम्भ में स्वचलन का प्रभाव कुछ विशेष उद्योगों तक सीमित था। परन्तु बाद के दिनों में व्यापक पैमाने पर स्वचलन की उपयोगिता को स्वीकार किया गया। वर्तमान भूमंडलीकरण, आर्थिक उदारीकरण तथा बाजारवाद की दौड़ में स्वचलन का उपयोग व्यापक पैमाने पर हो रहा है। स्वचलन की विशेषताओं को निम्नलिखित बिन्दुओं के आधार पर रेखांकित किया जा सकता है–

1. **यह एक स्वचालित व्यवस्था है**–स्वचलन की एक महत्वपूर्ण विशेषता स्वचालित पद्धति से है। जीवन के विविध क्षेत्रों में तथा औद्योगिक प्रतिष्ठानों में स्वचलन का उपयोग हो रहा है। पूर्व में टेलीफोन ऑपरेटरों की आवश्यकता होती थी। वर्तमान दौर में टेलीफोन स्विच बोर्ड से काम लिया जा रहा है। चिकित्सा पद्धति में भी व्यापक पैमाने पर स्वचलन का उपयोग हो रहा है। उदाहरणस्वरूप इलेक्ट्रोकार्डियोग्राफी (Electrocardiography) तथा रेडियोग्राफी (Radiography) के जरिये मानव शरीर का अध्ययन स्वचलन प्रणाली से संभव हो गया है। रेलवे, मेट्रो, रेल, कार तथा परिवहन के अन्य क्षेत्रों में भी स्वचलन का उपयोग हो रहा है। मेट्रो रेल में दरवाजा स्वतः खुलता है तथा बन्द होता है। यह प्रक्रिया स्वचलन पर आधारित है। इस प्रकार स्वचलन आधुनिक वैज्ञानिक तकनीक पर आधारित है। इसमें मानव श्रम की सीमित आवश्यकता होती है।
2. **यह स्वचालित नियंत्रण व्यवस्था पर आधारित है**–स्वचलन में नियंत्रण की व्यवस्था अंतर्निहित है। इसमें उत्पादन की लगभग सभी प्रक्रियाओं पर नियंत्रण होता है। उदाहरणस्वरूप आधुनिक कारों में स्वचलन की प्रक्रिया से दरवाजा बन्द होता है। स्वचलन की प्रक्रिया से ही दरवाजा खुलता भी है। यदि दरवाजा खुला रह गया तो इसका संकेत भी स्वचलन की प्रक्रिया से प्राप्त होता है। कम्प्यूटर, लैपटॉप, डिजिटल कैमरा तथा अन्य सूचना तकनीक स्वचालित नियंत्रण व्यवस्था पर आधारित होती है। यदि

लैपटॉप में कोई विसंगति अथवा विचलन पैदा हो जाए तो इसका संकेत स्क्रीन पर स्वचलन की प्रक्रिया से तत्काल प्राप्त होने लगता है। इस प्रकार स्वचलन की प्रक्रिया में दुर्घटना तथा अन्य समस्याओं पर नियंत्रण की क्षमता होती है। नियंत्रण व्यवस्था के कारण मशीनों का संचालन सुरक्षा से पूर्ण होता है। पूरी प्रक्रिया सुरक्षित रहती है। उत्पादन अधिक होता है। लागत व्यय अधिक नहीं होता है। साथ ही देश तथा दुनिया के किसी भी हिस्से से संबंध स्थापित करने की सुविधा मौजूद रहती है।

3. **स्वचलन रोबोट प्रणाली पर आधारित है**—स्वचलन तथा रोबोट में स्पष्ट संबंध मौजूद हैं। बुनियादी तौर पर स्वचलन की प्रक्रिया रोबोट प्रणाली से संबंधित होती है। रोबोट इंसान की तरह काम करता है। मशीन, उद्योग, प्रबन्धन, अपराध अनुसंधान, परिवहन तथा जीवन के अन्य परिक्षेत्रों में भी स्वचलन प्रक्रिया के अन्तर्गत रोबोट का उपयोग होता है। वैज्ञानिकों ने एक ऐसी इलेक्ट्रॉनिक स्किन (ई-स्किन) को बनाने में सफलता प्राप्त कर ली है, जिसके माध्यम से रोबोट अब छूने का अहसास कर सकेंगे। इस ई-स्किन को बनाने के लिए वैज्ञानिकों ने सिलिकॉन से बने सेमीकंडक्टर नैनोवायर्स का इस्तेमाल किया है। इस खोज के बाद रोबोट को वस्तुओं के छूने और अपने अनुसार प्रयोग करने की शक्ति दी जा सकेगी। नैनोवायर्स मानव के एक बाल से 10,000 गुणा पतला होता है। वैज्ञानिकों का मानना है कि यह खोज एक मील का पत्थर साबित होगी और रोबोट अब यह भी अहसास कर सकेंगे कि एक अंडा कितना नाजुक है।

   मेडिकल साइंस में इसका प्रयोग रोबोटिक ऑपरेशन में भी किया जा सकता है। कार सेफ्टी में भी इस तकनीक का इस्तेमाल किया जा सकता है। अगर ड्राइवर थका हुआ या ड्रिंक या सोया हुआ है तो यह तकनीक कार के स्टेयरिंग की पकड़ का अहसास करा सकती है। अगर स्टेयरिंग से ड्राइवर की पकड़ कमजोर पड़ती है तो यह तकनीक उसे सावधान कर सकती है। इस प्रकार स्वचलन की एक प्रमुख विशेषता रोबोट की उपयोगिता में निहित है।

4. **मशीनीकरण**—स्वचलन के अंतर्गत मनुष्य के स्थान पर मशीनों का अधिक उपयोग होता है। मशीनों में तकनीकी निपुणता पर ध्यान केन्द्रित किया जाता है। आधुनिक तकनीकों का उपयोग स्वचलन की प्रक्रिया के लिए अपेक्षित है। इन मशीनों का प्रबन्धन तथा संचालन प्रशिक्षित एवं दक्ष कामगारों के द्वारा ही किया जा सकता है। मशीनों के संचालन के लिए अति आधुनिक तकनीकी ज्ञान अपेक्षित है। इस प्रकार स्वचलन तथा मशीनीकरण के बीच स्पष्ट संबंध मौजूद है। मनुष्यों द्वारा संचालित एवं कामगारों पर निर्भर मशीनों की अपेक्षा स्वचालित मशीनों में उत्पादन की प्रक्रिया की अपेक्षा स्वचालित मशीनों में उत्पादन की प्रक्रिया तथा मात्रा अधिक होती है। साथ ही सीमित समय, सीमित साधन एवं सीमित कामगारों के जरिये मशीनीकरण का एक नया दौर आरंभ हुआ है। यह नया दौर निश्चित तौर पर स्वचलन की प्रणाली पर आधारित है।

5. **स्वचलन कम्प्यूटर तकनीक पर आधारित है**—20वीं शताब्दी के मध्य कालखंड (1930-45) में पहले-पहल इलेक्ट्रॉनिक कम्प्यूटर का आविष्कार किया गया। कम्प्यूटर के आविष्कार ने स्वचलन की प्रक्रिया को एक बुनियादी आधार प्रदान किया। कम्प्यूटर

के उपयोग के कारण मशीनों को एक नई गति तथा ऊर्जा प्राप्त हुई। वर्तमान दौर में विभिन्न प्रकार के कम्प्यूटरों का उपयोग हो रहा है। कम्प्यूटर अति आधुनिक तकनीक पर आधारित है। कम्प्यूटर के अंतर्गत नियंत्रण की व्यवस्था होती है। इसमें स्वचलन की प्रक्रिया निहित होती है। इसके अन्तर्गत हार्डवेयर (Hardware) तथा सॉफ्टवेयर (Software) की तकनीक तथा संरचना मौजूद होती है। इसमें स्मृति (Memory) के कण होते हैं। इसमें गणित तथा गणना की व्यवस्था होती है। भाषा कार्यक्रम तथा संदेश निर्वहन की क्षमता होती है। एनीमेशन, डिजाइन, प्रिंटिंग, फोटोग्राफी, ई-बैंकिंग आदि अनेक क्षेत्रों में इसका उपयोग होता है। स्पष्ट है कि कम्प्यूटर तकनीक ने स्वचलन की प्रक्रिया को एक बुनियादी आधार प्रदान किया है। जान स्टोक्स ने अपनी महत्वपूर्ण कृति *इनसाइड द मशीन : एन इलस्ट्रेटेड इंट्रोडक्शन टु माइक्रोप्रोसेसर एंड कम्प्यूटर आर्किटेक्चर* में स्पष्ट किया है कि कम्प्यूटर तकनीक ने स्वचलन की प्रणाली को अधिक उपयोगी बनाया है। वस्तुतः कम्प्यूटर तकनीक के बिना स्वचलन की प्रक्रिया की कल्पना नहीं की जा सकती है।

6. **स्वचलन समन्वित व्यवस्था है**–स्वचलन के अंतर्गत मशीनी, तकनीकी, कम्प्यूटर तथा यांत्रिक प्रक्रियाओं की समन्वित व्यवस्था मौजूद रहती है। एक मशीन तथा दूसरी मशीन के बीच में तर्कपूर्ण संबंध रहता है। मशीनों में क्रमबद्धता रहती है। मशीनों का संचालन तथा प्रबन्धन वैज्ञानिक तकनीकों के जरिये किया जाता है। इस प्रकार स्वचलन की प्रक्रिया से संबंधित सभी इकाइयां एक-दूसरे से अंतःसंबंधित होती हैं। प्रत्येक इकाई स्वतंत्र होती है। परन्तु अन्य इकाइयों के साथ उसका सरोकार बना रहता है। एक सुनिश्चित नियमों तथा प्रणालियों के आधार पर स्वचलन का उपयोग किया जाता है।

स्वचलन की उपयोगिता (Utility of Automation)

1. रोबर्ट क्यूलैट ने अपनी महत्वपूर्ण कृति *ऑटोमेशन : इम्पेक्ट्स इन इंडस्ट्री* में स्पष्ट किया है कि स्वचलन की प्रक्रिया ने औद्योगिक प्रतिष्ठानों में एक मौन क्रांति पैदा कर दी है। सीमित समय में अधिक उत्पादन तथा सीमित कामगार में उद्योगों के संचालन के कारण मशीनीकरण का एक नया दौर आरंभ हुआ है। इस प्रकार स्वचलन की प्रक्रिया ने औद्योगिक प्रतिष्ठानों के लाभ में अभिवृद्धि की है।
2. स्वचलन की प्रक्रिया का एक महत्वपूर्ण लाभ आपदा प्रबन्धन से जुड़ा हुआ है। कठिन एवं भयानक परिस्थितियों में कार्यरत कामगारों को स्वचलन की प्रक्रिया के कारण मुक्ति मिल गई है। दुर्घटना, आपदा तथा अन्य कठिन परिस्थितियों का नियंत्रण स्वचलन की नियंत्रण व्यवस्था में निहित होता है।
3. व्यापार प्रबन्धन, विपणन (Marketing), सेवा (Servicing) तथा अन्य विविध क्षेत्रों में स्वचलन के कारण तीव्र विकास तथा विस्तार हुआ है। व्यापार का क्षेत्र विस्तृत हुआ है। भूमंडलीकरण की प्रक्रिया के विकास में भी स्वचलन का योगदान महत्वपूर्ण है।
4. स्वचलन का लाभ सभी वर्ग के लोगों को प्राप्त हो रहा है। एक नल वाला, एक सब्जी विक्रेता, एक साधारण मजदूर तथा दूर गांव में रहने वाला एक अनपढ़ किसान भी

मोबाइल का लाभ उठा रहा है। मोबाइल की प्रक्रिया स्वचलन पर आधारित है। भारी औद्योगिक प्रतिष्ठानों में भी लोग मोबाइल का उपयोग करते हैं। राजनैतिक, सांस्कृतिक तथा चुनाव की प्रक्रिया में भी स्वचलन का उपयोग हो रहा है। उदाहरणस्वरूप मतदान व्यवहार से संबंधित ईवीएम मशीन स्वचलन की प्रक्रिया पर आधारित है। बैंकिंग प्रबन्धन के क्षेत्र में भी आम लोगों को राहत प्राप्त हुई है। एक साधारण बैंक का ग्राहक भी एटीएम तथा ई-बैंकिंग का लाभ उठा सकता है। इसी तरह एक साधारण यात्री भी इंटरनेट के जरिये रेलवे का टिकट हासिल कर सकता है।

5. स्वचलन की प्रक्रिया का एक महत्वपूर्ण लाभ आर्थिक विकास से जुड़ा हुआ है। स्वचलन की प्रक्रिया ने आर्थिक विकास की गति को तीव्र तथा बहुआयामी किया है। व्यापार का क्षेत्र व्यापक हुआ है। एक साधारण पूंजी के आधार पर भी स्वचलन की प्रक्रिया के जरिये एक आम आदमी लाभ उठा सकता है। घरों में बैठकर रोजगार पैदा कर सकता है। लखनऊ में कतिपय परिवारों में कम्प्यूटर टाइप, इंटरनेट तथा एनिमेशन के जरिये आर्थिक विकास का उदाहरण प्राप्त हुआ है। अन्वेषण करने पर अन्य छोटे-बड़े शहरों में भी इस प्रकार का व्यवसाय प्रगति पथ पर है।
6. सूचना तकनीक के क्षेत्र में भी स्वचलन की क्रिया के कारण सभी वर्ग के लोगों को लाभ प्राप्त हो रहा है। सीमित समय तथा सीमित दर पर एसएमएस अथवा ई-मेल का उपयोग किया जा सकता है। सीमित समय में दुनिया के किसी भी हिस्से में संवाद प्रेषित किया जा सकता है। सीमित समय में सूचना को स्वरूप प्रदान किया जा सकता है। वस्तुतः स्वचलन ने प्रिंट मीडिया, इलेक्ट्रॉनिक मीडिया तथा प्रकाशन जगत का कायाकल्प कर दिया है।
7. स्वचलन का एक महत्वपूर्ण लाभ प्रबन्धन क्षमता के विकास में निहित है। स्वचलन के आधार पर छोटे-बड़े औद्योगिक प्रतिष्ठानों में, कार्यालयों में अथवा घर-परिवार में भी अभिलेख, दस्तावेज, रिकॉर्ड, महत्वपूर्ण पत्र तथा सूचना आदि का संकलन, वर्गीकरण एवं संपादन किया जा सकता है। स्वचलन ने समय प्रबन्धन को एक नई दिशा दी है।
8. शिक्षा संस्थानों के क्षेत्र में भी स्वचलन की प्रक्रिया ने एक नए युग की शुरुआत की है। स्वचलन के आधार पर विश्वविद्यालय अथवा शिक्षण संस्थान की सभी इकाइयों को एक सूत्र में पिरोया जा सकता है। पाठ्य सामग्री, सूचना तथा संवाद प्रेषण, अनुवाद तथा कार्यशाला अथवा किसी भी क्षेत्र में स्वचलन के प्रयोग से शिक्षण संस्थान को लाभ हासिल हो रहा है।
9. संक्षेप में स्वचलन की प्रक्रिया का दायरा व्यापक तथा विस्तृत है। स्वचलन का उपयोग अपराध अनुसंधान के क्षेत्र में भी होता है। इसका उपयोग फिल्म, संगीत, रंगमंच तथा अभिनय के क्षेत्र में हो रहा है। कृषि, आपदा प्रबन्धन, परिवहन, ट्रैफिक तथा विविध क्षेत्रों में स्वचलन के उपयोग के आधार पर सभी वर्ग के लोग लाभान्वित हो रहे हैं।

स्वचलन की सीमाएं (Limitation of Automation)

1. परम्परागत औद्योगिक प्रतिष्ठानों तथा अन्य केन्द्रों में स्वचलन की प्रक्रिया की शुरुआत हेतु नई तकनीक की आवश्यकता होती है। रूपान्तरण के लिए सुयोग्य एवं प्रशिक्षित

तकनीकी विशेषज्ञों का सहयोग लेना अपेक्षित होता है। रूपान्तरण की दौड़ में तथा बाद में भी तकनीकी समस्या उत्पन्न होने पर सभी क्षेत्रों में तत्काल तकनीकी विशेषज्ञ उपलब्ध नहीं हो पाते हैं। फलत: कार्य में व्यवधान की स्थिति उत्पन्न होती है। साथ ही तकनीकी दोषों के निराकरण के लिए अधिक आर्थिक संसाधन की आवश्यकता होती है। इस प्रकार तकनीकी समस्या तथा अड़चन स्वचलन प्रणाली की एक प्रमुख सीमा है।

2. स्वचलन में नियंत्रण की व्यवस्था होती है तथा रोबोट एवं स्वचालित संयंत्रों का उपयोग किया जाता है। अक्सर यह अनुभव किया जाता है कि अचानक बिना किसी पूर्व सूचना के स्वचलन की प्रक्रिया विफल हो जाती है। आम जनता में इसे लिंक फेल (Link Fail) के नाम से जाना जाता है। अचानक व्यवधान उत्पन्न होने पर अनिवार्य सेवा प्रभावित हो जाती है। उदाहरणस्वरूप नैनीताल में रहने वाले किसी व्यक्ति का रिश्तेदार अथवा मित्र नई दिल्ली के महंगे नर्सिंग होम में जीवन तथा मौत से जूझ रहा होता है। उसे ई-बैंकिंग के सहारे तत्काल पैसे भेजने की आवश्यकता है। परन्तु स्वचलन की प्रक्रिया में व्यवधान होने पर तत्काल आर्थिक सहयोग करना संभव नहीं हो पाता है। इन स्थितियों का निराकरण सहज रूप में संभव नहीं हो पाता है। जाहिर है कि स्वचलन की प्रक्रिया में सुविधा है तो संकट और समस्याएं भी हैं।
3. कतिपय विशेषज्ञों के अनुसार स्वचलन के कारण दुनिया के विभिन्न हिस्सों में बेरोजगारी की स्थिति उत्पन्न हुई है। कम्प्यूटर तथा स्वचलन प्रणाली के ज्ञान के अभाव में अधिकतर कामगार अप्रासंगिक हो जाते हैं। उनकी सेवाएं समाप्त कर दी जाती हैं। इस प्रकार प्रत्यक्ष तथा अप्रत्यक्ष तौर पर बेरोजगारी समस्या के एक प्रमुख कारक के रूप में स्वचलन को रेखांकित किया जा सकता है।
4. स्वचलन की प्रक्रिया के कारण श्रमिक संघों का प्रभाव शिथिल हुआ है। प्रबन्धन की नई प्रणाली विकसित हो रही है। कार्य संस्कृति में बदलाव के संकेत मिल रहे हैं। उदाहरणस्वरूप मोबाइल कंपनी का अधिकतर काम कमीशन के आधार पर नियोजित प्रतिनिधियों के द्वारा हो रहा है। प्रिंट मीडिया तथा इलेक्ट्रॉनिक मीडिया के क्षेत्र में भी व्यापक पैमाने पर कामगारों की छंटनी हुई है। घर बैठे पत्रकारों से ई-मेल के सहारे लेख तथा टिप्पणी को खरीदा जाता है। नियमित तौर पर नियुक्त कामगारों की संख्या घटकर सीमित हो गई है। फलत: प्रतिष्ठानों में श्रमिक संघों की सदस्यता में भी भारी कमी आई है। श्रमिक संघों का जुझारूपन सिमटता हुआ दिखाई दे रहा है।
5. श्रमिक संघों के प्रभावहीन होने के कारण हित समूह तथा दबाव समूह का प्रभाव भी शिथिल हो रहा है। दबाव समूह तथा हित समूह के शिथिल होने के कारण कामगारों के हितों की रक्षा तथा सामाजिक सुरक्षा के प्रश्न ठंडे बस्ते में डाल दिए जाते हैं।
6. स्वचलन की प्रक्रिया ने प्रत्यक्ष तथा अप्रत्यक्ष तौर पर पूंजीवादी आर्थिक संरचना को एक नई गति तथा ऊर्जा प्रदान की है। स्वचलन ने पूंजीपतियों के हितों में भी वृद्धि की है। गरीब कामगार स्वचलन की प्रक्रिया के कारण दर-दर भटकने को बाध्य हो रहे हैं।
7. भारत जैसे विकासशील देश में अभी भी अशिक्षा की गंभीर समस्या मौजूद है। शिक्षित वर्ग में भी अधिकतर लोग कम्प्यूटर तकनीक की जानकारी नहीं रखते हैं। स्वचलन की

तकनीकी दक्षता के अभाव में एक विशाल वर्ग हाशिये पर चला गया है। उसे स्वचलन के दंश से पीड़ित होना पड़ता है।

8. देश के विभिन्न हिस्सों में न्याय तथा विकास की बात की जा रही है। समावेशी विकास के प्रश्न को भी खड़ा किया जा रहा है। परन्तु स्वचलन ने समाज को स्पष्ट रूपों में दो वर्गों में विभाजित कर दिया है। अशिक्षित अथवा कम्प्यूटर तकनीक के अभाव में दक्षहीन वर्ग आधुनिक तकनीक के उपयोग में असमर्थ हैं। भूमंडलीकरण तथा आर्थिक उदारीकरण का लाभ उसे सीमित मात्रा में ही प्राप्त हो रहा है। इन हालातों में न्याय तथा विकास एवं समावेशी विकास का कोई औचित्य नहीं रह गया है।
9. स्वचलन प्रक्रिया की सुरक्षा, निरन्तरता तथा उपयोगिता को बरकरार रखने के लिए लगातार अनुसंधान तथा संयंत्रों के विकास की आवश्यकता होती है। विकास तथा अनुसंधान के लिए अधिक आर्थिक संसाधन अपेक्षित हैं। अतः सीमित पूंजी के व्यवसायी एवं लघु उद्योग के संचालकों के पांव लड़खड़ा रहे हैं। जाहिर है कि स्वचलन की प्रक्रिया के क्षेत्र में कदम रखने के लिए अधिक संसाधन एवं तकनीकी दक्षता अपेक्षित है।

स्वचलन के प्रभाव (Impact of Automation)

स्वचलन की प्रक्रिया ने एक नई संस्कृति तथा एक नई जीवन पद्धति को विकसित किया है। औद्योगिक प्रतिष्ठानों, व्यापार केन्द्रों, सेवा क्षेत्रों, कार्यालयों तथा अन्य विविध क्षेत्रों में स्वचलन की प्रक्रिया के कारण एक नए परिदृश्य का सृजन हुआ है। यह नया परिदृश्य रोबोट पर केन्द्रित है। विद्युत ऊर्जा, स्विच बोर्ड तथा लाल-हरी बत्तियों के सहारे एक नई मशीनी संस्कृति का उदय हुआ है। इस प्रकार 21वीं शताब्दी के आरंभिक चरण में ही स्वचलन की प्रक्रिया ने मानव जीवन के ताने-बाने को झकझोर कर रख दिया है। जो ग्लेजर ने स्वचलन की प्रक्रिया को अपनी एक कविता के जरिये निम्न प्रकार रेखांकित किया है—

> ''एक सोमवार की सुबह
> मैं फैक्ट्री देखने गया।
> जब मैं वहां पहुंचा
> वह निर्जन थी, बिल्कुल सुनसान।
> न तो मुझे 'जो' मिला न 'जैक', न ही 'जॉन' न 'जिम'
> मुझे कोई भी न दिखा—
> कोई भी नहीं,
> हां बटन, घंटियां व लाल, पीली, नीली, हरी बत्तियां
> जरूर पूरी फैक्टरी में थीं।''

कविता की पंक्तियों से स्पष्ट रूपों में ध्वनित होता है कि स्वचलन की प्रक्रिया ने तकनीकी विकास तथा क्षमता के आधार पर दुनिया को एक नए चौराहे पर खड़ा कर दिया है। एंथनी गिडेन्स ने स्वचलन की प्रक्रिया के संबंध में कई विचारोत्तेजक प्रश्नों को खड़ा किया।

उनके अनुसार कार्य तथा तकनीक के बीच स्पष्ट एवं तर्कपूर्ण संबंध रहा है। समाजशास्त्रियों ने कार्य तथा तकनीक के संबंध में कई प्रश्नों का विश्लेषण किया है। इस संदर्भ में विचारोत्तेजक बहसों का दौर भी चला है। हमारे कार्य के अनुभवों की नई तकनीक ने किन क्षेत्र में प्रभावित किया है? औद्योगीकरण के विकास के साथ ही कार्य क्षेत्रों में तकनीक की सर्वोपरि भूमिका रहती आई है। परन्तु स्वचलन की प्रक्रिया के कारण कारखानों तथा कम्प्यूटर के संजाल से जुड़े हुए कार्यालयों में तकनीक का दबदबा बढ़ता हुआ नजर आ रहा है। लगता है यह दौर तकनीकी विशेषज्ञता का दौर है। लगता है यह युग स्वचलन की प्रक्रिया से संबंधित है। सूचना तकनीक से संबंधित क्रांति ने नए सिरे से दुनिया को आकर्षित एवं सम्मोहित किया है। स्वचलन से संबंधित कई प्रश्न खड़े किए जा रहे हैं। चिंतन-विश्लेषण की प्रक्रिया जारी है। जाहिर है कि नई तकनीक प्रखंड दक्षता एवं उत्पादकता का परिचायक है। परन्तु प्रश्न यह पैदा होता है कि यह किन अर्थों में तथा किन रूपों में कार्यों को प्रभावित करने में सक्षम है। एंथनी गिडेन्स के अनुसार समाजशास्त्रियों के समक्ष एक ज्वलंत प्रश्न खड़ा है। स्वचलन की जटिल व्यवस्था किन रूपों में कार्य की प्रकृति तथा उन संस्थाओं को प्रभावित कर रही है–जहां पर इसका उपयोग हो रहा है। स्वचलन की प्रक्रिया के बढ़ते प्रभाव को नजरअंदाज नहीं किया जा सकता है। स्वचलन से जुड़ा हुआ एक महत्वपूर्ण संयंत्र रोबोट है। यह एक स्वचालित संयंत्र एवं तकनीक है। रोबोट का प्रचार-प्रसार औद्योगिक प्रतिष्ठानों में है। छोटे-बड़े औद्योगिक एवं व्यापारिक केन्द्रों में भी रोबोट का उपयोग किया जाता है। अपराध नियंत्रण एवं ट्रैफिक प्रबन्धन के लिए भी रोबोट का उपयोग हो रहा है। जापान तथा बाद में चीन में 'डॉल' का आविष्कार किया गया। यह नर-नारी के रूप में 'रोबोट ' है। इसमें स्वचलन की प्रक्रिया अंतर्निहित है। इसमें रसायन के सहारे संवेदनशीलता उत्पन्न की जाती है। औरत तथा मर्द यौन-संतुष्टि के लिए डॉल का उपयोग करते हैं। लगभग 60 वर्ष पूर्व रोबोट का आविष्कार किया गया था। यद्यपि रोबोट की क्षमता सीमित है तथा इसका उपयोग सीमित क्षेत्रों में ही संभव है। परन्तु संभावना व्यक्त की जा सकती है कि भविष्य में इसका व्यापक पैमाने पर प्रचार-प्रसार होगा तथा इसके मूल्य में भी भारी गिरावट आएगी।[4]

समाजशास्त्रियों में स्वचलन के मुद्दे को लेकर तथा इसके प्रभाव के संबंध में जोरदार बहस की शुरुआत हुई। औद्योगिक संबंध के विशेषज्ञों ने भी कई प्रश्नों को खड़ा किया। प्रश्न यह पैदा किया गया कि कामगारों पर नई तकनीक तथा स्वचलन का क्या प्रभाव है? प्रश्न यह भी पैदा किया गया कि कामगारों की दक्षता तथा प्रतिबद्धता को नई तकनीक तथा स्वचलन ने किन रूपों में प्रभावित किया है। स्वचलन के प्रभाव के संबंध में बहस और विवाद को निम्नलिखित रूपों में रेखांकित किया जा सकता है–

1. रोबर्ट क्लाउनर ने 1964 में प्रकाशित अपनी एक महत्वपूर्ण कृति *इंटरनेशनल एलिएनेशन एंड फ्रीडम* में चार विभिन्न औद्योगिक प्रतिष्ठानों के कामगारों के अध्ययन का विश्लेषण किया। इन औद्योगिक प्रतिष्ठानों में भिन्न-भिन्न स्तरों की तकनीक का सहारा लिया जाता था। उन्होंने अलगाव की अवधारणा के आधार पर कामगारों का अध्ययन किया। उनके अनुसार स्वचलन पर आधारित औद्योगिक प्रतिष्ठानों में अलगाव की मात्रा को सीमित क्षेत्रों में अनुभव किया गया। इसके विपरीत अन्य प्रकार की तकनीकों पर

आधारित औद्योगिक प्रतिष्ठानों के कामगारों में अलगाव की स्थिति अधिक चिन्ताजनक पाई गई।

ब्लाउनर ने यह भी स्पष्ट किया कि स्वचलन की प्रक्रिया ने दक्ष कामगारों को नई ऊर्जा एवं ऊष्मा के साथ अवसर प्रदान किया है। उनमें अपार क्षमता है। साथ ही उनमें नई तकनीक के प्रति आकर्षण है। अत: स्वचलन की प्रक्रिया में दक्ष कामगारों की शक्ति को संगठित किया गया है। स्वचलन के जरिये कामगारों का स्वचालित मशीनों के द्वारा नियंत्रण भी संभव है। इस प्रकार स्वचलन से जुड़े कामगार अधिक अलगाव का अनुभव नहीं करते हैं। इसके विपरीत दशकों से परंपरागत तकनीकों के साथ जुड़े कामगारों में उदासी, थकान तथा अलगाव का अनुभव किया गया।

2. हेरी ब्रेवमैन ने 1974 में प्रकाशित अपनी कृति *लेबर एंड मोनोपॉली* में स्वचलन के प्रभाव को लेकर चिंता व्यक्त की है। उनके अनुसार स्वचलन ने औद्योगिक मजदूरों को आहत किया है। स्वचलन की प्रक्रिया में मानवीय क्षमता तथा प्रतिभा का अधिक उपयोग नहीं हो पाता है। उनकी रचनात्मक ऊर्जा का कोई लाभ प्राप्त नहीं हो पाता है। ब्रेवमैन के विचारों का समर्थन जार्ज रिट्जर ने भी किया है। उन्होंने अपनी पुस्तक *ऑर्गेनाइजेशंस एंड नेटवर्क्स* में ब्रेवमैन के विचारों को ही प्रतिध्वनित किया है।

3. एक नए समाजशास्त्रीय अध्ययन ने स्वचलन के प्रभाव से संबंधित विवाद को एक नए मोड़ पर लाकर खड़ा कर दिया है। समाजशास्त्री रिचर्ड सेनेट ने 1998 में एक बेकरी (Bakery) कारखाने के कामगारों का अध्ययन किया। कारखाने की स्वचलन को नई तकनीकों के आधार पर कुछ ही वर्ष पूर्व रूपान्तरित किया गया था। बेकरी कारखाने में कम्प्यूटर तथा स्विच बोर्ड के सहारे स्वचलन प्रक्रिया के अंतर्गत विभिन्न पदार्थों का उत्पादन होता था। अब उत्पादन में कामगारों के श्रम की कोई आवश्यकता नहीं थी। स्वचलन पद्धति के अनुपालन के बाद सीमित दक्ष कामगारों का उपयोग बेकरी कारखाने में हो रहा था। परन्तु इन कामगारों की दक्षता कम्प्यूटर के संचालन तक सीमित थी। अचानक कम्प्यूटर तथा मशीनों का संचालन स्थगित हो गया। मशीन में कोई गंभीर समस्या उत्पन्न हो गई। बेकरी कारखाने में कार्यरत तथा कम्प्यूटर संचालन में दक्ष लोगों को मशीनों की समस्या के निराकरण की तकनीक की जानकारी नहीं थी। आसपास कोई विशेषज्ञ उपलब्ध नहीं था। फलत: कारखाने में उत्पादन नहीं हो पाया। सेनेट ने अपने अध्ययन के आधार पर स्पष्ट किया कि स्वचलन के क्षेत्र में साधारणत: दो प्रकार के कामगार जुड़ गए हैं। कामगारों का एक वर्ग सामान्य तौर पर प्रशिक्षित है। वह कम्प्यूटर, इंटरनेट आदि के संचालन में सक्षम है। कर्मचारियों का दूसरा वर्ग अधिक प्रशिक्षित, दक्ष तथा विशेषज्ञ है। वे हार्डवेयर अथवा सॉफ्टवेयर के जानकार हैं। कम्प्यूटर, इंटरनेट आदि में उत्पन्न समस्याओं का निराकरण कर सकते हैं। परन्तु अधिक विशेषज्ञ कामगार दूर-दराज क्षेत्र में संचालित स्वचलन पद्धति की समस्याओं के निराकरण के लिए अक्सर उपलब्ध नहीं हो पाते हैं। फलत: उत्पादन प्रक्रिया बाधित हो जाती है। औद्योगिक प्रतिष्ठान के प्रबन्धक अथवा कार्यालय के संचालक तनावग्रस्त रहते हैं।

4. रस्किन एवं रौस ने लैंगिक विभेद तथा स्वचलन पद्धति की समस्याओं को रेखांकित किया है। ब्लॉक ने भी इन प्रश्नों को खड़ा किया है।
5. स्वचलन तथा दक्षता के प्रश्न के सम्बन्ध में स्पेन्नर ने विभिन्न अध्ययनों के आधार पर कई प्रश्नों को खड़ा किया है। उनके अनुसार स्वचलन पद्धति में अधिक जटिलता है तथा दक्षता की समस्या उठ खड़ी होती है।
6. स्वचलन तथा सूचना तकनीक ने कार्य संस्कृति को नया आयाम दिया है। ज्ञातव्य है कि ब्लाउनर तथा ब्रेवमैन ने स्वचलन के क्षेत्र में सूचना तकनीकी के रचनात्मक प्रभावों को रेखांकित किया है। इन विद्वानों के अनुसार निश्चित तौर पर इंटरनेट, ई-मेल, टेली क्रॉन्फ्रेसिंग तथा ई-कॉमर्स ने कार्य संस्कृति को गतिशील, जीवन्त तथा अधिक लाभदायक बनाया है। सूचना तकनीक ने एक मौन क्रांति का सृजन किया है। कार्य संचालन में अधिक लचीलेपन की स्थिति उत्पन्न हुई है। नए अवसर उत्पन्न हुए हैं। रोजगार का क्षेत्र विस्तृत हुआ है। इन विद्वानों को तकनीकी निर्धारक के रूप में रेखांकित किया जाता है।
7. शोसनाजेजबॉफ ने ब्लाउनर तथा ब्रेवमैन के विपरीत विचारों को प्रस्तुत किया है। उनके अनुसार सूचना तकनीक ने एक नई अर्थव्यवस्था का सृजन किया है। कार्य संस्कृति को एक नया स्वरूप प्रदान किया है। परन्तु सूचना तकनीक में अधिक जटिलता तथा कई प्रकार की समस्याओं से जूझना होता है।

स्वचलन एक महत्वपूर्ण तथा विवादास्पद तकनीक है। औद्योगिक उत्पादन पर इसका प्रत्यक्ष एवं अप्रत्यक्ष प्रभाव परिलक्षित होता है। श्रमिकों पर भी व्यापक पैमाने पर स्वचलन का प्रभाव है। निश्चित तौर पर स्वचलन के कारण उत्पादन में वृद्धि हुई है तथा उत्पादित वस्तुओं में विविधता का अनुभव किया जा सकता है। नई तकनीक के संबंध में वैज्ञानिक अनुसंधानों को एक नई ऊर्जा प्राप्त हुई है। औद्योगिक दुर्घटनाओं से मुक्ति की दिशा में स्वचलन का योगदान महत्वपूर्ण है। सीमित समय तथा सीमित कामगारों के आधार पर व्यापक उत्पादन की संभावना में भी वृद्धि हुई है। स्वचलन के कारण प्रतिष्ठानों में एकाधिकार की स्थिति उत्पन्न हो रहा है। स्वचलन का एक अन्य महत्वपूर्ण प्रभाव असंतुलित औद्योगिक विकास से जुड़ा हुआ है। स्वचलन का एक अन्य प्रभाव बेरोजगारी हैं। गौरतलब है कि इस नई तकनीक के कारण श्रमिकों की कार्य कुशलता में वृद्धि हुई है। उल्लेखनीय है कि इस तकनीक के कारण लोगों के रहन-सहन तथा सामाजिक प्रतिष्ठा में भी वृद्धि हुई है। परन्तु इस दौड़ में मनुष्य अपनी प्रतिभा और श्रम के साथ उत्पादन की प्रक्रिया से अलग-थलग नजर आ रहे हैं। अधिकतर कामगार उदास हैं अथवा पुराने हो चुके हैं। जोग्लेजर ने स्वचलन के प्रभावों को कविता के जरिये निम्नलिखित शब्दों में रेखांकित किया है-

उस फैट्री में चारों तरफ चलता रहा-
ऊपर-नीचे, आर-पार
लोट-पोट कर मैंने वहां की
सभी बटनों, घंटियों और बत्तियों को देखा।
रहस्य-जैसा लगा मुझे यह सब कुछ।

मैंने पुकारा–'फ्रैंक, हैंक, आइक, माइक
रॉय, राय, डॉन, डैन, बिल, फिल, फ्रेड, पीट।'
जवाब में एक मशीन जैसी तेज आवाज आई–'ये सब तुम्हारे लोग पुराने हो चुके।'

भारत जैसे विकासशील देश में भी स्वचलन का स्पष्ट प्रभाव दिखाई पड़ता है। निम्नांकित रूपों में स्वचलन के प्रभावों को स्पष्ट किया जा सकता हैं–

1. स्वचलन तथा बेरोजगारी के बीच स्पष्ट संबंध मौजूद है।
2. स्वचलन की प्रक्रिया के अन्तर्गत साधारणत: सामान्य मजदूरों का कोई उपयोग संभव नहीं है। सामान्य शिक्षित कामगारों से भी स्वचलन पद्धति का प्रबन्धन संभव नहीं है। अत: स्वचलन के लिए प्रशिक्षित तथा ज्ञान समाज (Knowledge Society) से जुड़े कामगारों की आवश्यकता होती है। अधिक कामगारों की अपेक्षा स्वचलन में नहीं है। अत: स्वचलन का एक महत्वपूर्ण प्रभाव बेरोजगारी की समस्या से जुड़ा हुआ है।
3. तथ्यों तथा आंकड़ों के आधार पर भी स्पष्ट होता है कि स्वचलन पद्धति ने रोजगार के कतिपय नए अवसरों को उत्पन्न किया है। लोग कम्प्यूटर तथा इंटरनेट के सहारे अपने घरों में बैठकर ही रोजी–रोटी का प्रबन्ध कर सकते हैं। एक अन्य उदाहरण मोबाइल का भी दिया जा सकता है। मोबाइल ने देश के विभिन्न हिस्सों में कई प्रकार के रोजगारों को विकसित किया है। उदाहरणस्वरूप मरम्मत, सिम कार्ड की व्यवस्था, मोबाइल कैमरा, ब्लू टूथ का उपयोग आदि विभिन्न रूपों में शिक्षित–अशिक्षित सभी वर्गों के लोग लाभान्वित हो रहे है।
4. स्वचलन पद्धति के कारण श्रमिकों की प्रतिभा, क्षमता तथा कौशल में विकास हुआ है। इस नई तकनीक ने कामगारों में परिव्याप्त नीरस वातावरण को तरोताजा किया है। कम्प्यूटर, इंटरनेट, म्यूजिक, मोबाइल तथा स्वचलन के साधनों के बीच काम करना कामगारों के लिए उत्साहजनक सिद्ध होता है। रुचि–रस में परिवर्तन होता है। उन्हें अपनी प्रतिभा और क्षमता को प्रदर्शित करने का अवसर प्राप्त होता है।
5. स्वचलन ने कामगारों तथा अन्य जुड़े हुए लोगों के जीवन में एक नई संस्कृति को विकसित किया है। स्वचलन से जुड़े लोग समय प्रबन्धन के कायल होते हैं। उनका बॉडी लैंग्वेज (Body Language) भी सम्मोहक होता है। उनकी वेशभूषा, परिवहन तथा खानपान में भी परिवर्तन परिलक्षित होता है। स्वचलन के कारण शिक्षा जगत में क्रांति की स्थिति उत्पन्न हुई है। व्यावसायिक शिक्षा का विकास तीव्र रूप में हो रहा है। प्रबन्धन, कम्प्यूटर, विज्ञान सूचना तकनीक तथा अन्य अनेक क्षेत्रों में निजी एवं सरकारी स्तर पर कतिपय तकनीकी शिक्षण संस्थानों का विकास हुआ है। नई पीढ़ी में इन तकनीकी शिक्षण संस्थानों के प्रति अभूतपूर्व आकर्षण है।
6. भारत जैसे विकासशील देश में स्वचलन पद्धति के कारण असंतुलित औद्योगिक विकास की स्थिति उत्पन्न हुई है। उदाहरणस्वरूप भारत में बेंगलूरू, चेन्नई, हैदराबाद, गुड़गांव तथा नोएडा आदि क्षेत्रों में स्वचलन का व्यापक विकास हुआ है। फलत: इन क्षेत्रों में औद्योगिक विकास की स्थिति चमकदार है। परन्तु इसके विपरीत बिहार जैसे राज्यों में स्वचलन पर आधारित उद्योगों का लगभग अभाव है।

7. स्वचलन का एक महत्वपूर्ण प्रभाव उत्पादन में वृद्धि से संबंधित है। स्वचलन पर आधारित उद्योगों में सीमित समय तथा सीमित संसाधन में अधिक उत्पादन का लाभ प्राप्त होता है।
8. स्वचलन के कारण उत्पादित वस्तुओं में विभिन्नता उत्पन्न की जा सकती है। उदाहरणस्वरूप प्रिंटिंग मशीन के द्वारा स्वचलन पद्धति के आधार पर कवर डिजाइन को पलक झपकते ही तैयार किया जा सकता है। छपाई में विविधता उत्पन्न करना संभव है। सीमित समय में विभिन्न रंगों का उपयोग किया जा सकता है।
9. स्वचलन पद्धति ने संगीत, फिल्म, नाट्य मंच, प्रकाश संयोजन, वाद्य यंत्र तथा अन्य क्षेत्र को भी प्रभावित किया है। फिल्म तथा संगीत के संयोजन तथा संपादन में स्वचलन पद्धति का योगदान महत्वपूर्ण सिद्ध हो रहा है। इलेक्ट्रॉनिक मीडिया तथा लाइव टेलीकास्ट (Live Telecast) के क्षेत्र में भी स्वचलन पद्धति का उपयोग क्रांतिकारी सिद्ध हो रहा है।
10. सामाजिक संरचना तथा परम्परागत समाज को भी स्वचलन पद्धति ने व्यापक पैमाने पर प्रभावित किया है। उदाहरणस्वरूप इस नई तकनीक के आधार पर पोर्नोग्राफी, डॉल, यौन-व्यापार, लेस्बिनयन, समलैंगिक मैथुन तथा अन्य यौन-संबंधों से जुड़े विभिन्न प्रकार की सूचना तथा दृश्य खंडों से सामान्य परिवार के लोग परिचित हो रहे हैं। इसके परिणामों को लेकर बहस छिड़ी हुई है।

स्वचलन पद्धति तथा भारत सरकार की नीति
(Automation Process and Government Policy in India)

स्वाधीनता के बाद पंडित जवाहरलाल नेहरू ने भारत में विज्ञान तथा प्रौद्योगिकी के विकास की बुनियाद को सुदृढ़ किया। उनके कुशल नेतृत्व में स्वचलन आदि वैज्ञानिक तकनीकों को व्यवस्थित आधार पर शुरुआत की गई। 21वीं शताब्दी में भारत वैज्ञानिक तकनीक की दिशा में आत्मविश्वास के साथ अग्रसर है। उपलब्ध सूचनाओं के आधार पर स्पष्ट होता है कि भारत में वैज्ञानिक और प्रौद्योगिक गतिविधियां केन्द्र सरकार, राज्य सरकारों, उच्चतर शैक्षणिक क्षेत्र, सार्वजनिक तथा निजी क्षेत्रों के उद्योगों और बिना लाभ के काम करने वाले संस्थानों/संघों समेत एक विस्तृत ढांचे के अन्तर्गत संचालित की जाती हैं। जिन संस्थागत प्रतिष्ठानों ने अपनी अनुसंधान प्रयोगशालाओं के जरिये देश में अनुसंधान और विकास में महत्वपूर्ण योगदान किया है, वे हैं—वैज्ञानिक और औद्योगिक अनुसंधान परिषद, भारतीय कृषि अनुसंधान परिषद, भारतीय आयुर्विज्ञान अनुसंधान परिषद। इसके अलावा विभिन्न मंत्रालयों/विभागों की विभागीय प्रयोगशालाएं हैं, जैसे परमाणु ऊर्जा विभाग, इलेक्ट्रॉनिक्स विभाग, अंतरिक्ष विभाग, महासागर विकास विभाग, रक्षा अनुसंधान और विकास संगठन, पर्यावरण तथा वन मंत्रालय, गैर-परंपरागत ऊर्जा स्रोत मंत्रालय और विज्ञान तथा प्रौद्योगिकी मंत्रालय। इसके अतिरिक्त औद्योगिक उपक्रमों की अपनी लगभग 1,200 अनुसंधान और विकास इकाइयां हैं जो अपने-अपने क्षेत्र में अनुसंधान करती हैं। अनेक भारतीय विश्वविद्यालयों तथा विश्वविद्यालय के समकक्ष मान्यता प्राप्त संस्थाओं जैसे भारतीय प्रौद्योगिकी संस्थानों में भी अनुसंधान और विकास का काफी काम होता है।

ज्ञातव्य है कि स्वचलन के सम्बन्ध में 1957 में भारतीय श्रम सम्मेलन का आयोजन किया गया। त्रिपक्षीय समझौते के आधार पर भारत सरकार की नीति को निर्धारित किया गया। 1966 में राष्ट्रीय श्रम योजना के सम्बन्ध में महत्वपूर्ण प्रस्तावों को स्वीकृत किया गया। मई 1971 में स्थापित विज्ञान तथा प्रौद्योगिकी विभाग का उद्देश्य नए क्षेत्रों में अनुसंधान को बढ़ावा देना है। साथ ही देशभर में विज्ञान और प्रौद्योगिकी से जुड़ी गतिविधियों के आयोजन, समन्वयन तथा प्रोत्साहन के लिए विज्ञान तथा प्रौद्योगिकी विभाग महत्वपूर्ण भूमिका निभाता है। 1972 में बी.एम. दांडेकर की अध्यक्षता में एक स्वचलन समिति गठित की गई। समिति ने कई महत्वपूर्ण सुझावों को प्रस्तुत किया। 1973 में संयुक्त राष्ट्र संघ के तत्वावधान में कम्प्यूटरों के सम्बन्ध में एक सर्वेक्षण किया गया। सर्वेक्षण के आधार पर कतिपय महत्वपूर्ण दिशा-निर्देशों को रेखांकित किया गया। 2003 में नई विज्ञान तथा प्रौद्योगिकी नीति को भारत सरकार ने घोषित किया। तथ्यों तथा आंकड़ों के आधार पर स्पष्ट होता है कि भारत में स्वचलन के सम्बन्ध में कतिपय प्रस्तावों तथा नीति को स्वीकार किया गया है। औद्योगिक प्रतिष्ठानों, व्यापारिक प्रबन्धनों तथा अन्य अनेक क्षेत्रों में भारत सरकार की नीतियों का व्यापक प्रभाव परिलक्षित होता है। इन नीतियों का विवरण तथा विश्लेषण निम्नलिखित रूपों में किया जा सकता है।

भारतीय श्रम सम्मेलन 1957

1957 में भारतीय श्रम सम्मेलन के अन्तर्गत स्वचलन के सम्बन्ध में भारत सरकार की नीति को स्वीकृत किया गया। इस समझौते के आधार पर कतिपय प्रमुख नीतियों को लागू किया गया।

1. स्वचलन के सम्बन्ध में भारत सरकार ने स्पष्ट किया कि पुराने श्रमिकों के साथ न्याय किया जाना चाहिए। स्वचलन लागू होने से सामान्य तथा अप्रशिक्षित कामगारों की सेवा समाप्त नहीं की जानी चाहिए। साथ ही किसी भी कामगार के पारिश्रमिक को कम नहीं किया जाना चाहिए। यह भी स्पष्ट किया गया कि विस्थापित श्रमिकों के लिए वैकल्पिक व्यवस्था की जानी चाहिए।
2. भारत सरकार की नीति के अन्तर्गत यह भी स्पष्ट किया गया कि विवेकीकरण और स्वचलन से प्राप्त लाभ विभिन्न वर्गों में न्यायपूर्वक वितरित किया जाना चाहिए। स्वचलन के कारण उत्पन्न नई व्यवस्था तथा नवीन योजना के अन्तर्गत श्रमिकों के दायित्व तथा कार्य की दशाओं में सुधार किया जाना चाहिए।

राष्ट्रीय श्रम आयोग 1966

राष्ट्रीय श्रम आयोग ने भी स्वचलन से जुड़े ज्वलंत मुद्दों का विश्लेषण किया। साथ ही कुछ महत्वपूर्ण सुझावों को प्रस्तुत किया–

1. स्वचलन के कारण श्रमिकों के बेरोजगार होने की व्यापक आशंका है। फलतः पुराने कामगारों को न्यायपूर्वक रोजगार देने की व्यवस्था होनी चाहिए।
2. स्वचलन के कारण व्यापार तथा उद्योगों में अधिक लाभ की संभावना बनती है। अतः न्यायपूर्वक लाभ के अंशों को श्रमिकों को वितरित किया जाना चाहिए।
3. स्वचलन के कारण औद्योगिक प्रतिष्ठानों तथा अन्य क्षेत्रों में सीमित लागत में अधिक उत्पादन की संभावना बनती है। अतः इसका लाभ समाज को भी मिलना चाहिए।

4. आयोग ने यह भी स्पष्ट किया कि विभिन्न क्षेत्रों में कम्प्यूटरों का उपयोग किया जा सकता है। कम्प्यूटर के उपयोग के कारण अर्थव्यवस्था तथा औद्योगिक स्तर में व्यापक पैमाने पर प्रगति हो सकती है। परन्तु यह ध्यान देना चाहिए कि रोजगार के अवसरों में भी प्रगति हो।

स्वचलन समिति 1972

भारत सरकार के श्रम मंत्रालय ने स्वचलन से सम्बन्धित नीतियों के निर्धारण के लिए प्रोफेसर बी.एम. दांडेकर की अध्यक्षता में एक स्वचलन समिति गठित की। मई 1972 में समिति ने अपनी रिपोर्ट प्रस्तुत की। समिति ने निम्नलिखित सिफारिशों को रेखांकित किया–

1. स्वचलन के संचालन से पहले कामगारों तथा प्रबन्धकों में सामंजस्य एवं सहमति अपेक्षित है। विवाद की स्थिति में स्वचलन से सम्बन्धित राष्ट्रीय द्विपक्षीय दल हस्तक्षेप कर सकता है। कम्प्यूटर के उपयोग का मूल्यांकन किया जाना चाहिए। कम्प्यूटरों की उपयोगिता के संदर्भ में औचित्य प्रतिवेदन प्रस्तुत करना अपेक्षित है। औचित्य प्रतिवेदन के मूल्यांकन के लिए विशेषज्ञों से मार्गदर्शन एवं परामर्श प्राप्त करना चाहिए।
2. दांडेकर समिति ने कुछ विशिष्ट क्षेत्रों में कम्प्यूटरों के तर्कपूर्ण प्रयोग पर सहमति व्यक्त की है। उदाहरणस्वरूप शिक्षा, विज्ञान, अनुसंधान, सांख्यिकी, सुरक्षा तथा व्यावसायिक एवं औद्योगिक प्रतिष्ठानों में कम्प्यूटरों का उपयोग न्यायसंगत है।
3. स्वचलन का प्रभाव रोजगार के दो प्रमुख स्तरों पर अनुभव किया जा सकता है। पहला संबंधित प्रतिष्ठान विभाग में रोजगार पर प्रभाव तथा दूसरा सम्पूर्ण अर्थ संरचना के परिप्रेक्ष्य में रोजगार पर प्रभाव। समिति ने अर्थ संरचना के प्रभाव के सम्बन्ध में स्पष्ट किया है कि इस क्षेत्र में मूल्यांकन तथा उपयोग के आधार पर स्वचलन की नीति को निर्धारित करना चाहिए।
4. कम्प्यूटर तथा रोजगार के बीच मौजूद सम्बन्धों का समय-समय पर मूल्यांकन करना चाहिए। कम्प्यूटर रोजगार को प्रभावित करता है। कम्प्यूटरों के व्यापक प्रभाव से बेरोजगारी की स्थिति उत्पन्न हो सकती है। अतः स्वचलन से जुड़े इन बिन्दुओं पर ध्यान केन्द्रित करने की आवश्यकता है।

संयुक्त राष्ट्रीय सर्वेक्षण 1973

संयुक्त राष्ट्र संघ के तत्वावधान में औद्योगिक विकास संगठन ने विकासशील देशों में कम्प्यूटरों के उपयोग की समस्या का गहन अध्ययन किया। भारत में भी अध्ययन किया गया। अध्ययन से सम्बन्धित रिपोर्ट 1973 में जारी की गई। ज्ञातव्य है कि अध्ययन निर्माण उद्योगों के सर्वेक्षण से जुड़ा हुआ था। सर्वेक्षण के आधार पर निम्नलिखित सिफारिशों को लागू किया गया–

1. सर्वेक्षण के आधार पर स्पष्ट होता है कि वर्तमान दौर में कम्प्यूटरों का उपयोग पूर्णतः वैज्ञानिक एवं तर्कपूर्ण है। यद्यपि कामगार तथा उनके संगठन के द्वारा स्वचलन का विभिन्न क्षेत्रों में विरोध हो रहा है। अध्ययन के आधार पर यह स्पष्ट किया गया कि स्वचलन के आधार पर रोजगार के अनेक अवसर उत्पन्न हो सकते हैं। अतः बेरोजगारी की समस्या का कोई प्रश्न पैदा नहीं होता है।

2. सर्वेक्षण ने यह भी स्पष्ट किया कि भारत जैसे विकासशील देश में सीमित क्षेत्रों में ही स्वचलन का उपयोग संभव है। अत: इससे निराश होने की आवश्यकता नहीं है।
3. स्वचलन के सम्बन्ध में बैंक, बीमा कम्पनी, प्रबन्धन प्रशासन तथा कार्यालय, प्रतिष्ठान के कामगारों में अधिक आक्रोश है। परन्तु आर्थिक विकास तथा प्रबन्धन के आलोक में स्वचलन के महत्व को नजरअंदाज नहीं किया जा सकता है। देश विकास की ओर अग्रसर है। अत: विभिन्न क्षेत्रों में वैज्ञानिक तकनीकों का उपयोग अपेक्षित है।

नई विज्ञान तथा प्रौद्योगिकी नीति 2003

विज्ञान तथा प्रौद्योगिकी के भावी कार्यक्रमों की रूपरेखा तैयार करने और नई पहलों को दिशा देने के लिए सरकार ने विज्ञान तथा प्रौद्योगिकी नीति, 2003 की घोषणा की है। इस नीति में विज्ञान तथा प्रौद्योगिकी प्रशासन के प्रति रवैया, मौजूदा भौतिक और ज्ञान संसाधनों के उचित इस्तेमाल, प्राकृतिक आपदाओं के प्रबन्धन और उनसे उबरने के लिए नई तकनीकों और प्रणालियों के विकास, नई प्रौद्योगिकी के विकास, बौद्धिक सम्पदा के सृजन और प्रबन्धन तथा विज्ञान तथा प्रौद्योगिकी के लाभों और उपयोगों के बारे में आम जनता के बीच जागृति पैदा करने की रूपरेखा बनाई गई है।

भारत सरकार ने विभिन्न स्तरों पर स्वचलन के उपयोग का निर्णय लिया है–

1. **राष्ट्रीय ई-गवर्नेंस योजना**–भारत में ई-गवर्नेंस परिदृश्य महज सरकारी दफ्तरों के कम्प्यूटरीकरण से बढ़कर नई पहलों तक पहुंच गया है। इसके अंतर्गत गवर्नेंस की बारीकियां जैसे नागरिक केन्द्रिकता, सेवा का रुझान, जवाबदेही और पारदर्शिता शामिल हैं।
2. **राज्य व्यापक क्षेत्र नेटवर्क** (SWAN)–मार्च, 2005 में सूचना प्रौद्योगिकी विभाग ने एक महत्वपूर्ण ई-गवर्नेंस इन्फ्रास्ट्रक्चर योजना की मंजूरी ली। जिसमें 5 साल में कुल 3,334 करोड़ रुपए खर्च करने का प्रावधान था। इसके अन्तर्गत देश के 29 राज्यों और 6 केन्द्र शासित प्रदेशों में हर राज्य एवं केन्द्र शासित प्रदेश के मुख्यालय से प्रखंडों तक फैला व्यापक क्षेत्र नेटवर्क होगा।
3. **सामान्य सेवा केन्द्र योजना (सीएससी)**–इसके अन्तर्गत हर छह गांवों में एक सीएससी सरकार तथा निजी भागीदारी से लगाया जाएगा। इसके अन्तर्गत ई-कृषि, ई-शिक्षा, टेली मेडिसिन, ग्रामीण बैंकिंग को विकसित किया जाएगा।
4. **ई-तैयारी**–वैज्ञानिक तथा प्रौद्योगिकी विकास विभाग पिछले वर्षों में राज्यों और केन्द्र शासित प्रदेशों की ई-तैयारी आकलन रिपोर्ट बनाने में संलग्न है। ई-तैयारी रिपोर्ट राज्यों की बेहतर नीतियां आईसीटी संरचनात्मक ढांचे को सक्षम योजना बनाने से सम्बन्धित हैं। साथ ही सूचना समाजों की रचना और ज्ञान की अर्थव्यवस्था में शामिल होने की दिशा में बढ़े कदम उठाने की रास्ते की अड़चनों को पहचानने और उन्हें दूर करने में भी मदद करती है।
5. **भारत पोर्टल**–भारत पोर्टल को नागरिकों की सेवा पहुंचाने के लिए सूचना पाने के एकीकृत पोर्टल के रूप में देखा जा रहा है। यह ई-गवर्नेंस के प्रयासों को लागू करने के लिए प्रमुख सहायक का भी काम करेगा।

भारत में स्वचलन की प्रगति (Progress of Automation in India)

भारत में विभिन्न क्षेत्रों में स्वचलन के उपयोग की सूचना है। कम्प्यूटर का सर्वप्रथम उपयोग कलकत्ता स्थित भारतीय सांख्यिकी संस्थान में वैज्ञानिक और अनुसंधान सम्बन्धी कार्यों के लिए सन् 1950-60 के कालखंड में किया गया था। कम्प्यूटर बिजली से चलने वाला एक यंत्र है, जो तीव्र गति, शुद्धता एवं विश्वसनीयता के साथ पढ़ना-लिखना, गणना और तुलना, भारी मात्रा में सूचना का संचयन एवं उस पर कार्य आदि करता है। यह ऑप्टिकल, यूएसबी, डाटा उत्पादन एवं ब्लू टूथ कनेक्टिविटी के द्वारा आसानी से सूचना का आदान-प्रदान करने में सक्षम होता है। उल्लेखनीय है कि 1980 में आईबीएम कम्प्यूटर की बिक्री ने माइक्रोकम्प्यूटर क्षेत्र में क्रांतिकारी परिवर्तन ला दिया। स्वचलन के अन्तर्गत व्यापक पैमाने पर कम्प्यूटर तथा इंटरनेट आदि का उपयोग हो रहा है। इंटरनेट समान नियमों या 'प्रोटोकॉल' के तहत एक-दूसरे से जुड़े हुए हजारों नेटवर्क्स का लगातार परिवर्तित होता संकलन है जिसे हम 'मेगानेटवर्क' कहते हैं। भारत में स्वचलन के अन्तर्गत इन्टरनेट का भी व्यापक पैमाने पर उपयोग हो रहा है। अर्थव्यवस्था, स्वास्थ्य और शिक्षा तथा ज्ञान समाज के परिप्रेक्ष्य में स्वचलन का उपयोग प्रभावकारी है। भारत में शिक्षा की स्थिति संतोषजनक नहीं है। कम्प्यूटर तकनीक का प्रचार-प्रसार भी व्यापक पैमाने पर नहीं हुआ है। देश के कई राज्यों में कम्प्यूटर तंत्र के विकास की दिशा में संतोषजनक प्रगति नहीं हुई है। अतः भारत में स्वचलन की प्रगति अधिक उत्साहवर्द्धक नहीं है। ज्ञातव्य है कि आर्थिक उदारीकरण की नीति तथा वैश्वीकरण ने स्वचलन की तकनीकी को नई ऊर्जा तथा ऊष्मा प्रदान की है।

टिप्पणियां

1. "Automation is an advanced technique of industrial manufacturing and scientific investigation which has evolved from the basic conceptions of the machine and mass production."

   —*Encyclopedia American*, Vol. 2, P-64.
2. Automation is a new word denoting both automatic operations and process of making things automatic.

   —John Deicbold
3. Automation is the moving of a procession of materials and parts in and out of machines and the operating of the machines automatically, all without human control.

   —Bethel, Atwater, Smith and Stakmen.
4. Yet it is certain that outomated production will spread rapidly in coming years: robots are becoming more sophisticated, while their costs are decreasing.

   —Anthony Giddens

12

कार्य का समाजशास्त्र

(Sociology of Work)

प्रोटेस्टेन्ट मतवाद में एक सूत्र है–कर्म ही पूजा है। श्रीमद्‌भागवत गीता में भी कर्म के महत्व को जीवन्त किया गया है। गोस्वामी तुलसीदास ने भी दुनिया को कर्म प्रधान बताया है। पंडित जवाहरलाल नेहरू ने भी स्पष्ट किया था कि आराम और आलस्य का जीवन में कोई महत्व नहीं है। समाजशास्त्र में मैक्स वेबर ने अधिकारी–तंत्र एवं प्रोटेस्टेन्ट मतवाद के सिद्धान्तों में कार्य के समाजशास्त्र की व्याख्या की है। उन्होंने कार्यों के प्रबंधन पर बल दिया। एमिल दुर्खाइम ने श्रम–विभाजन तथा विशेषीकरण के आधार पर कार्यों का विश्लेषण किया। मार्क्स ने कार्य के समाजशास्त्र का विवेचन सर्वहारा वर्ग के शोषण एवं अलगाव के आधार पर किया है। सामाजिक–आर्थिक भेदभाव के आधार पर कार्यों में अन्तर्निहित असमानता तथा वर्ग विभेद के चरित्र को मार्क्स ने स्पष्ट किया। औद्योगिक क्रांति तथा औद्योगीकरण की प्रक्रिया ने कार्यों को एक व्यापक तथा सुव्यवस्थित आधार प्रदान किया। कारखानों की स्थापना की गई। उद्योगों का विकास हुआ। सड़क परिवहन की दिशा में एक नए दौर की शुरुआत हुई। औद्योगिक नगरों में मजदूरों का सैलाब बढ़ता चला गया। रेलवे का विकास हुआ तथा कार्यों का एक नया क्षेत्र विकसित होने लगा। बैंक, जीवन बीमा निगम, सचिवालय, प्रिंटिंग प्रेस आदि अनेक नए क्षेत्रों का विस्तार हुआ। घरों में महिलाएं सुबह से रात तक कार्य सम्पादन में लगी रहती हैं। आदमी दफ्तरों तथा कारखानों के कार्यों में अतिरिक्त अपने व्यक्तिगत कार्यों का भी सम्पादन करता है। कार्य एक जटिल अवधारणा है। यह एक बहुआयामी अवधारणा है। कार्य के साथ सामाजिक–आर्थिक परिप्रेक्ष्य जुड़ा हुआ है। कार्य का मनोवैज्ञानिक पक्ष भी है। बदलते दौर के साथ कार्य की अवधारणाओं में भी परिवर्तन हुआ।

कार्य की अवधारणा के विश्लेषण के क्रम में कई प्रश्न खड़े किए जा सकते हैं। आधुनिक समाज में श्रम विभाजन के मुद्‌दे को लेकर बहस जारी है। क्या कारण है कि कुछ क्रियाकलापों को हम कार्य कहते हैं। जबकि कुछ अन्य को कार्य के रूप में स्वीकार नहीं करते। क्या कारण है कि टायलोरिज्म (Taylorism) तथा फोर्डीज्म (Fordism) का प्रभाव मौजूदा दौर में सिमटता हुआ दिखाई दे रहा है। क्या कारण है कि किसी कामगार को अपने कार्यों से संतोष प्राप्त होता है। जबकि कुछ अन्य अपने कार्यों से संतुष्ट नहीं होते हैं। कार्यों का अभिप्रेरण क्या है? कार्यों में हम नई ऊर्जा कैसे दे सकते हैं? कामगारों को प्रोत्साहित करने की पद्धति क्या है? पूंजीवादी समाज में कार्य की जमीनी सच्चाई क्या है? क्या कार्य एक सृजनात्मक क्रिया है। कार्य

में मानवीय संबंध का क्या महत्व होता है। स्पष्ट है कि कृषि के संदर्भ में कई प्रश्न खड़े किए जा सकते हैं।

औद्योगिक समाजशास्त्र में कार्य की अवधारणा अध्ययन का एक महत्वपूर्ण विषय रहा है। कार्य तकनीकी परिवर्तन के साथ जुड़ा हुआ है। इसका सरोकार वैश्वीकरण के साथ है। यह श्रम बाजार से सम्बन्धित है। इसका स्पष्ट सम्बन्ध कार्य-संगठन के साथ है। कार्य प्रबन्धन के साथ भी जुड़ा हुआ है। इसका प्रत्यक्ष सरोकार रोजगार के साथ है। आधुनिक समाज में असमानता के प्रतिमानों में परिवर्तन हो रहा है। कार्य भी बदलते हुए असमानता के प्रतिमानों के अनुरूप नई दिशा की ओर अग्रसर है। वैश्वीकरण, सूचना क्रांति, बाजारवाद तथा विवेकीकरण ने हाल के वर्षों में एक नई कार्य संस्कृति को विकसित किया है। औद्योगिक समाजशास्त्र के अन्तर्गत श्रम प्रक्रिया के सिद्धान्त (Labour Process Theory) की चर्चा की जाती है। हेरी ब्रेवमैन ने अपनी महत्वपूर्ण कृति *लेबर एंड मोनोपॉली कैपिटल* में वैज्ञानिक प्रबंधन की आलोचनात्मक व्याख्या की है। उन्होंने पूंजीवादी उत्पादन सम्बन्धों का विश्लेषण मार्क्सवादी परिप्रेक्ष्य में किया है। उनके अनुसार पूंजीवादी संगठन के अन्तर्गत शोषण तथा अलगाव की कड़वी सच्चाई मौजूद है। अतः पूंजीवादी संगठन में दमन चक्र चलता रहता है। उनके अनुसार, उत्पादन में वृद्धि के लिए मजदूरों के बूंद-बूंद पसीने का पूंजीपतियों के द्वारा उपयोग किया जाता है। परन्तु उत्पादन व्यय को सीमित करने के लिए श्रमिकों के कार्य का मूल्य बहुत कम होता है। उन्हें उनके कार्यों का समुचित पुरस्कार नहीं प्राप्त होता है। उल्लेखनीय है कि ब्रेवमैन के विचारों से सभी समाज वैज्ञानिक सहमत नहीं हैं। एन्ड्रयू फ्रीडमान ने 1977 में प्रकाशित अपनी एक महत्वपूर्ण कृति *इंडस्ट्री एंड लेबर* में ब्रेवमैन के विचारों का खंडन किया है। यद्यपि, उन्होंने स्वीकार किया कि एक सीमा तक श्रमिक संघों तथा महत्वपूर्ण कामगारों को स्वायत्तता देनी चाहिए। उनके अनुसार, उत्पादन क्षमता में वृद्धि के लिए कामगारों पर प्रत्यक्ष नियंत्रण अपेक्षित है। रिचर्ड एडवर्ड्स ने स्पष्ट किया है कि मौजूदा दौर में सूचना क्रांति की तकनीकों के आधार पर कामगारों के कार्यों तथा क्रियाकलापों का दूर बैठकर भी प्रशासकीय नियंत्रण किया जा सकता है। इससे इन तकनीकों के आधार पर पूंजीवादी वर्गों के हितों की रक्षा की जा सकती है।

कार्य की अवधारणा के संदर्भ में घरेलू महिलाओं के कार्यों को भी रेखांकित करने की आवश्यकता है। व्यक्तिगत कार्यों का विश्लेषण भी कार्य के समाजशास्त्र को नई दिशा दे सकता है। वैश्वीकरण ने कार्य की जटिलता को विस्तृत किया है। देर रात की पाली में कामगारों को कार्य करना होता है। कार्य क्षेत्रों में महिलाओं के साथ यौन-उत्पीड़न की घटना घटित होती है। देर रात कार्य क्षेत्रों से लौटने के क्रम में कई महिला कामगार बलात्कार की शिकार हुई हैं। कार्य के संदर्भ में लैंगिक असमानता के प्रश्नों को भी खड़ा किया जा सकता है। असंगठित क्षेत्र के कामगारों की समस्याओं पर भी गंभीर विवेचन की अपेक्षा है। लाखों की संख्या में वेश्याएं कार्यरत हैं। उन्हें जबरन यौन व्यापार के क्षेत्र में डाल दिया गया है। हाल में उच्चतम न्यायालय ने यौन कर्मियों के पुनर्वास के लिए आदेश दिए हैं। स्पष्ट है कि कार्य के समाजशास्त्र का क्षेत्र विस्तृत है। अतः वैज्ञानिक दृष्टि एवं तर्कपूर्ण चिन्तन के आधार पर कार्य की अवधारणा एवं अन्य सम्बन्धित पहलुओं का विवेचन किया जाना चाहिए।

कार्य की अवधारणा (Concept of Work)

एंथनी गिडेन्स ने कार्य की अवधारणा को स्पष्ट किया है। उनके अनुसार, सभी संस्कृतियों में अर्थव्यवस्था का बुनियादी आधार कार्य है।[1] एक व्यवसाय कार्य होता है जब कार्य के बदले नियमित वेतन प्राप्त किया जाता है। कतिपय महत्वपूर्ण कार्यों के लिए भुगतान नहीं किया जाता है। उदाहरणस्वरूप घरेलू कार्य तथा स्वैच्छिक कार्य को प्रस्तुत किया जा सकता है। एंथनी गिडेन्स ने कार्य को परिभाषित करते हुए स्पष्ट किया है कि किसी टास्क (Tasks) की पूर्ति के लिए कार्य किया जाता है। यह मानसिक तथा शारीरिक प्रयत्नों से जुड़ा होता है। इसका एक उद्देश्य वस्तुओं के उत्पादन से सम्बन्धित है। साथ ही इसका एक अन्य उद्देश्य मनुष्य की आवश्यकताओं की पूर्ति से सम्बन्धित है।[2]

एंथनी गिडेन्स ने कार्य तथा श्रम विभाजन के बीज मौजूद सम्बन्धों को स्पष्ट किया है। उनके अनुसार आधुनिक समाज में अर्थव्यवस्था की एक मूलभूत विशेषता है श्रम विभाजन। आधुनिक समाज की अर्थव्यवस्था के अन्तर्गत अत्यन्त जटिल तथा विविधता से पूर्ण श्रम विभाजन का विकास हुआ है। श्रम विभाजन का अभिप्राय कार्यों के विभिन्न व्यवसायों में विभाजन से सम्बन्धित है। श्रम विभाजन विशेषीकरण के अनुरूप होता है। आर्थिक तौर पर सभी एक-दूसरे पर निर्भर करते हैं। सभी अपनी जीविका तथा रोजगार के लिए एक-दूसरे से जुड़े हुए हैं। औद्योगिक उत्पादन के क्षेत्र में टायलोरिज्म तथा फोर्डीज्म के प्रवेश के बाद वैज्ञानिक प्रबन्धन की शुरुआत हुई। टायलोरिज्म ने कार्यों को सुनियोजित तथा व्यवस्थित करने की दिशा में वैज्ञानिक प्रबन्धन को प्रस्तुत किया। फोर्डीज्म का सिद्धांत भी वैज्ञानिक प्रबन्धन पर आधारित है। परन्तु इसके अन्तर्गत व्यापक उत्पादन तथा बाजारवाद को महत्व प्रदान किया गया। परन्तु इन दोनों की स्थापनाओं के आधार पर कामगारों के अलगाव की स्थिति उत्पन्न हुई। एंथनी गिडेन्स ने औद्योगिक समाज के परिप्रेक्ष्य में कार्य से सम्बन्धित समस्याओं को भी रेखांकित किया। उनके अनुसार कामगारों के समक्ष औद्योगिक देशों में बेरोजगारी की एक अन्तहीन समस्या बरकरार रहती है। आर्थिक मंदी के दौर में तथा विवेकीकरण के अन्तर्गत कामगारों की छंटनी की समस्या खड़ी हो जाती है। उन्होंने जीविका से सम्बन्धित सुरक्षा के प्रश्नों को भी खड़ा किया है। रोजगार के सम्बन्ध में असुरक्षा के कारण कामगार मनोवैज्ञानिक रूपों में विचलित होता है। एंथनी गिडेन्स के अनुसार, कार्य किसी व्यक्ति के जीवन में संरचित तत्व होता है। अतः बेरोजगारी तथा असुरक्षा का मनोवैज्ञानिक अनुभव उसे तोड़ता है।

द कन्साइज ऑक्सफोर्ड डिक्शनरी में कार्य की अवधारणा का विवेचन किया गया है। कार्य का सम्बन्ध शक्ति (Energy) के साथ जुड़ा हुआ है। यह परिश्रम तथा प्रयास पर केन्द्रित है। अर्थात् कार्य के अन्तर्गत ऊर्जा का उपयोग होता है। साथ ही परिश्रम तथा प्रयास का भी उपयोग होता है। यह भी स्पष्ट किया गया है कि परिश्रम तथा प्रयास किसी सुनिश्चित उद्देश्य की प्राप्ति के लिए किया जाता है।[3]

स्लोन तथा जुर्चर के अनुसार कार्य का स्पष्ट सरोकार उत्पादन के साथ जुड़ा हुआ है। कार्य उत्पादन का प्रमुख कारक है। स्लोन तथा जुर्चर ने यह भी स्पष्ट किया है कि कार्य के साथ शारीरिक एवं मानसिक शक्ति जुड़ी हुई है। अर्थात् कार्य के अन्तर्गत शरीर एवं मस्तिष्क का उपयोग होता है। कार्य के साथ आर्थिक लाभ भी जुड़ा हुआ है। स्पष्ट है कि इसके लिए मजदूरी

तथा वेतन प्राप्त होता है। इस प्रकार कार्य के साथ व्यावसायिक स्तर पर आर्थिक लाभ भी जुड़ा हुआ है।[4]

रेमण्ड फर्थ के अनुसार, कार्य एक उद्देश्यपूर्ण क्रिया है। कार्य के समय व्यक्ति को आनन्द तथा अवकाश का परित्याग करना होता है। व्यक्ति कार्य सम्पादन के समय अपने उद्देश्यों के प्रति समर्पित होता है। मनोरंजन तथा अवकाश के लिए उसके पास समय नहीं होता है। उदाहरणस्वरूप एक कामगार प्रिंटिंग का संचालन करता है, तो उसका ध्यान प्रिंटिंग मशीन पर केन्द्रित होता है।

बोर्न तथा हेनरी ने अपनी महत्वपूर्ण कृति *ए फिलोसफी ऑफ वर्क* में स्पष्ट किया है कि कार्य मानवीय प्रयत्न से जुड़ा हुआ है। कार्य के आधार पर उपयोगी वस्तुओं का निर्माण होता है। दायित्व की पूर्ति के लिए कार्य किया जाता है। यह श्रम के सृजन से सम्बन्धित है। अर्थात् श्रम के बिना कार्य की कल्पना नहीं की जा सकती है। कार्य व्यक्तिगत दिखाई देता है परन्तु यह मानवीय हितों से जुड़ा हुआ है।[5]

हेनेरी अरवोन के अनुसार, कार्य एक स्वतः प्रयत्न है। कार्य चेतनायुक्त होता है। एक सोची-समझी रणनीति के तहत व्यक्ति कार्य करता है। अर्थात् यह सोच समझकर किया गया प्रयास है। इसमें शारीरिक श्रम का उपयोग होता है। इस प्रकार कार्य की दिशा सुनिश्चित होती है। कार्य, चेतना तथा सुनिश्चित योजना पर केन्द्रित होता है।[6]

कार्य की अवधारणा एवं परिभाषा के संदर्भ में विद्वानों के विचारों के आधार पर निम्नलिखित बिन्दुओं का स्पष्टीकरण होता है-

1. भौतिक विज्ञान में कार्य को एक प्रक्रिया के रूप में स्पष्ट किया गया है। प्रक्रिया के द्वारा शक्ति का हस्तान्तरण होता है।
2. प्रयोगात्मक मनोविज्ञान (Experimental Phychology) तथा शरीर क्रिया विज्ञान में कार्य का विश्लेषण शरीर और मस्तिष्क से जुड़ा हुआ है।
3. कार्य की अवधारणा को तकनीकी दक्षता एवं वैज्ञानिक विधियों ने एक नई दिशा दी है। इस प्रकार कार्य ज्ञान की अर्थव्यवस्था (Knowledge Economy) से जुड़ गया है।
4. जाहिर है कि कार्य उत्पादन के विभिन्न कारकों में से एक प्रमुख कारक है।
5. कार्य के लिए मजदूरी, वेतन आदि कामगारों (Workers) को प्राप्त होता है।
6. कार्य के आधार पर व्यावसायिक दृष्टिकोण से आर्थिक लाभ प्राप्त होता है।
7. कार्य के लिए मनुष्य को मनोरंजन तथा आनंद का परित्याग करना होता है।
8. कार्य स्वतः स्फूर्ति प्रयत्न है। अर्थात् कतिपय कामगार स्वाभाविक रूप में स्वतः कार्य के प्रति निष्ठा रखते हैं। कार्य एक जाग्रत प्रक्रिया है अर्थात् कामगार चेतना सम्पन्न होकर कार्य करता है। सोच समझकर भी कार्य किया जाता है। अर्थात् कार्य के चयन के प्रति कामगार जागरूक होता है। उद्योगपति तथा प्रबन्धक भी गुण एवं दक्षता के आधार पर कामगारों से काम लेता है।
9. कार्य को परिभाषित करने के लिए कतिपय अध्ययन किए गए हैं। इन अध्ययनों की चर्चा एस.आर. पार्कर ने अपने शोध निबन्ध ''वर्क इनवोल्वमेंट एंड इट्स एल्टरनेटिव्स'' में की है। वीस तथा काहन (1960) ने अपने अध्ययनों के आधार पर स्पष्ट किया है कि अधिकांश कामगार कार्य को एक क्रियाकलाप के रूप में स्वीकार करते हैं। अर्थात् कार्य

एक क्रियाकलाप (Activity) है। उनके अनुसार, कार्य से सम्बन्धित क्रियाकलापों में आनंद नहीं भी प्राप्त किया जा सकता है। अर्थात् कार्य से सम्बन्धित क्रियाकलाप में आनंद नहीं होता है। इनके अनुसार कार्य से सम्बन्धित क्रियाकलाप सुनिश्चित होता है तथा इसके लिए आर्थिक तौर पर भुगतान किया जाता है।

10. कार्य व्यवसाय से सम्बन्धित है। इन समस्याओं में कामगारों को कुछ स्वायत्तता (Autonomy) प्राप्त होती है। परन्तु छोटे शहरों के मजदूरों तथा कारखानों में कामगारों को स्वायत्तता एवं सामाजिक स्तर (Social Standing) प्राप्त नहीं होता है।
11. फ्रीडमान तथा हवीघर्स्ट (1954) ने कार्य की परिभाषा को पांच प्रमुख व्यावसायिक समूहों के आधार पर स्पष्ट किया है। उनके अनुसार, निम्नस्तरीय दक्षता तथा निम्न सामाजिक-आर्थिक परिस्थिति से जुड़े कामगारों के लिए कार्य मात्र आर्थिक आमदनी का साधन है। वे पैसा पाने के लिए कार्य करते हैं। तुलनात्मक तौर पर खाद्यान्न से जुड़े कामगार आर्थिक उत्साह में होते हैं। उनके मन में एक उत्तेजना होती है। किसी वस्तु को खोज निकालने का गौरव उनके चेहरे पर झलकता है। दक्ष कारीगर अपने कार्यों पर ध्यान देते हैं। उन्हें इससे आत्मसम्मान का बोध होता है। उन्हें उनकी दक्षता का पुरस्कार प्राप्त होता है। सेल्समैन अपने कार्यों के दौरान विभिन्न प्रकार के आर्थिक संसाधनों से जुड़े होते हैं। अनेक व्यक्तियों के साथ अन्त:क्रिया करते हैं। अनेक व्यक्तियों के सम्पर्क में आते हैं। अत: जीवन में सार्थक अनुभवों को प्राप्त करते हैं। फलत: उनका कार्य उन्हें उत्फुल्ल रखता है। फ्रीडमान तथा हवीघर्स्ट ने अन्त में चिकित्सकों के कार्यों की चर्चा की है। उनके अनुसार चिकित्सक अपने कार्यों के जरिये बीमार, लाचार व्यक्तियों को नया जीवन प्रदान करते हैं। अत: उनका कार्य जन सेवा से जुड़ा हुआ है।

    विवरणों के आधार पर स्पष्ट होता है कि कार्यों में विविधता होती है। कार्य केवल रोटी प्राप्त करने के लिए प्राप्त किया जा सकता है। कार्य मानवीय सेवा से भी जुड़ा हुआ है। कुछ कार्यों में आत्मसम्मान प्राप्त होता है, जबकि कुछ कार्य कामगार उत्फुल्ल भाव से करते हैं। कुछ कार्यों में जीवन की कड़वी सच्चाइयों का अनुभव होता है।
12. मोर्स वीयोस ने स्पष्ट किया है कि कार्य के बिना जीवन का कोई अर्थ नहीं रह जाता है। कार्य से जुड़ा हुआ व्यक्ति सम्मान प्राप्त करता है। यद्यपि मशीन तथा यंत्रों के बीच में कार्य करने वाले कामगार की अलग दुनिया होती है। उनका अलग जीवन और सरोकार होता है। इसके विपरीत वातानुकूलित कक्ष में बैठा हुआ उद्योगपति तथा प्रबन्धक आदि की दुनिया अलग रुतबे को प्रकट करती है।
13. कामगार विभिन्न रूपों में कार्यों से जुड़ता है। उनके अनुसार कार्य पर्यावरण की व्यवस्था, कार्य स्थल तथा मानवीय दशाएं एवं आर्थिक आमदनी के साथ कामगार का सीधा सम्बन्ध होता है।
14. कार्य की अवधारणा (Concept), विचार (Ideology) तथा मूल्य (Value) से जुड़ा है। एस.आर. पार्कर ने अपने शोध निबन्ध "द सब्जेक्टिव एक्सपीरियंस ऑफ वर्क" में स्पष्ट किया है कि कार्य विचारधारा (Work Ideology) सामाजिक व्यवस्थाओं की चुनौती से जुड़ा हुआ है। इसका सरोकार सामाजिक व्यवस्था के स्थायित्व एवं निरन्तरता

के साथ जुड़ा हुआ है। पार्कर के अनुसार, कार्य की अवधारणा कार्य मूल्यों से भी सम्बन्धित है। इसके अन्तर्गत एक विशेष समाज अथवा समूह कार्यों का मूल्यांकन करता है। उन्होंने कार्य की अवधारणा को मनोवृत्ति (Attitude), अभिप्रेरणा (Motivation) तथा संतोष (Satisfaction) के आधार पर स्पष्ट किया है।

विवरणों के आधार पर स्पष्ट होता है कि मनुष्य एक जाग्रत प्राणी है। कार्य के आधार पर मनुष्य आत्मनिर्भर हो सकता है। आर्थिक दृष्टि से व्यवस्थित हो सकता है। कार्य के आधार पर ही मनुष्य अपने शरीर और मस्तिष्क का उपयोग कर सकता है। वह सम्मान प्राप्त करता है तथा आत्मसम्मान के गौरव से अभिभूत होता है। कार्य व्यक्ति को नई ऊर्जा तथा ऊष्मा देता है। वैश्वीकरण, आर्थिक उदारीकरण तथा सूचना क्रांति ने कार्य के नए अवसरों को उत्पन्न किया है। स्वचलन, विवेकीकरण तथा रोबोट संस्कृति ने मनुष्य के समानांतर कार्यों की एक नई संरचना खड़ी कर दी है। वैज्ञानिक विधियों, तकनीकों तथा आविष्कारों ने कार्यों की प्रकृति, संरचना तथा स्वभाव में परिवर्तन किया है। समाजशास्त्रीय अध्ययनों के आधार पर कार्य की अवधारणा को एक नया आयाम प्राप्त हुआ है। एंथनी गिडेन्स ने कार्य के संदर्भ में संतुलित दृष्टिकोण को प्रस्तुत किया है। अत: एंथनी गिडेन्स के विचारों को कार्य की अवधारणा के सम्बन्ध में निष्कर्ष के तौर पर प्रस्तुत किया जा सकता है। उनके अनुसार, कार्य भुगतान पर आधारित भी हो सकता है तथा कार्य भुगतान रहित भी हो सकता है। यह किसी निश्चित उद्देश्य की पूर्ति के लिए क्रियाकलाप है। इसमें शरीर तथा मस्तिष्क का उपयोग होता है। अर्थात् कार्य मानसिक तथा शारीरिक प्रयत्न है। कार्य का एक प्रमुख उद्देश्य वस्तुओं के उत्पादन से जुड़ा हुआ है। इसका दूसरा उद्देश्य मनुष्य की आवश्यकताओं की पूर्ति से सम्बन्धित है। एक व्यवसाय कार्य है। व्यवसाय के बदले कामगार को नियमित मजदूरी अथवा वेतन प्राप्त होता है। एक घरेलू महिला का घरेलू क्रियाकलाप भी कार्य है। यद्यपि घरेलू कार्यों के लिए घरेलू महिलाओं को भुगतान नहीं किया जाता है।

कार्य की विशेषताएं (Characteristics of Work)

कार्य मनुष्य के जीवन से जुड़ा हुआ है। कबीर ने भी कार्य के महत्व को स्वीकार किया था। पल में प्रलय की संभावना है। अत: जो कार्य आज करना है उसे अभी कर लेना चाहिए। वाल्मीकि ने 'रामायण' महाकाव्य में स्पष्ट शब्दों में उल्लेख किया है कि शुभ काम में विलम्ब उचित नहीं है। क्रियावान पुरुष को ही योग्य कहा जाता है। समाजीकरण की प्रक्रिया में भी कई व्यवसायों का प्रशिक्षण दिया जाता है। कुटीर उद्योग, भारी उद्योग, कारखाना, खाद्यान्न, फिल्म, सूचना तकनीक तथा हर छोटा-बड़ा परिणाम अथवा संगठन कार्य पर केन्द्रित होता है। कार्य दुनिया की अर्थव्यवस्था का बुनियादी आधार है। एमिल दुर्खाइम ने श्रम विभाजन के आधार पर, मैक्स वेबर ने अधिकारी-तंत्र एवं प्रोटेस्टन्ट मतवाद के आधार पर, पार्सन्स ने सामाजिक क्रिया के आधार पर तथा कार्ल मार्क्स ने उत्पादन के साधन के स्वामित्व के आधार पर कार्य की विशेषताओं को रेखांकित किया है। कार्य की प्रमुख विशेषताओं को निम्नलिखित रूपों में रेखांकित किया जा सकता है-

1. **अर्थव्यवस्था का बुनियादी आधार**– एंथनी गिडेन्स ने स्पष्ट किया है कि सभी संस्कृतियों में अर्थव्यवस्था का बुनियादी आधार कार्य है। मार्क्स ने भी आर्थिक आधारों पर ही कार्य का विश्लेषण किया है। उन्होंने उत्पादन के स्वामित्व के आधार पर सर्वहारा तथा पूंजीपति बुर्जुआ वर्ग को रेखांकित किया है। उल्लेखनीय है कि श्रम विभाजन और पेशागत विशेषता, सम्पत्ति की व्यवस्था, अर्थतंत्र के भेद, ढांचागत परिवर्तन, औद्योगीकरण की प्रक्रिया, औद्योगिक निकाय अथवा कारखाने की संरचना कार्य पर ही केन्द्रित हैं। खेतों में हरियाली आती है, क्योंकि खेतिहर मजदूर कार्य करता है। कामगार के कार्यों के आधार पर ही कारखानों में उत्पादन होता है। कम्प्यूटर विशेषज्ञ ही सूचना तकनीकी को परिणाम तक पहुंचाता है। सेल्समैन व्यापार को विस्तार देता है। फिल्म उद्योग से जुड़े कलाकारों के कार्यों से ही बॉलीवुड की अर्थव्यवस्था चमकदार है। जाहिर है कि सुसंगठित कार्य के बिना आर्थिक उत्पादन तथा प्रबन्धन संभव नहीं है।
2. **आर्थिक आमदनी का साधन**–एंथनी गिडेन्स ने स्पष्ट किया है कि एक व्यवसाय अथवा रोजगार कार्य है।[7] व्यवसाय तथा रोजगार के बदले व्यक्ति को मजदूरी अथवा वेतन प्राप्त होता है। जाहिर है कि कार्य आर्थिक आमदनी का एक प्रमुख स्रोत है। पारिवारिक तथा सामाजिक दायित्वों की पूर्ति के लिए आर्थिक संसाधनों का विशेष महत्व होता है। अत: व्यक्ति रोजगार तथा व्यवसाय से जुड़कर कार्य करता है।
3. **कार्य भुगतान रहित भी होता है**–एंथनी गिडेन्स ने कार्य की विशेषताओं का उल्लेख करते हुए स्पष्ट किया है कि मनुष्य के जीवन में कतिपय कार्य भुगतान रहित होता है। मनुष्य के जीवन में कतिपय कार्यों के लिए कोई मजदूरी अथवा वेतन प्रदान नहीं किया जाता है। उदाहरणस्वरूप गिडन्स ने घरेलू कार्यों का उल्लेख किया है। औद्योगिकरण के बाद घर तथा कार्य स्थल को अलग स्वरूप प्राप्त हुआ। रोजगार की संरचना तथा दशाओं में भी बदलाव की स्थिति उत्पन्न हुई। वास्तव में घरेलू कार्य दिखाई नहीं पड़ता है। भारत में कठिन परिश्रम करने के बावजूद पत्नी अथवा मां के कार्यों को कार्य के रूप में परिगणित नहीं किया जाता है। परन्तु इन कार्यों में भी शरीर तथा मस्तिष्क का उपयोग होता है। घर के कामकाज का एक सुनिश्चित उद्देश्य होता है। परन्तु इन कार्यों का कोई आर्थिक मूल्य नहीं होता है। व्यक्ति अपने व्यक्तिगत उद्देश्यों की पूर्ति हेतु कई कार्यों का सम्पादन करता है। उदाहरणस्वरूप बागवानी एक महत्वपूर्ण कार्य है। व्यक्ति अपने आवास स्थल को सजाने के लिए पेड़ तथा पौधे को लगाता है। नियमित तौर पर सिंचाई तथा देखभाल करता है। परन्तु इन कार्यों के लिए भुगतान संभव नहीं है। गिडन्स ने स्पष्ट किया है कि भुगतान के आधार पर ही कार्यों को रेखांकित नहीं किया जा सकता है। उनके अनुसार भुगतान हो या न हो, कार्य कार्य है।
4. **कार्य एक क्रियाकलाप है**–वैस तथा काह्न ने स्पष्ट किया है कि कार्य एक क्रियाकलाप (Activity) है। अर्थात् कार्य में व्यक्ति निष्क्रिय नहीं रहता है.
5. **कार्य एक उद्देश्यपूर्ण क्रिया है**–रेमण्ड फर्थ ने स्पष्ट किया है कि कार्य एक उद्देश्यपूर्ण क्रिया है। अर्थात् कार्य के लिए सुनिश्चित उद्देश्य का होना अपेक्षित है। उदाहरणस्वरूप खेतों में एक खेतिहर मजदूर काम करता है। उसका उद्देश्य कृषि

उत्पादन से सम्बन्धित है। एक कामगार कारखाने में काम करता है। उसका उद्देश्य औद्योगिक उत्पादन से जुड़ा हुआ है। एक चिकित्सक बीमार का इलाज करता है। उसका उद्देश्य चिकित्सा से सम्बन्धित है। इस प्रकार कार्य तथा उद्देश्य में तर्कपूर्ण सम्बन्ध होता है।

6. **कार्य में शरीर तथा मस्तिष्क का उपयोग होता है**—स्लोन तथा जुर्चर ने स्पष्ट किया है कि कार्य में व्यक्ति शरीर तथा मस्तिष्क का उपयोग करता है। कार्य में शरीर के विभिन्न अंगों का उपयोग होता है। शरीर कार्य का मूल आधार है। शरीर के साथ मनुष्य का मस्तिष्क भी क्रियाशील रहता है। मस्तिष्क तंत्रिकाओं की सहायता से सूचना प्राप्त करता है और भेजता है। कुछ कार्यों में मस्तिष्क का विशेष महत्व होता है, जबकि कुछ कार्य शारीरिक श्रमों पर केन्द्रित होते हैं।
7. **कार्य एक सार्वभौमिक क्रिया है**—दुनिया के सभी हिस्सों में कार्य उत्पादन तथा प्रबन्धन का एक मुख्य साधन है। यह किसी क्षेत्र समुदाय अथवा देश तक सीमित नहीं है। इस प्रकार कार्य की एक महत्वपूर्ण विशेषता सार्वभौमिक प्रकृति से जुड़ी हुई है।
8. **कार्य में परिवर्तन अन्तर्निहित है**—जैविकीय तकनीकी अथवा सांस्कृतिक परिदृश्यों में परिवर्तन के कारण कार्यों की प्रकृति में भी परिवर्तन होता है। आर्थिक संरचना में परिवर्तन होने पर कार्य में व्यापक पैमाने पर परिवर्तन की स्थिति उत्पन्न होती है। सूचना क्रांति ने कार्य को नई दिशा दी है तथा कार्यों में परिवर्तन किया है।
9. **कार्य नियमों, परिनियमों पर आधारित है**—कार्य की एक महत्वपूर्ण विशेषता नियमों, परिनियमों तथा कानूनों से जुड़ा होना है। अवैधानिक क्रियाकलापों को कार्य के रूप में परिणत नहीं किया जा सकता है। धर्म तथा प्रथा के साथ भी कार्य का स्पष्ट सम्बन्ध होता है। अपराध, अवैध शराब का उत्पादन, अवैध बंदूक का कारखाना आदि क्षेत्रों में हो रहे अवैधानिक कार्यों को कार्य नहीं कहा जा सकता है।
10. **कार्य श्रम विभाजन तथा विशेषीकरण पर आधारित है**—एमिल दुर्खाइम ने भी अपने श्रम विभाजन के सिद्धांत में कार्यों के अन्तर्गत श्रम विभाजन तथा विशेषीकरण का उल्लेख किया है।

विद्वानों ने कार्य की कई विशेषताओं का विवेचन किया है। कार्य में मानवीय सम्बन्धों को रेखांकित किया गया है। इस सम्बन्ध में हॉर्थोन परीक्षण का उल्लेख किया जा सकता है। कार्य की एक अन्य विशेषता अभिप्रेरण प्रक्रिया से जुड़ी हुई है। कार्य के लिए प्रोत्साहन (Incentive) भी जरूरी है। कार्य के प्रबन्धन के संदर्भ में विवेकीकरण को भी रेखांकित किया जा सकता है।

कार्य के विभिन्न परिप्रेक्ष्य (Perspectives on Work)

कार्य की व्याख्या विभिन्न परिप्रेक्ष्यों तथा दृष्टिकोणों के आधार पर की जा सकती है। कार्य का एक प्रमुख परिप्रेक्ष्य समाजशास्त्रीय दृष्टिकोण पर केन्द्रित है। वस्तुत: कार्य सामाजिक संगठन का प्रमुख आधार है। धार्मिक मतवादों तथा दृष्टिकोणों के आधार पर भी कार्य का विश्लेषण किया जाता है। इस संदर्भ में प्रोटेस्टेन्ट मतवाद की चर्चा की जाती है। कार्य का एक महत्वपूर्ण परिप्रेक्ष्य मनोवैज्ञानिक दृष्टिकोण से संबंधित है। इसके अन्तर्गत अभिप्रेरण एवं प्रोत्साहन का

उल्लेख किया जाता है। अर्थशास्त्रीय परिप्रेक्ष्य में भी कार्य का विवेचन किया जाता है। बेवर, बेकर एवं एंथनी गिडेन्स आदि विद्वानों ने कार्य के आर्थिक परिप्रेक्ष्य का उल्लेख किया है। कार्य का एक अन्य महत्वपूर्ण परिप्रेक्ष्य आधुनिक दृष्टिकोण से जुड़ा हुआ है। इसके अन्तर्गत विवेकीकरण, स्वचलन, तकनीकी दक्षता, सूचना क्रान्ति तथा वैश्वीकरण आदि के सन्दर्भ में कार्य के बदलते स्वरूपों को स्पष्ट किया जाता है। जाहिर है कि कार्य के विभिन्न परिप्रेक्ष्य हैं। कार्य के विभिन्न परिप्रेक्ष्यों को निम्नलिखित रूपों में रेखांकित किया जा सकता है।

सामाजिक परिप्रेक्ष्य

1. समाजशास्त्रीय परिप्रेक्ष्य (Social Perspective)
2. धार्मिक परिप्रेक्ष्य (Religious Perspective)
3. मनोवैज्ञानिक परिप्रेक्ष्य (Phychological Perspective)
4. अर्थशास्त्रीय परिप्रेक्ष्य (Economic Perspective)
5. आधुनिक परिप्रेक्ष्य (Modern Perspective)

समाजशास्त्रीय परिप्रेक्ष्य

मिलन एवं फोर्म ने सामाजिक परिप्रेक्ष्य में कार्य का विश्लेषण किया है। वस्तुतः कार्य सामाजिक संगठन का बुनियादी आधार है। इन विद्वानों ने स्पष्ट किया है कि कार्य का प्रत्येक पक्ष सामाजिक होता है। वस्तुओं का उत्पादन, विपणन तथा अन्य सम्बन्धित पक्ष मूलतः सामाजिक प्रघटनाओं से ज़ुड़ा होता है। कैथ ग्रिंग ने अपनी कृति *वर्क एंड सोसाइटी* में स्पष्ट किया है कि कार्य समाज से सम्बन्धित होता है। उन्होंने यह भी स्पष्ट किया कि वैश्वीकरण तथा आर्थिक उदारीकरण ने कार्य के सामाजिक परिप्रेक्ष्य को एक नया आयाम प्रदान किया है। वैश्वीकरण के दौर में कार्य के क्षेत्र में स्वचलन एवं विवेकीकरण का प्रभाव दिखाई पड़ता है।

धार्मिक परिप्रेक्ष्य

कार्य के समाजशास्त्र के साथ धर्म का स्पष्ट एवं तर्कपूर्ण सम्बन्ध है। मानव समाज पर धर्म का व्यापक प्रभाव रहा है। औद्योगिक क्रांति, भूमंडलीकरण, आर्थिक उदारीकरण एवं बाजारवाद के प्रभाव के बावजूद देश तथा दुनिया के विभिन्न हिस्सों में धर्म के महत्व को नजरअंदाज नहीं किया जा सकता है। एमिल दुर्खाइम, बेकर, कार्ल मार्क्स तथा एंथनी गिडेन्स आदि विद्वानों ने धर्म की व्याख्या की है। स्पष्ट है कि धर्म संस्कृति का एक स्वरूप है। यह विश्वासों पर आधारित है। कर्मकांड इसका बुनियादी आधार है। धर्म मनुष्य को एक उद्‌देश्य प्रदान करता है। आर्थिक संरचना के क्षेत्र में भी धर्म का विशेष महत्व रहा है। प्रख्यात समाज वैज्ञानिक मैक्स वेबर ने अपनी कृति *द एथिक्स प्रोटेस्टेन्ट* में विश्व के छह महान धर्मों का गहन अध्ययन क़िया है। उनके अनुसार धार्मिक विचारधारा तथा आर्थिक व्यवस्था में गहरा सम्बन्ध है। वेबर ने आधुनिक पूंजीवाद के उद्‌भव तथा विकास में धर्म के महत्व को रेखांकित किया है। प्रोटेस्टेंट मतवाद के अन्तर्गत उद्योगपति अथवा कामगार अपनी सफलता के परिणाम के रूप में अवकाश का आनन्द नहीं लेता है। सुख तथा अय्याशी के लिए धन खर्च नहीं करता है। वह अपना धन

अपने ही व्यवसाय में दोबारा लगाता है। उसमें बचत करने की अकूत क्षमता होती है। वह एक साधक की तरह पूंजी का संचय तथा विकास करता है। प्रोटेस्टेन्ट धर्म संहिता के अन्तर्गत कार्य को महत्व दिया गया है। कार्य की आराधना की जाती है। कार्य के प्रति समर्पण का भाव होता है। समय प्रबन्धन को महत्व दिया जाता है। पूंजी से पूंजी पैदा करने की दिशा में प्रयत्न किया जाता है।

वैश्वीकरण के वर्तमान दौर में धर्म का विकास एक बाजार के रूप में हो रहा है। भारतीय सामाजिक संरचना के अन्तर्गत परम्परागत धार्मिक कर्मकांडों का सूचना क्रांति के जरिये व्यावसायिक तौर पर प्रबन्धन किया जा रहा है। मोबाइल, इंटरनेट, ई–मेल, एसएमएस तथा सूचना क्रांति के अन्य साधनों के आधार पर धर्म के विभिन्न पक्षों का व्यापारीकरण हो रहा है। धर्म का एक अलग बाजार है। विभिन्न उद्योगों एवं व्यापारिक प्रतिष्ठानों में धर्म गुरु तथा ज्योतिष के जानकारों का एक अलग महत्व स्थापित हुआ है। इस प्रकार कार्य के समाजशास्त्र के क्षेत्र में धर्म को एक नई तथा चमकदार जिन्दगी प्राप्त हुई है।

मनोवैज्ञानिक परिप्रेक्ष्य

कार्य के समाजशास्त्र का मनोवैज्ञानिक पक्ष प्रोत्साहन तथा अभिप्रेरण (Motivation) के साथ जुड़ा हुआ है। साइरेन्स फ्रांसिस के अनुसार कामगार के उत्साह, हौसला तथा ईमानदारी को कोई खरीद नहीं सकता है। यह व्यक्ति के मनोवैज्ञानिक संवेगों से जुड़ा हुआ है। स्टेनले बास ने स्पष्ट किया है कि कोई भी भावना अथवा इच्छा किसी कामगार को ऊर्जा प्रदान करती है। उसे अभिप्रेरण के रूप में रेखांकित किया जा सकता है। व्यापार प्रबन्धन के अन्तर्गत भी प्रोत्साहन तथा अभिप्रेरण पर विशेष बल दिया जाता है।

एल्टन मेयो, हर्जबर्ग तथा मासलो ने स्पष्ट किया है कि आर्थिक संसाधन के आधार पर ही कामगारों की क्षमता का लाभ प्राप्त नहीं किया जा सकता है। अभिप्रेरण तथा प्रोत्साहन के जरिये कामगारों की क्षमता तथा ऊर्जा को ज्वलित किया जा सकता है। हर्जबर्ग ने स्पष्ट किया है कि उपलब्धि, उत्तरदायित्व, मान्यता, उन्नति, विकास तथा कार्य में आनंद की अनुभूति के आधार पर कामगारों को कार्य के प्रति उत्प्रेरित किया जा सकता है। मनोवैज्ञानिकों ने भी कामगारों को प्रेरित करने के लिए मनोवैज्ञानिक पक्षों को रेखांकित किया है। उनके अनुसार, कामगारों को अभिप्रेरित करने के लिए उनकी आवश्यकताओं पर ध्यान केन्द्रित करने की अपेक्षा होती है। उन्होंने कामगारों की निम्नांकित आवश्यकताओं पर ध्यान देने की अपेक्षाओं को स्पष्ट किया है।

मासलो की हायराकी (Hierachy) आवश्यकताएं

1. मनोवैज्ञानिक आवश्यकताएं
   रोटी, कपड़ा, मकान, जल, वायु, सेक्स आदि
2. सुरक्षा एवं सुरक्षा आवश्यकताएं
   कार्य सुरक्षा, स्थायित्व, सावधानियों विषयक निर्देश, क्षतिपूर्ति आदि।
3. स्वास्थ्य एवं स्वास्थ्य विद्या

काम करने की स्वस्थ दशाएं, प्रदूषण रहित वातावरण, मनोरंजन व खेलकूद की व्यवस्था

4. सामाजिक आवश्यकताएं
   स्नेह, पितृ या मातृ भावना, मैत्री, वात्सल्य, संस्था के प्रति लगाव या अपनत्व की भावना
5. अहम् संबंधी
   स्वयं की इज्जत, आदर-सत्कार, मान, समाज में स्तर या स्टेटस, पद, सफलता आदि।
6. स्वयं-गतिमान आवश्यकताएं
   स्वयं के कार्य से संतुष्टि की अनुभूति

विश्लेषणों के आधार पर स्पष्ट होता है कि कार्य के समाजशास्त्र के अन्तर्गत मनोवैज्ञानिक पक्षों का विशेष महत्व है। स्नेह तथा आत्मीयता के आधार पर कामगारों को एक नई ऊर्जा प्रदान की जा सकती है। उनकी आवश्यकताओं तथा समस्याओं पर ध्यान केन्द्रित करने की अपेक्षा होती है। वैश्वीकरण तथा आर्थिक उदारीकरण के दौर में कार्य के मनोवैज्ञानिक आयामों पर ध्यान केन्द्रित किया जा रहा है।

अर्थशास्त्रीय परिप्रेक्ष्य

एंथनी गिडेन्स ने कार्य तथा आर्थिक जीवन की व्याख्या की है। उनके अनुसार आधुनिक समाजों में आर्थिक व्यवस्था की एक स्पष्ट तथा महत्वपूर्ण विशेषता जटिल एवं बहुमुखी श्रम विभाजन पर आधारित है। वस्तुतः कार्य जीवन निर्वाह की अर्थव्यवस्था से जुड़ा हुआ है। कामगारों के लिए आर्थिक पक्ष प्रबल होता है। मजदूरी, वेतन भत्ता तथा आर्थिक सुरक्षा कामगारों को सबल बनाती है। श्रमिक संगठन, हड़ताल, तालाबंदी, औद्योगिक विवाद तथा अन्य संकट का महत्वपूर्ण आधार आर्थिक पक्ष से जुड़ा होता है। मैक्स वेबर, बेकर तथा अन्य समाज वैज्ञानिकों ने भी कार्य के आर्थिक पक्ष के महत्व को स्वीकार किया है। कार्य के अर्थशास्त्रीय आयाम के अन्तर्गत श्रम विभाजन तथा विशेषीकरण का उल्लेख किया जा सकता है। कार्य के साथ वैज्ञानिक प्रबन्धन जुड़ा हुआ है। वैज्ञानिक प्रबन्धन के आधार पर उत्पादन में वृद्धि की जा सकती है। व्यापक उत्पादन के आधार पर व्यापक आर्थिक लाभ प्राप्त किया जा सकता है। औद्योगिक क्रांति तथा औद्योगीकरण की प्रक्रिया ने उत्पादन की पद्धति को एक व्यवस्थित आधार प्रदान किया है। इस दौर में वैज्ञानिक प्रबन्धन के जरिये कार्य की प्रणाली को एक नई दिशा दी गई। कारखानों का विकास हुआ तथा कामगारों को नियमित वेतन, मजदूरी एवं अन्य आर्थिक लाभ प्रदान करने की व्यवस्था की गई। औद्योगिक समाजशास्त्र के अन्तर्गत कार्य के आर्थिक परिप्रेक्ष्य के संदर्भ में प्रश्न खड़े किए गए। कतिपय शोध अध्ययनों के आधार पर नए तथ्यों का प्रतिपादन किया गया। मजदूरों के आर्थिक शोषण के मुद्दे को रेखांकित किया गया। वर्ग विभेद के प्रश्नों पर चर्चा की गई। कामगारों के वेतन और भत्ते को लेकर प्रश्न खड़े किए गए। कामगारों की छंटनी तथा मिलों की तालाबंदी के मुद्दों को उठाया गया। कामगारों के अलगाव तथा अन्य संबंधित पक्षों को प्रस्तुत किया गया। कार्य का आर्थिक परिप्रेक्ष्य एक महत्वपूर्ण मुद्दा रहा है। यह जीवन निर्वाह की अर्थव्यवस्था तथा रोजी-रोटी के मुद्दे से जुड़ा हुआ है। भूमंडलीकरण तथा सूचना क्रांति ने कार्य के दायरे को विस्तृत किया है। फलतः कार्य के आर्थिक पक्ष का भी विस्तार हुआ है।

डब्ल्यू.ई. मूर ने *इंडस्ट्रियल रिलेशंस एंड द सोश्यल ऑर्डर* में कामगारों के आर्थिक पक्ष तथा कार्य की दशाओं को रेखांकित किया है। फ्रीडमान ने अपनी कृति *इंडस्ट्रियल सोसाइटी* में औद्योगिक समाज तथा कार्य के आर्थिक परिप्रेक्ष्य का व्यवस्थित अध्ययन किया। अमेरिकी इंजीनियर टेलर ने 'काम के वैज्ञानिक संगठन' के आंदोलन की शुरुआत की। फोर्ड जैसे उत्पादकों ने कार्य के वैज्ञानिक संगठन के आधार पर उद्योगों के परिक्षेत्र को नया स्वरूप प्रदान किया। इस संदर्भ में एल्टन मेयो की भी चर्चा की जा सकती है। एल्टन मेयो ने कार्य के आर्थिक परिक्षेत्र तथा उत्पादन के मौजूद संबंधों का विश्लेषण किया है। विश्लेषणों के आधार पर स्पष्ट होता है कि वर्तमान संदर्भ में कार्य के आर्थिक परिप्रेक्ष्यों का विशेष महत्व है। भूमंडलीकरण के दौर में कामगारों के आर्थिक हितों के प्रबन्धन पर ध्यान केन्द्रित किया जा रहा है। सूचना क्रांति तथा आर्थिक उदारीकरण ने रोजगार के कई अवसरों को उत्पन्न किया है। फलतः कार्य के आर्थिक परिप्रेक्ष्य को नई दिशा प्राप्त हुई है।

आधुनिक परिप्रेक्ष्य

समाजशास्त्री बोगाड्र्स के अनुसार कार्य तथा व्यावसायिक गतिविधि में स्पष्ट सम्बन्ध है। व्यावसायिक गतिविधि के आधार पर व्यक्ति को नई ऊर्जा प्राप्त होती है। उनके जीवन में एक नई ऊष्मा का संचार होता है। कार्य के जरिये व्यक्ति अपनी प्रतिभा तथा क्षमता का उपयोग करता है। मार्शल के अनुसार कार्य चरित्र निर्माण से संबंधित है। यह कामगारों के विकास के पक्ष को प्रशस्त करता है। कार्य के जरिये व्यक्ति महान बनता है। तेज दिमाग वाले एडम स्मिथ, एल्फ्रेड मार्शल, कार्ल मार्क्स, कीन्स और डेविड रिकार्डो को कैसे भूल सकते हैं, जिन्होंने अध्ययनों के जरिये अर्थशास्त्र की ऐसी नींव तैयार की, जिस पर आधुनिक आर्थिक प्रबन्धन का पूरा ढांचा टिका हुआ है। गैलेलियो ने अपने कार्य के आधार पर दुनिया को एक नई दिशा दी। उसने दूरबीन का निर्माण किया तथा खगोलशास्त्र के क्षेत्र में कई सिद्धांतों का प्रतिपादन किया। डार्विन ने भी अपने कार्यों के जरिये मनुष्य के जीवन के रहस्यों का उद्‌भेदन किया। अल्बर्ट आइंस्टाइन ने सापेक्षता के सिद्धांत के जरिये भौतिकी की दुनिया में क्रांति कर दी। विज्ञान के क्षेत्र में कार्य करने वाले कई और बेहतरीन लोग हैं। देवाशीष प्रसून के अनुसार थामस एडिशन, स्टीफन हॉकिन्स, लुई पाश्चर, जगदीशचंद्र बोस और मार्कोनी पहली कतार में खड़े लोग हैं। दुनिया को बेहतर और खूबसूरत बनाने में कलाकारों के कार्यों के योगदानों का भी उल्लेख किया जा सकता है। एनिमेशन, डिजाइन आदि अनेक क्षेत्रों में भी कलात्मक कार्यों का विशेष महत्व है. कलाकारों ने रंग, मिट्टी और पत्थरों में खूबसूरती भरने का काम भी किया है। माइकल एंजेलो, रिज्न, पाब्लो पिकासो, लियानार्डो द विंसी, वॉन गॉग और जेएमडब्ल्यू टर्नर ने अपने बेहतरीन कलात्मक कार्यों के जरिये दुनिया को खूबसूरत बनाने का काम किया।

वस्तुतः आधुनिक संदर्भ ने कार्य की परिभाषा एवं परिक्षेत्र को एक नया स्वरूप प्रदान किया है। कार्य सृजन से जुड़ा हुआ है। सृजन में सौंदर्य है। कार्य व्यक्ति को सुन्दर बनाता है। कार्य के जरिये व्यक्ति अपनी प्रतिभा का विकास एवं परिष्कार करता है। एक सुन्दर कामगार ईंट-पत्थरों में भी प्राण फूंक देता है। स्पेन के विलबाओ में नरविअन नदी के किनारे 1997 में बना गगेनहीम अजायबघर आधुनिक वास्तुकला का नायाब नमूना है। इस इमारत का नक्शा

कनाडा के फ्रैंक गेहरी ने बनाया और नक्शे को जमीन पर उतारने का काम स्पेन की मशहूर कंपनी फेरोविअल ने किया। यह विखंडनवादी शैली में बनी दुनिया की सबसे शानदार इमारतों में से एक है। मनुष्य ने अपने कार्यों के जरिये दुनिया को चकित किया है। मनुष्य में अकूत प्रतिभा एवं क्षमता है। उदाहरणस्वरूप ताजमहल को प्रस्तुत किया सकता है। फारसी वास्तुकला की परंपरा में बना ताजमहल दुनिया की खूबसूरत इमारतों में से एक है। 1653 में मुगल बादशाह शाहजहां ने बेगम मुमताज महल के मरने पर ताजमहल को उनके मकबरे के रूप में बनवाया था। सफेद संगमरमर से बने इस भवन को लोग प्रेम के स्मारक के रूप में देखते हैं।

आधुनिक संदर्भ में सौन्दर्य व्यवसाय के क्षेत्र में कार्यों का विस्तार हुआ है। वैश्वीकरण तथा बाजारवाद ने खूबसूरत चेहरों का एक नया दौर आरम्भ किया है। लड़की ही नहीं, लड़के को भी खूबसूरत बनाने का कार्य व्यापक पैमाने पर जारी है। बहुराष्ट्रीय कम्पनियों में नियुक्ति तथा प्रोन्नति के समय नियोजक कामगारों के व्यक्तित्व, 'बॉडी लैंग्वेज' तथा शारीरिक सौन्दर्य पर भी ध्यान केन्द्रित करते हैं। खूबसूरत लड़के तथा लड़कियां व्यापार तथा उद्योग के विकास में सहायक सिद्ध हो रहे हैं। पत्रकार पूजा शर्मा ने स्पष्ट किया है कि आंकड़ों के अनुसार, भारत का सौन्दर्य व्यवसाय 17 प्रतिशत की दर से बढ़ रहा है। बढ़ी हुई आर्थिकी, अवसर और आय की बढ़ोतरी के साथ अधिक से अधिक लोग सौन्दर्य का अनुसरण कर रहे हैं। इन अनुयायियों के कारण ही सौन्दर्य उत्पादों की खपत में तेजी से बढ़त हो रही है। हर साल 4,00,000 अमेरिकी, जिनमें 48,000 पुरुष शामिल हैं, कॉस्मेटिक सर्जन के पास पहुंचते हैं और सौन्दर्य सेवाओं का उपभोग करते हैं। सुन्दरता का यह अनुसरण न केवल खूबसूरती से मिलने वाली खुशी से जुड़ा है, बल्कि यह हमारे अस्तित्व से मिलने वाली खुशी से जुड़ा है। इसीलिए, सौन्दर्य हमेशा से हर समाज का हिस्सा रहा है। न्यूरोसाइंटिस्ट मैसी एटकॉफ कहते हैं, हर एक संस्कृति सौन्दर्य संस्कृति होती है।

भारत तथा अन्य विभिन्न देशों में कार्य के आधुनिक परिप्रेक्ष्य का एक महत्वपूर्ण आधार कम्प्यूटर तथा इंटरनेट है। भारी संख्या में कम्प्यूटर इंजीनियर विभिन्न क्षेत्रों में दिन-रात कार्यरत रहते हैं। वस्तुतः कम्प्यूटर ने कार्य के क्षेत्र में दुनिया को एक नया आयाम प्रदान किया है। आलोक श्रीवास्तव के अनुसार, 2015 तक भारत में 23.70 करोड़ लोग इंटरनेट इस्तेमाल करने लगेंगे। फिलहाल आठ करोड़ नेट यूजर हैं। हिन्दी ब्लॉगिंग और पोर्टल्स की दुनिया न्यू मीडिया का नाम और रुतबा हासिल कर चुकी है। यही वो जगह है, जहां अखबारों और टेलीविजन चैनलों से भी पहले ताजा खबरें पहुंचती हैं और दोस्तों-रिश्तेदारों के साथ घटी खुशी-गम की सूचनाएं मिल जाती हैं। सात समन्दर पार रिश्तेदार के घर पहुंच पाना भले मुमकिन न हो, लेकिन भारत में बैठकर 'सदी लाइव' देखते हैं.. साथ हंसते हैं, रोते हैं, नाराज भी होते हैं। ये दो-चार उदाहरण भर हैं, इंटरनेट की दुनिया में हजारों रंग हैं।

कार्य का एक आधुनिक परिप्रेक्ष्य मानवता तथा मानवीय मुद्दे से जुड़ा हुआ है। बेबलेन के अनुसार, औद्योगीकरण तथा मशीनीकरण ने मनुष्य के सम्मान और गरिमा को दरकिनार कर दिया है। उनके अनुसार यांत्रिक रोजगार मनुष्य को भी यांत्रिक बना देता है। उसके चिंतन को कुंद कर देता है। कामगारों में जीवन और जगत के प्रति कोई आसक्ति नहीं रह जाती है। इस प्रकार औद्योगीकरण ने मनुष्य को मशीन बना दिया है।

कर्ल पोलैनी ने अपनी पुस्तक *द ग्रेट ट्रांसफोर्मेशन* में स्पष्ट किया है कि औद्योगीकरण के कारण सामाजिक संरचना क्षत-विक्षत हो गई है। मानव समाज अस्त-व्यस्त है। मनुष्य आर्थिक प्रणाली का मोहताज बनकर रह गया है। उपभोक्तावाद, बाजारवाद तथा वैश्वीकरण की प्रक्रिया ने अमीरी और गरीबी के बीच खाई पैदा की है। साथ ही ज्ञान समाज (Knowledge Society) तथा ज्ञान अर्थव्यवस्था (Knowledge Economy) ने एक नए वर्ग को खड़ा किया है। इस प्रकार कार्य के आधुनिक संदर्भ के अन्तर्गत कतिपय विद्वानों ने मानवीय गरिमा के संदर्भ में कई प्रश्नों को खड़ा किया है। यह एक वास्तविकता है कि पूंजीवादी आर्थिक संरचना के अन्तर्गत अधिसंख्य कामगारों का शोषण होता है। आधारभूत संरचना तथा समावेशी विकास के अभाव में भूमंडलीकरण का लाभ सभी लोगों को समान रूप में प्राप्त नहीं हो रहा है। हाल के वर्षों में आर्थिक मंदी के दौर ने कामगारों के मन में असुरक्षा की स्थिति पैदा की है। इन सच्चाइयों के बावजूद कार्य एक सृजनात्मक क्रिया है। सृजन में सौन्दर्य है। कार्यरत मनुष्य स्वस्थ तथा जीवंत रहता है। कार्य तथा कार्य से जुड़ी बेहतर दशाओं को बेहतर बनाने की दिशा में पहल जारी है।

भारतीय समाज में कार्य (Work in Indian Society)

श्रीमद्भागवत गीता में कर्म के चिंतन को रेखांकित किया गया है। लोकमान्य तिलक ने भी 'गीता रहस्य' में कार्य के महत्व को स्थापित किया है। वैदिक ऋचाओं में भी मनुष्य की अपार शक्ति का उल्लेख किया गया है। प्रोफेसर जी.एस. घुर्ये के अनुसार जाति की एक प्रमुख विशेषता व्यवसाय से सम्बन्धित है। इस प्रकार भारतीय जाति व्यवस्था में भी कार्य की स्पष्ट व्याख्या की गई है। तथ्यों तथा आंकड़ों के आधार पर स्पष्ट होता है कि भारत के किसानों तथा मजदूरों ने प्राकृतिक विपदाओं के बावजूद लगातार संघर्ष किया है। इतिहासकार रोमिला थापर ने भी स्पष्ट किया है कि पिछले कुछ दशकों में भारत की चर्चा आर्थिक दृष्टि से अल्प विकसित देश के रूप में इतनी अधिक हुई है कि महाराजाओं, सपेरों और नटों के कुहासे में से उसका चित्र एक शक्तिशाली, स्पंदनशील देश के रूप में उभरने लगा है। उन्होंने यह भी स्पष्ट किया है कि शताब्दियों तक वर्ण-व्यवस्था के अन्तर्गत बदलते हुए सामाजिक सम्बन्धों या कृषि व्यवस्थाओं या भारतीयों के उत्साहपूर्ण व्यापारिक कार्यकलापों का सतही विश्लेषण भी किया जाए तो उससे और चाहे किसी बात का भी संकेत मिलता हो, रूढ़ सामाजिक-आर्थिक स्थिति का संकेत कदापि नहीं मिलता।

इतिहासकार रोमिला थापर ने स्पष्ट किया है कि भारत में मानवीय कार्यकलाप के जो प्राचीनतम चिह्न अब तक मिले हैं, वे 4,00,000 ई.पू. और 2,00,000 ई.पू. के बीच दूसरे और तीसरे हिम युगों के संधि काल के हैं और वे इस बात के साक्ष्य प्रस्तुत करते हैं कि उस समय पत्थर के उपकरण काम में लाए जाते थे। इसके पश्चात एक लंबे अर्से तक मंद गति से विकास होता रहा, जिसमें अंतिम समय में जाकर तीव्रता आई और उसकी परिणति 2300 ई.पू. के लगभग सिंधु घाटी की आलीशान सभ्यता के रूप में हुई। ज्ञातव्य है कि सिंधु घाटी की सभ्यता को हड़प्पा संस्कृति के नाम से जाना जाता है। हड़प्पा की पूर्ववर्ती संस्कृतियां हैं-बलूचिस्तानी पहाड़ियों के गांवों में प्राप्त नल संस्कृति, मकरान तट से लेकर सिंधु के मुहाने तक फैले गांवों की कुल्ली संस्कृति और राजस्थान तथा पंजाब के नदियों के किनारे बसे कुछ ग्राम समुदायों की

संस्कृति। पिछले दिनों हुई खुदाइयों से कई नगरों का पता चलता है–सिंध में कोट दीजी, राजस्थान में कालीबंगा, पंजाब में रोपड़ और गुजरात में लोथल का बंदरगाह नगर। तथ्यों के आधार पर स्पष्ट होता है कि भारत में कार्य की एक दीर्घकालीन परम्परा रही है। कृषि, कुटीर उद्योग, स्थापत्य, वास्तुशास्त्र, साहित्य, कला तथा जीवन एवं जगत के विविध क्षेत्रों में भारत का योगदान अविस्मरणीय रहा है। समाजशास्त्री ए.आर. देसाई ने स्पष्ट किया है कि सामंतवाद, अर्ध सामंतवाद, पूंजीवाद तथा उत्पादन की पद्धति के कारण किसान मजदूरों का लगातार शोषण हुआ है। उन्होंने स्पष्ट किया है कि स्वाधीनता के बाद भी पूंजीवादी वर्ग क्रमशः समृद्ध होता गया। इस वर्ग में औद्योगिक, वाणिज्यिक तथा वित्तीय समुदाय, जमींदार वर्ग का एक भाग, कुलक और अमीर किसान और शहरी उच्च मध्य वर्ग के कुछ हिस्से आते हैं। प्रोफेसर बी.वी. कृष्णमूर्ति ने इस समृद्ध होते वर्ग को 'यू' (U) वर्ग कहा है।

तथ्यों तथा आंकड़ों के आधार पर स्पष्ट होता है कि भारत में कृषि, वाणिज्य, उद्योग तथा श्रम के क्षेत्र में कामगारों का योगदान उल्लेखनीय रहा है। कृषि भारतीय अर्थव्यवस्था का मुख्य आधार रहा है। कृषि और सहायक क्षेत्र का सकल घरेलू उत्पाद में लगभग 15.7 प्रतिशत का योगदान है, जबकि 59.70 प्रतिशत आबादी अपनी आजीविका के लिए कृषि पर निर्भर है। हाल के वर्षों में कृषि राष्ट्रीय ई-गवर्नेंस योजना को लागू किया गया है। किसान कॉल सेंटर 21 जनवरी 2004 से कार्य कर रहे हैं और ये देश के लगभग सभी राज्यों में 25 विभिन्न स्थानों पर चालू हैं। इस प्रकार कृषि क्षेत्र में एक नई कार्य संस्कृति विकसित की जा रही है। कृषि कार्य में सूचना प्रौद्योगिकी का उपयोग हो रहा है। वैश्वीकरण तथा आर्थिक उदारीकरण ने भारत में कृषि कार्य को एक नया आयाम प्रदान किया है।

देश के आर्थिक विकास में विदेशी व्यापार का अहम योगदान रहा है। भारत के विदेश व्यापार की संरचना और दिशा में विशेषकर 1990 के दशक से उदारीकरण की प्रक्रिया शुरू होने के बाद से बहुत बदलाव आया है। भारत अब विदेश व्यापार में बड़ी भूमिका निभाने वाला देश बन गया है और अब भारत की अर्थव्यवस्था के सभी प्रमुख क्षेत्र प्रत्यक्ष या अप्रत्यक्ष रूप से अन्तरराष्ट्रीय स्तर पर कारोबार से जुड़ गए हैं। जाहिर है कि आर्थिक उदारीकरण के दौर में विदेश व्यापार के क्षेत्र में भी प्रभावी कार्य संस्कृति विकसित हुई है। साथ ही कार्यों की संभावना बढ़ती जा रही है। भारत का कॉर्पोरेट क्षेत्र उसके आर्थिक विकास को गति देने वाला मुख्य कारक है। बड़ी बहुराष्ट्रीय कंपनियों से लेकर छोटे और मझौले उद्यमों तक और विनिर्माण, निर्माण, दूरसंचार तथा सेवा समेत तमाम उद्योगों में फैले हुए कार्पोरेट क्षेत्र ने देश के आर्थिक विकास में महत्वपूर्ण भूमिका निभाई है। भारत के कार्पोरेट क्षेत्र ने कार्य को नई दिशा प्रदान की है। इसने कार्य को सुसंरचित किया है। तकनीकी क्षेत्रों में दक्ष कामगारों को अपनी प्रतिभा तथा क्षमता का उपयोग करने का अवसर प्राप्त हो रहा है।

स्वतंत्रता के बाद से भारत में औद्योगिक विकास का एक नया अध्याय आरंभ हुआ है। 1991 में नई औद्योगिक नीति लागू की गई। नई औद्योगिक नीति के अंतर्गत ज्यादातर वस्तुओं के लिए औद्योगिक लाइसेंस के मामले को सरल किया गया। सरकार ने औद्योगिक नवीकरण के क्षेत्र में पहल की। बौद्धिक संपदा अधिकार के लिए नई रणनीति बनाई गई। रणनीति के अंतर्गत कार्य संस्कृति तथा रचनात्मक कार्यों पर बल दिया गया। भारत में सीमेंट, चीनी-मिट्टी, सिगरेट, बारूद, शीशा, ग्रेनाइट तथा लाइट इलेक्ट्रिकल उद्योग पर ध्यान दिया जा रहा है।

विभिन्न प्रकार के उद्योगों का विकास किया गया है। बोकारो, भिलाई, राउरकेला, चितरंजन तथा देश के विभिन्न क्षेत्रों में उद्योगों की व्यापक संरचना खड़ी की गई है। औद्योगिक क्रांति तथा औद्योगीकरण ने कार्य के अवसर को विस्तृत किया है। साथ ही कार्य को सुसंगठित एवं व्यवस्थित भी किया है।

कामगार तथा कार्य के बीच स्पष्ट संबंध मौजूद हैं। अतः भारत में श्रम नीति नियोजित आर्थिक विकास और सामाजिक न्याय की विशिष्ट आवश्यकताओं के अनुरूप विकसित हुई है। औद्योगिक शांति, उत्पादन में वृद्धि तथा श्रमिकों के कल्याण पर ध्यान केन्द्रित करने की दिशा में पहल जारी है। श्रम सुधार से संबंधित कई प्रावधानों को भारत में लागू किया गया है। श्रम सुधार तथा कार्य के बीच भी स्पष्ट सम्बन्ध होता है। श्रम सुधारों का वास्तव में अर्थ है–देश में उत्पादन, उत्पादकता तथा रोजगार के अवसर को बढ़ाने के लिए कदम उठाना और श्रमिकों के हितों की पूरी रक्षा करना।

भारत में कार्य का दुष्प्रकार्यात्मक पक्ष भी है। बंधुआ मजदूर तथा बाल श्रमिकों की समस्या हमेशा से मौजूद रही है। असंगठित क्षेत्र के कामगारों की स्थिति दयनीय है। कार्य की दशाओं के मुद्दे पर भी प्रश्न उठते रहे हैं। महिला श्रमिकों के साथ भी न्याय नहीं हो रहा है। निजी तथा सार्वजनिक क्षेत्रों में प्रतिभाशाली एवं क्षमतावान कामगारों को अपमानित एवं प्रताड़ित करने का विवरण भी प्राप्त हो रहा है। कार्य क्षेत्रों में महिलाओं के यौन उत्पीड़न के समाचार भी मिलते रहे हैं। अक्सर कार्य स्थलों पर दुर्घटना में घायल तथा मृतक कामगारों के परिवारों को न्याय नहीं मिल पाता है। न्यूनतम मजदूरों की स्थिति गंभीर है। दूरदराज के क्षेत्रों से पलायन कर आए परिश्रमी तथा ईमानदार मजदूरों को भी अपमनित एवं प्रताड़ित होना पड़ता है। कामगारों को पेंशन के लिए भी दर-दर की ठोकरें खानी पड़ती हैं। गरीब मजदूर एड्स, कुपोषण तथा अन्य घातक बीमारियों से ग्रस्त होते रहते हैं। प्रबन्धक उन्हें निस्सहाय छोड़ देता है। ए.आर. देसाई ने इन्हीं परिस्थितियों के मद्देनजर स्पष्ट किया था कि भारत में कल्याणकारी राज्य केवल दिखावे के लिए है। यह केवल मुखौटा है। गौरतलब है कि वैश्वीकरण तथा बाजारवाद ने श्रमिक संघों को कमजोर किया है। कॉर्पोरेट जगत ने व्यापार प्रबन्धन की नई संरचना के आधार पर एक नई कार्य संस्कृति विकसित की है। फलतः यूनियन का दबाव घटता जा रहा है। पिछले वर्षों में श्रमिक संघों का राजनीतिकरण हुआ है। फलतः श्रमिक संघों का उपयोग वोट बैंकों के लिए किया जा रहा है। बहुराष्ट्रीय कंपनियों तथा निजी क्षेत्रों में प्रतिभाशाली इंजीनियरों एवं प्रबन्धकों से कमरतोड़ परिश्रम करने की अपेक्षा की जाती है। उनका पारिवारिक एवं व्यक्तिगत जीवन का कोई महत्व नहीं रह गया है। कम उम्र के कामगार हृदय रोग, कैंसर एवं रक्तचाप जैसी प्राणघातक बीमारियों से आहत हो रहे हैं। कार्य के क्षेत्र में यह एक गंभीर मामला है। इन मामलों के संदर्भ में समाजशास्त्रीय हस्तक्षेप की अपेक्षा है।

भारतीय समाज में कार्य के विभिन्न परिप्रेक्ष्यों एवं आयामों को निम्नलिखित रूपों में रेखांकित किया जा सकता है–

1. समाजशास्त्री प्रोफेसर योगेन्द्र सिंह ने भारतीय सामाजिक संरचना में निहित गतिशीलता तथा स्तरीकरण का गंभीर विश्लेषण किया है। उन्होंने स्पष्ट किया है कि शिक्षा, कृषि और उद्योग के क्षेत्रों में निवेश, कमजोर वर्गों के लिए आरक्षण की नीति, रोजगार तथा जन कल्याण से संबन्धित कार्यक्रम आदि सामाजिक विकास के परिचायक हैं। इस प्रकार

शिक्षा, कृषि, उद्योग तथा सामाजिक न्याय के क्षेत्र में गतिशीलता तथा विकास का स्पष्ट संकेत है। विश्लेषणों के आधार पर स्पष्ट होता है कि शिक्षा, कृषि तथा उद्योग के क्षेत्र में कार्य का सक्रिय एवं प्रकार्यात्क महत्व रहा है। रोजगार तथा जन कल्याण के क्षेत्र में भी कार्य के प्रभावी संकेत मिलते हैं।

2. योगेन्द्र सिंह ने स्पष्ट किया है कि समाज के ग्रामीण और नगरीय दोनों परिदृश्यों पर एक अत्यन्त, सशक्त और विशाल मध्यम वर्ग का उदय तथा विकास हुआ है। उन्होंने यह भी स्पष्ट किया है कि आबादी और अर्थव्यवस्था की परिधि में वृद्धि के पश्चात आज यह मध्यम वर्ग समाज की शक्ति संरचना पर अपना वर्चस्व स्थापित करने में सक्षम हो गया है। स्पष्ट है कि भारतीय समाज में कार्य के परिदृश्य में मध्यम वर्ग की एक स्पष्ट एवं प्रभावी भूमिका है।
3. योगेन्द्र सिंह के एक विश्लेषण के आधार पर स्पष्ट होता है कि भारत में मध्यम वर्ग सामाजिक व्यवस्था का एक अत्यन्त मुखर, सक्रिय और शक्ति-सम्पन्न घटक के रूप में कार्यशील है। उन्होंने यह भी स्पष्ट किया है कि इस वर्ग के अन्तर्गत सरकारी कर्मचारी, राजकीय औद्योगिक प्रतिष्ठानों में कार्यरत कामगार या श्रमिक एवं कानून, चिकित्साकर्म, प्रबन्धन, बैंकिंग, दूरसंचार माध्यमों और सूचना सम्बन्धी सेवाओं से जुड़े नौकरीशुदा लोग एवं व्यवसायी तथा उद्योग धंधों, व्यवसायी प्रतिष्ठानों एवं विभिन्न प्रकार के कारोबारों से सम्बद्ध लोगों का उल्लेख किया जा सकता है। औद्योगिक क्रान्ति, औद्योगीकरकण एवं विभिन्न प्रकार के कार्यों के परिप्रेक्ष्य में मध्यम वर्ग एक मुख्य आधार के रूप में सक्रिय एवं गतिशील है।
4. योगेन्द्र सिंह ने भारतीय सामाजिक संरचना की सूक्ष्म एवं गहन व्याख्या की है। उनके अनुसार भारतीय समाज के मध्यम वर्ग तथा निम्न वर्ग के बीच संरचना के स्तर पर दरार (स्ट्रक्चरल क्लीवेजेज) मौजूद है। साथ ही मध्यम वर्ग एवं निम्न वर्ग के बीच विचारधारा के स्तर पर भी टकराहट का संकेत प्राप्त होता है। अत: यह स्पष्ट किया जा सकता है कि मध्यम वर्ग एवं निम्न वर्ग के बीच मौजूद दरार के कारण कार्य का परिप्रेक्ष्य प्रभावित होता है। साथ ही इन दरारों का उत्पादन एवं औद्योगिक व्यवस्था पर भी नकारात्मक एवं दुष्प्रकार्यात्मक प्रभाव देखा जा सकता है।
5. योगेन्द्र सिंह के अनुसार आर्थिक एवं सामाजिक विकास में हमने जिस हद तक निवेश किया है उसका प्रभावी परिणाम दिखाई दे रहा है। इसके कारण बाजार, व्यापार और जनसंचार से सम्बन्धित संस्थाओं की जड़ें मजबूत होती हैं तथा कुशल मानव शक्ति का एक व्यापक आधार प्राप्त होता है जो आर्थिक विकास के लिए अपरिहार्य है। उन्होंने यह भी स्पष्ट किया है कि अपनी आत्मकेन्द्रित विचारधारात्मक प्रतिबद्धताओं (मूरिंग्स) और संकीर्ण सामाजिक आधार के कारण इस सफलता में सारभूत दोष हैं। प्रोफेसर योगेन्द्र सिंह ने इस स्थिति को अपनी 'सफलता के संकट' के रूप में रेखांकित किया है। इनके अनुसार यह निर्धनता और सामाजिक उत्पीड़न को समाप्त करने की दृष्टि से हमारी असफलताओं को इंगित करता है।

6. योगेन्द्र सिंह ने यह भी स्पष्ट किया है कि कार्य के क्षेत्र में निम्न वर्ग के कामगारों को न्याय नहीं प्राप्त हो रहा है। उनके अनुसार स्वतंत्रता के बाद गरीबी के उन्मूलन को लेकर जो अनेक प्रयास हुए हैं, अधिक सफल सिद्ध नहीं हुए हैं। गरीबी उन्मूलन के प्रयत्नों के बावजूद आज भी देश की आबादी का 40 से 30 प्रतिशत हिस्सा गरीबी रेखा से नीचे है। इसी अवधि के दौरान पूर्व एशिया के देशों में जीविका के आधारभूत साधनों एवं सुविधाओं से वंचित जनसंख्या काफी कम हो गई। विश्व बैंक के अनुसार 1990 में जीविका या भरण-पोषण के स्तर से नीचे स्थित लोगों की संख्या दक्षिण कोरिया में 5 प्रतिशत, इंडोनेशिया में 15 प्रतिशत और चीन में 10 प्रतिशत थी। इस सफलता का एक महत्वपूर्ण कारण यह था कि इन देशों के समाज में धन केवल कुछ लोगों या खास-खास वर्गों तक संकेन्द्रित नहीं रहा, बल्कि भिन्न-भिन्न स्तरों में निरंतर इसका प्रवाह होता रहा। इसके विपरीत भारत में अर्थशक्ति केवल उच्च तथा मध्यम वर्गों के पास संकेन्द्रित है, जो यहां की कुल जनसंख्या का केवल एक छोटा-सा अंश है।
7. भारत में कार्य की संरचना तथा विविधता का विश्लेषण करते हुए योगेन्द्र सिंह ने स्पष्ट किया है कि पुश्तैनी काम-धंधों और पेशों के आधार पर विभिन्न जातियों के पारम्परिक कौशल नई-नई खोजों और उच्च उत्पादकता को प्रोत्साहित करने के लिए कृषि और वाणिज्य व्यापार दोनों संदर्भों में रोजगार के अवसर पैदा करने में अत्यधिक सहायक सिद्ध हुए हैं। देश के अधिकांश भागों में हरित-क्रांति का नेतृत्व अब तक किसानों ने किया है, जो पारम्परिक तौर पर कृषि कार्य से जुड़े रहे हैं। यही स्थिति व्यापार और शिल्पों से सम्बन्धित विभिन्न प्रकार के काम-धंधों में पारम्परिक रूप से संलग्न हिन्दू और मुसलमान जातियों के संदर्भ में दिखाई देती है जिन्होंने आधुनिक संस्थात्मक प्रणालियों को अपनाते हुए स्वयं को वाणिज्य व्यापार की गतिविधियों के अनुरूप एक नई भूमिका में ढाल लिया है।
8. योगेन्द्र सिंह के अनुसार औद्योगिक गतिविधियों में विस्तार तथा कार्य के बीच स्पष्ट सम्बन्ध मौजूद हैं। उन्होंने स्पष्ट किया है कि औद्योगिक गतिविधियों में विस्तार ने उद्योग-धंधों में संलग्न कामगारों के सामाजिक आधार को व्यापक बनाया है। इससे भी अधिक महत्वपूर्ण तथ्य यह है कि इसके कारण भारत में औद्योगिक-शहरी मध्यम वर्ग की एक बहुत बड़ी संख्या दिखाई देने लगी है और पूंजीपति व्यापारियों एवं औद्योगिक गतिविधियों से जुड़े उद्यमियों की एक नई पौध को परम्परागत रूप से औद्योगिक पूंजीपति वर्गों की श्रेणी में प्रवेश करने तथा इसका अंग बन जाने का अवसर प्राप्त हो गया है।
9. *सोशियोलॉजिकल बुलेटिन* (जनवरी-अप्रैल 2011) में प्रकाशित एक शोध निबन्ध ''डवलपमेंट, पोलिटी एंड सोश्यल टेन्शंस'' में स्पष्ट किया गया है कि आर्थिक परिक्षेत्र में भारत का तीव्र विकास हुआ है। परन्तु जमीनी सच्चाई है कि गरीबों के साथ न्याय नहीं हो रहा है तथा सामन्तीकरण की प्रक्रिया जारी है। जाहिर है कि गरीबी तथा दक्षता के अभाव के कारण भारी संख्या में निम्न वर्ग के कामगार कार्य के क्षेत्र में परेशान हैं। उन्हें विकास का लाभ नहीं प्राप्त हो रहा है।

10. अमर्त्य सेन ने अपनी पुस्तक *डवलपमेंट एज फ्रीडम* (2000) तथा *द आइडिया ऑफ जस्टिस* (2009) में स्पष्ट किया है कि न्यायपूर्ण समाज के बिना विकास बेमानी है। रॉबर्ट नोजिक (1974) तथा जॉन राव्ल्स (1993) का विचार भी अमर्त्य सेन के विचारों के पक्ष में है। भारत में संरचनात्मक दरार, वंचन, अशिक्षा तथा गरीबी के कारण समावेशी विकास का अभाव रहा है। समावेशी विकास के अभाव का असर कार्य तथा रोजगार के क्षेत्र में भी दिखाई पड़ता है। रसोऊ ने भी कहा था कि कोई व्यक्ति इतना अमीर नहीं हो कि वह किसी व्यक्ति को खरीद सके; कोई व्यक्ति इतना गरीब नहीं हो कि वह अपने आपको बेच सके। विकास तथा अर्थ संरचना की चकाचौंध के बावजूद भारतीय समाज की कड़वी सच्चाई है कि प्रत्यक्ष अथवा अप्रत्यक्ष तौर पर इंसान की बिक्री जारी है। गरीबी के कारण लोग किडनी बेच रहे हैं। अभाव के कारण खून की बिक्री होती है। जाहिर है कि कार्य के क्षेत्र में तर्कपूर्ण औचित्य का अभाव है। साथ ही कार्य के परिदृश्य में न्याय का भी अभाव दिखाई पड़ता है।

11. भारत तथा दुनिया के दूसरे देशों में कार्य संगठन के अंतर्गत घरेलू कार्यों (Domestic Work) के मुद्दे पर प्रश्न उठाए जा रहे हैं। औद्योगीकरण की प्रक्रिया से पहले भारत के अधिकांश घरों में घरेलू उद्योग के आधार पर उत्पादन की आत्मनिर्भर अर्थव्यवस्था मौजूद थी। परन्तु कल-कारखानों के विस्तार के साथ घरेलू उद्योगों के दिन लद गए। अतः घरेलू कार्यों के संदर्भ में गंभीर विश्लेषण का अभाव भी दिखाई पड़ने लगा। ऑकले (1974) ने स्पष्ट किया है कि औद्योगिकरण के कारण घर (Home) तथा कार्य स्थल (Work Place) में स्पष्ट विभेद का अनुभव किया जा सकता है। घर को उपभोग का स्थल मान लिया गया। वस्तुओं के उत्पादन के संदर्भ में घरों के महत्व को अस्वीकार किया गया। इस प्रकार घरेलू कार्य अदृश्य होता गया। वेतन तथा मजदूरी पर आधारित कार्यों को मान्यता प्राप्त हुई। भारत में भी घरेलू कार्य तथा घरेलू महिलाओं की कार्य दक्षता का कोई विशेष अर्थ नहीं होता है। लैंगिक असमानता तथा पितृसत्तात्मक व्यवस्था के बोझ तले दबी हुई भारतीय महिलाएं साधारणतः घरेलू कार्य करने के लिए विवश रहती हैं। यह उनके जीवन और रहन-सहन का अभिन्न अंग होता है। भारतीय परिवारों में श्रम-विभाजन के अंतर्गत महिलाओं को घरेलू कार्यों का दायित्व प्रदान किया जाता है। घरेलू कार्यों के लिए घर की महिलाओं को साधारणतः आर्थिक लाभ प्रदान करने की परंपरा नहीं है। एंथनी गिडेन्स ने भी घरेलू कार्यों के मुद्दों को रेखांकित किया है। उन्होंने स्पष्ट किया है कि हाल के वर्षों में घरेलू कार्यों में बढ़ोतरी हुई है। गृह प्रबन्धन एक गंभीर मसला होता है। घरेलू महिलाओं को वेतन अथवा मजदूरी देने की व्यवस्था नहीं होती है। परन्तु अर्थव्यवस्था के अंतर्गत उनके कार्यों का विशेष महत्व है। एनी डकलेने ने अपने अध्ययनों के आधार पर स्पष्ट किया है कि घरेलू महिलाएं अक्सर घरेलू कार्यों के कारण मनोवैज्ञानिक दबाव में रहती हैं। सुबह से देर रात तक भारतीय परिवार की महिलाएं विभिन्न प्रकार के कार्यों में संलग्न रहती हैं। आधुनिकीकरण, आधुनिक शिक्षा के विकास तथा वैश्वीकरण के कारण महिलाओं की प्रस्थिति में परिवर्तन की प्रक्रिया जारी है। घर की चौखट की दुनिया से आगे उनका प्रवेश हो रहा है। उद्योग, व्यापार, वाणिज्य, शिक्षा तथा अन्य कई क्षेत्रों में महिलाओं की भूमिका प्रभावी सिद्ध हो रही है।

विवाह, परिवार तथा नातेदारी, संक्रमण के दौर में है। अत: भारतीय महिलाओं के कार्यों के परिक्षेत्र में विस्तार हुआ है। परन्तु अधिकतर महिलाएं अशिक्षा तथा अवसर के अभाव के कारण घरेलू कार्यों के संपादन में संलग्न हैं।

12. एंथनी गिडेन्स ने स्पष्ट किया है कि कार्य तथा तकनीक के बीच स्पष्ट सम्बन्ध होता है। कार्य तथा तकनीक के बीच मौजूद सम्बन्धों का अध्ययन समाजशास्त्रियों के लिए एक महत्वपूर्ण अध्ययन क्षेत्र रहा है। भारत में भी तकनीकी विकास तथा सूचना क्रांति के कारण कार्य की संरचना, संगठन, श्रम विभाजन तथा विशेषीकरण के क्षेत्र में व्यापक परिवर्तन का अनुभव किया जा सकता है। स्वचलन (Automation) के कारण कार्य के विभिन्न स्वरूपों में परिवर्तन के संकेत मिल रहे हैं। विवेकीकरण ने भी भारत में कार्य के संगठन को प्रभावित किया है।

टिप्पणियां

1. In all cultures, work is the basis of the economy.

   —Anthony Giddens

2. Work is the carrying out of tasks, involving the expenditure of mental and physical effort, which have as their objective the production of goods and services catering for human needs.

   —Anthony Giddens

3. Work is an expenditure of energy, striving, application of effort for some purpose.

   —*The Concise Oxford Dictionary*

4. Work is one of the major factors of production consisting of manual or mental exertion for which wages, salaries and professional fees are received.

   —Sloan and Zurcher : *Dictionary of Economics*, 1957

5. We call work the human effort which creates useful human goods, that is to say, the effort that places itself the service of a piece of work, a creation of lavour, itself destined for the service of humanity, an effort personal in its origin, but fraternal in its end."

   —Born and Henery : *A Philosopy of Work*, Trans Jackson, 1938

6. Work is a muscular effort inducing fatigue and exhaustion or a spontaneous, conscious and diliberate effort.

   —Henery Arvon : *La Philosophic du Travail*, Paris, 1961

7. An occupation or job, is work that is done in exchange for a regular wage or salary.

   —Anthony Giddens

13

विवेकीकरण

(Rationalization)

औद्योगिक समाज में भावनाओं का कोई महत्व नहीं होता है। औद्योगिकरण की प्रक्रिया विज्ञान तथा वैज्ञानिक तकनीक पर आधारित है। विवेकीकरण की प्रक्रिया का स्पष्ट सम्बन्ध औद्योगिक समाज के साथ जुड़ा हुआ है। आधुनिक समाज के उदय तथा विकास के कारण उत्पादन की पद्धति में परिवर्तन हुआ है। परम्परागत विश्वासों, अंधमनोवृत्तियों, धार्मिक मतवाद तथा प्रथाओं के स्थान पर विवेकीकरण को विशेष महत्व दिया जा रहा है। तकनीकी गणित तथा वैज्ञानिक दृष्टि का विकास हुआ है। गुणवत्ता, क्षमता, प्रतिभा तथा भविष्य के संकेतों के अनुरूप एक नई कार्य संस्कृति विकसित हो रही है। नई कार्य संस्कृति निश्चित तौर पर विवेकीकरण से जुड़ी हुई है। मैक्स वेबर ने विज्ञान, आधुनिक तकनीकी तथा अधिकारी-तंत्र के आधार पर विवेकीकरण की व्याख्या की है। सामाजिक तथा आर्थिक जीवन भी विवेकीकरण से प्रभावित है। सामाजिक तथा आर्थिक जीवन में भी तकनीकी ज्ञान को विशेष महत्व दिया जा रहा है। लोगों की मनोवृत्तियों तथा मूल्यों में परिवर्तन हो रहा है। परम्परागत समाज में धर्म का विशेष महत्व होता है। आधुनिक समाज में जीवन के विविध क्षेत्रों में विवेकीकरण के प्रभावों का अनुभव किया जा सकता है। वेबर अनुसार राजनीति, धर्म तथा अर्थव्यवस्था भी विवेकीकरण की प्रक्रिया से सम्बन्धित है।

मैक्स वेबर के अनुसार, औद्योगिक क्रांति तथा पूंजीवाद के विकास के कारण विवेकीकरण की प्रक्रिया तीव्र हुई है। मैक्स वेबर ने यह भी स्पष्ट किया कि पूंजीवाद में वर्ग संघर्ष का वर्चस्व नहीं है। उन्होंने मार्क्स के विचारों का खंडन किया। उनके अनुसार पूंजीवाद का विकास विज्ञान तथा अधिकारी-तंत्र के विकास के साथ जुड़ा हुआ है। उन्होंने औद्योगिक क्रांति की व्याख्या वैज्ञानिक आयामों पर की। औद्योगिक क्रांति की सुनिश्चित विशेषता वैज्ञानिक पद्धति पर आधारित है। मैक्स वेबर ने यह भी स्पष्ट किया कि विवेकीकरण का अधिक प्रयोग मानव समाज के लिए घातक भी हो सकता है। विवेकीकरण में मानवीय भावनाओं एवं संवेदनाओं का कोई विशेष महत्व नहीं होता है। अत: आधुनिक समाज में विवेकीकरण के अधिक प्रयोग के कारण लोक-चेतना के मूल्यों का हनन हो सकता है। लोकतांत्रिक चेतना के लिए भी समस्याएं पैदा हो सकती हैं। प्रथाओं तथा दीर्घकालीन परम्पराओं के साथ मानवीय स्वभाव जुड़ा हुआ है। विज्ञान तथा तकनीकी प्रयोग खतरे में है।

विवेकीकरण एक पद्धति है। विवेकीकरण एक दृष्टि है। विवेकीकरण एक पद्धति है क्योंकि इसमें उत्पादन, उत्पादक शक्ति, वितरण, प्रबन्धन तथा उपभोग के संगठन में वैज्ञानिक पद्धति तथा तकनीकी ज्ञान का उपयोग होता है। विवेकीकरण एक दृष्टि है, क्योंकि यह वैज्ञानिक ज्ञान पर आधारित है। वैज्ञानिक आविष्कारों ने विवेकीकरण को नई ऊंचाइयां दी हैं। यह तर्क तथा औचित्य से जुड़ा हुआ है। यह प्रबन्धन तथा अधिकारी-तंत्र से सम्बन्धित है। श्रम समस्याओं के विशेषज्ञ तथा भारत के पूर्व राष्ट्रपति वी.वी. गिरी ने विवेकीकरण की सारगर्भित व्याख्या की है। उनके अनुसार विवेकीकरण ने क्रांतिकारी परिवर्तनों को रेखांकित किया है। इसने पुरानी घिसी-पिटी तथा जर्जर परम्पराओं को नामंजूर कर दिया है। तर्कहीन मूल्यों, भावनाओं तथा अंधविश्वास पर आधारित विचारों की विवेकीकरण के दौर में कोई उपयोगिता नहीं है। वी.वी. गिरी के अनुसार, वैज्ञानिक ज्ञान पर आधारित सिद्धांतों तथा तकनीकी ज्ञान पर आधारित पद्धतियों के साथ विवेकीकरण का स्पष्ट सम्बन्ध है। यह विज्ञान के नियमों से संचालित है। वैज्ञानिक पद्धति इसकी बुनियाद है।

प्रश्न यह उठता है कि विवेकीकरण की अवधारणा क्या है? विवेकीकरण का उद्‌देश्य क्या है? विवेकीकरण की विशेषताओं पर भी चर्चा की जा सकती है। विवेकीकरण के विविध आयामों का विश्लेषण भी अपेक्षित है। इसके संगठनात्मक तत्व क्या हैं? इसके तकनीकी तत्वों को भी रेखांकित किया जा सकता है। इसके वित्तीय तत्वों पर भी प्रकाश डाला जा सकता है। इसके सामाजिक तथा मानवीय तत्त्वों का भी विवेचन किया जा सकता है। विवेकीकरण की उपयोगिता को रेखांकित किया जा सकता है। मानव समाज में विवेकीकरण के दुष्प्रकार्यात्मक प्रभावों पर भी प्रकाश डाला जा सकता है। विवेकीकरण की कठिनाइयों को भी स्पष्ट किया जाना चाहिए। विवेकीकरण की सफलता से सम्बन्धित शर्तों पर भी विचार किया जाना चाहिए। भारतीय उद्योगों में विवेकीकरण से जुड़े प्रश्नों को भी स्पष्ट किया जा सकता है। गौरतलब है कि भूमंडलीकरण, आर्थिक उदारीकरण, तकनीकी क्रांति तथा स्वचालन (Automation) के वर्तमान दौर में विवेकीकरण के बढ़ते प्रभावों से इंकार नहीं किया जा सकता है।

विवेकीकरण की परिभाषा (Defining Rationalization)

विवेकीकरण आधुनिक समाज का केन्द्रीय आधार है। विवेकीकरण मूलतः पश्चिमी समाज की प्रकृति को स्पष्ट करता है। यह पूंजीवादी व्यापार प्रबन्धन एवं बाजारवाद से जुड़ा हुआ है। यह अधिकारी-तंत्र के विवेकपूर्ण प्रशासन से सम्बन्धित है। यह आधुनिक विज्ञान का विस्तार है। साथ ही आधुनिक तकनीकी ज्ञान के क्षितिज को विस्तृत करता है। एमिल दुर्खाइम के अनुसार, विवेकीकरण का सरोकार औद्योगिकरण की प्रक्रिया से है। साथ ही श्रम विभाजन तथा श्रम विशेषीकरण के दौर ने विवेकीकरण की प्रक्रिया को तीव्र किया है। मैक्स वेबर के अनुसार, यह विवेकपूर्ण गणनाओं तथा समीकरणों पर आधारित है। इसका सीधा सम्बन्ध प्रोटेस्टेन्ट मतवाद से जुड़ा हुआ है। मार्क्स तथा एगिंल्स के अनुसार, यह व्यक्तिवादी समीकरणों पर आधारित है। यह पूंजीवाद के शोषण चक्र को विकसित करने में सहायक है।

सन् 1927 में जेनेवा नगर में सम्पन्न हुए 'विश्व आर्थिक सम्मेलन' में विवेकीकरण की अवधारणा को स्पष्ट किया गया है। विवेकीकरण की परिभाषा में निम्नलिखित बिन्दुओं को रेखांकित किया गया है–

1. विवेकीकरण का अभिप्राय विधियों तथा तकनीकों से जुड़ा हुआ है।
2. यह श्रम के वैज्ञानिक संगठन पर आधारित है।
2. विवेकीकरण उत्पाद को एवं कच्चे पदार्थों के प्रमापीकरण प्रक्रियाओं के सरलीकरण तथा श्रम की गुणवत्ता से जुड़ा हुआ है।
4. यह परिवहन एवं विपणन प्रणालियों में सुधार आदि से सम्बन्धित है।
5. यह औद्योगिक समाज तथा औद्योगिकरण की प्रक्रिया से सम्बन्धित है।

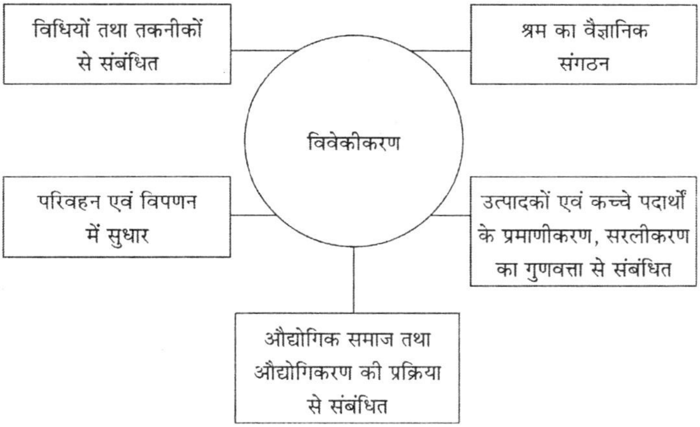

सन् 1937 में अन्तर्राष्ट्रीय श्रम संगठन की प्रशासन समिति द्वारा विवेकीकरण की अवधारणाओं को स्पष्ट करने के लिए प्रबन्ध सलाहकार समिति को निर्देश दिया गया। प्रबन्ध सलाहकार समिति (Management Advisory Committee) ने निम्नलिखित चार बिन्दुओं के आधार पर विवेकीकरण की अवधारणा को स्पष्ट किया–

1. समिति के अनुसार विवेकीकरण पद्धतियों तथा सुधार से सम्बन्धित है। इसमें परम्परागत तथा अनुपयोगी पद्धतियों का परित्याग किया जाता है। यह तर्कपूर्ण विवेक पर आधारित है। इसमें वैज्ञानिक पद्धतियों तथा साधनों पर विशेष बल दिया जाता है।
2. संक्षेप में विवेकीकरण निजी अथवा सार्वजनिक संगठन तथा सेवा अथवा उपक्रम से सम्बन्धित है। विवेकीकरण मूलत: संगठनों तथा उपक्रमों में सुधार लाता है।
3. यह औद्योगिक इकाई को वैज्ञानिक पद्धतियों तथा तकनीकी आधार पर नुकसान तथा अपव्यय से रक्षा करता है। इसके अन्तर्गत विभिन्न तकनीक परस्पर जुड़ी होती हैं।
4. विवेकीकरण व्यापक तौर पर आर्थिक तथा सामाजिक समूहों के क्रियाकलापों से जुड़ा हुआ है। आर्थिक संगठनों एवं सामाजिक समूहों में विवेकपूर्ण पद्धतियों के आधार पर सुधार एवं परिष्कार किया जाता है।

कर्नल एल. उरविक ने विवेकीकरण की परिभाषा में स्पष्ट किया है कि यह एक दृष्टिकोण है। उनके अनुसार, यह एक प्रक्रिया है। इसके अन्तर्गत वैज्ञानिक पद्धतियों का उपयोग होता है। विवेकीकरण के आधार पर दुनिया की अर्थव्यवस्था का अधिक विवेकपूर्ण नियंत्रण संभव है। इसके आधार पर आर्थिक उत्पादन को नई दिशा दी जा सकती है। वितरण तथा उपभोग के संगठन की सभी कठिनाइयों को दूर किया जा सकता है। विवेकीकरण का बुनियादी आधार वैज्ञानिक पद्धति है।[1]

कानपुर की सूती वस्त्र मिलों की जांच के लिए सन् 1956 में एक समिति गठित की गई। समिति ने विवेकीकरण की अवधारणा को स्पष्ट किया है। इसके अनुसार, व्यापक दृष्टि से विवेकीकरण विवेकपूर्ण एवं वैज्ञानिक पद्धति पर आधारित है। इसके अन्तर्गत मानव, कच्चे पदार्थों, मशीनों, प्रबन्ध एवं मुद्रा से जुड़े विविध आयामों में सुधार एवं परिष्कार का प्रयत्न किया जाता है। न्यूनतम लागतों तथा वैज्ञानिक पद्धतियों के आधार पर विवेकीकरण के जरिये अधिकतम उत्पादन प्राप्त किया जाता है।

अमेरिकन समाजशास्त्री जॉर्ज रिटजर ने विवेकीकरण की व्याख्या निम्नलिखित चार बिन्दुओं पर की है–

1. कार्य कुशलता (Efficiency)
2. गणनामूलक (Calculability)
3. समरूपता (Uniformity)
4. स्वचलन आधारित नियंत्रण व्यवस्था (Control System Through Automation)

उन्होंने विवेकीकरण की प्रक्रिया को 'मैकडोनल्ड' (McDonald) के उदाहरण के जरिये स्पष्ट किया है। ज्ञातव्य है कि रिटजर विवेकीकरण की व्याख्या में निश्चित तौर पर मैक्स वेबर से प्रभावित हैं। रिटजर ने भी विवेकीकरण के घातक प्रभावों का वर्णन किया है। उनके अनुसार, विवेकीकरण की प्रक्रिया के अन्तर्गत विवेकशीलता में अविवेकशीलता निहित है अर्थात् यह अविवेकशीलता का विवेकशीलता (Irrationality of Rationality) है।

विवरणों के आधार पर स्पष्ट होता है कि औद्योगिक समाज के विकास के साथ विवेकीकरण की प्रक्रिया विकसित हुई है। विभिन्न परिभाषाओं के आधार पर विवेकीकरण के सम्बन्ध में निम्नलिखित बिन्दुओं का स्पष्टीकरण होता है–

1. विवेकीकरण की प्रक्रिया आधुनिक समाज से सम्बन्धित है। औद्योगिक क्रांति ने वैज्ञानिक पद्धति तथा तकनीकी क्षेत्रों में एक नए युग की शुरुआत की। विवेकीकरण का उद्भव तथा विकास इस नए युग के साथ हुआ है।
2. लोगों ने पुरानी पद्धतियों, जर्जर मान्यताओं, दीर्घकालीन परम्पराओं तथा तर्कहीन प्रथाओं के स्थान पर विवेकीकरण को स्वीकार किया है। विवेकीकरण वैज्ञानिक पद्धति, कार्यकुशलता, मशीन केन्द्रित तथा सुसंगठित व्यवस्थाओं पर आधारित है।
3. विवेकीकरण का प्रत्यक्ष अथवा अप्रत्यक्ष सम्पर्क पूंजीवाद के साथ है। यह अधिकारी-तंत्र, प्रशासनिक संघटना तथा प्रबन्धन से सम्बन्धित एक वैज्ञानिक प्रक्रिया है। यह तकनीकी ज्ञान पर आधारित है।

4. यह कार्यकुशलता, गणन क्षमता, समरूपता तथा स्वचलन पर केन्द्रित नियंत्रण व्यवस्था के साथ जुड़ा हुआ है।
5. विवेकीकरण के उपयोग के आधार पर श्रम एवं पदार्थों के अपव्यय की समस्या को दूर किया जाता है। विवेकीकरण प्रबन्धन के साथ जुड़ा हुआ है। इसके आधार पर श्रम का वैज्ञानिक संगठन किया जाता है। यह उत्पादकों एवं कच्चे पदार्थों के प्रमापीकरण तथा प्रक्रियाओं के सरलीकरण से सम्बन्धित है। इसके अन्तर्गत परिवहन एवं वितरण प्रणालियों में सुधार किए जाते हैं।
6. स्पष्ट है कि विवेकीकरण की प्रक्रिया एक सुनियोजित प्रबन्धन है। इसमें भावनाओं तथा संवेदनाओं का कोई महत्व नहीं होता है। सीमित साधन में अधिक उत्पादन के उद्देश्य के साथ इसका सरोकार है। वैश्वीकरण, आर्थिक उदारीकरण, सूचना क्रांति तथा बाजारवाद के दौर ने विवेकीकरण की प्रक्रिया को अधिक तीव्र किया है।

विवेकीकरण के प्रमुख उद्देश्य (Main Objectives of Rationalization)

विवेकीकरण का मुख्य उद्देश्य उत्पादन क्षमता में अभिवृद्धि से जुड़ा हुआ है। साथ ही श्रम उत्पादन एवं तकनीकी से जुड़े अपव्यय को दूर करना भी विवेकीकरण का एक अन्य महत्वपूर्ण उद्देश्य है। औद्योगिकरण की प्रक्रिया तथा औद्योगिक क्रांति के अनुरूप विवेकीकरण की प्रक्रिया को विकसित किया गया है। अतः इसका एक अन्य उद्देश्य वैज्ञानिक पद्धति तथा तकनीकी ज्ञान के प्रबन्धन से जुड़ा हुआ है। वैज्ञानिक पद्धति के आधार पर श्रमिकों की कार्यकुशलता को विकसित किया जाता है। गणन केन्द्रित मशीनों का उपयोग होता है।

भावनाओं तथा संवेदनाओं के स्थान पर आर्थिक संरचना के विकास पर ध्यान केन्द्रित किया जाता है। जाहिर है कि विवेकीकरण का मुख्य उद्देश्य पूंजीवादी आर्थिक संरचना को सुदृढ़ करने से सम्बन्धित है। विवेकीकरण के कतिपय महत्वपूर्ण उद्देश्यों को निम्नलिखित बिन्दुओं में रेखांकित किया जा सकता है—

1. **प्रबन्धन एवं सरलीकरण**—सन् 1927 में जेनेवा में हुए विश्व आर्थिक सम्मेलन के अन्तर्गत विवेकीकरण की प्रक्रिया के उद्देश्यों को निर्धारित किया गया। सम्मेलन के अनुसार सीमित प्रयत्नों के आधार पर श्रमिकों की कार्यकुशलता में अधिकतम वृद्धि विवेकीकरण का एक महत्वपूर्ण उद्देश्य है। विवेकीकरण का दूसरा महत्वपूर्ण उद्देश्य उत्पादित पदार्थों के प्रमापीकरण से जुड़ा हुआ है। इसका एक अन्य उद्देश्य समय, श्रम तथा संसाधन के दुरुपयोगों को दूर करने से सम्बन्धित है। विवेकीकरण की प्रक्रिया का एक अन्य उद्देश्य वितरण प्रणाली के प्रबन्धन एवं सरलीकरण से जुड़ा हुआ है।
   सम्मेलन का यह दिशा-निर्देश था कि विवेकीकरण के अन्तर्गत सभी इकाइयों को लाभ प्रदान करने की पद्धति विकसित की जानी चाहिए। उपभोक्ताओं के हितों पर भी बल दिया गया था। साथ ही सम्मेलन के दिशा-निर्देशों के अनुसार विवेकीकरण की प्रक्रिया समाज में आर्थिक संरचना के स्थायित्व को सुदृढ़ आधार प्रदान कर सकती है।
2. **वैज्ञानिक विधियों का प्रयोग**—विवेकीकरण का एक महत्वपूर्ण उद्देश्य वैज्ञानिक विधियों के उपयोग से जुड़ा हुआ है। यह वैज्ञानिक विधि, अवलोकन, वर्गीकरण,

सत्यापन, कार्य-कारण सम्बन्ध की व्याख्या, प्रयोग तथा सामान्यीकरण पर आधारित है। इसमें संवेदनाओं तथा भावनाओं का कोई स्थान नहीं होता है। यह वस्तुनिष्ठ पद्धतियों पर आधारित है। वी.वी. गिरि ने भी यह स्पष्ट किया था कि पुरानी रीतियों तथा पद्धतियों का परित्याग कर विवेकीकरण में वैज्ञानिक पद्धतियों का उपयोग होता है।

3. **तकनीकी ज्ञान का उपयोग**—विवेकीकरण की प्रक्रिया के अन्तर्गत नवीनतम उपलब्ध तकनीकी ज्ञान का उपयोग किया जाता है। उदाहरणस्वरूप कम्प्यूटर, लैपटॉप, प्रोजेक्टर, ई-मेल तथा सूचना तकनीक से सम्बन्धित अन्य उपयोगी नवीनतम संयंत्रों का विवेकीकरण के अन्तर्गत उपयोग किया जाता है। स्पष्ट है कि सभी प्रतिष्ठानों, व्यावसायिक संगठनों, औद्योगिक संस्थानों तथा प्रबन्धन से जुड़े तमाम क्षेत्रों में विवेकीकरण के अन्तर्गत व्यापाक पैमाने पर नवीनतम ज्ञान का उपयोग होता है।
4. **अनुसंधान तथा विकास**—विवेकीकरण एक लगातार विकासशील प्रक्रिया है। पुरानी पद्धतियों तथा विधियों में परिवर्तन तथा विकास की अपेक्षा होती है। साथ ही नवीन तकनीकी ज्ञान के आधार पर विवेकीकरण को अधिक प्रभावी बनाया जा सकता है। अत: विवेकीकरण की प्रक्रिया के अन्तर्गत लगातार अनुसंधान पर बल दिया जाता है। उपयोगी नई मशीनों का आविष्कार किया जाता है। सीमित समय तथा सीमित साधन में अधिक लाभदायक पद्धतियों का अन्वेषण किया जाता है। इस प्रकार अनुसंधान विवेकीकरण का एक महत्वपूर्ण उद्देश्य है।
5. **उपलब्ध साधनों का प्रभावकारी उपयोग**—विवेकीकरण के अन्तर्गत विभिन्न साधनों के प्रभावकारी उपयोग पर ध्यान केन्द्रित किया जाता है। साधन का सही इस्तेमाल हो, इस बिन्दु पर अधिक सजग रहने की आवश्यकता है। इस प्रकार विवेकीकरण का एक प्रमुख उद्देश्य साधनों के सर्वोत्तम उपयोग से जुड़ा हुआ है।
6. **आर्थिक संरचना में स्थायित्व**—विवेकीकरण का एक उद्देश्य आर्थिक संरचना में स्थायित्व से जुड़ा हुआ है। दुनिया के विभिन्न हिस्सों में अर्थव्यवस्था के अन्तर्गत उतार-चढ़ाव का दौर चलता रहता है। शेयर बाजार के सूचकांक के लुढ़कने तथा छलांग लगाने के समाचार मिलते रहते हैं। अभी हाल के वर्षों में विश्वव्यापी मंदी के दौर ने विश्व अर्थव्यवस्था को झकझोर कर रख दिया था। परन्तु सुनियोजित व्यवस्थित एवं वैज्ञानिक पद्धति पर केन्द्रित विवेकीकरण की प्रक्रिया अर्थ संरचना के स्थायित्व में प्रभावी सिद्ध होती है। विवेकीकरण आर्थिक उतार-चढ़ाव के संकट से रक्षा करता है।
7. **बुनियादी परिवर्तन**—विवेकीकरण की प्रक्रिया बुनियादी परिवर्तन से जुड़ी हुई है। उदाहरणस्वरूप अंकगणना के स्थान पर केलकुलेटर तथा कम्प्यूटर का उपयोग होता है। संवाद संप्रेषण की पुरानी पद्धतियों के स्थान पर ई-मेल एवं एसएमएस आदि का उपयोग होता है। विभिन्न क्षेत्रों में विवेकीकरण की प्रक्रिया ने आधारभूत परिवर्तन की स्थिति उत्पन्न की है।

विवेकीकरण के कतिपय उद्देश्यों का उल्लेख किया जा सकता है। विवेकीकरण के आधार पर पारदर्शिता को लाया जा सकता है। इसके आधार पर ई-गवर्नेंस (सुशासन) को विकसित किया जा सकता है। प्रबन्धन के नियमों का अनुपालन किया जा सकता है।

विवेकीकरण की विशेषताएं (Characteristics of Rationalization)

विवेकीकरण एक वैज्ञानिक पद्धति है। यह वैज्ञानिक दृष्टि पर आधारित है। यह संस्थानों के प्रबन्धन तथा व्यवस्था से सम्बन्धित है। यह औद्योगिक समाज से जुड़ी हुई है। विवेकीकरण की प्रक्रिया के आधार पर उपलब्ध साधनों का सर्वोत्तम उपयोग होता है। विवेकीकरण की प्रमुख विशेषताओं को निम्नलिखित रूपों में व्यक्त किया जा सकता है–

1. **सुधार से सम्बन्धित**–विवेकीकरण के आधार पर परम्परागत प्रणालियों के स्थान पर विवेकपूर्ण एवं वैज्ञानिक विधियों का उपयोग किया जाता है। वैज्ञानिक विधियों के आधार पर नई पद्धतियों को विकसित किया जाता है। इस प्रकार उत्पादन, प्रबन्धन, वितरण एवं उपभोग के विभिन्न क्षेत्रों में सुधार का प्रयत्न किया जाता है।
2. **वस्तुनिष्ठ पद्धतियों पर आधारित**–आगस्ट काम्टे क्रांति ने अपने तीन स्तरों के नियम (Law of Three Stages) में वैज्ञानिक ज्ञान का उल्लेख किया है। उनके अनुसार ज्ञान का तीसरा और अंतिम स्तर वैज्ञानिक स्तर होता है। वैज्ञानिक स्तर अवलोकन, प्रयोग, सत्यापन आदि विधियों से जुड़ा हुआ है। वैज्ञानिक स्तर वस्तुनिष्ठ पद्धति पर आधारित है। वस्तुनिष्ठ पद्धति पक्षपातरहित होती है। इसमें भावनाओं तथा संवेदनाओं का कोई महत्व नहीं होता है।
3. **अधिकारी-तंत्र से सम्बन्धित**–मैक्स बेवर ने अधिकारी-तंत्र के सिद्धांत की व्याख्या में विवेकीकरण के महत्व को स्वीकार किया है। एंथनी गिडेन्स के अनुसार विज्ञान, आधुनिक तकनीक तथा अधिकारी-तंत्र परस्पर सामूहिक रूप में विवेकीकरण से जुड़ा हुआ है।[2] स्पष्ट है कि प्रशासनिक संरचना को कारगर बनाने में विवेकीकरण उपयोगी सिद्ध होता है।
4. **लाभ पर केन्द्रित**–उद्योगपतियों तथा पूंजीपतियों द्वारा अधिक लाभ के लिए विवेकीकरण की प्रक्रिया का उपयोग होता है। विवेकीकरण के प्रयोग के आधार पर सीमित संसाधन, सीमित क्षमता तथा सीमित कामगार के जरिये अधिक लाभ प्राप्त किया जा सकता है। इसके आधार पर अपव्यय को दूर किया जा सकता है।
5. **विशेषीकरण**–विवेकीकरण की प्रक्रिया विशेषीकरण से सम्बन्धित है। एमिल दुर्खाइम ने श्रम के सामाजिक विभाजन के सिद्धान्त में विशेषीकरण की अवधारणा को स्पष्ट किया है। तकनीकी ज्ञान, अनुसंधान तथा प्रशिक्षण के आधार पर विशेषीकरण की दिशा में प्रयत्न किया जाता है। विशेषीकरण के जरिये औद्योगिक प्रतिष्ठानों, व्यापारिक संस्थानों तथा जीवन के अन्य क्षेत्रों में बेहतर परिणाम की आशा की जा सकती है। उल्लेखनीय है कि विशेषीकरण तथा विवेकीकरण में तर्कपूर्ण सम्बन्ध हैं।
6. **कार्यकुशलता पर आधारित**–विवेकीकरण का सम्बन्ध कार्य कुशलता के साथ जुड़ा हुआ है। अमेरिकी समाजशास्त्री जार्ज रिटजर ने भी स्पष्ट किया है कि विवेकीकरण के आधार पर कार्य कुशलता में गुणात्मक परिवर्तन होता है।
7. **स्वचलन पर आधारित**–विवेकीकरण तथा स्वचलन में तर्कपूर्ण सम्बन्ध होता है। स्वचलन (Automation) स्वचालित प्रक्रिया है। इसमें नियंत्रण व्यवस्था अन्तर्निहित होती है। स्वचलन के उपयोग के कारण विवेकीकरण की प्रक्रिया अधिक कारगर सिद्ध होती है।

8. **समरूपता**—जार्ज रिटजर के अनुसार विवेकीकरण की प्रक्रिया समरूपता के सिद्धांतों पर आधारित है। वैज्ञानिक पद्धति तथा तकनीकी ज्ञान के कारण विवेकीकरण की प्रक्रिया में तर्कपूर्ण आधारों पर कार्यों का संचालन होता है। इसमें पक्षपात की कोई संभावना नहीं होती है। अत: विवेकीकरण के अन्तर्गत सुनिश्चित तौर पर समरूपता के नियमों का अनुपालन किया जाता है।
9. **पूंजीवादी आर्थिक संरचना पर आधारित**—औद्योगिक समाज के विकास के साथ विवेकीकरण का विकास हुआ है। समाजशास्त्री मैक्स वेबर ने स्पष्ट किया है कि पश्चिमी समाजों में प्रोटेस्टेन्ट मतवाद ने विवेकीकरण की प्रक्रिया को तीव्र किया है। फलत: पूंजीवादी आर्थिक समाज का भी विकास तीव्र रूप में हुआ है। जाहिर है कि विवेकीकरण की प्रक्रिया पूंजीवादी आर्थिक संरचना को सुदृढ़ करती है।
10. **सूचना क्रांति की तकनीक पर आधारित**—पिछले दशकों में सूचना क्रांति की तकनीकों में तीव्र विकास हुआ है। सूचना तकनीक के विकास के कारण विवेकीकरण की प्रक्रिया भी तीव्र हुई है। औद्योगिक प्रतिष्ठानों के अतिरिक्त बैंक, रेलवे, मोबाइल, पर्यटन, आर्थिक प्रबन्धन, शिक्षण संस्थान आदि विविध क्षेत्रों में सूचना क्रांति के तकनीकों पर केन्द्रित विवेकीकरण का उपयोग हो रहा है।
11. **मशीनीकरण की प्रक्रिया पर आधारित**—विवेकीकरण की प्रक्रिया मूलत: मशीनीकरण से जुड़ी हुई है। वस्तुत: औद्योगिक क्रांति के बाद लगातार नई और प्रभावशाली मशीनों का आविष्कार होता रहा है। विवेकीकरण में आवश्यकता तथा उपयोगिता के आधार पर मशीनों का उपयोग होता है। सर्वोत्तम संयंत्रों के उपयोग के कारण समय की बचत होती है। अपव्यय नहीं होता है। उद्योगों तथा व्यापारों का विकास होता है। उपभोक्ताओं के हितों की रक्षा की जा सकती है। साथ ही समय पर उपभोक्ताओं की आवश्यकता की पूर्ति की जा सकती है।

विवेकीकरण के विविध पक्ष/तत्व (Different Aspects/Dimensions of Rationalization)

विवेकीकरण केवल मशीनों पर आधारित वैज्ञानिक पद्धति नहीं है। इसका मानवीय कला के साथ भी स्पष्ट सम्बन्ध है। इसमें उत्पादन पर ध्यान केन्द्रित किया जाता है। विवेकीकरण के आधार पर अधिक लाभ प्राप्त किया जा सकता है। परन्तु मानवीय हितों की रक्षा भी अपेक्षित है। उपभोक्ता के हितों की रक्षा का प्रश्न खड़ा होता है। श्रमिकों के कल्याण एवं सामाजिक सुरक्षा के क्षेत्र में भी विवेकीकरण का उपयोग हो सकता है। आम आदमी भी दौड़भाग की जिन्दगी में विवेकीकरण से लाभान्वित हो सकता है। समाजशास्त्री मैक्स वेबर ने स्पष्ट किया है कि विवेकीकरण की प्रक्रिया मानवीय चेतना को रौंद सकती है। एंथनी गिडेन्स ने स्पष्ट किया है कि मैक्स वेबर विवेकीकरण की प्रक्रिया के प्रति पूर्णत: आशावादी नहीं थे।[3] जाहिर है कि विवेकीकरण का विकास वैज्ञानिक विधियों तथा संयंत्रों के विकास के साथ हुआ है। विवेकीकरण ने औद्योगिकरण की प्रक्रिया को तीव्र किया है। अधिकारी-तंत्र के विकास तथा सशक्तीकरण पर आधारित सत्ता के वर्चस्व के कारण एक नई स्थिति उत्पन्न हुई है। व्यक्तिगत

स्वतंत्रता पर प्रश्न चिन्ह खड़ा हो रहा है। एम.ए. स्मिथ ने अपने एक शोध निबन्ध ''इंडस्ट्रियल सोशियोलॉजी : पर्सपेक्टिव एंड माडल्स'' में स्पष्ट किया है कि सामाजिक संरचना में मानवीय चेतना तथा मूल्यों को नजरअंदाज नहीं किया जा सकता है। मशीनीकरण तथा विवेकीकरण पर केन्द्रित अधिकारी-तंत्र एवं सत्ता के दबाव में मनुष्य की स्वतंत्रता की उपेक्षा नहीं की जा सकती है। जाहिर है कि विवेकीकरण किसी एक पक्ष अथवा तत्व से जुड़कर उपयोगी सिद्ध नहीं हो सकता। सीमित समय, सीमित संसाधन, कार्य कुशलता तथा स्वचलन पर केन्द्रित नियंत्रित व्यवस्था के आधार पर विवेकीकरण ने उत्पादन की पद्धति तथा प्रबन्धन को नई दिशा दी है। इसका लाभ उठाया जा सकता है। परन्तु व्यक्तिगत स्वतंत्रता तथा मानवीय मूल्यों की रक्षा भी अपेक्षित है। दुनिया मशीनों के लिए नहीं है। दुनिया मनुष्यों के लिए है। अतः विवेकीकरण के दौर में कामगारों के हितों को नजरअंदाज नहीं किया जा सकता है। उपभोक्ता के प्रश्नों की उपेक्षा नहीं की जा सकती है।

विश्लेषणों के आधार पर स्पष्ट होता है कि विवेकीकरण के उपयोग के प्रश्न पर समाजशास्त्रियों ने हस्तक्षेप किया है। आंख मूंदकर विवेकीकरण की प्रक्रिया को स्वीकार नहीं किया जा सकता है। फलतः विवेकीकरण के कतिपय पहलुओं अथवा तत्वों को रेखांकित किया गया है। अन्य तत्वों के अतिरिक्त सामाजिक तथा मानवीय तत्वों पर भी ध्यान केन्द्रित किया गया है। उपलब्ध तथ्यों के आधार पर विवेकीकरण के निम्नलिखित पक्षों अथवा तत्वों का उल्लेख किया जा सकता है–

1. तकनीकी तत्व
2. संगठनात्मक तत्व
3. वित्तीय तत्व
4. सामाजिक तथा मानवीय तत्त्व

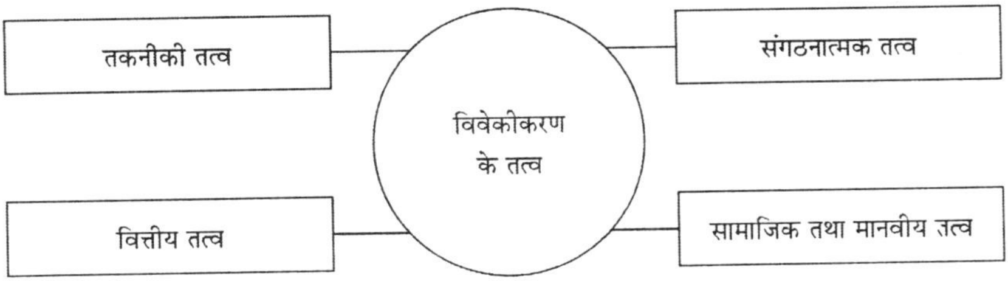

तकनीकी तत्व

विवेकीकरण का बुनियादी आधार तकनीकी तत्व है। एक कम्प्यूटर के उपयोग ने दुनिया को झकझोर कर रख दिया है। इंटरनेट तथा सेटेलाइट के उपयोग ने जिंदगी की धड़कन को तेज कर दिया है। विवेकीकरण तकनीकी ज्ञान तथा सर्वोत्तम मशीनों के साथ सम्बन्धित एक वैज्ञानिक प्रक्रिया है। अतः विवेकीकरण की प्रक्रिया के स्पन्दन में तकनीकी तत्व का अहम महत्व है। इसके लिए तकनीकी तत्वों के अन्तर्गत निम्नलिखित बिन्दुओं की चर्चा की जाती है–

1. प्रमापीकरण (Standardization)
2. सरलीकरण (Simplification)
3. मशीनीकरण (Mechanization)
4. विशिष्टीकरण (Specialization)
5. आधुनिकीकरण (Modernization)
6. स्वचालन (Automation)
7. कार्यात्मक विभागीकरण (Functionalization)
8. गहनतम उपयोग (Intensification)
9. अनुसंधान एवं नवकरण (Research and Innovation)

प्रमापीकरण (Standardization)

प्रमापीकरण ट्रेडमार्क पर आधारित है। यह विशिष्ट उत्पादन से सम्बन्धित है। इसके अन्तर्गत बहुआयामी उत्पादन नहीं होता है। किसी एक किस्म तथा किसी एक शाखा पर ध्यान केन्द्रित किया जाता है। विविध किस्मों की उत्पादन की समस्याओं तथा कठिनाइयों को दूर करने के लिए प्रमापीकरण का उपयोग होता है। उपभोक्ताओं का ध्यान आकर्षित किया जा सकता है। उपभोक्ताओं की आवश्यकताओं के अनुरूप उत्पादन पर बल दिया जाता है। भारी संख्या में उपभोक्ता उत्पादित पदार्थों के लिए सम्मोहित हो–इसका प्रयास किया जाता है। किम्बाल ने भी स्पष्ट किया है कि प्रमापीकरण के आधार पर सीमित आकार एवं विशिष्टताओं के आधार पर वस्तुओं का उत्पादन, प्रबन्धन एवं विपणन किया जाता है। उदाहरणस्वरूप टाटा ने कारों की दुनिया में एक नई कार का उत्पादन किया। नैनो कार प्रमापीकरण का एक ज्वलंत उदाहरण है। गौरतलब है कि नैनो कार ने भारी संख्या में निम्न मध्यमवर्गीय ग्राहकों के दिलों की धड़कन को तेज किया है।

सरलीकरण (Simplification)

विवेकीकरण विधियों की सरलता से सम्बन्धित है। वैज्ञानिक विधियों के उपयोग के कारण विधियों का सरलीकरण होता है। उदाहरणस्वरूप ई–टिकट, ई–बैंकिंग, ई–कॉमर्स आदि के उपयोग के कारण विधियों का सरलीकरण हुआ है। इंटरनेट के जरिये टिकट सहजरूपों में प्राप्त हो जाता है। ई–बैंकिंग के कारण पलक झपकते दूर–सुदूर बैठे व्यक्ति के खाते में अपेक्षित धनराशि जमा की जा सकती है। विपणन, परिवहन, सूचना एवं संवाद संप्रेषण तथा जीवन के अन्य क्षेत्रों में भी विधियों की सरलता दिखाई पड़ती है।

मशीनीकरण (Mechanization)

औद्योगिक क्रांति का बुनियादी आधार मशीनीकरण है। विवेकीकरण के साथ मशीनीकरण का विकास हुआ है। मशीनों के उपयोग के कारण विवेकीकरण की प्रक्रिया का तीव्र विकास हुआ है। वस्तुतः विवेकीकरण तथा मशीनीकरण परस्पर सम्बन्धित अवधारणा हैं। हाल के वर्षों में सूचना तकनीक तथा स्वचालित मशीनों के उपयोग के कारण विवेकीकरण एक सशक्त वैज्ञानिक विधि के रूप में बढ़ता हुआ दिखाई दे रहा है। अब सुदूर गांव में भी सेटेलाइट,

इंटरनेट, मोबाइल आदि के जरिये एक अनपढ़ अथवा साधारण व्यापारी भी बाजार के उतार-चढ़ाव को आवश्यकतानुसार परख लेता है।

विशिष्टीकरण (Specialization)

वर्तमान दौर विशिष्टीकरण का है। उपभोक्तावाद तथा प्रतिस्पर्द्धा के कारण उद्योगपतियों तथा साधारण उत्पादकों में विशिष्टीकरण के प्रति आकर्षण है। शिक्षा, स्वास्थ्य, तकनीकी क्षमता तथा अन्य विभिन्न क्षेत्रों में विशिष्टीकरण के बढ़ते हुए महत्व को अनुभव किया जा सकता है। विवेकीकरण का उपयोग विशिष्टीकरण के बिना संभव नहीं है। वैश्वीकरण तथा सूचना क्रांति, ज्ञान समाज (Knowledge Society) एवं ज्ञान अर्थव्यवस्था (Knowledge Economy) से जुड़ा हुआ है। विशिष्टीकरण का मुख्य आधार ज्ञान समाज एवं ज्ञान-अर्थव्यवस्था है।

आधुनिकीकरण (Modernization)

वैज्ञानिक दृष्टि, तकनीकी ज्ञान, आधुनिक शिक्षा, ज्ञान-समाज, सार्वभौमिक चिंतन तथा धर्म निरपेक्षीकरण की प्रक्रिया के साथ आधुनिकीकरण का स्पष्ट सम्बन्ध है। विवेकीकरण सुनिश्चित तौर पर आधुनिकीकरण की प्रक्रिया से सम्बन्धित है। आधुनिकीकरण में पुरानी मशीनों का कोई स्थान नहीं है। जर्जर परम्परा, धार्मिक कट्टरता, क्षेत्रीयता तथा संकीर्णता के साथ आधुनिकीकरण की प्रक्रिया का कोई सरोकार नहीं है। विवेकीकरण में भी अंध-परम्परा तथा संकीर्ण विचार का परित्याग किया जाता है। नई दृष्टि, नई चेतना, नई मान्यता, नई ऊर्जा तथा नई ऊष्मा के साथ विवेकीकरण जीवन्त तथा गतिशील है।

स्वचलन (Automation)

स्वचलन तथा विवेकीकरण परस्पर सम्बन्धित अवधारणा है। स्वचलन के बिना विवेकीकरण की कल्पना नहीं की जा सकती है। स्वचलन में स्वचालित मशीनों का चयन किया जाता है। उत्पादन के किस्म पर नियंत्रण किया जाता है तथा कम्प्यूटर आदि सूचना तकनीक के अन्य साधनों का उपयोग किया जाता है। यह स्वचालित प्रक्रिया है तथा इसमें नियंत्रण व्यवस्था अन्तर्निहित होती है। स्वचलन पद्धति विकास के साथ विवेकीकरण का विकास हुआ है। वर्तमान दौर में स्वचलन के कारण विवेकीकरण की प्रक्रिया को एक नई ऊंचाई प्राप्त हुई है।

कार्यात्मक विभागीकरण (Functionalization)

कार्यात्मक विभागीकरण वर्गीकरण से सम्बन्धित है। वर्गीकरण प्रबन्धन के साथ जुड़ा हुआ है। गुणवत्ता, क्षमता तथा आवश्यकता के अनुरूप विवेकीकरण के अन्तर्गत प्रबन्धन, कामगार मशीन तथा अन्य उपक्रमों का उपयोग किया जाता है।

गहनतम उपयोग (Intensification)

विवेकीकरण के अन्तर्गत कामगारों की क्षमता तथा तकनीकी ज्ञान के विकास का प्रयास जारी रहता है। विशेषज्ञों का उपयोग किया जाता है। नई मशीनों तथा नवीन तकनीकों के प्रति

जागरूकता बनी रहती है। विवेकीकरण का मुख्य लक्ष्य उत्पादन क्षमता में वृद्धि के साथ जुड़ा हुआ है। अतः गहन एवं उपयोगी पद्धति के प्रति विवेकीकरण में प्रबल आकर्षण होता है। वस्तुतः विवेकीकरण के जरिये सभी उपक्रमों तथा परिक्षेत्रों को तीव्र किया जाता है तथा उसमें सक्रियता उत्पन्न करने का प्रयास किया जाता है।

अनुसंधान एवं नवकरण (Research and Innovation)

विवेकीकरण की प्रक्रिया लगातार अनुसंधान के साथ जुड़ी हुई है। नए तथ्यों का अन्वेषण किया जाता है तथा पुराने तथ्यों का सत्यापन किया जाता है। जांच-परख का क्रम जारी रहता है। साथ ही विवेकीकरण में नई दृष्टि तथा नए विचारों का स्वागत किया जाता है। दिमाग को खुला रखना पड़ता है। नए प्रयोगों के प्रति आकर्षण होता है। नवीन चिंतन तथा नई पद्धति वस्तुतः विवेकीकरण की प्रक्रिया को नई ऊर्जा प्रदान करते हैं। बदलती दुनिया और बदलते दौर के साथ विवेकीकरण समय के अनुरूप चलने वाली प्रक्रिया है।

संगठनात्मक तत्व

विवेकीकरण का एक महत्वपूर्ण एवं आधारभूत तत्त्व संगठनात्मक पक्षों के साथ जुड़ा हुआ है। संगठनात्मक तत्व के अन्तर्गत औद्योगिक संयोजन, राष्ट्रीयकरण तथा वैज्ञानिक पुनर्संगठन को रेखांकित किया जा सकता है। वैज्ञानिक दृष्टि पर आधारित संगठन के द्वारा उत्पादन के क्षेत्र में अधिक लाभ प्राप्त किया जा सकता है। मौजूदा प्रतिस्पर्द्धा के युग में विवेकीकरण के जरिये संगठन को सुदृढ़ किया जाता है। विवेकीकरण के संगठनात्मक तत्त्वों का विवरण निम्नांकित रूपों में प्रस्तुत किया जा सकता है।

औद्योगिक संयोजन

विवेकीकरण के जरिये तर्कपूर्ण आधारों पर संगठन को खड़ा किया जाता है। छोटे-छोटे उद्योगों तथा बिखरे हुए सूत्रों को समेटकर एक सुनियोजित संगठन को प्रभावी बनाया जाता है। जर्जर तथा अलाभकर उद्योगों का कोई महत्व नहीं होता है। अतः इन कठिनाइयों एवं समस्याओं का निराकरण किया जाता है। इनका विश्लेषण किया जाता है। सोची-समझी रणनीति के आधार पर ही पुराने संगठनों का परिष्कार किया जाता है। साथ ही सुनिश्चित योजना एवं रूपरेखा के आधार पर नए संगठनों का विकास होता है। नियमों का अनुपालन किया जाता है। संगठन को ट्रस्ट, कॉल्स पुल, चैम्बर ऑफ कॉमर्स तथा अन्य स्वरूपों में सुसंरक्षित किया जाता है।

राष्ट्रीयकरण

राष्ट्रीयकरण का अभिप्राय उद्योग के स्वामित्व एवं प्रबन्धन के सरकारीकरण से सम्बन्धित है। वस्तुतः राष्ट्रीयकरण विवेकीकरण का ही महत्वपूर्ण पक्ष है। यह विवेकीकरण के संगठनात्मक पक्ष से जुड़ा हुआ है। ऋणग्रस्त, समस्याग्रस्त तथा बंद पड़ी मिलों का राष्ट्रीयकरण किया जाता है। इन मिलों तथा कारखानों में नई जान फूंकने का प्रयास किया जाता है। देश तथा समाज के

हित में भी उद्योगों तथा संस्थानों का राष्ट्रीयकरण किया जाता है। 1969 में भारत सरकार ने विवेकीकरण की प्रक्रिया के तहत बैंकों का राष्ट्रीयकरण किया था। फलत: बैंकिंग क्षेत्र में एक क्रांतिकारी परिवर्तन का अनुभव किया गया।

वैज्ञानिक पुनर्संगठन

वैज्ञानिक पुनर्संगठन विवेकीकरण का एक महत्वपूर्ण तत्व है। उत्पादन क्षमता में वृद्धि के लिए वैज्ञानिक विधि तथा मशीनों का पुनर्संगठन किया जाता है। पुरानी मशीनों के स्थान पर नई मशीनों का उपयोग किया जाता है। पुरानी तकनीकों के स्थान पर नई तकनीकों का प्रबन्ध किया जाता है। पुरानी व्यवस्था एवं कार्य संस्कृति के स्थान पर नई कार्य संस्कृति को विकसित किया जाता है। इस प्रकार बदलते दौर तथा नई तकनीकों के प्रति विवेकीकरण प्रबन्धकों को जागरूक करता है। उद्योग तथा प्रबन्धन में सुधार करता है। कार्यदक्षता, कुशलता तथा उत्पादन क्षमता में वृद्धि का प्रयास सतत जारी रहता है। इसमें वैज्ञानिक पुनर्संगठन सहायक सिद्ध होता है।

वित्तीय तत्त्व

वैश्वीकरण, आर्थिक उदारीकरण तथा बाजारवाद ने वित्तीय तत्त्व के महत्व को स्पष्ट तौर पर रेखांकित किया है। औद्योगिक संगठन तथा प्रबन्धन के क्षेत्र में आर्थिक पक्षों का विवेकीकरण अपेक्षित है। जाहिर है कि विवेकीकरण का एक महत्वपूर्ण तत्व आर्थिक पक्ष के साथ जुड़ा हुआ है। आर्थिक पक्ष के अन्तर्गत वित्तीय प्रबन्धन पर ध्यान केन्द्रित किया जाता है। अति पूंजीकरण में सुधार किया जाता है। साथ ही अल्प पूंजीकरण की समस्या को दूर किया जाता है। वित्तीय प्रबन्धन के विभिन्न स्रोतों की लगातार समीक्षा की जाती है।

सामाजिक तथा मानवीय तत्व

सी.एस. मेयर्स ने विवेकीकरण के सामाजिक तथा मानवीय तत्वों की समीक्षा की है। उन्होंने स्पष्ट किया है कि विवेकीकरण केवल उत्पादन क्षमता में अभिवृद्धि के साथ ही जुड़ा हुआ नहीं है। इसका सरोकार केवल लाभ बटोरने से ही सम्बन्धित नहीं है। इसके अन्तर्गत केवल स्वार्थपरता तथा व्यापारिक पहलुओं पर ही ध्यान नहीं दिया जाता है बल्कि इसका एक महत्वपूर्ण पक्ष सामाजिक तथा मानवीय पक्षों के साथ जुड़ा हुआ है। मनुष्य की स्वतंत्रता तथा मानवाधिकार सर्वोपरि है। इसे रौंदकर विवेकीकरण सफल नहीं हो सकता है। छल, छद्म तथा स्वार्थ पर आधारित विवेकीकरण का कोई अर्थ नहीं होता है। यह छलपूर्ण विवेकीकरण होगा। जाहिर है कि विवेकीकरण की प्रक्रिया में मानवीय मूल्यों को नजरअंदाज नहीं किया जा सकता है। मैक्स वेबर ने भी एकपक्षीय विवेकीकरण के घातक परिणामों का संकेत किया था। अत: विवेकीकरण की सफलता उपभोक्ताओं के हितों की रक्षा से जुड़ी हुई है। कामगारों का कल्याण भी विवेकीकरण का लक्ष्य होना चाहिए।

विवेकीकरण की उपयोगिता तथा लाभ
(Utility and Advantages of Rationalization)

विवेकीकरण एक पद्धति है। यह एक दृष्टिकोण है। यह वैज्ञानिक दृष्टि तथा विधियों पर आधारित है। औद्योगिक क्रांति तथा औद्योगिकरण के युग में विवेकीकरण का विकास हुआ है। यह जीवन के विविध पक्षों से जुड़ा हुआ है। अतः विवेकीकरण की उपयोगिता जीवन के विविध पक्षों से सम्बन्धित है। इसका लाभ बहुआयामी है। विवेकीकरण श्रमिकों की कार्यकुशलता में अभिवृद्धि करता है। अधिकारी-तंत्र तथा प्रशासनिक संरचना विवेकीकरण के आधार पर सुसंरचित होती है। विवेकीकरण उत्पादन क्षमता में वृद्धि करता है। अपव्यय तथा अन्य कठिनाइयों को दूर करता है। अतः उत्पादक भी विवेकीकरण से लाभ प्राप्त करते हैं। विवेकीकरण के आधार पर उपभोक्ता के हितों की रक्षा होती है। साथ ही विवेकीकरण के सामाजिक एवं मानवीय पक्षों को भी नजरअंदाज नहीं किया जा सकता है। समाज के विभिन्न पक्षों को विवेकीकरण के आधार पर लाभ प्राप्त होता है। विवेकीकरण की उपयोगिता तथा लाभ को निम्नलिखित बिन्दुओं के आधार पर रेखांकित किया जा सकता है-

उत्पादकों को लाभ

विवेकीकरण का एक महत्वपूर्ण लक्ष्य उत्पादन क्षमता में अधिकतम वृद्धि से सम्बन्धित है। साथ ही विवेकीकरण के आधार पर पुरानी पद्धतियों को परिवर्तित किया जाता है अथवा उनका परिष्कार किया जाता है। फलतः विवेकीकरण के आधार पर निम्नलिखित क्षेत्रों में उत्पादकों को लाभ प्राप्त होता है-

1. **प्रमापीकरण के लाभ**-व्यापार के क्षेत्र में साख पैदा करना उत्पादकों के लिए सबसे बड़ी चुनौती होती है। प्रमापीकरण विश्वसनीयता से जुड़ा हुआ है। उपभोक्ता तथा अन्य व्यापारी प्रमापीकरण के आधार पर तैयार की वस्तुओं की विश्वसनीयता पर प्रश्न नहीं खड़ा किया जा सकता है। प्रमापीकरण से विशिष्टीकरण की प्रक्रिया उत्पन्न होती है। विभिन्न किस्म के समान बनाने के बजाय किसी एक विशिष्ट किस्म के वस्तु का उत्पादन किया जाता है। उदाहरणस्वरूप विद्युत ऊर्जा के लिए होण्डा जेनरेटर सेट का उत्पादन किया जाता है। ग्राहक तथा व्यापारी होण्डा के प्रति प्रश्न खड़े नहीं करते हैं। इस प्रकार प्रमापीकरण एक महत्वपूर्ण साधन है। यह विवेकीकरण की एक विशिष्ट पद्धति है। देश तथा दुनिया के विविध हिस्सों में प्रमापीकरण का उपयोग हो रहा है। एक नई औद्योगिक संस्कृति विकसित हो रही है। एक विश्वसनीय प्रबन्धन का विकास हो रहा है।
2. **लाभ में वृद्धि**-विवेकीकरण के अन्तर्गत स्वचलन का उपयोग होता है। नई तथा विश्वसनीय मशीनों के आधार पर उत्पादन किया जाता है। श्रमिकों की कार्य कुशलता में वृद्धि की जाती है। सूचना क्रांति की तकनीकों का उपयोग होता है। यह कुशल प्रबन्धन से जुड़ा हुआ है। यह तकनीकी ज्ञान तथा वैज्ञानिक पद्धति पर आधारित है। अतः इससे उद्योगपति को अथवा अन्य जुड़े समूहों को अधिक लाभ प्राप्त होने की संभावना बनी रहती है। उद्योगपति इससे लाभ भी प्राप्त करते हैं।

3. **रचनात्मक प्रतिस्पर्द्धा**—विवेकीकरण के आधार पर उद्योगपतियों में परस्पर सम्पर्क एवं सहयोग का वातावरण बनता है। संकट के दौरान सभी उद्योगपति मिल-जुलकर काम करते हैं। विवेकीकरण में वैज्ञानिक पद्धति का उपयोग होता है। अतः सभी उद्योगपतियों के लिए अवसर खुला रहता है। सभी अपने उद्योगों के विकास के प्रति समर्पित रहते हैं। विवेकीकरण के कारण उद्योगपतियों में रचनात्मक प्रतिस्पर्द्धा का विकास होता है।
3. **सुगमता एवं सरलता**—विवेकीकरण में विधियों की सरलता होती है। एक साधारण व्यक्ति भी होण्डा जेनरेटर का संचालन कर सकता है। एक साधारण शिक्षित व्यक्ति सामान्य कम्प्यूटर ज्ञान के आधार पर इंटरनेट का उपयोग कर सकता है। जाहिर है कि विवेकीकरण में सुगमता एवं सरलता है। अधिक जटिलता नहीं है। इसमें पारदर्शिता भी है। फलतः सुगमता एवं सरलता के कारण उत्पादकों के लिए विवेकीकरण लाभदायक सिद्ध होता है।
4. **श्रमिक एवं पूंजीपति में सामंजस्य**—साधारणतः श्रमिकों तथा पूंजीपतियों में टकराव की स्थिति बरकरार रहती है। श्रमिकों संघों का दबाव बना रहता है। औद्योगिक अशांति की संभावना बनी रहती है। परन्तु विवेकीकरण के आधार पर कामगार तथा उद्योगपति उत्पादन की प्रक्रिया से जुड़ जाते हैं। विपणन तथा अन्य व्यापारिक प्रबन्धन में साथ-साथ सहयोग करते हैं। इससे एक नई औद्योगिक संस्कृति तथा प्रबन्धन का विकास हो रहा है। विवेकीकरण की पद्धति पर आधारित मोबाइल कम्पनी के कारोबार में कई लोग परस्पर जुड़े होते हैं। कोई मोबाइल सेट रिचार्ज करता है, तो कोई सिम कार्ड बेचता है। कोई उत्पादन से जुड़ा हुआ है तो कोई मोबाइल में चिप्स डालता है। इस प्रकार दूर-सुदूर के लोग मोबाइल कम्पनी के तहत साथ-साथ कार्य करते हैं। क्षमता तथा कार्यकुशलता के आधार पर लाभ प्राप्त करते हैं। कामगार तथा उद्योगपतियों में तनाव उत्पन्न नहीं होता है। सभी परस्पर जुड़े होते हैं। सभी लाभान्वित होते हैं।
5. **मशीनीकरण के लाभ**—विवेकीकरण के साथ मशीनीकरण का तर्कपूर्ण सम्बन्ध होता है। नवीनतम मशीनों का उपयोग होता है। नई तकनीकों का उपयोग होता है। गुणवत्तापूर्ण वस्तुओं का उत्पादन होता है। ग्राहक इसे हाथोंहाथ लेता है। अतः मशीनीकरण के कारण विवेकीकरण की पद्धति उत्पादकों के लिए अधिक लाभदायक सिद्ध होती है।
6. **औद्योगिक अनुसंधान की दिशा में प्रगति**—विवेकीकरण की प्रक्रिया के आधार पर उत्पादन क्षमता में अभिवृद्धि के लिए लगातार अनुसंधान की प्रक्रिया जारी रहती है। अनुसंधान के आधार पर नई मशीनें तथा नवीन तकनीकों का अन्वेषण किया जाता है। फलतः उत्पादन प्रक्रिया में नई जीवन शक्ति उत्पन्न होती है।
7. **सीमित पूंजी का उपयोग**—विवेकीकरण की पद्धति ने उद्योग तथा व्यापार के क्षेत्र में नई दृष्टि उत्पन्न की है। सीमित पूंजी तथा सीमित कामगार के आधार पर उद्योगों की स्थापना की जा सकती है। उदाहरणस्वरूप दैनिक पत्र के संचालन के लिए भारी संख्या में पत्रकार तथा कामगार की आवश्यकता नहीं होती है। दैनिक पत्रों के लिए सीमित संख्या में पत्रकारों का सहयोग लिया जाता है। साथ ही सीमित संख्या में कामगारों का उपयोग

किया जाता है। इंटरनेट, ई–मेल तथा अन्य सूचना तकनीकों के आधार पर समाचार तथा विचार को प्राप्त किया जा सकता है। जाहिर है कि विवेकीकरण ने अपव्यय पर लगाम लगा दी है। विवेकीकरण के कारण अब साधारणतः पूंजी का दुरुपयोग नहीं होता है। सीमित संसाधन में अधिक लाभ प्राप्त किया जा सकता है।

कामगारों को लाभ

1. **कार्य कुशलता में वृद्धि**–विवेकीकरण एक वैज्ञानिक पद्धति है। समय के साथ पद्धतियों में परिवर्तन एवं परिष्कार की प्रक्रिया जारी रहती है। अतः कामगारों की कार्य कुशलता में वृद्धि होती है। उदाहरणस्वरूप एक दशक पहले भारत में बैंक कर्मचारियों को कम्प्यूटर, इंटरनेट तथा ई–बैंकिंग का कोई विशेष परिज्ञान नहीं था। विवेकीकरण के आधार पर पद्धति को परिवर्तित किया गया। फलतः बैंक कर्मचारियों की कार्य कुशलता में वृद्धि हुई है। लगभग सभी कर्मचारी ई-बैंकिंग से जुड़ चुके हैं। उन्हें कम्प्यूटर तथा इंटरनेट आदि की दक्षता प्राप्त हो चुकी है। इस प्रकार विवेकीकरण के आधार पर कामगारों को व्यापक पैमाने पर लाभ प्राप्त होता है।
2. **कार्य दक्षता में वृद्धि**–अधिक परिष्कृत मशीन, वैज्ञानिक पद्धति पर आधारित कार्य संचालन, उत्तम कार्यस्थल तथा दबाव रहित वातावरण में काम करने के कारण कामगारों की कार्यक्षमता में वृद्धि हो रही है। कामगार अधिक उत्साह के साथ काम करते हैं। भाप के इंजन पर चलने वाला रेल का ड्राइवर परेशान रहता था। परन्तु विद्युत पर संचालित इंजन का ड्राइवर उत्साह के साथ रेल तथा यात्रियों को मंजिल तक पहुंचाता है।
3. **सामाजिक, आर्थिक परिस्थिति में अभिवृद्धि**–विवेकीकरण की पद्धति के कारण कामगारों की सामाजिक, आर्थिक परिस्थिति में बढ़ोतरी होती है। उनके वेतन में वृद्धि होती है। नए तकनीकी ज्ञान के कारण समाज में उनकी प्रतिष्ठा बढ़ती है।
4. **गतिशीलता में वृद्धि**–विवेकीकरण की पद्धति के कारण कामगारों की गतिशीलता में वृद्धि हो रही है। उद्योग तथा व्यापार का विस्तार हो रहा है। वैश्वीकरण तथा आर्थिक उदारीकरण की प्रक्रिया ने विवेकीकरण की पद्धति को तीव्र किया है। फलतः कामगार देश–विदेश की यात्रा करते हैं। व्यापार तथा प्रबन्धन के क्षेत्र में सहयोग करते हैं। कामगारों में एक नई गतिशील चेतना उत्पन्न हुई है। उनके व्यक्तित्व का भी विकास हो रहा है। वे जिंदगी में गतिशीलता के जरिये आनन्द की अनुभूति भी प्राप्त करते हैं। उनमें एक नई ऊर्जा भी उत्पन्न हो रही है।
5. **रोजगार में स्थायित्व**–विवेकीकरण की पद्धति ने रोजगार के अवसरों को अधिक विस्तृत, प्रभावी तथा प्रबन्धन के अनुरूप सुसंरक्षित किया है। कार्य दक्ष कामगारों के लिए अब रोजगार कोई बड़ी समस्या नहीं रह गई है। एक दक्ष कामगार को सभी पसंद करते हैं। विशेषतौर पर बहुराष्ट्रीय कंपनियों में तथा निजी क्षेत्रों में कामगारों की कार्य कुशलता पर ध्यान केन्द्रित किया जाता है। विवेकीकरण ने एक नए वातावरण को खड़ा किया है। कार्यकुशल होने के बावजूद भी नौकरी खोने का भय कामगारों को नहीं सताता है। कार्य कुशल कामगारों के पीछे नौकरी भागती है। जाहिर है कि विवेकीकरण की

पद्धति ने कामगारों के मन में कार्य कुशलता के प्रति एक लगाव पैदा किया है। नई तकनीकों को सीखना, नए संयंत्रों के सम्बन्ध में जानकारी हासिल करना तथा समय-समय पर प्रशिक्षण प्राप्त करना कामगारों के एक नियमित दिनचर्या जैसा है। अत: रोजगार के क्षेत्र में स्थायित्व की स्थिति उत्पन्न हुई है।

उपभोक्ताओं को लाभ

विवेकीकरण की पद्धति ने उपभोक्ताओं को एक नई दुनिया में लाकर खड़ा कर दिया है। उपभोक्ता आवश्यकतानुसार अपेक्षित वस्तुओं का चयन कर सकता है। इसकी विश्वसनीयता को परख सकता है। एक ही व्यापारिक केन्द्र में अनेक प्रकार की वस्तुएं उपलब्ध हैं। भुगतान के लिए एटीएम का सहारा ले सकता है। क्रेडिट कार्ड का उपयोग कर सकता है। इंटरनेट के जरिये भुगतान कर सकता है। इस प्रकार विवेकीकरण की पद्धति ने उपभोक्ताओं के लिए एक सहज एवं सरल पारदर्शी व्यवस्था को जन्म दिया है। विवेकीकरण के आधार पर उपभोक्ता भी लाभान्वित हो रहे हैं।

देश तथा समाज को लाभ

विवेकीकरण की प्रक्रिया ने देश की आर्थिक संरचना को एक नया आधार प्रदान किया है। विवेकीकरण के आधार पर ही वैज्ञानिक दृष्टि के अन्तर्गत वैश्वीकरण, आर्थिक उदारीकरण तथा बाजारवाद का भारत में विकास हो रहा है। नए तकनीकी शिक्षण संस्थानों की स्थापना हुई है। पुराने तकनीकी संस्थानों का विकास एवं परिष्कार किया जा रहा है। एच.जी. वेल्स के अनुसार विवेकीकरण समाज की अर्थव्यवस्था को सुनियोजित करता है। उसे स्थायित्व एवं कुशलता प्रदान करता है। उत्पादन एवं वितरण की व्यवस्था को सुव्यवस्थित करता है। इकाइयों के संघर्ष पर लगाम लगाता है। तर्कपूर्ण आधारों पर इकाइयों का संयोजन एवं सुसंगठन करता है। उत्पादन क्षमता में वृद्धि करता है। फलत: देश तथा समाज विवेकीकरण की पद्धति से लाभान्वित होता है।

विवेकीकरण के दोष एवं सीमाएं
(Demerits and Limitations of Rationalization)

विवेकीकरण एक वैज्ञानिक पद्धति है। इसमें नवीनतम मशीनों तथा नई तकनीकों का उपयोग होता है। फलत: आर्थिक संरचना का तीव्र विकास होता है। उत्पादन क्षमता में तीव्र वृद्धि होती है। पूंजीवाद का विकास होता है। अत: श्रमिकों के द्वारा अक्सर विवेकीकरण का विरोध होता है। आरम्भ में जब बैंकों में कम्प्यूटर का उपयोग किया गया तो यूनियन के नेताओं ने इसका खुलकर विरोध किया। लोगों को भय था कि कम्प्यूटर के उपयोग से भारी संख्या में कर्मचारियों की छंटनी होगी तथा रोजगार के अवसर सिमट जाएंगे। अत: यथास्थितिवादी तत्वों के द्वारा विवेकीकरण के उपयोग का विरोध होता है। उद्योगपतियों के द्वारा भी यदा-कदा विवेकीकरण का दुरुपयोग होता है। वे उद्योगों के राष्ट्रीयकरण से डरते हैं। विवेकीकरण के आधार पर उद्योगों की पुरानी मशीनों का परिष्कार करना होता है। इसमें तात्कालिक पूंजी की आवश्यकता

होती है। नई मशीनों की स्थापना के लिए तकनीकी विशेषज्ञों का सहारा लेना होता है। अत: आरंभ में उद्योगपति अथवा छोटे-बड़े व्यापारी विवेकीकरण के क्षेत्र में कठिनाई का अनुभव करते हैं। विवेकीकरण वैज्ञानिक पद्धतियों पर आधारित है। अत: विवेकीकरण पर आधारित उद्योगों, उपक्रमों तथा व्यापारिक संस्थानों में नियमित विद्युत ऊर्जा की आवश्यकता होती है। परन्तु भारत जैसे विकासशील देश में विद्युत ऊर्जा के संकट से जूझना होता है। नियमित विद्युत आपूर्ति के बिना विवेकीकरण की पद्धति का संचालन नामुमकिन है। विवेकीकरण के विकास की राह में यह एक बहुत बड़ी कठिनाई है।

विवेकीकरण के अन्तर्गत नई मशीनों का उपयोग होता है। नई प्रणाली तथा तकनीकी पद्धति पर आधारित इन मशीनों में कठिनाई उत्पन्न होने पर गंभीर संकट खड़ा हो जाता है। तकनीकी विशेषज्ञ छोटे-बड़े शहरों में अक्सर मिलते नहीं हैं। परेशान उत्पादक दौड़भाग करता है। उत्पादन की प्रक्रिया ठप पड़ जाती है।

हॉब्सन के अनुसार, विवेकीकरण के आधार पर पूंजीपतियों को व्यापक लाभ प्राप्त होता है। परन्तु साधारण कामगारों का जीवन अंधकारपूर्ण हो जाता है। वे विवेकीकरण के दौर में अप्रासंगिक हो जाते हैं। कमजोर इकाइयों तथा समस्याग्रस्त व्यापारिक प्रतिष्ठानों को विवेकीकरण के अन्तर्गत विशेष महत्व नहीं प्राप्त होता है।

इन सीमाओं के बावजूद विवेकीकरण का भविष्य उज्ज्वल है। वेबर ने भी स्पष्ट किया है कि औद्योगिक समाज का बुनियादी आधार विवेकीकरण सिद्ध हो रहा है।[4]

टिप्पणियां

1. Rationaliszation is both an attitude and a process. As an attitude it records the belief that a more national control of world economic life through the application of scientific methods is possible and desirable. As a process, it implies the application of the method of science to problems assisting in the organization and conduct of production, distribution and consumption.

   —Colonel L. Urwik: *Meaning of Rationalistion*

2. The development of science, modern technology and bureaucracy was described by Weber collectiely as rationalization.

   —Anthony Giddens

3. Weber was not entirely optimistic about the outcome of rationalizastion, however. He was fearful of modern society as a system that would crush the human spirit by attempting to regulate all speheres of social life.

   —Anthony Giddens

4. Rationalization is bound to progress further in the future, in all speheres of social life.

   —Anthony Giddens

ग्रंथ सूची

Agarwal, R.D. 1972. "Political Dimensions of Trade Unions", in *Dynamics of Labour Relations,* Tata McGraw-Hill, New Delhi.

Ahuja, K.K. 1990. *Personal Management and Industrial Relations,* Kalyani Publishers, New Delhi.

Arora, R.C. 1978. *Industry and Rural Development,* S. Chand and Company Ltd., New Delhi.

Arthur, M. Ross. 1961. *The Prospects of Industrial Conflicts, Industrial Relations,* Indian Institute of Personnel Management, Vol. 2, Calcutta.

Atal, Yogesh and Rajesh Misra (Eds.), 2004. *Understanding the Social Sphere: The Village and Beyond*, Rawat Publications, Jaipur.

Aun, Monoppa. 1989. *Industrial Relations,* Tata McGraw-Hill Publishing Company, New Delhi.

Bharatiya, L.K. 1975. *Towards Rural Industrialization*, Bharatiya Vidya Bhavan, Bombay.

Bhattacharya, S.N. 1980. *Rural Industrialization in India*, B.R. Publishing Corporation, Delhi.

Bottomore, Tom and Robert Nisbet (Eds.), 2004. *A History of Sociological Analysis,* Rawat Publications, Jaipur.

Braverman, H. 1974. Labour and Monopoly Capital: The Degradation of Work in the Twentieth Century (New York: *Monthly Review Press*).

Chandra, Bipin. 1977. *The Rise and Growth of Economic Nationalism in India,. Peoples Publishing House, New Delhi.*

Chandra, S. 1968. *Grievance Procedure: A Survey of Practices in Industries in India,* Administrative Staff College of India, Hyderabad.

Charles, A. Myers and Subbiah Kannappan 1970. *Industrial Relations in India,* Asia Publishing House, Bombay.

Chatterjee, N.N. 1978. *Management of Personnel in Indian Enterprises: Concepts, Practices and Emerging Trends,* Allied Book Agency, Calcutta.

Cherunilam, Francis. 1984. *Industrial Economics: Indian Perspective*, Sauharda Book Store, Hanumantha Rao Street, Mysore.

Clarke, Tom (Ed.), 1977. *Trade Unions Under Capitalism,* Penguin, London.

Clegg, H.A. 1976. *Trade Unionism Under Collective Bargaining: A Theory based on Comparisons of Six Countries,* Basil Blackwell, Oxford.

Cole, G.D.H. 1948. *A Short History of Working Class Movement,* Faber & Faber, London.

Crouch, Harold. 1966. *Trade Union and Politics in India,* P.C. Manaktala & Sons, Bombay.

Dahrendorf, R. 1959. *Class and Class Conflict in Industrial Society,* Routledge, London.

Das Gupta, A.K. 1976. *A Theory of Wage Policy,* Oxford University Press, Bombay.

Das, N.G. 1962. *Industrial Democracy in India,* Asia Publishing House, Bombay.

Dayal, Ishwar and Baldev Sharma. 1976. *Management of Trade Unions,* Shri Ram Centre of Industrial Relations, New Delhi.

Dayal, R. 1976. *Textbook of Labour and Industrial Law,* Eastern Law Book Agency, Allahabad.

Desai, A.R. 1987. *Social Background of Indian Nationalism*, Popular Prakashan Ltd., Bombay.

Dreze, Jean and Amartya Sen. 1995. *India Economic Development and Social Opportunity*, Oxford University Press, New Delhi.

Dunlop, J.T. and N.W. Chamberlain. 1967. *Frontiers of Collective Bargaining,* Harper, New York.

Flanders, A. 1975. *Management and Unions: The Theory and Reforms of Industrial Relations,* Faber and Faber, London.

Flippo, Edwin B. 1989. *Principles of Personnel Management,* McGraw-Hill Book Company, New Delhi.

Gadgil, D.R. 1971. *The Industrial Evolution of India in Recent Times 1860–1939*, Oxford University Press, Delhi.

Gandhi, M.K. 1941. *Constructive Programme*, Navajivan Publishing House, Ahmedabad.

——. 1960. *Village Industries*, Navajivan Publishing House, Ahmedabad.

——. 1984. *Hind Swaraj*, Navajivan Publishing House, Ahmedabad.

Gedam, Retnakar M. 1987. *Poverty, Economic Development and Industrialisation*, Deep & Deep Publications, New Delhi.

Ghose, Sankar. 1978. *Changing India*, Allied Publishers Pvt. Ltd., New Delhi.

Giddens, A. 1984. *The Constitution of Society*, Polity, Cambridge.

——. 1993. *The Transformation of Intimacy: Love, Sexuality and Eroticism in Modern Societies*, Polity, Cambridge.

——. 1998. *The Third Way: The Renewal of Social Democracy*, Polity, Cambridge.

——. 2002. *Runaway World: How Globalisations in Reshaping Our Lives*, Profile, London.

Giddens, A. (Ed.) 2001. *The Global Third Way Debate*, Polity, Cambridge.

Giri, V.V. 1972. *Labour Problems in Indian Industry,* Asia Publishing House, Bombay.

Jha, K.N. 2005. *Modernizing Women: Searching Their Identities*, Rawat Publications, Jaipur.

Johri, C.K. 1967. *Unionism in Developing Economy,* Asia Publishing House, Bombay.

Jugale, V.B. 1997. *Employment Wages and Industrial Relations,* Classical Publishing Company, Bombay.

Kamik, W.B. 1978. *Indian Unions: A Survey,* P.C. Maneklal and Sons Pvt. Ltd., Bombay.

Kanhere, U. 1989. *Managerial Trade Unionism,* Mittal Publications, Delhi.

Kannan, K.P. 1981. *Evolution of Unionisations and Changes in Labour Process under Lower Forms of Capitalist Production: A Study of Cashew Industry in Kerala,* Working Paper, Centre for Development Studies, Trivandrum.

Karnik, V.B. 1974. *Indian Labour: Problems and Prospects*, Minerva Associates Pvt. Ltd., Calcutta.

Kennedy, V.D. 1966. *Unions, Employees and Government,* Maneklal, Bombay.

Knowles, K.G.T.C. 1952. *Strikes: A Study in Industrial Conflict with Special Reference to British Experience between 1911 and 1947,* Basil Blackwell, Oxford.

Kohli, A.S., S.K. Sharma. 1997. *Labour Welfare and Social Security,* Anmol Publications Pvt.Ltd, New Delhi.

Kudchedkar, L.S. 1979. *Aspects of Personnel Management and Industrial Relations,* New Delhi, Tata McGraw-Hill.

Kulkarni, S.R. 1975. *Industrial Relations in the Seventies,* Administrative Staff Training College of India, Hyderabad.

Kumar, Anand. 1989. *State and Society in India*, Radiant, New Delhi.

Lambart, R.D. 1963. *Workers, Factories and Social Change in India,* Princeton University Press, Princeton.

Leap, Terry L. 1989. *Collective Bargaining and Labour Relations,* Macmillan Publishing *Co.* New York.

Mamoria, C.B. and S. Mamoria. 1983. *Dynamics of Industrial Relations,* Himalaya Publishing House, New Delhi.

Marx, Karl. 1883. *Das Capital,* translated by Emest Anderman and edited by F. Engels, Charles Keer and Company, Chicago.

Mathur, A.S. and J.S. Mathur. 1964. *Trade Union Movement in India,* Chaitanya Publishing House, Allahabad.

Menon, P.K.K. 1972. *History of the Freedom Movement in Kerala,* Government of Kerala, Trivandrum.

Merchant, Vijay. 1969. *Trusteeship Management,* The Indian Centre for Encouraging Excellence, Bombay.

Miller, C. Delbert and William H. Form. 1964. *Industrial Sociology*, Harper and Row Publishers, New Delhi.

Mills, C.W. 1986. *Sociological Imagination,* Allied Publishers, New Delhi.

Mohana Kumar, S. 1989. *Industrial Disputes in India,* M.Phil. Dissertation, C.D.S. Trivandrum.

Mukerjee, Radharkrishna. 1945. *Indian Working Class,* Himalaya Publishing House, Bombay.

Myers, C.A. and S. Kannappan. 1970. *Industrial Relations in India,* Bombay, Asia Publishing House.

Myrdal, Gunnar. 1982. *Asian Drama*. Vol. 11. Kalyani Publications, New Delhi.

Nagla, B.K. 2008. *Indian Sociological Thought,* Rawat Publications, Jaipur.

Perlman, Selig. 1928. *A Theory of Labour Movement*, Macmillan & Co., New York.

Poole, Michael. 1986. *Industrial Relations: Origins and Patterns of National Diversify,* Routledge and Kegan Paul, London,

Punekar, S.D. and S. Madhuri. 1967. *Trade Union Leaderships in India,* Lalwani Publishing House, Bombay.

Rajagopalachari, C. 1967. *Gandhi's Teaching and Philosophy,* Bharatiya Vidya Bhavan, Bombay.

Ralph, James. 1958. *Politics and Trade Unions in India,* Far Eastern Survey, March.

Ramanujan G. 1986. *Indian Labour Movement,* Sterling Publishers, New Delhi.

Ramaswamy, E.A. 1984. *Power and Justice: The State in Industrial Relations,* Oxford University Press, Delhi.

Ramaswamy, E.A. and Uma Ramaswamy. 1981. *Industry and Labour: An Introduction,* Oxford University Press, Bombay.

Rawat, H.K. 2010. *Sociology: Basic Concepts*, Rawat Publications, Jaipur.

Reddy, Ram. 1990. *Industrial Relations in India*, Mittal Publications, New Delhi.

Regini, M. (Ed.), 1992. *The Future of Labour Movements,* Sage Publications, London.

Revi, C. 1972. *The Indian Trade Union Movement: An Outline History, 1880–1947,* Orient Longman, New Delhi.

Robertson, D.J. 1962. *Industrial Relations: Contemporary Problems and Perspectives,* Methuen and Co. Ltd., London.

Rondle, W.C. and M.S. Wortman (Jr). 1966. *Collective Bargaining: Principles and Practices,* Houghton Mifflin, Boston.

Sanjivaygya, D. 1970. *Labour Problems and Industrial Development in India,* Oxford and IBH, New Delhi.

Sayk, L. and G. Strauss. 1952. *The Local Union,* Harper, New York.

Sethi, A.S. 1962. *Role of Collective Bargaining in Industrial Relations in India,* Atma Ram & Sons, New Delhi.

Sharma, B.R. 1974. *Indian Industrial Workers: Issues and Perspective,* Vikas Publishing House, Delhi.

Sharma, G.K. 1972. *Labour Movement in India: Its Past and Present,* Sterling Publishers, Delhi.

Sharma, R.D. 1978. *Organisational Management: Light and Life Publishers*, New Delhi.

Sheth, N.R. 1978. *Indian Labour: A Supervisor Should Know,* All India Manhunt Association, New Delhi.

Singh, V. 2007. *Women Domestics: Workers within Households*, Rawat Publications, Jaipur.

Singh, V.B. 1967. *An Introduction to the Study of Indian Labour Problem,* Shivalal Agrawal and Co., Agra.

Singh, Yogendra. 2004. *Ideology and Theory in Indian Sociology*, Rawat Publications, Jaipur.

Somayaji, Sakarama and Ganesha Somayaji (Eds.), 2006. *Sociology of Globalization: Perspectives from India*, Rawat Publications, Jaipur.

Southall, Roger (Ed.), 1988. *Trade Union and the New Industrialization of the Third World*, University of Pittsburgh Press, Pittsburgh.

Srivastava, G.L. 1962. *Collective Bargaining and Labour Management Relalions in India*, Bookland Pvt. Ltd., Allahabad.

Srivastava, K.D.M. 1976. *The Industrial Employment*, Eastern Book Co, Lucknow.

Suri, M. 1968. *Collective Bargaining: A Comparative Study of Developments in India and Other Countries*, Asia Publishing House, Bombay.

Tewani, R.N. T.K. Ghosh 1991. *Making Labour Adjudication Effective*, Kalyani Publications, Delhi.

Trivedi, P.K. (Ed.), 2011. *The Globalization Turbulence: Emerging Tensions in Indian Society*, Rawat Publications, Jaipur.

Vaid, K.N. 1970. *Labour Welfare in India*, S.R.C., New Delhi.

Varma, Pramod. 1982. *Industrial Labour in India*, Oxford & IBH Publishing Co. Pvt., Delhi.

Virmani, B.R. 1978. *Workers Participation in Management*, Macmillan & Co., New Delhi.

Webb, Sidney and Beatrice 1965. *The Industrial Democracy*, Longmans Green & Company, London.

——. 1920. *The History of Trade Unionism*, A.M. Kelley, New York.

Weiner, Myron. 1957. *Part Politics in India*, Princeton University Press, Princeton.

Wilkinson, T.S. and P.L. Bhandarkar. 1979. *Methodology and Techniques of Social Research*, Himalaya Publishing House, Bombay.

Young, Pauline V. 1977. *Scientific Social Surveys and Research*, Prentice Hall of India, New Delhi.

Journals and Reports

Arya, P. Prakash, "Nature and Extent of Workers' Participation in Decision Making", *Indian Journal of Industrial Relations*, Vol. 16, No. 1, July 1980.

Banerjee, R., "Industrial Relations in India", *Industrial Relations* 32(5), Sept.–Oct., 1978.

Constitution of ILO and Standing Orders of the International Labour Conference (Geneva, ILO 1955).

Desai, M.V. "Relevance of GanW, *The Hindustan Times*, April 21, 1994

First Five Year Plan, Government of India, Planning Commission, Edition 1950-51 Gazette of India, l" June, 1927.

Government of India, *Report of the Committee on Labour Welfare*, " Concept and Scope of Labour Welfare", Ministry of Labour, Employment and Rehabilitation, New Delhi, 1969.

International Labour Office, Collective Bargaining: A Workers' Education Manual, Geneva, 9th impression, 1973.

Joshi, N.K. "Labour Welfare: Concept, Meaning and Scope", *India12 Labour Journal* V 9(10), October 1968.

Kerr, Clark, "Employer Policies Towards Industrial Relations", *Year Book of American Labour,* Vol. 2.

Lambart, R.D., "Labour in India", *Economic Development and Cultural Change,* Vol. VIII, No. 2, January 1960.

Mathur, V.S. "Free Trade Unionism and the Challenges of Economic Development", *Asian Labour,* Vol. XVII, No. 65, November 1969.

Ministry of Labour, The Report of the National Commission on Labour, New Delhi, 1969.

Pandey, R.N. "Labour Legislation in India: Growth and Development", *Indian Labour Journal,* September 20, 1979.

Pullapilly, Cynac, "The Izhavas of Kerala and their Historic Struggle for Acceptance in the Hindu Society", *Asia and African Studies* XI (1 &2), 1976.

Puncell, A.A. and J. Hallsworth, *Report on Labour Conditions in India 1927–28.*

Second Five Year Plan, Government of India, Planning Commission, Edition 1956–57

Sheth, N.R. "Workers Participation in Trade Union Activity", *Indian Journal of Industrial Relations,* New Delhi, Vol. IV, No.2, January 1969.

——. "Trade Union in an Indian Factory: A Sociological Study", *Economic and Political Weekly,* Vol. 12 (29 and 30), 1960.

Singh, V.B., *Report of the Royal Commission of Labour.*

The Trade Unions Act 1926 with the Central Trade Unions Regulations, 1938, Law Publishers (India) Pvt. Ltd., Allahabad 2000.

Third Five Year Plan, Government of India, Planning Commission, Edition 1962–63.

Vaid, K.N., "Why Workers Join Unions?" *Indian Journal of Industrial Relations,* Vol. (2), October, 19.